KB193982

전정판

객관식 국제법

이석웅 저

세창출판사

전정판 머리말

　참으로 오랜 만에 『객관식 국제법』의 전정판을 내놓게 되었다. 몇 년 전부터 매년 이번에는 끝내야지 하고 작업을 시작하였으나 번번이 미수로 그쳤는데, 이번에는 끝까지 마칠 수 있어서 참으로 기쁘게 생각한다. 최근 몇 년간 사단법인 해양법포럼의 회장으로서 크고 작은 연구사업에 관여하면서 바쁘다는 이유로 여러 해를 미뤄 온 일이라 이번에도 많이 걱정하였으나, 주변의 격려와 수고 덕분에 모든 일을 마칠 수 있었다.

　이번의 『객관식 국제법』 개정작업은 최근의 기출문제들을 보충하여 학생들로 하여금 요즘의 국제법 출제경향을 접할 수 있게 하였으며, 새로운 문제들을 보완하고 기존의 문제들은 다듬어 학생들에게 보다 다양한 정보를 쉽게 전달하고자 하였다. 그러나 가장 큰 변화는 기존의 '이론요약' 부분은 삭제하고, '문제와 해설' 부분의 해설을 강화한 것이다. 대부분의 수험생들이 본 문제집을 대하기 이전에 어느 정도는 기본서를 이해하고 있으리라는 판단에서 이론요약 부분은 삭제하고 문제에 대한 해설을 통하여 이를 보충하기로 한 것이다.

　항상 경험하는 일이지만 자신의 연구성과를 남에게 보여주는 것은 부담스러운 일이 아닐 수 없다. 더구나 국제법은 엄청나게 빠른 속도로 그 영역이 확대되고 있고 내용도 풍성해져 가고 있어, 국제법 관련 서적을 학계 제현들과 수험생들 앞에 내어놓는 것은 더욱 부담스러웠다. 그러나 이제 본서를 모든 분들 앞에 내놓았으니, 이제는 허심탄회하게 학문의 선배님들과 동료는 물론이고 후학들과 수험생들로부터도 사랑의 질책을 받고자 한다.

　끝으로 이 책이 나오기까지 온갖 수고를 다해 준 세창출판사 이방원 사장님과 임길남 상무님에게 특별한 우정과 감사를 전하고 싶다.

2006년　1월
저자　이석용

머리말

　국제법 교과서인 『국제법-이론과 실제』와 객관식 문제집 『국제법연구』에 이어 『객관식 국제법』을 내놓게 되었다. 이번에 출판하게 된 『객관식 국제법』은 이론요약과 객관식 문제를 적절히 배합하여 국제법의 원리와 실제를 쉽게 이해하고, 객관식 시험을 치르게 될 수험생들의 실전감각을 제고하는 데 중점을 두어 준비하였다.

　오늘날 국제법의 범위는 빠른 속도로 넓어져 가고 있고 법규칙의 규범화도 심화되어, 국제법은 양적·질적으로 발전을 거듭하고 있다. 이러한 변화 속에서 국제법학자들은 국제법의 범위를 명확하게 하고 여러 국제법 분야와 규범 간의 관계를 정립하는 과제를 안게 되었으며, 수험생들은 수험준비에 많은 부담을 느끼게 되었다. 본서는 이러한 방대한 양의 국제법을 보다 쉽게 이해할 수 있도록 요약문을 붙여 수험생들이 별도의 교재 없이도 국제법을 어느 정도 이해할 수 있도록 하였다.

　이번에 『객관식 국제법』을 준비하면서 특히 신경을 쓴 것은 『국제법연구』에서 상대적으로 소홀히 다루었던 국제경제법과 국제환경법 분야이다. 국제화의 진전에 따라 정부에서는 물론 학계에서도 국제경제법에 많은 관심을 가지게 되었고, 국제적인 환경오염으로 국제환경법에 대한 관심이 증대되고 있어 이 부분을 대폭 보강하였다. 그러나 이러한 분야들도 일반국제법에 대한 전반적인 구조 속에서 이해하여야 한다는 소신에는 변함이 없기 때문에, 시골길만 찾아다니다가 국제사회 전체를 연결하는 슈퍼하이웨이를 놓치지 않도록, 어떤 제도이든지 그 기본적인 이념이나 정신을 위주로 설명하고자 하였다.

　『객관식 국제법』의 문제들을 준비하면서 항상 염두에 두었던 것은 문제의 수준이다. 객관식 문제집은 수험생들에게 새로운 지식을 전달하기도 하지만, 이제까지 쌓아 온 실력을 실수 없이 발휘하도록 지식을 체계화하는 역할을 해야 한다. 때문에 본서에 수록할 문제들을 선택하고 만드는 데 있어,「문제와 해설」에는 이론을 체계화하여 이해를 돕기 위한 문제들과 해설을 수록하였고,「실전문제」에는 기출문제와 함께 다양한 예상문제들을 배치하여 실제 시험에의 적응능력을 제고하고자 하였다.

이 책이 나오기까지 격려해 주시고 수고해 주신 분들께 감사를 드린다. 우선 본인이 근무하는 한남대학교 법과대학 교수님들의 격려에 감사를 드린다. 교정을 맡아 준 송기복, 손용조 조교에게도 감사를 전한다. 바쁘다는 핑계로 함께 할 시간도 제대로 갖지 못한 가족들과 이 조그만 성과를 나누고 싶다. 오늘 이 결실이 있기까지 끊임없이 격려해 준 세창출판사 이방원 사장과 임길남 상무께는 이 자리를 빌려 특별한 감사를 드린다.

1997년 3월
저자 이석용

차 례

국제법 일반

국제법 일반

1 국제법적인 관점에서 볼 때, 오늘날 국제사회에 대한 적절한 설명이라
할 수 없는 것은?

① 국가는 여전히 가장 중요한 국제법의 주체이다.

② 국제기구도 국제법의 매우 중요한 주체가 되었다.

③ 개인도 국제법상 권리를 향유하고 의무를 부담하는 국제법의 주
체이다.

④ 현실적 중요성에도 불구하고 다국적기업은 아직 국제법의 주체
로 인정받지 못하고 있다.

⑤ 비정부간기구(NGO)는 국제기구에 속하며 국제법의 주체이다.

> 해설 〈국제사회〉 ① 국제법이 국제사회의 법이라면 과거에 국제법은 오직
> 국가 간의 관계를 규율하는 법이었다. 과거 국제사회의 정당한 행위자는
> 국가뿐이었고, 오직 국가만이 국제법상 권리와 의무의 주체가 될 수 있었
> 기 때문이다. 국가는 오늘날에도 가장 중요한 국제법의 주체이다. ② 국제
> 기구는 국제연맹, 유엔, 세계무역기구(WTO)에서 보듯이 국제법에서 매우
> 중요한 주체로 활동하고 있으며, 그 활동범위도 점차 확대되고 있다. ③ 국
> 내문제불간섭은 국제법의 기본원칙으로 개인들의 권리와 의무문제에 국제
> 사회와 국제법이 관여하는 것을 막는 역할을 하였다. 그러나 오늘날 개인
> 들도 국제법상의 권리와 의무의 주체가 되었다. ④⑤ 국제사회는 아직 다
> 국적기업과 비정부간기구(NGO)를 국제법의 주체로 인정하지 않으나, 이들
> 의 국제경제와 인권·환경 분야에서의 역할을 인정하여 제한된 범위에서나
> 마 국제법의 주체로 인정해야 한다는 주장이 있다. 비정부간기구는 국제기
> 구가 아니며 국제법의 주체도 아니다.

2 다음 중 국제법에 대한 적절한 설명이 아닌 것은?

① 국제법은 국제사회의 법이다.

정답 **1** ⑤

② 국제법의 가장 중요한 주체는 국가이다.

③ 국제법은 오직 국가 간의 관계를 규율함을 목적으로 한다.

④ 국제사회가 복잡해지면서 국제법의 영역도 크게 확대되었다.

⑤ 국제기구도 매우 중요한 국제법의 주체가 되었다.

> 해설 〈국제법〉 ① 사회가 있는 곳에 법이 있다는 말이 있는 것처럼, 국제사회의 존재를 인정한다면 국제사회에도 역시 법은 존재한다. 그 법이 바로 '국제법'(international law)이다. ② 국제법이 국제사회의 법이라면 국제법은 최근까지 오직 국가 간의 관계를 규율하는 법이었다. 왜냐하면 과거 국제사회의 유일·적법한 행위자는 국가밖에 없었기 때문이다. 오늘날 국제법의 주체는 확대되었으나, 국가는 현대국제법에서도 여전히 가장 중요한 행위자이다. ③ 오늘날 국제법은 단순히 국가간의 관계를 규율하는 규범이 아니다. 국제법은 국가, 국제기구, 개인, 다국적기업, 비정부간기구 등 국제사회의 행위자들 간의 관계를 규율하는 규범이 되었다. ④ 국제사회는 최근 급격히 변하고 있으며, 그에 따라 국제법의 영역도 크게 확대되었다. ⑤ 주권국가간의 관계를 규율하는 법이었던 국제법에 변화를 가져온 가장 중요한 요소는 국제기구의 발달이다. 제1, 2차대전을 거친 후 등장한 국제연맹과 국제연합을 상기해 보면 국제관계에서 국제기구가 수행하는 역할의 중요성을 이해할 수 있다.

3 다음 중 국제법을 나타내는 명칭이 아닌 것은?

① 국제공법　　　　　　　　② International Law

③ 만국공법　　　　　　　　④ Conflict of Laws

⑤ Law of Nations

> 해설 〈국제법의 명칭〉 국제법은 한때 로마법의 만민법을 의미하는 "*jus gentium*"과 라틴어 명칭인 "*jus inter gentes*"를 명칭으로 사용하였었다. 그러나 오늘날에는 '국제법' 또는 '국제공법'을 의미하는 "law of nations" 또는 "international law"라는 명칭이 주로 사용되고 있다. 동양에서는 처음에는 미국인 William Martin이 Wheaton의 *Elements of International Law*를 번역하면서 사용한 '萬國公法'이 사용되었었다. 그러나 19세기 후반 이후 '국제법'이란 용어가 널리 퍼지게 되었다. 국제사법이나 섭외사법을 의미하는 "conflict of laws"와 "private international law"는 국제법과는 상관이 없다.

정답 2 ③　 3 ④

제 2 절 \ 국제법의 역사

4 국제법을 나타내는 가장 일반적인 용어인 "international law"를 처음으로 사용한 사람은?

① Grotius   ② Bentham

③ Vitoria   ④ Gentili

⑤ Suarez

> 해설 〈**국제법(International Law)**〉 공리주의 법학자 벤담(Bentham)은 1789년 출간된 『도덕과 법원칙 입문』(*Introduction to the Principles of Morals and Legislation*)에서 오늘날 국제법을 표현하는 보편적 용어가 된 "international law"란 개념을 처음으로 소개하였다. 벤담은 그 때까지 보편적으로 사용되어 온 "Law of Nations"란 용어의 모호함을 극복하기 위해 이 용어를 도입하여 사용하였는데, 이 용어 속에는 국가만을 국제법의 주체로 생각하는 당시의 법실증주의적 태도가 내포되어 있다.

5 국제법의 역사에 대한 다음의 설명 중 잘못된 것은?

① 국제법은 고대 주권국가간의 법으로부터 시작되었다.

② 고대 메소포타미아의 도시국가들도 조약을 체결하였다.

③ 고대국가간의 조약 중에는 전쟁에 관련된 것이 많았다.

④ 그리스인들은 법에 있어서는 많은 업적을 남기지는 못했다.

⑤ 고대 로마인들의 국제법 발달에 대한 기여는 간접적인 것이었다.

> 해설 〈**고대의 국제법**〉 ① 국제법이 언제 시작되었는가 하는 데 대한 대답은 국제법에 관한 정의에 따라 달라진다. 통설에 따르면 국제법은 근대 이후 주권국가간의 법으로 생성되었다고 보는바, 국제법의 역사는 16, 17세기 이후 시작된 것으로 보아야 한다. 그리고 고대국가를 주권국가라 부르지는 않는다. ②③ 고대 메소포타미아 국가들 간에도 조약들이 체결되었다. 기원전 1279년 이집트의 Rameses 2세와 히타이트의 Hattusili 2세 간에 체결

된 평화와 동맹에 관한 조약과 기원전 3100년경 전쟁에서 승리한 메소포타미아의 도시국가 Lagash의 통치자 Eannatum과 다른 도시국가 Umma 사람들 간에 체결된 조약이 유명하다. 전쟁의 결과 체결된 이들 조약에는 국경선 획정이나 포로교환에 관한 규정들이 들어 있었다. ④⑤ 그리스인들은 고도의 문화를 이루었지만 법에서는 큰 재능을 발휘하지 못하였다. 그러나 고대 로마인들이 이룩한 로마법은 간접적으로나마 국제법에 영향을 주었다.

6 로마법과 국제법의 관계에 대한 설명이다. 틀린 것은?

① 로마법은 사법 중심이었다.

② 시민법(*jus civile*)은 로마시민간의 관계에 적용되었다.

③ 로마법은 영토에 관한 국제법에 간접적으로 영향을 주었다.

④ 로마법은 주로 대륙법계 국가를 통해 국제법에 영향을 주었다.

⑤ 만민법(*jus gentium*)은 국가간의 관계를 규율하는 법이므로 오늘날 국제법과 유사하다.

> 해설 <**로마법과 국제법**> 고대 로마인들은 법학 분야에 많은 업적을 남겼는데, 특히 유스티니아누스 법전은 불멸의 업적으로 평가된다. 일부 학자들은 로마의 만민법(*jus gentium*)이 국제법 발전에 기여하였다고 하지만, 만민법은 한 국가내 상이한 법체계에 속하는 주민 간에 적용되는 국내사법이므로, 오늘날의 국제법과는 큰 관련이 없다. 만민법은 로마 시민과 로마제국 내 다른 지역 주민들 간의 관계 또는 제국 내 다른 지역 주민들 간의 관계를 규율하는 법으로, 국제법보다는 국제사법 또는 준국제사법에 가깝다. 로마법의 국제법에 대한 영향은 오히려 간접적인 것이었다. 16, 17세기 국제관계에 대한 법적인 연구가 시작될 때 학자들은 당시 신성로마제국의 「커먼로」였던 로마법을 연구하게 되었다. 그 결과 로마법상의 제도와 용어들이 국제법에 편입되게 되었다. 특히 로마법상의 소유권에 관한 법칙은 영토주권에, 계약에 관한 규칙들은 조약에 원용되었다.

7 중세 유럽의 상황과 국제법에 대한 설명이다. 적절한 설명이 아닌 것은?

① 중세 전기에는 장원 중심의 자급자족 경제체제와 강력한 교황권으로 인하여 국제법은 설 자리가 없었다.

정답 5 ①   6 ⑤

② 교회법은 보편적인 규범이었으며, 교황은 세속적 권위를 가진 최고의 중재자로 국가간 분쟁을 조정하였다.

③ 강력한 신성로마황제의 권위는 국제법 발달을 지체시키는 요인이 되었다.

④ 아우구스티누스는 자연법적 국제법의 필요성을 주장하여 국제법의 시조가 되었다.

⑤ 아퀴나스는 자연법, 공동선, 정전론 주장을 통하여 후일의 국제법 발전에 기여하였다.

> 해설 〈중세의 국제법〉 ① 서로마 제국이 멸망한 5세기경에서 15세기까지를 일컫는 중세에서 그 전반기에는 자급자족적 경제체제와 강력한 교황권으로 국가간의 교류가 매우 적어 국제법이 존재할 여지가 없었다. 그러나 후기에는 국가간 교역이 활성화되고 교황과 신성로마 황제의 영향력 쇠퇴하여, 외교, 영사관계, 조약, 전쟁법 분야의 국제법이 생겨나게 되었다. ② 교회법(cannon law)은 당시 유럽의 초국가적(supranational) 법이며 보편적(universal) 법이었다. 교회법은 원래 정신세계와 교회문제에 관여하는 것이지만, 직·간접으로 세속군주의 영역에 침투하였다. 특히 교회는 오늘날의 국제법보다 훨씬 강제성 있는 국제규범을 명령할 수 있었으며, 실제로 파문을 통해 제재를 가하기도 하였다. ③ 당시 신성로마제국 황제도 중세 서구의 보편적 권위였다. 당시 신성로마제국의 영토는 서유럽의 대부분을 포함하고 있었고, 황제는 각 지역의 왕을 임명하였으므로, 제국내 군주나 도시간의 관계를 국제관계라 할 수는 없다. ④ 아우구스티누스(St. Augustine, 354~430)는 정당한 전쟁에 관한 이론을 전개하였다. 그러나 국제법의 필요성을 주장하지는 않았다. ⑤ 토마스 아퀴나스(Thomas Aquinas, 1225~1274년)는 모든 법은 '신의 법'에서 나온다는 전제하에 자연법론과 공동선 이론을 전개하여 후일 자연법적 국제법 이론 발달에 많은 영향을 주었다.

8 근대 국제법이 등장하던 당시의 상황에 대한 설명이 아닌 것은?

① 신성로마제국의 약화

② 교황권의 약화

③ 북부 유럽과 이태리 도시국가 중심의 국제무역 활성화

④ 국제재판제도의 등장

⑤ 수많은 국가간 전쟁

[해설] <근대> 근대(modern times)는 15세기 말 아메리카대륙의 발견과 종교개혁, 르네상스에 의해 시작되었다. ①② 국제법 발달에 큰 영향을 미친 보다 중요한 사건은 주권국가의 탄생을 가져온 교황권과 신성로마제국의 약화였다. 이들 보편적 권위의 몰락은 국가들로 하여금 그들 간의 관계를 규율할 법제도(국제법)를 필요로 하게 하였다. ③ 중세후기 이후 독일을 중심으로 한 북유럽과 북부 이탈리아에는 도시국가들이 생겨나 국제교역이 활성화되어, 상주사절의 파견·접수와 분쟁해결에 관한 국제법 규범이 등장하였다. ⑤ 중세의 보편적 권력이었던 교황권과 신성로마황제의 힘이 약해지면서 유럽에서는 수많은 전쟁들이 발생하였고, 이러한 전쟁을 종결짓는 강화조약들을 통해 국가는 가장 중요한 국제사회의 주체로 등장하게 되었다. 30여 년에 걸친 기나긴 종교전쟁을 종결지은 1648년 웨스트팔리아조약과 1702년부터 1713년까지 진행된 스페인 왕위계승전쟁의 결과 체결된 유트레히트조약은 국가가 가장 중요한 국제사회의 주체임을 확인하였던 것이다. ④ 국제적인 사법재판제도가 마련된 것은 그 이후의 일이다. 보편적인 국제재판기관으로는 1920년 설립되었던 상설국제사법재판소(PCIJ)가 최초의 것이다.

9 국제법 발달의 초기단계에서 국제법의 필요성을 주장하거나 국제법 발달에 기여한 사람이 아닌 것은?

① Vitoria   ② Suarez
③ Gentili   ④ Grotius
⑤ Vattel

[해설] <국제법의 개척자들> ①② 주권국가 간의 관계를 규율하는 법으로의 국제법의 필요성을 처음으로 제기한 사람들은 스페인의 스콜라 철학자들이었다. 비토리아(Vitoria)는 이교도 군주들도 기독교 군주들과 동등한 권리를 갖는다는 전제하에 정전론을 주장하였고, 수아레즈(Suarez)는 군주의 주권을 강조하면서도 '국제법'(*jus gentium*)을 인정하였다. ③ 겐틸리(Gentilis)는 국제법을 신학에서 독립시켜 인간성과 보편성에 기초한 국제법이론을 정립하였다. ④ 그로티우스는 국제법 발달에 전기를 마련한 사람으로 '국제법의 아버지'라 불리고 있다. ⑤ 바텔(Vattel)은 18세기의 국제법학자이다.

10 그로티우스(Grotius)와 직접적인 관계가 없는 것은?

① 전쟁과 평화의 법　　　　　② 해양자유론

③ 자유공설　　　　　　　　　④ 국제법의 시조

⑤ 국가간 합의에 의한 국제규범 창설

> 해설 〈그로티우스〉 그로티우스(Hugo Grotius, 1583~1645)는 근대 국제법
> 의 시조라 불린다. 스페인 출신의 스콜라 철학자인 비토리아(Vitoria)와 수
> 아레즈(Suarez)는 자연법적 국제법이론을 주장하였으나, 그로티우스는 그
> 들의 이론을 받아들이면서도 의사법(*jus voluntarium*)으로의 국제법을 인
> 정하여 실용주의적 경향을 보였다. 그는 인간의 이성에서 나오는 공리 중
> 에서 "약속은 지켜야 한다"(*pacta sunt servanda*)를 중시하여 명시적·묵
> 시적 합의에 의한 국제법을 인정하여 국제법 발전에 크게 기여하였던 것이
> 다. 즉 그로티우스는 자연법적인 국제법과 함께 조약과 같은 국가간 명시
> 적 합의와 관습법과 같은 묵시적 합의를 국제법의 법원으로 인정하여 국제
> 법에 비약적인 발달을 가져왔다. 그의 저서로는 『전쟁과 평화의 법』이 있
> 으며, 『해양자유론』도 유명하다. ③의 자유공설이란 항공법의 선구자인 포
> 슈(Fauchille)가 주장하였던 이론이다.

11 그로티우스 이후 17, 18세기를 거치면서 국제법은 자연법적 국제법에
서 실증주의적 국제법으로 변해 갔다. 이 시기의 학자가 아닌 사람은?

① Zouche　　　　　　　　　② Bynkershoek

③ Wolff　　　　　　　　　　④ Vattel

⑤ Suarez

> 해설 〈17, 18세기의 국제법〉 그로티우스 이후 국제법에서는 의사법으로의
> 국제법이 중요해졌다. 실증주의 철학의 대두로 국제법에서는 형이상학적인
> 자연법보다는 국가간의 명시적·묵시적 합의인 관습법과 조약이 중요해졌
> 다. 푸펜도르프(Samuel Pufendorf)는 여전히 자연법적 국제법을 강조하였
> 으나, 자우치(Richard Zouche), 빈커스훅(Bynkershoek), 볼프(Christian
> Wolff), 바텔(Emerich de Vattel)은 자연법 중심에서 법실증주의 방향으로
> 이행해 가는 이 시기의 국제법을 대표하는 학자들이었다.

12 다음 중 볼프(Wolff)가 주장하였던 국가간 협력체제는?

---

① 자연상태　　　　　　② Civitas Maxima
③ United Nations　　　④ League of Nations
⑤ Concert of Europe

해설 〈볼프(Christian Wolff)〉 볼프는 국가들이 공동선 증대를 위해 국가간 협정이나 준협정을 통해 협력하는 *civitas maxima*를 구상하였다. 법의 목적은 개인과 국가가 자기를 보존하고 완성하는 데 있으므로 모든 국가는 다른 국가나 개인의 보호와 완성을 위해 상호 협력해야 한다고 하면서, 국가들은 이미 "*civitas maxima*"라는 국제결사를 통해 조직화되어 있다고 하였다.

13 19세기 국제법에 대한 적절한 설명이 아닌 것은?

① 자연법적 국제법이론의 전성기이었다.

② 라틴아메리카와 극동지역 국가들이 국제무대에 등장하였다.

③ 유럽에서는 세기 중반까지 유럽협조체제가 유지되면서 많은 조약들이 체결되었다.

④ 유럽에서는 국제하천의 자유항행에 관한 합의들이 이루어졌다.

⑤ 국제기구들이 등장하였다.

해설 〈19세기의 국제법〉 ② 국제법의 적용영역은 19세기에 크게 확대되었다. 라틴아메리카 국가들은 독립과 동시에 서구문명에 편입되면서 국제법 주체로 등장하였고, 극동에서도 중국은 1842년 남경조약을 통해서 일본은 1853년 미국의 페리(Perry) 제독에 의해 국제무대에 등장하였다. ③ 나폴레옹전쟁을 마무리지은 비엔나회의는 1815년 6월 종결되었으며, 비엔나회의를 통해 구축된 '유럽협조체제'(Concert of Europe)는 19세기 중반까지 유지되었다. ④ 19세기에는 많은 다자조약들이 체결되었다. 국제하천에 관한 다자조약을 비롯하여 외교사절에 관한 비엔나회의 규정과 해사법에 관한 파리선언 등이 채택되었다. ⑤ 19세기에는 다자조약을 통해 국제기구들이 설립되었다. 라인과 다뉴브강 위원회와 같은 국제하천위원회에서 시작된 국제기구는 19세기 후반 다자조약제도의 발전과 함께 급격히 증가하였다. 1865년 설립된 「만국전보연합」(Universal Telegraphic Union), 1878년 설립된 「만국우편연합」(Universal Postal Union)은 그 대표적인 예이다. ① 19세기는 과학적으로 증명되는 것만을 신뢰하는 실증주의 법학의 전성기이었다. 국제법도 국가만을 국제법의 주체로 인정하는 법실증주의자들에 의하여 평정되었다.

14 19세기 국제사회의 모습에 관한 설명으로 옳은 것끼리 나열된 것은?

> 가. 19세기말 전 세계는 이슬람을 신봉하는 국가들에 의하여 거의 장악되었다.
> 나. 영국과 네덜란드는 동인도회사와 같은 조직을 통하여 식민지를 수탈하였다.
> 다. 터키, 중국, 에티오피아 등 독립국들은 유럽국가들과 동등한 국제적 지위를 누렸다.
> 라. 라틴아메리카 국가들은 독립과 동시에 서구국가 중심의 국제질서에 편입되었다.

① 가, 나　　　　　　　　② 가, 다
③ 가, 라　　　　　　　　④ 나, 다
⑤ 나, 라

> 해설 **<19세기 국제사회>** ㉮ 유럽이 전세계를 식민지화하였던 19세기 국제법의 특징의 하나는 기독교로 통일된 유럽국가들과 유럽이외 국가들 간의 관계에서 찾을 수 있다. 19세기 특히 1880년경이 되면 유럽인과 그 후손들이 전세계를 장악하였다. ㉯㉰ 영국, 네덜란드, 프랑스는 동인도회사와 같은 무자비한 조직을 통하여 이익을 추구하였으며, 유럽국가 이외의 독립국에게는 오직 제한된 권리만을 인정하였다. 터키, 무굴제국, 페르시아, 중국, 일본, 미얀마, 샴(태국), 에티오피아는 독립국이었으나, 이들이 국제사회에서 적극적인 역할을 수행할 수는 없었다. 이러한 지역에서 유럽국가들은 유럽인들에게 통상에 있어서 특권을 부여하고 영토국가의 관할권을 배제하는 굴복체제(capitulation system)를 수립하여 이익을 취하였던 것이다. ㉱ 19세기 들어 국제사회와 국제법의 적용영역은 크게 확대되었다. 라틴아메리카 국가들은 독립과 동시에 서구문명에 편입되었다.

15 19세기부터는 다자조약들이 체결되기 시작하였다. 다음 중 19세기에 다자조약이 체결된 분야가 아닌 것은?
① 국제인도법　　　　　　② 국제경제법
③ 전쟁 및 무력충돌법　　　④ 국제하천법

⑤ 국제관계 및 외교관계법

해설 **<19세기의 다자조약>** 19세기에는 상당히 많은 조약들이 등장하였으며, 특히 비엔나회의 이후 '유럽협조체제'가 유지되면서 많은 다자조약들이 체결되었다. 더구나 이전에 체결된 다자조약들은 대부분 국경선 획정에 관한 것이었으나, 19세기에는 국가행위의 일반적 준칙에 관한 조약들이 등장하였으며 내용도 훨씬 다양해졌다. 국제하천과 외교관계에 관한 비엔나회의에서의 합의와 「해사법에 관한 파리선언」(Paris Declaration of Maritime Law)은 좋은 예이다. 19세기에는 국제인도법에도 커다란 발전이 있었다. 앙리 뒤낭(Henri Dunant)은 솔페리노전투의 참상을 직접 목격한 후 『솔페리노의 회상』(*Un Souvenir de Solferino*)이라는 책을 저술하여 국제적십자사가 설립에 기여하는 등 전쟁 중 상병자와 포로의 인간적 대우 등 국제인도법 발달에 크게 기여하였다.

16 19세기 학자들의 국제법에 대한 주장들이다. 틀린 것은?

① Austin은 국제법이란 법이 아니고 실증도덕이라고 하였다.

② Jellinek는 자기제한설을 주장하였다.

③ Triepel은 변형이론을 주장하였다.

④ Hegel은 국가의 절대성을 강조하여 국제법의 존재가능성을 부인하였다.

⑤ Lorimer는 법실증주의적 국제법을 주장하였다.

해설 **<19세기 법실증주의>** 19세기는 법실증주의의 전성기이었다. ① 영국의 오스틴(John Austin : 1790~1859)은 명령적 법개념으로 유명하다. 그는 홉스의 영향을 받아 법은 주권자의 명령이므로 이를 위반하는 경우에는 제재가 따른다고 하면서, 강제성이 없는 규범인 국제법은 법이 아니라 '실증도덕'(positive morality)이라 하였다. ② 옐리네크(Jellinek)는 법실증주의자이지만 국제법의 강제성을 설명하기 위해 노력하였다. 그는 한 국가가 다른 국가와 법적인 관계를 맺는 것은 국가가 자기를 제한하는 행위를 하는 것이라고 하여 소위 자기제한설을 주장하였다. ③ 독일의 트리펠(Triepel)은 2원론의 입장에서 국제법과 국내법의 차이를 설명하고, 국제법이 국내에서 효력을 가지려면 입법조치를 통해 국내법으로 변형되어야 한다는 변형이론을 주장하였다. ④ 독일 관념철학자 헤겔(Hegel)은 국가는 절대정신의 최고 형태로 자신의 규범에만 종속된다고 하여 국제법의 존재를 거부하였다. ⑤ 19세기 법학자 중 법실증주의를 거부하고 전통적 자연법론을 주장한 사람으로는 영국 에딘버러 대학의 로리머(James Lorimer)가 있었다. 그는 인간의 법은 자연법을 '선언'하는 것이며, 국제법 역시 자연법에 지나지 않는다고 하였다.

17 다음 중 국제연맹시대의 국제법과 관련이 없는 것은?

① 로카르노조약과 부전조약 체결

② 상설국제사법재판소(PCIJ) 설립

③ 국제법성문화 회의

④ 국제연맹에 의한 강제조치

⑤ 자연법론의 재기

> [해설] <**국제연맹시대의 국제법**> ① 1925년 프랑스와 독일, 벨기에는 로카르노(Locarno)조약을 체결하여 상호불가침을 약속하고 중재에 의한 분쟁해결에 합의하였다. 1928년에는 당시의 거의 모든 독립국들이 참여한 가운데 부전조약(파리조약 또는 브리앙-켈로그조약)을 체결하여 전쟁의 포기를 약속하였다. ② 상설국제사법재판소(Permanent Court of International Justice : PCIJ)는 국제연맹 규약에 의해 1920년 설립되었다. ③ 1차대전을 종결지은 베르사유조약의 가장 중요한 업적은 최초의 보편기구 국제연맹을 창설한 것이다. 국제연맹은 국제법의 성문화를 위해서도 노력하였는데, 1930년에는 헤이그에서 국제법성문화회의가 개최되었다. ⑤ 19세기에는 법실증주의가 유행하였으나, 제1차 대전 이후에는 자연법적 국제법 이론이 다시 등장하였다. 전체주의로 인한 폐해가 실정법보다 상위에 있는 자연법의 중요성을 부각시켰던 것이다. ④ 국제연맹은 강제성 있는 조치를 취할 수 없었으며, 권고할 수 있는 권한만 가지고 있었다. 강제조치는 유엔에 들어와서 인정되기 시작하였다.

18 20세기 국제법 이론에 대한 설명이다. 잘못된 것은?

① 19세기에는 약화되었던 자연법사상이 부활되었다.

② 마르크스 철학에서 출발한 사회주의 국제법이론이 등장하였다.

③ 켈젠과 베어드로스 등 순수법학파 학자들은 국제법에 대한 국내법우위를 주장하였다.

④ Krabbe는 국제법 우위의 일원론을 주장하였다.

---

⑤ 사회구성원 간의 연대성을 강조하는 Duguit 역시 국제법의 우위
를 주장하였다.

> **해설** **<20세기의 국제법이론>** ① 19세기 국제법학자들은 국제법의 근본 문
> 제에 대해서는 별로 관심이 없었다. 그러나 20세기 들어 국제법의 근본문
> 제들에 대한 연구가 시작되면서 한때 사망선고를 받았던 자연법사상이 부
> 활하였다. ② 20세기에는 마르크스(Karl Marx)와 엥겔스(Engels)의 철학에
> 뿌리를 두고 있는 사회주의 국제법이론이 등장하였다. 사회주의 국제법 이
> 론은 볼셰비키 혁명 이후 냉전기간 동안 사회주의 노선을 따랐던 많은 국
> 가들의 지지를 받았다. ③ 순수법이론으로 유명한 빈학파의 창시자 켈젠
> (Hans Kelsen)은 국내법에 비해 국제법에 우월한 지위를 부여하였다. 국제
> 법 규범들은 법의 하이어라키의 상층부에 위치하여 정치적 공동체들이 국
> 제법이 요구하는 국가의 요소들을 갖추게 되면 자신의 최고의 법적인 권력
> (supreme legal power)을 위임(delegate)해 준다고 하였다. 베어드로스
> (Alfred Verdross)는 켈젠의 순수법이론을 국제관계에 도입하여 국제법우
> 위의 일원론을 주장하였다. ④ 크라베(Krabbe)는 국제법과 국내법은 본질
> 적으로 같은 것이라고 하면서, 보다 큰 사회의 법인 국제법이 국내법보다
> 우월하다고 하였다. ⑤ 뒤기(Duguit)는 법규범은 '사회규범'(social norms)
> 을 만들어내는 '사회적 사실'인 '연대성'(solidarity)에서 나온다고 하면서,
> 보다 넓은 범위에 적용되는 국제법이 국내법보다 우월하다고 하였다.

19 다음 중 켈젠(Hans Kelsen)과 관계가 없는 것은?
① 순수법이론　　　　　　② 법사회학파
③ 국제법우위의 일원론　　④ 전세계 법의 통일
⑤ 위임의 우위

> **해설** **<켈젠(Hans Kelsen)>** ①② 순수법이론으로 유명한 켈젠은 법학연구
> 는 도덕적·사회학적·정치적 요소를 모두 배제하고 오직 규범에 대한 연
> 구를 통해 이루어져야 한다고 하여, 법사회학파와 사회주의 법철학에 반대
> 하였다. ③④⑤ 그는 국제법에 우월한 지위를 부여하였다. 켈젠은 국제법
> 규범들은 법의 하이어라키의 상층부에 위치하여 정치적 공동체들이 국제법
> 이 요구하는 국가의 요소들을 갖추게 되면 자신의 최고의 법적인 권력을
> 위임(delegate)해 준다고 하여 '위임의 우위'를 주장하였다. 그의 일원론은
> 국제법과 국내법의 동질성 주장에 그치지 않고, 국내법은 국제법이란 공통
> 의 근거를 가진다고 하여 전세계 법의 통일을 상정하였다.

20 제2차 세계대전 이후 국제법에 일어난 변화가 아닌 것은?

① 유엔 등 국제기구의 역할이 매우 중요해졌다.

② 수많은 신생국들의 등장으로 국제공동체가 크게 확대되었다.

③ 경제의 국제화로 신국제경제질서(NIEO)에 따라 국제경제 질서가 재편되었다.

④ 최근에는 환경문제가 중요한 이슈로 등장하였다.

⑤ 새로운 분야의 등장으로 국제법의 양적인 확대가 이루어졌다.

> 해설 <2차대전 이후의 국제법> ① 제2차 세계대전 이후 국제법 발달에 있어 가장 특징적인 것의 하나는 유엔 등 국제기구의 발달이다. 유엔 등 국제기구들은 전세계의 경제, 사회, 문화, 인권 등 거의 모든 국제문제에 관여하고 있다. ② 제2차 대전 이후 신생국이 대거 국제사회에 등장하였다. 그 결과 이제까지 서구와 일부 미주 및 아시아 국가를 그 구성원으로 하였던 국제사회는 대폭 확장되었다. 이들은 대부분의 국제법 규칙들을 그대로 수용하였으나, 국제경제질서의 재편을 주장하기도 하였다. ③ 경제의 국제화는 국제법에 또 다른 변화를 가져오고 있다. 특히 최근에 타결된 WTO 협정은 국제법 전체에 큰 변화를 가져오고 있다. '신국제경제질서'(NIEO)는 1970년대 개발도상국들이 주장하였던 것으로 국제경제질서에 별다른 변화를 가져오지는 못했다. ④ 국제환경보호를 위한 관련 국제법규의 발달은 앞으로 상당한 발전이 예상되는 분야이다. 1972년 스톡홀름 회의에 이어 1992년 리우 유엔환경개발회의(UNCED)는 국제환경법 발달에 획기적인 계기가 되었다. ⑤ 국제법은 제2차대전 이후 양적·질적으로 큰 발전을 이루었다. 특히 국제법에는 우주법·경제법·환경법·인권법 등 새로운 분야들이 속속 등장하여, 그 영역이 크게 확대되었다.

21 앞으로 국제법이 해결해야 할 중요한 과제라 생각되지 않는 것은?

① 대량살상무기 규제

② 국가간 경제적 이해관계 조정

③ 국제인권보호 강화

④ 국제환경협력 증진

⑤ 국가주권 강화

> 해설 <21세기 국제법의 과제> 21세기를 맞이하여 국제사회는 여러 가지

해결해야 할 문제들을 안고 있다. 첫째, 냉전체제의 붕괴 이후 핵무기와 생화학무기 같은 대량살상무기가 확산되고 있는바, 이를 규제하여 핵공포와 전쟁위협을 제거하는 것이 중요하다. 둘째, 해양과 극지, 우주 등 국제공역에서 국가간 이해관계를 조정해야 한다. 셋째, 갈수록 첨예하게 대립되어 가는 국가간 경제관계를 조정해야 한다. 넷째, 저개발국들의 빈곤문제를 해결해야 한다. 다섯째, 보편적 인권보장과 함께 인종간의 갈등을 해소해야 한다. 여섯째, 환경보호를 위한 국제협력을 강화하여 지구환경을 보호해야 한다. 그런데 이러한 문제들을 해결방안은 대부분 상호의존(interdependence)에 대한 공동인식을 필요로 하는바, 국가주권의 강화보다는 보다 제한적인 새로운 주권개념의 정립을 필요로 한다.

22 제2차대전 이후 국제법학자들의 학설에 관한 설명들이다. 적절치 않은 것은?

① 프리드만은 국제법에서 '협력의 법'이 중요해지고 있다고 하였다.

② 프리드만이 말하는 '협력의 법'에서는 무력적인 방법에 의한 제재만이 효과가 있다.

③ 맥두갈은 국제법에서 정부의 정책을 중시하는 '세계공공질서' 개념을 주장하였다.

④ 포크 교수는 생태학적 재난을 피하려면 세계질서의 근본적인 변혁이 필요하다고 하였다.

⑤ 퉁킨은 소련을 대표하는 국제법학자였다.

> **해설** 〈20세기 후반 국제법 학설〉 ①② 프리드만은 『국제법의 구조변천』(*The Changing Structure of International Law*)에서 수평적으로 확대되어 가는 질서와, 자원부족, 핵무기로 인하여 국가중심의 분권화된 체제는 타당성을 상실하게 되었다고 하면서, 국가주권은 새로운 시대에는 부적합한 것이 되었다고 하였다. 이에 따라 국제법은 국가간 외교관계 중심의 '공존의 법'(law of coexistence)에서 보편적·지역적 차원에서 경제적·사회적 문제에 대처하기 위한 '협력의 법'(law of cooperation)으로 옮아가며, 후자에서 '배제'(nonparticipation)는 매우 효율적인 제재수단이 된다고 하였다. ③ 맥두갈(Myres Mcdougal) 교수와 그의 예일대학 동료들을 중심으로 형성된 뉴헤이븐 학파에서는 국제법에 있어서 정부의 정책을 중시하는

'세계공공질서'(world public order) 개념을 주장한다. 맥두갈은 국제법의 보편성에 의문을 제기하면서, 국제법학자들은 각국 국민과 그 지도자들이 가지고 있는 가치를 좀더 심도 있게 고찰하여 새로운 국제법 이론을 구성해야 한다고 하였다. 이러한 주장에 대해 전통국제법학자들은 '법'(law)과 '정책'(policy)을 혼동하고 있다고 비판한다. ④ 포크(Richard Falk) 교수는 인간의 정치적·경제적 관계의 전면적인 개편 없이 생태학적 재난은 피할 수 없다고 하면서 세계질서의 근본적인 개혁을 주장하였다. ⑤ 통킨(Tunkin)은 소련을 대표하는 사회주의 국제법학자였다.

제 3 절 \ 국제법의 법적 성격

23 국제법이 현실적으로 존재하는 규범임을 보여주는 근거가 아닌 것은?

① 각국의 헌법들이 국제법의 존재를 인정하고 있다.

② 국제연합 헌장이 국제법의 존재를 인정한다.

③ 국제조약들이 국제법의 존재를 인정한다.

④ 국제사법재판소 규정과 각종 국제적인 사법기관들이 국제법의 존재를 인정한다.

⑤ 국제사회에는 유엔이라는 통일된 입법기관이 존재한다.

> **해설** **〈국제법의 실정성〉** 국제법이 현실적으로 존재하는 실정적 법규범임은 여러 가지로 증명된다. ① 세계 각국의 헌법은 국제법에 관한 규정들을 두고 있으며, 국가들은 다른 국가와의 분쟁시 국제법을 원용하여 자신들의 주장을 전개해 왔다. ② 유엔과 각종 국제기구 역시 국제법이 현실적으로 존재하는 규범인 것을 전제로 하고 있다. ③④ 각종 국제조약, 특히 국제사법재판소(ICJ) 규정과 국제적인 사법기관의 판결들 역시 국제법의 존재를 분명히 인정하고 있다. ⑤ 국제법이 현실적으로 존재하는 규범인가 하는데 대한 의문은 주권국가를 지배하는 법이 존재할 수 있는가 하는 의문과 국제사회에는 국제법을 제정하는 통일된 입법기관이 존재하지 않는 데에서부터 제기된다. 유엔을 국제사회의 통일된 입법기관이라 할 수도 없다.

24 다음 중 국제법의 법적 성격을 부인하는 사람들이 제시하는 근거가
아닌 것은?

① 국제사회에는 초국가기구가 없다.

② 국제사회는 법이 존재할 수 없는 자연상태이다.

③ 주권국가를 지배하는 법은 있을 수 없다.

④ 국제법은 법이라 부르기에는 지나치게 위반이 많다.

⑤ 국가들이 원하므로 국제법은 강제성을 가진다.

해설 〈국제법부인론〉 ① 국제법의 법적 성격을 부인하는 사람들은 국제사
회에는 국가를 강제하는 상위기관이 존재하지 않는다는 사실을 중요시한
다. 법이란 상위권력에 의하여 제정되어 제재를 무기로 강제되어야 하는데,
국제사회에는 '초국가기구'(supernational authority)가 없으므로 국제법은
법적인 성격을 가지지 못한다는 것이다. 이에 대해서는 법의 존재를 위하
여 통일된 상위기관의 존재가 필수적인가 하는 의문이 제기된다. ② 마키
아벨리(Machiavelli)와 홉스(Hobbes), 스피노자(Spinoza)는 국제사회는 힘
의 논리가 지배하는 자연상태이므로 주권국가는 조약을 준수할 의무가 없
다고 하였다. 그러나 국제사회를 오직 힘이 지배하는 자연상태에 있다고
보는 것은 잘못이다. ③ 주권국가의 절대성을 인정하는 사람들은 국제법의
강제성을 인정할 수 없었다. 오스틴(J. Austin)은 법이란 주권자의 명령이
므로 국제법은 법이 아니라 실증도덕(positive morality)이라고 하였으며,
헤겔(Hegel)은 국가를 구속하는 법은 있을 수 없다고 하였다. ④ 국제법에
대한 위반은 지나치게 빈번하며 그러한 위반에 대하여 국제사회는 속수무
책이라는 지적도 있다. 국제사회는 국제법 위반자들을 제대로 제재하지 못
하므로, 국가들은 국제법을 준수하려 하지 않는다는 것이다. 그러나 국가들
의 국제법 위반 사례에 주목하기 이전에 대부분의 국가들이 국제법을 준수
하고 있는 현실을 보아야 할 것이다. ⑤ 국제법의 강제성의 근거를 국가들
의 의사에서 찾고자 하는 의사주의 입장에 관한 것이므로, 오히려 국제법
의 법적 성격을 시인하는 입장에 관한 설명이다.

25 국제법의 존재나 법적 성격을 부인하는 사람들이 제시하는 근거가 아
닌 것은?

① 국제사회에는 초국가기구가 없다.

② 각국의 헌법은 국제법의 존재를 부인하며 그 법적인 성격을 인

정하지 않는다.

③ 주권국가를 구속하는 법은 있을 수가 없다.

④ 국제법 위반에 따른 제재는 제대로 이루어지지 않는다.

⑤ 유엔은 국제법위반 국가를 제재할 수 있는 권한이 없다.

> **해설** 〈국제법부인론〉 국제법부인론은 두 가지 근거에서 제기된다. 하나는 국제법이란 규범의 존재 자체를 거부하는 것이며, 다른 하나는 국제법의 존재는 인정하되 강제성의 결여를 근거로 그 법적 성격을 부인하는 것이다. ① 국제법의 강제성을 부인하는 가장 중요한 근거는 국제사회에는 국가를 강제하는 상위기관이 존재하지 않는다는 사실이다. 일부 학자들에 의하면, 법이란 원래 상위권력에 의해 제정되어 제재를 무기로 강제되어야 하는데 국제사회에는 이러한 초국가기구가 존재하지 않는다는 것이다. ④ 국제법의 법적 성격을 부인하는 사람들이 제시하는 또 하나의 근거는 국제법에 대한 위반은 매우 빈번하며 그러한 위반에 대해 국제사회는 속수무책이라는 것이다. 이러한 지적에 대해서는 법의 존재와 효율성을 혼동하고 있다는 비판이 있다. ⑤ 유엔안전보장이사회는 헌장 7장에 따라 강제조치를 발동할 수 있다.

26 다음 중 국제법의 법적 성격을 부인하지 아니하는 사람은?

① Zorn   ② Hobbes

③ Kelsen   ④ Austin

⑤ Spinoza

> **해설** 〈국제법부인론자〉 Hobbes와 Spinoza는 국제사회란 힘의 논리가 지배하는 자연상태이므로 국가들은 조약을 준수할 의무를 지지 않는다고 하였다. Austin은 법이란 주권자의 명령인데, 국제법은 주권자의 명령이 아닌 세론에 의하여 설정되는 것이므로 법이 아니라고 하였다. Raymond Aron, H. Morgenthau 같은 국제정치학자들은 국가권력이 국제법에 종속됨을 인정하려 하지 않았다. 나치스 독일의 법학자들인 Zorn과 Seydel은 국제법을 국가의 대외공법이라 하여 국제법부인론에 이르렀다.

27 국제법이 강제성을 가져야 한다고 주장하지 않았던 학자는?

① Austin   ② Jellinek

③ Triepel   ④ Kelsen

⑤ Duguit

해설 〈국제법긍정론자〉 ① Austin은 국제법의 법적 성격을 부인하여 실증 도덕에 지나지 않는다고 하였다. ②③ 바텔(Vattel), 옐리네크(Jellinek), 트리펠(Triepel)은 국제법의 강제성의 근거를 국가의사에서 찾는 의사주의 입장에 섰다. 그들은 국제법을 지켜야 하는 것은 국가들이 그것을 원하기 때문이라고 하였다. 옐리네크는 자기제한설을 그리고 트리펠은 공동의 사설을 주장하였다. ④ 국가의 의사가 아닌 다른 요소에서 강제성의 근거를 발견하고자 하는 객관주의 입장도 있다. 켈젠(Kelsen)은 국제법은 법의 피라미드 상층부에 위치하여 국제법이 요구하는 요소들을 갖춘 국가들에게 권력을 위임(delegate)해 준다고 하여 국제법이 국내법의 상위규범임을 분명히 하였다. ⑤ 사회학적 법이론가인 뒤기(L. Duguit)와 셀(G. Scelle)은 법은 사회의 연대성을 유지하기 위해 필요한데, 사회내 규범보다는 사회간 규범이 우월해야 평화가 유지된다고 하면서, 각국의 국내법은 국제법에 종속되어야 한다고 하였다.

28 국가가 국제법을 지켜야 하는 이유를 국가의 의사에서 구하여 자기제한설을 주장한 사람은?

① 옐리네크   ② 켈 젠
③ 뒤 기   ④ 오스틴
⑤ 헤 겔

해설 〈옐리네크〉 국제법의 강제성 문제에 대하여 옐리네크(Jellinek)는 자기제한설을 주장하여 국가는 자기 자신의 의사에 따라 합의한 조약 등 국제법을 지켜야 한다고 하였다. 국가권력을 절대시하는 독일적 전통에 따라 국가는 그 어떠한 것에도 종속되지 않는다고 믿어 온 옐리네크는 국가가 국제법 특히 조약을 지켜야 할 의무를 당사국의 의사에서 찾아, 국제법이 지켜져야 하는 것은 국가가 스스로 그것을 원하기 때문이라고 하였다.

29 국제법의 법적 성격을 시인하는 사람들이 제시하는 근거로 적당치 않은 것은?

① 의사주의에 의하면 국제법은 국가간 합의의 결과이므로 지켜져야 한다고 하였다.

② 순수법학파에서는 국제법이 국내법보다 상위규범임을 분명히 하였다.

③ 뒤기 등 법사회학파에서는 국제법보다는 국내법이 강력해야 국제평화가 유지된다고 한다.

④ 일부 자연법론자들은 국제사회에서의 공동선 실현을 위해 국제법이 강제력을 가져야 한다고 하였다.

⑤ 국제사회도 미흡하지만 일정한 제재수단을 가지고 있다.

> **해설** <국제법의 법적 성격 긍정론> ① 국제법의 강제성의 근거를 국가의사에서 찾는 의사주의에 의하면, 국제법이 준수되어야 하는 것은 바로 국가들이 그것을 원하였기 때문이라고 한다. 이러한 학설은 바텔(Vattel), 옐리네크(Jellinek), 트리펠(Triepel) 등에 의해 주장되었는데, 옐리네크는 자기제한설을 그리고 트리펠은 일반의사(general will)를 주장하였다. ② 켈젠(Kelsen) 등 순수법학파에서는 위임의 우위이론을 통하여 국제법이 국내법보다 상위규범임과 강제성을 가져야 하는 이유를 설명하였다. ③ 법사회학파인 뒤기(L. Duguit)와 셀(G. Scelle)은 법은 사회의 연대성 유지를 위해 필요한데, 사회내 규범보다는 사회간 규범이 우월해야 평화가 유지되므로 각국의 국내법은 국제법에 종속되어야 한다고 하였다. ④ 일부 자연법론자들은 국제사회에서의 정의와 공동선 실현을 위해 국제법이 강제력을 가져야 한다고 하였다. ⑤ 국제법도 국제법위반국에 대해 몇 가지 제재수단을 가지고 있다. 먼저 자력구제에 속하는 것으로 보복(retortion)과 복구(reprisal)가 있으며, 유엔에서 보듯이 오늘날 국제사회는 국제법위반국을 상대로 집단적 제재조치를 가할 수도 있다.

제 4 절 국제법의 법원

30 국제법의 법원을 가장 잘 표현하고 있는 국제사법재판소 규정 38조 1항에 나타난 법원끼리 나열된 것은?

> 가. 국제조약
> 나. 국제관습법
> 다. 법 일반원칙
> 라. 조 리
> 마. 법규칙 결정을 위한 수단으로의 학설과 판례

① 가, 나, 다   ② 나, 다, 마
③ 다, 라, 마   ④ 가, 다, 마
⑤ 가, 나, 라

> [해설] <ICJ 규정 38조> 국제사법재판소 규정 38조 1항은 자신에게 제기된
> 분쟁을 국제법에 따라 결정하는 데 있어 다음을 적용한다고 하여 국제법의
> 법원을 나열하였다. 그것은 (a) 일반적이든 특수한 것이든 분쟁당사국들이
> 명시적으로 인정한 국제협약(international conventions), (b) 법으로 승인
> 된 일반적 관행의 증거인 국제관습(international custom), (c) 문명국들에
> 의해 승인된 법 일반원칙(general principles of law), (d) 법규칙의 결정을
> 위한 보조수단으로 59조 규정(기판력의 상대성)의 조건하에 사법판결
> (judicial decisions)과 각국의 가장 우수한 법학자들의 학설이다. 한편 동
> 조 2항은 "이 규정은 당사자들이 합의하는 경우 재판소가 사건을 공평과
> 선에 따라 판결하는(decide a case *ex aequo et bono*) 권한을 해치지 않
> 는다"고 하였다.

31 국제법의 法源에 대한 다음의 설명 중 잘못된 것은?

① 법원은 형식적 법원과 실질적 법원이 있으나 일반적으로는 형식
   적 법원을 중요시한다.

② 법원에 관한 ICJ 규정 38조 규정은 과거의 PCIJ 규정을 그대로
   답습한 것이다.

③ ICJ 규정 38조는 효력순위에 따라 국제법의 법원들을 나열하였다.

④ 국제법의 법원 중에서 특히 중요한 것은 조약과 국제관습법이다.

⑤ 법원에 관한 ICJ 규정은 변화된 국제사회의 현실을 반영하지 못
   하고 있다는 비판을 받는다.

해설 <국제법의 법원> ① 일반적으로 법원은 형식적 법원과 실질적 법원으로 나눈다. 형식적 법원이란 법의 존재형식, 즉 법이 어느 곳에 어떻게 존재하는가 하는 것이며, 실질적 법원이란 법이 어떻게 존재하게 되었는가 하는 데에 관심을 둔다. 그러나 일반적으로 법원이라 말할 때 그것은 형식적 법원을 의미한다. ② 국제법의 법원에 관한 국제사법재판소(ICJ) 규정 38조는 과거 국제연맹시대 국제적 사법기관이었던 상설국제사법재판소(Permanent Court of International Justice : PCIJ) 규정을 그대로 승계하였다. ③ ICJ 규정 38조는 조약과 관습법 및 법 일반원칙을 주요 법원으로, 판례와 학설을 법규칙 결정을 위한 보조수단으로, 공평과 선은 당사자들이 합의하는 경우 적용가능한 법원으로 인정하였다. 그러나 이 규정에 나와 있는 법원들은 효력순위에 입각한 것이 아니라 참조의 편의에 따라 배열된 것이다. 앞에 있는 법원은 나중의 법원보다 빈번히 참조되는 것일 뿐, 우월한 효력을 가지는 것은 아니다. ⑤ ICJ 규정 38조는 1920년에 만들어진 PCIJ 규정을 답습한 것이어서 국제사회의 현실을 제대로 반영하지 못하고 있다는 비판을 받는다. ICJ 규정 38조에는 유엔 등 국제기구의 결의나 선언에 대하여 아무런 언급이 없으며, 형평에 관한 규정도 없기 때문이다.

32 국제법의 법원으로 조약이 중요한 이유로 적당치 않은 것은?

① 조약은 당사국간 명시적 합의이다.

② 조약은 국제분쟁 해결시 일차적인 참조 대상이다.

③ 조약은 가장 우월한 효력을 가지는 법원이다.

④ 조약은 국가 간의 권리·의무 관계를 분명히 보여준다.

⑤ 국제법원들은 국제분쟁을 다룰 때 분쟁당사국 간 기존의 조약들을 먼저 검토한다.

해설 <국제조약> 조약이란 국가나 국제기구 같은 국제법 주체 간에 이루어지는 명시적 합의이다. 조약은 국제사법재판소 규정 38조 1항에 제일 먼저 등장한 데에서 알 수 있듯이, 국제법의 가장 중요한 법원이다. 조약은 당사국간 명시적인 합의이므로 국가 간의 권리·의무관계를 분명히 보여줄 뿐 아니라, 분쟁발생시 일차적인 조사대상이 된다. 그러나 조약이 국제관습법 등 다른 법원보다 항상 우월한 지위를 갖는 것은 아니다. 국제법에서는 국내법에서처럼 규범들 간에 상하의 구분이 명확하지 않기 때문이다.

33 국제관습법에 대한 설명이다. 잘못된 것은?

① 조약과 함께 가장 중요한 국제법의 법원이다.

② 국제사회에는 통일된 입법기관이 없으므로 관습법이 중요하였다.

③ 국제관습법은 규범의 존재를 입증하는 데 어려움이 있다.

④ 다자간에 체결된 보편조약 중에는 국제관습법을 성문화한 것이 많다.

⑤ 국제관습법의 효력은 조약보다는 약하고 법 일반원칙보다는 강하다.

> 해설 <**국제관습법**> 국제사법재판소(ICJ) 규정 38조는 국제법의 법원을 나열하면서, 국제조약에 이어 "법으로 승인된 일반적 관행임이 증명되는 국제관습"을 규정하였다. 국제사회에서는 통일된 입법기관이 없으므로 관습법이 상대적으로 중요한 역할을 수행해 왔다. 관습법의 성문화로 조약의 중요성이 부각되고 있지만, 관습법은 앞으로도 계속 중요한 법원으로 남게 될 것이다. ⑤ 국제법의 법원 간에는 원칙적으로 상하의 구분이 없으므로 관습법이 항상 조약보다 약한 효력을 가지는 것은 아니다.

34 국제관습법의 성립에 관한 설명이다. 적절하지 않은 것은?

① 국제관습법의 성립을 위해서는 관행이 확고해야 한다.

② 관행은 국제법에 관련된 국가나 국제기구의 반복적 행위를 통하여 성립된다.

③ 국제관습법의 성립을 위해서는 법적 인식이 필요하다.

④ 법적 인식이란 관행을 따르는 것이 법적인 의무임을 인식하는 것이다.

⑤ 법적 인식은 규칙을 명확히 하고 관행은 이를 국제법규범으로 전환시킨다.

> 해설 <**국제관습법의 성립**> ICJ 규정이 국제관습법을 "법으로 승인된 일반적 관행의 증거인 국제관습"이라 한 것은 국제관습법의 성립을 위해서는 일반적 관행과 법적 인식이 존재해야 함을 지적하는 것이다. ①② 관습법 형성에 있어서 실질적 요소인 관행은 국제법에 관련된 국가나 국제기구의 반복적 행위를 통해 이루어진다. 국제관행이 성립하는 데에는 상당한 시간과 공간적 조건이 필요하다. ③④ 관습법의 형성을 위해서는 주관적·심리적 요

소도 필요한데, 심리적 요소란 선례를 따라야 한다는 법적 의무감 또는 선례에 대한 법적 인식(*opino juris*)이다. ⑤ 국제관습법의 형성에서 관행은 관련 규칙의 내용을 명확히 하는 데 기여하며, 법적 인식은 이러한 행위규칙들을 법적인 강제성을 가지는 국제법 규범으로 전환시키는 역할을 한다.

35 국제관습법 형성에 있어서 관행의 성립에 관한 적절한 설명이 아닌 것은?

① 관행은 국제관습법의 심리적 요소이다.

② 관행은 국제법에 관련된 국가나 국제기구의 반복적인 행위를 통하여 성립된다.

③ 국가의 대외적인 행위와 관련 국내법 제정은 관행의 성립에 기여한다.

④ 국제기구의 행위와 선언 및 결의도 관행의 성립에 기여한다.

⑤ 국가와 국제기구의 행위는 상당한 시간동안 상당한 지역에서 반복되어야 관행이 된다.

[해설] **〈관행의 형성〉** ①② 국제사법재판소 규정 38조의 관습법에 대한 정의에는 관행을 만들어 낼 수 있는 주체들에 대해 아무런 규정을 두지 않았다. 그러나 국제관습법의 실질요소인 일반적 관행은 주로 국제법에 관련된 국가나 국제기구의 반복적 행위를 통해 성립된다고 본다. ③ 국가들은 각종의 대외적인 행위, 즉 외교선언이나 국제기구에서의 정부대표의 발언, 국내법 제정 등을 통해 국제관행의 형성에 기여한다. ④ 국제기구는 각종 선언이나 결의 등으로 국제관행의 성립에 참여하게 된다. ⑤ 국가나 국제기구의 행위들이 관행으로 발전하려면, 상당한 시간 동안 상당한 지역에서 반복되어야 한다.

36 관행의 성립을 위한 조건에 관한 설명들이다. 다음 중 적절하지 않은 것은?

① 관행은 상당한 시간동안 상당한 지역에서 일정한 행위가 반복되어야 성립하는 것이 원칙이다.

② 관행의 성립을 위해서는 상당한 시간이 필요하나 그 조건은 다

소 가변적이다.

③ 관행의 성립을 위해서는 상당한 지역에서 행위가 반복되어야 하나 이러한 공간적 조건 역시 다소 가변적이다.

④ 국제관습법은 보편적으로 타당해야 하므로 일정한 지역에서만 적용되는 관습법은 허용되지 아니한다.

⑤ 관행의 성립에 있어서 특별한 이해관계를 가지는 국가와 강대국의 역할이 중요하다.

> 해설 <국제관행의 성립조건> ① 국가나 국제기구의 행위들이 관행으로 발전하려면 그러한 행위들은 상당한 시간 동안 상당한 지역에서 반복되어야 한다. ② 관행의 성립을 위해서는 상당한 기간 동안 선례가 반복되어야 한다. 그러나 이러한 시간적 조건은 절대적인 것이 아니며 단기간 내에 관습법이 형성되는 경우도 있다. 국제사법재판소는 1969년 북해대륙붕 사건에서 특별한 이해관계를 가지는 국가들의 관행이 광범위하고 동일하다면 단기간에 관습법이 성립될 수 있다고 하였다. ③ 국제관습법 형성을 위한 공간적 조건 역시 가변적이어서, 얼마나 많은 국가들이 그러한 관행을 따르는가 하는 것 이상으로 특별한 이해관계를 가지는 국가들과 강대국들의 참여가 중요하다. ④ 일부지역에 있는 국가들의 관습법인 지역관습법도 가능하다. ⑤ 1969년 북해대륙붕 사건에 대한 판결에서 국제사법재판소는 특별한 이해관계를 가지고 있는 국가들의 관련 문제에 대한 관행을 중요시하였다. 국제관습법의 형성에 있어서 강대국의 참여는 시간적·공간적 조건을 단축시키는 요인이 된다.

37 국제관습법에 관한 설명들이다. 잘못된 것은?

① 국제적인 사법기관에서는 관행이 확고하면 심리적 요소인 법적 인식도 존재하는 것으로 본다.

② 신생국과 관습법 형성에 반대한 국가도 국제관습법을 따라야 하는가 하는 문제가 제기된다.

③ 국제사법재판소는 어업사건에서 지속적 반대자의 원칙을 거부하였다.

④ 신생국들도 국제관습법을 지켜야 하나 일부 예외가 인정된다.

⑤ 국제법에서 조약과 관습법은 효력에 있어서 상하가 없다.

정답 36 ④

해설 **＜국제관습법의 적용＞** ① 국제관습법의 형성에 관한 요소 중에서 법적 인식은 주관적인 것이어서 객관적인 판단이 곤란하다. 따라서 ICJ 등 국제적인 사법기관에서는 관행이 확고하게 성립된 경우에는 심리적인 요소, 즉 법적 인식도 존재하는 것으로 본다. ② 국제관습법 형성에 있어서 관행이 보다 중요한 요소이나, 관습법의 적용범위를 결정하는 데 있어서는 국가들의 법적 인식도 무시할 수 없다. 따라서 관습법이 형성되는 과정에서 관행의 성립에 지속적으로 반대한 국가와 신생국들도 국제관습법을 따를 의무가 있는가 하는 문제가 제기된다. ③ 국제관습법이 일단 생성되었다고 하여도, 처음부터 그러한 관습법에 반대해 온 국가는 그러한 규칙을 따라야 할 의무는 없다. 브라운리(Brownlie)는 이것을 '지속적 반대자의 원칙'(principle of persistent objector)이라 불렀다. 어업사건에서 국제사법재판소는 이 원칙을 지지하였다. ④ 신생국들은 그 법적 인식에 관계없이 기존의 국제관습법을 준수할 의무가 있는가 하는 문제도 제기된다. 신생국들도 대부분의 국제관습법을 지켜야 하지만, 일단의 신생국들이 공동으로 어떤 관습법 규칙에 반대하거나 특수한 사정을 들어 특별대우를 요구하는 경우에는 예외가 인정된다.

38 국제관습법의 효력에 관한 설명들이다. 옳은 것끼리 나열된 것은?

> 가. 국제법에서도 성문화된 법원이 불문법원보다 우월한 효력을 가지므로, 조약이 관습법보다 우월한 효력을 갖는다.
> 나. 조약과 관습법간의 충돌은 신법우선원칙 등 일반적인 규범충돌 해결방법에 의해 해결할 수 있다.
> 다. 보편적인 관습법 규범이 지역관습법 규범보다 우월한 효력을 갖는다.
> 라. 조약과 관습법 중에 강행규범에 해당하는 것이 있으면 그것이 우월한 효력을 가진다.
> 마. 각국의 국내법원이 국제관습법을 찾아 적용하는 것은 용이하지 않다.

① 가, 나, 라 　　② 가, 다, 마
③ 나, 다, 라 　　④ 나, 라, 마
⑤ 다, 라, 마

[해설] **〈국제관습법의 효력〉** ㉮ 우리나라처럼 성문법주의를 취하는 국가에서 관습법은 성문법을 보충하는 정도의 효력을 가지지만, 국제법에서는 법원들 사이에 효력상의 상하관계가 없다. 따라서 국제법상 관습법과 조약은 원칙적으로 동등한 효력을 가진다. ㉯ 조약과 관습법 간에 충돌이 있을 때에는 후법우선이나 특별법우선원칙 같은 일반적인 규범충돌 해결방법에 의해 해결한다. ㉰ 조약이나 관습법 둘 중의 하나가 국제강행법규(*jus cogens*)에 해당하면 무조건 그 규범이 우월한 효력을 갖는다. ㉱ 조약과 달리 국제관습법을 각국의 국내법원들이 적용하는 데에는 상당한 어려움이 있다. 각국의 법관들이 국제관습법을 찾아내는 것은 현실적으로 쉽지 않기 때문이다.

39 다음 중 지역관습법 문제가 사건의 주요 쟁점이었던 사건은?

① 부르키나파소와 말리 간 사건

② 망명권 사건   ③ 북해대륙붕 사건

④ 핵실험 사건   ⑤ 트레일제련소 사건

[해설] **〈지역관습법〉** 국제관습법이란 보통 보편적으로 적용되지만, 예외적으로 일부 지역의 국가들 사이에서 형성되어 그들 간에 통용되는 경우도 있다. 이러한 지역관습법의 가장 대표적인 예는 자국 내의 외국 외교공관에 들어가 정치망명을 요청하는 외교적 망명 또는 외교적 비호에 관한 중남미 국가들 간의 관습이다. 여기에 관한 사건으로 망명권 사건이 있었다. 1950년 국제사법재판소가 판결한 망명권 사건(Asylum Case between Columbia and Peru)은 라틴아메리카에 있어서의 외교적 비호에 관한 것으로, 1949년 페루의 정치가 Victor Raul Haya de la Torre가 리마 주재 콜롬비아 대사관에 피신하면서 비롯되었다.

40 국제관습법의 성문화에 관한 다음의 설명 중 잘못된 것은?

① 관습법을 성문화하면 법규의 내용이 명확해져 법적 안정성을 가져오는 장점이 있다

② 국제연맹은 국제법의 성문화를 위해 전문가위원회를 구성하였다.

③ 국제연맹은 1930년 국제법성문화회의를 개최하여 해양법 등 많은 국제관습법을 성문화하였다.

④ 유엔은 국제법위원회를 설치하여 국제법의 성문화를 추진하고 하였다.

⑤ 국제법위원회는 해양법, 외교관계법, 조약법 등 여러 분야의 국제관습법을 성문화하였다.

[해설] **〈국제관습법의 성문화〉** ① 관습법은 유연하다는 장점은 있지만, 국제사회에서는 법적 안정성을 위하여 기존의 관습법을 성문화하였다. 기존의 관습법규를 성문화하게 되면 그 내용이 보다 명확해져 국가들로 하여금 법규칙을 보다 쉽게 인식하게 하여 법적 안정성을 높이게 되기 때문이다. ② ③ 국제관습법의 성문화는 국제연맹에서 처음 시도되었다. 국제연맹은 국제법의 성문화를 위해 전문가위원회(Committee of Experts)를 구성하여 준비작업을 진행한 결과 1930년 헤이그에서 47개국이 참가한 가운데 국제법성문화회의를 개최하였다. 그러나 그 성과는 미미하였다. ④ ⑤ 유엔은 1947년 결의를 통해 국제법위원회(International Law Commission)를 설치하여 국제법의 성문화를 추진하는 기구로 삼았다. 국제법위원회는 34명의 위원들로 구성되며 지리적 대표성이 확보되도록 조직된다. 국제법위원회가 중심이 되어 관습법을 성문화한 조약으로는 1958년 해양법에 관한 4개의 협약, 1961년의 외교관계에 관한 비엔나협약, 1969년 조약법에 관한 비엔나 협약 등이 있다.

41 법 일반원칙에 대한 적절한 설명이 아닌 것은?

① ICJ 규정 38조에 나타나 있는 국제법의 법원의 하나이다.

② ICJ 규정이 말하는 법 일반원칙은 서구 문명국들의 국내법 원칙이다.

③ 각국의 국내법원칙 중에서 국제사회에 적용가능한 원칙이다.

④ 관련 국제조약이나 관습법이 없을 때 사용된다.

⑤ 형평도 법 일반원칙의 일부로 적용된다.

[해설] **〈법 일반원칙〉** ① ③ ICJ 규정 38조 1항 (c)는 "문명국들에 의해 승인된 법 일반원칙"(general principles of law)을 국제법의 법원의 하나로 규정하여, 각국의 국내법 원칙 중 국제사회에 적용가능한 것을 국제법의 법원의 하나로 인정하였다. ② ICJ 규정의 '문명국'이란 표현의 의미를 둘러싸고 오해가 있을 수 있다. 그러나 오늘날 지구상의 모든 국가를 문명국으로 보기 때문에 실제로는 별 의미가 없는 단어이며 일부 선진국을 지칭하는 단어는 아니다. ④ 조약이나 관습법 이외에 법 일반원칙을 또 하나의 법원으로 인정한 것은, 적용가능한 조약이나 관습법이 없거나 관련 조약이

나 관습법만으로는 문제의 해결이 곤란한 경우에 대비하기 위한 것이다.
⑤ 형평(equity)은 법 일반원칙의 일부로 적용된다.

42 국제법상 형평(equity)에 대한 설명으로 타당하지 않은 것은?

① 재판상 재량으로의 형평의 역사는 아리스토텔레스와 그로티우스 까지 거슬러 올라간다.

② 국제사법재판소는 북해대륙붕 사건에서 형평에 맞는 해양경계획 정을 요구하였다.

③ 1970년대 개도국들은 형평에 맞는 신국제경제질서 수립을 주장 하였다.

④ 1937년 뮤즈강 사건에서 허드슨 판사는 형평은 법 일반원칙의 일부로 적용된다고 하였다.

⑤ 형평이란 ICJ 규정 38조 2항의 공평과 선을 의미한다.

> 해설 **<형평(equity)>** ① 법에 있어서 형평에 관한 이론의 뿌리는 아리스토 텔레스(Aristotle)와 그로티우스(Grotius)까지 거슬러 올라간다. 그들은 법 규칙의 경직성을 지적하면서 법관들에게 법규칙에 대한 예외를 인정할 수 있는 재량을 인정해야 한다고 하였다. ②③ 형평에 관한 논의는 1969년 북해대륙붕사건에 대한 국제사법재판소판결과 1970년대 들어 구체화된 신 국제경제질서(New International Economic Order : NIEO) 운동에 의해 부활되었다. 북해대륙붕 사건에서 재판소는 1958년 대륙붕협약의 등거리선 을 거부하고 형평의 원칙에 따른 해양경계획정을 요구하였다. 한편 개발도 상국들은 1974년 유엔총회를 통과한 3개의 신국제경제질서 관련 결의에서 국제경제질서를 형평에 맞게 재편할 것을 주장했다. ④ 국제법학자들은 형 평을 '법 일반원칙'에 속하는 것으로 본다. 특히 1937년 뮤즈강 수로변경사 건(The Diversion of Water from the Meuse case)에서 허드슨(Manley O. Hudson) 판사는 개별의견을 통해 형평이 법 일반원칙이란 통로를 통하 여 국제재판에 적용된다는 점을 분명히 밝혔다. ⑤ 형평(equity)은 ICJ 규 정 38조 2항의 '공평과 선'(*ex aequo et bono*)과는 다르다.

43 국제사법재판소(ICJ) 규정 38조 2항의 공평과 선(*ex aequo et bono*)에 대 한 설명으로 틀린 것은?

정답   41 ②   42 ⑤

① PCIJ 규정이 도입하였다.

② ICJ 규정이 이를 계승하였다.

③ 국제사법재판소는 상당수의 국제사건들을 공평과 선에 따라 판결하였다.

④ 형평(equity)과는 다른 것이다.

⑤ 법규칙은 무시하고 오직 공평한 결과만을 추구한다.

> [해설] **<공평과 선(*ex aequo et bono*)>** ① 1920년 상설국제사법재판소 (PCIJ) 설립을 앞두고 조직된 법률자문위원회는 당초 제시된 '형평'(equity) 대신에 '공평과 선'(*ex aequo et bono*)을 규정에 도입하였다. ② ICJ 규정 38조 2항은 PCIJ 규정을 계승하여 "이 규정은 당사자들이 합의하는 경우 법원이 사건을 공평과 선에 따라 판결하는(decide a case *ex aequo et bono*) 권한을 해치지 않는다"고 하였다. ③ 그런데 규정 38조 2항의 규정 대로 분쟁당사국들이 합의하여 '공평과 선'을 재판의 근거로 부탁한 적은 한 번도 없었다. ④⑤ 재판에서의 재량의 범위와 관련하여 형평을 '법 안 에서의 형평'(equity intra legem : equity within the law), '법을 넘는 형 평'(equity praeter legem : equity beyond the law), '법에 어긋나는 형 평'(equity contra legem : equity contrary to law)으로 나누기도 한다. 첫 째 것은 법을 해석하는 데 사용하는 것이며, 둘째 것은 법의 논리적 공백 을 보충하는 데, 셋째 것은 공정한 결과를 위해 법을 무시해야 하는 경우 에 사용한다. 특히 세 번째 것은 '공평과 선'(*ex aequo et bono*)과 상당히 유사하다.

44 국제법의 법원에 관한 ICJ 규정 38조는 사법판결(judicial decision)에 대하여?

① 국제법의 법원이라고 하였다.

② 법규칙 결정을 위한 보조수단이라고 하였다.

③ 아무런 규정도 두지 않았다.

④ 당사국들이 합의하는 경우 적용된다고 하였다.

⑤ 선례구속의 원칙이 적용된다고 하였다.

> [해설] **<사법판결>** ② 국제사법재판소 규정은 38조 1항 (d)에서 "법규칙 결 정을 위한 보조수단으로 59조 규정(기판력의 상대성)의 조건하에 사법판결

(judicial decisions)과 각국의 가장 우수한 법학자들의 학설"을 사용한다고
하였다. ⑤ ICJ 규정 59조는 재판소의 판결은 당사자와 당해 사건에 대해
서만 강제력을 갖는다고 하였으니, 이는 국제법에는 선례구속의 원칙이 적
용되지 않는다는 전통적 견해를 반영한 것이다. 그러나 실제로는 국제사법
재판소 등 국제적인 사법기관에서도 과거의 판례는 상당히 중요하게 고려
된다. 경우에 따라서는 재판관들의 반대의견(dissenting opinion)과 개별의
견(individual opinion)들 중에도 훌륭한 것들은 상당한 영향력을 갖는다.

45 국제법상 학자들의 학설에 대한 설명으로 적절치 않은 것은?

① 사법판결과 함께 법규칙 결정을 위한 보조수단에 속한다.

② 여기에는 학자들의 논문과 저작들이 포함된다.

③ 국제법위원회의 조약안과 각종 학회의 결의 등도 중요하다.

④ 미국의 대외관계법에 관한 리스테이트먼트도 좋은 자료이다.

⑤ 국제법에서 학자들의 학설이 주목을 받게 된 것은 20세기 이후
   의 일이다.

> [해설] **〈학설〉** ① 국제사법재판소 규정 38조 1항은 국제법 규칙의 결정을 위
> 한 보조수단으로 사법판결과 함께 각국의 우수한 법학자들의 학설을 제시하
> 였다. ②③④ 여기서 말하는 학설에는 학자들의 논문과 저작은 물론 국제
> 법학회와 같은 학술단체의 결의, 국제법위원회의 초안과 보고서, 미국법률협
> 회(American Law Institute)가 만든 리스테이트먼트(Restatement)와 같은
> 국제법에 관한 학술적 업적들이 포함된다. 특히 유엔산하 기관으로 지리적
> 대표성을 고려하여 구성되는 국제법위원회(International Law Commission)
> 가 만드는 조약안과 초안, 보고서들은 상당히 중요하다. 「미국의 대외관계
> 법에 대한 리스테이트먼트」(Restatement on the Foreign Relations Law
> of the United Stastes)는 저명한 미국 법학자들에 의해 작성되어 토론을
> 거쳐 American Law Institute가 채택하는 것으로 국제법연구와 법규칙 결
> 정에 좋은 자료가 된다. ⑤ 국제법은 그 근본구조가 그로티우스(Grotius)와
> 겐틸리(Gentilis) 이후 학자들에 의해 수립되었고, 그 발전과정에서도 학자
> 들의 역할이 매우 컸다. 그리고 그러한 경향은 현재까지도 이어지고 있는
> 바, 국제법에서 학자들의 역할은 예나 지금이나 매우 중요하다.

46 국제사법재판소 규정 38조는 국제기구의 결의와 선언에 대해 어떤 규
정을 두었는가?

① 조약, 관습법과 함께 국제법의 법원이라고 하였다.

② 학설과 함께 법규칙 결정을 위한 보조수단이라고 하였다.

③ 아무런 언급도 하지 않았다.

④ 당사국들이 합의하는 경우 적용할 수 있다고 하였다.

⑤ 결의를 채택할 때 찬성한 국가 간에 적용된다고 하였다.

> [해설] **<국제기구의 결의와 선언>** ICJ 규정 38조는 국제기구의 결의나 선언에 관해 아무런 규정도 두지 않았으니, 국제법의 법원은 물론 법규칙 결정을 위한 보조수단으로도 인정하지 않은 것이다. 오늘날 유엔과 같은 국제기구들은 보편적 법원칙에 대한 각국의 견해가 표명되는 곳이므로 그 결의들은 매우 중요한 법의 증거로 인정되어야 하나, ICJ 규정 38조는 ICJ의 전신인 PCIJ가 창립될 당시에 만들어져 계승된 것이어서 오늘날의 국제사회의 현실을 제대로 반영하지 못하고 있다. 더구나 결의나 선언이 유엔과 같은 보편적 국제기구에서 컨센서스(consensus)나 만장일치로 채택된다면 그 결의의 국제법의 증거로서의 가치는 충분하다고 보아야 하나, 유엔헌장 역시 총회로 하여금 법적인 성격을 가지는 결의를 채택할 수 없게 하였다.

47 한 국가의 일방적인 선언에 대해 국제사법재판소(ICJ) 규정은 어떤 효과를 부여하였는가?

① 아무런 언급도 하지 않았다.

② 국제법의 법원의 하나로 인정하였다.

③ 법규칙 결정을 위한 보조수단이라고 하였다.

④ 조약과 같은 효력을 갖는다고 하였다.

⑤ 법일반원칙의 일부라고 하였다.

> [해설] **<국가의 일방선언>** ICJ 규정 38조는 국가의 일방선언에 대해 아무런 규정도 두지 않았다. 그러나 국가의 권리와 의무는 한 국가의 일방선언에 의해서도 창설될 수 있으므로, 한 국가가 진정으로 구속될 의사가 있는 선언은 법적인 효력을 가지게 된다. 핵실험 사건에서 국제사법재판소도 한 국가의 법적 의무는 그 국가의 일방적 선언(unilateral declaration)으로부터 나올 수 있다고 하였다. 이러한 선언은 다른 국가를 상대로 이루어져야 할 필요도 없고, 서면으로 되어 있어야 하는 것도 아니며, 다른 국가들의

수락이 있어야 하는 것도 아니다. 국제사법재판소에 의하면 국가의 일방적 선언에 의해 창설되는 국제의무의 법적인 구속력은 신의성실 원칙에 근거하고 있다고 한다.

제 5 절 \ 국제법과 국내법

48 국제법과 국내법의 관계에서 이원론과 관계가 없는 것은?

① Triepel과 Anzilotti가 주장하였다.

② 국제법과 국내법은 법주체, 법원, 법의 적용영역에 차이가 있다고 주장한다.

③ 국제법과 국내법은 별개의 법체계에 속하므로 규범충돌은 있을 수 없다고 한다.

④ 일원론자들이 주장하는 변형이론을 비판한다.

⑤ 국제법과 국내법의 엄격한 분리를 주장하는 데 약점이 있다.

[해설] <2원론> ① 국제법과 국내법 2원론을 정립한 학자는 트리펠(Triepel)과 안칠로티(Anzilotti)이다. ② 2원론자들은 국제법과 국내법은 여러 가지 점에서 다르다고 한다. 그러한 차이는 법주체(국가 대 개인), 법원(국가간 합의 대 국내법절차), 법의 적용영역, 상위기관(초국가기구 존재여부)에서 발견된다고 한다. ③ 2원론에서는 국제법과 국내법은 여러 가지 점에서 다르고 법의 적용 영역도 다르므로 국제법의 국내에의 직접적용이나 규범충돌은 있을 수가 없다고 한다. ④ 그렇지만 이들은 국제법이 국내에서 현실적으로 적용되는 현실을 설명하기 위하여 변형(transformation)이론을 주장하였다. 국제법이 국내에 적용되려면 국내법으로의 변형 절차를 거쳐야 한다는 것이다. 변형이론은 2원론자들이 주장하는 이론인 것이다. ⑤ 2원론의 가장 큰 문제점은 국제법과 국내법 간의 분립성을 지나치게 강조하는 데 있다. 국제법과 국내법은 여러 가지 차이가 있지만 국제법의 일부는 변형절차를 거치지 아니하고도 국내에서 적용되는 것이 현실이기 때문이다.

49 국제법과 국내법의 관계에서 일원론에 관한 설명이다. 틀린 것은?

① 국제법과 국내법은 기본적으로 하나의 법질서에 속한다고 보며 엄격한 분리에 반대한다.

② Zorn과 Seydel 등 나치스독일의 학자들은 국제법을 국가의 대외공법이라고 하여 국제법우위의 일원론을 주장하였다.

③ Kelsen은 국내법우위의 일원론이 제국주의 이론으로 연결되는데 비해 국제법우위의 일원론은 세계평화주의로 귀결되므로 후자가 타당하다고 하였다.

④ Scelle과 Duguit는 법은 사회내 연대성 유지에 존재이유가 있다고 하면서 국제법의 우위를 주장하였다.

⑤ 국제사회의 현실을 보면 국제법우위의 일원론이 타당하지만, 국내법에 대한 우위는 절대적인 것이 아니라 상대적인 것이다.

> [해설] <1원론> ① 일원론에서는 국제법과 국내법은 하나의 법질서에 속한다고 보며 엄격한 분리에 반대한다. 국제법과 국내법의 관계에서 일원론은 다시 두 가지 입장으로 나눌 수 있다. ② 국내법우위의 일원론은 나치스독일의 공법학자들(Zorn부자, Seydel)이 주장한 것으로, 국제법을 국가의 대외공법으로 격하하여 국제법을 부인하고 제국주의를 정당화하였다. ③ 켈젠(Kelsen)은 국내법우위의 일원론이 제국주의 이론으로 연결되는 데 비해 국제법우위의 일원론은 세계평화주의로 귀결되므로 후자가 타당하다고 하였다. ④ Duguit나 Scelle과 같은 사회학적 법이론가들은 사회내 연대성 유지에 법의 존재이유가 있다고 하면서, 보다 큰 사회간 규범인 국제법의 우위를 주장하였다. ⑤ 2원론과 국제법우위의 일원론 중에서 논리적으로 타당하고 오늘날의 현실에 부합하는 것은 국제법우위의 일원론이다. 국제법이 국제법에 어긋나는 국내법을 직접 무효화할 수 있다면 국제법의 절대적 우위를 인정할 수 있을 것이다. 그러나 국제사회의 현실은 거기까지는 미치지 못하며 국제법의 상대적 우위를 인정할 수 있을 뿐이다. 국가가 국제법에 반하는 법을 제정하거나 국제법에 반하는 일을 하는 경우 국제사회는 이를 인정하지 않을 수는 있지만, 국제법에 어긋나는 국내법을 무효화하지는 못하기 때문이다.

50 국제법과 국내법의 관계에 관한 설명이다. 가장 관계가 없다고 생각되

는 것은?

① 국제연맹 규약과 유엔헌장은 회원국들에게 국제법 준수의무를 부과하였다.

② 1969년 조약법에 관한 비엔나협약은 국내법을 원용하여 국제의무를 거부하지 못한다고 하였다.

③ ICJ 같은 국제재판소들도 국제의무를 거부하기 위해 자국법을 원용하지 못한다고 하여 국제법의 우위를 선언하였다.

④ 국제관습법의 국내적 효력과 관련하여 편입이론과 변형이론 간에 학설적 대립이 있다.

⑤ 국제관습법과는 달리 각국의 국내법원이 실제로 조약을 적용하는 데에는 많은 어려운 점들이 있다.

> 해설 <국제법과 국내법의 관계> ①②③ 국제사회에서는 국제법이 국내법보다 우월한 지위를 갖는다. 국제연맹규약과 국제연합헌장은 전문에서 회원국들의 국제법 준수 의무를 규정하였으며, 1969년 조약법에 관한 비엔나협약 27조도 국내법을 원용하여 국제의무를 거부하지 못한다는 명문규정을 두었다. 국제사법재판소(ICJ)와 같은 국제적인 사법기관들도 국내법을 원용하여 국제의무를 거부하지 못한다는 취지의 판결을 하였다. ④ 국제관습법의 국내적 효력과 관련하여서는 국내에서도 당연히 적용된다는 편입이론과 국내법으로의 변형절차를 거쳐야 한다는 변형이론이 대립하였다. ⑤ 국제법을 국내에서 적용하는 데 있어 조약과 관습법은 약간 차이가 있다. 조약에 대한 비준동의는 입법조치와 유사하여 조약은 국제적으로나 국내적으로 동시에 효력을 발생하게 된다. 그러나 국제관습법은 국내재판소의 판사나 변호사들이 이를 찾는 데 상당한 어려움을 겪게 되므로 실제적용에는 한계가 있다.

실전문제

1 다음 중 국제법과 관련이 없는 것은?

① 주로 국가 간의 관계를 규율하는 법이다.

② 국제사회의 법이다.

③ 외국인 간의 사적인 관계를 규율하는 법도 포함한다.

④ 국제공법이라고도 한다.

⑤ 오늘날 국제법의 영역은 급속히 확대되어 가고 있다.

> 해설 국제법은 주로 국가 간의 관계를 규율하는 국제사회의 법이며, 국제공법이라고도 한다. 외국인 간의 사적인 관계를 규율하는 법은 국제사법이다.

2 다음 중 국제법의 명칭이 아닌 것은?

① 국제공법   ② law of nations

③ international law   ④ private international law

⑤ 만국공법

> 해설 국제사법(private international law 또는 conflict of laws)은 국가간 사법의 충돌을 해결하기 위한 법으로 국제법과는 다르다.

3 국제법에 관한 설명 중 옳지 않은 것은?   <행시, 외시, 지시 '02>

① 법이 공동체를 구성하는 요소들 간의 권리와 의무를 규정한다는 점에서 국내사회나 국제사회는 다를 바가 없다.

② 국제법의 정의와 관련하여 일반적으로 국제법은 국제사법과 구별된다.

③ 외교적 비호권은 일반국제법상의 원칙이다.

④ 외국의 국가원수의 취임에 대한 경축이나 외국 군함에 대한 예의표시는 비록 반복되어 왔다고 할지라도 일반국제법은 아니다.

⑤ 국제법은 국가간, 국제기구 간에 적용되는 것이 일반적이다.

> 해설 외교적 비호권이란 외교공관의 정치범 보호권에 관한 것이다. 외교공관과 그 부지를 법적으로 접수국의 영토가 아닌 것으로 보고자 하는 치외법권설에 의하면 외교적 비호권이 인정될 가능성이 크다. 그러나 국제법에서 치외법권설은 현재 거의 지지를 받지 못하므로 외교공관의 외교적 비호권은 일반적으로 부인되고 있다. 다만 중남미 국가 사이에서는 오래 전부터 외교적 비호에 관한 관습법이 존재해 오고 있다.

4 만국공법은 어느 것에 해당하는가?   <사시 '85, '90>

① 세계법   ② 만민법

③ 저촉법   ④ 국제법

⑤ 중국의 외국인법

> 해설 국제법이 처음 소개되었을 때, 동양에서는 국제법을 만국공법이라 불렀었다. 그러나 곧 현재 사용되는 국제법이란 용어가 보편화되었다.

5 만민법(*jus gentium*)에 대한 다음의 설명 중 잘못된 것은?

① 로마제국내 이법지역자간 법률관계를 규율하였다.

② 로마시대 국가 간의 관계를 규율하는 법이었다.

③ 국제법보다는 준국제사법에 가까운 법이었다.

④ 로마시대 제국내 사법 간의 충돌을 해결하기 위한 법이었다.

⑤ 국제법이 처음 등장하던 시기 일부학자들은 이 용어로 국제법을 표현했었다.

> 해설 만민법은 로마제국내 이법지역에 속하는 사람 간의 사법관계를 규율하기 위한 법이었다. 근대 초기 '국제법'을 나타내는 적절한 용어가 없었을 때 만민법(*jus gentium*)을 대신 사용하였으나, 국제법과 만민법은 근본적으로 상이한 것이다.

정답 3 ③ 4 ④ 5 ②

6 중세 유럽의 법으로 누스바움(Nussbaum)이 국내법도 국제법도 아닌 초국가적이고 보편적인 법이라 불렀던 것은?

① 만민법　　　　　　　　② 시민법

③ 교회법　　　　　　　　④ 실정법

⑤ 자연법

> 해설　중세 유럽 사람들은 세속국가의 법과 교회법을 동시에 지켜야 했다. 특히 교회법은 당시의 유럽인 모두가 그리스도 교인이었던 현실에서 국경을 넘어 모든 국가 모든 사람이 함께 지켜야 하는 법이었다. 누스바움(Nussbaum)이 중세의 교회법을 초국가적이고 보편적인 법이라 표현한 것도 이러한 맥락에서이다.

7 중세 유럽에 대한 설명이다. 잘못된 것은?

① 자급자족 경제로 국가간 교류가 별로 없었다.

② 중세 사람들은 세속국가의 법과 교회법을 함께 지켜야 했다.

③ 교황은 정신적 권위와 함께 세속적 권위도 가지고 있었다.

④ 중세 후기 들어 국가 간의 교류가 점차 활발해졌다.

⑤ 교황은 정신적 지주일 뿐 국가 간의 세속적 관계에는 무관심하였다.

> 해설　중세 사람들은 세속국가의 법과 교회법을 동시에 지켜야 했다. 특히 교황은 단순한 정신적인 권위가 아니었으며, 세속적인 일에도 깊게 관여하였다. ⑤ 중세 교황은 막강한 세속적인 권력이었다.

8 다음 중 근대국제법의 발달과 가장 관계가 없는 인물은?

① Augustinus　　　　　　② Vitoria

③ Suarez　　　　　　　　④ Gentili

⑤ Grotius

> 해설　교황권의 몰락과 주권국가의 대두로 오랜 기간 유럽을 지배해 온 틀이 무너지면서, 이러한 변화를 논리적으로 설명하기 위한 시도가 있게 되었다. 근대국가의 등장을 주권이란 개념에 의해 이론적으로 설명한 사람은 보댕

(Jean Bodin)이었으며, 국제법을 최초로 체계화하여 국제법의 아버지로 칭송되는 이는 그로티우스(Hugo Grotius)이다. 그러나 그로티우스 이전에도 국제법의 필요성을 주장한 사람들이 있었으니, 스페인의 스콜라 철학자 비토리아(Vitoria)와 수아레즈(Suarez)는 토마스 아퀴나스의 공동선과 자연법론을 계승·발전시켜 자연법적 국제법(*jus gentium*)의 필요성을 제기하였다. ① 아우구스티누스는 중세전기의 사람으로 정전론을 주장하였다고는 하나 근대국제법 발달에 기여했다고 보기는 어렵다.

9 다음 중 국제법의 창시자라 할 수 있는 사람은?   <사시 '84>

① Selden   ② Kelsen

③ Machiavelli   ④ Grotius

⑤ Lauterpacht

> 해설 그로티우스(Grotius, 1583~1645)는 당사국간 명시적·묵시적 합의에 의해 생성되는 조약과 관습법을 국제법의 실정적 법원으로 인정하여 국제법의 비약적인 발전을 가져왔다.

10 『전쟁과 평화의 법』을 쓴 사람은?   <사시 '86>

① Vattel   ② Vitoria

③ Galliani   ④ Grotius

⑤ Bynkershoek

> 해설 『전쟁과 평화의 법』은 그로티우스의 가장 대표적인 저작이다.

11 그로티우스 이전에 이미 국제법의 필요성을 제기한 스페인 출신 스콜라 철학자는?

① Bodin   ② Aristoteles

③ Vitoria   ④ Aquinas

⑤ Augustinus

> 해설 그로티우스 이전에 국제법의 필요성을 제기한 사람은 스페인의 스콜라 철학자인 비토리아와 수아레즈이다. 이들은 토마스 아퀴나스의 이론을 계승하여 자연법적 국제법의 필요성을 제기하였다.

12 다음 중 그로티우스와 관계가 없는 것은?

① 해양자유론   ② 전쟁과 평화의 법
③ 정전론   ④ 착탄거리설
⑤ 의사법으로의 국제법

> 해설 착탄거리설은 영해의 너비에 관한 학설로, 빈커스훅(Bynkershoek)이
> 주장한 것이다.

13 다음 중 19세기의 국제법 상황과 관계가 없는 것은?

① 국제인도법의 발달   ② 한국, 중국, 일본의 개항
③ 웨스트팔리아조약의 체결   ④ 국제기구의 등장
⑤ 다자조약의 활성화

> 해설 웨스트팔리아조약은 1648년 체결된 것으로 30년간의 종교전쟁을 마
> 무리한 조약이다.

14 19세기 국제법학계를 지배하였던 것은?

① 법실증주의   ② 자연법론
③ 공리주의 법학   ④ 사회주의 법학
⑤ 법사회학파

> 해설 19세기는 국제법뿐 아니라 법학 전반에서 실증주의가 극성을 부린 시
> 기였다. Austin, Jellinek, Hegel로 대표되는 이 시대의 실증주의 법학은
> 국가권력을 절대시하며, 국제법의 강제성을 부인하는 특징을 가지고 있었
> 다.

15 국제적십자사의 창설과 가장 관련이 깊은 사람은?

① 나이팅게일   ② 앙리 뒤낭
③ 그로티우스   ④ 쿠베르탕
⑤ 슈바이처

정답 12 ④   13 ③   14 ①

> **[해설]** 앙리 뒤낭은 1859년 여행 도중에 프랑스와 오스트리아 간의 솔페리노 전투의 참상을 목격하고, 상병자의 구호를 위한 기구의 창설을 주장하여 국제적십자사 창설에 기여하였다.

16 다음 중 법실증주의 국제법학자가 아닌 사람은?

① Lorimer　　　　　② Jellinek
③ Austin　　　　　④ Vattel
⑤ Hegel

> **[해설]** 로리머(James Lorimer)는 법실증주의가 극성을 부렸던 19세기에, 전통적인 자연법론의 입장에서 국제법을 주장한 사람이다. 옐리네크, 오스틴, 바텔, 헤겔은 모두 19세기 법실증주의를 대표하는 사람들이다.

17 상병자와 포로의 인간적인 대우를 주장하여 국제인도법의 발전을 가져와 전쟁의 참상을 줄이는 데 기여한 사람은?

① 옐리네크　　　　② 나이팅게일
③ 앙리 뒤낭　　　　④ 윌 슨
⑤ 로리머

> **[해설]** 19세기에는 전쟁의 인도주의화와 관련하여 국제인도법에 커다란 발전이 있었다. 상병자와 포로의 인간적 대우 등 인도법의 발달에 크게 기여한 사람은 스위스 사람 앙리 뒤낭(Henri Dunant)이었다. 그는 1859년 6월 여행 중 프랑스와 오스트리아 군대 삼십만이 참가하여 4만여 명의 사상자를 낸 솔페리노전투의 참상을 직접 목격한 후, 전쟁 중 부상을 당하였거나 병든 병사들을 구호하기 위한 국제기구를 설립할 것을 제안하였다.

18 법실증주의자이지만 국제법의 강제성을 인정하여 자기제한설을 주장한 사람은?

① Vattel　　　　　② Triepel
③ Austin　　　　　④ Bentham
⑤ Jellinek

해설　엘리네크(Jellinek)는 법실증주의자로 국가의 절대성을 믿었지만, 국제
법의 강제성을 설명하기 위해 노력하였다. 그는 한 국가가 다른 국가와 법
적인 관계를 맺는 것은 국가의 '자기제한'(self-limitation) 행위라고 하면서,
이러한 행위를 통해 국가는 관련 국제법에 종속된다고 하였다.

19 국제법은 법이 아니라 실증도덕(positive morality)이라고 한 사람은?

① Vattel   ② Austin

③ Bentham   ④ Scelle

⑤ Hegel

해설　19세기 영국의 대표적 법실증주의자 오스틴(John Austin)은 법이란
원래 주권자의 명령이라고 하면서, 국제법은 법이 아니라 실증도덕이라고
하였다.

20 다음 중 국제연맹에 대한 적절한 평가가 아닌 것은?

① 평화유지군 창설

② 최초의 보편적 국제기구

③ 상설국제사법재판소 창설

④ 국제법의 성문화 시도

⑤ 만장일치 제도에 따른 비효율

해설　평화유지활동은 유엔에 들어와서 시작되었다. 이 활동은 유엔헌장에는
없는 권한이지만 유엔의 창설목적에 비추어 묵시적으로 인정되어 온 것이다.

21 20세기 전반기의 국제법 학설에 대한 설명으로 잘못된 것은?

① 자연법이 부활하였다.

② 사회주의 국제법이론이 등장하였다.

③ 순수법이론으로 유명한 켈젠은 국제법우위의 일원론을 주장하였
다.

④ 크라베는 국제법과 국내법의 관계에서 이원론을 주장하였다.

⑤ 미국에서는 허드슨이 국제법 발달을 위해 노력하였다.

정답　18 ⑤　19 ②　20 ①

해설 크라베(Krabbe)는 국내법과 국제법은 본질적으로 같은 것이라고 하여 일원론을 주장하였다.

22 국제사회와 국제법의 변모를 상징하는 사건과 그 의미가 잘못 연결된 것은?   〈사시 '92〉
① 1945년 유엔헌장 —— 전쟁의 위법성 강화
② 1987년 몬트리올의정서 —— 국제환경보호의 중요성
③ 1856년 파리선언 —— 다자, 입법조약의 적용
④ 앨라배마호 사건 —— 19세기 중재재판제도 보급
⑤ 1928년 부전조약 —— 국제연맹 내부의 집단안전보장체제

해설 국제연맹은 전쟁을 제대로 불법화하지 못하여 약점이 있었다. 따라서 1928년 당시 대부분의 국가들이 참가한 가운데 체결된 부전조약(브리앙-켈로그조약)은 무력행사를 일반적으로 금지하였다. 그러나 부전조약은 집단안전보장 제도를 도입한 것은 아니었다.

23 다음 중 비교적 최근에 등장한 국제법 분야들로 나열된 것은?
① 전쟁법과 환경법   ② 외교관계법과 해양법
③ 전쟁법과 조약법   ④ 경제법과 환경법
⑤ 경제법과 조약법

해설 종래 국제법은 주로 국가 간의 정치·외교관계를 규율하는 기능을 수행해 왔으며, 전쟁법은 과거의 국제법에서 가장 중요한 분야였다. 그러나 2차대전 이후 국제법에는 해양법·우주법·경제법·환경법·인권법 등 새로운 분야가 속속 등장하였다.

24 다음 중 국제법이 현실적으로 존재하는 규범임을 증명해 주지 않는 것은?
① 유엔헌장   ② ICJ 규정
③ 우리나라 헌법   ④ 국제재판소 판결
⑤ 초국가기구

해설 국제법이 현실적으로 존재하는 규범임은 여러 가지로 증명된다. 그러나 엄격한 의미에서 초국가기구는 아직 존재하지 않으므로, 이를 국제법의 존재를 입증하는 데 사용할 수는 없다. 초국가기구의 존재 문제는 오히려 국제법의 법적 성격을 거부하는 사람들에 의해 제기된다.

25 국제법의 법적 성격을 부인하는 논거가 아닌 것은?

① 국제사회는 자연상태에 있다.

② 주권자의 명령이 아닌 규범은 법이 아니다.

③ 국제법은 실증도덕이다.

④ 국제사회에도 법이 있다.

⑤ 국제사회는 힘의 논리가 지배하는 곳이다.

해설 ①은 스피노자와 홉스의 견해로 결국 국제법의 법적 성격을 거부하게 되며, ②와 ③은 오스틴의 견해로 같은 결과에 이른다. ⑤는 '힘'의 논리를 믿는 국제정치학자들의 견해로, 그러한 곳에 국제법이 존재할 여지는 없다.

26 국제법의 존재나 법적 성격을 부인하지 아니하는 사람은?

① Hobbes　　　　② Spinoza

③ Austin　　　　④ Zorn

⑤ Kelsen

해설 Kelsen은 국제법이 국내법보다 상위에 있어야 한다고 생각하였다. 그는 국가의 통치권도 국제법이 위임해 주는 것이라고 하였다.

27 다음 중 국제법부인론자는?　　　　　　　〈사시 '84, '90〉

① Jellinek　　　　② Austin

③ Oppenheim　　　④ Bynkershoek

⑤ Grotius

해설 영국 출신의 오스틴(Austin)은 법이란 주권자의 명령이나 국제법은 그러한 조건에 합당하지 않으므로, 법이 아니고 실증도덕일 뿐이라고 하였다.

정답 24 ⑤　25 ④　26 ⑤　27 ②

28 국제법이 강제성을 가져야 하는 이유를 설명하고자 하였던 사람이 아닌 것은?

① Zorn   ② Jellinek

③ Triepel   ④ Kelsen

⑤ Scelle

> 해설 Zorn은 국제법의 존재를 거부하였던 사람이다. 옐리네크와 트리펠은 강제성의 근거를 국가의사에서 찾았고, 켈젠과 셸은 객관적 입장에서 그 근거를 설명하였다.

29 다음 중 잘못 연결된 것은?

① 옐리네크 ── 자기제한설   ② 켈젠 ── 근본규범론

③ 트리펠 ── 국제법부인론   ④ 뒤기 ── 연대성이론

⑤ 홉스 ── 자연상태

> 해설 국제법의 법적 성격 문제에 관련된 주장들이다. ③ 트리펠은 국제법의 강제성을 국가의사에서 구한 의사주의에 속하는 사람으로 공동의사설을 주장하였다.

30 국제법의 법원을 가장 잘 표현하고 있다고 하여 자주 인용되는 것은?

① 유엔헌장   ② 국제사법재판소 규정

③ 국제연맹 규약   ④ 각국의 헌법

⑤ 조약법에 관한 비엔나협약

> 해설 일반적으로 국제법의 법원을 가장 잘 표현하고 있다고 판단되어 자주 인용되는 것은 국제사법재판소(ICJ) 규정 38조이다.

31 국제법의 연원에 관한 설명으로서 옳지 않은 것은?   <사시 '02>

① 조약은 새로운 국제법규를 창설하거나 또는 기존 국제관습법을 법전화하거나 변경하는 중요한 기능을 수행할 수 있다.

② 소위 '집요한 반대자'(persistent objector)이론이란 국제관습법이라 하더라도 형성초기단계부터 지속적으로 반대해 온 국가에 대하여는 구속력을 갖지 못한다는 주장을 말한다.

③ 학설은 그 자체가 국제법이라고는 할 수 없지만 국제법의 발전방향을 제시하는 중요한 기능을 수행할 수 있다.

④ 조약은 국제관습법과 동등한 효력을 갖는 것이 원칙이다.

⑤ 국제기구의 결의는 그 자체가 바로 실정국제법으로 간주된다.

> **[해설]** 국제법의 법원을 잘 표현하고 있다는 국제사법재판소 규정 38조에는 국제기구의 결의에 관해 아무런 규정이 없다. 이는 오늘날 국제사회에서 유엔과 같은 보편적 국제기구 특히 유엔총회에서 국가들의 절대적인 지지를 얻어 채택된 결의에도 아무런 법적인 효력을 부여할 수 없는 것을 의미하는 것이다.

32 다음 사항 중 국제사법재판소의 준칙이 아닌 것은?　　　<사시 '90>

① 판결과 학설　　　　　　　② 국제조약

③ 국제관습법　　　　　　　④ 각국의 국내법

⑤ 문명국에서 인정된 법의 일반원칙

> **[해설]** 국제사법재판소 규정 38조는 국제조약과 국제관습법, 법 일반원칙을 법원으로 규정하면서, 사법판결과 학설은 법규칙 결정을 위한 보조수단으로 인정하였다. 당사자들이 합의하는 경우에는 공평과 선에 따른 재판도 가능하다고 하였다.

33 국제법의 연원에 관한 설명 중 옳지 않은 것은?

<행시, 외시, 지시 '02>

① 국제법은 일반적으로 국제관습법과 조약의 형태로 성립된다.

② 입법조약(law-making treaty)에 대해서만 국제법으로서의 지위가 인정되고 있다.

③ 학설과 판례는 국제법규 결정을 위한 보조수단으로서의 지위가 인정되고 있다.

④ 법의 일반원칙은 조약이나 국제관습법이 존재하지 않는 경우에 적용되는 재판준칙이다.

⑤ 형평과 선은 국제재판의 준칙으로 원용될 수 있다.

> [해설] 국제법의 가장 중요한 법원은 조약과 국제관습법이며, 법 일반원칙은 관련 조약규정이나 국제관습법 규범이 존재하지 아니하는 경우에 적용된다. ② 조약을 그 성격에 따라 입법조약과 계약조약으로 나누는 경우가 있다. 이러한 경우 많은 국가들이 함께 지켜야할 규범을 정하는 조약은 입법조약이라 하고, 당사국간 이해관계 조정을 위해 체결되는 조약은 계약조약이라 한다. 따라서 계약조약이라고 하여 국제법으로서의 지위가 부인되는 것은 아니다.

34 국제적인 사법기관이 자신에게 부탁된 사건에 대한 재판을 진행할 때 제일 먼저 고려하게 되는 것은?

① 양국 간의 관련 조약   ② 국제관습법
③ 법 일반원칙   ④ 판례와 학설
⑤ 공평과 선

> [해설] 국제사법재판소 규정 38조에 나열된 국제법 법원의 순서는 효력의 순서가 아니라 참조의 편의를 보여주는 것이다. 국제재판소들은 자신에게 부탁된 사건에 적용할 법규칙을 발견하는 데 있어, 제일 먼저 분쟁 당사국 쌍방에게 적용되는 관련 조약을 찾아보게 된다.

35 국제관습법 형성에 있어서 주관적 요소와 관계가 없는 것은?

① 법적 의무감   ② 법적 인식
③ *opino juris*   ④ 관 행
⑤ 심리적 요소

> [해설] 관행은 관습법 성립에 있어서 실질적 요소에 해당된다. *opino juris*란 법적 의식 또는 법적 인식이라고 번역한다.

36 국제사법재판소는 1960년 본 사건에 대한 판결에서 분쟁당사국간 관계를 규율하는 확고한 관행에 결정적 효과를 부여하여, 관행이 확고

한 경우에는 관습법이 존재하는 것으로 간주된다고 하였다. 여기서 말하는 본 사건이란?

① 북해대륙붕 사건   ② 인도영토 통행권 사건

③ 바르셀로나 전기회사 사건   ④ 노테봄 사건

⑤ 핵실험 사건

> 해설   1960년 국제사법재판소는 '인도영토 통행권 사건'에서 그러한 취지의 판결을 하였다.

37 다음 중 보통의 국제법 규범보다 우월한 효력을 갖는 국제법규는?

① 조 약   ② 관습법

③ 법 일반원칙   ④ 강행규범

⑤ 형 평

> 해설   국제법의 법원 사이에는 원칙적으로 효력상의 상하관계는 존재하지 않는다. 그러나 강행규범을 내용으로 하는 조약이나 관습법은 다른 규범보다 우월한 효력을 갖는다.

38 국제법위원회는?

① ICJ이며 국제재판을 담당한다.

② ILC이며 조약의 제정을 추진한다.

③ ICJ이며 유엔총회 산하기관이다.

④ ILC이며 유엔 경제사회이사회 산하기관이다.

⑤ UNCITRAL이며 국제무역법 제정에 관여한다.

> 해설   국제법위원회(International Law Commission)는 국제관습법의 성문화 등 국제규범 성문화를 추진하는 유엔총회 보조기관이다.

39 국제법의 성문법전화(codification)의 설명으로 틀린 것은? <사시 '92>

① 국제연맹하의 1930년 헤이그 성문법전화 회의에서는 국적, 영해의 폭, 그리고 국가책임에 관한 조약을 채택하였다.

정답   36 ②   37 ④   38 ②

② 유엔에서 사용하고 있는 성문법전화에는 기존의 관습법의 체계화뿐만 아니라 발전가능한 법체제의 발견까지도 포함된다.

③ 18세기에 벤담(Bentham)이 그의 저서인 『국제법의 원리』에서 이미 주장한 바 있었다.

④ 1815년의 비엔나회의에서는 국제하천, 외교관에 관한 국제법규를 채택한 바 있다.

⑤ 1899년과 1907년의 헤이그 평화회담은 성문법전화를 본격적으로 시도한 예로 평가된다.

> **해설** 현재 적용되고 있는 다자조약 중에서 상당수는 기존의 국제관습법을 성문화한 것이다. 그러나 1930년 헤이그 성문화회의에서는 무국적과 2중국적의 감소를 위한 합의가 있었을 뿐, 영해의 폭에 대해서는 합의하지 못하였다.

40 국제관습법 형성요소인 국가 관행에 관한 설명 중 옳지 않은 것은?

<사시 '00>

① 국가관행은 정부의 공식성명에서도 찾을 수 있다.

② 국가관행은 국가들의 국내법에서도 찾을 수 있다.

③ 기존 국제관습법을 위반하는 국가행위는 바로 새로운 국제관습법을 형성한다.

④ 국제관습법의 형성을 원하지 않는 국가는 해당 관습법의 형성에 반대한다는 의사표명을 적극적으로 개진하여야 한다.

⑤ 일반적 견해에 따르면 국제관습법은 모든 국가에 대해서 적용되는 것이 원칙이므로 신생독립국에도 적용된다.

> **해설** ①②국제관습법의 실질요소인 일반적 관행은 주로 국제법에 관련된 국가나 국제기구의 반복적인 행위를 통해 성립된다. 국가들은 갖가지 선언이나 성명, 국제기구에서의 정부대표의 발언, 국내법 제정 등의 방법으로, 국제기구는 선언이나 결의 등을 통하여 국제관행의 성립에 참여하게 된다. ③ 관습법 형성을 위해서는 관행과 법적 인식이 존재해야 하는바, 기존 국제관습법에 대한 위반이 바로 새로운 국제관습법 형성으로 이어질 수는 없

다. ④ 소위 '지속적 반대자의 원칙'에 따라 국제관습법규범은 규범형성에 끈질기게 반대한 국가에게는 적용되지 아니한다.

41 국제법의 성문법전화 작업의 결실인 국제협약이다. 채택연도가 빠른 순서대로 올바르게 배열한 것은? 〈사시 '03〉

　㉠ 영사관계에 관한 비엔나협약(Vienna Convention on Consular Relations)

　㉡ UN해양법협약(United Nations Convention on the Law of the Sea)

　㉢ 외교관계에 관한 비엔나협약(Vienna Convention on Diplomatic Relations)

　㉣ 조약법에 관한 비엔나협약(Vienna Convention on the Law of Treaties)

---

① ㉠-㉢-㉡-㉣　　　　　　　② ㉢-㉠-㉡-㉣

③ ㉢-㉠-㉣-㉡　　　　　　　④ ㉢-㉡-㉠-㉣

⑤ ㉣-㉢-㉠-㉡

해설 유엔은 1947년 국제법위원회(International Law Commission)를 설치하여 국제법의 성문화를 추진하도록 하였으며, 위원회는 발족 이후 현재까지 수많은 조약안을 마련하여 국제법 발전에 기여하였다. 그 대표적인 것으로는 1958년 제1차 해양법회의에서 채택된 해양법에 관한 4개의 협약, 1961년의 「외교관계에 관한 비엔나협약」, 1963년 「영사관계에 관한 비엔나협약」, 1969년 「조약법에 관한 비엔나 협약」 등이 있다. 유엔해양법협약은 1982년 제3차 유엔해양법회의에서 채택되었다.

42 국제사법재판소 규정 38조가 말하는 법 일반원칙이란?

① 서구 문명국들의 국내법상 법 일반원칙이다.

② 유엔헌장 2조에 나열된 유엔의 원칙을 말한다.

③ *ex aequo et bono*에 관한 원칙이다.

④ 국제사회에 적용가능한 각국의 국내법원칙이다.

⑤ 유엔총회 결의에 의해 인정되는 원칙이다.

[해설] 국제법의 법원에 관한 ICJ 규정 38조가 말하는 법 일반원칙이란 각국의 국내법 원칙 중에서 국제사회에 적용가능한 규칙들을 말한다.

43 고대 그리스의 철학자로 재판상 재량으로의 형평의 필요성을 강조한 사람은?

① Aristoteles   ② Platon

③ Grotius   ④ Socrates

⑤ Cicero

[해설] 아리스토텔레스는 아무리 훌륭한 법규칙도 모든 상황을 커버할 수는 없기 때문에, 판결이 보다 형평에 맞으려면 법관들에게 재판상 재량이 부여되어야 한다고 하였다.

44 형평(equity)은 어떠한 법원에 속하는가?

① 국제조약   ② 국제관습법

③ 법 일반원칙   ④ 학설과 판례

⑤ *ex aequo et bono*

[해설] 1937년 뮤즈강 사건에서 허드슨 판사가 개별의견을 발표한 이래 형평은 법 일반원칙이란 통로를 통해 국제사건에 적용된다고 보고 있다.

45 형평의 역할이 주목을 끌고 있는 분야끼리 짝지어진 것은?

① 전쟁과 인권문제   ② 경제관계와 해양경계획정문제

③ 조약과 국제책임문제   ④ 환경보호와 조약문제

⑤ 해양경계획정과 인권문제

[해설] 형평은 해양경계획정에 있어서는 1969년 북해대륙붕 사건 이래, 국제경제관계에서는 1970년대 신국제경제질서(NIEO) 운동 이래 중요한 의미를 갖게 되었다.

[정답] 42 ④   **43** ①   **44** ③   **45** ②

46 국제사법재판소 규정에서 사법판결과 학설은?

① 아무런 관련규정이 없다.

② 국제법의 주요법원의 하나이다.

③ 법 일반원칙의 일부이다.

④ 법규칙 결정을 위한 보조수단이다.

⑤ 당사자들이 합의하는 경우 적용이 가능하다.

> 해설　ICJ 규정은 38조 1항 (d)에서 사법판결과 학자들의 학설은 법규칙 결
> 정을 위한 보조수단이라고 하였다.

47 다음 중 *Ex Aequo et Bono*란?　　　　　　　　　　　　　〈사시 '86〉

① 선하게　　　　　　　　② 공평하게

③ 형평과 선　　　　　　　④ 임의로

⑤ 선악을 떠나서

> 해설　국제사법재판소 규정 38조 2항은 당사국들이 합의하는 경우에는 "공
> 평과 선에 따른 재판"(decide *ex aequo et bono*)을 받을 수 있다고 하였
> 다. 여기서 말하는 *ex aequo et bono*는 '형평과 선'이라 번역하기도 하고
> '공평과 선'이라 하기도 한다.

48 국제사법재판소(ICJ)에서 '형평과 선'(*aequo et bono*)을 재판준칙으로 할
수 있는 근거는?　　　　　　　　　　　　　　　　　　〈사시 '01〉

① 분쟁당사국의 일방의 요청

② 국제사법재판소 재판소장의 재량

③ 분쟁당사국의 합의에 의한 요청

④ UN안전보장이사회의 결정

⑤ 어떠한 경우에도 재판준칙이 될 수 없다.

> 해설　국제사법재판소 규정 38조 2항에 따르면 형평과 선(*ex aequo et
> bono*)은 당사국이 합의하는 경우 적용된다.

정답　46 ④　47 ③　48 ③

49 현재의 ICJ 규정은 1920년대에 만들어진 PCIJ 규정을 그대로 계승한 것이어서 국제사회의 현실을 제대로 반영하지 못한다는 비판을 받는다. 국제법의 법원에 관한 ICJ 규정의 가장 큰 약점으로 지적할 수 있는 것은?

① 국제조약에 대한 규정이 없다.

② 국제관습법에 대한 규정이 없다.

③ 법 일반원칙에 대한 규정이 없다.

④ 형평과 국제기구의 결의 및 선언에 대한 규정이 없다.

⑤ 공평과 선에 관한 규정이 없다.

> 해설 형평(equity)은 법 일반원칙의 일부로 적용되지만, ICJ 규정에 명시적인 규정이 없어 아쉬움이 있다. 국제기구의 결의와 선언 역시 현실적으로 매우 중요한 국제법적 의미를 가짐에도 불구하고 ICJ 규정에 관련 규정이 없다.

50 국제사법재판소(ICJ) 규정 제38조 제1항에 명시적으로 언급되지 않은 것은?   <사시 '00>

① 국제관습법   ② 일반국제조약

③ 특별국제조약   ④ 법의 일반원칙

⑤ 국제기구의 일방적 행위

> 해설 국제사법재판소(ICJ) 규정 38조는 국제조약과 국제관습법, 법 일반원칙을 법원으로 인정하면서, 사법판결과 학설은 법규칙 결정을 위한 보조수단으로 인정하였다. 그 2항은 당사자들이 합의하는 경우에는 공평과 선에 따른 재판도 가능하다고 하였다. ⑤ 국제기구의 결의나 선언은 ICJ 규정 38조에 포함되어 있지 아니하다.

51 국제법의 연원에 관한 설명 중 옳지 않은 것은?   <사시 '00>

① 국제사법재판소 규정에 명시되어 있는 법의 일반원칙은 국제법의 일반원칙을 의미한다는 데 異論이 없다

② 조약은 능동적 국제법주체간의 명시적 합의에 의하여 성립된다.

---

③ 국제관습법이 성립되기 위해서는 법적 확신이 필요하다.

④ 국제사법재판소의 판결에는 선례구속의 원칙이 적용되지 않는다.

⑤ '형평과 선'(*aequo et bono*)은 국제법의 연원으로 인정되지 않는다.

> **해설** ① ICJ 규정 38조 1항이 국제법의 법원으로 규정한 법 일반원칙의 의미에 대해서는 여러 가지 견해가 있으나, 각국의 국내법상 법 일반원칙 중에서 국제사회에서도 적용가능한 것을 지칭하는 것으로 본다.

52 국제법의 연원에 대한 설명 중 옳은 것은?　　　　　　　　〈사시 '01〉

① 지역적 관습법은 허용되지 않는다.

② 국제 강행규범은 동일한 성격을 가지는 일반 국제법의 사후규범에 의해서만 수정될 수 있다.

③ 조약은 관습법보다 상위의 효력이 인정된다.

④ 조약이나 관습법이 존재하는 경우에도 법의 일반원칙을 우선적으로 적용할 수 있다.

⑤ 국제법규 간에는 특별법 우선원칙이 적용된다.

> **해설** ② 국제법규범 간에는 명백한 상하관계가 존재하지 않는다. 그러나 일부 학자들은 강행규정 개념을 도입하여 강행규정에 어긋나는 국제법규범은 무효라고 주장하였으며, 상설국제사법재판소(PCIJ)와 국제사법재판소(ICJ)도 판결에서 강행규정의 존재를 인정하였다. 1969년 비엔나협약은 53조에 강행규정에 관한 규정을 두었는데, 강행규정은 새로운 강행규정에 의해서만 수정될 수 있다고 하였다. ③④⑤ 국제법의 법원 간에는 상하관계가 존재하지 않는다. 그러나 법 일반원칙은 조약이나 관습법이 존재하지 아니하는 경우에 적용되어지는 것으로 보는 것이 일반적이다. 충돌되는 국제법규범 간의 관계는 특별법우선의 원칙이나 신법우선의 원칙과 같은 규범충돌에 관한 일반적 원칙을 적용하여 해결한다.

53 동일한 사항을 규율하는 국제법 상호간의 효력관계에 관한 설명으로 옳지 않은 것은?　　　　　　　　〈행시, 외시, 지시 '01〉

① 당사자가 동일하며 임의법규적 성격을 갖는 다자조약 상호간에

는 구조약은 신조약과 양립하는 범위 내에서만 적용된다.

② 임의법규적 성격을 갖는 조약과 법의 일반원칙 간에는 항상 전자가 우선한다.

③ 보편적 다자조약과 지역적 국제관습법이 상충될 경우 항상 전자가 우선한다.

④ UN회원국이 당사국인 국제협정상의 의무와 UN헌장상의 의무가 상충될 경우에는 후자가 우선한다.

⑤ 새로이 생성된 국제강행법규에 상충하는 기존조약은 무효로 되어 종료한다.

> [해설] 조약과 국제관습법 사이에는 효력에 있어서 상하관계가 존재하지 않는다. 오히려 특별법으로서의 지역관습법이 보편적 규범으로의 다자조약보다 우선하는 경우도 많이 있을 것이다.

54 다음과 같은 요지의 판결문이 담겨 있는 국제사법재판소의 판례는?
<행시, 외시, 지시 '99>

특별한 이해관계를 갖는 국가들의 관행이 광범위하고 동일하다면 짧은 시일내에 국제관습법이 성립될 수도 있다.

---

① 1960년 통행권 사건   ② 1949년 코르푸해협 사건
③ 1950년 망명권 사건   ④ 1969년 북해대륙붕 사건
⑤ 1980년 주이란미국대사관 인질 사건

> [해설] 국제관습법의 실질요소인 관행은 주로 국제법에 관련된 국가나 국제기구의 반복적 행위를 통해 성립되는데, 그러한 행위들은 상당한 시간 동안 상당한 지역에서 반복되어야 관행으로 발전한다. 그렇지만 이러한 시간적 조건은 절대적인 것이 아니어서 단기간 내에 관습법이 이루어지는 경우도 있다. 1969년 북해대륙붕사건 판결에서 국제사법재판소는 많은 국가들이 일정한 행위를 반복하게 되면 상당한 시간이 경과하지 않아도 관습법 형성이 가능하다고 하면서, 특별한 이해관계를 가지고 있는 국가들의 관련 문제에 대한 관행이 광범위하고 동일한가 하는 것이 중요하다고 하였다.

55 국제법과 국내법의 상이함에 관해 국제법 학자들이 지적하는 사항이 아닌 것은?

① 법주체의 상이함
② 법원의 상이함
③ 법이 적용되는 영역의 차이
④ 법의 성문화 여부
⑤ 상위기관의 존재 여부

> 해설 국제법과 국내법은 법주체(국가-개인), 법원(국가 간 합의-국내법절차), 법의 적용영역(국제사회-국내사회), 상위기관(초국가기구 없음-상위기관인 정부 존재)에 있어서 차이가 있다. 그러나 법의 성문화는 국가 간에도 큰 차이가 있으므로, 이것이 국제법과 국내법을 구분하는 기준이 될 수는 없다.

56 국제법과 국내법의 관계에서 이원론과 관계가 없는 것은?

① 켈 젠
② 트리펠
③ 안칠로티
④ 변 형
⑤ 국제법과 국내법의 분리

> 해설 켈젠(Kelsen)은 일원론자로 국제법우위의 일원론을 주장하였다.

57 변형이론이란?

① 육지영토의 자연적 변경에 관한 이론
② 국제법의 국내적 적용에 관한 이원론자들의 견해
③ 국제법의 국내적 적용에 관한 일원론자들의 견해
④ 국내법의 국제적 적용에 관한 일원론자들의 견해
⑤ 국내법의 국제적 적용에 관한 이원론자들의 견해

> 해설 국제법은 국내법으로의 변형(transformation)의 절차를 거쳐야 국내에서 적용될 수 있다는 이원론자들의 견해를 변형이론이라고 한다.

58 국제법과 국내법의 관계에서 일원론을 주장하지 않은 사람은?

① Zorn
② Seydel

---

③ Kelsen   ④ Triepel

⑤ Duguit

> **해설** 트리펠은 2원론을 주장한 사람이다. 일원론자 중에서도 Zorn과 Seydel
> 은 국내법우위의 일원론을 주장하였고, Kelsen과 Duguit, Scelle은 국제법
> 우위의 일원론을 주장하였다.

59 다음 중 국제법우위의 일원론을 주장한 사람끼리 짝지어진 것은?

① 켈젠과 뒤기   ② 켈젠과 트리펠

③ 안칠로티와 트리펠   ④ 조른과 뒤기

⑤ 안칠로티와 조른

> **해설** 국제법우위의 일원론을 주장한 사람은 Kelsen과 법사회학파에 속하는
> Duguit, Scelle이다.

60 우리나라 헌법은 국제조약과 국제관습법에 어떤 법적 지위를 부여하
는가?

① 국제조약에만 국내법과 같은 효력을 부여한다.

② 국제관습법에만 국내법과 같은 효력을 부여한다.

③ 국제조약과 관습법에 국내법과 같은 효력을 부여한다.

④ 국제조약과 관습법은 국내법과 아무런 관계가 없다.

⑤ 국내법으로 변형된 조약과 관습법에만 국내법과 같은 효력을 부
여한다.

> **해설** 우리나라 헌법 6조 1항은 국제조약과 국제관습법은 '국내법'과 같은
> 효력을 갖는다고 하였다. 공법학자들은 여기서 말하는 국내법이란 법률을
> 의미하는 것으로 본다.

61 국제법과 국내법의 관계에 관한 설명 중 옳지 않은 것은?<사시 '00>

① 이른바 국내법 우위론에 의하면 국제법은 국내법과는 별개의 독
자적 법체계로 인정받지 못한다.

② 이원론에 따르면 국제법과 국내법은 서로 다른 별개의 법체계이
다.

③ 일원론에 의하면 국제법과 국내법은 통일된 한 개의 법체계 내
에 속한다.

④ Hans Kelsen은 일원론을 주장하였다.

⑤ 국제 판례에 의하면 국가는 자국에 대해 유효하게 성립한 국제
의무의 불이행을 정당화하기 위해 자국의 국내법규정을 원용할
수 있다.

> [해설] 국제사법재판소를 비롯한 국제적인 재판기관들은 국제법과 국내법의
> 관계에서 국제법우위의 일원론을 지지한다. 따라서 국제적인 재판기관들은
> 국가는 자국에 대해 유효하게 성립한 국제의무의 불이행을 정당화하기 위
> 해 자국의 국내법규정을 원용할 수 없다는 취지의 판결을 해왔다.

62 "국가는 자기의 국제의무의 범위를 제한하기 위해 자신의 국내법을
원용할 수 없다"고 판시한 것은?   <행시, 외시, 지시 '01>

① 파켓트 하바나호 사건(1900)

② 상부 사보이 및 젝스 자유지역 사건(1932)

③ 그리스인 및 터키인의 교환에 관한 권고적 의견(1925)

④ 북해대륙붕 사건(1969)

⑤ 핵무기사용 또는 위협의 적법성에 관한 권고적 의견(1996)

> [해설] 국제사회에서는 국제법에 국내법보다 우월한 지위를 인정한다. 국제연
> 맹규약과 국제연합헌장은 전문에서 회원국들에게 국제법 준수의무를 부과
> 하였으며, 1949년 유엔 국제법위원회가 채택한 「국가의 권리와 의무에 관
> 한 선언」(Declaration of Rights and Duties of States)은 "모든 국가는
> 조약과 기타 국제법에서 나오는 의무를 성실히 이행할 의무를 가지며, 의무
> 불이행을 변명하기 위하여 자국의 헌법이나 법률의 규정들을 원용하지 못한
> 다"고 하였다. 1969년 조약에 관한 비엔나협약 27조도 유사한 규정을 두었
> 다. 국가가 국제법에 근거한 청구에 대항하기 위해 국내법을 원용하지 못한
> 다는 입장은 국제재판에서도 지지되었다. 상설국제사법재판소(PCIJ)는 1932
> 년 상부사보이 및 젝스자유지역 사건에서 "프랑스가 자신의 국제의무의 범
> 위를 제한하는 데 자신의 법에 의존할 수 없음은 명백하다"고 하였다.

63 국제법과 국내법의 관계에 관한 설명 중 옳지 않은 것은?<사시 '02>

① 국가는 국제의무를 회피할 목적으로 자국의 국내법을 원용할 수 없다.

② 국제법에 위반되는 국내법은 직접 무효화된다.

③ 이원론이란 국제법과 국내법이 별개의 법체계에 속한다는 이론을 말한다.

④ 국제재판소는 국내법의 내용을 당연히 알고 있다고 간주되지 않으므로, 분쟁당사국이 관련 국내법에 대한 입증책임을 진다.

⑤ 국제법우위론이란 국제법이 국내법의 상위에 선다는 이론을 말한다.

> 해설 국제법과 국내법의 관계에서 국제법우위의 일원론이 학설상으로나 오늘의 현실에 비추어 타당한 이론이라고 할 수 있다. 그러나 국제법의 국내법에 대한 우위는 절대적인 것은 아니며 상대적인 것이다. 국제사회는 국제법의 우위를 인정하지만, 그 우위가 국제법에 어긋나는 국내법을 무효화할 수 있는 정도의 절대적인 우위는 아니기 때문이다.

64 국제법과 국내법의 관계에 관한 설명 중 옳은 것은?

<행시, 외시, 지시 '99>

① 미국법은 모든 조약규정에 대해 수용이론을 채택하고 있다.

② 영국법은 국제관습법의 국내적 도입에 대해 원칙적으로 변형이론을 채택하고 있다.

③ 국제법을 국내법 질서 내로 받아들이는 방법은 통일되어 있다.

④ 영국법은 조약의 국내적 도입에 대해 원칙적으로 변형이론을 채택하고 있다.

⑤ 국제법은 국가가 특별한 자국의 헌법규정 때문에 국제법을 위반하는 것을 허용하고 있다.

> 해설 ②③④ 국제법의 국내에서의 효력에 대해서는 국가에 따라 차이가 있다. 조약의 경우 대부분의 국가에서는 입법부가 조약의 비준절차에 참

여하므로 조약은 국제적·국내적으로 동시에 효력을 발생하게 된다. 그러나 영국의 경우 조약이 비준을 받게 되면 일단 국제법적인 효력을 발생하게 되나, 이와는 별도로 조약에 효력을 부여하는 의회법이 제정되어야 국내법상의 효력을 가진다. 국제관습법은 자동적으로 국내법에 편입 또는 수용(incorporation)된다는 전통적인 이론이 있으며, 영국의 경우에도 "The law of nations is a part of land law"라는 법언에 따라 이러한 이론이 적용되고 있다.

65 19세기 유럽인들이 세계를 지배할 때에도 중국, 태국, 에티오피아 등은 독립을 유지하였다. 그러나 이들은 유럽인들에게 통상에 있어서 특권을 부여하고 영토관할권의 적용을 면제시켜주는 등 특권을 부여할 수밖에 없었다. 이는 다음 중 무엇과 관계가 있는가?

① 외교특권 　　　　　　② 면제특권
③ 유럽협조체제 　　　　④ 굴복체제
⑤ 상호주의

[해설] 19세기 유럽인들은 전세계를 실질적으로 지배하였으나, 이 당시에도 중국, 태국, 에티오피아 등은 독립을 유지하였다. 그러나 이들은 유럽인들에게 갖가지 특권을 부여하고 영토관할권의 적용을 면제시켜 주는 등의 특권을 부여할 수밖에 없었으니, 이를 굴복체제(capitulation system)라 부른다.

66 다음 중 서로 잘못 연결된 것은?

① 프리드만 ── 협력의 법
② 맥두갈 ── 세계공공질서
③ 포크 ── 세계질서의 개혁
④ 켈젠 ── 순수법이론
⑤ 옐리네크 ── 국제법부인론

[해설] ①②③④의 사람들은 모두 20세기의 법학자들로 연결도 모두 옳다. 옐리네크는 국제법의 강제성을 설명하기 위하여 자기제한설을 주장하였었다.

67 UN헌장 제13조에 규정된 '국제법의 점진적 발달과 성문법전화' 작업을 수행하기 위해 설치된 UN총회의 보조기관을 모두 고르면?

<행시, 외시, 지시 '01>

> ㄱ. 국제법협회(ILA)
> ㄴ. 국제법위원회(ILC)
> ㄷ. UN국제무역법위원회(UNCITRAL)
> ㄹ. 우주의 평화적 이용위원회(COPUOS)
> ㅁ. 헤이그국제사법위원회(HCPIL)

① ㄱ, ㄴ, ㅁ　　　　　　② ㄱ, ㄴ, ㄹ
③ ㄴ, ㄷ, ㄹ　　　　　　④ ㄴ, ㄷ, ㅁ
⑤ ㄱ, ㄴ, ㄷ, ㄹ, ㅁ

[해설] 관습법은 유연하다는 장점은 있지만 법규의 내용이 불분명하여 법적 안정성에 문제가 있다. 따라서 국제사회는 관습법을 성문화하고자 노력해 왔다. 국제연맹은 전문가위원회를 구성하고 준비작업을 진행하여 1930년 헤이그에서 국제법성문화회의를 개최하였으나 성과가 미미하였다. 유엔은 국제법위원회(International Law Commission)를 설치하여 국제법의 성문화를 추진하는 기구로 삼았다. UN국제무역법위원회(UNCITRAL)와 우주의 평화적 이용위원회(COPUOS)도 관련분야 국제법을 성문화하는 역할을 하였다. ① 국제법협회(International Law Association : ILA)는 국제법학자들의 국제적인 학술단체이다.

제 2 장

국 가

국

가

제1절 \ 국제법의 주체

1 국제법의 주체에 대한 설명이다. 잘못된 것은?

① 국제법의 주체란 국제사회에서 독자적으로 법률행위를 할 수 있는 단위이다.

② 국제법의 주체는 국제법상 권리와 의무의 주체가 된다.

③ 국제법의 주체는 국가와 국가적 실체뿐이다.

④ 국제기구도 중요한 국제법 주체이다.

⑤ 개인도 제한된 범위에서 국제법의 주체로 인정된다.

> **해설** <**국제법의 주체**> ①② 국제법의 주체란 국제법상 권리와 의무를 향유 내지 부담할 수 있고 국제사회에서 독자적으로 일정한 법률행위를 할 수 있는 실체를 의미한다. 즉 조약 등을 통해 국제적인 합의를 할 수 있고, 국제법 위반에 따른 청구를 제기할 수 있는 실체들이 국제법의 주체이다. ③④⑤ 근대 국제법의 성립 이래 국가는 가장 중요한 주체이며, 상당히 오랜 기간 동안 국제법의 유일한 주체였다. 그러나 이제는 국제기구도 국제법의 중요한 주체가 되었으며, 개인도 제한된 범위에서나마 국제법의 주체로 인정받기에 이르렀다.

2 국가 간의 합의로 설립되어 국제사회에서 국제법 주체로 활동하는 것은?

① 비정부간기구   ② 국제기구

③ 전문기구   ④ 다국적기업

⑤ 컨소시엄

> **해설** <**국제기구**> 국제기구란 국가 간의 합의에 의해 마련된 설립헌장에 의해 설립되어 국제사회에서 독립적인 기능을 수행하는 정부간기구이다. 국제기구는 19세기에 주로 행정과 기술분야에서의 국제협력을 위하여 등장하였으나, 20세기 들어 공존의 필요에서 국제연맹과 국제연합 같은 보편기구들이 탄생하면서 중요한 국제법의 주체가 되었다.

정답 1 ③   2 ②

3　개인의 국제법상 지위에 대한 설명으로 잘못된 것은?

① 과거에는 개인은 국제법의 주체로 인정받지 못했었다.

② 과거에는 국가만을 국제법 주체로 인정했었다.

③ Duguit와 Scelle은 국제법의 주요 주체는 개인이라고 하였다.

④ 국제법의 주요 주체인 국가와 국제기구 이외에 개인도 국제법의 주체로 인정되어야 한다는 견해가 널리 지지되고 있다.

⑤ 개인이 국제법의 주체로 인정되는 범위는 점차 좁아져 가고 있다.

　해설　〈개인〉 개인의 국제법적 지위에 대하 대략 세 가지 학설이 있다. 첫째는 국가만을 국제법의 주체로 인정하여 개인의 주체성을 완전히 부인하는 것인데, 이 주장은 오늘의 국제사회 현실에 맞지 않는다. 둘째는 국제법의 주체는 국가가 아니라 오히려 개인이라는 Duguit와 Scelle 같은 법사회학자들의 견해이다. 셋째는 국제법의 주요 주체는 국가이지만 개인도 국제법의 주체로 인정하여야 한다는 주장이다. 이 설은 다시 두 가지로 나누어져 개인의 국제법 주체성을 넓게 인정하려는 입장과 좁게 인정하려는 입장이 있다. 문제는 국제법이 개인에게 권리를 부여할 뿐 아니라 부여된 권리가 침해된 경우 개인이 직접 이용할 수 있는 국제절차가 마련되어 있는가 하는 것이다. 다수설은 세 번째 것이며, 그 중에서도 국제법상의 실질적 권리는 물론 그 구제절차까지 마련되어 있어야 개인의 주체성을 인정한다는 입장이다. 오늘날 국제사회에서 개인과 사기업의 활동범위는 빠른 속도로 넓어지고 있는바, 개인은 유럽연합이나 국제행정법원에서 그리고 1965년 체결된 「국가와 외국인 간 투자분쟁해결 협약」에 따라 설립된 「국제투자분쟁해결센터」(International Center for the Settlement of Investment Disputes : ICSID)에서 국가나 국제기구를 상대로 직접 청원을 하거나 소송을 제기할 수 있다.

4　다음 중 국제법의 주체라 할 수 없는 것은?

① 개　인　　　　　　　② 국　가

③ 국제기구　　　　　　④ 유럽연합

⑤ 비정부간기구

　해설　〈비정부간기구〉 국가와 국제기구가 국제법의 주체임은 의심의 여지가

　정답　3 ④

없다. 유럽연합과 같은 지역기구들도 국제법의 주체가 된다. 그러나 다국적 기업과 비정부간기구는 그 중요성은 인정되지만 아직 국제법의 주체라 말하기는 어렵다. 오늘날 다국적기업의 활약은 매우 눈부시며 경제의 국제화에 따라 더욱 활발해질 것이다. 그러나 이들은 개발도상국들의 반대로 국제법의 주체로 인정받는 데 상당한 어려움이 예상된다. 비정부간기구(NGO)역시 요즈음 들어 그 활동이 주목을 끌고 있으나 아직 국제법의 주체는 아니다.

제 2 절　국가의 구성요소

5 다음 중 국제법상의 국가가 되기 위한 조건이 아닌 것은?

① 승 인　　　　　② 국 민

③ 주 권　　　　　④ 정 부

⑤ 영 토

> 해설 〈**국가의 구성요소**〉 국가의 구성요소로는 일반적으로 영토, 국민, 주권의 3가지가 거론되지만, 국제법에서는 실효적인 정부도 중요한 의미를 갖는다. ① 국가승인은 이미 존재하는 국가를 선언하는 것으로 보는 것이 일반적이므로 국가가 되기 위한 조건이라 할 수는 없다.

6 국가성립의 조건으로서의 실효적 정부에 대한 설명이다. 틀린 것은?

① 실효적 정부란 국가의사를 대변하고 영토에 대한 통제권을 행사하는 정부를 말한다.

② 국가성립에 필요한 조건이다.

③ 정부의 실효성 판단은 항상 동일한 객관적 기준에 의해 이루어진다.

④ 기존의 국가로부터 독립하는 신생국은 상당한 정도의 독립성을 갖추어야 한다.

⑤ 기존의 국가의 독립성은 상당기간 보호받는다.

[해설] 〈실효적 정부〉 ①② 실효적 정부의 수립은 국제법상 국가의 성립여부를 판단하는 데 중요한 의미를 갖는다. 국가가 성립하려면 국가의 의사를 대변하고 영토 전체에 대해 실효적 통제(effective control)를 할 수 있는 정부가 필요하다. 즉 국가가 성립되려면 내부적으로 질서를 유지하고 대외적으로 국가를 대표하는 정부가 필요한 것이다. ③④⑤ 그러나 현실적으로 실효적 정부가 성립되었는가 하는 판단기준은 상황에 따라 달라진다. 기존의 국가로부터 분리 독립하려는 국가는 상당한 정도의 독립성이 확보되어야 비로소 실효성을 인정받지만, 기존의 국가의 독립성은 상당기간 보호된다.

7 국제법상 주권에 대한 설명으로 적당치 않은 것은?

① 주권은 국가성립의 필수요소이다.

② 주권의 성격과 의미는 시대에 따라 변해 왔다.

③ 유럽연합 국가들은 국가 고유권한의 상당부분을 EU에 이양하였으므로 더 이상 주권국가가 아니다.

④ 국가들이 스스로 원하여 다른 국가의 보호를 받는 경우에도 주권의 존재는 인정된다.

⑤ 주권상실은 국제법상 국가가 국가성을 상실하는 것을 의미한다.

[해설] 〈주권 또는 외국과 공식관계를 맺을 능력〉 ①② 국가는 당연히 주권이 있어야 한다. 근대국가 초기 절대적인 것으로 생각되던 주권의 성격과 의미는 시대에 따라 크게 변했지만, 현재에도 주권, 즉 국제법상의 독립권은 국가성립에 필수적이다. ③④ 그러나 주권(또는 독립권)에 대한 판단은 유연하게 이루어져야 한다. 대외관계를 수행할 수 있는 능력을 가진 국가가 자발적으로 다른 국가에게 자국의 일부 권한을 이양하여 피보호국이 되더라도 그 국가는 주권국가로서의 자격을 유지한다. 유엔에서도 1950년대에는 외국에 의한 통제가 유엔가입을 원하는 국가를 배제하는 근거가 되었으나, 그 후에는 다른 국가에 안보나 경제를 크게 의존하고 있는 국가들도 별문제 없이 받아들여졌다. 유럽 국가들처럼 일정한 권한을 유럽연합 같은 '초국가적'(supernational) 실체에 이양한 국가들도 계속 주권국가로 유지된다.

8 국제사회에서 소국(micro-state)의 지위에 대한 설명들이다. 적절치 않은 것은?

① 면적·인구·경제력이 미약한 국가이다.

② 유엔에서는 회원국이 아닌 옵서버 자격을 부여하자는 제의도 있었다.

③ 이들은 형식적으로나 실질적으로 다른 국가들과 평등한 지위를 누린다.

④ 바티칸시국도 하나의 국가이다.

⑤ 준주권국가라 부르기도 한다.

> **해설** <소국의 지위> ① 소국이란 면적과 인구, 경제자원이 지나치게 미약한 국가를 의미한다. ② 유엔에서는 매우 작은 영토를 가진 실체도 독립국이 될 수는 있지만, 독립국이 되는 것과 유엔 회원국이 되는 것은 별개의 문제일 수 있다고 하면서, 회원국 자격이 아닌 상주옵서버 자격을 부여하는 방안들을 검토하기도 하였다. ③ 그러나 소국들을 차별하기 위한 객관적인 조건은 마련된 바 없으며, 이들은 다른 국가들과 마찬가지로 국제기구에 정회원국으로 가입하여 하나의 국가로 활동하고 있다. 하지만 국가 간의 실질적인 관계에 있어서는 차별이 엄연히 존재한다. ④ 대표적인 소국인 바티칸시국은 면적도 작고 주민도 얼마 되지 않지만, 수많은 국가들과 외교관계를 맺고 있으며 교황은 국가원수의 자격으로 외국을 방문한다. ⑤ 소국은 일반적으로 mini state 또는 micro state라 부르지만, 이를 '준주권국가'(quasi-sovereign state)라 부르는 학자도 있다.

제 3 절 \ 특수한 국가들과 그 지위

9 특수한 지위에 있는 국가들과 국가결합 형태에 대한 설명 중 틀린 것은?

① 국제조약을 체결하여 자신의 대외관계 권한을 다른 국가에게 이

양한 국가는 피보호국이다.

② 종속국이란 다른 국가와의 조약을 통하여 외교권을 이양한 국가
   이다.

③ 대외적인 권한을 독점하는 연방정부 외에 상당한 정도의 독립성
   을 가진 지방정부들이 있는 경우에는 이를 연방국가라 한다.

④ 국가연합이란 여러 독립국들이 특수한 목적을 위해 결합하는 것
   으로, 국가연합에는 일부 권한만을 이양한다.

⑤ 소국(mini state)들도 국제사회에서 공식적으로는 다른 국가들과
   동등한 지위를 갖는다.

> 해설 〈특수한 국가〉 ① 조약을 체결하여 자신의 대외관계 권한을 다른 국
> 가에게 이양한 국가를 피보호국이라고 한다. ② 종속국이란 종주국으로부
> 터 분리 · 독립해 가는 과정에 있는 국가로서, 아직 종속상태에 있지만 일
> 부 독자적인 행위능력을 보유한 국가를 의미한다. 특히 종주국과의 관계는
> 국제조약이 아닌 국내법에 의해 규율된다. ③ 한 국가내에 대외적인 권한
> 을 독점하는 연방정부와 상당한 정도의 독립성을 가진 지방정부들이 있는
> 경우에는 이를 연방국가라고 한다. ④ 국가연합이란 여러 독립국들이 특수
> 한 목적을 위해 결합하는 것을 말한다.

10 국제조약에 의하여 자신의 대외관계에 관한 권한을 다른 국가에게 이
   양한 국가를 무엇이라고 하는가?

① 피보호국   ② 보호국

③ 종속국   ④ 연방국가

⑤ 국가연합

> 해설 〈피보호국〉 피보호국(protected state)이란 보호조약이라 불리는 국제
> 조약에 의하여 자신의 대외관계에 관한 권한을 다른 국가에게 이양한 국가
> 이다. ③ 종주국으로부터 분리 · 독립해 가는 과정에 있는 국가로서, 아직
> 종속관계는 유지되고 있으나 독자적인 행위능력을 일부 획득한 국가를 종
> 속국(vassal state)이라고 한다.

제4절 \ 국가승인

11 국제법에 승인제도가 존재하는 가장 중요한 이유는?

① 국제사회의 폐쇄성 때문이다.

② 초국가기구가 없기 때문이다.

③ 신생국의 탄생을 억제하기 위한 것이다.

④ 기존의 국가들의 기득권 유지를 위한 것이다.

⑤ 전쟁을 방지하기 위한 것이다.

> **해설** 〈**승인제도**〉 국제법에는 여러 가지 승인제도가 있다. 국제법에서 승인
> 이란 일정한 사태나 법률관계의 변동을 다른 국가들로 하여금 인정하게 하
> 는 것이다. 국제법에는 국가승인, 정부승인, 교전단체 승인이 있다. 이러한
> 승인제도가 생겨난 것은 국제사회에 신생국의 탄생과 같은 변화를 공식적
> 으로 인정해 줄 수 있는 초국가기구가 존재하지 아니하기 때문이다.

12 국제법상 국가승인제도가 존재하는 이유로 가장 합당치 않은 것은?

① 신생국은 기존의 국가들의 승인을 받아야 국제법상의 국가가 된
다.

② 국제사회에는 신생국의 탄생을 확인해 줄 초국가기구가 없다.

③ 신생국들 스스로 기존 국가들의 승인을 원하는 경우도 있었다.

④ 국가승인이 있게 되면 국가 간 관계가 원만해진다.

⑤ 승인을 하는 국가들도 이 제도를 정치적 목적에 이용하였다.

> **해설** 〈**국가승인**〉 국제법에 승인제도가 등장한 것은 국제사회에는 국가들의
> 상위기관인 초국가기구가 없어 국제사회의 변화를 확인해 줄 공식적인 기구
> 가 없기 때문이다. 또한 ③과 ⑤의 설명처럼 신생국들과 기존의 국가들이 국
> 가승인을 원했던 것도 또다른 이유였다. ④ 뿐만 아니라 승인이 있게 되면
> 외교관계가 수립되는 등 국가 간의 관계가 원만해지는 효과도 있다. ① 신
> 생국이 기존 국가들의 승인이 있어야 국제법상의 국가가 되는 것은 아니다.

정답 11 ②   12 ①

13 국가승인에 대한 설명들이다. 잘못된 것은?

① 외국의 승인이 없어도 국가의 구성요소를 갖추면 국제법상의 국가가 된다는 것은 선언적 효과설의 입장이다.

② 선언적 효과설은 기존의 국가에 의한 신생국 승인은 선언적인 의미만을 갖는다고 한다.

③ 국제법상의 국가가 되려면 기존 국가들의 승인을 받아야 한다는 것이 창설적 효과설의 입장이다.

④ 창설적 효과설에 의하면 기존의 국가들의 승인행위는 국가창설의 의미를 갖는다고 한다.

⑤ 현재 국제법학계에서는 창설적 효과설이 다수설이다.

> 해설 〈창설적 효과설과 선언적 효과설〉 ③④ 창설적 효과설(constitutive theory)은 기존의 국가들의 승인행위는 새로운 국가에게 국제적 법인격을 부여하는 것이라고 한다. 결국 다른 국가들의 승인이 신생국을 창설해 낸다는 이론이다. ①② 선언적 효과설(declaratory theory)은 국가란 국가가 되기 위한 구성요건을 충족하면 성립되는 것이라고 한다. 따라서 중요한 것은 그러한 요건들이 충족되었는가이며, 다른 국가들의 승인이 없이도 존재할 수 있다고 한다. ⑤ 두 가지 입장 중에서 창설적 이론을 지지하는 학자도 있으나 다수의 유력한 견해와 국가관행은 선언적 효과설을 지지해 왔다. 1936년 국제법학회(Institute de droit International)가 밝힌 바와 같이, 승인은 선언적인 효과를 갖는 것이어서 국가형성에 필요한 모든 조건을 갖춘 신생국의 국가성은 하나 또는 그 이상의 국가들의 승인거부에 의해 훼손되지 않는다.

14 국가승인 의무와 관행에 관한 설명이다. 잘못된 것을 고르시오.

① 라우터팍트와 구겐하임은 창설적 효과설을 주장하면서 승인의 의무를 주장하였다.

② 다수설에 따르면 기존 국가들의 신생국 승인의무는 존재하지 않는다.

③ 승인의 의무를 주장하는 사람들은 대개 선언적 효과설을 지지하는 사람들이다.

④ 기존의 국가들이 국가 구성요소를 모두 갖춘 국가를 승인하지 않는 경우가 자주 있었다.

⑤ 기존의 국가들은 국가의 구성요건을 제대로 갖추지 못한 국가를 승인하기도 하였다.

> 해설 <국가승인의무> ① 창설적 효과설을 주장하는 라우터팍트(Lauterpacht) 와 구겐하임(Guggenheim)은 기존 국가들의 신생국 승인의무를 주장하였 다. 그러나 이러한 주장은 국제관행에 맞지 않는다. ② 다수설은 기존 국가 의 신생국 승인은 선택적이고 정치적인(optional and political) 행위이므로 국가승인에 법적인 의무는 존재하지 않는다고 본다. 승인의 이러한 재량적 성격 때문에 ④와 ⑤에 설명된 대로 국가로서 필요한 모든 조건을 갖춘 국 가를 승인하지 아니하는 사례(예 : 아랍국가들에 의한 이스라엘 승인거부) 가 있는가 하면, 국가로서의 조건을 갖추지 못하였음에도 이를 승인하는 사례(예 : 1967~70년 나이지리아 내전시 5개 아프리카 국가들의 비아프라 승인)가 있었다. ③ 승인의 의무를 주장하는 사람들은 선언적 효과설이 아 니라 창설적 효과설을 지지하는 사람들이다.

15 스팀슨주의(Stimson Doctrine)란?

① 국제법에 위반하는 방식으로 형성된 국가승인을 반대하는 것이다.

② 국제분쟁 해결의 수단으로 전쟁을 반대하는 것이다.

③ 인종차별에 반대하는 것이다.

④ 하천을 사용한 국경선획정 원칙이다.

⑤ 합헌적인 정부만을 승인하자는 주장이다.

> 해설 <비승인의무> 국제법상 국가승인은 승인하는 국가의 재량에 속하는 것이지만, 국제사회는 이따금 국제법에 어긋나는 방법이나 목적으로 형성 된 국가에 대한 승인을 자제할 것을 국가들에게 요구하고 있다. 특정한 국 가적 실체에 대한 비승인의무가 처음으로 문제된 것은 1930년대 초 만주 사변에서이다. 일본은 1928년 부전조약에 반하는 방법으로 만주를 불법침 략하여 만주국을 세웠다. 미국에서는 만주사변 발발 즉시 Stimson 국무장 관 명의의 경고각서를 보내 자국은 부전조약상의 서약과 의무에 반하여 형 성된 사태와 조약을 인정하지 않겠다고 하였다. 그 후 국제연맹 총회도 같 은 내용의 결의를 채택하였다. 이러한 배경에서 국제법에 어긋나는 방법으 로 수립된 국가에 대한 승인거부를 스팀슨주의(Stimson Doctrine)라 부르

게 되었다. 국제법에 어긋나는 방법으로 수립된 국가에 대한 비승인 요구
는 로디지아와 트란스케이에 대해서도 적용되었다. 로디지아(Rhodesia)는
'소수정부' 수립으로 인민의 자결권 원칙을 위반하였기 때문에, 그리고 트
란스케이(Transkei)는 그 독립이 인종분리(apartheid)를 통한 백인통치 계
속을 위한 것이므로 비승인이 요청되었다.

제 5 절 \ 정부승인

16 정부승인 제도에 대한 설명들이다. 적절치 못한 것은?

① 기존의 헌법에 위배되는 방법으로 수립된 정부가 승인의 대상이
다.

② 쿠데타나 혁명에 의해 수립된 정부들이 대표적인 승인대상이다.

③ 신생국 정부에 대한 승인은 대부분 국가승인과 동시에 이루어진
다.

④ 외국 정부들로부터 승인받지 못한 정부는 법적인 행위능력이 없
다.

⑤ 외국 정부의 승인여부에 관계없이 국가의 계속성은 유지된다.

> 해설 <정부승인> ①② 정부승인이란 쿠데타나 혁명 등 불법적인 방법에 의
> 해 정권이 교체된 경우 다른 국가의 정부들이 새로운 정부를 합법적인 것으
> 로 인정해 주는 것을 말한다. 때문에 정부승인은 정상적인 방법으로 정부가
> 교체된 경우에는 필요치 않으며, 한 국가 내에서의 정부교체가 혁명이나 쿠
> 데타 등 헌법에 어긋나는 방법으로 이루어지는 경우에 필요한 것이다. ③ 신
> 생국의 경우에는 대부분 정부승인과 국가승인은 동시에 이루어지므로 별도
> 의 정부승인은 필요 없는 경우가 많다. ⑤ 국가의 계속성은 정부교체와 관
> 계없이 인정된다. 그러나 과거 소련과 중공은 자신들은 혁명을 통해 완전히
> 새로운 국가를 창설했다고 하면서 구정권의 채무이행을 거부한 적이 있었
> 다. ④ 다른 국가의 정부들로부터 승인을 받지 못한 정부라 할지라도 사실상
> 의 정부에 해당하는 경우에는 법적인 행위능력을 가지고 있는 것으로 본다.

17 정부승인의 관행에 대한 설명이다. 잘못된 것은?

① 정부승인을 하지 않는 것이 오늘날의 일반적인 경향이다.

② 정부승인은 국가 간의 관계를 원만하게 유지하는 데 보탬이 되기도 한다.

③ 정부승인은 국가 간의 관계를 악화시키므로 기피하는 경향이 있다.

④ 서방국가들은 새로운 정부의 합헌성을 판단하여 승인여부를 결정하는 방향으로 나아가고 있다.

⑤ 중국처럼 하나의 국가에 두 개의 정부가 대립해 있는 경우에는 당해 정부가 승인을 요청하기도 한다.

> 해설 〈**정부승인의 실제**〉 ①②③ 오늘날 국제사회에서는 정부승인제도를 활용하지 않는 경향이 있다. 정부승인이 있게 되면 양국 간의 관계는 상당히 좋아지겠지만, 승인이 거부되면 양국 간의 관계는 악화되고 내정간섭의 문제를 야기할 수도 있기 때문이다. ④ 오늘날에는 영국과 프랑스, 나아가 미국까지도 사실상의 정부들에 대한 합법성 판단을 미루는 경향을 보이고 있다. ⑤ 중국과 같이 하나의 국가에 두 개의 정부가 있는 경우에는 당해 국가가 오히려 명시적이고 선택적인 정부승인을 요구하기도 한다.

18 다음 중 정부승인의 일반적 조건이라 볼 수 없는 것은?

① 사실상의 정부가 수립되어야 한다.

② 영역 내에서 실효적 통제를 확보하여야 한다.

③ 민주주의적 정통성을 확보하여야 한다.

④ 다른 국가들에 대한 의무이행 의지가 있어야 한다.

⑤ 정부조직을 장악하였어야 한다.

> 해설 〈**정부승인의 조건**〉 정부승인이 이루어지려면 새로운 정부는 그 국가의 영역 내에서 실효적 통제권을 확립하여 사실상의 정부가 되어야 하며, 구정권의 법적인 권리와 의무, 특히 구정권이 부담하고 있던 의무를 계승할 의사와 능력이 있어야 한다. 만일 신정부가 자국 내에서 확고한 입지를 굳히지 못했다면 다른 국가들은 이를 승인하는 데 주저할 것이며, 다른 국가들에 대한 의무이행을 거부하는 국가에 대한 승인 역시 이루어지지 않을

것이다. ③ 정부승인의 기준으로 새로운 정부의 민주주의적 정통성 문제가
거론되어 왔다. 토바르주의라 불리는 이 기준에 대해서는 다음 문제와 해
설을 참조할 것.

19 토바르주의에 대한 가장 적절한 설명인 것은?
① 정부승인시 민주주의적 기준을 고려해야 한다는 입장이다.
② 정부승인시 민주주의적 정통성은 고려대상이 아니라는 입장이다.
③ 정부승인제도를 거부하는 견해이다.
④ 국가승인제도를 거부하는 입장이다.
⑤ 불법적인 방법에 의해 수립된 국가는 승인하지 말자는 주장이다.

> 해설 〈**토바르주의**〉 합헌성 또는 민주주의적 정통성을 정부승인의 기준으로
> 삼을 것인가 하는 데 대해서는 두 개의 입장이 대립되고 있다. 하나는 에
> 콰도르 외무장관 토바르(Tobar)가 제시한 것으로, 국민투표 등 민주적 방
> 법에 의해 국민들로부터 그 정통성을 인정받은 이후에 정부승인이 있어야
> 한다는 것이다. 1907년 에콰도르 외무장관 Tobar는 자유선거를 통해 검증
> 을 받기까지는 초헌법적인 방법으로 정권을 장악한 정부를 승인해서는 안
> 된다고 하였다. 토바르주의(Tobar Doctrine)라 일컬어지는 이 주장은 몇몇
> 라틴 아메리카 국가 간 조약에 반영되었고, 1965년 미주기구(OAS)도 이를
> 우회적으로 시인하였다. 반면에 멕시코 외무장관 Estrada는 정부승인은 다
> 른 국가의 주권에 대한 도전이자 내정간섭이므로 앞으로 멕시코는 정부승
> 인 행위를 하지 않겠다고 하였다. ②와 ③은 에스트라다주의에 대한 설명
> 이며, ⑤는 스팀슨주의에 관한 설명이다.

20 에스트라다(Estrada)주의에 대한 설명이다. 틀린 것은?
① 정부승인에 관해 멕시코 외무장관 에스트라다가 밝힌 입장이다.
② 다른 국가의 정부들은 한 국가 내에서의 정권교체에 간섭하면
   안 된다고 한다.
③ 정부승인제도의 유용성과 가치를 인정한다.
④ 정부승인제도는 필요 없다는 주장이다.
⑤ 정부승인은 다른 국가의 주권에 대한 도전이며 내정간섭이라고
   본다.

정답 18 ③   19 ①

해설 <에스트라다주의> 멕시코 정부는 1930년 정치적인 위기가 있었던 국가에 주재하고 있는 외교관들에게 당시 외무장관 에스트라다 명의로 훈령을 보내어, 멕시코 정부는 앞으로 정부승인에 관한 어떤 선언도 하지 않겠다고 하였다. 에스트라다주의(Estrada Doctrine)란 정부승인을 거부하는 입장이라 할 수 있으며, 정부승인을 하는 것은 다른 국가의 주권에 대한 도전이자 내정간섭이라고 본다.

21 승인받지 못한 사실상의 정부가 행한 법적인 행위는?

① 국제법적으로 유효하다.

② 그 정부를 승인한 국가에 대해서만 유효하다.

③ 그 정부와 그 정부를 승인한 국가 사이에서만 유효하다.

④ 승인이 있게 되면 그 때부터 유효하게 된다.

⑤ 상호간에 승인이 있을 때까지 효력발생이 보류된다.

해설 <승인받지 못한 정부의 능력> 승인받지 못한 정부의 법적 행위능력은 정부승인의 법적 성격에 관련되는 문제인데, 국가영역 내에서 평화적인 통치를 행하고 있는 사실상의 정부(*de facto* government)는 승인을 받고 안 받고에 관계없이 그 법적인 행위능력을 인정받는다. 사실상의 정부가 행한 법적인 조치는 그 정부가 외국정부의 승인을 받았는가 하는 것에 관계없이 유효한 것으로 인정되어야 한다는 것이 각종 국제법원과 국내법원의 입장이며, 영국과 코스타리카 간의 티노코 중재 사건에 대한 판정은 좋은 예이다.

22 영국과 코스타리카 간의 티노코(Tinico) 중재사건에서 주요 논점은 무엇이었는가?

① 무역분쟁

② 사실상 정부의 법적 행위능력

③ 채무불이행에 따른 무력사용

④ 국가의 법적 행위능력

⑤ 외국영토에의 망명권

해설 <티노코 사건> 티노코 중재사건(Tinoco Claims Arbitration)은 1923년 단독중재인 William Taft가 판정한 것이다. 코스타리카에서는 1917년 쿠데타가 일어나 티노코가 정권을 장악하였으나, 영국과 미국 등 주요 국가들이 승인을 보류하고 있는 도중에 1919년 다시 쿠데타가 일어나 구정권이 회복되었다. 이 회복된 정부는 티노코 정권이 체결한 일체의 계약을 무효화하였는데, 여기에는 티노코 정권에 대한 승인을 거부하였던 영국의 한 기업이 획득한 석유 양허계약이 포함되어 있었다. 태프트 중재관은 이 사건에서 중요한 것은 티노코 정권이 사실상의 정부였는가 하는 점이라고 하면서, 티노코 정권은 국민들의 묵인하에 상당기간 평화롭게 행정을 수행한 사실상의 정부였으므로 그 계약은 유효하다고 하였다.

23 교전단체의 승인에 관한 설명이다. 잘못된 것은?

① 교전단체로 승인된 단체는 제한된 범위에서 국제법 주체로 인정된다.

② 중앙정부의 승인이 있게 되면 양측 간에는 전시국제법이 적용된다.

③ 제3국에 의한 교전단체 승인은 보통 중립선언 형식으로 이루어진다.

④ 교전단체로 승인된 단체는 자신의 점령지역에서 발생하는 행위에 대해 책임을 부담한다.

⑤ 교전단체로 승인받은 단체는 국제법상 국가와 동등한 법적인 능력을 갖는다.

해설 **<교전단체의 승인>** 한 반란단체가 국가영토의 일부분을 장악하고 사실상의 정부를 세워 중앙정부의 통치권이 실제로 그 곳에 미치지 못하게 되면, 중앙정부나 제3국은 이 단체를 교전단체로 승인하여 제한된 범위에서 국제법 주체성을 부여할 수 있다. 중앙정부에 의한 승인은 반란군 점령지역에서 발생하는 불법행위에 따른 국제책임을 면하고 양측 간의 무력투쟁에 전시 국제법을 적용하기 위한 목적에서 이루어진다. 승인이 있게 되면 중앙정부는 교전단체 점령지역 내에서 발생하는 행위에 책임을 지지 않으며, 양자간의 무력투쟁은 국제법상의 전쟁이 되어 국제법상 전쟁법이 적용된다. 제3국에 의한 교전단체 승인은 교전단체 점령지역 내에서 자국의 이익을 보호하기 위해 이루어진다. 보통 중립선언 형식으로 이루어지는 승인이 있게 되면 제3국은 양측 간의 무력투쟁에서 중립을 지켜야 하며, 교전단체는 제3국의 이익을 보호할 의무를 지게 된다.

제 6 절 국가승계

24 국가승계(국가상속)란 무엇인가?

① 한 국가 내에서의 정권교체를 의미한다.

② 일정한 지역에 대한 주권이 한 국가에서 다른 국가로 이전되는 것이다.

③ 한 국가 내에서 이념이 판이한 새로운 정권이 탄생하는 것이다.

④ 헌법에 어긋나는 방법으로 이루어진 정권교체를 의미한다.

⑤ 여러 국가가 하나로 통합되는 경우를 의미하며 하나가 여럿으로 분리되는 것은 제외된다.

> [해설] <국가승계> 국가승계란 두 개 이상의 국가가 하나로 통합되거나, 하나의 국가가 여러 개로 분리되어 국제법상의 권리·의무에 변화가 오는 것을 말한다. 가령 한 국가에 의한 다른 국가 병합(annexation), 여러 국가의 한 국가로의 합병(fusion), 한 국가의 여러 국가로의 분리(secession)가 있게 되면 선임국가(predecessor state)와 계승국가(successor state) 간의 법적인 권리·의무에 변동이 있게 된다. 결국 국가승계 또는 국가상속이란 일정한 지역에 대한 주권이 한 국가에서 다른 국가로 이전되는 것을 말한다. ①③④는 정권교체에 해당하며 ⑤는 내용이 잘못된 것이다.

25 국가승계(상속)의 연혁과 법원에 관한 설명으로 적절치 않은 것은?

① 과거에 국가승계는 전쟁과 비식민화 과정을 통해 이루어지는 경우가 많았다.

② 최근에는 분단국가의 통일이나 연방국가의 해체에 의한 국가승계가 많이 발생하고 있다.

③ 국가승계에 관해서는 몇 가지 조약이 체결되었으나 효력발생에는 이르지 못하였다.

[정답] 24 ②

④ 국가승계에 대한 연구에서는 실제 사례에 대한 연구가 중요하다.

⑤ 국가승계 문제에는 국내법의 상속법 원리가 적용된다.

> **해설** **〈국가승계의 법원〉** ① 과거의 국가승계 문제는 대부분 전쟁이나 비식
> 민화 과정을 통해 제기되었다. ② 그러나 최근에는 독일·예멘·베트남에
> 서 보듯이 분단국가의 통일과, 소련과 유고에서 보듯이 연방국가의 해체과
> 정에서 자주 발생하고 있다. ③ 국가승계는 형태가 매우 다양하여 모든 상
> 황에 공통적으로 적용되는 일반 국제규범을 발견해 내는 것은 매우 어렵
> 다. 유엔에서는 1978년 「조약의 국가승계에 관한 비엔나협약」(Vienna Con-
> vention on Succession of States in Respect of Treaties)과 1983년 「국
> 가재산·문서·채무의 국가승계에 관한 비엔나협약」(Vienna Convention
> on Succession of States in Respect of State Property, Archives and
> Debts)을 채택하였으나 비준하는 국가들이 적어 아직 효력발생에 이르지
> 못하였다. ④ 국가승계 문제의 해결을 위해서는 국제협약에 대한 연구도
> 중요하지만 과거의 사례들에 대한 연구가 중요하다. ⑤ 국가승계는 국가상
> 속이라고도 부르지만 국내 상속법 원리와는 근본적으로 다르다.

26 국가승계시 조약의 처리방법에 대한 설명이다. 적절하지 않은 것은?

① 선임국가가 체결한 조약은 국가승계의 유형과 조약의 성격에 따
라 처리방법이 달라진다.

② 한 국가의 영토 일부가 다른 국가에게 이전되는 경우에는 mov-
ing treaty-frontier 규칙이 적용된다.

③ 한 국가가 다른 국가에 흡수되면 흡수된 국가가 체결한 조약은
소멸되는 것이 원칙이다.

④ 기존의 국가로부터 분리·독립한 국가는 선임국가가 체결한 조
약을 계승하지 않는다.

⑤ clean slate principle은 영토에 관련된 조약에 적용된다.

> **해설** **〈조약의 승계〉** ① 국가승계시 선임국가가 체결한 조약의 운명은 국가
> 승계의 유형과 조약의 성격에 따라 달라진다. ② 한 국가의 영토의 일부가
> 다른 국가에게 이전되면, 선임국가의 조약들은 그 영역에 대하여 효력을
> 상실하고 계승국가의 조약들이 효력을 가지게 된다. 이 moving treaty-
> frontier 규칙은 기존 국가 간의 영토변경시 적용된다. ③ 한 국가가 다른
> 국가를 흡수하면 흡수된 국가의 조약들은 소멸되고 흡수한 국가의 조약들

이 흡수된 지역에도 적용된다. ④ 한 국가의 일부가 분리하여 새로운 국가가 된 경우에는, 그 국가가 명시적 또는 묵시적으로 그 조약을 받아들이고 다른 당사국들이 거기에 동의하지 않는 한, 신생국은 선임국이 당사자인 국제조약을 계승하지 않는다. 이것이 'Clean Slate Principle' 또는 '백지의 원칙'이다. ⑤ 그러나 백지의 원칙은 국경선이나 영토에 관련된 조약에는 적용되지 않는다.

27 moving treaty-frontier 규칙에 관한 가장 적절한 설명인 것은?

① 해양경계획정에 관련된 규칙이다.

② 첨부와 침식 등 자연현상에 따른 국경선변경에 관한 규칙이다.

③ 영토변경은 조약의 적용범위에 변화를 가져온다는 것이다.

④ 신생국은 자신이 인정하는 조약만을 승계한다는 것이다.

⑤ 유목민 거주지역의 국경선 이동에 관한 규칙이다.

> 해설 〈조약국경선이동 규칙〉 조약국경선이동(moving treaty-frontier) 규칙은 ③의 설명대로 국가승계시 조약의 적용범위는 영토변경과 함께 변한다는 것이다. 한 국가의 영토의 일부가 다른 국가의 영토로 되면 선임국가의 조약들은 그 영역에 대해 효력을 상실하고 계승국가가 체결한 조약들이 효력을 미치게 된다는 것이다.

28 소위 '백지의 원칙'(clean slate principle)이란?

① 한 국가의 영토 일부가 다른 국가로 이전되면 조약의 효력범위도 함께 변한다는 원칙이다.

② 신생국은 선임국가가 체결한 조약 중에서 자신이 원하는 조약만 예외적으로 계승한다는 것이다.

③ 신생국은 채권도 채무도 없는 상태에서 출발한다는 원칙이다.

④ 주변국가에 대한 환경피해 방지의무로부터 나오는 원칙이다.

⑤ Uti Possidetis 원칙이라고도 한다.

> 해설 〈백지의 원칙〉 백지의 원칙(clean slate principle)이란 기존의 한 국가로부터 분리·독립한 신생국은 원칙적으로 선임국가의 조약을 계승하지 않으며, 자신이 명시적·묵시적으로 승인하는 조약만 계승한다는 원칙이다.

29 국가승계(상속)에 있어서 국가재산과 부채의 승계에 관한 설명이다.
옳지 않다고 생각되는 것은?

① 국가재산은 보상 없이 계승국가에게 이전된다.

② 사유재산은 별다른 영향을 받지 않는다.

③ 국가문서는 보상 없이 계승국가에게 이전된다.

④ 선임국가의 공적인 채무는 채무의 성격에 따라 처리방법이 달라
진다.

⑤ 기존의 국가에서 독립한 신생국은 선임국가의 채무를 인수한다.

> 해설 <국가재산과 부채의 승계> 국가승계시 국가재산과 문서, 부채에 관한
> 협약으로는 1983년 「국가재산·문서·채무의 국가승계에 관한 비엔나협약」
> 이 있으나 아직 효력발생에 이르지 못하였다. ① 국가승계가 있게 되면 별
> 다른 합의가 없는 한 국가재산은 보상 없이 자동적으로 계승국가에 이전된
> 다. 국가재산이란 국가승계 당시 그 국가의 국내법에 따라 국가소유임이
> 인정되는 모든 재산과 권리, 기타 이익을 의미한다. ② 사유재산은 영토주
> 권의 변동에 영향을 받지 않으므로 국가승계시 별다른 변화가 없다. ③ 국
> 가문서(state archives)란 국가승계 당시 선임국가가 소유하고 있는 모든
> 문서를 의미하는데 역시 보상 없이 이전된다. ④ 채무의 승계문제는 매우
> 복잡하다. 국제법협회는 1970년 보고서에서 공적 채무(public debt)를 국
> 가채무(national debt), 지방채무(local debt), 지방화된 채무(localized debt)
> 등 세 가지로 나누었다. 국가채무란 중앙정부의 일반계정에 나타나는 중앙
> 정부에 청구할 수 있는 채무를 말하며, 지방채무란 상당한 정도의 재정적
> 자율성을 가진 지방자치단체가 부담하는 채무이며, 지방화된 채무란 명확
> 한 지역적 한계가 있고 채무자의 인격성이 강한 채무라고 한다. 지방화된
> 채무는 영토주권과 함께 온전히 이전된다. 그 외의 공적인 채무는 계승국
> 가와의 합의나 형평에 따른 비율로(in an equitable proportion) 계승국가
> 에게 이전된다. ⑤ 신생국은 선임국가의 채무를 승계하지 않는 것이 원칙
> 이며, 선임국가와 계승국가 간의 합의 없이는 그 어떠한 부채도 계승국에
> 이전되지 않는다. 반면에 두 개 이상의 국가가 하나로 통합되면 선임국들
> 의 부채는 모두 계승국에게 이전되며, 하나의 국가가 두 개 이상으로 해체
> 되는 경우에는 형평에 따라 분배되어야 한다.

정답 29 ⑤

제 7 절 / 국경선획정과 영토변경

30 영토주권에 관한 설명으로 잘못된 것은?

① 영토주권은 영토, 영해, 영공에 미친다.

② 영토주권은 배타적 성격을 갖는다.

③ 영토주권은 영토국가의 행위를 적법한 것으로 추정케 한다.

④ 영토주권은 영역 내의 모든 사람과 물건에 대한 관할권을 부여한다.

⑤ 영토주권에는 외국에 거주하는 자국민에 대한 관할권도 포함된다.

> [해설] <**영토주권**> 한 국가가 국제사회에서 행사하는 관할권은 일반적으로는 국가영역에 의하여 그 범위가 결정된다. ① 한 국가의 영토주권은 그 국가의 영토와 영해·영공을 포함하는 영역 전체에 미친다. ②③ 영토주권은 성격상 배타적이며, 그 내용의 충만성은 영토국가에게 국가기능 수행에 필요한 광범위한 권한을 부여하는바 일체의 행위는 합법적인 것으로 추정된다. ⑤ 반면에 한 국가의 관할권은 국적이란 인연을 통하여 외국에 나가 있는 자국민에게 미치는데, 이를 인적 관할권이라 한다.

31 국경선획정에 관한 설명들이다. 적절하지 못한 것은?

① 일반국제법 원칙은 민족을 국경선획정의 기초로 삼고 있다.

② 당사국 간의 합의에 의해 국경선을 결정하는 것이 가장 편리하고 분쟁의 소지도 없다.

③ 국경선획정에 강이나 호수, 산맥 같은 지형들을 이용하는 경우가 많다.

④ 항행가능한 하천의 국경선은 소위 탈베그에 따라 정하는 경우가 많다.

[정답] 30 ⑤

⑤ 남미와 아프리카에서는 과거 식민시대 행정구역 경계선을 국경
선으로 대체하기도 하였다.

> [해설] 〈국경선획정방법〉 ② 국경선은 조약을 통해 합의에 의해 획정하는 것
> 이 가장 좋다. ③ 국경선획정에는 여러 가지 방법들이 사용되는데, 강이나
> 호수, 산맥과 같은 자연적 지형을 이용하는 경우가 많다. ④ 하천의 경우
> 항행이 불가능한 경우에는 하천의 중앙선(the middle of stream)을 국경선
> 으로 하지만, 항행이 가능한 하천의 경우에는 하천의 중앙선보다는 항행수
> 로의 중앙선(the middle of the channel of navigation), 즉 Thalweg를 국
> 경선으로 삼는 것이 일반적이다. ⑤ 남미와 아프리카에서는 Uti Possidetis
> 원칙이라고 하여 과거 식민시대의 행정구역 경계선을 국경선으로 사용하는
> 경우가 많았다. ① 민족을 단위로 국경선을 긋는 것을 일반국제법 원칙이
> 라고 할 수는 없다.

32 Uti Possidetis 원칙에 관한 설명이다. 잘못된 것을 고르시오.

① 라틴아메리카 국가들이 독립할 때 국경선획정에 사용하였다.

② 식민지시대 행정구역 경계선을 국경선으로 사용하는 것이다.

③ 민족문제가 심각한 아프리카에서도 사용되었다.

④ 민족을 하나의 구성단위로 하여 국가를 형성하여야 한다는 원칙
이다.

⑤ 국제사법재판소는 1986년 부르키나파소와 말리 간의 국경분쟁
사건에서 이 원칙을 면밀히 검토하였다.

> [해설] 〈**Uti Possidetis 원칙**〉 유럽에서 절대주의 국가들이 성립한 이후 민족
> 은 국가구성의 기본 단위였다. 서구열강의 식민지에서 독립한 국가들은 대
> 개 민족을 단위로 국가를 구성하였고, 반대로 민족은 국가 간 국경선획정에
> 중요한 고려사항이 되었다. 그러나 라틴 아메리카나 아프리카 지역처럼 민
> 족구성이 복잡한 곳에서는 민족은 국가구성이나 국경선획정에 있어 제한된
> 의미를 가질 수밖에 없었다. 따라서 독립당시의 상태를 중시하여 식민통치
> 시대의 행정상 경계선을 국가 간 경계선으로 삼는 Uti Possidetis('사실상의
> 상태에 따라'라는 말) 원칙이 적용되었다. 그리고 이 원칙은 ⑤의 설명대로
> 1986년 국제사법재판소의 부르키나파소와 말리 간의 국경분쟁에서 세밀히
> 검토되었다. 민족을 국가의 구성단위로 한다는 ④는 Uti Possidetis 원칙과
> 는 대칭되는 민족성의 원칙에 관한 설명이다.

[정답] 31 ①　32 ④

33 국가간 국경선획정방법으로 Uti Possidetis 원칙이 심도 있게 검토된 것은 어떤 사건에서였는가?

① 채미잘 사건   ② 로터스호 사건

③ 부르키나파소와 말리 간 사건   ④ 서사하라 사건

⑤ 클리퍼튼섬 사건

> 해설 **〈부르키나파소와 말리 간 국경분쟁(The Frontier Dispute between Burkina Faso and Republic of Mali, 1986)〉** 원래 Upper Volta이었던 부르키나파소와 말리공화국 간 국경선에 관한 문제를 다루면서 국제사법재판소는 Uti Possidetis 원칙을 세밀히 검토하였다. 재판소가 이 원칙을 검토한 것은 양쪽 분쟁당사국은 니제르와 함께 과거 프랑스령 서부아프리카(French West Africa : AOF)에 속해 있었기 때문이다. 재판소는 Uti Possidetis 원칙은 원래 스페인령 미주 식민지에서 비식민화가 진행되면서 하나의 중심국가에 속해 있던 지역에 여러 개의 주권국가가 탄생할 때 적용된 것으로, 이 원칙은 식민국가가 철수한 이후 신생국들의 독립과 안정이 동족간 분쟁으로 위협받는 것을 방지하려는 목적을 가지고 있다고 하였다. 특히 이 원칙은 라틴아메리카에서 실효적 점유(effective possession)를 주권의 기초로 인정하는 데 있어 탁월하였다고 하였다. 독립이 달성된 순간의 경계선을 존중하는 이 원칙은 결국 행정상 필요에서 그어진 이전의 경계선(adminis-trative boundaries)을 국가간 경계선(international frontiers)으로 변모시키는 것이다. 이 원칙은 인민의 자결권과의 조화에 문제가 있지만 영토적 현상유지라는 이점이 있다.

34 국가영토의 변경을 가져오는 다음의 사유 중 자연적 방법에 속하는 것은?

① 선 점   ② 첨 부

③ 할 양   ④ 정 복

⑤ 합 병

> 해설 **〈영토획득방법〉** 국가에 의한 영토획득에는 로마법이 큰 영향을 미쳤다. 국가에 의한 영토획득의 법리는 소유권에 관한 로마법 규칙과 유사한데, 근대 국제법이 발달하기 시작한 16, 17세기 당시 국가는 절대군주의 소유에 속하는 것이었으니 일응 타당성이 인정된다. 여하튼 국가영토의 변경을 가져오는 방법에는 국가행위에 의한 것으로 선점(occupation), 할양

(cession), 병합(annexation), 합병(fusion), 정복(conquest)이 있으며, 자연
적 방법으로는 첨부(accretion)와 시효(prescription)가 있다.

35 선점에 의한 영토취득에 관한 설명이다. 잘못된 것을 고르시오.

① 선점에 의한 영토취득 대상은 무주지이다.

② 현재 지구상에 무주지는 없으므로 검토할 필요가 없는 제도이다.

③ 선점에 의한 영토취득이 이루어지려면 실효적 점유가 있어야 한
다.

④ 선점에 의해 영토를 취득할 수 있는 것은 오직 국가뿐이다.

⑤ 선점에 필요한 조건인 실효적 점유의 내용은 대상지역에 따라
달라진다.

> [해설] 〈**선점**〉 ① 한 국가가 어떤 국가에도 속하지 아니하는 무주지(terra
> nullius)나 다른 국가가 영유권을 포기한 지역을 자기의 영토로 취득하는
> 것을 선점이라고 한다. ② 선점에 의한 영토취득은 19세기까지는 널리 활
> 용되었으나 현재 이 지구상에 무주지는 없으므로 그 유용성이 많이 줄어들
> 었다. 그러나 팔마스섬 사건에서 Max Huber는 영토분쟁 해결에 참고할
> 법과 사실들은 영토의 취득시점을 중심으로 판단해야 한다고 하였다. 선점
> 이론이 계속 중요한 의미를 가지는 이유이다. ③④⑤ 선점에 의한 영토획
> 득이 이루어지려면 몇 가지 조건이 충족되어야 한다. 그러한 조건으로 국
> 가에 의한 영유의사와 같은 주관적인 요소를 들기도 하지만, 보다 중요한
> 것은 그 지역이 무주지인가 하는 것과 실효적 점유가 실제로 이루어지고
> 있는가 하는 점이다.

36 국제법상 무주지에 대한 설명으로 부적절한 것은?

① 국제법상 무주지란 어느 국가의 영토도 아닌 땅을 의미한다.

② 국제법에서 말하는 무주지는 국내법의 무주지와 다르다.

③ 현재 지구상에는 국제법상의 무주지는 거의 없다.

④ 오늘날 국제법에서는 근대적 정치체제가 없는 지역을 무주지로
본다.

⑤ 국제사법재판소는 서사하라 사건에서 정치적·사회적으로 조직

된 부족이 살고 있는 지역은 무주지가 아니라고 하였다.

> 해설 〈무주지〉 선점의 대상이 되는 지역인 무주지는 국내법상의 주인 없는 땅과는 구별되는 개념으로 어떤 국가의 영역에도 속하지 아니하는 영토, 즉 비국가적 영역을 의미한다. 따라서 사람들이 거주하고는 있으나 국가를 형성하지 못한 원주민 거주지와 유목민 지역은 국제법상의 무주지로 열강의 선점에 의한 영토취득 대상이 되어 왔다. 그러나 시대에 따라 무주지의 개념도 바뀌어, ICJ는 1975년 서사하라 사건에 대한 권고적 의견(advisory opinion)에서 정치적·사회적 조직을 갖춘 부족이 거주하는 곳은 무주지가 아니라고 하였다.

37 사회적·정치적으로 조직된 부족이 살고 있는 곳은 무주지가 아니라는 기준이 제시된 사건은?

① 팔마스섬 사건　　　　　　② 부르키나파소 대 말리 사건
③ 서사하라 사건　　　　　　④ 노테봄 사건
⑤ 인도통행권 사건

> 해설 〈서사하라 사건〉 1975년 9월 국제사법재판소는 서사하라(Western Sahara) 사건에 대한 권고의견을 제시하였다. 서사하라는 1880년대 이래 스페인의 지배를 받아 왔으나, 1960년대 들어 스페인은 이 곳에서 주민투표(plebiscite)를 실시하여 그 장래를 스스로 결정하도록 하겠다고 하였다. 이에 모로코(Morocco)와 모리타니아(Mauritania)는 영유권을 주장하면서, 이 문제를 국제사법재판소에 부탁할 것을 요구하였다. 유엔총회는 국제사법재판소에 권고의견을 요청하게 되는데, 문제는 서사하라가 스페인의 식민지가 될 때 그 곳이 무주지(*terra nullius*)였는가 하는 것이었다. 재판소는 당시의 국가실행에 의하면 사회적·정치적으로 조직된(socially and politically organized) 부족이나 주민이 살고 있는 지역은 무주지가 아니었다고 하면서, 그 곳이 스페인의 식민지가 될 때 서사하라에는 그러한 부족이 있었다고 하였다.

38 실효적 점유에 대한 설명들이다. 잘못된 것은?

① 선점에 의한 영토취득을 위한 필요조건이다.
② 16세기에는 발견으로도 적당한 시간 내에 점유를 완료할 권원이 인정되었다.

정답 36 ④　37 ③

③ 18, 19세기 들어 실효적 점유가 요구되기 시작하였다.

④ 실효적 점유란 일시적이나마 그 곳을 무력으로 장악하는 것을 말한다.

⑤ 실효적 점유를 위해 필요한 조치는 당해 지역의 상황에 따라 달라진다.

해설 〈실효적 점유〉 ① 실효적 점유(effective occupation)는 선점에 의한 영토취득을 위해 필요한 중요한 조건이다. ②③ 선점이 이루어지기 위한 조건인 효율적 통제는 무주지의 감소에 따라 점점 엄격해졌다. 무주지가 많았던 16세기에는 단순한 발견으로도 국가에게 적절한 시간 내에 점유를 완료할 '불완전한 권원'(inchoate title)이 부여되었었다. 그러나 18, 19세기 들어서는 실효적 점유를 요구하게 되었다. ④ 실효적 점유를 위해서는 당해 지역에서 지속적이고 평화적인 국가기능을 수행해야 한다. ⑤ 실효적 점유를 위해 필요한 조치는 상황에 따라 달라진다. 사람이 거의 살지 않는 황량한 지역의 경우에는 그럴 필요가 없지만, 맹렬히 저항하는 부족이 사는 지역에서는 군대의 주둔 등 추가적인 조치들이 필요하다.

39 미국과 네덜란드 간의 영유권 분쟁으로 Max Huber의 중재로 해결된 사건은?

① 클리퍼튼섬 사건   ② 서사하라 사건

③ 부르키나파소 대 말리 사건   ④ 티노코 사건

⑤ 팔마스섬 사건

해설 〈팔마스섬 사건〉 Miangas라 불리기도 하는 팔마스섬은 면적이 2평방마일도 안 되는 작은 섬으로 필리핀의 민다나오섬과 과거 네덜란드령 동인도의 Nanus군도 최북단 사이에 위치하고 있다. 1898년 파리조약에 의해 스페인으로부터 필리핀군도를 할양받은 미국과 네덜란드는 이 섬의 영유권 문제를 해결해 줄 것을 상설중재재판소(PCA)에 부탁하였고, 스위스 법률가 Max Huber가 단독으로 중재를 맡았다. 미국은 스페인에 의한 발견을 그 권원으로 주장하였고, 네덜란드는 17세기 이래 계속 이 섬에 대해 주권을 행사해 왔다고 하였다. Huber는 17세기 네덜란드가 Palmas를 포함하는 주변도서에 영토주권을 행사하는 데 별다른 항의가 없었던 데 비해, 스페인에 의한 발견은 미성숙의 불완전한 권원(inchoate title)에 지나지 않는다고 하였다. 따라서 1928년 중재판정에서 그는 이 불완전한 권원이 지속적

이고 평화적인 주권행사에 기초한 명백한 권원(definite title)보다 우월할 수는 없으므로 네덜란드의 주권이 유효하다고 하였다.

40 프랑스와 멕시코 간의 분쟁으로 사람이 살지 않는 지역에 대한 실효적 점유가 주요 쟁점이었던 것은?

① 클리퍼튼섬 사건　　　　② 서사하라 사건
③ 포클랜드 사건　　　　　④ 메인만 사건
⑤ 팔마스섬 사건

해설 <클리퍼튼섬 사건> 이 섬은 멕시코 서남방 670마일 태평양상에 위치하고 있다. 1858년 한 프랑스 해군사관이 이 섬에 도착하여 프랑스의 주권을 선언하고 선원들을 상륙시킨 후, 호놀룰루 주재 프랑스 영사와 하와이 정부에 이를 통지하고 그 곳에서 발간되는 the Polynesian지에 이 섬에 대한 주권선언문을 게재하였다. 그러나 멕시코는 1897년 이 섬에 군함을 파견하여 그 곳에 멕시코 국기를 게양하고는, 프랑스에 의한 점령은 실효적이지 못하였기 때문에 당시 이 섬은 무주지였다고 하였다. 그러나 중재자 이탈리아왕 Victor Emmanuel 3세는 선점에 의한 영토획득을 위해서는 효율적·배타적 권한행사가 필요하지만 사람이 살 수 없는 영역에 대해서는 그 적용이 완화된다고 하면서, 이 섬은 1858년 프랑스에 의해 합법적으로 획득되었다고 결론지었다.

41 1869년 미국이 러시아로부터 알래스카를 매입한 것은 어떤 방식에 의한 영토획득에 해당되는가?

① 선 점　　　　　　　　② 할 양
③ 정 복　　　　　　　　④ 시 효
⑤ 첨 부

해설 <할양> 할양(cession)이란 합의에 의해 일정한 영역에 대한 주권이 한 국가에서 다른 국가로 넘어가는 것을 말한다. 할양은 조약의 형식을 취하지만 교환이나 매매, 증여에 의해서도 이루어진다. 조약에 의한 할양의 사례로는 알자스로렌 지역이 1871년 프랑스에서 독일로, 1919년 베르사유조약에 의해 다시 프랑스로 양도된 것을 들 수 있고, 매매에 의한 할양은 1869년 미국이 러시아로부터 알래스카를 720만 달러에 매입한 것을 들 수 있다.

---

42 다음 중 현재의 국제법이 금지하는 국가영역 취득방법인 것은?

① 선 점   ② 할 양

③ 정 복   ④ 첨 부

⑤ 시 효

> 해설 〈정복〉 정복(conquest)이란 한 국가가 무력을 사용하여 기존의 다른 국가의 영토를 취득하는 것이나, 20세기 들어 무력행사는 전반적으로 금지되었다. 유엔헌장은 자위를 위한 경우를 제외한 무력사용을 불법적인 것으로 규정하였으며, 1970년 유엔총회가 채택한 「국가 간 우호관계 및 협력에 관한 국제법원칙 선언」도 정복에 의한 영토취득을 부정하였다.

43 국제법상 시효제도에 대한 설명으로 적당치 않은 것은?

① 한 국가가 일정한 지역에서 계속적·평화적으로 주권을 행사하는 경우, 그러한 사실상태를 근거로 영토취득을 인정하는 것이다.

② 시효기간 확정에 어려움이 있다.

③ 악의에 의한 영토획득을 허용할 수 있다는 단점이 있다.

④ 국제사회가 시효에 의한 영토획득을 인정한 사례는 상당히 많다.

⑤ 시효문제는 포클랜드 분쟁 때도 제기되었었다.

> 해설 〈시효〉 ① 시효(prescription)에 의한 영토취득은 어떤 국가가 일정한 영토에서 장기간 계속적·평화적으로 권력을 행사하는 경우, 이러한 사실상태를 근거로 영토취득을 인정하는 것이다. ②③ 그러나 시효기간을 확정하기가 곤란하고, 악의에 의한 영토취득의 길을 열어 주는 단점이 있어 시효제도는 부인되어야 한다는 견해가 있다. ④ 시효에 의한 영토취득은 이론상 인정되지만 현실적으로 이를 인정하는 데에는 상당한 어려움이 따른다. 따라서 이제까지 시효가 어떤 법적인 판단에 결정적인 역할을 한 적은 한 번도 없었다. ⑤ 포클랜드 군도는 영국이 1833년 이래 통치해 온 곳으로, 시효에 의한 영토획득을 인정할 수 있는가 하는 점이 논의되었었다.

정답 42 ③   43 ④

제 8 절 \ 국가의 권리와 의무

44 국가의 기본적 권리와 의무에 속하지 않는 것은?

① 주 권 　　　　　　　② 독립권

③ 평등권 　　　　　　　④ 전쟁권

⑤ 국내문제 불간섭의무

> **해설** **〈국가의 기본적 권리와 의무〉** 1933년 「국가의 권리와 의무에 관한
> 몬테비데오협약」 등 국제협약과 선언들은 국가들이 국제관계에서 누리는
> 기본적 권리와 의무를 나열하고 있다. 국가의 여러 가지 권리와 의무들 중
> 에서 일반적으로 인정되고 있는 권리로는 ㉠ 주권, ㉡ 독립권, ㉢ 평등권,
> ㉣ 자위권이 있으며, 의무에는 ㉠ 국내문제 불간섭의무와 ㉡ 국제협력의무
> 가 있다.

45 국가의 주권과 독립권에 대한 올바른 설명이 아닌 것은?

① 모든 국가는 주권을 가지며 주권의 의미는 시대에 따라 변해 왔
다.

② 주권은 대내적으로는 최고의 권력이며 대외적으로는 독립권을
의미한다.

③ 국제법에서 주권과 독립권은 반대되는 의미로 사용되는 경우가
많다.

④ 주권은 국가로 하여금 영역 내에서 배타적인 관할권을 행사할
수 있게 한다.

⑤ 주권은 국가가 자국 영토에서 행한 일을 적법한 것으로 추정받
게 한다.

> **해설** **〈주권과 독립권〉** ①② 주권 개념은 시대에 따라 변해 왔다. 그러나
> 주권은 대내적으로는 최고의 권력이며 대외적으로는 독립권을 의미한다.

---

③ 국제법에서 중요한 주권의 대외적 의미는 독립권이므로, 국제법에서 주권과 독립권은 때때로 동의어로 사용된다. ④ 주권은 국가에게 비종속성을 부여하여, 국가는 자국의 영역 내에서 다른 국가의 간섭을 받지 않고 배타적으로 관할권을 행사한다. ⑤ 주권은 국가에게 헌법적 자율성을 부여하여 정치체제 선택에 있어서의 자유를 부여하며, 적법추정성으로 인하여 국가가 자국영역 내에서 행한 일은 적법한 것으로 추정된다.

46 국가의 평등권에 대한 적절한 설명이 아닌 것은?

① 대부분의 공식적인 자리에서 국가의 평등권은 인정된다.

② 실제로 국가들은 나름대로의 기준을 가지고 국가별로 그 중요성을 판단한다.

③ 유엔은 주권평등을 기본원칙으로 하지만 거부권 같은 차별적인 제도들을 가지고 있다.

④ 유엔총회에서의 표결절차에는 주권평등원칙이 반영되어 있다.

⑤ 개발도상국들은 선진국들이 주장하는 비상호성에 입각한 적극적 차별논리를 거부하고 있다.

[해설] <**평등권**> ① 국가들이 모이는 공식적인 자리에서 국가의 평등권은 분명히 인정된다. 따라서 일단 국제법상의 국가로서의 조건을 갖춘 국가들은 공식석상에서 다른 국가와 동등한 지위를 갖는다. 즉 외교사절의 석차결정, 국가원수에 대한 의전, 국제회의에서 모든 국가들은 동등한 대우를 받는다. ② 그러나 국가들은 각자의 판단에 따라 다른 국가의 승인여부를 결정하며, 외교관계 지속여부를 결정하고, 무역관계를 결정하는 등 나름대로의 기준을 가지고 국가들을 대하고 있다. ③④ 유엔은 헌장 2조에서 주권평등을 기본원칙의 하나로 삼았고, 총회의 투표절차에는 그러한 정신이 잘 반영되어 있다. 그러나 총회의 결의들은 원칙적으로 법적인 구속력이 없는 데 반하여 막강한 권력을 가지고 있는 안전보장이사회 상임이사국들은 거부권을 보유하고 있어 평등의 원칙에서 이탈하였다. ⑤ 개발도상국들은 국가간 빈부차 해소를 위하여 선진국들은 비상호성에 입각하여 개발도상국들에게 무역상 특혜와 개발원조를 제공하며, 기술을 이전해야 한다고 주장하였다. 소위 적극적 차별에 관한 이러한 주장들은 1970년대 개발도상국들이 주장하였던 '신국제경제질서'(NIEO) 이념 속에 반영되었다.

47 국가가 가지는 자위권에 대한 적절한 설명이 아닌 것은?

① 외부로부터의 공격에 대응해 자신을 지킬 수 있는 권리이다.

② 무력행사 금지원칙에도 불구하고 자위를 위한 무력행사는 허용된다.

③ 자위권은 무력공격이 이미 시작되었거나 임박해 있는 경우에 행사될 수 있다.

④ 유엔헌장은 개별적 자위권만 허용하고 집단적 자위는 금지하였다.

⑤ 유엔헌장에 따르면 자위권 행사는 안전보장이사회가 필요한 조치를 취할 때까지만 허용된다.

> [해설] **〈자위권〉** ①② 자위권이란 국가가 외부의 공격으로부터 자신을 지키기 위해 인정되는 권리로, 국제법상 무력행사금지의 원칙에도 불구하고 예외로 허용되고 있다. ③ 그러나 자위권의 행사는 무력공격이 이미 시작되었거나 임박해 있고, 공격에 대한 방어조치가 시급하며, 무력사용 이외에 현실적 대안이 없는 경우에 한하여 인정된다. ④ 유엔헌장은 51조에서 무력공격을 받은 회원국은 개별적·집단적 자위권을 갖는다고 하였다. ⑤ 유엔헌장은 자위권의 행사는 안전보장이사회가 국제평화와 안전의 유지를 위해 필요한 조치를 취할 때까지만 허용되고, 취해진 조치들은 안보리에 보고하여야 한다고 하였다.

48 국가들의 국내문제불간섭 의무에 대한 설명들이다. 틀린 것은?

① 민족자결권 및 분쟁의 평화적 해결의무와 결합되어 널리 인정되었다.

② 유엔헌장 2조 7항은 국내관할에 속하는 사항들에 대한 불간섭을 명문화하였다.

③ 국제사법재판소는 이 원칙의 사문화를 선언하였다.

④ 각국도 원칙의 존재를 인정하지만, 때로는 다른 국가의 국내문제에 간섭하였다.

⑤ 요청에 의한 간섭과 인도적 간섭의 허용여부에 대해서는 상당한 논란이 있다.

해설 <**국내문제불간섭 원칙**> 국내문제불간섭 원칙에는 두 가지 측면이 있다. 하나는 각국이 자신의 운명을 결정한다는 것으로 민족자결의 원칙이 관련된다. 다른 하나는 모든 국가와 국제기구는 다른 국가가 자신의 정책을 결정하는 데 관여해서는 안 된다는 원칙으로, 국제관계에서는 무력행사와 무력행사 위협을 금지하는 평화적 분쟁해결 원칙과 밀접히 관련되어 있다. ③ 국제사법재판소는 기회 있을 때마다 이 원칙의 존재를 확인해 왔다.

49 국내문제불간섭 원칙에 관한 국제사회의 실행에 대한 설명으로 적절치 않은 것은?

① 유엔헌장 2조 7항은 국내문제불간섭에 관한 규정을 두었다.

② 이 원칙은 유엔헌장 7장에 따른 강제조치의 경우에도 예외 없이 적용된다.

③ 유엔총회 결의 2625는 무력적 수단에 의한 간섭은 물론 경제적·정치적 수단에 의한 간섭도 금지된다고 하였다.

④ 1981년 유엔총회가 채택한 「국내문제불간섭선언」은 국내문제불간섭의 범위를 확대하였다.

⑤ 1986년 니카라과 사건에서 ICJ는 국내문제불간섭 원칙의 존재를 확인하였다.

해설 <**국내문제불간섭 실행**> ① 유엔헌장은 2조 7항에서 "근본적으로 국가의 국내적 관할에 속하는 사항들"에 대한 간섭을 금지하였다. ② 그러나 헌장은 2조 7항 단서에서 이 원칙은 7장에 따른 강제조치의 적용을 방해하지 않는다고 하여 예외를 인정하였다. ③ 유엔총회는 결의 2625에서 무력적 수단에 의한 간섭은 물론 경제적·정치적 수단에 의한 간섭도 금지된다고 하였다. ④ 1981년 유엔총회는 선진국들의 반대 속에 「국내문제불간섭선언」을 채택하였는데, 이 선언은 국내문제불간섭 원칙의 적용범위를 확대하였다. ⑤ 한편 국제사법재판소는 기회가 있을 때마다 국내문제불간섭 원칙의 존재를 확인해 왔으며, 1986년 니카라과 사건에 대한 판결에서는 이 원칙을 비교적 상세히 검토하였다.

실전문제

1 다음 중 국제법의 주체가 아닌 것은?

① 국 가　　　　　　　　② 정부간기구

③ 비정부간기구　　　　　④ 국제기구

⑤ 개 인

> **해설** 국제법의 가장 중요한 주체는 국가이며, 국제기구가 다음으로 중요한데 정부간기구라 부르기도 한다. 개인도 제한된 범위에서 국제법의 주체가 된다. ③의 비정부간기구(NGOs)란 민간레벨의 국제적인 조직으로 국제법의 주체가 아니다.

2 국가의 영토주권이 미치는 범위가 아닌 것은?

① 영 토　　　　　　　　② 영 해

③ 내 수　　　　　　　　④ 영 공

⑤ 접속수역

> **해설** 한 국가의 영역은 영토와 영해, 영공으로 구성된다. 내수는 영해 안쪽의 수역으로 당연히 영역에 포함되지만, 접속수역은 영해 바깥쪽 수역이므로 국가 영역에 포함되지 않는다.

3 국제법상 국가가 되기 위해 필수적으로 갖추어야 하는 조건이 아닌 것은?

① 주권이 있어야 한다.

② 일정한 영토를 가지고 있어야 한다.

③ 일정한 국민이 있어야 한다.

④ 실효적 정부가 있어야 한다.

⑤ 완벽한 외교권이 있어야 한다.

> [해설] 자국의 대외관계에 관한 권한을 조약을 통해 다른 국가에게 이양한 피보호국은 조약에 따라 주권이 축소되기는 하지만 여전히 주권국가이다.

4 A국은 B국의 침략을 받아 전 국토를 점령당하자 C국에 망명정부를 수립하였다. A국은 국제법상 어떤 지위에 있게 되는가?

① A국은 국제법상 국가의 지위를 상실한다.

② C국에 병합된다.

③ 점령과 동시에 B국에 승계된다.

④ 상당기간 국가성을 유지한다.

⑤ 교전단체가 된다.

> [해설] 국가의 구성요소로서의 실효적 정부에 관한 문제이다. 기존의 국가로부터 분리·독립하는 국가의 정부는 상당한 정도의 독립성을 확보해야 실효적인 정부로 인정받는다. 반면에 기존의 정부의 독립성은 침략이나 점령에도 불구하고 상당기간 유지된다.

5 소련연방의 해체 후 12개 국가들이 모여 결성한 국가결합의 명칭은 무엇인가?

① 연방국가   ② 독립국가연합

③ 국제연맹   ④ 국가연합

⑤ 러시아

> [해설] 독립국가연합(Commonwealth of Independent States)은 소련연방의 해체 후 독립한 12개국이 1991년 12월 21일 「독립국가연합협정」(알마아타 선언)을 체결함으로써 결성되었다.

6 국내문제불간섭 의무에 대한 다음의 설명 중 틀린 것은? <사시 '86>

① 국제관계가 긴밀해지면서 기존의 국내문제들 중 일부가 국제문제로 바뀌었다.

[정답] 3 ⑤   4 ④   5 ②

② 인권문제는 순수한 국내문제가 아니라는 인식이 높아지고 있다.

③ 국제연맹 규약과 UN헌장 규정은 이 문제에 관해 동일한 규정을 두고 있다.

④ UN헌장은 국내문제라 할지라도 제7장에 따른 강제조치를 취할 수 있게 하였다.

⑤ 국내문제와 국제문제 사이의 경계선은 상대적인 것이어서 국제관계의 발전에 따라 달라진다.

> **해설** 주권과 독립권이 인정되는 결과 국가는 외국이나 국제기구가 관여할 수 없는 부분인 국내문제를 갖는다. 그러나 이러한 국내문제불간섭의 원칙은 시대에 따라 계속 변해 왔다. 과거에는 국내문제에 속한다고 하여 외부의 간섭이 배제되던 영역들이 점차 국제문제로 변모해 가고 있는 것이다. 국제연맹규약 15조와 국제연합헌장 2조 7항이 국내문제불간섭을 규정하고 있지만 그 내용은 상이하다.

7 국가승인제도에 관한 설명 중 옳지 않은 것은?   <사시 '02>

① 신생국가는 반드시 기존 국가의 국가승인행위가 있어야만 국제법주체가 될 수 있다.

② 국가승인 이전의 국가는 사실상의 존재에 지나지 않은 것으로서 국제법 주체성이 전면적으로 부정된다는 견해가 창설적 효과설이다.

③ Stimson주의란 국제연맹규약 또는 부전조약에 위반하는 방법으로 성립된 모든 사태, 조약 또는 협정을 승인하지 않겠다는 불승인정책을 말한다.

④ 국가승인의 일반적 효과는 새로이 성립된 국가에게 국제법 주체성을 인정하는 것이다.

⑤ 조건부 승인에 있어서 조건의 불이행이 있다고 해서 승인이 무효가 되는 것은 아니며, 다만 의무불이행에 대한 국가책임문제가 발생할 뿐이다.

정답 6 ③

[해설] 창설적 효과설(constitutive theory)에 의하면 기존의 국가들에 의한 승인은 새로운 실체에 국가가 되기 위한 국제적 법인격을 부여하는 것이므로, 다른 국가들의 승인이 신생국을 창설해 낸다고 한다. 승인에 관한 이 이론에 의하면 어떤 국가나 정부는 다른 국가로부터 승인을 받아 국제무대에 참여하기 이전까지는 진정으로 국가로 존재하는 것이 아니라고 한다. 그러나 이 이론은 오늘날 소수설로 전락하여 거의 지지를 얻지 못하고 있다.

8 국가승인에 있어 선언적 효과설에 의하면?

① 국가는 독립선언에 의해 독립국이 된다.

② 기존의 국가에 의한 신생국 승인은 이미 존재하는 국가의 존재를 선언하는 것이다.

③ 기존의 국가가 신생국을 승인하는 것은 새로운 국가창설의 의미를 갖는다.

④ 새로운 국가는 스스로의 존재를 알리기 위해 선언을 해야 한다.

⑤ 국가승인은 합헌적인 방법에 의해 새로운 민주국가가 탄생한 것을 선언하는 것이다.

[해설] 국가승인과 관련하여 선언적 효과설에 의하면, 기존의 국가에 의한 신생국 승인이란 이미 존재하는 국가의 존재를 선언하는 행위일 뿐이라고 한다. ③은 창설적 효과설을 설명한 것이다.

9 국제법상 국가승인이란 보통 누구에 의한 누구의 승인인가?

① 유엔에 의한 신생국 승인

② 지역기구에 의한 신생국 승인

③ 기존 국가 간의 상호승인

④ 기존의 국가에 의한 신생국 승인

⑤ 신생국 간의 상호승인

[해설] 국제법상 승인이란 국제사회에 초국가기구가 없기 때문에 등장한 제도이다. 특히 국가승인은 신생국의 창설시 이를 공식적으로 확인해 줄 '초국가기구'가 없으므로, 기존의 국가들로부터 승인을 받아 새로운 국가창설을 기정사실화하는 것이다.

정답 7 ① 8 ② 9 ④

10 다음 중 국가승인의 방법으로 부적당한 것은? <사시 '84, '90>

① 인도적   ② 개별적

③ 명시적   ④ 법 적

⑤ 집단적

> 해설 국가승인은 ㉠ 승인방식에 따라 명시적 승인과 묵시적 승인, ㉡ 개별적 승인과 집단적 승인, ㉢ 승인에 조건이 부가되어 있는가 여부에 따라 무조건승인과 조건부승인, ㉣ 승인의 성격 또는 대상에 따라 사실상의 승인과 법률적 승인으로 나누어진다.

11 라우터팍트와 구겐하임은 국가승인에 있어서 어떤 주장을 하였는가?

① 선언적 효과설   ② 창설적 효과설

③ 비승인의무   ④ 승인의 재량성

⑤ 민족자결의 원칙

> 해설 Lauterpacht와 Guggenheim은 기존의 국가들에 의한 신생국 승인은 창설적 효과를 갖는다고 하면서, 기존의 국가들의 신생국 승인은 의무라고 하였다.

12 승인제도에 관한 설명으로 옳은 것은? <사시 '00>

① 국가승인은 정부의 비합법적 변경 시에도 이루어진다.

② 국가승인의 요건 중 하나로서 신국의 국제법 준수의사와 능력이 요구된다고 보는 것이 일반적이다.

③ 법률상의 승인과 사실상의 승인 모두가 확정적인 효과를 갖기 때문에 나중에 철회할 수 없다

④ 국가승인은 반드시 명시적인 방법으로만 행해져야 한다.

⑤ 비합법적인 방법으로 수립된 정부가 그 영역을 실효적으로 통치하고 있는 경우에는 제3국은 이를 승인할 의무가 있다.

> 해설 일반적으로 국가가 되려면 일정한 영토, 국민, 실효적 정부, 국제관계 수행능력(주권)을 갖추어야 한다고 본다. 그러나 국제사회는 국가의 국가성

을 판단하기 위한 객관적 판단기준을 확립하지 못하였으므로, 어떤 국가적 실체를 국제법상의 국가로 인정하는 실제 판단은 기존의 각국 정부들이 가지고 있는 나름대로의 기준과 방법에 따라 이루어지고 있다.

13 묵시적 국가승인이라 볼 수 없는 것은?   <사시 '00>

① 상임외교사절의 교환   ② 포괄적인 양자조약 체결

③ 신생국의 國旗 승인   ④ 통상대표부의 설치

⑤ 신생국이 파견한 영사에게 인가장(exequatur) 발급

> 해설 승인에는 명시적 방법에 의한 승인 이외에 묵시적 방법에 의한 승인이 있을 수 있다. 승인이 어떠한 선언 등에 의하여 표명되는 것을 명시적 승인이라 하는 데 반해, 묵시적 승인은 양국간 조약체결, 외교관계 수립, 사절단 교환 등을 통해 간접적으로 승인의 의사를 표시하는 것이다. 그러나 통상대표부의 설치만으로는 국가승인이 있었다고 할 수 없다.

14 다수의 견해에 의할 때 신생국의 등장시 기존의 국가는?

① 신생국을 즉시 하나의 국가로 승인해야 한다.

② 유엔의 승인이 있은 후 이를 승인한다.

③ 지역기구의 승인이 있은 후 이를 국가로 승인한다.

④ 민주적 정통성을 확인한 후 승인한다.

⑤ 승인여부는 각국의 재량에 속한다.

> 해설 국가승인의 재량에 관한 문제이다. 국가승인은 각국의 재량에 속하는 사항이므로, 기존의 국가들은 자신의 판단에 따라 승인여부를 결정한다.

15 국가의 승인과 관련된 내용으로 옳지 않은 것은?

<행시, 외시, 지시 '02>

① 국가의 성립과 국가의 승인은 별개의 것이다.

② 타국의 국내법원은 승인받지 못한 국가의 국내법을 적용할 수 있다.

③ 국가의 승인은 당연히 외교관계의 수립의사를 포함한다.

정답 12 ②   13 ④   14 ⑤

④ 국가승인은 승인국의 재량행위이다.

⑤ 미승인국과 국가승인을 하지 않은 국가 상호간에도 법률관계가 존재할 수 있다.

> **해설** ③ 외교관계의 수립이 묵시적인 국가승인이 될 수는 있지만, 국가승인이 당연히 외교관계의 수립의사를 포함하는 것은 아니다. ①②⑤ 국가승인이란 이미 성립된 국가의 존재를 선언하는 선택적이고 정치적인 행위이므로, 승인받지 못한 국가의 국내법의 효력은 인정된다.

16 Stimson Doctrine과 가장 관계가 깊은 사건은?

① 중일전쟁　　　　　　　② 진주만공격

③ 도거뱅크 사건　　　　　④ 콩고사태

⑤ 만주사변

> **해설** 스팀슨독트린은 1930년대 초 일본이 만주를 침략하였을 때, 미국 국무장관 스팀슨이 보낸 경고각서에서 유래한 것이다. 그는 각서에서 불법적인 방법으로 초래된 사태(만주국 창설)를 승인하지 않겠다고 하였다.

17 국제사회에서는 가끔 불법적인 방법이나 목적에서 형성된 신생국들에 대한 승인거부가 요구된다. 유엔이 승인거부를 요청한 사례에 해당되는 것은?

① 만주사변　　　　　　　② 로디지아 사태

③ 예멘 문제　　　　　　　④ 베트남 문제

⑤ 에티오피아 사태

> **해설** 유엔은 회원국들에게 소수 백인정부가 집권하였던 로디지아에 대한 승인거부를 요청하였었다.

18 국가승인과 관련된 다음 기술 중 옳지 않은 것은?　　　　<사시 '00>

① 승인은 동의를 요하지 않는 일방적 행위이다.

② 승인은 정치적 고려에서 행하여질 수 있다.

---

③ 승인은 조건부로 행하여질 수 있다.

④ 외교관계의 단절은 승인의 철회로 간주된다.

⑤ 시기상조의 승인은 타국에 대한 불법적인 간섭이 될 수 있다.

> 해설 ①② 국가승인은 이를 행하는 국가의 선택적이고 정치적인 재량행위
> 이다. 따라서 신생국이 국가로서의 객관적 조건을 완전히 구비하였음에도
> 불구하고 승인을 하지 아니하는 경우가 있는가 하면, 국가로서 필요한 조
> 건들을 구비하지 못한 경우에도 승인을 하는 경우가 있게 된다. ⑤ '이른
> 승인' 또는 상조의 승인은 종종 기존의 국가로부터 내정간섭이란 비난을
> 받게 된다. ④ 일단 국가승인이 이루어지면 이를 철회하는 것은 불가능하
> 며, 외교관계의 단절로 승인이 철회될 수도 없다.

19 일본이 1931년에 무력을 사용하여 만주국을 건설하였을 때 미국은
1928년 브리앙-켈로그조약(부전조약)에 위반된 수단으로 형성된 사태,
조약 등을 승인하지 않겠다고 경고하였다. 이처럼 국제법을 위반하여
성립한 국가를 승인하지 말아야 한다는 주장을 무엇이라 하는가?

<사시 '03>

① 토바르주의(Tobar Doctrine)

② 스팀슨주의(Stimson Doctrine)

③ 에스트라다주의(Estrada Doctrine)

④ 윌슨정책(Wilson Policy)

⑤ 로터팩트주의(Lauterpacht Doctrine)

> 해설 1931년 일본이 만주를 침략하여 괴뢰정권인 만주국을 세우자, 당시
> 미국의 국무장관이었던 스팀슨(Stimson)은 각서를 발표하여, 1928년 부전
> 조약에 위반된 수단으로 형성된 사태, 조약 등을 승인하지 않겠다고 하였
> 다. 이러한 연유에서 국제법을 위반하여 성립한 국가를 승인하면 아니된다
> 는 주장을 스팀슨주의라고 한다.

20 다음 보기 중 당사자에 의한 다른 의사표시가 없는 한 일반적으로 국
가에 대한 묵시적 승인으로 볼 수 있는 것으로 올바르게 묶인 것은?

<사시 '05>

> ㉠ 상주외교사절의 접수와 파견 ㉡ 우호통상항해조약의 체결
> ㉢ 다자간 국제회의에 동시참석 ㉣ 통상대표부의 설치

① ㉠, ㉡   ② ㉠, ㉢

③ ㉠, ㉣   ④ ㉡, ㉢

⑤ ㉢, ㉣

> 해설 국가의 묵시적 승인으로 볼 수 있는 행위로는 외교관계의 수립, 상주
> 외교사절의 파견, 양자조약의 체결 등이다. 반면에 통상대표부의 설치, 함
> 께 다자조약 당사자가 되는 것, 무역사절단 교환, 범죄인인도, 비자발급 등
> 은 묵시적 승인행위로 이해되지 아니한다.

21 영세중립국에 관한 다음 설명 중 틀린 것은   <사시 '90>

① 국제법상 완전한 주체이다.

② 전쟁능력이 없다.

③ 약소국들의 자국 안전보장 방식이다.

④ UN에 가입할 수 있다.

⑤ 주로 완충국이다.

> 해설 영세중립국도 하나의 국가이므로 완전한 국제법상 주체가 되며, 유엔
> 에 가입할 수도 있고, 자위를 위해 무력행사를 할 수도 있다. 주로 강대국
> 사이에 위치한 약소국들이 자국의 안보를 위해 영세중립을 택해 왔다.

22 다음 중 바티칸시국의 영세중립국화의 근거는?   <사시 '84>

① 1815년 Vienna조약   ② 1867년 London조약

③ 1907년 Porter조약   ④ 1925년 Locarno조약

⑤ 1929년 Lateran조약

> 해설 바티칸시국(The State of Vatican City)의 법적인 지위, 특히 시국과
> 이탈리아 간의 관계는 1929년 라테란(Lateran)조약에 의해 규율된다. 이
> 조약은 바티칸의 중립화를 규정하였다.

정답 20 ① 21 ② 22 ⑤

23 새로운 정부에 대한 승인이 필요하다면 다음 중 어떤 경우일까?

① 선거를 통해 야당이 집권한 경우

② 합헌적인 절차에 따라 정권교체가 이루어진 경우

③ 쿠데타에 의해 정부가 교체된 경우

④ 대통령제 국가에서 총리가 교체된 경우

⑤ 의원내각제 국가에서 내각이 새로 구성된 경우

> 해설 정부승인은 기존의 헌법에 위배되는 방법으로 정권이 교체된 경우에
> 있게 된다. 따라서 쿠데타나 혁명에 의한 새로운 정권의 탄생이 정부승인
> 이 필요한 경우들이다.

24 오늘날 각국 정부들은 정부승인을 자제하는 경향이 있다. 그 이유가
아닌 것은?

① 내정간섭의 소지가 있다.

② 국가 간의 관계를 해치는 경향이 있다.

③ 사실상의 정부도 법적인 행위능력에 별문제가 없다.

④ 승인이 있게 되면 정부 간의 관계가 원활해진다.

⑤ 민주적 정통성이란 기준은 주관적이고 모호한 것이다.

> 해설 많은 국가들이 오늘날 정부승인 제도를 거부하는 경향이 있다. 전통적
> 으로 정부승인을 하려면 외국정부의 민주적 정통성을 판단해야 하므로 자
> 연히 내정간섭이란 비판을 받을 소지가 있기 때문이다. ④ 정부승인이 있
> 게 되면 정부 간의 관계가 원만해지는 경우가 많다.

25 새로운 정부의 민주적 정통성을 정부승인의 판단기준으로 삼아, 쿠데
타나 혁명 등에 의해 수립된 정권이 국민투표 등의 방법으로 국민들
의 지지를 확인하기 전에는 이를 승인해서는 안 된다는 입장을 무엇
이라고 하는가?

① 스팀슨주의   ② 토바르주의

③ 에스트라다주의   ④ 국민주권주의

---

⑤ 몬로주의

> [해설] 새로운 정부의 승인과 관련하여 신정부의 민주적 정통성을 정부승인의 판단기준으로 삼아야 한다는 주장을 토바르주의라 한다. ③ 에스트라다주의는 이와 반대되는 입장으로 정부승인의 제도적 가치를 부정한다.

26 오늘날 주장되고 있는 '명시적 정부승인' 불필요론의 기초가 된 것은?
<사시 '01>

① Tobarism　　　　② Estrada doctrine
③ Hallstein doctrine　　④ Porter doctrine
⑤ Stimson doctrine

> [해설] 멕시코 정부는 1930년 정치적인 위기가 있었던 국가에 주재하고 있는 외교관들에게 훈령을 보내어 멕시코 정부는 앞으로 승인에 관한 어떤 선언도 하지 않을 것이라고 하였다. 이것은 당시 멕시코 외무장관의 이름을 따서 에스트라다주의(Estrada Doctrine)라 하는데, 정부승인을 하는 것은 다른 국가의 주권에 대한 도전이자 내정간섭이라는 것이 그 주된 이유였다. 에스트라다주의는 정부승인은 필요가 없다는 결론에 이르게 되어 오늘날의 정부승인 무용론으로 발전하였다.

27 혁명으로 정권이 교체된 경우 구정부가 외국과 체결한 조약상의 의무는?
<사시 '86>
① 신정부의 태도에 달렸다.
② 신정부와 구조약 당사자 간의 새로운 합의에 따른다.
③ 합법적인 정권의 승계가 아니므로 구조약상의 의무도 승계되지 않는다.
④ 정권교체의 합법성여부는 국가의 동일성에는 영향을 주지 않으므로 구조약상의 의무도 그대로 승계된다.
⑤ 신정부에겐 구조약상의 권리를 주장할 정통성이 인정되지 않는 동시에 의무를 이행할 필요도 없다.

> [해설] 한 국가 내의 정부교체는 국가의 동일성에 아무런 영향을 미치지 않는다. 따라서 이전의 정부가 체결한 일체의 조약상 의무는 그대로 유효하다.

[정답] 25 ②　26 ②　27 ④

28 국가승계가 있었다고 볼 수 없는 것은?

① 한 국가가 여럿으로 나누어진 경우

② 한 국가가 다른 국가를 병합한 경우

③ 두 개 이상의 국가가 하나로 합병된 경우

④ 혁명으로 한 국가 내에 새로운 이념을 가진 정권이 창출된 경우

⑤ 한 국가의 영토 일부가 다른 국가에 할양된 경우

> 해설 ①②③⑤의 경우는 모두 일정한 지역에 대한 주권변동을 가져오는 것이므로 국가승계에 해당한다. ④ 한 국가 내에서 혁명 등에 의해 상이한 이념을 가진 정부가 수립되는 것은 주권의 변동을 수반하지 않으므로 국가 승계에 해당되지 않는다.

29 1978년 8월과 1983년 4월에 체결된 국가상속(또는 국가승계)과 관련된 두 개의 협약이 언급하고 있지 않은 상속대상은?   <사시 '92>

① 조 약   ② 국유재산

③ 공문서   ④ 외 채

⑤ 개인의 재산권

> 해설 국가승계에 관한 두 개의 협약 중, 1978년 협약은 조약의 승계에 관한 것이고, 1983년 협약은 국가재산과 공문서, 채무에 관한 것이다. 기본 문제 25번의 해설 참조.

30 한 국가의 영토의 일부가 다른 국가의 영토로 편입되면, 그 곳에 선임 국가의 조약은 더 이상 적용되지 아니하고 승계국가의 조약이 적용된 다는 원칙을 무엇이라고 하는가?

① uti possidetis   ② moving treaty-frontier

③ ex aequo et bono   ④ clean slate

⑤ Tobar Doctrine

> 해설 ② 조약경계선 이동의 원칙이다. ④ clean slate 원칙은 백지의 원칙 이라고 하는데, 국가승계에 따른 조약의 범위에 관한 원칙이다. 이 원칙은

신생국에 적용되는 것으로 선임국가의 조약은 신생국이 동의하지 않는 한 계승되지 않는다는 것이다.

31 다음 중 육지나 해양의 국경선획정과 관련이 없는 것은?

① Thalweg   ② Uti Possidetis

③ Sector Theory   ④ Perigee

⑤ natural prolongation of territory

> 해설   선형이론(sector theory)은 북극에서 경계선획정을 위하여 주장되는 이론이다. ④ Perigee는 영공의 수직적 한계를 설정하는 데 사용되는 기준이다.

32 탈베그(Thalweg)란?

① 항행이 불가능한 하천의 중앙선이다.

② 항행이 가능한 하천의 항행수로 중앙을 지나는 선이다.

③ 산맥의 분수령을 연결한 선이다.

④ 호수의 중간선이다.

⑤ 식민시대 행정구역을 구분하는 경계선이다.

> 해설   국경선이 하천인 경우 항행이 불가능한 경우에는 하천의 중앙선을 국경선으로 하지만, 항행이 가능한 하천에서는 항행에 사용하는 수로의 중앙을 지나는 선, 즉 탈베그(Thalweg)를 국경선으로 삼는 것이 일반적이다.

33 Uti Possidetis 원칙은?

① 자연지형을 이용하여 국경선을 획정하자는 것이다.

② 민족을 기준으로 국경선을 긋자는 주장이다.

③ 독립 이전의 행정구역 경계선을 중요시하는 것이다.

④ 실효적 점유를 중요시하는 원칙이다.

⑤ 시효에 의한 영토취득 이론이다.

> 해설   Uti Possidetis란 "사실상의 상태에 따라"라는 말로, 한 지역에 여러 개의 신생국이 독립할 때 국경선획정에 독립 당시의 행정구역 경계선을 중

요시하는 것이다. 민족성에 따른 경계선획정이 어려웠던 라틴아메리카와 아프리카에서 중요하였다.

34 다음 중 Uti Possidetis 원칙이 자주 사용된 곳끼리 짝지어진 것은?

① 서유럽과 동양   ② 아프리카와 서유럽
③ 북미와 중남미   ④ 중남미와 아프리카
⑤ 아프리카와 동양

> [해설] Uti Possidetis 원칙은 민족의 구성이 복잡하여 민족이란 기준에 의해 경계선을 긋는 것이 불합리한 경우에 적용되었다. 따라서 민족구성이 복잡한 라틴아메리카 지역과 아프리카에서 주로 사용되었다.

35 다음 중 영역취득의 원인이 될 수 없는 것은?   <사시 '84>

① 선 점   ② 정 복
③ 점 령   ④ 병 합
⑤ 첨 부

> [해설] 영토획득은 선점, 할양, 정복, 시효, 첨부 등에 의해 발생한다. 과거에는 정복에 의한 영토획득이 많았었다. 그러한 경우에도 강화조약이 체결되거나 전쟁상태 종결 전에는 영토의 변경은 일어날 수 없으므로, 점령만으로는 영역의 취득과 상실은 일어나지 않는다.

36 영유권 분쟁에 있어서 국가권력행사의 정도는 당해 지역의 구체적 상황에 따라(가령 사람이 상주할 수 없는 지역 등) 실효적 지배요건이 완화될 수 있다고 판단한 사건을 모두 고르면?

<행시, 외시, 지시 '01>

ㄱ. 클리퍼튼섬 사건   ㄴ. 에리트리아 - 예멘 사건
ㄷ. 동부 그린란드 사건   ㄹ. 포클랜드 군도 사건
ㅁ. 부르키나 파소 대 말리 사건

---

① ㄴ, ㄹ, ㅁ   ② ㄱ, ㄴ, ㄷ

③ ㄷ, ㄹ, ㅁ   ④ ㄱ, ㄷ, ㄹ

⑤ ㄱ, ㄴ, ㄷ, ㄹ, ㅁ

> 해설   영토분쟁의 해결에서 중요한 기준으로 실효적 지배가 있다. 역사적으로 실효적 지배의 기준은 점차 강화되어 왔으나, 사람의 거주가 불가능하거나 곤란한 일부 조그만 섬들과 극지에 대해서는 실효적 지배의 기준은 완화되었다. 보기의 영유권 분쟁 중에서 클리퍼튼섬 사건(프랑스-멕시코)과 에리트리아-예멘 사건의 경우에는 인간의 거주가 곤란한 조그만 섬에 관한 분쟁이라는 점에서, 동부 그린란드 사건(덴마크-노르웨이)은 인간의 거주가 곤란한 극지에 관한 분쟁이라는 점에서 실효적 지배의 기준이 완화되었다.

37 다음 중 자연현상에 의한 영토변경에 해당하는 것끼리 짝지어진 것은?

① 정복과 첨부   ② 선점과 정복

③ 선점과 할양   ④ 할양과 삭감

⑤ 첨부와 삭감

> 해설   국가영역은 자연환경의 변화에 의해서도 변경된다. 하천 퇴적물의 집적에 의해 하구에 삼각주가 생겨나거나 사라지고, 경계선을 이루는 하천의 흐름이 바뀌는 경우에 영역의 변경이 생길 수 있다. 국가영역은 자연현상에 의하여 첨부될 수 있으며, 삭감될 수도 있는 것이다.

38 1970년 「UN헌장에 따른 국가간의 우호관계 및 협력에 관한 제원칙선언」에 명시된 7개의 기본원칙에 속하지 않는 것은?   <사시 '00>

① 주권평등 원칙   ② 무력사용 금지원칙

③ 국제분쟁의 평화적 해결원칙   ④ 민족자결 원칙

⑤ 천연자원에 대한 항구적 주권원칙

> 해설   1970년 10월 24일 유엔총회는 「UN헌장에 따른 국가간의 우호관계 및 협력에 관한 제원칙선언」을 채택하였다. 여기에서는 무력사용 금지원칙, 불간섭원칙, 국제협력의 원칙, 민족자결의 원칙, 주권평등원칙, 분쟁의 평화적 해결원칙, 신의성실의 원칙 등이 제시되었다.

39 국가의 권리·의무에 관한 설명 중 옳지 않은 것은?   <사시 '01>

① 분쟁의 평화적 해결 의무는 국제사법재판소가 강제관할권을 가지고 있음을 전제로 한다.

② 오늘날 무력사용뿐만 아니라 무력사용의 위협도 원칙적으로 금지된다.

③ UN헌장 제51조에 의하면 집단적 자위권도 국가의 고유한 권리에 속한다.

④ 국가는 자국에게 유효하게 부과된 국제의무를 성실히 이행하여야 한다.

⑤ 국제관계에서 모든 국가는 법적으로 평등하다.

> 해설 국제법이 국가들에게 분쟁의 평화적 해결을 요구할 때 사법적 해결만을 염두에 둔 것은 아니다. 아울러 국제사법재판소는 강제관할이 아닌 임의관할을 원칙으로 하므로, 재판소는 국가들이 합의하여 재판소에 부탁하는 사건에 대하여 재판관할권을 행사한다.

40 유엔은 주권평등을 자신이 지켜야 할 기본원칙의 하나로 삼았다. 거기에 대한 중대한 예외라 생각되는 것은?

① 총회 표결절차

② 안전보장이사회 표결절차

③ 경제사회이사회 표결절차

④ 국제사법재판소 재판관 선출절차

⑤ 평화를 위한 단결결의

> 해설 유엔은 주권평등을 기본원칙의 하나로 삼아, 총회에서는 소국들도 다른 회원국과 동등한 입장에서 표결에 참여한다. 그러나 총회의 결의들은 원칙적으로 권고에 불과하여 법적인 구속력이 없다. 한편 유엔은 안보리 상임이사국들에게 거부권을 부여하여 그들의 지위를 격상시킴으로써 주권평등의 원칙에서 이탈하였다.

41 국가의 평등권과 대비되는 적극적 차별과 가장 관련이 깊은 것은?

① 철저한 상호성에 입각한 국제경제질서

② 선진국에게 유리한 국제경제질서

③ 개도국에게 유리한 국제경제질서

④ 비차별원칙에 입각한 국제경제질서

⑤ 철저한 주권평등을 위한 국제질서

> [해설] 국가의 평등권은 국제법의 기본원칙의 하나이다. 그러나 국제경제법 분야에서는 개발도상국들을 상대적으로 유리하게 하기 위한 적극적 차별의 문제가 제기되었다. 국가 간의 빈부차이를 줄이기 위하여 선진국들은 개발 도상국들에게 비상호적인 입장에서 무역상 특혜를 부여하고, 개발원조를 제공하며, 기술을 이전해야 한다는 주장이다. 1974년 유엔총회에서 개발도 상국들이 제기한 '신국제경제질서'(NIEO)는 그러한 적극적 차별의 논리에 입각한 것이다.

42 국내문제불간섭 원칙을 처음으로 체계화한 사람은?

① 그로티우스   ② 옐리네크

③ 안칠로티   ④ 바 텔

⑤ 볼 프

> [해설] 국내문제불간섭 원칙을 처음으로 체계화한 사람은 바텔(Vattel)로 알려져 있다. 바텔이 이 원칙을 주장한 것은 국가들 상호간의 간섭이 권리이자 의무였던 중세의 질서에 대한 반작용의 결과였다고 한다.

43 UN헌장 제2조 7항과 국제연맹규약 제15조 8항의 공통점은?

<행시, 외시, 지시 '01>

① 자위권   ② 긴급피난

③ 국가책임   ④ 주권면제

⑤ 국내문제불간섭

> [해설] 1919년 국제연맹 규약 15조 8항과 1945년 국제연합 헌장 2조 7항은 모두 국내문제불간섭에 관한 규정이다.

[정답] **41** ③   **42** ④   **43** ⑤

44 국내문제불간섭 원칙에 관한 설명 중 옳지 않은 것은? <사시 '02>

① "타국의 국내문제에 간섭해서는 아니된다"라는 원칙으로서 UN 현장 제2조 제7항에서 규정하고 있다.

② 동 원칙은 UN헌장 제7장에 의한 강제조치의 적용을 방해하지 않는다.

③ 간섭이란 일반적으로 어느 국가가 자신의 의사를 다른 국가에게 강제하는 것을 말한다.

④ 모든 간섭이 불법적인 것은 아니며, 예외적으로 위법성이 조각되는 경우도 있다.

⑤ 오늘날 일국이 타국의 조직적인 국내 인권침해사례에 임의로 무력간섭을 할 수 있다는 것은 국내문제불간섭 원칙의 예외로서 널리 인정되고 있다.

> 해설 그로티우스 이래 일부 국제법학자들은 한 국가 내 인권침해 사태를 중단시키기 위해 다른 국가들이 무력으로 간섭할 수 있다는 소위 '인도적 간섭이론'을 전개하였다. 인권보호 측면에서 이 이론은 나름대로 평가받을 수 있지만, 강대국의 약소국에 대한 내정간섭을 정당화하는 구실로 사용될 우려로 인하여, 오늘날 대부분의 학자들과 국가들이 반대하고 있다.

45 국제법상 국가가 보유할 수 있는 권리나 지위에 관한 항목으로 옳지 않은 것은?   <행시, 외시, 지시 '02>

① 외교적 보호권

② 평등권

③ 조약체결권

④ 국제사법재판소에 대한 권고적 의견 요청권

⑤ 국제사법재판소에 대한 제소권

> 해설 유엔 총회와 안보리는 자신의 판단에 의하여, 유엔의 다른 기관과 전문기구들은 총회의 동의를 받아 국제사법재판소에 권고의견을 요청할 수 있다(유엔헌장 96조). 국가는 국제사법재판소에서 다루는 재판사건의 당사자가 될 수는 있지만, 권고의견을 요청할 수는 없다.

정답 **44** ⑤   **45** ④

46 국가승인행위로 볼 수 없는 것은?   <행시, 외시, 지시 '02>

① 통첩에 의한 승인의사의 표명

② 국회나 국무회의 등에서 표명하는 선언

③ 양국 간의 통상우호조약의 체결

④ 신국(新國) 영사에게 인가장의 부여

⑤ 통상대표부의 파견·접수

> 해설 통첩에 의한 승인의사 표명과 국회나 국무회의 등에서 표명하는 선언
> 은 명시적인 방법에 의한 국가승인이라 할 수 있으며, 양국간 통상우호조
> 약의 체결과 영사인가장의 부여는 묵시적인 국가승인이라 할 수 있다. 그
> 러나 통상대표부의 파견과 접수는 묵시적인 국가승인이 되지 않는다.

47 국가승인의 효과에 관한 설명 중 옳지 않은 것은?   <사시 '01>

① 상대적 효과를 가진다.

② '법률상 승인'의 경우 피승인국의 지위에 본질적 변경이 있지 않
   는 한 철회할 수 없다.

③ 원칙적으로 소급효를 가지지 아니한다.

④ 창설적 효과설에 의하면 신생국은 승인에 의하여 국제법주체로
   된다.

⑤ '사실상 승인'은 철회가 가능하다는 점에서 그 효과가 잠정적이
   다.

> 해설 국가승인이란 이미 존재하는 국가를 인정하는 것이므로, 승인행위에
> 부여되어야 할 법적인 효과가 있다면 원칙적으로 국가창설 당시로 소급하
> 여 인정되어야 한다.

48 소위 스팀슨주의(Stimson Doctrine)란?   <행시, 외시, 지시 '01>

① 기존의 국가들은 신생국을 승인할 의무가 있다는 주장이다.

② 국제법에 위반하는 방법으로 수립된 신생국에 대한 승인을 거부
   하는 입장이다.

정답 46 ⑤   47 ③

③ 정부승인 제도를 활용하는 데 반대하는 입장이다.

④ 정부승인의 조건으로 민주적 정통성 확립을 요구하는 입장이다.

⑤ 기존의 국가들은 신생국의 합법성을 판단할 자격이 없다는 입장
이다.

> [해설] 1930년대 초 만주사변 때, 일본은 국가간 분쟁을 평화적으로 해결하
> 기로 약속한 1928년 부전조약(Briand-Kellog 조약)의 의무를 위반하고 만
> 주를 침략하여 만주국을 세웠다. 만주사변이 발발하자 미국 스팀슨(Stimson)
> 국무장관은 일본에 경고각서를 보내어 자국은 부전조약상의 서약과 의무에
> 반하여 형성된 사태와 조약을 승인하지 않겠다고 하였다. 이러한 배경에서
> 국제법에 어긋나는 방법으로 수립된 국가의 승인을 거부하는 것을 스팀슨
> 주의(Stimson Doctrine)라 부르게 되었다.

제 3 장

국 제 기 구

국 제 기 구

제1절 \ 국제기구 일반

1 국제기구에 대한 적절한 설명이 아닌 것은?

① 국제법의 적용을 받는 조직이다.

② 국제적인 조직이다.

③ 어떤 다자조약에 의해 지속적으로 이루어지는 일련의 국제회의 도 국제기구이다.

④ 국제기구에서 주관하는 회의에는 정부대표만이 참가하는 것은 아니다.

⑤ 주로 국가를 회원으로 한다.

> **해설** <**국제기구의 정의**> 국제기구란 어떤 공동의 목적을 위하여 주권국가 간 에 이루어진 국제적 합의에 의하여 설립되는 국제적인 정부간기구(inter-governmental organization)로 주로 국가들을 회원으로 하는 국제법의 주 체이다. ①② 국제기구란 국제법의 적용을 받는 '국제적'(international)인 조직이다. 따라서 한 국가의 국내법이나 사적 당사자 간의 합의에 근거해 설립되는 '초국경적 실체'(transnational entities)는 국제기구가 아니다. 국 가 간 합의를 통하여 결성되어 주로 경제적인 활동에 종사하는 '국제공기 업'(international public corporations) 또는 '다국적공기업'(multinational public enterprise)은 국제법이 아닌 상법과 같은 국내사법이나 국제법과 국내법에 혼합된 규범에 종속되기 때문에 국제기구가 아니다. ③ 국제기구 는 하나의 '조직'(organization)이다. 따라서 본부, 직원, 예산 없이, 즉 항 구적 조직을 가지지 아니한 일련의 국제회의에 참가하는 국가들만 가지고 는 국제기구라 할 수 없다. ④⑤ 국제기구는 주로 '국가'(state)를 회원으 로 한다. 국제기구는 '정부간기구'(intergovernmental organization)라 부르 기도 하는데, 이는 대부분의 국제기구는 국가를 대표하는 정부간 합의에 의해 형성될 뿐 아니라 회원자격도 주로 각국 정부에게만 인정되기 때문이 다. 하지만 국제노동기구(ILO)에 파견되는 각국 대표단에는 정부대표는 물 론 사용자와 노동자대표도 포함된다.

정답 1 ③

2 비정부간기구(NGO)에 대한 가장 적절한 설명인 것은?

① 정부간 합의에 의해 설립되는 국제적 조직체로 국제법의 주체이다.

② 정부간 합의에 의해 설립되는 국제적 조직체로 국제법의 주체가 아니다.

③ 민간 레벨에서의 합의에 의해 설립되는 국제적 조직체로 국제법의 주체이다.

④ 민간 레벨에서의 합의에 의해 설립되는 국제적 조직체로 국제법의 주체가 아니다.

⑤ 국제연합은 대표적인 비정부간기구이다.

　해설　〈비정부간기구〉 비정부간기구(non-governmental organization)란 일정한 목적을 위해 민간차원에서 결성되는 국제적 조직이지만 국제법의 주체는 아니다. 오늘날 비정부간기구들은 국제인권보호와 환경문제에 있어서 중요한 기능을 수행하고 있다.

3 다음 중 국제법이나 국제기구의 필요성을 주장하지 않은 사람은?

① 헤 겔　　　　　　② 벤 담

③ 윌리암 펜　　　　④ 생피에르

⑤ 칸 트

　해설　〈국제기구 학설사〉 일찍이 그리스 스토아 철학의 창시자 제논(Zenon)은 개별국가들의 소멸과 하나의 법이 지배하는 하나의 거대한 도시의 출현을 기대하였고, 로마황제 마르쿠스 아우렐리우스(Marcus Aurelius)는 인간의 이성의 보편성은 법의 보편성을, 법의 보편성은 우주가 하나의 국가임을 증명한다고 하여 세계공동체를 구상하였다. 근대에 들어서는 에라스무스(Erasmus), 토마스 모어(Thomas More), 그로티우스(Hugo Grotius), 윌리암 펜(William Penn), 루소(Jean-Jacques Rousseau), 칸트(Immanuel Kant) 등이 국제법과 국제적인 조직의 결성을 포함하는 유토피아적 구조를 논하였다. 특히 생피에르(Abbe de Saint-Pierre, 1658~1743)는 『유럽의 항구평화를 위한 계획』(A Plan for a Perpetual Peace in Europe)에서 유럽국가 간의 대연합(Grand Alliance)과 군비축소, 중개와 중재에 의한 국제분쟁 해결을 주장하였다. 벤담(Jeremy Bentham, 1748~1832)은 『보편적·항구적 평화를 위한 계획』(*A Plan for an Universal and Perpetual Peace*)에서 모든 식민지의 포기와 모든 동맹의 파기, 자유무역, 군비축소, 국제분쟁의 해결에 기여할 의회의 창설 등을 주장하였다. 미국에서는 윌리엄 라드(William Ladd, 1778~1841)가 *Essay on a Congress of Nations*에서 유사한 주장을 하였다.

4 국제기구의 역사에 대한 다음의 설명 중 틀린 것은?

① 국가 간의 행정적·기술적 협력을 위해 19세기부터 조직되었다.

② 국제연맹과 국제연합은 공존의 필요에서 조직된 보편적 국제기구이다.

③ 국제기구의 미미한 활동을 고려할 때 이를 국제법 주체로 인정하기는 어렵다.

④ 유럽연합과 같은 지역기구들도 점차 중요해지고 있다.

⑤ 냉전의 종식으로 국제기구는 앞으로 더욱 중요해질 것이다.

> **해설** **〈국제기구의 역사〉** 국제기구는 국가간 협력과 공존의 필요에서 발달해 왔다. 국제기구는 국가간 협력의 필요로부터 출발하는데 1815년 비엔나 회의에서 설립이 합의되어 1831년과 1856년 설립된 라인강 위원회와 다뉴브 위원회와 같은 하천위원회가 최초의 국제기구들이다. ① 이어서 행정과 기술분야에서의 국가간 협력의 필요성이 강화되면서 국제기구는 행정연합의 형태로 발전하는데, 국제전보연합(ITU, 1865), 만국우편연합(UPU, 1874) 등이 그러한 예이다. ② 두 번의 세계대전은 세계평화 유지를 위한 보편기구인 국제연맹과 국제연합의 탄생을 가져왔다. 이들은 공존의 필요에서 출발하였지만, 국제평화와 안전의 유지 이외에 국제적인 경제적·정치적·문화적·사회적 협력을 증진하기 위해 다양한 기능을 수행하고 있다. ④ 요즈음 유럽연합(EU)의 결속강화와 북미자유무역지대(NAFTA) 결성을 계기로 지역기구들이 주목을 받고 있다. ⑤ 냉전체제의 붕괴로 유엔과 같은 국제기구들은 더욱 주목을 받게 되었다.

5 국제기구의 발달과정에서 행정연합에 대한 설명이 아닌 것은?

① 행정과 기술분야에서의 국제협력을 증진하는 기능을 수행하였다.

② 19세기 후반 설립된 국제전보연합과 만국우편연합 같은 국제기구들이 행정연합이다.

③ 행정연합은 상설적인 사무국은 없이 일련의 국제회의를 갖는 국제적 협력체이다.

④ 행정연합은 회원국대표들이 참가하는 정기적인 회의를 갖는다.

⑤ 오늘날에도 행정연합 형태의 국제기구들이 많이 있다.

> [해설] <**행정연합**> ① 행정연합이란 행정과 기술분야에서의 국제협력을 위해 설립된 국제조직으로 국제기구의 발달과정에서 매우 중요하다. ② 행정연합은 1865년의 국제전보연합(ITU)과 1874년의 만국우편연합(UPU) 창설에서 시작되었다. ③④ 행정연합은 일반적으로 두 가지 기관을 가지고 있다. 그 하나는 회원국 대표들이 정기적으로 가지는 회의(conference)이고, 다른 하나는 행정사무를 처리하는 상설적인 사무국(secretariat)이다. 특히 상설기구인 사무국은 행정연합의 '항구적 성격'(permanent character)을 강화하여 국제회의와 국제기구를 구분하는 중요한 잣대가 되었다.

6 20세기 국제기구에 대한 설명이다. 틀린 것은?

① 베르사유조약에 의해 국제연맹은 창설되었다.

② 2차대전 후 국제연합이 창설되었다.

③ 국제노동기구는 1945년 샌프란시스코 회의에서 설립이 결정되었다.

④ 유엔에는 수많은 전문기구와 보조기관들이 있다.

⑤ 오늘날 유럽연합 등 지역기구들이 주목을 받고 있다.

> [해설] <**20세기의 국제기구**> ①③ 1차대전이 끝나면서 체결된 베르사유조약(Versailles Treaty)을 통하여 일반적 관할권을 갖는 보편기구「국제연맹」(LN)과「국제노동기구」(ILO)가 탄생하였다. ②④ 제2차 세계대전 이후 국제연맹을 대신하여 새로운 보편적 국제기구로 국제연합(UN)이 탄생하였다. 유엔은 국제평화와 안전의 유지 이외에 경제적·정치적·문화적·사회적 협력을 증진하기 위해 각종 전문기구와 보조기관들을 가지고 있다. ⑤ 오늘날에는 유럽연합(EU)과 같은 지역기구들이 관심을 끌고 있다.

제 2 절 \ 국제기구의 법인격과 관할권

7 다음 중 국제기구에 대한 적절한 설명이 아닌 것은?

① 국제법의 주체이다.

② 국가나 다른 국제기구와 조약을 체결할 수 있다.

③ 국제회의에 자신의 대표를 파견할 수 있다.

④ 영토주권을 갖는다.

⑤ 국제불법행위 책임을 추구하며 부담한다.

> [해설] 〈국제기구의 권한〉 국제기구는 국가에 이어 중요한 국제법 주체로 국제법상 능동적 · 수동적 주체이다. 오늘날 국제기구들은 국가나 다른 국제기구들과 조약을 체결하며, 자신의 깃발을 게양한 선박을 항해하게 하고, 평화유지군을 창설 · 파견하며, 국가대표들이 참석하는 국제회의를 개최하고, 외교사절을 파견 · 접수하며, 국가들에게 항의하고 국제청구를 하기도 한다. ④ 국제기구는 영토적 실체가 아니므로 영토주권을 가질 수 없다.

8 국제기구의 국제적 법인격에 대한 다음의 설명 중 잘못된 것은?

① 국제기구들의 활동을 고려할 때 국제기구가 국제법상 법인격을 갖는 것은 당연하다.

② 국제기구의 법인격이 어디에서 나오는가에 대해서는 학설 대립이 있다.

③ 국제기구의 법인격은 국가의 그것보다 폭넓게 인정된다.

④ 국제기구들 중에는 광범위한 관할권을 행사하는 것도 있다.

⑤ 국제사법재판소의 '유엔봉사 중 입은 손해배상 사건'에 대한 권고의견은 국제기구의 법인격의 존재를 확인하였다.

> [해설] 〈국제기구의 법인격〉 ① 국제기구의 법인격이란 국제기구가 국제법상 권리와 의무의 능동적 · 수동적 주체가 될 수 있는 자격으로, 오늘날 국제

기구들의 눈부신 활약을 볼 때 국제기구가 법인격을 가지는 것은 당연하다. ② 국제기구의 법인격의 원천에 대해서는, 국제기구의 내재적 속성에서 나온다는 견해와 설립헌장에서 나온다는 견해가 있다. ③ 영토와 국민, 정부, 주권을 가지는 국가에 비해, 국제기구의 법인격은 제한적이어서, 국제기구들의 능력 역시 일부 기능에 국한된다. ④ 국제기구 중에는 유엔이나 유럽연합처럼 보편적 관할권을 행사하는 기구도 있다. ⑤ 국제기구의 법인격 또는 권한은 국제재판을 통하여 확장되었다. 1949년 국제사법재판소가 내린 '유엔봉사 중 입은 손해배상 사건'에 대한 권고의견은 국제기구의 법인격을 확인하고 설립헌장이 규정하지 아니한 권한(묵시적 권한)을 인정하였다.

9 ICJ가 국제기구의 법인격을 인정하는 의견을 제시하였던 사건은?

① 어업사건

② 유엔봉사 중 입은 손해배상 사건

③ 망명권 사건

④ 서사하라 사건

⑤ 노르웨이 공채사건

해설 〈유엔봉사 중 입은 손해배상 사건〉 1948년 10월 팔레스타인 지역에서 유엔이 그 곳의 평화를 위해 파견한 중재자 Bernadotte 백작이 살해되는 사건이 발생하였다. 이 사건 후 유엔총회는 결의를 통해 유엔이 국가를 상대로 손해배상을 청구할 수 있는가 하는 것을 국제사법재판소(ICJ)에 문의하였다. 국제사법재판소는 1949년 제시된 권고의견(advisory opinion)에서 이를 인정하면서, 본국에 의한 외교적 보호와 같은 이유에서 국제기구는 그 직원들이 입은 손해에 대한 배상을 주장할 수 있다고 하였다.

10 국제기구의 관할권에 관한 설명들이다. 잘못된 것은?

① 국제기구의 관할권은 국가의 그것에 비하면 제한적이다.

② 국제기구들은 내부문제에 대해서는 구속력 있는 결정을 한다.

③ 국제기구의 관할권은 전문성 원칙에 의해 확대된다.

④ 국제기구의 관할권은 묵시적 권한에 의해 확대된다.

⑤ 국제기구는 국제불법행위시 국제책임을 부담한다.

정답 8 ③   9 ②

해설 **〈국제기구의 관할권〉** ① 국제법상 국제기구가 행사하는 관할권은 국가의 그것과 상당히 유사하지만, 국가성이나 국가주권에 관련되어 있는 권한은 가지지 못한다. 국제기구들은 영토와 국민에 관련된 권한이 없으며, 정부의 권한을 행사할 수 없다. ② 국제기구들은 일반적으로 자신의 내부문제에 대해 배타적인 관할권을 행사하며, 헌장이 허용하는 범위 내에서 회원국들이 지켜야 할 규칙을 제정한다. ③ 국제기구의 관할권의 범위는 전문성원칙에 의해 제한된다. 국제기구는 특수한 목적을 위해 국가들이 합의하여 설립하므로 그 관할권은 기능적 관할권이며 전문성원칙(principle of specialty)에 의해 제한을 받는다. ④ 설립헌장은 국제기구의 설립목적을 규정하지만 그 목적을 달성하기 위한 권한을 모두 규정할 수는 없다. 따라서 설립헌장에 명시되어 있지는 않지만 목적달성에 필요한 권한은 인정되어야 한다는 주장이 있는데, 이를 묵시적 권한이론(theory of implied power)이라고 한다. 이 이론은 미국에서 연방국과 주정부 간의 권한배분과 관련하여 확립된 이론으로 PCIJ와 ICJ에 의해 국제법에 도입되었다. ⑤ 국제기구도 국제법상 불법을 행하게 되면 당연히 그에 따른 책임을 진다.

11 다음 중 국제기구가 가지는 권한과 책임에 대한 적절한 설명이 아닌 것은?

① 국가나 다른 국제기구와 조약을 체결한다.

② 국제사법재판소(ICJ)에서 소송당사자가 될 수 있다.

③ 임무수행에 필요한 범위에서 일정한 특권·면제를 누린다.

④ 국제기구 내부문제에 대해 배타적 권한을 갖는다.

⑤ 국제기구는 자신의 불법행위에 대해 책임을 진다.

해설 **〈국제기구의 관할권과 책임〉** ① 국제기구는 국가나 다른 국제기구와 조약을 체결할 권한을 갖는다. 그러나 전문성의 원칙은 체결가능한 조약의 범위를 제한하므로 국제기구의 목적과 능력에 부합하는 조약만 체결할 수 있다. ② 국제사회의 가장 중요한 재판기관인 국제사법재판소는 국가만을 소송당사자로 인정한다. 유엔총회와 안보리는 자신의 결정에 의해 그리고 다른 기관들과 전문기구들은 총회의 승인을 받아 권고의견을 요청할 수 있을 뿐(유엔헌장 96조), 소송당사자가 될 수는 없다. ③ 국제기구는 임무수행에 필요한 경우 회원국의 관할권으로부터 법절차의 면제와 세금 및 관세의 면제 같은 특권·면제를 누린다. 국제기구의 공무원들 역시 그 국적에 관계없이 기능수행을 위해 필요한 범위에서 특권과 면제를 누린다. ④ 국제기구들은 자신의 내부문제에 대해 배타적 관할권을 갖는다. 국제기구들은 내부문제에 대해 일반적이고 배타적인 입법·행정권을 가지며 그 기관과 공무원들에 대한 사법관할권도 갖는다. ⑤ 국제기구는 법인격을 가지므로 위에서 언급된 여러 가지 권리를 가지지만 동시에 불법행위나 계약위반이 있을 때에는 그에 따른 법적 책임을 부담한다. 국제기구는 그 국제공무원이나 군대처럼 자신의 통제하에 있는 사람들의 불법행위에 대해 책임을 부담한다.

12 국제연맹과 유엔의 관계에 대한 설명이다. 가장 적절한 설명인 것은?

① 국제연맹은 유엔에 의해 승계되었다.

② 국제연맹이 해체된 몇 년 후 유엔이 창설되었다.

③ 유엔이 해체된 후 국제연맹이 창설되었다.

④ 국제기구 간의 승계는 불가능하다.

⑤ ICJ는 서남아프리카에 대한 권고의견에서 유엔에 의한 국제연맹 승계를 부정하였다.

해설 <**국제기구의 승계**> 국제기구의 승계는 여러 형태로 발생할 수 있다. 국제기구의 명칭과 헌장 일부는 바뀌지만 기구는 그대로 유지되는 경우가 있는가 하면, 두 개의 국제기구가 하나로 통합되는 경우도 있다. 이 때에는 해체되는 국제기구의 자산과 책임이 모두 다른 국제기구로 넘어간다. 국제연맹과 국제연합간 합의에 의해 국제연맹이 해체되고 그 자산이 모두 유엔으로 이전된 것은 두 번째 사례에 속한다. 서남아프리카의 국제법상 지위에 관한 권고의견에서 국제사법재판소는 이러한 승계를 인정하여 국제연맹의 위임통치 기능을 유엔이 수행할 수 있다고 하였다.

제 3 절 \ 국 제 연 맹

13 국제연맹에 대한 적절한 지적이 아닌 것은?

① 미국대통령 윌슨의 제의로 창설되었다.

② 강제력 있는 결정은 못하고 권고를 할 수 있을 뿐이었다.

③ 일체의 무력행사를 불법화하였으며 강제조치를 취할 수 있었다.

④ 중요한 실질문제들에 대한 결의는 만장일치를 요하였다.

⑤ 주요 강대국들이 국제연맹에 가입하지 않았거나 도중에 탈퇴하여 현실적인 약점을 안고 있었다.

> [해설] ＜국제연맹＞ ① 프린스턴대학교 총장 출신으로 미국 대통령이 된 윌슨(Woodrow Wilson)은 1918년 1월 8일 발표된 「14개조」(Fourteen Points)에서 모든 국가들의 정치적 독립과 영토보전을 상호 보장하는 국가들의 일반적 결사를 조직할 것을 제의하였으며, 이러한 윌슨의 제의로 1919년 국제연맹이 출범하게 되었다. ②④ 국제연맹은 집단안보를 목적으로 창설되었으나 총회와 이사회 모두 강제성 있는 결정은 못하고 권고를 할 수 있는 권한만 가지고 있었으며, 실질문제에 대한 결정은 만장일치를 원칙으로 하는 등 구조적 모순을 안고 있었다. ③ 무력행사금지에 있어서도 국제연맹은 모든 전쟁을 불법화하지 못하고, 사전에 규약이 정한 분쟁의 평화적 해결절차에 부탁하지 아니한 전쟁을 금지하는 데 머물렀다. 국제연맹에 의한 제재 역시 실제로는 각국의 판단에 맡겨져 있어 실효성이 없었다. ⑤ 당시의 강대국들 중 일부는 처음부터 불참하였고, 일부는 도중에 제명당하거나 탈퇴하여, 국제연맹이 현실적으로 국제사회를 대표할 수 없었던 것도 현실적인 한계였다.

제 4 절 국 제 연 합

14 다음 중 유엔의 성립에 관계된 조약이나 선언, 회의가 아닌 것은?

① 부전조약   ② 모스크바선언

③ 덤바튼오크스회의   ④ 얄타회담

⑤ 샌프란시스코회의

> [해설] ＜유엔의 성립과정＞ 제2차대전 중 강대국들은 전후 국제연맹을 대체할 국제기구를 구상하게 되었다. 미국의 루스벨트 대통령과 영국의 처칠 총리는 「대서양헌장」을 발표하여 새로운 국제기구의 설립을 추진하기로 하였으

며, 1943년 미·영·중·소 4개국 대표들은 모스크바선언을 발표하여 이를 확인하였다. 이어서 1944년 8월 미국 워싱턴 근교 덤바튼오크스에서 개최된 회의를 거쳐, 1945년 2월 미·영·소 수뇌들은 소련의 얄타에서 회의를 열고 거부권을 인정하는 안보리 표결방식에 합의하였다. 이어서 1945년 6월 샌프란시스코회의에서 헌장을 채택하였고, 1945년 10월 24일 미·영·소·중·프랑스를 포함 서명국 과반수의 비준서가 기탁됨으로써 유엔은 정식으로 출범하게 되었다.

15 유엔헌장이 규정한 유엔의 목적이 아닌 것은?

① 국제평화와 안전의 유지

② 국가간 우호관계의 증진

③ 국제문제 해결에 있어서의 국제협력 증진

④ 국가들의 행동을 조화시키는 데 있어 그 중심이 되는 것

⑤ 국내문제불간섭

> 해설 〈유엔의 목적〉 유엔헌장은 1조에서 국제평화와 안전의 유지, 국가간 우호관계의 발전, 여러 가지 국제문제를 해결하는 데 있어서의 국제협력 증진, 이러한 목적들을 추구하는 데 있어서 국가간 행동을 조화시키는 중심이 되는 것을 자신의 목적이라고 하였다. ⑤ 국내문제불간섭 원칙은 이러한 목적을 달성하기 위한 원칙의 하나이지 목적은 아니다.

16 다음 중 유엔헌장이 규정한 유엔의 원칙에 들어 있지 않은 것은?

① 주권평등   ② 헌장상 의무이행

③ 평화적 분쟁해결   ④ 국내문제불간섭

⑤ 국제분쟁의 국제사법재판소 회부

> 해설 〈유엔의 기본원칙〉 유엔헌장은 2조에서 1조에 규정된 유엔의 목적을 달성하기 위한 원칙들을 제시하였다. 여기에는 주권평등, 성실한 헌장상 의무이행, 평화적 분쟁해결, 무력행사금지, 유엔이 취한 조치에 대한 협력, 비회원국들의 헌장상 의무준수, 국내문제불간섭 원칙이 포함된다. ⑤ 국제사법재판소는 분쟁당사국의 합의가 있는 경우에만 관할권을 가지는 임의관할을 원칙으로 하고 있는바, 국제분쟁의 국제사법재판소 회부를 유엔회원국의 의무나 유엔의 원칙이라 할 수는 없다.

17 유엔의 가장 중요한 목적은 국제평화와 안전의 유지이다. 유엔은 이 목적을 달성하기 위한 제도를 수립하는 데 있어, 어떤 방식을 중요시하였는가?

① 철저한 주권평등

② 미국과 소련에 의한 평화

③ 컨센서스에 의한 의결

④ 만장일치제에 의한 타협과 화해

⑤ 강대국간 합의에 의한 평화

> 해설 〈거부권〉 유엔의 가장 중요한 목적은 국제평화와 안전의 유지인데, 이를 위해 유엔은 보다 현실적인 방법을 선택하였다. 유엔의 기초를 마련한 사람들은 강대국간 합의가 없이는 세계평화는 있을 수 없다는 현실인식에서 출발하여 강대국간 협조에 의한 세계평화를 추구하였다. 그 결과 유엔은 국제평화와 안전의 유지에 관한 주된 책임을 안전보장이사회에 부여하고, 상임이사국들에게는 결의 자체를 봉쇄할 수 있는 거부권을 부여하였다.

18 유엔 회원국에 대한 다음의 설명 중 틀린 것은?

① 원회원국은 샌프란시스코회의에 참가한 51개국이다.

② 헌장상의 의무를 수락한 평화애호국은 유엔의 신회원국으로 가입할 수 있다.

③ 신회원국 가입은 안보리 권고에 따른 총회의 결정으로 이루어진다.

④ 신회원국 가입에 관한 안보리의 권고는 절차문제이므로 거부권이 적용되지 않는다.

⑤ 신회원국 가입에 대한 총회의 결정은 출석하고 투표한 국가의 3분의 2 이상의 찬성으로 이루어진다.

> 해설 〈신회원국의 가입〉 ① 유엔의 원회원국(original members)은 샌프란시스코회의에 참여한 국가 또는 1942년 1월 1일의 연합국선언에 서명한 국가로 헌장에 서명하고 비준한 51개국이다. ② 신회원국이 유엔에 가입하려면 헌장상의 의무를 수락하고, 그러한 의무를 수행할 능력과 의사가 있

는 평화애호국(peace-loving state)이어야 한다(헌장 4조 1항). 유엔가입에 있어서 실질적인 조건은 국가의 국가성(statehood)과 평화애호국 여부이다. ③ 상기한 요건을 갖춘 신회원국의 가입은 안전보장이사회의 권고에 따른 총회의 결정으로 이루어진다(헌장 4조 2항). ④ 신회원국의 가입에 관한 안전보장이사회의 권고는 실질사항에 속하는 것이므로 거부권이 적용된다. 따라서 모든 상임이사국의 찬성투표를 포함한 9개국 이상의 찬성이 있어야 한다. ⑤ 총회의 신회원국 가입결정은 '중요문제'(important question)에 속하므로 출석하고 투표한 국가의 3분의 2 이상의 찬성이 있어야 된다.

19 다음 중 유엔의 주요기관이 아닌 것은?

① 총 회   ② 안전보장이사회

③ 경제사회이사회   ④ 상설국제사법재판소

⑤ 사무국

> 해설 <**유엔의 주요기관**> 유엔의 주요기관으로는 총회와 안전보장이사회, 경제사회이사회, 신탁통치이사회, 국제사법재판소, 사무국이 있다. 상설국제사법재판소(PCIJ)는 국제연맹시대의 국제법원으로 국제사법재판소(ICJ)의 전신이다.

20 유엔의 공식언어(official language)가 아닌 것은?

① 독일어   ② 불 어

③ 스페인어   ④ 중국어

⑤ 러시아어

> 해설 <**유엔의 공식언어**> 유엔헌장에 따르면 유엔의 공식언어는 영어, 중국어, 불어, 러시아어, 스페인어이다. 아랍어는 총회와 안전보장이사회, 경제사회이사회의 공식언어에 추가된다.

21 다음 중 유엔총회의 권한에 속하는 것으로 볼 수 없는 것은?

① 국제평화와 안전의 유지를 위한 협력원칙 마련

② 국제협력 증진을 위한 연구와 권고

③ 유엔 예산의 심의와 승인

정답 18 ④   19 ④   20 ①

④ 평화를 위한 단결 결의에 따른 권고
⑤ 강제조치 결정

> **해설** <유엔총회의 권한> 유엔총회는 유엔의 거의 모든 문제를 토의하고 권고할 수 있다. 총회의 주요 기능과 권한을 구체적으로 살펴보면 다음과 같다. ㉠ 국제평화와 안전에 관한 기능이다. 총회는 국제평화와 안전의 유지를 위한 협력원칙에 관해 권고할 수 있으며, 안전보장이사회가 다루고 있지 아니한 평화와 안전의 문제를 다룰 수 있다(헌장 11조, 12조). ㉡ 총회는 국제적 협력과 국제법의 발전, 인권과 자유 보장, 경제·사회·문화·교육·건강분야에 있어서의 국제협력증진을 위한 연구와 권고를 한다(헌장 13조). ㉢ 총회는 유엔의 예산을 심의·승인한다. 유엔의 경비는 총회가 할당하는 데 따라 회원국들이 부담한다(헌장 17조). ㉣ 다른 기관의 구성에 관한 권한으로, 안전보장이사회의 비상임이사국과 경제사회이사회 및 신탁통치이사회 이사국을 선임하고, 안보리와 함께 국제사법재판소의 재판관들을 선출하고, 안보리 권고에 따라 사무총장을 임명한다. ㉤ 1950년 11월 총회는 「평화를 위한 단결」(Uniting for Peace)이라는 결의를 채택하였다. 이 결의에 의하면 상임이사국들의 분열로 안보리가 평화에 대한 위협이나 평화의 파괴 또는 침략행위에 적절히 대처하지 못하는 경우, 총회는 회원국들에게 집단조치를 위한 권고를 할 수 있는 권한을 갖게 되었다. 그러한 권고에는 군대의 사용도 포함될 수 있다. ⑤ 헌장 7장에 따른 강제조치는 안보리가 결정한다.

22 유엔총회에서 회원국들은 모두 1표를 가지며 보통문제는 "출석하고 투표한 회원국 과반수", 즉 단순과반수에 의해 결정된다. 그렇다면 중요문제는 어떤 방식에 의하여 결정되는가?

① 단순과반수 찬성에 의한다.
② 재적과반수 찬성에 의한다.
③ 출석하고 투표한 국가의 3분의 2 찬성에 의한다.
④ 출석하고 투표한 국가의 과반수 찬성에 의한다.
⑤ 컨센서스에 의한다.

> **해설** <총회의 표결절차> 유엔헌장 18조 2항은 중요문제(important question)에 대한 유엔총회의 결정은 출석하고 투표한 회원국의 3분의 2 찬성을 필요로 한다고 하였다. 이러한 중요문제에 속하는 사항에는 ㉠ 국제평화와

안전의 유지에 관한 권고, ⓛ 안전보장이사회 비상임이사국 선출, ⓒ 경제
사회이사회와 신탁통치이사회 이사국 선출, ② 새로운 회원국의 가입, ⑩
회원국 권리와 특권의 정지, ⑭ 예산에 관한 문제 등이 포함된다.

23 유엔 안전보장이사회는?

① 7개 상임이사국으로 구성된다.

② 5개 상임이사국을 포함 11개국으로 구성된다.

③ 5개 상임이사국을 포함 15개국으로 구성된다.

④ 6개 상임이사국을 포함 11개국으로 구성된다.

⑤ 6개 상임이사국을 포함 15개국으로 구성된다.

> **해설** 〈**안전보장이사회의 구성**〉 유엔헌장 23조 1항에 의하면 안보리는 15
> 개국으로 구성되며, 미국·러시아·중국·프랑스·영국은 상임이사국이 된
> 다. 총회는 회원국 중에서 10개국을 비상임이사국으로 선출한다. 비상임이
> 사국 선출에는 국제평화와 안전의 유지에 대한 공로와 유엔의 목적에 대한
> 기여 그리고 형평에 맞는 지리적 분배를 고려한다.

24 유엔 안전보장이사회 비상임이사국에 대한 설명이다. 잘못된 것은?

① 거부권을 갖는다.

② 총회가 2년 임기로 선출한다.

③ 국제평화와 안전의 유지에 대한 공헌을 고려하여 선출된다.

④ 선출시 지리적 형평성이 고려된다.

⑤ 비상임이사국은 10개국이다.

> **해설** 〈**안보리 비상임이사국**〉 유엔 안전보장이사회 15개국 중 5개 상임이사
> 국을 제외한 10개 비상임이사국은 총회가 선출한다. 2년 임기의 비상임이
> 사국 선출에는 국제평화에 대한 공로와 지리적 배분이 고려된다. 그러나
> 비상임이사국은 거부권을 가지지 않는다.

25 유엔 안전보장이사회의 임무나 권한과 관련이 없는 것은?

① 국제평화와 안전의 유지

② 분쟁의 평화적 해결에 관한 권고

③ 강제조치의 결정

④ 평화를 위한 단결에 따른 권고

⑤ 사무총장과 국제사법재판소 재판관 선출에 관여

> [해설] 〈**안전보장이사회의 권한**〉 안전보장이사회는 국제평화와 안전의 유지에 관해 주된 책임을 부담한다. 안보리는 분쟁을 야기할 가능성이 있는 문제들을 조사하고 분쟁해결을 위해 권고한다. 또한 평화에 대한 위협이나 파괴 또는 침략행위의 유무를 판단하여 경제제재를 포함한 비무력적 제재조치를 취할 수도 있고 군사적 조치를 취할 수도 있다. 그 외에 새로운 회원국의 가입에 관해 권고를 하며, 총회에 새로운 사무총장을 추천하고, 총회와 함께 국제사법재판소의 재판관들을 선출한다. ④는 총회의 권한이다.

26 유엔 안전보장이사회의 표결절차와 결의의 효력에 관한 설명들이다. 잘못된 것을 고르시오.

① 절차문제는 9개국의 찬성으로 가결된다.

② 실질문제는 상임이사국 모두의 찬성투표를 포함 9개국 이상이 찬성해야 가결된다.

③ 실질문제에 관한 표결에서 상임이사국의 명백한 반대는 물론 기권도 거부권 행사로 본다.

④ 상임이사국들은 자국대표를 유엔에 상주케 해야 한다.

⑤ 안보리 결의는 권고적 효력을 갖기도 하지만, 헌장 7장에 따른 결의들은 구속력을 갖는다.

> [해설] 〈**안보리 표결절차**〉 ① 유엔헌장 27조는 1항에서 회원국은 각자 1표를 갖는다고 하였다. 2항에서는 절차문제에 대한 표결은 9개국의 찬성투표에 의해 성립된다고 하였다. ② 이어서 3항에서는 절차문제가 아닌 다른 문제들, 즉 실질문제에 대한 표결에서는 상임이사국들을 포함하는 9개국 이상의 찬성투표가 있어야 한다고 하였다. ③ 그러나 유엔에서는 실질사항에 대한 표결에 있어서 상임이사국의 기권은 거부권의 행사로 보지 않는 관행이 있다. ⑤ 안전보장이사회의 결의의 효력은 그 종류에 따라 달라진다. 일단 결의가 안보리 내부사항에 관한 것일 때에는 구속력이 있다. 실질사항에 관한 결의 중에서 헌장 6장 '분쟁의 평화적 해결'에 관한 결의들은

권고로서의 효력을 가지며 구속력을 가지지 아니한다. 그러나 헌장 7장 '평화에 대한 위협, 평화의 파괴, 침략행위'에 관한 결의는 모든 회원국들을 구속한다.

27 유엔 경제사회이사회에 대한 설명이다. 잘못된 것은?

① 유엔 주요기관의 하나이다.

② 임기 3년의 54개 이사국으로 구성된다.

③ 경제·사회·문화·교육·건강 등의 문제에 관해 연구·보고·권고한다.

④ 전문기구들과 협정을 체결하여 밀접한 관계를 유지한다.

⑤ 비정부간기구들과 경제사회이사회 사이에는 아무런 대화채널도 없다.

해설 <경제사회이사회> 경제사회이사회(Economic and Social Council)는 유엔 주요기관의 하나로 총회에서 선출되는 54개 이사국으로 구성되며 매년 18개국씩 바뀐다. ③ 경제사회이사회는 경제, 사회, 문화, 교육, 건강 및 기타 관련문제들에 관한 연구를 하고, 보고서를 작성하며, 이러한 문제들에 관해 총회와 회원국들 그리고 전문기구들에 권고할 수 있다. 또한 모든 사람들의 인권과 기본적 자유의 신장을 위한 권고도 할 수 있다. ④ 이사회는 전문기구(specialized agencies)들과 협정을 체결하여 그들과 유엔의 관계를 설정하고, 협의와 권고를 통해 이들의 활동을 조정한다(헌장 63조). ⑤ 경제사회이사회는 비정부간기구들(non-governmental organizations)과도 협의를 갖는다. 현재 900개 이상에 달하는 비정부간기구들이 이사회에 대해 협의당사자 지위(consultative status)를 가지고 있으며, 이러한 기구들은 이사회와 보조기관들의 회의에 옵서버를 파견하여 자신들의 입장을 표명한다.

28 유엔의 주요기관들 중 자신의 목적을 거의 달성하여 더 이상 존재의 의미를 상실한 것은?

① 총 회 ② 안전보장이사회

③ 경제사회이사회 ④ 신탁통치이사회

⑤ 국제사법재판소

해설 〈신탁통치이사회〉 신탁통치이사회가 출범할 당시에는 신탁통치 지역이 11개에 달하였었다. 그러나 대부분은 이미 독립하였고, 미국의 신탁통치를 받고 있던 팔라우(Palau)가 마지막 신탁통치지역으로 남아 있었으나, 이마저 1986년 9월 30일 신탁통치에서 벗어났다.

29 국제사법재판소(ICJ)에 대한 적절한 설명이 아닌 것은?

① 유엔 주요기관의 하나이다.

② 국제연맹시대의 상설국제사법재판소(PCIJ)를 계승한 것이다.

③ 유엔 회원국은 자동적으로 국제사법재판소 규정의 당사자가 된다.

④ 국제기구와 유엔 회원국들은 이 재판소에 권고의견을 요청할 수 있다.

⑤ 유엔 회원국들은 ICJ에 의한 재판이 아닌 다른 방법에 의해 그들 간의 분쟁을 해결할 수 있다.

해설 〈국제사법재판소〉 국제사법재판소 규정은 유엔헌장의 불가분의 일부이며, 국제사법재판소는 유엔 주요기관의 하나이다(헌장 92조). 따라서 모든 유엔 회원국은 자동적으로 ICJ 규정 당사국이 된다(헌장 93조). 그러나 그 때문에 유엔 회원국이 합의에 의하여 분쟁을 ICJ가 아닌 다른 법정에 부탁하는 것을 방해받지는 않는다(헌장 95조). 권고의견(advisory opinion)은 총회나 안보리는 직접, 유엔의 다른 기구나 전문기구들은 총회의 승인을 얻어 국제사법재판소에 요청하는 것으로 국가들은 이를 요청할 수 없다.

30 유엔 사무국과 사무총장에 대한 설명들이다. 부적절한 것은?

① 사무국은 사무총장과 직원들로 구성된다.

② 사무총장은 직원들이 민주적 방법으로 선출한다.

③ 사무총장은 유엔의 최고 행정책임자이다.

④ 사무총장과 직원들은 직무수행에 있어 유엔 이외의 어떤 국가나 기구로부터도 지시를 받지 않는다.

⑤ 사무총장은 그 능력과 지리적 분포를 감안하여 직원들을 충원한다.

해설 <**사무국**> ① 사무국은 사무총장(Secretary General)과 직원들로 구성된다. ② 그러나 사무총장은 직원들이 선출하는 것이 아니고 안보리 추천에 의해 총회가 임명한다(유엔헌장 97조). ⑤ 사무국 직원들은 총회가 마련한 규정에 따라 사무총장이 임명하는데, 유엔 직원이 되기 위한 가장 중요한 고려사항은 고도의 능률과 능력이며 지리적으로 널리 충원한다(헌장 101조). ③ 헌장에 의하면 사무총장은 유엔의 chief administrative officer 이지만, 실제로 그 이상의 일을 한다. 사무총장은 유엔의 상징으로 그 활동범위는 매우 광범위하다. 사무총장은 자신에게 맡겨진 일상적인 행정사무를 처리할 뿐 아니라 주선(good offices)에 의한 '예방외교'(preventive diplomacy)를 통하여 국제분쟁의 발생과 확산 방지에 기여한다. ④ 현재 유엔 사무국에는 세계 150개 이상의 국가에서 모여든 2만 5,000명 이상의 직원들이 있다. 이들 국제공무원은 그들의 행동에 대해 오직 유엔에 책임을 지며, 그 어떠한 정부나 외부기관으로부터도 지시를 받지 않는다.

31 유엔 전문기구에 대한 적절한 설명이 아닌 것은?

① 자신의 헌장을 가진 독립된 국제기구이다.

② 유엔과는 협정에 의해 연결되어 있다.

③ 유엔의 주요기관들이 필요에 따라 설립하는 기관이다.

④ WHO, IMF, IBRD는 전문기구이다.

⑤ 전문기구들과 유엔 간의 관계는 주로 경제사회이사회에 의해 조정된다.

해설 <**전문기구**> 전문기구(specialized agency)란 경제·사회·문화·교육·보건 및 기타 관련분야의 목적을 달성하기 위하여 정부간협정에 의해 설립된 독립된 법인격을 갖는 국제기구이다(헌장 57조). 경제사회이사회는 이 기구와 유엔 간의 관계를 정하는 협정을 체결하여 총회의 승인을 받으며(헌장 63조), 양자간의 관계를 조정한다.

32 다음 중 유엔 전문기구가 아닌 것은?

① 세계지적소유권기구(WIPO) ② 국제민간항공기구(ICAO)

③ 국제통화기금(IMF) ④ 국제원자력기구(IAEA)

⑤ 세계보건기구(WHO)

[해설] 유엔 전문기구로는 세계지적소유권기구(WIPO), 국제민간항공기구(ICAO), 국제통화기금(IMF), 세계보건기구(WHO) 이외에 만국우편연합(UPU), 국제전신연합(ITU), 세계보건기구(WHO), 세계기상기구(WMO), 유엔식량농업기구(FAO), 국제부흥개발은행(IBRD), 국제노동기구(ILO), 유엔교육문화기구(UNESCO), 국제해사기구(IMO), 국제금융공사(IFC), 국제개발협회(IDA), 국제농업개발기금(IFAD) 등이 있다. 유엔의 전문기구로 오해하기 쉬운 국제조직으로는 국제원자력기구(IAEA), 유엔환경계획(UNEP), 세계무역기구(WTO), UNCTAD, UNDP, UNICEF, UNIDO 등이 있다.

33 유엔 보조기관(Subsidiary Organ)에 관한 적절한 설명인 것은?

① 법적으로 전문기구들과 같은 지위를 갖는다.

② 유엔 주요기관들이 필요에 따라 설립한 유엔 산하기관이다.

③ 유엔과는 별도의 법인격을 갖는 독립된 국제기구이다.

④ 유엔과는 특별협정에 의해 연결된다.

⑤ 국제노동기구(ILO)도 유엔 보조기관이다.

[해설] **<보조기관>** 보조기관(Subsidiary Organ)이란 유엔헌장의 주요기관이 자신의 기능 수행을 위해 설립한 기관으로, 별도의 설립헌장에 의해 설립되어 독립된 법인격을 갖는 전문기구와는 다르다. 현재까지 설치된 보조기관은 250개 이상에 이르며 그 중에 150개 정도는 총회가 설립한 것이다. 보조기관 중에는 국제법위원회(ILC)나 유엔 행정법원처럼 상설적인 것도 있으며, UNCTAD나 UNIDO처럼 국제기구와 유사한 것들도 있다.

제 5 절 \ 지 역 기 구

34 다음 중 유럽공동체(EC) 또는 유럽연합(EU)과 관련이 없는 것은?

① 슈망플랜   ② 베르사유조약

③ 로마조약   ④ 통합조약

⑤ 마스트리히트조약

> [해설] 〈**유럽연합**〉 유럽연합은 1950년 당시 프랑스 외무장관 슈망(Schuman)이 독일의 석탄과 프랑스의 철강을 pool화하자는 선언을 하면서 시작되었다. 1951년 독일과 프랑스, 이탈리아, 벨기에, 네덜란드, 룩셈부르크는 파리에서 조약을 체결하여, 「유럽석탄철강공동체」(ECSC)를 창설하였다. 그후 1957년 이들은 로마조약을 체결하여 「유럽경제공동체」(EEC)와 「유럽원자력공동체」(EURATOM)를 창설하였다. 이어서 1965년에는 이들 3개 공동체의 기관들을 통합하는 조약이 체결되어 「유럽공동체」(EC)가 출범하였다. 1973년에는 덴마크·영국·아일랜드가 새로운 회원국으로 가입하였고, 1979년에는 유럽의회(European Parliament) 선거가 처음으로 실시되어 회원국 국민들은 직접 그들의 대표를 유럽의회에 파견하게 되었다. 1981년에는 그리스, 1986년에는 포르투갈과 스페인이 새로 가입하여 회원국은 12개국으로 증가하였다. 1986년 2월 조인된 단일유럽법(Single European Act)은 1987년 효력발생에 들어가 회원국간 결속을 다졌다. 이어 1992년 2월에는 마스트리히트(Maastricht)조약을 체결하여 1999년까지 단일화폐로의 통화통합을 추진하기로 하였다.

35 1992년 마스트리히트조약과 관계가 없는 것은?

① 유럽공동체 창설   ② 경제적·사회적 통합 강화
③ 유럽연합 출범   ④ 단일통화 도입
⑤ 유럽연합 시민권제도

> [해설] 〈**마스트리히트조약**〉 1992년 2월 마스트리히트(Maastricht)조약 체결로 유럽공동체는 유럽연합으로 변신하면서 새로운 단계로 접어들었다. 유럽공동체 회원국들은 마스트리히트조약에서 경제적·사회적 통합을 강화하고, 단일통화(single currency)를 도입하며, 공동으로 대외정책과 안보정책을 수립하고, 유럽연합 시민권을 도입하며, 화폐통합을 이루기로 하였다.

36 아시아와 태평양지역의 국가들을 회원국으로 하는 경제협력체는?

① ASEAN   ② APEC
③ EU   ④ NAFTA
⑤ OAS

> [해설] 〈**APEC**〉 아시아태평양경제협의체(Asia-Pacific Economic Cooperation :

APEC)는 급속한 경제성장에 따라 세계 경제의 중심축으로 성장하고 있는 아시아·태평양지역에 위치한 국가들 간의 협력과 교류를 통하여 상호이익을 증진하기 위해 1989년 창설되었다. 홍콩과 대만을 포함하는 이 기구는 사무국은 가지고 있으나 일반 국제기구들이 가지고 있는 설립헌장과 기관들이 없다. 따라서 이것이 유럽연합과 유사한 지역기구인지, OECD처럼 느슨한 국제기구인지, 지역적인 자유무역지대인지, 아니면 지속성 있는 국제회의일 뿐 국제기구로 볼 수는 없는지 불분명한 점이 있다.

실 전 문 제

1 다음 중 국제기구가 아닌 것은?

① 유 엔   ② 전문기구

③ 지역기구   ④ 비정부간기구

⑤ 유럽연합

> **해설** 오늘날 국제사회에서 활동하고 있는 국제기구는 매우 다양하고 숫자도
> 많다. 국제기구에는 보편적 국제기구인 유엔을 비롯하여, 별도의 헌장에 의
> 하여 설립되었으나 특별협정을 통하여 유엔에 연결된 전문기구(specialized
> agencies), 유럽연합과 미주기구 및 아세안과 같은 지역기구가 모두 포함
> 된다. ④ 국제기구는 원래 정부간 합의에 의해 설립되는 정부간기구이므로
> 비정부간기구는 포함되지 않는다.

2 국제기구로 그 총회에 파견되는 각국 대표단에 정부대표와 함께 민간
기구의 대표가 참여하는 것은?

① 국제연합   ② 국제노동기구

③ 국제연맹   ④ 만국우편연합

⑤ 국제통화기금

> **해설** 국제기구를 '정부간기구'(intergovernmental organization)라 부르기도
> 하는 것은 대부분의 국제기구는 정부간 합의에 의해 설립되고 회원자격도
> 각국 정부에게만 인정되기 때문이다. 그러나 만국우편연합(UPU)은 비자치
> 영토에도 회원자격을 부여하였고, 국제노동기구(ILO)에 파견되는 각국대표
> 단에는 정부대표는 물론 사용자와 노동자대표도 포함되었다.

3 유럽협조체제(Concert of Europe)와 가장 관계가 깊은 것은?

① 비엔나회의   ② 유트레히트조약

정답 1 ④   2 ②

③ 웨스트팔리아조약   ④ 헤이그평화회의
⑤ 베르사유조약

> **해설** 국제기구는 아니지만 국제법의 발달과 국제사회의 조직화에 기여해 온
> 국제회의들이 있다. 과거에 국가들은 전쟁이 끝난 후 전쟁의 결과를 처리
> 하기 위해 주로 조약을 체결해 왔지만, 1648년의 웨스트팔리아조약과 1713
> 년 유트레히트조약은 국제법상 매우 중요한 이정표가 되었다. 19세기 들어
> 국제회의는 더욱 중요해지는데, 1815년 비엔나회의의 결과 수립된 「유럽협
> 조체제」(Concert of Europe system)는 강대국들 간의 현상유지는 물론
> 그리스와 벨기에의 독립을 인정하는 등 19세기 유럽의 정치를 지배하였다.
> 그러나 유럽협조체제는 국제기구는 아니었다.

4 국제기구의 발달순서를 옳게 표현하는 것은?

① 국제연맹 — 행정연합 — 하천위원회 — 국제연합
② 하천위원회 — 행정연합 — 국제연맹 — 국제연합
③ 하천위원회 — 국제연맹 — 행정연합 — 국제연합
④ 국제연맹 — 하천위원회 — 행정연합 — 국제연합
⑤ 행정연합 — 하천위원회 — 국제연맹 — 국제연합

> **해설** 하천위원회는 1815년 비엔나회의에서의 합의에 따라 라인강위원회
> (1831)와 다뉴브강위원회(1856)로 설립되었고, 행정연합은 1865년 국제전
> 보연합(ITU)과 1874년 만국우편연합(UPU)의 창설을 계기로 설립되기 시
> 작하였으며, 국제연맹은 1919년, 국제연합은 1945년 창설되었다.

5 다음 중 관할권은 일반적이고 대상지역 역시 보편적인 국제기구는?

① 유럽연합   ② 국제통화기금
③ 북대서양조약기구   ④ 아프리카단결기구
⑤ 국제연합

> **해설** 국제기구는 설립목적에 따라 일반적 국제기구와 특수적(제한적) 국제
> 기구로 분류된다. 전자는 유엔과 같이 정치·경제·사회·문화 등 일반적
> 인 목적에 종사하는 기구이나, 후자는 국제통화기금이나 NATO처럼 특수
> 한 목적을 위해 설립된 기구이다. 국제기구는 대상지역을 기준으로는 보편
> 적 국제기구와 지역적 국제기구(지역기구)로 나누어진다. 전자는 유엔과 같

이 세계 모든 지역의 국가들을 회원국으로 하는 데 비해, 후자는 유럽연합처럼 일부 지역에 있는 국가들을 회원국으로 한다. 보기 중에서 관할권은 일반적이고 대상지역 역시 보편적인 국제기구는 국제연합이다.

6 국제연맹과 국제연합의 공통된 특징이 아닌 것은?

① 보편적 국제기구이다.

② 인류의 공존을 위해 창설된 기구이다.

③ 세계대전 직후에 창설되었다.

④ 포괄적인 관할권을 갖는 국제기구이다.

⑤ 행정연합에 속하는 국제기구이다.

> [해설] 국제연맹과 국제연합은 몇 가지 공통된 특징을 가지고 있다. 그러나 이들은 세계평화와 국가 간 협력을 증진하기 위한 보편적 기구이지 단순히 행정·기술 분야에서의 협력을 모색하는 행정연합은 아니다.

7 다음 중 지역기구 발달에 대한 설명으로 잘못된 것은?

① 지역국가 간의 협정에 의하여 설립된다.

② 역외국가들에 대해서는 차별적인 제도를 마련하는 경우가 많다.

③ 보편적 국제기구의 발달에 장애가 된다.

④ 유럽연합은 대표적인 지역기구이다.

⑤ APEC, NAFTA, ASEAN도 지역기구에 해당된다.

> [해설] 지역기구란 ①②의 설명대로 일정한 지역에 있는 국가들끼리 그들의 공동의 이익증진을 위한 협정을 체결하여 설립하는 국제기구로, 유럽연합 (EU)과 NAFTA, ASEAN은 대표적인 지역기구들이다. ③ 지역기구는 보편적 국제기구의 발달에 오히려 긍정적인 역할을 하기도 한다.

8 정부대표가 아닌 민간대표가 참석하는 유엔전문기구는? <사시 '85>

① 국제통화기금(IMF)　　　② 만국우편연합(UPU)

③ 세계보건기구(WHO)　　　④ 국제노동기구(ILO)

⑤ 국제연합식량농업기구(FAO)

[정답] 5 ⑤　6 ⑤　7 ③

[해설] 국제기구에는 보통 각국의 정부대표만이 참석한다. 그러나 국제노동기구(ILO) 총회에는 각국에서 정부대표 2명과 사용자대표 1명, 노동자대표 1명이 참석한다.

9 유엔봉사 중 손해배상에 대한 권고의견과 관계가 없는 것은?

① 국제사법재판소의 법적인 의견

② Bernadotte 백작 피살사건

③ 유엔의 법인격에 관한 결정

④ 국제사법재판소의 판결

⑤ 유엔의 손해배상 청구권 인정

[해설] 권고의견(advisory opinion)은 국제사법재판소가 내리는 법적인 의견이지 판결이 아니다.

10 보편적 국제기구의 객관적 법인격을 인정한 판례는? <사시 '00>

① PCA의 Casablanca 탈영병 사건

② PCIJ의 Wimbledon호 사건

③ PCIJ의 오데르강 위원회 권한 사건

④ ICJ의 UN 봉사중 입은 손해배상 사건

⑤ ICJ의 서부사하라 사건

[해설] 국제사법재판소(ICJ)는 1949년 '유엔근무 중 입은 손해의 배상사건'(Reparation for Injuries Suffered in the Service of the United Nations)에 대한 권고의견을 통하여 유엔의 법인격을 인정하였다. 이 사건은 팔레스타인에서 발생한 일련의 사건들로 인하여 많은 유엔 관련 인사들이 피해를 보게 된 것, 특히 1948년 10월 17일 유엔이 파견한 팔레스타인 분쟁 중재자인 스웨덴 출신 베르나도테 백작(Count Bernadotte)의 피살사건 때문에 청구되었다. ICJ는 유엔이란 단순히 국가들의 정책을 조정하는 곳이 아니라 매우 다양한 분야에서 중요한 결정을 이끌어내는 정치적 조직이라고 하였다. 유엔은 국제적 법인격과 국제사회에서의 행위능력이 없이는 수행할 수 없는 막중한 기능과 권한을 가진다고 하면서, 유엔은 '국제적 법인'(international legal person)이라고 하였다.

11 국제기구의 관할권에 대한 설명들이다. 잘못된 것은?

① 국제기구의 관할권은 원칙적으로 그 전문분야에 한정된다.

② 국제기구 설립헌장은 대개 그 관할범위에 관한 규정들을 두고 있다.

③ 설립헌장에는 명시적 규정이 없더라도 목적달성에 필요한 권한은 인정된다.

④ 국제기구는 다른 국가나 국제기구와 조약을 체결할 수 있다.

⑤ 국제기구는 오직 헌장에 규정된 권한만을 행사할 수 있다.

> [해설] 국제기구는 헌장에 자신의 권한에 관한 규정들을 두고 있다. 그러나 국제기구의 관할권은 그 전문분야에 국한된다는 전문성 원칙에 의해 제한되며, 헌장에 명시적 규정이 없더라도 기구의 전문성과 설립목적에 비추어 필요한 권한은 인정된다고 보는 묵시적 권한이론에 의해 확대된다. ⑤ 국제기구는 설립목적에 부합하는 경우 헌장에 규정되지 아니한 권한도 행사할 수 있다.

12 국제법에서 전문성의 원칙이란?

① 국가의 관할권을 제한하는 원칙

② 국제기구의 관할권을 제한하는 원칙

③ 개인의 관할권을 제한하는 원칙

④ 비정부간기구의 관할권을 제한하는 원칙

⑤ 모든 국제법주체의 관할권을 제한하는 원칙

> [해설] 국가는 국제법상 일반적 관할권을 가지지만, 국제기구는 자신의 전문분야에 대해서만 관할권을 갖는다. 전문성의 원칙이란 국제기구의 관할권은 기구의 전문성과 설립목적에 따라 제한된다는 것이다.

13 유엔이 행사하는 권한 중 묵시적 권한에 따라 수행되고 있는 것은?

① 평화파괴국에 대한 비무력적 제재

③ 평화유지활동

② 평화파괴국에 대한 무력제재

[정답] 11 ⑤   12 ②

④ 안보리 상임이사국의 거부권 행사

⑤ 신탁통치

> 해설 묵시적 권한이란 헌장에 명시적 규정은 없지만 기구의 설립목적에 비추어 필요성이 인정되는 권한이다. 유엔헌장에는 평화유지활동에 관한 규정은 없다. 그러나 현재 유엔은 세계 도처에서 평화유지활동을 전개하고 있는바, 이는 유엔이 행사하는 가장 대표적인 묵시적 권한에 따른 행동이다.

14 국가와 국제기구의 지위에 관한 것이다. 양자에 공통적으로 해당되는 것으로 묶인 것은?   〈사시 '03〉

> ㉠ 조약체결권   ㉡ 직무보호권
> ㉢ 특권과 면제   ㉣ 영토권
> ㉤ 국내문제불간섭 의무

① ㉠, ㉡, ㉢   ② ㉠, ㉡, ㉣
③ ㉠, ㉢, ㉤   ④ ㉡, ㉢, ㉤
⑤ ㉢, ㉣, ㉤

> 해설 국제기구가 행사하는 권한은 각 국제기구의 설립헌장에 나타나 있다. 따라서 국제기구의 권한은 국제기구에 따라 차이가 있지만, 가장 보편적으로 인정되는 권한은 조약체결권, 소송당사자능력, 특권과 면제, 내부문제관할권이다. 동시에 국제법상 국가는 그 독립된 법인격과 권한에 상응하는 국제책임을 부담한다. 유엔헌장이 규정한 바와 같이, 국가는 물론이고 국제기구도 국내문제불간섭 원칙은 준수해야 한다.

15 국제연맹의 창설과 가장 관계가 깊은 것은?

① 몬로독트린   ② 대서양선언
③ 비엔나회의   ④ 윌슨의 14개조
⑤ 덤바튼오크스회의

> 해설 역사상 최초의 보편적 국제기구인 국제연맹이 창설되는 데 중요한 역

할을 한 사람은 프린스턴대학교 총장 출신으로 미국 대통령이 된 윌슨 (Woodrow Wilson)이었다. 그는 1918년 1월 8일 발표한 「14개조」(Fourteen Points)에서 국가들의 정치적 독립과 영토보전을 상호 보장하는 국가들로 이루어진 일반적 결사를 구성하자고 제의하여 국제연맹의 창설을 주도하였다.

16 UN헌장 제1조에 규정된 UN의 목적에 해당되지 않는 것은?<사시 '03>

① 국제평화와 안전의 유지

② 국가간의 우호관계 증진

③ 국제협력의 달성

④ 국내문제불간섭 원칙의 존중

⑤ UN의 목적을 달성함에 있어서 각국의 활동을 조화시키는 중심 역할

[해설] 유엔헌장 1조가 밝힌 유엔의 목적은 국제평화와 안전의 유지, 국가간 우호관계 증진, 여러 가지 국제적인 문제를 해결하는 데 있어서의 국제협력 증진, 이러한 목적들을 추구하는 데 있어서 국가간 행동을 조화케 하는 중심이 되는 것이다. ④ 국내문제불간섭은 위의 목적들을 추구하는 데 있어서 지켜야 할 원칙에 속한다.

17 UN헌장 제2조에 규정된 기본행동원칙으로 옳지 않은 것은?

<사시 '05>

① 주권평등의 원칙

② 민족자결의 원칙

③ 국제분쟁의 평화적 해결의 원칙

④ 국내문제불간섭의 원칙

⑤ 무력사용금지의 원칙

[해설] 유엔헌장은 제2조에서 자신의 목적을 달성하는 데 있어 따라야 할 원칙들을 제시하였다. 그러한 원칙으로는 ㉠ 주권평등, ㉡ 성실한 헌장상 의무의 이행, ㉢ 평화적 분쟁해결, ㉣ 무력행사금지, ㉤ 유엔이 취한 조치에 대한 협력, ㉥ 비회원국들의 협력확보, ㉦ 국내문제불간섭이 제시되었다.

18 UN의 원가맹국수는?　　　　　　　　　　　　　　　　　　　　〈사시 ’84〉

① 28개국　　　　　　　　　　　② 38개국

③ 51개국　　　　　　　　　　　④ 62개국

⑤ 74개국

> 해설　유엔헌장은 1945년 6월 샌프란시스코회의에서 채택되어 동년 10월 24일 효력을 발생하였다. 샌프란시스코회의에는 50개국이 참여하였으나, 폴란드가 원가맹국으로 서명하게 되어 원가맹국수는 51개국이 되었다.

19 다음 중 UN 가입조건이 아닌 것은?　　　　　　　　　　　　〈사시 ’90〉

① 국가이어야 한다.

② 정치권력의 정당성이 있어야 한다.

③ 평화애호국이어야 한다.

④ UN헌장의 의무를 수락하고 이행할 수 있는 능력이 있어야 한다.

⑤ UN헌장을 이행할 의사가 있어야 한다.

> 해설　유엔헌장은 4조 1항에서 유엔 회원국 지위는 ㉠ 헌장에 규정된 의무를 수락하고, ㉡ 이러한 의무를 이행할 능력이 있으며, ㉢ 의무를 이행할 의사가 있는, ㉣ 모든 평화애호국에게 개방된다고 하였다.

20 새로운 국가가 국제연합에 가입하는 절차로 옳은 것은?

〈사시 ’83, ’86〉

① 총회의 단독 권한사항이며 그 결정은 사무총장에게 보고된다.

② 총회가 결정하고 안전보장이사회에서 5대 상임이사국의 의사를 물어 확정한다.

③ 총회와 안전보장이사회가 각각 결정하며 양자가 동시에 가입을 결정할 때 확정된다.

④ 안전보장이사회의 권고에 따라 총회가 결정하는 양자의 공동권한사항이다.

⑤ 안전보장이사회의 단독 권한사항이며 그 결정에 있어 5대상임이

사국의 거부권이 인정된다.

> **해설**　유엔헌장 4조 1항은 새로운 회원국 가입은 안보리의 권고에 의하여 총회가 결정한다고 하였다.

21　유엔회원국의 탈퇴, 제명, 자격정지에 대한 설명으로 틀린 것은?

① 유엔에 일단 가입한 국가는 탈퇴할 수 없다.

② 헌장을 지속적으로 위반하는 국가는 제명할 수 있다.

③ 안보리의 강제조치의 대상이 된 국가는 그 회원국자격을 정지당할 수 있다.

④ 자격정지는 안보리의 권고로 총회에서 출석하고 투표한 국가의 3분의 2 이상의 찬성이 있어야 한다.

⑤ 재정분담금을 연체하는 국가는 투표권을 제한당할 수 있다.

> **해설**　① 유엔헌장에는 탈퇴에 대한 규정이 없다. 그러나 회원국이 자신의 판단에 따라 탈퇴하는 것은 자유이다. ② 총회는 안보리의 권고를 받아 헌장에 포함되어 있는 원칙들을 지속적으로 위반하는 회원국을 제명(expel)할 수 있다(헌장 6조). ③④ 총회는 안전보장이사회의 권고를 받아 안보리가 취하는 예방조치나 강제조치의 대상이 된 회원국의 권리와 특권을 정지할 수 있다(헌장 5조). 이러한 자격정지 결정은 총회의 중요문제로 출석하고 투표한 국가의 3분의 2 이상의 찬성이 있어야 한다. ⑤ 재정분담금(financial contributions)을 2년치 이상 연체한 회원국은 투표권을 가질 수 없다. 그러나 그러한 연체가 불가피한 사정으로 인한 것인 때에는 투표에 참여하도록 허용한다(헌장 19조).

22　중국의 유엔 대표권 문제에 대한 가장 적절한 설명인 것은?

① 북경정권(중공)이 처음부터 유엔에서 중국을 대표하였다.

② 중국은 1971년 신회원국으로 가입하였다.

③ 유엔에서의 중국 대표권은 1971년 대만에서 중국(중공)으로 넘어갔다.

④ 대만정권은 처음부터 현재까지 유엔 안보리 상임이사국이다.

⑤ 대만은 최근 유엔에 새로이 가입하였다.

> **해설** 중국대표권 문제는 중국 본토에 중공정권이 수립된 1949년부터 1971
> 년까지 매년 유엔에서 다루어졌다. 1945년 유엔이 출범할 때 중국본토는
> 국민당 정부의 통제하에 있었으나, 1949년 국민당정부는 대만으로 축출되
> 었다. 1950년 소련은 국민당정부의 대표권을 부인하는 결의안을 안전보장
> 이사회에 제출하였으나 부결되어 소련정부의 안보리 보이콧을 초래하였다.
> 그 후 소련은 매년 총회의사록에 중국대표권 문제를 포함시키려 하였으나,
> 서방국가들이 지배하고 있던 총회는 이 문제에 대한 심의를 계속 연기하였
> 다. 1961년 이 문제는 처음으로 총회에 상정되었다. 그 후에도 이 문제가
> 헌장 18조가 규정한 중요문제(important question)인가 하는 데 대해 많은
> 논의가 있었으나, 1971년 드디어 대표권은 중요문제가 아니라는 결의가 채
> 택되어 안보리의 권고 없이 총회의 결의로 중공정권이 중국의 대표로 인정
> 되게 되었다. 1971년 유엔총회는 「중국대표권에 관한 결의」를 채택하여 중
> 화인민공화국 정부대표가 유엔에서 유일한 중국대표이며 중국이 5개 안보
> 리 상임이사국의 하나임을 인정하였다. 동시에 유엔과 유엔에 관련된 모든
> 자리에서 장개석 정부의 대표들을 축출하였다.

23 국제연합에서의 제명은?   <사시 '85>

① 총회의 결의로 이루어진다.

② 총회의 권고로 국제사법재판소의 판결로 행한다.

③ 총회의 권고에 의한 안보리의 결의로 행한다.

④ 원가맹국에 대한 제명은 이를 행할 수 없다.

⑤ 안보리의 권고에 따라 총회의 결의로 행한다.

> **해설** 유엔헌장 6조는 헌장을 지속적으로 위반하는 회원국을 안보리의 권고
> 에 따라 총회가 제명할 수 있다고 하였다. 그런데 제명은 유엔 총회의 중
> 요사항이므로 안보리 상임이사국의 거부권이 인정되며, 총회에서도 출석하
> 여 투표한 국가의 3분의 2 이상이 찬성하여야 한다.

24 UN에 관한 설명 중 옳지 않은 것은?   <사시 '00>

① 총회는 모든 회원국으로 구성된다.

② 총회는 필요한 보조기관을 설치할 수 있다.

③ 총회에서 각 회원국은 인구와 면적에 비례하여 투표가중치를 부
여받는다.

---

④ 안전보장이사회는 현재 15개 이사국으로 구성된다.

⑤ 안전보장이사회 상임이사국은 현재 5개국이다.

[해설] 유엔에서 총회는 모든 회원국들로 구성되며, 각 회원국은 총회에 5인 이하의 대표를 파견한다(헌장 9조). 총회는 매년 9월에 개최되는 정기회기 (regular session)와 안보리나 회원국 과반수의 요청으로 사무총장이 소집 하는 특별회기(special session)를 갖는다(헌장 20조). 총회에서의 표결시 회원국들은 각각 1표를 행사한다.

25 다음 중 유엔의 주요기관이 아닌 것은?

① 총 회   ② 안전보장이사회

③ 신탁통치이사회   ④ 경제사회이사회

⑤ 국제법위원회

[해설] 국제법위원회(International Law Commission)는 유엔총회의 보조기관 이지 헌장상 주요기관은 아니다.

26 UN헌장에 명시된 UN총회의 임무와 권한이 아닌 것은?   <사시 '00>

① 침략국을 응징하기 위한 구속력 있는 강제조치의 결정

② 제반 분야에 있어서의 국제협력 촉진

③ 인권과 기본적 자유의 실현에 대한 원조

④ 국제법의 점진적 발달 및 법전화

⑤ UN의 예산 심의 및 승인

[해설] 유엔에서 총회의 권한과 기능은 일반적이어서 유엔의 기능에 관련된 모든 문제에 미친다. 따라서 총회는 안전보장이사회가 일차적인 권한을 행 사하는 국제평화와 안전의 유지에 관한 문제를 제외한 유엔에 관련된 모든 문제를 토의하고 권고할 권한을 갖는다. 총회는 국제평화와 안전의 유지를 위한 협력원칙에 관한 권고(강제조치는 안보리 전권사항임), 국제협력과 국 제법의 발전과 성문화, 인권과 자유의 보장, 경제·사회·문화·교육·건강 분야의 국제협력을 위한 연구와 권고, UN의 다른 기관으로부터의 보고에 대한 심의, 예산의 심의와 승인, 안전보장이사회 비상임이사국과 경제사회 이사회와 신탁통치이사회의 이사국 선출 등의 권한을 갖는다. ① 유엔에서 국제평화와 안전의 유지는 안보리가 주된 책임을 진다. 1950년 11월 총회는

'평화를 위한 단결'(Uniting for Peace) 결의를 채택하여 평화에 대한 위협 이나 평화의 파괴 또는 침략행위가 있는 경우 총회로 하여금 집단조치를 위한 권고를 할 수 있게 하였으나, 이는 유엔헌장에 명시된 권한은 아니다.

27 UN총회의 업무로 볼 수 없는 것은? <사시 '01>

① 정치적 분야에 있어서의 국제협력 촉진

② 국제법의 점진적 발달 및 법전화의 장려

③ 국제분쟁의 사법적 해결

④ UN의 다른 기관으로부터의 보고에 대한 심의

⑤ 인권 및 기본적 자유 실현에 있어서의 원조

[해설] ③ 유엔에서 국제분쟁의 사법적 해결은 유엔의 주요기관의 하나인 국제사법재판소(ICJ)가 담당한다.

28 다음 중 유엔총회가 안전보장이사회의 권고 없이 단독으로 처리할 수 있는 것은? <사시 '92>

① UN의 예산승인 ② 사무총장의 임명

③ 가맹국의 제명 ④ 신회원국의 UN가입 승인

⑤ 가맹국의 권리와 특권의 정지

[해설] 유엔의 예산승인 외의 나머지 다른 문제에 대한 결정은 총회가 안보리의 권고에 입각하여 결정한다.

29 UN헌장 제18조 제2항의 '중요문제'를 결정하는 의결정족수는?

<사시 '01>

① 재적회원국의 과반수

② 출석하고 투표한 회원국의 과반수

③ 회원국의 전원일치

④ 출석하고 투표한 회원국의 3분의 2

⑤ 재적회원국의 3분의 2

[해설] 유엔 총회에서 회원국들은 각각 1표를 행사하는데, 의결정족수는 보통 문제와 중요문제에 따라 달라진다. 보통문제에 대해서는 '출석하고 투표한 회원국 과반수에 의하여'(by a majority of the members present and voting), 즉 단순과반수에 의하여 결정한다. 어떤 새로운 문제가 중요문제인지 아니면 보통문제인지를 결정하는 것도 단순과반수에 의해 결정된다(헌장 18조 1항, 3항). 중요문제(important question)에 대한 결정은 출석하고 투표한 회원국의 3분의 2 이상의 찬성을 얻어야 한다. 중요문제에는 국제평화와 안전의 유지에 관한 권고, 안전보장이사회 비상임이사국 선출, 경제사회이사회와 신탁통치이사회 이사국 선출, 새로운 회원국의 가입, 회원국의 권리와 특권의 정지, 회원국 제명, 신탁통치와 예산문제가 속한다(헌장 18조).

30 UN에서 국제평화와 안전의 유지에 대하여 제1차적 책임을 지고 있는 주요기관은? 　　　　　　　　　　　　　　　　　　　　　＜사시 '00＞

① 국제사법재판소　　　　　② 총회
③ 안전보장이사회　　　　　④ 사무국
⑤ 경제사회이사회

[해설] 유엔에서 안전보장이사회의 가장 중요한 임무와 권한은 국제평화와 안전의 유지에 있다. 유엔헌장은 국제평화와 안전의 유지를 위한 일차적인 책임 또는 주된 책임을 안전보장이사회에 부여하였다(유엔헌장 24조 1항).

31 유엔 안전보장이사회에 관한 다음 기술 중 잘못된 것은? ＜사시 '92＞

① 중요문제에 관한 결의는 상임이사국을 포함한 9개국의 찬성투표로 성립된다.
② 분쟁당사국도 항상 투표권을 갖는다.
③ 절차문제에 관한 결의는 9개국의 찬성투표로 성립된다.
④ 군사참모위원회는 안전보장이사회의 보조기관이다.
⑤ 안전보장이사회는 상설기관이다.

[해설] 안전보장이사회에서의 표결에 관해서는 헌장 27조가 규정하고 있다. 이 조문에 따르면 절차사항에 대한 결정은 9개 이사국의 찬성으로, 실질사항에 관한 결정은 상임이사국들의 찬성 투표를 포함한 9개 이사국의 찬성

으로 성립한다고 하였다. 그러나 분쟁의 평화적 해결에 관한 헌장 6장에 따른 결정을 할 때에는 분쟁당사국은 기권한다.

32 UN 안전보장이사회에 관한 설명 중 옳지 않은 것은?   <사시 '03>

① 안전보장이사회는 15개 이사국의 정부대표로 구성되는 정부간 기관이다.

② 안전보장이사회는 평화에 대한 위협, 평화의 파괴 및 침략행위와 관련된 강제조치 등을 다룬다.

③ 총회가 출석하여 투표하는 회원국의 3분의 2의 다수로 UN 가입에 관한 결정을 한 경우 안전보장이사회 상임이사국은 이에 대해 거부권을 행사할 수 없다.

④ 안전보장이사회는 UN헌장 제41조에 규정된 조치가 불충분할 것으로 인정하거나, 또는 불충분한 것으로 판명되었다고 인정하는 경우에는 UN헌장 제42조의 무력적 강제조치를 취할 수 있다.

⑤ UN헌장 제7장의 강제조치는 안전보장이사회 이사국에 의해서만 수행되는 것은 아니다.

> [해설] 신회원국의 유엔 가입은 안전보장이사회의 권고에 따른 총회의 결정으로 이루어진다(헌장 4조 2항). 신회원국의 가입에 관한 안전보장이사회의 권고는 실질사항에 속하는 것이어서 거부권이 적용되므로, 상임이사국의 찬성투표를 포함한 9개국 이상의 찬성이 있어야 한다. 총회의 신회원국 가입결정 역시 '중요문제'(important question)이므로 출석하고 투표하는 국가의 3분의 2 이상의 찬성이 있어야 가입이 이루어진다(헌장 18조, 27조).

33 유엔과 전문기구 간의 관계에 대한 적절한 설명인 것은?

① 총회가 전문기구와 체결하는 협정에 의해 연결된다.

② 안보리가 전문기구와 체결하는 협정에 의해 연결된다.

③ 경제사회이사회가 전문기구와 체결하는 협정에 의해 연결된다.

④ 사무국이 전문기구와 체결하는 협정에 의해 연결된다.

⑤ 주요기관들은 자신의 전문성에 따라 관련 있는 전문기구와 협정

을 체결한다.

> [해설] 유엔헌장 63조는 경제사회이사회는 경제·사회·문화·교육·건강 등
> 에 관여하는 전문기구들과 관계를 설정하는 협정을 체결할 수 있으며, 전
> 문기구들의 활동을 조정하는 기능을 수행한다고 하였다. 그러나 그러한 협
> 정은 총회의 승인을 요한다.

34 유엔과 비정부간기구들 간의 관계에서 중요한 임무를 맡고 있는 주요
기관은?

① 총 회   ② 안전보장이사회
③ 신탁통치이사회   ④ 경제사회이사회
⑤ 사무국

> [해설] 유엔 경제사회이사회는 전문기구들과 협정을 체결하여 유엔과 전문기
> 구를 연결하는 역할을 하는 동시에, 비정부간기구들과도 일정한 협력관계
> 를 유지해 가고 있다. 현재 900여개 이상의 비정부간기구들이 경제사회이
> 사회에 대해 협의당사자 지위(consultative status)를 유지하고 있다.

35 유엔의 공식적인 전문기구가 아닌 것으로 묶인 것은?   <사시 '05>

① 세계무역기구(WTO) — 세계지적소유권기구(WIPO)
② 세계무역기구(WTO) — 국제원자력기구(IAEA)
③ 국제해사기구(IMO) — 국제전기통신연합(ITU)
④ 국제원자력기구(IAEA) — 국제부흥개발은행(IBRD)
⑤ 세계지적소유권기구(WIPO) — 국제통화기금(IMF)

> [해설]   유엔 전문기구로는 세계지적소유권기구(WIPO), 국제민간항공기구
> (ICAO), 국제통화기금(IMF), 세계보건기구(WHO), 만국우편연합(UPU), 국
> 제전신연합(ITU), 세계보건기구(WHO), 세계기상기구(WMO), 유엔식량농업
> 기구(FAO), 국제부흥개발은행(IBRD), 국제노동기구(ILO), 유엔교육문화기
> 구(UNESCO), 국제해사기구(IMO), 국제금융공사(IFC), 국제개발협회(IDA),
> 국제농업개발기금(IFAD) 등이 있다. 유엔 전문기구로 오해하기 쉬운 국제조
> 직으로는 국제원자력기구(IAEA), 유엔환경계획(UNEP), 세계무역기구(WTO),
> UNCTAD, UNDP, UNICEF, UNIDO 등이 있다.

[정답] 33 ③   34 ④   35 ②

36 유엔의 신탁통치를 받았던 지역 중에서 가장 늦게 독립한 곳은?

① 팔라우   ② 나미비아

③ 서사하라   ④ 짐바브웨

⑤ 한 국

> [해설] 팔라우(Palau)는 1986년 마지막으로 유엔의 신탁통치에서 벗어났다.

37 유엔 사무총장에 대한 설명으로 옳은 것은?   〈사시 '83〉

① 총회가 임명한다.

② 안전보장이사회의 권고에 따라 총회가 임명한다.

③ 안전보장이사회가 임명하고 총회가 인준한다.

④ 안전보장이사회 상임이사국의 합의에 따라 총회의장이 임명한다.

⑤ 총회, 안전보장이사회, 경제사회이사회, 신탁통치이사회의 협의에 의해 선임된다.

> [해설] 유엔헌장 97조는 사무총장은 안보리 추천에 의해 총회가 임명한다고 하였다.

38 국제공무원에 대한 설명으로 옳은 것은?   〈사시 '85〉

① 소재지국가의 지휘·감독을 받는다.

② 국적국가로부터의 훈령과 지시에 따라 과업을 수행한다.

③ 국적국가로부터 독립되어 국제적 성격의 임무를 수행한다.

④ 국적국가의 이익을 증진하기 위한 역할을 담당한다.

⑤ 안보이사회 상임이사국의 지시에 따라 일을 한다.

> [해설] 유엔은 물론이고 기타 국제기구에서 근무하는 국제공무원들은 자국의 이익을 위해 자국정부의 지시에 따라 움직이지 않는다. 그들은 국제사회를 위해 국제기구의 지시에 따라 움직이며 자신의 직무수행에 대해서도 오직 국제기구에게만 책임을 진다.

39 IAEA에 대한 설명으로 틀린 것은?

① 국제원자력기구이다.

② 1957년 비엔나에서 설립되었다.

③ 유엔 전문기구이다.

④ 유엔과 밀접한 관계를 유지한다.

⑤ 경제사회이사회가 아닌 총회와 관계협정을 체결하였다.

> [해설] 국제원자력기구(IAEA)는 유엔과의 관계에서 매우 특이한 위치에 있다. 이 기구는 전문기구들처럼 경제사회이사회와 협정을 체결하지 아니하고, 총회와 관계협정(relationship agreement)을 맺었기 때문에 전문기구는 아니다. 그러나 유엔 총회·안보리·경제사회이사회와 매우 밀접한 관계를 유지한다.

40 다음 중 유엔의 보조기관이 아닌 것은?

① UNCTAD   ② UNIDO

③ ICAO   ④ ILC

⑤ 유엔행정법원

> [해설] ICAO는 국제민간항공기구로 유엔의 전문기구이다.

41 다음 중 유럽연합의 기관이 아닌 것은?

① 유럽의회(Parliament)   ② 이사회(Council)

③ 사법법원(Court of Justice)   ④ 위원회(Commission)

⑤ 경제사회이사회(ECOSOC)

> [해설] 국가의 권력이 입법·행정·사법권으로 명백히 구분되는 것과는 달리 유럽연합의 각종 권한은 그 기관들 사이에 분산되어 있다. 입법권과 집행권은 위원회(Commission)와 이사회(Council)에 분산되어 있으며, 사법권은 법원에 속한다.

42 지역협력기구를 나열한 것이다. 틀린 것은?   <사시 '92>

① Arab League   ② WMO

③ ASEAN   ④ OAU

[정답] 39 ③   40 ③   41 ⑤

⑤ OAS

> [해설] ①은 아랍연맹, ③은 동남아국가연합, ④는 아프리카 단결기구, ⑤는 미주기구로 모두 지역기구들이다. ②는 세계기상기구로 지역기구가 아닌 보편적 기구이며 유엔 전문기구 중의 하나이다.

43 국제기구에 대한 설명 중 옳지 않은 것은?   <행시, 외시, 지시 '02>

① 국제기구는 국가나 다른 국제기구와 조약을 체결할 수 있다.

② 국제연맹규약, 유엔헌장, WTO 설립협정에는 모두 가입과 탈퇴에 관한 명문의 규정이 있다.

③ 국제기구의 설립헌장에 명시되어 있지는 않더라도 그 목적달성에 필요한 권한은 인정되고 있다.

④ 국제기구는 자신의 불법행위에 대해 책임을 진다.

⑤ 국제사법재판소는 유엔의 직무수행 중 입은 손해배상에 대한 권고적 의견에서 국제기구의 법인격을 인정하였다.

> [해설] 유엔헌장에는 유엔 가입에 관한 규정은 있지만, 탈퇴에 대한 규정은 없다. 그러나 회원국이 자신의 판단에 따라 유엔에서 탈퇴하는 것은 당연히 허용되는 것이며, 실제로 인도네시아는 유엔에서 탈퇴하였다가 복귀하였다. 총회는 안보리의 권고를 받아 헌장에 포함되어 있는 원칙들을 지속적으로 위반하는 회원국을 제명(expel)할 수는 있다. ③ 묵시적 권한이론에 관한 설명이다.

44 UN에 관한 설명 중 옳지 않은 것은?   <사시 '02>

① 안전보장이사회의 각 이사국은 자국대표를 항상 UN본부의 소재지에 상주시켜야 한다.

② 국제평화와 안전에 대한 책임은 1차적으로 안전보장이사회가 지나, 안전보장이사회가 자신의 기능을 수행하지 못할 경우 2차적으로 총회가 개입할 수 있다.

③ 총회는 국제평화와 안전에 관한 사항에 있어서 회원국의 행동을 요하는 경우, 법적 구속력 있는 결의를 채택할 수 있다.

---

④ 회원국은 총회에 5명 이하의 대표를 파견할 수 있다.

⑤ UN헌장 제27조 제2항에서는 절차사항에 관한 안전보장이사회의 결정은 9개 이사국의 찬성투표로써 하도록 규정하고 있다.

> **해설** 유엔에서 총회는 안전보장이사회가 일차적인 권한을 행사하는 국제평화와 안전의 유지에 관한 문제를 제외한 유엔에 관련된 모든 문제를 토의하고 권고할 권한을 갖는다. 총회도 국제평화와 안전의 유지를 위한 협력원칙에 관련된 권고는 할 수 있으나, 안전보장이사회가 다루고 있는 사항은 다루지 못하며, 행동을 요하는 조치는 취할 수 없다.

45 UN헌장상 총회의 권한으로 볼 수 없는 것은? <행시, 외시, 지시 '01>

① 예산심의 및 승인

② 보조기관 설치

③ 신회원국의 가입승인

④ 안전보장이사회의 비상임이사국 선거

⑤ 침략행위존재의 결정

> **해설** 유엔에서 총회는 국제평화와 안전의 유지를 위한 협력원칙에 관한 권고, 국제협력과 국제법의 발전과 성문화, 인권과 자유의 보장, 경제·사회·문화·교육·건강 분야의 국제협력을 위한 연구와 권고, UN의 다른 기관으로부터의 보고에 대한 심의, 예산의 심의와 승인, 안전보장이사회 비상임이사국과 경제사회이사회와 신탁통치이사회의 이사국 선출, 신회원국 가입승인의 권한을 갖는다. ⑤ 침략행위와 평화의 파괴, 평화의 위협의 존재를 결정하고 적절한 제재조치를 결정하는 것은 총회가 아닌 안전보장이사회의 권한이다.

46 UN 안전보장이사회의 결의에 대한 설명 중 옳지 않은 것은?

<사시 '01>

① 절차사항에 관한 것은 구속력을 가진다고 보아야 한다.

② 강제조치에 관한 '결정'은 그 조치의 대상이 되는 국가에게만 구속력을 가진다.

③ 분쟁의 평화적 해결에 관한 결의는 원칙적으로 권고적 효력을

가진다.

④ 절차사항은 최소 9개 이사국의 찬성투표로써 결정된다.

⑤ '절차사항 이외의 모든 사항'에 관한 결정에는 거부권이 적용된다.

> [해설] 안전보장이사회에서의 표결절차는 절차문제와 실질문제 간에 차이가 있다. 절차문제에 관한 결정은 9개국의 찬성투표로 이루어진다. 그 외의 모든 사항, 즉 실질문제에 있어서는 상임이사국들의 찬성을 포함하여 9개국의 찬성이 있어야 결의는 성립한다(헌장 27조). 안전보장이사회 결의의 효력은 그 종류에 따라 달라진다. 결의가 안보리 내부사항에 관한 것일 때에는 구속력이 있다. 실질사항에 관한 결의 중에서 헌장 6장 '분쟁의 평화적 해결'에 관한 결의들은 권고로서의 효력을 가지며 구속력을 가지지 아니한다. 그러나 헌장 7장 '평화에 대한 위협, 평화의 파괴, 침략행위'에 관한 결의는 모든 회원국들을 구속한다.

47 UN 안전보장이사회의 구성 및 표결절차에 대한 설명으로 옳지 않은 것은?　　　　　　　　　　　　　　　　<행시, 외시, 지시 '01>

① 5개 상임이사국을 포함한 15개 회원국으로 구성된다.

② 안전보장이사회의 이사국은 각각 1개의 투표권을 갖는다.

③ 상임이사국들의 거부권은 절차사항에 대한 표결 때에 행사된다.

④ 절차사항 이외의 모든 사항에 대한 결정에는 모든 상임이사국들을 포함하는 9개 이상 이사국의 찬성이 필요하다.

⑤ 상임이사국의 기권은 거부권을 행사한 것으로 보지 않는다.

> [해설] 안전보장이사회에서의 표결절차는 절차문제와 실질문제 사이에 차이가 있다. 절차문제에 관한 결정은 9개국의 찬성투표로 이루어진다. 그 외의 모든 사항, 즉 실질문제에 있어서는 상임이사국들의 찬성을 포함하여 9개국의 찬성이 있어야 결의가 성립한다(헌장 27조).

48 UN헌장에 규정된 표결규칙에 관한 설명 중 옳은 것은?　<사시 '05>

① 중요문제에 관한 총회의 결정은 출석하여 투표하는 회원국의 4분의 3의 다수로 한다.

[정답] 46 ②　　47 ③

② 안전보장이사회의 비상임이사국을 선출하는 총회의 결정은 출석하여 투표하는 회원국의 과반수로 한다.

③ 절차사항에 관한 안전보장이사회의 결정은 출석하여 투표하는 이사국의 과반수로 한다.

④ 분쟁의 평화적 해결에 관한 UN헌장 제6장에 의한 안전보장이사회의 결정에 있어서는 분쟁의 당사국인 이사국은 투표를 기권한다.

⑤ UN헌장은 UN에 대한 재정분담금의 지불을 만 1년간 연체한 회원국이 총회에서 투표권을 가지지 못한다고 하였다.

[해설] ①② 유엔 총회에서 중요문제에 대한 결정은 출석하고 투표한 회원국의 3분의 2 이상의 찬성을 얻어야 한다. 여기에서 중요문제란 국제평화와 안전의 유지에 관한 권고, 안전보장이사회 비상임이사국 선출, 경제사회이사회와 신탁통치이사회 이사국 선출, 새로운 회원국의 가입, 회원국의 권리와 특권의 정지, 회원국 제명, 신탁통치와 예산문제이다(헌장 18조). ③ 안전보장이사회에서 절차문제에 관한 결정은 9개국의 찬성투표로, 실질문제에 있어서는 상임이사국들의 찬성을 포함하여 9개국의 찬성으로 이루어진다(헌장 27조). ④ 분쟁의 평화적 해결에 관한 유엔헌장 제6장에 의한 결정에 있어서는 분쟁당사국은 투표를 기권한다.

49 국제연합의 총회와 안전보장이사회의 관계에 관한 설명 중 옳지 않은 것은?   <행시, 외시, 지시 '99>

① 국제평화 및 안전에 관하여 총회가 회원국의 행동을 요하는 문제에 대하여 토의할 경우에는 그 전이나 후에 안전보장이사회에 그 문제를 부탁해야 한다.

② 안전보장이사회가 기능을 수행하지 못하는 경우, '평화를 위한 단합' 결의에 따라 총회도 집단적 조치를 회원국들에게 권고할 수 있다.

③ 총회는 국제연합의 행동범위에 속하는 모든 문제에 관하여 제1차적 책임을 지는 주요기관이다.

④ 안전보장이사회가 어떤 분쟁이나 사태에 대하여 임무를 수행하고 있는 동안에는 안전보장이사회의 요청이 없는 한, 총회가 그에 관하여 권고를 할 수 없다.

⑤ 총회는 안전보장이사회에 의하여 부탁된 국제평화와 안전에 관련된 구체적인 분쟁에 대하여 토의·권고할 수 있다.

해설 ③ 유엔헌장 24조는 유엔의 신속하고 효율적인 조치를 확보하기 위해 안전보장이사회에 국제평화와 안전의 유지에 관한 '일차적인 책임'(primary responsibility)을 부여한다고 하였다. ①⑤ 총회는 국제평화와 안전의 유지에 관한 문제를 토의하고 권고할 수는 있지만, '행동'(action)을 요하는 문제에 대해서는 토의 이전 또는 이후에 안보리에 회부하여야 한다(헌장 11조 2항). ④ 안보리가 헌장에 따라 자신에게 부탁된 분쟁이나 사태를 다루고 있는 동안 총회는 그 분쟁이나 사태에 대해 안보리가 요청하지 않는 한 아무런 권고도 하지 않는다(헌장 12조 1항).

제 4 장

개

인

1 국제법상 개인의 지위에 관한 일반적 설명들이다. 잘못된 것은?

① 전통국제법에서는 원래 국가만이 국제법의 주체로 인정되었다.

② 과거에는 개인의 국제법적 권리는 국가를 통하지 아니하고는 실현될 수 없었다.

③ 오늘날에는 개인도 국제법의 주체이다.

④ 현재 국제법에서 개인은 국제법의 능동적 주체이자 수동적 주체이다.

⑤ 개인이 침해된 자신의 국제법상 권리를 구제받는 절차는 아직 미흡하다.

> 해설 <**개인의 지위**> 국제법은 근세 들어 주권국가 간의 관계를 규율하는 규범으로 성립된 것으로, 전통국제법에서 개인은 국제법 주체가 될 수 없었으며 개인의 국제법적 권리가 있다면 그것은 오직 국가를 통해서만 실현될 수 있었다. 전통국제법에서 개인들은 이처럼 객체의 입장에 머물렀다. 그러나 근래 들어 개인의 국제법적 지위는 증진되어 그 국제법적 권리와 의무는 확대되었다. ④ 개인의 국제법상 지위를 국제법 정립에 능동적으로 참여할 수 있는 능동적 주체와 국제법상의 권리·의무를 향유하는 수동적 주체로 나누어 본다면 개인은 국제법의 수동적 주체일 뿐 능동적 주체는 아니다.

2 국제법상 개인의 지위와 관련하여 학자들의 주장과 재판소의 결정을 나열한 것이다. 잘못된 것은?

① 블랙스톤은 국제법(law of nations)은 국가 간의 관계는 물론 상이한 국적을 가진 사람 간의 관계도 규율한다고 하였다.

② 벤담은 국제법(international law)은 국가 간의 권리·의무관계는 물론 외국인 간의 권리·의무관계도 다룬다고 하였다.

정답 1 ④

③ 오스틴은 국제법은 주권국가 간의 관계에 관한 실증도덕이라고 하였다.

④ 미국의 스토리는 국제공법과는 별도로 국제사법을 발전시켰다.

⑤ 미국 대법원은 파케트아바나호 사건에서 외국인들의 제소권을 인정하였다.

해설 <개인의 지위에 관한 학설> ① 전통적인 「국제법」(law of nations)은 국가는 물론 개인에게도 널리 적용되어 오늘날의 국제법과는 상당한 개념의 차이가 있었다. 영국의 블랙스톤(Blackstone)은 「국제법」(law of nations)이란 국가들 간의 관계는 물론 국적을 달리하는 사람들 간의 관계를 규율하는 법체계라고 하였다. 당시에는 국제공법과 국제사법 간에 구분이 명확하지 않았던 것이다. ② 국제법에서 국가와 개인의 법적 지위에 대한 차별이 이루어진 것은 법실증주의의 영향이다. 벤담(Bentham)은 1789년 출간된 『도덕과 법원칙 입문』(Introduction to the Principles of Morals and Legislation)에서 국제법(international law)이란 국가 간의 권리·의무에 관한 법이며 개인들의 권리·의무와는 관계가 없다고 하였다. ③④ 19세기 법실증주의자들은 국가만을 국제법의 주체로 생각하였다. 영국의 대표적인 법실증주의자 오스틴(Austin)은 국제법이란 주권국가 간의 문제들을 규율하는 '실증도덕'이라고 하였고, 미국의 스토리(Joseph Story)는 국제사법(private international law) 발전에 기여하였다. ⑤ 미국대법원은 1900년 파케트아바나호 사건에서 미국이 국제관습법을 위반하여 쿠바의 선박들을 나포하여 발생한 손해를 배상하도록 판결하였다.

3 개인의 국제법적 지위의 변천과정에 대한 설명으로 적당치 않은 것은?

① 과거 자연법론에서는 국제법과 국내법간 구분이 희미하였다.

② 법실증주의의 전성기인 19세기에는 국가만이 국제법의 주체로 인정되었다.

③ 오늘날 개인도 국제법의 주체로 인정되고 있으나 그 범위는 제한적이다.

④ 사회주의 국가들은 개인의 국제법 주체성을 폭넓게 인정할 것을 주장하였다.

정답 2 ②

⑤ 국제화가 진전되면 개인의 국제법상 지위도 보다 강화될 것이다.

> [해설] 〈**개인의 지위 역사**〉 ① 모든 법이 자연법에서 나오는 것으로 인식되던 17세기에는 국제법과 국내법은 엄격히 구분되지 않았었다. ② 19세기 들어 법실증주의가 전성기를 맞이하면서 국제법에서는 국가만이 유일한 법주체로 생각되었다. ③ 20세기 이후 개인의 국제적 법인격을 인정하려는 경향이 점차 강해지고 있다. ④ 냉전시대 소련 국제법 학자들은 개인의 국제법상 형사책임은 인정하면서도 개인의 국제법적 권리는 거부하였으며, 다른 사회주의 국가들과 제3세계 국가들도 개인의 국제법상 책임은 인정하되 권리는 부인하는 입장을 취하였다. ⑤ 현재 개인은 제한된 범위에서 국제법의 주체로 인정되고 있지만, 앞으로 국제화가 진전될수록 개인의 지위는 보다 강화될 것이다.

4 전통적인 입장이며 현재도 다수설인 학설에 의할 때, 개인이 국제법의 주체로 인정되는 범위에 관한 가장 적합한 설명인 것은?

① 국제법이 개인에게 부여하는 권리의 범위에 따라 정해진다.

② 국제법이 개인에게 권리를 부여하고, 그러한 권리를 개인이 주장할 수 있는 국제법적 절차가 마련되어 있는 범위에서 인정된다.

③ 개인이 사용할 수 있는 국제법절차의 범위에 따라 결정된다.

④ 전문성의 원칙에 의해 결정된다.

⑤ 외교적 보호의 범위에 의해 결정된다.

> [해설] 〈**개인의 법주체성**〉 법주체의 지위를 능동적 지위와 수동적 지위로 나누려는 입장에 의하면, 개인은 국제법 창설에 참여할 수 없으므로 능동적 주체는 아니고 국제법이 부여하는 권리·의무를 향유하고 부담하는 수동적 주체일 뿐이다. 그러나 이러한 정태적인 접근보다는 개인이 자신의 침해된 국제법적 권리를 국제절차를 통해 직접 구제받을 수 있는가 하는 것이 중요하다. 개인의 국제법 주체성 인정범위에 대해서는 여러 가지 입장이 있지만, 보다 전통적이고 현재에도 다수설인 견해에 따르면 개인의 국제법 주체성은 좁은 범위에서 인정된다. 즉 국제법이 개인에게 권리와 의무를 부여할 뿐만 아니라 개인이 자신의 이름으로 자기 권리를 주장할 수 있는 국제법적 절차가 마련되어 있는 범위에서 개인은 국제법의 주체가 되는 것이다.

[정답] 3 ④   4 ②

5 국제법상 개인의 지위에 관한 설명이다. 내용이 잘못된 것은?

① 개인은 국가를 통하지 아니하고는 어떠한 국제법적 권리도 가질 수 없다.

② 개인은 영토주권을 가지지 못하며 조약의 당사자가 될 수도 없다.

③ 개인은 국제사법재판소(ICJ)에서 소송당사자가 될 수 없다.

④ 개인은 전쟁범죄나 해적행위 등을 통하여 국제불법행위를 범할 수 있다.

⑤ 개인의 침해된 국제법적 권리는 외교적 보호를 통하여 보호받기도 한다.

> 해설 〈개인의 구체적 지위〉 국제법상 개인의 능력은 국가의 능력에 비해 작고 빈약하지만, 개인도 국제법상 하나의 주체이다. 개인은 영토를 가질 수 없고, 조약을 체결할 수 없으며, 교전권도 없다. 그러나 개인은 전쟁범죄, 해적행위, 인도주의에 대한 범죄를 통하여 국제법을 위반하며, 국제법이 보호하는 재산을 소유할 수 있고, 외국정부의 계약위반이나 불법행위가 있을 시 직접 그 국가를 상대로 손해배상을 청구할 수도 있다. 개인은 그의 본국의 힘을 빌리지 않고는 그의 청구권을 행사하고 재산권을 지키는 데 한계가 있지만, 국제법은 개인의 침해된 이익을 보호하는 것을 주요 기능의 하나로 삼고 있는 것이다.

6 그리스와 영국 간의 마브로마티스 사건에서 상설국제사법재판소(PCIJ)는 이 사건은 원래 양허권자인 마브로마티스와 영국 간의 문제였지만, 마브로마티스의 본국인 그리스가 외교적 보호권을 행사하면서부터 그리스와 영국 간의 문제가 되었다고 하였다. 이러한 재판소의 태도에서 알 수 있는 것은?

① 외교적 보호는 외교관의 보호를 위한 것이다.

② 양허계약은 원래 조약이다.

③ 개인은 국제재판에서 소송당사자가 될 수 없었다.

④ 개인은 본국정부에게 자신의 권리를 위임할 수 있다.

⑤ PCIJ는 한 국가와 외국인 간의 사건에 대해서도 재판관할권을 가진다.

[해설] <마브로마티스 사건> 개인의 국제법 주체성 인정범위에 관한 전통적 견해는 1924년 PCIJ의 마브로마티스 팔레스타인 컨세션 사건에 대한 판결에서 표명되었다. 1914년 그리스인 마브로마티스는 예루살렘 시당국과의 계약을 통해 전기와 수도공급 시설을 건설·사용할 권리를 획득했으나, 1차 대전으로 계약을 이행하지 못하던 중 1921년 팔레스타인의 위임통치국이 된 영국에게 계약의 집행가능성을 문의하였으나 거절당하였다. 이에 1924년 그리스정부는 외교적 보호권을 발동하여 이 사건을 PCIJ에 제소하였다. 이 사건에서 재판소는 마브로마티스 사건은 처음에는 그리스인 마브로마티스와 영국 간의 문제였지만 그리스 정부가 이 사건을 맡게 되면서부터는 양국간 분쟁이 되어 국제법의 영역으로 들어오게/되었다고 하였다. 재판소에 의하면 국가는 자국민에게 외교적 보호를 부여할 권리를 가지며, 국가가 자국민이 관련된 사건을 맡게 되면 그 때부터 국가는 자신의 권리를 주장하는 것이라고 하였다. 재판소의 이러한 결정에서 알 수 있는 것은 개인은 국제법 주체가 아니므로 국제재판소에서 자신의 권리를 주장할 수 없고 오직 그의 본국이 외교적 보호를 행사하는데, 그러한 외교적 보호는 국가가 자신의 권리를 행사하는 것이지 자국민의 위임을 받아 하는 것은 아니라는 것이다.

제 2 절 \ 국적과 외국인의 지위

7 국적에 관한 설명으로 적당치 않은 것은?

① 개인의 국적문제는 대부분 각국의 국내법에 의해 결정된다.

② 국제법은 국적결정에 관해 몇 가지 원칙을 가지고 있다.

③ 세계인권선언은 국적에 대한 권리를 개인의 기본권으로 규정하였다.

④ 국제사회에서는 진정한 관련이 없는 국적은 제3국에 대항하지

못한다.

⑤ 국제법에 어긋나는 국적은 무효이다.

> 해설 〈국적관련 국제법원칙〉 ① 국가가 어떤 사람에게 자국 국적을 부여
> 할 것인가 하는 것은 각국의 국내문제에 속하는 사항으로 국내법이 결정
> 할 문제이다. ② 그러나 국적은 국제법에서도 중요한 문제이므로 국제법
> 이 어느 정도 관여하며, 국제법은 몇 가지 원칙을 가지고 있다. ③④ 국
> 적에 대하여 국제법이 관여하는 것은 두 가지 측면에서이다. 첫째는 개인
> 의 기본권보호란 관점에서 제기된 것으로 개인의 국적에 대한 권리를 기
> 본권으로 인식하는 태도이다. 이것은 「세계인권선언」 15조에 규정되어 있
> 으나 일반국제법 원칙이라 할 수는 없다. 둘째는 국적을 부여하는 국가와
> 국적을 취득하는 사람 사이에는 진정한 관련이 있어야 한다는 원칙이다.
> 일반국제법 원칙에 속하는 이 원칙에 따라 현실적 유대가 없는 국적은 제
> 3국에게 대항하지 못한다는 국제법규범이 생겼다. ⑤ 국제법과 국내법의
> 관계에서 국제법의 상대적 우위가 인정되는바, 국제법은 국내법보다 우위
> 에 있지만 국내법을 무효화할 수는 없다. 국제법에 어긋나는 국적도 무효
> 화할 수는 없으며, 그러한 국적으로는 국제사회에서 제3자에게 대항할 수
> 없다.

8 개인의 국적의 진정한 관련 문제가 주요 쟁점이었던 사건은?

① 노테봄 사건   ② 로터스호 사건

③ 마브로마티스 사건   ④ 바르셀로나 전기회사 사건

⑤ 토레 사건

> 해설 〈노테봄 사건〉 1955년 국제사법재판소(ICJ)는 리히텐슈타인과 과테말
> 라 간의 노테봄 사건에 대한 판결을 내렸다. 노테봄은 원래 독일사람이지
> 만 세계대전이 임박한 것을 알고 자신의 이익을 보호하기 위해 현실적 유
> 대가 없는 리히텐슈타인 국적을 취득하였다. 그러한 국적변경에도 불구하
> 고 그는 과테말라에서 적국인으로 취급되었고 그의 재산은 적산으로 몰수
> 되었다. 2차대전 후 리히텐슈타인이 이 문제를 ICJ에 제소하였으나, 재판소
> 는 노테봄과 리히텐슈타인 간에 아무런 현실적 유대(진정한 관련)가 없음
> 을 들어 그 국적을 인정할 수 없다고 하였다. 이 사건은 국제법의 측면에
> 서 본 국적의 실효성에 관한 중요한 사례이며, 국제법의 국내법에 대한 상
> 대적 우위를 보여 주는 좋은 예이기도 하다.

정답 7 ⑤   8 ①

9 국제사회에서 국적의 충돌, 즉 2중국적과 무국적이 발생하는 가장 큰 이유는?

① 혈통주의 때문이다.

② 출생지주의 때문이다.

③ 각국의 국적부여 기준이 다르기 때문이다.

④ 정치적 피난민 때문이다.

⑤ 국제사법재판소의 비효율 때문이다.

> 해설 〈**국적의 충돌**〉 2중국적과 무국적의 발생은 각국의 국내법의 상이함이 가장 큰 이유이다. 각국이 각자의 국적부여 기준을 정하도록 되어 있는 상황에서는, 한 사람이 두 개의 국적을 갖거나(2중국적) 아무런 국적도 가지지 못하는(무국적) 경우가 생기게 된다. 이것은 국제질서의 안정이란 차원에서 볼 때 매우 바람직하지 못한 현상인데, 국적의 충돌을 조정하는 것은 국제법은 물론 국제사법에서도 중요하다. ①과 ②는 출생에 의한 국적부여의 원칙들이며, ④의 정치적 피난민은 실질적 무국적자의 발생원인이기는 하지만 국적충돌의 가장 큰 이유라 할 수는 없다.

10 2중국적에 대한 설명이다. 잘못된 것은?

① 한 사람이 두 개의 국적을 가지는 것이다.

② 국적소속 양국은 서로 타방에 대해 2중국적자에 대한 외교적 보호를 주장할 수 없다.

③ 제3국은 나름의 기준에 따라 두 개의 국적 중 하나를 유효한 것으로 인정한다.

④ 각국의 국내법은 자국국적과 최후에 취득한 국적을 중요시하는 경향이 있다.

⑤ 출생지주의를 취하는 국가의 국민이 혈통주의 국가에서 출산한 아기는 2중국적이 될 수 있다.

> 해설 〈**2중국적**〉 ① 2중국적이란 한 사람이 두 개 이상의 국적을 갖는 것을 말한다. ② 2중국적자에 대해 국적소속 양국 사이에서는 그에 대한 외교적 보호를 주장할 수 없다. ③④ 제3국은 각자의 기준에 따라 두 개의 국적

중 하나를 유효한 것으로 인정하는데, 대개는 나중에 취득된 국적을 유효한 것으로 인정한다. ⑤의 사례는 무국적이 발생할 가능성이 있는 사례이다. 반대로 혈통주의를 취하는 국가의 국민이 출생지주의를 원칙으로 하는 국가에서 출산하는 경우 2중국적이 발생하게 된다.

11 무국적자에 대한 설명이다. 잘못된 것을 고르시오.

① 국적부여에 관한 국내법의 상이함 때문에 발생하는 경우가 많다.

② 과거에는 국적박탈로 무국적이 발생하기도 하였다.

③ 무국적자는 모든 국가에서 그 국가의 국민으로 취급된다.

④ 출생지주의 국가의 국민이 혈통주의 국가에서 낳은 아이는 무국적의 가능성이 있다.

⑤ 국제사법에서는 무국적자의 주소를 국적에 갈음하여 본국법 결정에 사용하기도 한다.

> [해설] 〈**무국적자**〉 ① 2중국적과 마찬가지로 무국적도 각국 국내법 규정의 차이에서 발생한다. ② 과거에는 형벌의 일종으로 국적박탈이 행하여져 무국적자가 발생하기도 하였다. ③ 무국적자는 어느 곳에서나 외국인의 지위를 가지므로 그에 상응하는 보호를 받지만, 자신을 보호해 줄 본국을 가지지 못하는 약점이 있다. ⑤ 무국적자의 국적결정은 국제사법에서도 중요한 문제로, 우리나라 국제사법은 3조 2항에서 상거소지법이나 거소지법을 본국법에 갈음하여 사용하게 하였다.

12 국제법에서 법인의 국적은 대개 무엇에 의해 결정되는가?

① 본점 소재지   ② 영업 중심지

③ 주요 주주들의 국적   ④ 설립준거법

⑤ 생산 중심지

> [해설] 〈**법인의 국적**〉 국제법상 법인도 국적이 필요한가 하는 데 대해서는 견해가 갈리고 있다. 그러나 현재와 같이 법인이 국제법의 주체로 인정받지 못하는 상황에서 외국인 재산의 국유화 같은 조치가 취해지는 경우를 상정해 본다면 법인을 위해 외교적 보호를 부여해 줄 본국을 결정해 두는 것은 매우 중요하다. 그러나 법인의 본국(국적)을 결정하는 것은 결코 간단한 문제가 아니다. 법인의 국적결정에 관한 기준으로는 설립지, 본점소재

지, 지배지 기준이 있다. 유럽대륙에서는 본점소재지가 유력한 기준이 되었지만, 국제법에서는 영미법계에서 발달된 설립지기준이 보편적으로 인정되어 법인이 어떤 국가의 법에 따라 설립되었는가 하는 것이 중요하다. 1970년 바르셀로나 전기회사 사건에서 국제사법재판소도 설립지기준을 따랐다.

13 외국인의 지위에 관한 다음의 설명들 중에서 잘못된 것은?

① 외국인에 대한 태도는 적대시 단계에서 차별대우 단계를 거쳐 평등대우 단계로 변해 왔다.

② 국제법에서는 외국인 보호정도를 둘러싸고 국내표준주의와 국제표준주의 간에 대립이 있다.

③ 공법상의 권리에 있어서는 상당부분 외국인에 대한 차별이 존재할 수밖에 없다.

④ 외국인의 지위와 관련하여 한때 외국인 재산의 국유화가 중요한 관심사였다.

⑤ WTO는 개발도상국들의 국내산업 육성을 위한 외국기업 차별대우를 권장하고 있다.

> 해설 <**외국인의 지위**> ① 처음 외국인은 적국인이나 첩자로 취급되었다. 그 후 외국인을 적국인 취급을 하지는 않지만 내국인에 비해 차별하는 단계를 지나 오늘날에는 평등대우 단계로 접어들었다. ⑤ 더구나 WTO는 무역자유화를 위해 최혜국대우와 내국민대우를 중요한 원칙으로 삼아 외국인 간은 물론 내외국인 간에도 평등의 원리가 정착되게 되었다. GATT와 WTO가 개발도상국들에게 일정한 의무를 면제해 주는 것은 사실이지만, 무역자유화 원칙에는 변함이 없다. ③ 내외국인 평등이라고 하여도 외국인이란 신분에서 오는 차이는 존재하므로, 참정권을 비롯한 공법상의 권리는 제한이 불가피하며, 토지소유권 등 사법상 권리도 일부 제한된다. ② 외국인 보호의 정도에 대해 국제법에서는 국내표준주의와 국제표준주의가 대립하고 있는데, 그 중 국내표준주의가 우세하다. ④ 외국인의 지위와 관련하여 국제사회에서는 외국인재산의 국유화 문제가 많은 관심대상이었다. 과거 외국인 특히 다국적기업에 대해 적대적이었던 개발도상국들은 소위 천연자원에 대한 영구주권을 주장하면서 외국인재산 국유화 권리를 주장하였었다. 그러나 최근의 국제화로 인하여 각국은 외국자본 유치 노력을 전개하고 있는바, 이제 외국인의 재산의 국유화는 거의 사라졌다.

제 3 절 \ 국제형법상 개인의 지위

14 2차대전 이전부터 국제법이 처벌대상으로 삼았던 범죄행위에 속하는 것들은?

① 전쟁범죄, 평화에 대한 범죄, 인도주의에 대한 범죄

② 평화의 위협, 평화의 파괴, 침략행위

③ 해적행위, 인신매매, 환각제 부정거래

④ 전쟁범죄, 환경파괴, 인권침해

⑤ 집단살해죄, 인종차별, 식민지배

> **해설** **〈과거의 국제형법〉** 국제형법의 발달에 있어서도 중요한 계기는 2차대전이었다. 대전 전 국제형법의 발달은 아주 미미하여, 해적행위, 인신매매, 환각제거래 같은 몇 가지 유형의 범죄를 처벌하기 위한 합의들이 있었을 뿐이다. 더구나 그 당시에는 처벌대상이 전적으로 사인이었다. ①은 뉘른베르크 군사법정이 2차대전의 전범재판에 사용한 죄목들이다. ②는 유엔헌장 7장의 제목으로 강제조치에 관한 규정들이 포함되어 있다.

15 2차대전 후에 있었던 전범재판이 가지는 가장 큰 국제법상 의미는?

① 최초로 전범재판을 시도하였다.

② 최초로 사인을 국제사회의 이름으로 처벌하였다.

③ 최초로 국가권력의 구성원을 국제사회의 이름으로 처벌하였다.

④ 최초로 통일된 국제형법전이 마련되었다.

⑤ 최초로 상설국제형사재판소가 탄생하였다.

> **해설** **〈전범재판소〉** 2차대전이 끝난 후 전범재판소가 독일의 전범들을 재판하는 법적인 근거는 1945년에 체결된 「뉘른베르크 재판소의 지위에 관한 런던협정」이었다. 이 협정은 전쟁범죄, 평화에 대한 범죄, 인도주의에 대한 범죄를 규정하고, 그 구성요건들을 정하였다. 과거 국가기관의 행위를 국가책임으로 귀속시켜 온 것에 비하면, 비록 事後法이라는 비난은 있지만, 이

협정이 국가기관을 구성하는 자연인을 처벌대상으로 한 것은 큰 의미가 있다. 2차대전 이후 전범재판은, 국제법은 주권국가의 행위에만 관여하므로 개인의 국제법상 책임은 묻지 않는다는 전통 주권이론을 거부한 것이다.

16 뉘른베르크 법원은 1945년 8월에 체결된 「전범처벌에 관한 협정」에 부속된 「국제군사법원헌장」6조에 규정되어 있는 죄목에 따라 전범들을 재판하였다. 그러한 죄목에 해당되는 것은?

① 평화의 위협, 평화의 파괴, 침략행위

② 전쟁범죄, 포로와 민간인의 학대

③ 집단살해죄, 인종차별, 식민지배

④ 전쟁범죄, 평화에 대한 범죄, 인도주의에 대한 범죄

⑤ 해적행위, 인신매매, 환각제 부정거래

> [해설] <**뉘른베르크법원**> 1945년에 마련된 헌장(Charter) 6조에는 세 가지 죄목이 있었다. '평화에 대한 범죄'(Crimes Against Peace)는 침략전쟁이나 국제조약 또는 협정에 반하는 전쟁을 계획, 준비, 시작, 수행한 경우에 적용되었다. '전쟁범죄'(War Crimes)는 전쟁법을 위반하는 것으로, 점령지 시민들을 살해·학대하거나 노예노역에 동원하는 행위와, 포로들을 살해 내지 학대하는 행위, 인질 학살과 사유재산 약탈, 도시나 마을의 무차별적 파괴행위가 포함되었다. '인도에 대한 범죄'(Crimes Against Humanity)는 전쟁 이전 또는 전쟁 중에 민간인들을 살해·절멸·노예화·추방하는 비인도적 행위를 하였거나 정치적·인종적·종교적 이유에서 박해한 경우 적용되었다.

17 「인류의 평화와 안전에 대한 범죄법전」이란?

① 2차대전 후 전범재판을 위해 마련된 법전이다.

② 1차대전 후 국제연맹이 제정한 국제형법전이다.

③ 유엔총회가 채택하여 이미 효력발생에 이른 국제형법전이다.

④ 유엔에서 성문화를 추진하였던 국제형법전이다.

⑤ 유고내전과 관련 전범처벌을 위해 마련된 국제형법전이다.

> [해설] <**인류의 평화와 안전에 대한 범죄법전**> 전범재판이 있은 후 1945년 협정을 모델로 국제사회의 근본을 해치는 중대한 범죄들을 묶어 「인류의

평화와 안전에 대한 범죄법전」을 마련하기 위한 노력이 유엔의 국제법위원회를 중심으로 시도되었다. 1991년 국제법위원회는 「인류의 평화와 안전에 대한 범죄법전 초안」(Draft Code of Crimes Against the Peace and Security of Mankind)을 채택하였다. 이 초안에 따르면 개인들이 침략, 테러활동, 식민통치, 집단살해, 인종차별, 대규모 인권침해, 중대한 전쟁범죄, 마약거래, 심각한 환경침해와 같은 범죄행위에 직접 또는 간접적으로 연루되어 있는 경우에는 이를 처벌할 수 있게 하였다.

18 국제형사재판소에 관한 설명들이다. 잘못된 것은?

① 국제형사재판소의 설치는 형사분야 국제법 규범수립과 적용에 있어 통일성을 기하기 위하여 필요하였다.

② 국제형사재판소는 1998년 6월 이태리 로마에서 채택된 「국제형사재판소 로마규정」(Rome Statute of the International Criminal Court)에 근거하여 설립되었다.

③ 「국제형사재판소 로마규정」은 이미 효력발생에 들어갔으며, 우리나라는 2002년 11월 협정에 가입하였다.

④ 국제형사재판소는 집단살해죄, 인도에 반한 죄, 전쟁범죄, 침략범죄에 대하여 재판관할권을 가진다.

⑤ 「국제형사재판소 로마규정」은 국제강행규범을 성문화한 것이므로 가입여부에 관계없이 모든 국가에게 적용된다.

[해설] <국제형사재판소> ① 국제법이 법적용에 있어 통일성을 기하기 위해서는 국제형사재판소의 설치가 필요하였다. 뉘른베르크재판소나 동경재판소 같은 특별재판소가 아닌 상설적인 국제형사재판소를 설치하려는 시도는 유엔에서도 있었으나, 한동안은 그러한 재판소가 다시 설립될 가능성은 없어 보였다. 그러나 구유고와 르완다 사태로 인하여 전범재판소들이 설립되면서, 국제형사재판소 설치도 가속도가 붙었다. ② 「국제형사재판소 설립준비위원회」가 조약문 초안을 완성한 후, 1998년 6월부터 7월까지 이태리 로마에서 열린 「국제형사재판소 설립을 위한 유엔외교전권회의」는 「국제형사재판소 로마규정」(Rome Statute of the International Criminal Court : 로마규정)을 채택하였다. 국제형사재판소의 소재지는 네덜란드 헤이그이며, 18인의 재판관을 둔다. ③ 로마규정에 의하면 60번째 비준, 수락, 승인 또는 가입 문서가 기탁된 날로부터 60일이 지난 후 효력을 발생하게 되어

있는바(규정 126조), 이 규정은 2002년 7월 1일 효력발생에 들어갔다. 2003년 2월 11일 현재 로마규정의 당사국은 모두 89개국이며, 우리나라는 2002년 11월 13일 83번째로 당사국이 되었다. ④ 국제형사재판소의 관할 권은 국제공동체에 대한 중대한 범죄인 집단살해죄, 인도에 반한 죄, 전쟁 범죄, 침략범죄에 미친다(로마규정 5조). 국제형사재판소는 유죄판결을 받 은 자에 대하여는 최고 30년을 초과하지 아니하는 범위에서 유기징역을 선 고하며, 범죄의 특수성과 유죄판결을 받은 자의 개별적 정황에 따라 무기 징역도 선고할 수 있다(규정 77조). 그러나 아무리 큰 범죄를 저지른 사람 에게도 사형은 선고할 수 없다. ⑤ 국제형사재판소는 재판의 공정성에 대 한 시비 등 종래 임시로 설치된 전범재판소가 가지고 있었던 문제점들을 상당부분 해소하게 될 것이다. 그러나 「국제형사재판소 로마규정」은 당사 국 사이에서만 적용되는바, 보편적 적용에 이르지는 못할 우려가 있다.

제 4 절 인권의 국제적 보호

19 과거 국제법의 영역 밖에 있던 인권문제가 국제법 영역으로 들어오게 된 것과 관계가 없는 것은?

① 냉전체제의 성립　　　　　② 국가주권의 약화
③ 기본권에 대한 인식변화　　④ 국제법의 성격변화
⑤ 국제기구와 비정부간기구들의 활동

해설 **〈인권의 국제화〉** ① 냉전체제는 국가 간의 벽을 높게 하였으므로 오 히려 인권의 국제화를 방해하는 요소였다. ② 한 국가가 자국 영토 내의 사람들을 어떻게 대우하는가 하는 문제는 그 국가의 영토주권에 따른 국내 문제로 영토국가의 주권에 속하는 것으로 보는 것이 전통적인 견해였다. 따라서 국제법에 인권문제가 등장한 것은 국가의 영토주권 약화와 밀접한 관련이 있음을 알 수 있다. ③ 인권문제가 국내문제의 차원을 넘어 국제문 제로 변모된 또 하나의 이유로는 인간의 기본권에 대한 인식변화를 지적할 수 있다. ④ 국제법의 성격 변화도 인권문제가 등장하게 된 이유 중의 하 나이다. 전통국제법은 전적으로 국가 간의 관계를 규율하는 법으로 정의되 있었다. 그러나 20세기 이후 이러한 전통적 정의는 바뀌어 국제기구에 이어 개인들에게도 국제법 주체의 지위를 부여하였다. ⑤ 유엔 등 국제기구와 국제사면위원회 등 각종 인권단체들도 인권의 국제화에 기여하였다.

20 유엔출범 이전의 국제인권법에 대한 설명으로 적절치 못한 것은?

① 20세기 이전의 국제법은 국가 간의 관계에만 관심이 있었고 개인의 인권문제는 관심대상이 아니었다.

② 국제연맹규약에는 몇 가지 인권관계 규정이 있었다.

③ 국제노동기구(ILO)는 노동자들의 권익옹호를 위해 1945년 유엔헌장에 의해 창설되었다.

④ 1차대전 이후 국경선의 재조정 과정을 통하여 소수민족 문제가 제기되었다.

⑤ 국제인권규약이 체결되어 국제인권보호에 큰 진전이 있었다.

> [해설] **<국제연맹의 인권보호>** 국제연맹 규약에는 일반적인 인권조항은 없었으나 몇 개의 인권관련 조항이 있었다. 특히 1919년 베르사유 조약에 의하여 창설된 국제노동기구(ILO)는 다른 국제기구들과는 달리 정부·노동자·사용자 대표 등 3파적 조직을 구성하는 등 노동자의 권익옹호를 위해 노력하였다. 또한 국제연맹은 소수민족의 국제적 보호를 위한 제도를 발전시키는 데 있어서도 매우 중요한 역할을 하였다. 소수민족의 문제는 국제연맹 규약에는 포함되지 않았으나, 1차대전을 통해 새로이 창설된 국가와 독립을 획득한 국가들로 인해 발생한 소수민족 문제를 해결하기 위해 별도의 조약들이 체결되었다.

21 유엔이 국제인권법 발달에 끼친 공로에 관한 설명들이다. 적절치 못한 것은?

① 유엔헌장은 1조 3항에서 모든 차별의 철폐와 만인의 기본권 및 자유의 보호가 그 목적 중의 하나라고 하였다.

② 헌장 56조는 유엔 회원국들은 모든 차별의 철폐와 기본적 권리와 자유의 증진을 위해 공동으로 또는 개별적으로 필요한 조치를 취해야 한다고 하였다.

③ 유엔헌장은 인권을 국제화하여 이 문제가 더 이상 회원국들의 국내문제가 아님을 인정하게 하였다.

④ 유엔은 인권위원회를 창설하여 인권침해 사례를 조사하게 하였다.

⑤ 유엔헌장의 국내문제불간섭 원칙은 한 국가 내의 인권문제에 대한 외부의 간섭을 차단하는 데에 목적이 있다.

해설 〈유엔과 인권보호〉 국제인권법은 제2차 대전 이후 본격적으로 발달하기 시작하였다. 나치스의 인권유린에 대한 쓰라린 기억과 국제연맹시대에 보다 효율적인 인권보호제도가 있었다면 대전 중에 있었던 비극을 피할 수 있었으리라는 믿음에서 국제인권법은 체계화되기 시작하였다. 그러나 유엔헌장의 인권규정들은 전쟁 중 조성되었던 기대에는 훨씬 못 미치는 것이었다. 주요 전승국들도 인권보호에 나름대로 약점을 가지고 있었던 것이 그 중요한 이유였다. ① 유엔헌장은 1조 3항에서 인종·성·언어·종교에 차별 없이 만인의 인권과 기본적 자유의 존중을 신장하기 위한 국제협력을 달성하는 것을 유엔의 목적의 하나로 삼았다. ② 유엔헌장 55조는 국가간 우호협력 관계에 필수적인 조건을 조성하기 위해 종족과 성·언어·종교에 따른 차별 없이 모든 사람의 인권과 기본적 자유를 보편적으로 존중해야 한다고 하면서, 56조에서는 이를 위해 모든 회원국들은 유엔과의 협력 아래 공동조치와 개별적 조치를 취하기로 서약한다고 하였다. ③ 유엔헌장은 인권을 국제화(internationalize)하였다. 국가들은 헌장을 수락하면서 인권은 국제적 관심사이므로 더 이상 그들의 배타적 관할권에 속하지 아니함을 인정하였다.

22 유엔인권위원회와 관련이 없는 것은?

① 경제사회이사회의 산하기관이다.

② 국제인권규약이 체결된 이후 규약의 이행을 위해 조직되었다.

③ 각국이 제출하는 인권관련 보고서를 검토한다.

④ 1235절차를 통해 지속적이고 극심한 인권침해를 자발적으로 조사한다.

⑤ 1503절차를 통해 개인이나 민간단체의 청원을 받아 인권침해를 조사한다.

정답 21 ⑤

해설 〈인권위원회〉 ① 유엔헌장은 경제사회이사회는 모든 사람들의 인권과 기본적 자유의 증진을 위한 권고를 할 수 있다고 하여, 경제사회이사회를 인권문제의 주무부서로 삼았다. 「유엔인권위원회」(United Nations Commi-ssion on Human Rights)는 53개국 대표로 구성되는 경제사회이사회 산하 기관으로 1946년에 설립되었다. ③ 이 위원회는 각국이 제출한 인권보고서를 평가하여 권고하며, 필요한 경우에는 특별보고자를 임명하여 특정한 국가의 인권상황이나 특별한 주제를 조사하여 보고하게 한다. ④ 인권위원회는 1967년 경제사회이사회가 결의 1235를 통해 남아프리카 공화국과 로디지아의 인권상황을 조사하여 보고하도록 요구한 데에서부터 지속적이고 극심한 인권침해를 자발적으로 조사할 권한을 갖게 되었다. 이것을 소위 1235절차라 한다. ⑤ 1970년 경제사회이사회 결의 1503에 의해 인권침해에 관한 통보가 접수되는 경우 이를 검토하고 당사국 대표의 답변을 들을 수 있는 절차를 마련하였다. 이것을 1503절차라 부르는데 개인이나 민간단체의 청원서가 제출되는 경우 개시된다. ② 국제인권규약 B규약의 집행을 위해 조직된 기관은 인권이사회(Human Rights Committee)이다.

23 1948년 유엔총회가 채택한 인권보장을 위한 최초의 포괄적 문서는 다음 중 어느 것인가?

① 세계인권선언　　　　② 국제인권규약
③ 유엔헌장　　　　　　④ 선택의정서
⑤ 국제권리장전

해설 〈세계인권선언〉 유엔 창설을 위한 샌프란시스코 회의에서도 「권리장전」이나 「인간의 기본권선언」이 헌장에 첨부되어야 한다는 제안이 있었다. 그 후 유엔 안에 설립된 인권위원회(Commission on Human Rights)의 노력으로 법적인 구속력은 없지만 권고적 성격을 가지는 인권선언을 추진하게 되었다. 1948년 12월 10일 유엔총회가 채택한 세계인권선언(The Universal Declaration of Human Rights)은 보편적 국제기구에 의해 선언된 최초의 포괄적인 인권문서이다. 세계인권선언은 모든 인간이 천부적이고 평등하며 양도할 수 없는 권리를 가진다는 것을 인정하는 것이 세계의 자유와 정의·평화의 기초가 된다는 인식 아래 인간의 다양한 기본권들을 규정하였다. 선언에는 인간의 평등권(1조), 고문을 받지 아니할 권리(5조), 법 앞의 평등권(7조), 정당한 보상을 받을 권리(8조), 정당한 절차없이 체포·구금·추방되지 아니할 권리(9조), 프라이버시 권리(12조), 거주·이전의 권리(13조), 망명권(14조), 국적에 대한 권리(15조), 결혼하고

가정을 가질 권리(16조), 재산권(17조), 사상과 신앙의 자유(18조), 표현의 자유(19조), 집회 및 결사의 자유(20조), 참정권(21조), 노동의 권리와 노조결성권(23조), 교육을 받을 권리(26조) 등을 규정하였다. 세계인권선언은 조약이 아니라 유엔총회 결의로 채택된 것이어서 원래 법적인 효력을 가질 수 없으나, 일부에서는 1948년 이후 이 선언은 법적인 성격을 획득하게 되어, 유엔 회원국들은 이 선언을 준수할 법적인 의무를 부담하게 되었다고 하였다.

24 유엔이 세계인권선언과 별도로 국제인권규약을 추진하게 된 가장 큰 이유는?

① 세계인권선언을 대체하기 위한 것이다.

② 당사국에 대한 법적 구속력을 강화하기 위한 것이다.

③ 세계인권선언이 효력을 상실하였기 때문이다.

④ 세계인권선언의 효력발생이 중지되었기 때문이다.

⑤ 세계인권선언에 가입한 국가가 너무 적었기 때문이다.

> 해설 <국제인권규약> 1948년 세계인권선언은 조약이 아니라 단순한 선언이어서 법적인 구속력이 없었다. 물론 1948년 선언이 발표된 이래 이것이 인권의 가장 중요한 문서가 되었고, 관습법적 효력을 갖게 되어 법규범이 되었다는 주장도 있다. 그러나 그것이 조약이 아니라는 것은 분명 커다란 약점이었다. 국제인권규약은 ②의 설명대로 세계인권선언의 내용을 조약으로 만들어 그 법적 구속력을 높이려는 의도에서 추진된 것이다.

25 국제인권규약(International Covenants on Human Rights)에 대한 다음의 설명 중 적절치 못한 것은?

① 1966년 유엔총회에서 채택되었다.

② A규약은 경제적·사회적·문화적 권리에 관한 규약으로 사회적 기본권에 속하는 권리들을 담고 있다.

③ B규약은 시민적·정치적 권리에 관한 규약으로 자유권적 기본권에 속하는 권리들을 담고 있다.

④ 선택의정서는 A규약의 구체적 실시를 위한 것이다.

정답   23 ①   24 ②

⑤ 우리나라는 이미 2가지 규약과 선택의정서에 가입하였다.

> **해설**　〈국제인권규약〉 1966년 12월 유엔총회는 「경제적·사회적·문화적 권리에 관한 규약」(A규약)과 「시민적·정치적 권리에 관한 규약」(B규약)을 채택하였다. B규약에는 선택의정서가 부가되어 특이한 시행제도를 갖추고 있다. 「경제적·사회적·문화적 권리에 관한 규약」은 근로의 권리, 노조결성권, 사회보장에 대한 권리, 가정의 보호에 대한 권리, 적절한 생활을 유지할 권리, 교육을 받을 권리, 문화생활에 참여할 권리 등을 규정하고 있다. 이 규약은 프로그램적 권리에 관한 것이어서 당장에 협약의 구체적인 실시를 요구하는 것은 아니다. 반면에 「시민적·정치적 권리에 관한 규약」은 비준 즉시 나열된 권리들을 존중할 의무를 발생시킨다. 이 규약에는 인권이사회에 관한 규정이 있어서, 인권이사회는 보고서를 검토하고 국가대표를 상대로 질문을 하며 설명을 요구하는 등 당사국들의 주의를 환기할 수 있는 권한을 갖는다. 「시민적·정치적 권리에 관한 규약 선택의정서」(The Optional Protocol to the Covenant on Civil and Political Rights)는 규약위반의 피해자인 개인이 의정서의 당사국을 직접 인권위원회에 제소할 수 있는 길을 열었다는 점에서 특이하다. 우리나라는 1990년 4월 11일 이들 3개의 문서에 동시에 가입하였다. ④ 선택의정서는 B규약의 실시를 위한 것이다.

26 국제인권규약의 이행에 관련된 다음의 설명들 중에서 적절치 않은 것은?

① A규약의 당사국들은 규약의 실시와 관련하여 취한 조치들과 진전사항에 관한 보고서를 제출해야 한다.

② A규약의 권리와 자유들은 프로그램적 성격의 것이어서 당사국들에게 어떤 구체적 실시를 요구하지는 않는다.

③ B규약의 이행과 관련하여 인권이사회는 당사국들이 제출한 보고서를 검토하며 국가대표를 상대로 질문을 하고 설명을 요구하기도 한다.

④ B규약 당사국으로 41조를 수락한 국가들 사이에서는 규약상 인권보장의무를 이행하지 않는 국가를 서로 인권이사회에 통보할 수 있다.

⑤ 시민적·정치적 권리에 관한 규약에 대한 선택의정서 당사국들의 관할권 내에 있는 개인은 자신의 침해된 권리에 관해 국제사법재판소(ICJ)에 청원할 수 있다.

해설 **<국제인권규약 이행체제>** ①② 국제인권규약 중에서 A규약인 「경제적·사회적·문화적 권리에 관한 규약」 당사국들은 그들이 취한 조치와 협약준수에 관련된 진전사항들에 관한 보고서를 유엔사무총장에게 제출해야 한다. 그러나 A규약의 권리와 자유들은 다소 프로그램적 의미를 갖는 것이어서, 당사국들은 규약상 권리들의 실현을 위해 노력은 해야 하지만, 협약을 당장 구체적으로 실시해야 하는 법적인 의무를 부담하지는 않는다. ③ B규약인 「시민적·정치적 권리에 관한 규약」은 규약의 실시를 위해 「인권이사회」(Human Rights Committee)에 관한 규정들을 두었다. 18명의 위원으로 구성되는 인권이사회는 규약상 권리의 시행을 위해 취한 조치에 관한 보고서를 검토하며, 인권위원회에 출석한 국가대표를 상대로 질문하고 설명을 요구하며 유엔과 당사국들의 주의를 환기할 수 있다. ④ B규약 41조는 국가간 통보제도를 규정하고 있다. 규약 41조를 수락한 국가들은 규약상 인권보장의무를 이행하지 않는 국가를 상호간에 해당국가와 인권이사회에 통보할 수 있다. 통보를 받은 국가는 3개월 이내에 답변서를 보내야 하며, 통보 접수일로부터 6개월 내에 문제가 해결되지 않으면 당해 문제를 인권이사회에 넘길 수 있다. 이사회는 통고 후 12개월 이내에 보고서를 제출한다(규약 41조). ⑤ B규약에 대해서는 개인청원제도가 인정된다. B규약의 당사국으로서 「시민적·정치적 권리에 관한 규약 선택의정서」(The Optional Protocol to the Covenant on Civil and Political Rights)에 가입한 국가는 자국의 관할권 내에 있는 개인이 규약상의 권리를 침해당하였다고 인권이사회에 청원(communications)하는 것을 허용한다. 청원을 접수한 이사회는 규약을 위반한 것으로 추정되는 국가의 주의를 환기시키며, 당해 국가는 6개월 내에 관련 답변서를 제출해야 한다(의정서 4조).

제 5 절 \ 범죄인인도

27 범죄인인도 제도에 대한 다음의 설명 중에서 잘못된 것은?

정답 26 ⑤

① 범죄인인도는 보편적인 국제협약에 따라 전 세계적으로 이루어지고 있다.

② 범죄인인도는 국제사법공조 제도의 하나이다.

③ 자국에 도망온 형사피의자나 탈주한 죄수를 외국에 인도해 주는 제도이다.

④ 범죄인인도는 범행의 실체적 진실 발견에 기여한다.

⑤ 한 국가에서 형사범죄에 해당하는 행위는 대개 다른 국가에서도 가벌대상이므로, 범죄인인도는 국제사회 전체의 이익에 부합한다.

> **해설** **〈범죄인인도〉** 범죄인인도란 외국에서 범죄를 저지르고 자국에 도망온 형사피의자나 유죄판결을 받은 자를 범죄발생지역 국가 등 외국에 인도해 주는 국제사법공조제도의 하나이다. 이 제도는 모든 범죄자는 처벌을 받도록 하는 것이 국제사회 전체의 이익이란 관점에서 긍정적인 평가를 받고 있으며, 범죄인을 인도받는 국가는 대부분 범죄발생 지역의 국가이므로 범행의 실체적 진실 발견에 용이하다는 장점도 가지고 있다. ① 범죄인인도는 일반국제법 제도가 아니며 관련 보편적인 협약도 존재하지 않는다.

28 범죄인인도의 역사와 법원에 대한 다음의 설명 중 가장 적절치 못한 것은?

① 19세기 이전까지 범죄인인도는 국제법이 아닌 국가의 임의적인 결정에 의해 이루어졌다.

② 범죄인인도는 처음에는 탈주한 죄수만이 대상이었으나 그 후 형사피의자로 확대되었다.

③ 범죄인인도는 보편적 다자조약보다는 양자조약이나 일부 지역국가 간의 조약에 의해 이루어진다.

④ 조약이 없어도 범죄인인도는 국내법이나 상호성에 입각한 국제예양에 따라 이루어질 수 있다.

⑤ 우리나라는 범죄인인도법을 제정하지 않았으며 외국과 관련 조약을 체결한 적도 없다.

정답 27 ①

해설 <범죄인인도의 역사와 법원> ① 19세기 이전까지 범죄인인도는 국제적인 제도라기보다는 인도하는 국가의 주권적 재량에 속하는 문제로 다루어졌다. 따라서 범죄인인도는 법규칙보다는 각국의 임의적 결정에 의해 이루어졌다. ② 19세기 들어 교통수단의 발달로 범죄인 탈출이 증가하면서 범죄인인도에 관한 조약들이 체결되기 시작하였다. 처음에는 탈주한 죄수만을 그 대상으로 하였으나 1844년 프랑스와 바덴 간의 범죄인인도조약 이후 형사피의자까지 확대되었다. ③ 범죄인인도를 일반국제법제도라 할 수는 없기 때문에 관련 보편적 다자조약은 없으며, 양자조약이나 특정한 지역에 위치한 국가 간의 조약들이 이를 규율한다. 지역국가 간의 조약으로는 1957년 유럽평의회에서 체결된 「범죄인인도에 관한 유럽협약」과 미주기구(OAS)에서 체결된 1933년 「범죄인인도에 관한 몬테비데오협약」이 있다. ④ 범죄인인도에 관한 조약이 없더라도 범죄인인도에 관한 국내법이나 상호성에 입각한 국제예양에 따라 범죄인인도를 할 수 있다. ⑤ 우리나라는 1991년 국제형사사법공조법과 1992년 범죄인인도법을 제정하였고, 1990년 호주와 최초로 범죄인인도조약을 체결한 이후 외국과 다수의 범죄인인도조약을 체결하였다.

29 범죄인인도의 대상이 되는 사람에 대한 적절한 설명이 아닌 것은?

① 탈주한 죄수는 물론 형사피의자도 인도의 대상이 된다.
② 민사 및 행정사건에 관련된 사람과 증인은 인도의 대상이 아니다.
③ 인도요구를 받은 국가도 형사관할권을 가지는 때에는 인도하지 않는 것이 보통이다.
④ 일반적으로 자국인도 인도의 대상이 된다.
⑤ 정치범은 인도하지 않는다.

해설 <인도되는 사람> ① 범죄인인도의 대상이 되는 사람에는 형사상 피의자와 도망간 죄수 모두 포함된다. ② 범죄인인도는 국제형사사법공조에 관한 제도이므로 민사사건이나 행정사건에 관련된 사람이나 증인은 인도의 대상이 아니다. ③ 인도를 요구하는 국가와 요구받은 국가 사이에 형사관할권 경합이 있는 경우, 즉 인도를 요구받은 국가도 형사관할권을 가지는 때에는 대개 범죄인인도는 이루어지지 않는다. ⑤ 정치범에 대해서는 '정치범불인도'라는 확립된 일반 국제법원칙이 있다. ④ 인도를 요구받은 범죄인이 자국민인 경우에도 인도하지 않는 관행이 있다. 이를 자국민불인도 원칙이라 한다. 전통적으로 범죄행위지에서 재판을 진행하는 것이 적당하다고 생각해온 영미법계에서는 자국민도 범죄행위지로 인도하는 관행이 있었으나, 대륙법계에서는 자국민의 경우 인도하지 아니하는 경향이 있었다. 범죄인인도가 상호성의 제약을 받게 됨에 따라 자국민불인도가 보편화되었다.

30 다음 중 범죄인인도에 관련된 원칙이 아닌 것은?

① 자국민불인도의 원칙   ② 진정한 관련의 원칙

③ 2중범죄 성립의 원칙   ④ 최소한 중요성의 원칙

⑤ 특정의 원칙

> **해설** 〈**범죄인인도의 원칙**〉 ① 자국민불인도의 원칙이란 범조인 인도를 요구받은 국가도 형사관할권을 가지고 있는 때에는 범죄인을 인도하지 않는다는 일반적인 관행을 표현하는 것이다. ② 진정한 관련의 원칙이란 국적 국가와 국민 사이에는 일정한 현실적 유대가 있어야 한다는 국적의 실효성에 관한 국제법 원칙이다. ③ 범죄인인도에 관한 조약이나 국내법이 인도대상 범죄를 규정하고 있으면 그에 따라 인도대상 범죄가 결정되지만, 그러한 조약이나 국내법이 없거나 있더라도 관련 규정이 없으면 2중범죄성립의 원칙 또는 쌍방범죄성 원칙이 적용된다. 이것은 범죄인인도가 이루어지려면 인도를 요구하는 국가의 형법은 물론 요구받은 국가의 형법에 의해서도 중한 범죄에 해당해야 된다는 것이다. 여기서 요구하는 것은 양국 형법에서의 가벌성이며, 죄명이나 구성요건까지 같을 필요는 없다. ④ 최소한 중요성의 원칙이란 범죄인인도시 요구되는 기술적인 조건에 관한 것으로 인도에 소요되는 경비와 노력을 감안해 경미한 범죄는 인도의 대상에서 제외한다는 것이다. 대개 자유형 1년 이하의 범죄는 인도대상에서 제외된다. ⑤ 특정의 원칙은 인도가 이루어진 피의자는 인도요구 당시의 죄목으로만 처벌해야 한다는 것이다. 이것은 정치범불인도와 관련하여 생긴 원칙이다.

31 정치범불인도에 관한 관행이 성립되기 시작한 것은?

① 2차대전 이후의 일이다.

② 20세기 들어서부터이다.

③ 프랑스 대혁명 이후이다.

④ 1차대전 이후이다.

⑤ 아직 그러한 관행은 성립되지 않았다.

[해설] <정치범불인도 원칙의 배경> 정치적 성격의 범죄를 저지르고 다른 국가에 피신한 형사피의자를 보호해 주는 정치범불인도는 오늘날 국제법의 기본원칙의 하나이다. 범죄를 일반범죄와 정치범죄로 구분하여 정치범은 인도대상에서 제외하는 이러한 관행은 프랑스 대혁명 이후 성립되었다. 프랑스는 1793년 관련규정을 헌법에 두었으며, 1834년 프랑스와 벨기에는 정치범불인도에 관한 규정이 담긴 조약을 체결하였다.

32 범죄인인도에서 정치적 성격의 범죄행위를 범하였지만 정치범으로 취급되지 않는 경우가 있다. 그러한 사례에 속하지 않는 것은?

① 가해조항
② 집단살해
③ 내 란
④ 무정부주의자
⑤ 하이재킹과 정치적 테러

[해설] <정치범불인도 원칙의 예외> 정치범을 어떻게 정의할 것인가 하는 것은 정치범불인도에 있어 매우 중요한 문제이다. 정치범여부의 판단에서 특히 중요한 것은 범행의 동기인데 이를 입증하는 것은 매우 힘들다. 나아가 범죄의 정치적 성격에도 불구하고 정치범으로 인정되지 아니하는 몇 가지 유형의 범죄들이 있다. ① 벨기에는 1833년 범죄인인도법을 제정하였다. 그런데 나폴레옹 3세 살해미수범이 벨기에로 도망왔을 때, 프랑스가 인도를 요청하였으나 정치범불인도 규정으로 곤욕을 치렀다. 1856년 벨기에는 법을 개정해 외국원수와 가족을 살해하거나 살해하려 한 자는 정치범으로 인정하지 않는다는 규정을 두었으니, 이를 가해조항(암살조항 또는 벨기에조항)이라 한다. ② 집단살해(Genocide)의 방지와 처벌에 관한 1948년 협약은 집단살해를 행한 자는 정치범으로 보지 않는다고 하였다. ④ 정치범이란 일정한 정치조직의 전복을 목적으로 하므로 기존의 모든 정치체제를 부인하는 무정부주의자는 모든 국가의 적이므로 정치범에 포함되지 않는다. ⑤ 항공기 불법납치와 정치적 테러는 그 분명한 정치적 성격에도 불구하고 그러한 행위가 내포한 위험성 때문에 정치범의 범주에서 제외된다. ③ 내란은 가장 전형적인 정치적 성격의 범죄행위이고, 이것은 항상 정치범으로 취급된다.

실전문제

1 국제법주체성에 있어서 개인은? <사시 '86>

① 제한적·능동적 주체이다.

② 국제법의 주체가 아니다.

③ 제한적·수동적 주체이다.

④ 국가와 함께 완전한 국제법의 주체이다.

⑤ 국가·국제조직과 함께 완전한 국제법의 주체이다.

> [해설] 개인의 국제법주체성은 매우 제한적이다. 개인은 다른 국제법 주체와 조약을 체결하는 등 국제법규 마련에 참여할 수 없기 때문에 능동적 주체가 아닌 수동적 주체이다.

2 개인은 국제법상 수동적 주체이지 능동적 주체는 아니라고 한다. 그 이유는?

① 개인은 국제법의 주체가 아니다.

② 개인이 국제사회에서 자신의 권리를 주장할 수 있는 제도적 장치는 없다.

③ 개인은 국가를 통하지 않고는 자신의 권리를 주장하지 못한다.

④ 개인은 조약을 체결하거나 국제관습법 정립에 참여할 수 없다.

⑤ 개인은 국내법상 주체이다.

> [해설] 개인도 국제법의 주체이지만 국제법의 수동적 주체일 뿐 능동적 주체는 아니다. 그 이유는, ④의 설명대로, 개인은 조약을 체결하거나 국제관습법 정립에 참여하는 등 국제규범 마련에 능동적으로 참여할 수 없기 때문이다.

[정답] 1 ③ 2 ④

3 다음 중 국제법상 개인이 가지는 권리나 지위에 속하는 것은?

① 국제사법재판소의 소송당사자 ② 외교적 보호권

③ 영토취득권 ④ 망명권

⑤ 조약체결권

> 해설 개인은 망명권을 갖는다. 그러나 개인은 ICJ 등 대부분의 국제법원에서 소송당사자가 될 수 없고, 외교적 보호의 대상이 될 수 있을 뿐이며, 영토를 취득할 수 없고, 다른 국제법 주체와 조약을 체결할 수도 없다. 과거 개인이나 사기업이 외국정부와 체결한 양허계약(Concession)이 조약인가 하는 점이 검토된 적이 있으나 그 결과는 부정적이었다.

4 개인의 법적 지위에 관한 설명으로 옳은 것은? 〈사시 '00〉

① 개인은 국제사법재판소에 제소할 수 있다.

② 개인은 원칙적으로 조약체결권이 있다.

③ 개인의 국제법상의 의무는 인정되지 않는다.

④ 개인은 국제법의 주체가 될 수 없다

⑤ 국제조약은 개인에게 국제법상의 권리를 부여할 수 있다.

> 해설 개인은 국제법의 주체로서 국제법이 부여하는 의무를 준수하여야 하며, 국제법이 부여하는 권리를 향유한다. 그러나 개인은 국제법의 수동적 주체이지 능동적 주체가 아니므로 조약체결권이 없으며, 국제사법재판소에 제소할 수도 없다.

5 국적에 관한 일반적 설명으로 옳은 것은? 〈사시 '00〉

① 선박과 항공기 등은 국적을 보유할 수 없다.

② 국적문제는 원칙적으로 국내문제에 속하지 않는다.

③ 이중국적과 무국적자에 대한 국제협약은 존재하지 않는다.

④ 해외에 나가 있는 자국민에 대한 국가관할권 행사의 근거가 된다.

⑤ 편의국적은 오늘날 관행으로도 행해지지 않는 불법행위이다.

정답 3 ④   4 ⑤

[해설] 국적문제는 원칙적으로 국내문제에 속하는 사항이나, 국제법은 일부 관련 원칙들을 가지고 있으며 국제협약도 체결한 바 있다. 국적은 외국에 체류하는 자국민에 대한 관할권 행사의 근거가 된다. ⑤ 선박의 경우 편의 국적은 이를 불법화하기가 부담스러울 정도로 널리 행해지고 있다.

6　다음 중 국적결정에 관한 국제법 원칙에 해당하지 않는 것은?

① 국적을 부여하는 국가와 그 국민 간에 현실적 유대가 있어야 한다.

② 국적국가와 국민 간에 진정한 관련이 없는 국적은 국제사회에서 인정되지 않는다.

③ 모든 사람은 하나의 국적을 가져야 한다.

④ 모든 국가는 한 사람이 하나의 국적을 갖도록 국내법을 정비해야 한다.

⑤ 모든 국가는 혈통주의에 따라 개인에게 국적을 부여해야 한다.

[해설] ①② 국가는 자신과 현실적 유대 또는 진정한 관련(genuine link)을 가지는 대상에게만 국적을 부여해야 한다. 그러한 조건을 갖추지 못한 국적으로는 제3국에게 대항하지 못한다. ③④ 모든 사람과 법인, 일정한 물건(선박과 항공기)은 하나의 국적을 가져야 하며, 각국은 그러한 방향으로 국내법을 정비할 의무가 있다. ⑤ 그러나 각국이 자신의 국적을 부여하는 기준은 상이하다. 특히 출생에 의한 국적취득과 관련해서는 혈통주의를 취하는 국가와 출생지주의를 원칙으로 하는 국가가 있다.

7　ICJ 판례와 그 법적 문제점이 일치하지 않는 것은?　　　<사시 '92>

① 1949년 Corfu해협 사건 ― 군함의 무해통항권

② 1955년 Nottebohm 사건 ― 해양의 자유

③ 1970년 Barcelona Traction 사건 ― 외교보호권

④ 1980년 테헤란 인질 사건 ― 외교사절의 특권, 면제

⑤ 1986년 니카라과 대 미국 사건 ― 국제관계에 있어서의 무력행사

[해설] 1955년 노테봄 사건은 현실적 유대 없이 리히텐슈타인 국적을 취득한 독일사람 노테봄의 국적의 실효성에 관한 사건이었다.

[정답]　5 ④　6 ⑤　7 ②

8 갑은 A국의 국적을 가지고 있는 상태에서 B국의 국적을 취득하였다. 이러한 상황에 따른 결과로 옳지 않은 것은?

① A국은 갑을 자국인으로 다룰 수 있다.

② B국도 갑을 자국인으로 다룰 수 있다.

③ C국은 갑을 무국적자로 다룰 수 있다.

④ A국과 B국은 상대국에 대해 갑에 대한 외교적 보호를 주장하지 못한다.

⑤ 제3국은 갑의 국적취득시기나 주소의 소재지 등을 고려하여 그의 국적을 판단한다.

> 해설 일반적으로 2중국적자의 국적국가들은 그를 서로 자국인으로 취급하는 경향이 있다. 그러나 그들 간에는 2중국적자를 자국인으로 주장하여 상대방에 대해 외교적 보호를 주장할 수 없다. ③⑤ 제3국은 일반적으로 나름대로의 기준에 따라 2중국적자의 국적을 확정한다.

9 다음 중 무국적은 어느 경우에 생기나?　　　　　　　〈사시 '83〉

① 혈통주의 국가의 국민이 출생지주의 국가에서 출생했을 때

② 혈통주의 국가의 국민이 혈통주의 국가에서 출생했을 때

③ 출생지주의 국가의 국민이 출생지주의 국가에서 출생했을 때

④ 출생지주의 국가의 국민이 혈통주의 국가에서 출생했을 때

⑤ 무국적자의 자녀가 출생지주의 국가에서 출생했을 때

> 해설 출생에 의한 국적취득에 있어서의 무국적자 발생가능성에 대한 문제이다. ④의 경우에 무국적자가 발생할 가능성이 있다. 그러나 대다수의 국가에서 혈통주의와 출생지주의 중 하나를 원칙으로 하되 다른 것으로 보완하므로 실제로 무국적자가 그리 많이 발생하지는 않는다.

10 무국적자는?

① 어느 곳에서나 외국인 취급을 받는다.

② 어느 곳에서도 사람 취급을 받지 못한다.

③ 모든 국가는 그를 자국인으로 취급할 수 있다.

④ 모든 국가는 그에 대한 외교적 보호권을 갖는다.

⑤ 어느 곳에서도 그 어떠한 권리도 누리지 못한다.

> **해설** 무국적자는 어디를 가든지 외국인으로 취급되어 외국인에게 부여되는 보호를 받는다. 그러나 무국적자는 본국이 없으므로 외교적 보호를 해 줄 국가가 없다.

11 국적과 관련된 설명으로 옳은 것은? <행시, 외시, 지시 '01>

① 국적에 기인한 자국민에 대한 권한을 속인주의적 관할권이라 한다.

② 이중국적자가 제3국으로부터 침해를 받은 경우 그의 국적국가들은 모두 제3국에 대해 외교적 보호권을 행사할 수 없다.

③ 국제판례에 의하면 법인의 국적은 주요 주주들의 국적에 의해 결정된다.

④ 국적결정문제는 국제법의 제한을 전혀 받지 않는 국내문제에 속한다.

⑤ 무국적자는 그가 체류하는 국가 내에서 어떠한 권리도 누리지 못한다.

> **해설** ② 이중국적자가 제3국에서 어떤 피해를 입은 경우, 그의 국적국가들은 제3국에 대해 외교적 보호권을 행사할 수 있으며, 제3국은 그 중에 하나를 선택하여 그의 본국으로 인정한다. ③ 법인의 국적결정에 관한 기준으로는 설립지, 본점소재지, 지배지가 주장되어 왔다. 유럽에서는 본점소재지가 유력한 기준이지만, 국제법에서는 영미법계에서 발달된 설립지주의가 널리 인정되어 왔다. 따라서 법인의 국적을 결정하는 데에는 그 법인이 어떤 국가의 법에 따라 설립되었는가가 중요한 기준이 된다. 국제사법재판소도 1970년 바르셀로나 전기회사(Barcelona Traction Co.) 사건에 대한 판결에서 설립지기준을 따랐다. ④ 국제법도 국적결정과 관련하여 몇 가지 원칙들을 가지고 있다. ⑤ 무국적자는 그 어느 국가에서든 외국인의 지위를 가진다.

---

12 기업의 국적을 결정하는 데 있어서 국제사회가 가장 보편적으로 인정하고 있는 기준은 무엇인가?

① 주주들은 어떤 국가의 국민인가

② 생산시설은 주로 어떤 국가에 있는가

③ 본점은 어떤 국가에 있는가

④ 어느 곳이 영업의 중심지인가

⑤ 어떤 국가의 법에 따라 설립되었는가

> [해설] 법인의 국적을 결정하는 데 대해서는 통일된 기준이 존재하지 않는다. 그러나 가장 보편적으로 인정되는 것은 설립지주의이며, 법인설립시 준거법 국가를 그 본국으로 본다.

13 외국인의 대우에 관한 설명 중 옳지 않은 것은?   <사시 '00>

① 외국인 대우의 기준에 관해서는 국가들 간에 견해의 차이가 있다.

② 외국인은 재류국의 영토관할권에만 복종하며, 본국의 관할권은 배제된다.

③ 국가는 일정 조건하에서 외국인의 재산을 수용할 수 있다.

④ 일반국제법상 국가는 외국인의 입국을 허용할 의무가 없다.

⑤ 국가는 국가안보를 해치는 외국인을 추방할 수 있다.

> [해설] 어떤 사람이 외국에 체류하는 동안, 그는 그 국가(영토국가)의 관할권에 주로 종속된다. 그러나 그는 그의 본국(국적국가)의 인적 관할권에도 종속되므로, 본국의 관할권이 배제되는 것은 아니다.

14 외국인의 지위에 관련된 다음의 연결들 중에서 틀린 것은?

① WTO —— 내국인대우원칙

② 여권 —— 본국정부가 발행하는 신분증

③ visa —— 본국정부의 출국사증

④ 추방 —— 외국인의 강제출국

[정답] **12** ⑤   **13** ②

⑤ 국내표준주의 ── 외국인의 보호정도

해설 ① WTO는 최혜국대우와 함께 내국인대우를 원칙으로 한다. ②③ 일반적으로 모든 사람은 외국에 입국하려면 본국정부가 발행하는 신분증인 여권(passport)을 소지해야 하며, 비자면제협정 등 특별한 합의가 없는 한, 외국정부의 입국사증(visa)을 받아야 한다. ④ 외국인은 자유로이 출국할 수 있으나, 국내법위반과 같은 특별한 사유가 있을 때에는 추방하여 강제 출국시킬 수 있다. ⑤ 외국인의 보호정도에 대해서는 국내표준주의와 국제 표준주의가 대립하고 있으나 국내표준주의가 우세하다.

15 외국인의 지위에 관한 설명 중 옳지 않은 것은? <사시 '01>

① 私人인 외국인은 원칙적으로 재류국의 재판관할권에 복종된다.
② 재류국은 외국인의 생명, 재산을 보호할 국제법상 의무를 부담한다.
③ 국가는 외국인의 입국을 허용할 국제관습법적 의무를 부담한다.
④ 재류국은 외국인에 대하여 특정한 국내공법상의 권리를 인정하지 않을 수 있다.
⑤ 특별한 사유가 없는 한, 외국인은 재류국에서 출국할 자유를 가진다.

해설 ① 한 국가에 체류하는 외국인은 본국의 관할권에 앞서 체류국의 관할권에 종속된다. 즉, 외국인은 본국의 인적 관할권 이전에 체류국의 영토관할권에 종속되어 체류국의 법을 먼저 준수해야 한다. ④ 내외국인 평등대우 경향에 따라 외국인의 법적인 권리와 의무가 내국인의 그것과 유사해지고 있지만, 외국인이라는 신분에서 오는 차별은 계속 존재한다. 각국의 국내법상 외국인의 권리는 전반적으로 신장되었으나, 참정권을 위시한 공법상의 권리는 제한이 불가피하며, 사법상 권리도 일부 제한된다. ③ 외국인의 출입국은 한 국가의 국내문제에 속하는 사항이다. 따라서 국가는 외국인의 입국을 허용해야 할 국제법적인 의무를 부담하지 아니한다.

16 뉘른베르크 국제군사재판소는 1945년 「전범소추 및 처벌에 관한 협정」을 체결하여 그에 근거하여 전범들을 재판한 바 있다. 당시 범죄인을 처벌한 범죄유형은? <행시, 외시, 지시 '02>

① 평화의 파괴, 종교적 박해, 노예의 경제노역

② 전쟁범죄, 포로와 점령지 시민들에 대한 학대, 집단살해

③ 인종차별, 식민지배, 소수인종 차별

④ 해적행위, 평화에 대한 범죄, 식민지배

⑤ 평화에 대한 범죄, 전쟁범죄, 인도에 대한 범죄

> [해설] 2차대전이 끝난 후 추축국의 전범들을 재판하기 위한 재판소가 열렸다. 독일의 전범들을 재판하기 위한 법적인 근거는 1945년 협정에 의하여 마련되었는데, 협정은 전쟁범죄, 평화에 대한 범죄, 인도주의에 대한 범죄를 규정하고, 그 구성요건들을 정하여 전범들을 재판하였다.

17 다음 중 뉘른베르크 법원에 의한 재판에 관한 설명이 아닌 것은?

① 2차대전 종전 후 전범재판을 위해 설립되었다.

② 1928년 부전조약에 명시된 국제형법을 적용하여 전범들을 처벌하였다.

③ 국가기관의 구성원들을 처벌대상으로 삼았다.

④ 평화에 대한 범죄, 전쟁범죄, 인도에 대한 범죄로 죄목을 분류하여 처벌하였다.

⑤ 죄형법정주의에 대한 위반이란 문제를 안고 있었다.

> [해설] 뉘른베르크 법원은 1945년 8월에 체결된 「전범처벌에 관한 협정」과 「군사법원헌장」에 따라 2차대전의 전범들을 ④에 제시된 죄목으로 처벌하였다. 그러나 이 법원에 의한 재판은 사후법에 의한 처벌이란 약점을 안고 있었다.

18 1998년 로마회의에서 채택된 「국제형사재판소 설립을 위한 조약」상 관할대상이 되는 범죄의 네 가지 유형에 속하지 않는 것은?

<행시, 외시, 지시 '01>

① 집단살해죄

② 마약밀매죄

③ 전쟁범죄

④ 인도에 반한 죄

⑤ 침략범죄

해설 「국제형사재판소 로마규정」에 의하면, 국제형사재판소의 관할권은 국 제공동체에 대한 중대한 범죄인 집단살해죄, 인도에 반한 죄, 전쟁범죄, 침 략범죄에 미친다(로마규정 5조). 국제형사재판소는 유죄판결을 받은 자에 대하여는 최고 30년까지 유기징역을 선고하며, 무기징역을 선고할 수도 있 다. 그러나 사형은 선고할 수 없다.

19 항공기 불법납치(하이재킹) 관련 국제협약들이 규정하고 있는 내용이 아닌 것은?

① 형사재판관할권의 분산　　　② 범죄자에 대한 중벌
③ 범죄인인도　　　　　　　　④ 국제형사재판소에서의 재판
⑤ 범죄자들의 도피처 차단

해설 하이재킹 관련 국제협약들은 범죄자들이 처벌받지 않는 사례를 줄이기 위해 형사관할권을 분산하고, 범죄인인도를 의무화하고 있다. 아울러 그러 한 범죄자들을 중한 범죄로 처벌할 것을 각국에 요구하였다. 상설국제형사 재판소에 의한 재판을 상정한 것은 아니었다.

20 다음 중 1919년 베르사유조약에 의해 창설된 국제기구는?

① IMF　　　　　　　　　　② IBRD
③ ILO　　　　　　　　　　④ UNESCO
⑤ FAO

해설 보기에 있는 국제기구들은 모두 유엔의 전문기구이다. 그 중에서 국제 노동기구(ILO)는 노동자의 권익옹호를 위해 1919년 베르사유조약에 의해 창설되었다.

21 다음 중 소위 국제권리장전(International Bill of Rights)의 구성부분이라 할 수 없는 것은?

① 세계인권선언　　　　　　　② 국제연합 헌장
③ 국제인권규약 A규약　　　　④ 국제인권규약 B규약
⑤ 국제인권규약 B규약 선택의정서

> **해설** 소위 국제권리장전이란 세계인권선언과 두 개의 인권규약 그리고 B규약에 대한 선택의정서를 총칭하는 것이다.

22 유엔의 주요기관들 중에서 인권문제의 주무부서는 어느 곳인가?

① 총 회   ② 안전보장이사회

③ 경제사회이사회   ④ 신탁통치이사회

⑤ 국제사법재판소

> **해설** 유엔총회와 안보리도 인권문제를 다룰 수는 있다. 그러나 유엔헌장은 62조에서 경제사회이사회는 모든 사람들의 인권과 기본적 자유가 존중되도록 권고할 수 있다고 하여, 경제사회이사회가 유엔에서 인권문제의 주무부서임을 밝혔다.

23 세계인권선언은?   <사시 '90>

① 1948년 UN총회가 채택하였다.

② 1963년 UN총회가 채택하였다.

③ 1948년 안전보장이사회가 채택하였다.

④ 1963년 안전보장이사회가 채택하였다.

⑤ 1963년 UN총회가 채택하였다.

> **해설** 세계인권선언은 1948년 유엔총회가 만장일치로 채택하였다.

24 세계인권선언에 대한 적절한 설명이 아닌 것은?

① 1948년 유엔총회가 채택하였다.

② 인간의 기본권 보장이 세계평화의 기초라는 인식을 바탕으로 하였다.

③ 매우 다양한 인간의 기본적 자유와 권리들이 규정되어 있다.

④ 유엔헌장의 인권규정들에 대한 권위 있는 해석문서로 생각되어 왔다.

⑤ 유엔헌장에 따라 총회가 채택한 다른 결의와 마찬가지로 법적인

구속력을 가진다.

> **해설** ① 세계인권선언은 1948년 12월 10일 유엔총회에서 채택되었다. ② 세계인권선언은 모든 인간이 천부적이고 평등하며 양도할 수 없는 권리를 가진다는 것을 인정하는 것이 세계의 자유와 정의·평화의 기초가 된다는 인식에서 출발하였다. ③ 세계인권선언에는 인간의 다양한 기본권들이 규정되어 있다. ④⑤ 세계인권선언은 유엔총회 결의로 채택된 것이어서 원래는 법적인 효력을 가질 수 없다. 그러나 세계인권선언의 채택 이후 이 선언은 헌장의 인권규정에 대한 권위 있는 해석으로 받아들여지게 되었고, 국제기구와 각국 정부들이 인권선언을 자주 인용하면서 선언의 내용들은 국제관습법이 되었다는 주장이 다수 학자들의 지지를 얻고 있다.

25 다음 중 국제인권규약과 관계가 없는 것은?

① 1966년 유엔총회가 채택하였다.

② 세계인권선언과 같은 선언이 아닌 조약이어서 당사국들에게 법적인 의무를 부과한다.

③ A규약과 B규약, B규약에 대한 선택의정서로 되어 있다.

④ 인권이사회를 설치하여 당사국들의 규약상 의무이행을 독려하게 하였다.

⑤ B규약은 가입국 수가 너무 적어 아직 효력발생에 이르지 못하였다.

> **해설** 국제인권규약은 1966년 유엔총회에서 채택되었으며, 이것은 조약이기 때문에 규약당사국들에게는 법적인 의무가 부과된다. 국제인권규약은 A규약과 B규약, B규약에 대한 선택의정서로 되어 있으며, B규약의 실시를 위해 인권이사회를 설치하여 당사국들이 제출한 보고서를 검토하게 하였다. ⑤ A, B규약 모두 국제인권규약 채택 10년 후인 1976년 효력발생에 들어갔다.

26 다음 중 연결이 잘못된 것은?

① 세계인권선언 ─ 유엔총회의 결의

② 국제인권규약 ─ 조약

---

③ A규약 —— 경제적·사회적·문화적 권리에 관한 규약

④ B규약 —— 시민적·정치적 권리에 관한 규약

⑤ 선택의정서 —— A규약에 대한 의정서

> [해설] 유엔총회가 1966년 12월 16일 채택한 「국제인권규약」(International Covenants on Human Rights)은 세 개의 문서로 구성되어 있다. 그것은 「경제적·사회적·문화적 권리에 관한 규약」(A규약), 「시민적·정치적 권리에 관한 규약」(B규약) 및 「시민적·정치적 권리에 관한 규약에 대한 선택의정서」(Optional Protocol to the International Covenant on Civil and Political Rights)이다.

27 다음 국제인권규약에 관한 설명 중 옳지 않은 것은?   <사시 '92>

① A규약, B규약, 선택의정서의 3개 부분으로 구성되어 있다.

② 한국은 1990년 이에 가입하면서 A규약 중 4개 조항을 유보하였다.

③ 개인에게 UN 인권이사회에 청원할 수 있는 권리를 인정하고 있는 것은 B규약 선택의정서이다.

④ 개인이 청원할 수 있는 사항은 B규약을 위반한 경우이다.

⑤ A규약, B규약은 모두 제1조에 민족자결권을 규정하고 있다.

> [해설] 국제인권규약 A규약은 사회적 기본권에 관련된 권리들을 담고 있는바, 일종의 프로그램적 규정으로 당사국에게 큰 부담을 주지 않는다. 반면에 B규약은 시민적·정치적 권리에 관한 것으로 당장에 실시해야 하므로 당사국들이 부담을 느끼게 된다. 우리나라는 1990년 국제인권규약에 가입하면서 B규약의 일부 조항을 유보하였다.

28 다음 중 국제인권규약 중 「경제적·사회적·문화적 권리에 관한 규약」에 규정된 권리가 아닌 것은?

① 근로의 권리   ② 신체의 자유

③ 노조결성권   ④ 교육을 받을 권리

⑤ 사회보장을 받을 권리

[정답] 26 ⑤   27 ②

[해설] A규약인 「경제적·사회적·문화적 권리에 관한 규약」에는 사회적 기본
권에 속하는 권리들이 규정되어 있다. 따라서 민족의 자결권, 평등권, 근로
의 권리, 적절한 근로기준을 누릴 권리, 노조결성권, 사회보장을 받을 권리,
가정을 보호받을 권리, 적절한 생활을 유지할 권리, 육체적·정신적 건강을
유지할 권리, 교육을 받을 권리, 문화생활을 누릴 권리 등이 나열되어 있다.

29 국제인권규약 B규약인 「시민적·정치적 권리에 관한 규약」의 실시를
위해 설립된 기관으로 규약 당사국들이 제출하는 보고서를 검토하고,
규약위반에 관한 통보를 심의하는 기능을 수행하는 것은?

① 경제사회이사회   ② 인권위원회
③ 인권이사회   ④ 국제사법재판소
⑤ 유엔사무국

[해설] 국제인권규약 B규약인 「시민적·정치적 권리에 관한 규약」 28조부터
39조는 인권이사회(Human Rights Committee)에 관한 규정들이다. 인권이
사회는 고도의 도적적 자질과 인권분야에서 뛰어난 능력을 인정받은 사람
들로서, 형평에 맞는 지리적 분배와 주요 법제도들이 대표될 수 있도록 선
발되는 18명의 위원들로 구성된다. 인권이사회는 규약이 인정하는 권리의
시행을 위해 취한 조치에 관한 국가별 보고서를 검토하고, 규약위반에 관
한 국가간 통보를 심의하는 한편, B규약 선택의정서 당사국 국민들의 청원
을 심의한다.

30 국제인권규약 B규약의 실시와 관련된 설명들이다. 적절치 않은 것은?

① A규약과는 달리 구체적인 실시를 위한 조치들을 요구하지 않는
다.
② B규약의 실시를 위하여 인권이사회를 설치하였다.
③ 규약당사국들은 자국이 취한 조치와 진전사항들에 관한 보고서
를 제출하여야 한다.
④ 국가 간 통보제도를 도입하였다.
⑤ 개인청원제도를 도입하였다.

[해설] ① 국제인권규약 B규약인 「시민적·정치적 권리에 관한 규약」은 주로

자유권적 기본권과 정치적 자유에 관한 것으로, A규약에 비해 당사국들에게 구체적인 실시를 요구한다. ② 규약의 구체적인 실시를 위해 규약은 18명의 위원들로 구성되는 「인권이사회」(Human Rights Committee)를 설치하였다. ③ 규약 당사국들은 자국이 취한 조치와 진전사항들에 관해 보고서를 제출해야 한다. ④ B규약 41조는 국가 간 통보제도를 규정하여, 규약상 인권보장의무를 이행하지 않는 국가를 서로 해당 국가와 인권이사회에 통보할 수 있게 하였다. ⑤ 「시민적·정치적 권리에 관한 규약 선택의정서」에 가입한 국가들은 그 국민들이 인권이사회에 자신의 침해된 권리에 대해 청원하는 권리를 인정한다.

31 국제인권규약의 「시민적·정치적 권리에 관한 규약 선택의정서」를 선택하는 국가에게는 어떤 효과가 발생하는가?

① 규약의 국내적 실시에 관한 보고서를 제출해야 한다.

② 규약위반에 대한 국가 간 통보제도의 적용을 받는다.

③ 자국인의 인권이사회에의 청원권을 인정하게 된다.

④ 규약의 국내적 실시에 관한 보고서 제출을 면제받는다.

⑤ 자국인의 ICJ에의 제소권을 인정하게 된다.

> 해설 국제인권규약 B규약, 즉 「시민적·정치적 권리에 관한 규약」의 실시를 보완하기 위하여 별도의 문서로 「시민적·정치적 권리에 관한 규약 선택의정서」(The Optional Protocol to the Covenant on Civil and Political Rights)가 있다. B규약의 당사국으로서 이 의정서를 수락한 국가는 자국관할권 내에 있는 개인이 침해당한 자신의 규약상 권리에 관해 인권이사회에 청원하는 것을 허용하게 된다.

32 인권의 국제적 보호와 관련한 설명 중 옳지 않은 것은?

<행시, 외시, 지시 '99>

① 세계인권선언은 인권보장의 권고적 효력만을 갖는다.

② 제2차 세계대전 이전에도 소수민과 노동인권의 보호 등 개별적이고 단편적인 국제적 인권보호가 행하여졌다.

③ 국제인권규약은 각국의 인권상황 등을 감안하여 단일조약의 형태를 띠고 있다.

④ 제2차 세계대전 이후 인권의 국제적 보호라는 새로운 조류가 형성되었다.

⑤ UN헌장상의 인권보호규정은 인권보장에 대한 UN의 기본적 원칙을 천명한 지도이념으로 보는 것이 타당하다.

> 해설 ① 세계인권선언은 조약이 아니라 유엔총회 결의로 채택된 것이어서, 원래 법적인 강제력을 가지지 못하며 권고의 효력을 가질 뿐이다. 일부 학자들은 1948년 이후 이 선언이 법적인 성격을 획득하였으므로, 유엔 회원국들은 이 선언을 준수할 법적인 의무를 부담하게 되었다고 주장했으나, 이러한 주장이 일반적으로 받아들여지지는 않았다. ③ 유엔총회가 1966년 12월 16일 채택한 국제인권규약(International Covenants on Human Rights)은 「경제적·사회적·문화적 권리에 관한 국제규약」(International Covenant on Economic, Social and Cultural Rights : A규약), 「시민적·정치적 권리에 관한 국제규약」(International Covenant on Civil and Political Rights : B규약) 및 「시민적·정치적 권리에 관한 규약에 대한 선택의정서」(Optional Protocol to the International Covenant on Civil and Political Rights)로 구성되어 있다. 이는 각국이 그 인권상황에 따라 선별적으로 가입할 수 있도록 재량을 부여하기 위한 것이라 하겠다.

33 범죄인인도 제도의 목적이나 효과가 아닌 것은?

① 국제사법공조   ② 범행의 실체적 진실 발견
③ 인도적 간섭   ④ 국제사회 전체의 이익
⑤ 철저한 범죄인 처벌

> 해설 인도적 간섭(humanitarian intervention)이란 한 국가 내에서 극심한 인권탄압이 자행되는 경우 다른 국가들이 개입할 수 있다는 주장으로 범죄인인도와는 관계가 없다.

34 다음 중 범죄인인도의 대상이 아닌 사람은?

① 탈주한 죄수   ② 민사사건 당사자
③ 형사피의자   ④ 항공기납치범
⑤ 방화범

> [해설] 국제법상 범죄인인도란 주로 형사범죄에 관한 국제사법공조를 위한 제도이므로 민사 및 행정사건의 당사자는 원칙적으로 인도대상에 포함되지 않는다.

35 다음 중 범죄인인도가 이루어질 수 없는 경우는?

① 인도를 요구하는 국가와 요구받은 국가 사이에 범죄인인도에 관한 양자조약이 있다.

② 인도를 요구하는 국가와 요구받은 국가 쌍방이 범죄인인도에 관한 어떤 다자조약의 당사국이다.

③ 인도를 요구받은 국가가 범죄인인도에 관한 국내법을 가지고 있다.

④ 범죄인인도를 요구받은 국가의 법에 따르면 인도의 대상이 될 사람의 행위는 가벌성이 없다.

⑤ 인도를 요구하는 국가와 요구받은 국가는 이제까지 관련 범죄인들을 상호 인도해 주는 관행을 수립해 왔다.

> [해설] ①② 양자조약이든 다자조약이든 범죄인인도에 관한 조약이 있으면 그 조약에 따라 범죄인인도는 이루어진다. ③ 조약이 없어도 관련 국내법이 있으면 그 법에 따라 범죄인인도는 가능하다. ⑤ 관련 조약이나 국내법이 없어도 상호성에 입각한 관행이 있으면 그것에 따라 범죄인인도는 가능하다. ④ 2중범죄성립의 원칙이라는 것이 있다. 이 원칙은 범죄인인도를 위해서는 범죄인인도를 요구하는 국가와 요구받은 국가 양측의 법에 있어 인도대상자의 행위가 가벌성이 있어야 한다는 원칙이다. 인도를 요구받은 국가의 법에 따를 때 가벌성이 없는 경우에는 범죄인인도는 어렵다.

36 범죄인인도 제도에 관한 설명 중 옳지 않은 것은?   <사시 '00>

① 범죄인인도 제도는 국제관습법상의 확립된 제도이다.

② 자국민의 인도 여부에 대해서는 국가들의 견해가 통일되어 있지 않다.

③ 범죄특정의 원칙은 인권보호의 한 장치이다.

④ 대부분의 범죄인인도조약에서 정치범죄는 인도대상에서 제외되고 있다.

⑤ 범죄인인도조약이 없어도 범인을 인도할 수 있다.

> **해설** ① 19세기 이전까지 범죄인인도는 국제적인 제도라기보다는 인도하는 국가의 주권적 재량에 속하는 문제였다. 따라서 범죄인인도는 법규칙보다는 각국의 임의적 결정에 의해 이루어졌다. 19세기 이후 범죄인 탈출의 증가로 관련 조약들이 체결되는 등 범죄인인도가 제도화되기 시작하였으나, 오늘날에도 범죄인인도는 일반국제법 제도도 국제관습법 제도도 아니다. ③ 일단 범죄인인도가 이루어지면, 그 피의자는 인도 요구 당시의 죄목으로만 처벌하여야 한다. 이것은 정치범불인도 원칙 때문에 생긴 원칙으로, 정치범을 인도할 때와 다른 정치적 성격의 죄목으로 처벌하는 것을 방지하기 위한 것이다. ⑤ 범죄인인도는 관련 조약이 있는 경우에는 그러한 조약에 근거하여 이루어지지만, 조약이 없어도 범죄인인도에 관한 국내법이나 상호성에 입각한 국제예양에 따라 이루어진다.

37 정치범불인도의 대상인 순수한 정치범죄가 아닌 것은?   <사시 '83>

① 반역의 기도   ② 쿠데타의 음모
③ 원수의 살해   ④ 혁명의 음모
⑤ 금지된 정치결사의 결성

> **해설** 범죄인인도에서 외국의 국가원수나 그 가족을 살해하거나 살해하려 한 사람은 정치범에서 제외하여 인도의 대상으로 삼고 있다. 이를 가해조항 또는 암살조항이라고 한다.

38 범죄인인도에 대한 설명 중 옳지 않은 것은?   <사시 '01>

① 조약상의 합의가 없는 한, 범죄인을 인도할 의무는 없다.

② 인도요청국과 피요청국 중 한 국가에서만 범죄로 성립되는 것이면 일반적으로 인도의 대상이 되지 않는다.

③ 자국민은 인도하지 않는 국가도 있다.

④ 전쟁범죄를 범한 자는 일반적으로 정치범으로 간주한다.

⑤ 일반적으로 중한 범죄가 인도의 대상이 된다.

해설 전쟁범죄를 범한 자를 정치범으로 볼 수는 없다. 뉘른베르크법원이 전쟁범죄자와 인도에 반한 범죄자를 처벌한 것을 상기할 것. ⑤ 최소한 중요성의 원칙이라는 것이 있다. 범죄인인도에 소요되는 경비와 노력을 감안하여, 대개 1년 이하의 자유형에 해당하는 경미한 범죄는 범죄인인도의 대상에서 제외한다.

39 범죄인인도에 관한 설명 중 옳지 않은 것은?   <사시 '02>

① 아직까지 범죄인인도 의무를 창설하는 일반 국제관습법규는 존재하지 아니한다.

② 우리나라 범죄인인도법상 인도대상 범죄는, 청구국과 피청구국의 법률이 다같이 처벌대상으로 규정한 범죄에 한정된다.

③ 특정주의(특정성의 원칙)란 인도된 범죄인 또는 피의자는 인도청구의 대상이 된 범죄행위에 한하여 기소·처벌된다는 것을 말한다.

④ 우리나라 범죄인인도법은 국가원수·정부수반 또는 그 가족의 생명·신체를 침해하거나 위협하는 범죄에 대하여는 정치범불인도의 원칙을 적용하지 않는다.

⑤ 자국민불인도의 원칙은 본래 영미법계의 국가관행에서 비롯된 것이다.

해설 ⑤ 범죄인 중에서 자국민은 인도하지 않는 관행을 자국민불인도의 원칙이라고 한다. 영미법계에서는 전통적으로 범죄행위지에서 재판을 진행하는 것이 적당하다고 생각하여 자국민도 범죄행위지로 인도하였었다. 반면에 대륙법계에서는 자국민은 인도하지 아니하는 경향이 있었던바, 범죄인인도가 상호성의 제약을 받게 되면서 자국민불인도가 보다 보편화되었다.

40 범죄인인도 제도에 대한 설명 중 옳지 않은 것은?

<행시, 외시, 지시 '02>

① 인도의 대상인 범죄인이 자국민인 경우에는 인도하지 않는 경향이 있다.

② 한·미 범죄인인도조약의 인도대상 범죄는 인도시에 양국법률에 의하여 1년 이상의 자유형 또는 그 이상의 중형으로 처벌될 수 있는 범죄이다.

③ 정치범은 범죄인인도의 대상에서 제외되는 것이 일반적이다.

④ 외국의 국가원수를 살해한 자도 정치범이므로 인도의 대상이 되지 않는다.

⑤ 범죄인의 정치범 여부에 대한 판단은 범행의 결과는 물론 그 동기를 고려하여 이루어져야 한다.

[해설] ③ 정치범은 범죄인인도 대상에서 제외한다는 정치범불인도의 원칙은 일반국제법 원칙이라 할 수 있다. ④ 정치범은 범죄인인도의 대상에서 제외되지만, 범행의 정치적 성격에도 불구하고 정치범으로 취급되지 않아 인도의 대상이 되는 경우가 있다. 그 한 가지 사례가 가해조항(암살조항 또는 벨기에조항)에 따른 것인데, 외국원수와 그 가족을 살해하거나 살해하려 한 자는 정치범으로 인정하지 않는다는 것이다. 그 외에 집단살해(Genocide) 범죄자와 무정부주의자, 항공기 불법납치범, 테러범들도 그 범행의 정치적 성격에도 불구하고 범죄인인도의 대상에 포함된다. ⑤ 정치범을 어떻게 판단할 것인가 하는 것은 매우 중요한 문제이다. 정치범 여부를 판단하는 데 있어 특히 중요하게 고려되어야 하는 것은 행위의 동기이며, 정치범여부는 범행의 동기와 성질, 목적, 행위시 상황을 고려하여 판단한다.

41 외교적 보호권(right of diplomatic protection)의 행사에 관한 설명 중 옳지 않은 것은? 〈사시 '01〉

① 국내적 구제완료의 원칙이 적용된다.

② 국적계속의 원칙이 적용된다.

③ 칼보(Calvo)조항은 본국의 외교적 보호권을 배제하려는 의도를 가지는 한, 국제법상 무효로 간주된다.

④ 외교적 보호권은 국가 자신의 권리이다.

⑤ 국가는 피해를 입은 자국민이 외교적 보호를 요청하지 않는 경우 이를 행사할 수 없다.

[해설] 외교적 보호권은 국가 자신의 권리이다. 따라서 국가는 피해를 입은

자국민이 외교적 보호를 요청하여도 이를 행사하지 않을 수 있고, 요청하지 아니하는 경우에도 이를 행사할 수 있다.

42 난민을 그 생명 또는 자유가 위협받을 우려가 있는 영역으로 추방하거나 송환해서는 아니 된다는 원칙은?　　　　　〈행시, 외시, 지시 '01〉

① principle of speciality
② principle of non-extradition of political offender
③ principle of reciprocity
④ principle of non-refoulement
⑤ principle of contiguity

> 해설　① principle of speciality는 특정성의 원칙으로 정치범불인도와 관련이 있으며, ② principle of non-extradition of political offender는 정치범불인도의 원칙이고, ③ principle of reciprocity는 상호성의 원칙으로 모든 국제관계의 근본원칙이며, ④ principle of non-refoulement는 강제송환금지의 원칙이고, ⑤ principle of contiguity는 근접성의 원칙으로 영토 및 해양관할권 주장과 관련이 있다.

43 외교적 보호와 관련하여 법인의 국적문제가 제기되었던 사건은?

① Nottebohm 사건　　　　② Barcelona Traction 사건
③ Lotus 사건　　　　　　④ International Shoe 사건
⑤ Corfu Channel 사건

> 해설　Barcelona Traction 회사는 캐나다에서 설립되어 주로 스페인에서 활동하였던 기업으로 주요 주주는 벨기에 사람들이었다. 1970년 국제사법재판소에서 다루어졌던 이 사건에서 주요 쟁점은 어떤 국가가 이 기업에 대한 외교적 보호를 행할 수 있는 국가인가 하는 것이었다.

44 인권의 국제적 보호에 관한 설명으로 옳은 것은?

〈행시, 외시, 지시 '02〉

① 19세기 전통국제법은 개인의 국제법적 지위를 인정하지 않았다.

---

② 뉘른베르크 전범재판은 국제인권법의 발달에 전혀 기여하지 못하였다.

③ 「시민적·정치적 권리에 관한 국제규약」은 국제인권 A규약이다.

④ 「1948년 세계인권선언」은 특히 민족자결원칙을 강조하고 있다.

⑤ 한국은 2002년 2월 현재 1996년의 국제인권 A규약 및 B규약에 가입하지 않고 있다.

해설 ① 법실증주의자들은 개인을 국제법 주체로 인정하기를 거부하였으나, 실제로 개인의 국제법상 지위가 전면 부인된 것은 아니었다. 19세기 후반부터 20세기 초까지의 법실증주의 전성기 때에도 각국의 국내법원들은 국제사법 뿐 아니라 국제법에 위반되는 행위를 한 개인을 제소하거나 개인에게 소송을 제기할 수 있는 권리를 부여하였었다. ③ 「시민적·정치적 권리에 관한 국제규약」은 국제인권 B규약이다. ⑤ 우리나라는 1990년 4월 11일 「경제적·사회적·문화적 권리에 관한 규약」, 「시민적·정치적 권리에 관한 규약」, 「선택의정서」 등 3개의 규약에 동시에 가입하였다.

조 약 법

조 약 법

1 국제법상 조약의 지위와 정의, 명칭에 대한 다음의 설명 중에서 적절치 못한 것은?

① 조약은 국제법의 법원에 관한 ICJ 규정 38조 1항에 제일 먼저 등장하였다.

② 조약이란 각국 국회의 비준동의를 거친 국제적인 합의만을 의미한다.

③ 조약이란 그 명칭이나 형식에 관계없이 국제법의 규율을 받는 명시적인 국제적 합의이다.

④ 1969년 「조약법에 관한 비엔나협약」은 조약법에 관한 가장 중요한 문서이다.

⑤ 오늘날 국제관계의 실질적인 내용들은 상당 부분 조약으로 표현되며, 국제분쟁 중에는 조약의 효력과 내용에 관한 것들이 많다.

> [해설] 〈조약(treaty)〉 ① 국제사법재판소(ICJ) 규정 38조 1항은 자신에게 제기된 분쟁에 적용할 첫 번째 법원으로 "일반적이든 특수한 것이든 분쟁당사국들이 명시적으로 인정한 국제협약"(international conventions)을 들었다. 이 조문에 나타난 法源의 순서는 효력의 순위가 아닌 참조의 편의에 따른 것이기는 하지만, 조약이 가장 중요한 국제법의 법원임을 인정한 것이다. ② 국제법에서 말하는 조약이란 각국의 국내법 절차에 관계없이 국제법의 규율을 받는 모든 국가간의 합의이다. 따라서 각국 국회의 비준동의를 필요로 하는가 하는 국내법적 문제는 국제법의 관심대상이 아니다. ③ 조약이란 그 명칭이나 형식에 관계없이 국제법의 규율을 받는 국가간의 모든 명시적 합의이므로, 조약에는 매우 다양한 명칭들이 사용되고 있다. ④ 조약법에 관한 가장 중요한 법원으로는 1969년 체결된 「조약법에 관한 비엔나협약」이 있다. ⑤ 오늘날 국가간 관계의 실질적인 내용들은 대부분 조약에 들어 있으며, 국제분쟁의 상당수는 조약의 내용과 유효성에 관한 것이다. 뿐만 아니라 유엔을 비롯한 주요 국제기구들은 다자조약을 근거로

설립되어 활동하는바, 이러한 사실들은 오늘날 국제사회에서 조약의 중요성을 보여준다.

2 다음은 조약의 정의에 관한 설명들이다. 적절치 못한 것은?

① 국적을 달리하는 국제법 주체 간의 모든 합의를 조약이라 부른다.
② 조약이란 법적인 구속력을 가지는 국제적인 규범이다.
③ 조약은 서면형식으로 국가간에 체결되는 국제적인 합의이다.
④ 조약은 국제법에 의하여 규율되는 국제적 합의이다.
⑤ 조약이란 하나의 문서일 수도 있고 2 이상의 문서로 구성될 수도 있다.

> **해설** 〈**조약의 정의**〉 1969년 조약법에 관한 비엔나협약 2조 1항은 조약이란 단일의 문서에 또는 둘 또는 그 이상의 관련문서에 구현되고 있는가에 관계없이, 또한 그 명칭에 관계없이, 서면형식으로 국가간에 체결되며, 국제법에 의해 규율되는 국제적 합의라고 하였다. ① 조약이란 국제법 주체들 간의 합의이지만, 국제법 주체 간의 모든 합의가 조약은 아니다. 1969년 조약법협약은 국가간에 체결되는 조약만을 대상으로 하였으나, 국제기구들도 조약의 당사자가 될 수 있다. 반면에 개인은 국제법의 주체이면서도 조약을 체결할 수 없다. ② 조약은 법적인 구속력을 가지므로 구속력 있는 결과를 의도하지 아니한 합의는 조약이 아니다. 정치적·도덕적 약속에 불과한 신사협정(gentlemen's agreement)은 조약이 아니다. ③ 1969년 비엔나협약은 조약이란 '서면으로'(in writing) 되어 있는 국제적인 합의라고 하였다. ④ 조약은 국제법의 규율을 받는 국제적인 합의이다. 국제적인 합의라 하더라도 어떤 국가의 국내법의 적용을 받는다면 그것은 조약이 아니다. ⑤ 비엔나협약의 규정대로 조약은 하나의 문서일 수도 있고 둘 이상의 문서로 구성될 수도 있다.

3 다음 중 국제법에서 말하는 조약이 아닌 것은?

① 협 약　　　　② 잠정협정
③ 선 언　　　　④ 양허계약
⑤ 협 정

정답 1 ② 　 2 ①

해설 **<양허계약>** 국내법에서 조약이란 헌법상 절차에 따라 체결되어 대통령에 의해 비준·공포된 것만을 의미하는 경우가 많다. 그러나 국제법에서 조약의 의미는 이것보다는 훨씬 넓은 의미의 것이며 국가간의 명시적 합의 대부분을 포함한다. 이러한 국가간의 합의, 즉 '광의의 조약'에는 조약 (treaty) 이외에도, 다자조약에 주로 사용되는 협약(convention), 국제기구 설립조약인 헌장(charter), 행정적·기술적 성격이 강한 합의인 협정(agreement, pact), 추가되는 내용을 담고 있는 의정서(protocol) 등이 있다. 이 외에 규정(covenant), 선언(declaration), 규약(statute), 잠정협정(modus vivendi), 각서교환(exchange of notes)도 조약에 속한다. ④ 양허계약 (concession)이란 자원개발과 관련하여 국가와 외국인 또는 외국인 간에 이루어지는 합의이다. 국제사법재판소는 Anglo-Iranian 석유회사 사건에서 양허계약이 조약인가 하는 문제를 검토하였으나, 양허계약은 조약이 아니라고 하였다.

4 다음 중 신사협정에 대한 적절한 설명이라 할 수 없는 것은?

① 정치가나 외교관 사이에서 이루어진 법적 구속력이 결여된 합의를 일컫는 말이다.

② 신사협정에 합의한 국가는 신의성실에 따라 그러한 서약을 지켜야 할 법적인 의무를 부담한다.

③ 당사자들은 신사협정 위반을 근거로 일정한 청구를 제기할 수 없다.

④ 어떠한 것들이 신사협정에 속하는 합의인가에 대해서는 다양한 주장이 있다.

⑤ 신사협정에 대한 정의와 명칭에 대해서도 이견이 있다.

해설 **<신사협정(Gentlemen's Agreement)>** ① 신사협정이란 영미법계에서 나온 것으로, 정치가나 외교관 사이에서 이루어진 법적 구속력이 없는 합의를 일컫는 말이다. ② 신사협정은 협정에 합의한 자들에게 신의성실에 따라 그러한 서약을 이행해야 할 '정치적'(political) 또는 '도덕적'(moral) 의무를 발생시키는 것일 뿐 법적인 의무를 발생시키지는 않는다. ③ 신사협정은 법적인 성격이 결여되어 있기 때문에, 당사자들은 신사협정 위반을 근거로 제재를 요구하거나 이행을 요구할 수 있는 법적인 권리를 가지지 않는다. ④⑤ 국제법 개념에 변화가 생기면서 신사협정이란 개념에도 혼란

이 오게 되었다. 더구나 신사협정은 '공동성명'(joint statement), '양해각서'(memorandum of understanding), '의향선언'(declarations of intention) 등 다양한 명칭을 갖고 있어 그러한 구분을 더욱 어렵게 하고 있다. 일반적으로는 1941년 미국의 루즈벨트 대통령과 영국 처칠 수상 간에 합의된 대서양헌장(Atlantic Charter), 1975년 유럽안보협력회의 헬싱키최종의정서 등을 신사협정에 속하는 것으로 보지만, 여기에 대해서는 이견이 있다.

5 양자조약과 다자조약을 구분하는 기준은?
① 조약의 법적 성격　　② 조약의 개방성여부
③ 조약의 체결절차　　④ 조약의 당사국 숫자
⑤ 유보의 허용여부

> 해설 〈**양자조약과 다자조약**〉 조약은 당사국의 숫자에 따라 양자조약과 다자조약으로 나뉜다. 조약당사자가 2개국인 조약을 양자조약 또는 이변조약이라 하고, 당사자가 셋 이상인 조약 특히 당사국이 수십 개 이상에 달하는 조약을 다자조약 또는 다변조약이라 한다.

6 입법조약(law-making treaty)에 대한 가장 적절한 설명인 것은?
① 대개 양자조약이며 당사자 간의 권리와 의무를 정하는 조약이다.
② 대개 양자조약이며 보편적으로 적용되는 규범을 정하는 조약이다.
③ 대개 다자조약이며 보편적으로 적용되는 규범을 정하는 조약이다.
④ 대개 다자조약이며 당사자 간의 권리와 의무를 정하는 조약이다.
⑤ 조약에의 자유로운 가입이 보장되어 있는 조약이다.

> 해설 〈**계약조약과 입법조약**〉 조약은 법적인 성격에 따라 계약조약(contract treaty)과 입법조약(law-making treaty)으로 나뉜다. 계약조약은 대개 양자조약으로 대립되는 당사국 간의 이해관계 조정을 위해 체결되므로 국내법상의 계약과 유사한 데 비해, 입법조약은 대개 다자조약으로 모든 국가가 함께 지켜야 규범을 세우는 것이므로 법을 만드는 것과 유사하다.

7 개방조약과 폐쇄조약에 대한 올바른 설명이 아닌 것은?

① 조약에의 가입이 자유로운가 하는 기준에 의한 조약 분류방법이다.

② 정치적·군사적 목적을 가진 조약들은 대부분 폐쇄조약이다.

③ 인권이나 환경보호를 위한 조약들 중에는 개방조약이 많다.

④ 양자조약들 중에는 폐쇄조약이 많다.

⑤ 제한된 범위의 국가를 당사자로 하는 조약들 역시 대부분 개방조약이다.

> 해설 〈개방조약과 폐쇄조약〉 개방조약이란 가능한 많은 국가를 당사자로 포용하기 위하여 다른 국가들의 자유로운 가입을 인정하는 조약이므로 보편적 적용을 목적으로 하는 다자조약들은 대개 개방조약이다. 반면에 정치관계 조약이나 동맹조약처럼 다른 당사국들의 가입을 엄격히 제한하는 조약은 폐쇄조약이라고 한다. 대부분의 양자조약과 제한된 범위의 국가를 당사자로 하는 조약들 역시 대개 폐쇄조약이다.

8 정식조약과 약식조약은 어떤 점에서 구분되는가?

① 조약의 법적 성격

② 조약의 개방성

③ 조약의 체결절차

④ 조약의 당사자 숫자

⑤ 조약에의 가입의 자유

> 해설 〈정식조약과 약식조약〉 정식조약이란 교섭, 서명, 비준, 효력발생으로 이어지는 절차에 따라 체결되는 조약이다. 반면에 서명에 의하여 비준의 효력까지 포함하여 교섭, 서명, 효력발생으로 이어지는 조약을 약식조약이라 한다. 약식조약에는 시간적 급박성을 다투는 휴전협정과 기술적 성격이 강한 행정협정이 있다.

제 2 절 조약의 당사자

9 국제법 주체들의 조약체결능력에 관한 설명들이다. 잘못된 것은?

① 모든 국제법 주체는 조약체결능력을 갖는다.

② 국가는 조약체결능력이 있다.

③ 국제기구도 자신의 관할권 범위 내에서 조약을 체결할 수 있다.

④ 개인은 조약체결능력이 없다.

⑤ 사기업과 비정부간기구는 조약체결능력이 없다.

> 해설 **〈조약체결능력〉** 국제법에서도 어떤 법주체가 법적인 권리와 의무를
> 창설하려면 법적 행위능력을 가져야 한다. 국제법상의 법적 행위능력은 국
> 제법 주체 문제와 밀접하게 연결되어 있으나, 국제법의 주체라고 해서 모
> 두 조약을 체결할 수 있는 능력을 갖는 것은 아니다. 따라서 ①이 잘못된
> 것이다. ②③ 국가가 국제법상 조약체결능력을 가짐은 당연하며, 국제기구
> 도 설립목적과 기능에 따른 제한은 받지만 국제법의 능동적 주체로 그 관
> 할권의 범위내에서 조약체결능력을 갖는다. ④ 개인은 제한된 범위에서 국
> 제법 주체로 인정되지만, 조약체결능력은 가지지 못한다. ⑤ 사기업과 비정
> 부간기구는 국제법의 주체가 아니며 조약체결능력도 없다.

10 국가의 조약체결능력에 관한 올바른 설명끼리 나열된 것은?

> ⓐ 국가는 가장 중요한 국제법의 주체로서 조약체결능력을 갖는다.
>
> ⓑ 국가는 다른 국가와 국제기구는 물론, 외국기업 및 외국인과 조약을
>   체결할 수 있다.
>
> ⓒ 주권의 일부를 제한받고 있는 국가들은 그 권한이 미치는 범위에서
>   조약을 체결할 수 있다.
>
> ⓓ 다른 국가들로부터 승인받지 못한 국가는 조약체결능력이 없다.

① ⓐ, ⓑ   ② ⓐ, ⓒ
③ ⓑ, ⓒ   ④ ⓑ, ⓓ
⑤ ⓒ, ⓓ

해설 〈국가의 조약체결능력〉 ⓐⓑ 국가는 국제사회의 가장 중요한 주체이며, 다른 국가나 국제기구와 조약을 체결할 수 있는 광범위한 권한을 갖는다. ⓒ 완전한 조약체결능력을 가지는 국가는 완전한 주권국가이며, 주권의 일부를 제한받고 있는 국가들은 그 권한이 미치는 범위 내에서 조약의 당사자가 될 수 있다. ⓓ 다른 국가들의 승인을 받지 못한 국가를 비롯한 국가로서의 지위를 의심받는 국가들의 조약체결능력 문제가 제기된 적이 있었다. 「조약법에 관한 비엔나협약」을 교섭하는 과정에서 조약체결능력을 가지는 국가의 범위와 관련하여 다른 국가들로부터 승인을 받지 못한 국가적 실체의 조약체결능력이 문제로 제기되었던 것이다. 결국 비엔나협약은 모든 국가들의 가입을 위해 개방된다고 하면서, 그러한 국가에는 많은 국가들로부터 국가로서의 지위를 의심받고 있는 국가들도 포함된다고 하였다.

11 국제기구의 조약체결능력에 대한 설명이다. 적절한 것끼리 나열된 것은?

ⓐ 국제기구는 국제법의 주체로서 조약체결능력을 갖는다.
ⓑ 국제기구는 다른 국제기구와 조약을 체결할 수 있으나, 국제기구와 국가간의 조약체결은 불가능하다.
ⓒ 국제기구들이 체결할 수 있는 조약의 범위는 관할권의 범위와 설립 목적 및 기능에 의해 제한된다.
ⓓ 전문성의 원칙과 묵시적 권한이론은 국제기구가 체결할 수 있는 조약의 범위와는 관계가 없다.

---

① ⓐ, ⓑ   ② ⓐ, ⓒ
③ ⓐ, ⓓ   ④ ⓑ, ⓒ
⑤ ⓑ, ⓓ

해설 〈국제기구의 조약체결능력〉 ⓐ 국제기구는 국가에 이어 매우 중요한 국제법의 주체이며, 이들이 조약체결능력을 갖는다는 것은 의문의 여지가 없다. ⓑ 국제기구들은 그들 상호간에 또는 국가들과 조약을 체결할 수 있다. ⓒⓓ 그렇지만 국제기구들이 체결할 수 있는 조약의 범위는 설립헌장에 규정된 설립목적, 관할권, 기능에 의해 제한된다. 국제기구가 체결할 수 있는 조약의 범위는 국제기구의 전문분야에 국한되지만(전문성의 원칙), 설립헌장에 명시되지 아니하였더라도 국제기구의 설립목적 달성에 필요한 권한은 인정되는 것으로 보아야 한다(묵시적 권한이론).

12 지방정부 또는 지방자치단체의 조약체결능력은?

① 지방정부는 국제법의 주체가 아니므로 조약체결능력을 가질 수 없다.

② 지방정부의 조약체결능력은 각국의 국내법이 인정하는 범위 내에서 인정된다.

③ 전적으로 지방자치단체의 재량에 속하는 사항이다.

④ 조약은 국가의 대외관계에 관한 것이므로 지방정부가 이를 행사할 수 없다.

⑤ 유엔헌장이 인정하는 범위 내에서 인정된다.

> 해설 〈**지방정부의 조약체결능력**〉 미국·호주·캐나다·독일·스위스·러시아 등 연방국가의 지방정부들은 제한된 범위에서 조약체결능력을 갖는다. 이러한 지방정부들의 조약체결능력의 원천에 대해서는 그것이 국제법인지 아니면 국내법인지 하는 문제가 제기된다. 그러나 각국의 헌법이 효율적으로 지방정부의 조약체결권을 제한하고 있는 현실을 볼 때, 지방정부의 조약체결능력은 각국의 국내법이 인정하는 범위 내에서 인정된다고 보는 것이 현실적이다.

제 3 절 \ 조약의 체결절차

13 조약체결절차에 대한 다음의 설명 중 잘못된 것은?

① 국가들은 조약체결절차를 선택하는 데 상당한 재량을 가졌지만, 근세 이후 조약체결절차는 점차 정비되었다.

② 다자조약과 약식조약의 등장으로 조약체결제도는 더욱 복잡해졌다.

③ 국제관계에서 조약이 차지하는 비중이 커지고 그에 따라 조약을 둘러싼 국제분쟁이 증가하면서 조약체결절차의 성문화가 필요해졌다.

④ 조약은 일반적으로 교섭·비준·서명·효력발생의 단계를 거친다고 인식되어 왔다.

⑤ 1969년 「조약법에 관한 비엔나협약」은 조약체결절차에 대해 자세한 규정을 두었다.

> **해설** <**조약체결절차**> ① 국가간 조약체결에 있어서 당사국들은 조약의 내용과 절차를 정하는 데 상당한 재량을 갖는다. 따라서 과거에는 국가들이 조약을 체결하는 데 매우 다양한 방식이 사용되었으나, 근세 이후 국가간에 수많은 조약들이 체결되면서 국제관행을 중심으로 조약체결절차는 점차 정비되어 갔다. ② 전통적인 조약 이외에 다자조약과 약식조약이 등장하면서 조약체결제도는 더욱 복잡해졌다. ③ 조약체결절차가 복잡해지면 조약의 성립과 효력문제를 둘러싼 국제분쟁의 가능성이 그만큼 커지게 되는바, 이를 성문화할 필요가 있었다. 더구나 국제관계에서 성문법위주의 국제법이 차지하는 비중이 커지면서 조약체결절차의 성문화는 더욱 필요해졌다. ④⑤ 조약은 일반적으로 교섭, 서명, 비준, 효력발생으로 이어지는 단계를 거쳐 체결된다고 생각되어 왔다. 그러나 오늘날 조약체결절차는 매우 다양하고 복잡해졌으며, 1969년 「조약법에 관한 비엔나협약」은 조약의 체결절차에 관해 상세한 규정들을 두었다. 비엔나협약은 조약체결절차를 조약문의 교섭과 채택·인증, 조약에 대한 기속적 동의, 효력발생, 조약의 등록과 공고의 순서로 규정하였다.

14 전권위임장에 대한 설명으로 적절치 못한 것은?

① 조약체결권자가 발급하는 것으로 조약의 교섭과 인증을 위한 국가대표임을 증명하는 것이다.

② 교통과 통신수단의 발달로 그 가치가 없어져 이제는 사라진 제

도이다.

③ 국가원수와 정부수반, 외무장관은 전권위임장 없이 교섭에 임할 수 있다.

④ 대사는 전권위임장 없이도 파견국과 접수국 간의 조약문 교섭에 임할 수 있다.

⑤ 조약문에 대한 교섭은 전권위임장에 대한 상호 확인이 있은 후 진행된다.

> [해설] <**전권위임장(Full Powers)**> 조약체결의 첫 단계는 교섭이다. 그러나 교섭을 시작하기 이전에 교섭대표들은 조약체결권자가 발급한 전권위임장을 상호 교환하여 확인한 후 비로소 조약문에 대한 교섭에 들어간다. 전권위임장 제도는 교통과 통신수단이 제대로 발달되어 있지 않았던 과거에 필요하였던 제도로, 오늘날 이 제도의 필요성은 상당부분 사라졌다. 그러나 제도 자체는 현재에도 존속하고 있다.

15 다음 중 전권위임장이 없으면 조약체결을 위한 교섭에 참가할 수 없는 사람은?

① 대통령   ② 국무총리

③ 외무장관   ④ 교섭상대국 주재 대사

⑤ 외교관

> [해설] <**전권위임장**> 1969년 「조약법에 관한 비엔나협약」은 7조 1항에서 조약문을 교섭, 채택하고 기속적 동의를 하는 데 있어서 국가를 대표하는 사람은 전권위임장을 제시해야 한다고 하였다. 그러나 동조 2항에서는 국가원수(Head of State), 정부수반(Head of Government), 외무장관은 조약체결에 관련된 모든 업무에 있어서 전권위임장 없이 국가를 대표할 수 있고, 대사나 공사 등 외교사절단의 장은 전권위임장이 없이도 파견국과 접수국 간의 조약문을 교섭하고 채택할 수 있다고 하였다.

16 조약문의 채택에 관한 설명들이다. 잘못된 것은?

① 조약문의 채택이란 조약체결에 있어서 합의의 형식과 내용을 확정짓는 것이다.

---

② 조약문 채택에 있어서 양자조약과 일부 다자조약에는 만장일치가 적용된다.

③ 국제회의에서 조약문을 채택할 때에는 일반적으로 만장일치가 아닌 별도의 절차가 적용된다.

④ 1969년 비엔나협약은 국제회의에서 조약문을 채택하려면 출석하고 투표한 국가의 과반수의 찬성이 있어야 한다고 하였다.

⑤ 오늘날 참가국수가 많은 국제회의에서는 묵시적 전원일치 방식인 컨센서스가 사용되기도 한다.

> [해설] **〈조약문 채택〉** ① 교섭에 이은 조약체결 단계는 조약문의 '채택'(adoption)이다. 1969년 비엔나협약은 '채택'이란 용어에 대해 아무런 설명도 하지 않았다. 그러나 조약문의 채택이란 국가간 합의의 형식(form)과 내용(content)을 확정짓는 조약체결의 단계라 할 수 있다. ② 과거에 조약문의 채택은 교섭과정에 참여한 모든 국가들의 동의를 필요로 하였기 때문에, 만장일치는 조약문 채택에 있어 고전적 규칙이었다. 만장일치는 현재에도 양자조약은 물론 일부 다자조약 채택에 적용된다. ③④ 국제회의를 개최하여 조약문을 채택하는 때에는 만장일치가 아닌 별도의 절차가 필요하다. 1969년 비엔나협약은 9조 2항에서 "국제회의에서의 조약문 채택은 출석하고 투표한 국가의 3분의 2 이상의 다수결로 이루어진다"고 하였다. ⑤ 국제회의에서의 조약문 채택을 위해 오늘날 자주 사용되는 방식으로 '컨센서스'(consensus) 또는 '총의'라 부르는 방식이 있다. 컨센서스란 회의 참가국수가 많은 다자간 회의에서 자주 사용되는데, 일괄타결(package deal) 방식으로 교섭을 진행하여 골격적인 부분에 대한 합의를 이끌어 낸 뒤, 투표를 하지 않고 의장이 합의내용을 선언한 후 이의가 없을 경우 이를 통과시키는 묵시적 전원일치 방식이다.

17 조약문의 인증(authentication) 방법끼리 짝지어진 것은?

① 다수결, 서명, 조건부서명

② 서명, 조건부서명, 가서명

③ 컨센서스, 서명, 조건부서명

④ 컨센서스, 서명, 가서명

⑤ 다수결, 조건부서명, 가서명

[정답] 16 ④

[해설] **〈조약문 인증〉** 조약문이 최종적인 것으로 확정되려면 조약문을 각국이 인증하여야 한다. 조약문의 인증(authentication) 또는 정본인증이란 조약문을 확정짓는 행위이며, 여기에는 여러 가지 방식이 사용될 수 있다. 1969년 조약법에 관한 비엔나협약 10조는 인증은 조약문 작성에 참여한 국가들이 합의하는 절차에 의하여 이루어진다고 하면서(1항), 이러한 절차가 없을 때에는 조약문 또는 조약문을 포함하는 회의의 최종의정서(the Final Act)에 '서명'(signature)하거나, '조건부서명'(signature ad referendum, 추후 정부의 승인을 요하는 것으로 '추인을 요하는 서명'이라고도 한다) 또는 '가서명'(initialling or paraphe)함으로써 이루어진다고 하였다.

18 조약에 대한 기속적 동의에 관한 설명이다. 적절치 못한 것은?

① 조약문에 대한 인증 다음의 조약체결 단계이다.

② 조약문의 규정들을 준수하겠다는 서약이다.

③ 이 절차를 거치게 되면 조약은 법적 효력을 가지게 된다.

④ 정식조약에 대한 기속적 동의는 서명에 의하여 표시된다.

⑤ 조약에 대한 기속적 동의의 표시방법은 각국의 국내법이 정한다.

[해설] **〈기속적 동의〉** ①②③ 조약문안에 대한 교섭을 거쳐 조약문이 채택되고 서명을 통해 확정되더라도 조약이 법규범이 되려면 '조약에 대한 기속적 동의'(consent to be bound by a treaty)라는 또 하나의 단계를 거쳐야 한다. 이것은 조약당사자가 조약문 규정들에 구속을 받겠다는 서약이므로 이 행위로써 조약은 효력발생을 전제로 한 법규범이 된다. ④⑤ 조약에 대한 기속적 동의를 표시하는 방법에는 여러 가지가 있으며, 구체적인 것은 각국의 국내법이 정한다. 1969년 「조약법에 관한 비엔나협약」은 11조에서 "조약에 대한 국가의 기속적 동의는 서명, 조약을 구성하는 문서의 교환, 비준·수락·승인 또는 가입에 의하여 또는 기타의 방법에 관하여 합의하는 경우에 그러한 기타의 방법으로 표시된다"고 하였다. 조약에 대한 기속적 동의는 서명, 조약문교환, 비준, 수락, 승인, 가입 등의 방법으로 표현된다는 것이다. 그러나 정식조약에 대한 기속적 동의의 표시방법은 비준이다.

19 별도의 비준 없이 서명만으로도 효력발생에 이르는 조약을 무엇이라고 하는가?

① 정식조약   ② 약식조약

③ 양자조약   ④ 입법조약

⑤ 계약조약

해설 〈약식조약〉 서명이 조약문의 채택과 동시에 조약에 대한 기속적 동의
가 되어 별도의 비준절차가 필요 없는 조약을 약식조약이라 한다. 약식조
약이란 전통적 조약체결절차에서 서명과 비준에 해당하는 행위가 서명이란
하나의 행위로 끝나는 조약이다. ① 정식조약은 서명과 비준이 별도로 이
루어지는 조약이다. ④⑤ 입법조약과 계약조약은 조약의 성질에 따른 분류
방법이다.

20 비준에 대한 다음의 설명 중 잘못된 것은?

① 정식조약에 대한 기속적 동의 표시방법이다.

② 조약체결권자의 조약문에 대한 최종적인 확인행위이다.

③ 교통 및 통신수단의 발달로 조약체결권자의 확인이란 면에서의
비준의 의미는 상당부분 퇴색되었다.

④ 많은 국가에서 의회에 조약비준에 대한 동의권을 부여하였는바,
비준은 민주주의 원리를 구현하는 수단으로 사용되고 있다.

⑤ 조약문에 서명한 후 비준에 실패하면 국제책임이 발생한다.

해설 〈비준(ratification)〉 ① 비준이란 교섭대표들이 확정·채택한 조약문
을 조약체결권자가 최종적으로 확인하는 절차로서 정식조약의 가장 대표적
인 기속적 동의 표시방법이다. ②③ 비준은 원래 조약체결권이 군주에게
속하였던 절대주의 시대 조약체결을 위해 파견된 전권대표가 확정한 조약
문을 군주가 최종적으로 심사케 함으로써 조약문이 주권자의 뜻대로 이루
어졌는지 확인하는 절차이었다. 그러나 이러한 의미의 비준제도의 가치는
교통과 통신수단 발달로 대부분 상실되었다. ④ 오늘날 비준제도는 대의민
주주의를 실현하는 수단으로 보다 중요한 가치를 가진다. 각국 헌법이 중
요한 조약이나 국민들에게 부담이 되는 조약들에 대해 국회의 비준동의를
요구하고 있기 때문이다. ⑤ 서명으로 조약문을 확정지은 후 비준에 실패
하더라도 국가책임이 발생하는 것은 아니다. 비준에 실패한 국가가 그 이
유를 설명해야 할 의무도 없다.

21 최근에 등장한 조약에 대한 기속적 동의 표시방법으로, 의회의 동의는 필요하지 않으나 정부에게 조약을 좀더 자세히 검토할 기회를 주기 위하여 등장한 것은?

① 인 준   ② 비 준

③ 수 락   ④ 서 명

⑤ 조약문교환

> 해설 〈**수락**〉 비교적 최근에 등장한 조약에 대한 기속적동의 표시방법으로 수락(acceptance)과 인준(approval)이 있다. 1969년 조약법에 관한 비엔나 협약 14조 2항도 "조약에 대한 국가의 기속적 동의는 비준에 적용되는 것과 유사한 조건으로 수락 또는 승인에 의하여 표시된다"고 하였다. 국제법위원회(ILC)에 의하면 수락은 2차대전 이후 등장한 새로운 절차로 국회의 승인을 필요로 하는 비준과는 달리 정부에게 조약을 보다 자세히 검토할 기회를 부여한다. 결국 확정된 조약문에의 서명은 의회의 동의를 요하는 '비준을 조건으로 하는 서명'과 의회의 승인을 필요로 하지 아니하는 '수락을 조건으로 하는 서명'으로 나뉜다. ① 인준은 일부 국가 헌법에 의해 조약체결 과정에 도입된 것으로 비준과 유사한 것이다.

22 조약에 대한 기속적 동의 절차와 법적 효과에 대한 설명이다. 적절하지 않은 것은?

① 조약에 대한 기속적 동의 표시는 비준서, 수락서, 인준서, 가입서를 교환·기탁하는 방법으로 이루어진다.

② 조약에 대한 비준권자는 대부분 국가원수인 조약체결권자이다.

③ 양자조약의 비준절차는 대개 비준서 교환으로 종료된다.

④ 다자조약에서는 기탁이란 방법이 많이 사용한다.

⑤ 조약에 대해 기속적 동의를 표시한 국가도 조약이 효력발생에 들어가기 전에는 조약내용에 구속받지 않는다.

> 해설 〈**기속적 동의의 절차와 효과**〉 ① 1969년 비엔나협약 19조는 "별도의 규정이 없는 한 조약에 대한 기속적 동의는 비준서, 수락서, 인준서, 가입서를 당사국간에 교환하거나, 일정한 곳에 기탁하거나, 합의된 바에 따라 체약국이나 기탁장소에 통고하면 된다"고 하였다. ③④ 양자조약의 비준절

차는 비준서교환에 의해, 다자조약의 비준절차는 대개 기탁에 의해 마무리된다. ⑤ 조약에 대한 기속적 동의 절차를 완료하게 되면 조약은 법규범으로서 효력을 가지게 된다. 따라서 1969년 비엔나협약 18조는 조약에 대한 기속적 동의를 행한 국가는 "조약의 대상과 목적을 저해하게 되는 행위를 삼가야 하는 의무"를 부담한다고 하였다.

23 전통적인 조약체결절차에서는 비준서(수락서)를 체약국 간에 교환함으로써 비준절차를 마감하여 조약에 법적 효력을 부여하였다. 그러나 오늘날 수많은 국가가 교섭과정에 참여하는 다자조약에서는 비준서교환의 불편함을 피하기 위하여 새로운 제도를 고안해 냈다. 그것은 무엇인가?

① 비 준　　　　　　② 서 명

③ 유 보　　　　　　④ 기 탁

⑤ 등 록

> **해설** <기탁> 만일 어떤 조약의 교섭과정에 100개국이 참여하여 그들이 모두 조약을 비준하기로 하였다고 가정해 보자. 비준서를 교환하기로 한다면 모든 국가는 다른 99개 국가와 비준서를 교환해야 하므로 매우 복잡해진다. 따라서 오늘날 당사자가 많은 다자조약에서는 비준서 1부를 일정한 장소(예를 들면 유엔사무국)에 발송함으로써 비준절차를 끝낼 수 있게 하였다.

24 조약의 효력발생에 관한 설명이다. 잘못된 것은?

① 조약은 당사국들의 합의에 따라 효력을 발생한다.

② 별도의 합의가 없는 경우에는 교섭에 참여한 모든 국가들이 조약에 대한 기속적 동의를 하는 즉시 조약은 효력발생에 들어간다.

③ 별도의 규정이 없다면 약식조약은 모든 교섭국들이 서명하는 즉시 효력을 발생한다.

④ 정식조약 중 양자조약이나 당사자가 적은 조약은 별도의 규정이 없는 한 모든 당사자가 비준하는 즉시 효력발생에 들어간다.

⑤ 다자조약의 경우에도 모든 교섭참가국의 비준이 있은 후 조약은 효력발생에 들어간다.

> 해설 〈조약의 효력발생〉 ①② 1969년 조약법에 관한 비엔나협약 24조는 1, 2항에서 조약은 조약규정이나 당사국들이 합의하는 바에 따라 효력을 발생하며, 그러한 규정이나 합의가 없는 때에는 교섭국들이 조약에 구속을 받는다는 동의를 하는 즉시 효력을 발생한다고 하였다. 가입에서처럼 조약의 효력발생 이후 그러한 동의가 이루어진다면, 별다른 규정이 없는 한 조약은 그러한 행위가 이루어진 바로 그 날부터 그 국가에게 효력을 발생한다(동조 3항). ③④ 약식조약은 별도의 규정이 없는 한 모든 당사국들이 서명을 하는 즉시 효력발생에 들어가며, 정식조약 중에서 양자조약 또는 당사자 숫자가 적은 조약은 모든 당사자가 비준을 마친 후 효력발생에 들어간다. ⑤ 당사자가 많은 다자조약은 일반적으로 일정수의 국가의 비준이 있고 일정한 기간이 지난 후 효력발생에 들어가도록 하고 있다. 예를 들어 해양법협약은 60개국의 비준이 있은 후 1년이 경과한 후 효력을 발생하였다.

25 조약문 중에서 일부 조항들, 특히 조약문의 인증, 조약에 구속을 받는다는 동의, 효력발생, 유보, 수탁기관의 기능, 기타 조약의 효력발생 이전에 발생하는 문제에 관한 조약규정들은 조약문의 채택과 동시에 효력을 갖는다. 이러한 조항들을 무엇이라고 하는가?

① 칼보조항   ② 안정화조항
③ 종결조항   ④ 강행규정
⑤ 잠정적 적용

> 해설 〈종결조항(final clause)〉 ③ 조약문 중에서 조약자체 문제들에 관한 조항들, 특히 조약문의 인증, 조약에 구속을 받는다는 동의, 효력발생, 유보 및 조약의 효력발생 이전에 발생하는 문제에 관한 조약 규정들은 조약문 채택과 동시에 효력을 갖게 된다. 조약자체 문제들에 관한 이런 규정들을 종결조항이라 한다. ⑤ 조약의 잠정적 적용(provisional application) 또는 임시적 적용이란 조약을 효력발생 이전에 적용해야 할 필요성에 따라 조약의 발효시까지 임시적 또는 잠정적으로 조약 전체 또는 일부를 적용하는 것이다. 최근 조약의 잠정적 적용 사례가 증가하고 있는바, 이는 신속히 대처해야 할 새로운 문제들이 발생하기 때문이다. 특히 효력발생까지 긴 시간이 소요되는 다자조약에서 잠정적 적용은 많이 활용되고 있다.

26 조약의 등록과 공고에 관한 다음의 설명 중 적절하지 못한 것은?

① 비밀조약의 폐지를 위한 미국 윌슨대통령의 노력으로 도입된 제도이다.

② 국제연맹 규약은 등록되지 아니한 조약은 효력을 가지지 못한다고 하였으며, 그 후 비밀조약들은 거의 사라졌다.

③ 유엔헌장은 사무국에 등록되지 아니한 조약은 모든 유엔기관 앞에서 이를 원용하지 못한다고 하였다.

④ 유엔은 등록되지 아니한 조약의 효력은 인정하되 국제사법재판소를 포함한 유엔기관에서 이를 원용하지 못하게 한 것이다.

⑤ 1969년 조약법협약은 조약은 효력발생 후 등록과 기록을 위해 사무국에 송부된다고만 하였다.

해설 〈등록과 공고〉 ① 조약의 등록(registration) 제도는 비밀조약이 세계대전의 원인 중 하나이었다고 생각한 미국의 윌슨 대통령의 노력으로 도입되었다. ② 국제연맹 규약은 18조에서 모든 조약은 사무국에 등록되어야 하며, 등록되지 아니한 조약은 효력을 가지지 못한다고 하였다. 그러나 그 후에도 수많은 비밀조약들이 체결되었고 이들은 조약규정에 따라 효력을 발생하였다. ③④ 유엔헌장은 102조 1항에서 회원국들이 체결한 조약은 사무국에 등록되어야 하고 사무국은 이를 공표한다고 하면서, 2항에서는 등록되지 아니한 조약은 '모든 유엔기관 앞에서'(before any organ of the United Nations) 이를 주장하지 못한다고 하였다. 결국 유엔은 보다 현실적인 입장에서 등록되지 아니한 조약의 효력은 인정하되 유엔기관에서 이를 원용하지 못하게 하였는데, 여기서 말하는 유엔기관에는 국제사법재판소도 포함된다. ⑤ 1969년 비엔나협약 80조는 간단하게 조약은 효력발생 후 등록과 기록을 위해 사무국에 송부된다고 하였다.

27 다자조약 체결절차에 대한 다음의 설명 중 부적절한 것은?

① 오늘날 다자조약은 거의 모든 분야에서 기본적인 국제질서 형성에 기여하고 있다.

② 다자조약이 오늘날과 유사한 모습을 갖추게 된 것은 1856년 파리회의에서부터이다.

③ 다자조약의 경우 교섭에는 양국간 교섭방식이, 조약문 채택에는 만장일치가 주로 사용된다.

④ 다자조약 중에는 개방조약제도를 취하고 유보를 인정하는 경우가 많다.

⑤ 다자조약에서는 조약문 교환 대신에 기탁이란 제도를 주로 사용한다.

> 해설 **〈다자조약 체결절차〉** ① 오늘날 국제사회에서 다자조약(multilateral treaty)이 차지하는 비중은 매우 크다. 다자조약은 국제기구, 국제경제, 국제환경, 인권보호 등 거의 모든 국제법분야에서 그 기본구조를 형성하는 데 기여하고 있다. ② 다자조약이 오늘날과 같은 모습을 갖추게 된 것은 1856년 파리조약에서부터이다. 이 조약은 양자조약 단계를 거치지 않고 처음부터 다자조약 형태로 체결된 최초의 조약이다. ③ 다자조약에서는 양국간 교섭방식을 지양하고 모든 교섭당사국들이 한 자리에 모여 조약안을 논의하는 국제회의를 통한 교섭방식이 자주 사용되며, 조약문을 채택할 때에도 만장일치가 아니라 다수결이나 컨센서스를 자주 이용한다. 한편 유엔의 주도로 다자조약 체결이 추진되는 경우에는 국제법위원회가 협약초안을 마련하는 등 중요한 역할을 맡는다. ④ 다자조약들은 대부분 가능한 많은 국가를 당사국으로 받아들이기 위하여 개방조약제도를 취하고 유보를 널리 인정하고 있다. ⑤ 다자조약에서는 비준절차를 마무리하는 데에도 조약문의 교환 대신에 기탁제도를 사용한다. 다자조약에 전통적인 비준서교환 제도를 그대로 적용하는 것은 매우 불편하므로, 일정한 장소를 지정하여 그곳에 비준서를 발송함으로써 조약에 대한 기속적 동의절차를 마무리하는 기탁이 자주 사용되는 것이다.

제 4 절 \ 유 보

28 다수의 국가들이 모여 어떤 조약을 체결하기로 하였다. 그런데 그 중의 몇몇 국가들은 조약의 일부조항이 자국의 국익에 크게 반하여 조

약의 당사국이 될 수 없는 경우가 있다. 이러한 경우에 대비하여 국제법은 조약당사국이 되려는 국가에게 조약의 일부조항의 적용을 면제시켜 주거나 그 의미를 수정할 수 있게 하여 조약의 당사자가 될 수 있게 하는 제도를 마련하였다. 이것을 무엇이라고 하는가?

① 가 입   ② 면 제

③ 유 보   ④ 기 탁

⑤ 정책선언

> 해설 〈유보의 의미〉 1969년 조약법에 관한 비엔나협약은 2조에서 "유보(reservation)라 함은 자구 또는 명칭에 관계없이 조약의 서명·비준·수락·승인 또는 가입시에 국가가 그 조약의 일부 규정을 자국에 적용함에 있어서 그 조약의 일부 규정의 법적 효과를 배제하거나 또는 변경시키고자 의도하는 경우에 그 국가가 행하는 일방적 성명을 의미한다"고 하였다.

29 유보에 대한 다음의 설명 중에서 잘못된 것은?

① 오늘날 다수결에 의해 채택되는 다자조약이 크게 증가하면서 유보제도가 관심을 끌게 되었다.

② 유보는 대개 국가가 조약에 대한 기속적 동의를 표시할 때 이루어진다.

③ 유보는 대개 조약의 일부 규정들의 적용을 배제하거나 수정하는 효과를 가진다.

④ ICJ가 1951년 집단살해협약에 대한 권고의견에서 조약의 완전성 원칙의 유연한 적용을 권고하고 다수결에 의한 조약문 채택이 증가하면서 유보는 널리 사용되게 되었다.

⑤ 유보에는 몇 가지 유형이 있으나 가장 널리 사용되는 것은 해석의 유보이다.

> 해설 〈유보〉 ① 조약이란 원래 국가 간의 합의이므로 조약에는 모든 조약 당사자들이 동의하는 법적인 권리와 의무만 규정되는 것이 원칙이다. 그러나 오늘날 국제사회에서는 많은 다자조약들이 체결되고 있고, 그러한 조약들의 상당수는 다수결로 채택되고 있는바, 다자조약의 당사국이 되고자 하

는 국가로 하여금 일부 조항의 적용을 면제받을 수 있게 한 것이 유보이다. ②③ 1969년 조약법에 관한 비엔나협약은 2조 1항에서 "유보란 어떠한 내용이나 명칭으로 되어 있든 한 국가가 조약에 서명·비준·수락·인준·가입할 때 하는 일방적 성명으로, 조약을 그 국가에 적용하는 데 있어 조약의 일부규정들의 법적 효과를 배제하거나 수정하는 것"이라고 하였다. ④ 유보란 다자조약과 관련이 있으므로 19세기 후반 이후에 등장하였다고 보아야 한다. 그러나 국제연맹 시대에는 유보가 효력을 가지려면 다른 모든 당사국들의 동의가 필요했다. 국제사법재판소(ICJ)가 1951년 집단살해협약(Genocide Convention)에 대한 권고의견에서 조약의 완전성원칙의 유연한 적용을 권고하고, 다수결에 의한 조약문 채택이 증가하면서 유보의 사용이 보편화되었다. ⑤ 유보에는 세 가지가 있다. 첫째는 조항의 유보인데, 조약당사국이 되려는 국가가 조약의 일부조항의 자국에의 적용을 유보하는 것이다. 둘째는 해석의 유보로 특정한 조항의 해석을 둘러싸고 이견이 있는 경우 조약당사국이 되려는 국가가 조약의 일부조항의 해석방향에 대해 유보하는 것이다. 셋째는 적용지역의 유보인데 조약의 적용지역을 자국의 관할권이 미치는 영역 중 일부로 제한하는 것이다. 이상의 세 가지 유보 중에서 국제사회에서 가장 널리 사용되는 것은 조항의 유보이다.

30 양자조약에서 유보는?

① 대개 새로운 제안의 의미를 갖는다.

② 대부분 허용된다.

③ 무효이므로 원래 조약안대로 효력이 발생한다.

④ 국제강행규범에 어긋난다.

⑤ 정책선언의 의미를 가질 뿐이다.

[해설] 〈양자조약과 유보〉 유보란 원래 다자조약의 적용범위 확대를 위해 도입한 것으로, 양자조약의 한쪽 당사자에 의한 유보는 대개 새로운 제의에 해당하는 것으로 본다. 따라서 이 문제에 대한 해답은 ①이다. 그러나 예외적으로 양자조약에서도 조약에 서명·비준하는 단계에서 행해진 유보가 효력을 발생하는 경우가 있었다. 유보가 서명단계에서 이루어지든 비준단계에서 이루어지든 상대방이 받아들이지 않으면 조약은 깨지거나 새로운 교섭단계로 들어가게 되지만, 그대로 받아들이게 되면 유보는 효력을 가지게 된다. 양자조약에서 유보가 이루어진 사례로는 1977년 미국과 파나마 사이에 체결된 새로운 운하조약(Canal Treaty)에 미국상원이 행한 유보를 파나마가 그대로 받아들인 것을 들 수 있다.

31 새로이 체결된 조약과 자국 국내법 간의 조화를 위해 발표하는 선언
   이나 성명으로, 유보와는 달리 조약상의 권리와 의무에는 아무런 영
   향을 미치지 않는 것을 무엇이라고 하는가?

   ① 해석의 유보   ② 정책선언
   ③ 문언해석   ④ 유권해석
   ⑤ 적용의 유보

   > 해설 <**정책선언(해석선언)**> 국가는 국제조약에 서명, 비준할 때 조약과 관
   > 련된 어떤 선언이나 성명을 발표할 수 있다. 그러한 선언이 단순한 정책선
   > 언 또는 해석선언에 머무는지 아니면 유보에 이르는지는 그 선언이 조약내
   > 용을 변경하거나 일부 조약규정의 적용을 배제하는 결과를 가져오는가 여
   > 부에 달려 있다. 선언을 하는 국가가 그 선언을 무엇이라 칭하든 선언이
   > 조약과 관련 그 국가의 법적 의무를 배제하거나 제한, 수정하는 것이라면
   > 그것은 유보가 된다. 반면에 조약에 대한 어떤 선언이 조약내용에 관한 일
   > 반적인 견해를 밝히는 것이라면 그것은 유보가 아니라 정책선언이 된다.

32 유보와 유보반대 절차에 대한 설명으로 적절하지 못한 것은?

   ① 조약이 명시적으로 유보를 허용하는 경우에도 유보는 다른 당사
      국들에 의한 수락을 필요로 한다.
   ② 한정된 교섭국 수와 조약의 대상과 목적에 비추어 조약 전체를
      모든 당사국에 적용하는 것이 각국의 기속적 동의의 필수조건으
      로 판단되면 유보는 모든 당사국의 수락을 필요로 한다.
   ③ 조약이 국제기구의 설립문서인 경우 조약에 별도의 규정이 없는
      한 유보는 그 기구의 권한 있는 기관에 의한 수락을 필요로 한
      다.
   ④ 유보반대는 유보가 있은 후 12개월 이내에 이루어져야 한다.
   ⑤ 조약에 별도의 규정이 없는 한 유보는 언제든지 철회될 수 있으
      며, 이를 위해 유보를 수락한 국가의 동의가 필요하지 아니하다.

   > 해설 <**유보관련절차**> ① 조약에 의하여 명시적으로 인정된 유보는 다른 체
   > 약국에 의한 추후의 수락이 필요한 것으로 그 조약이 규정하지 아니하는

한 그러한 추후의 수락을 필요로 하지 아니한다(조약법협약 20조 1항). ②
교섭국의 한정된 수와 조약의 대상과 목적으로 보아 그 조약의 전체를 모
든 당사국간에 적용하는 것이 조약에 대한 각 당사국의 기속적 동의의 필
수적 조건으로 보이는 경우에 유보는 모든 당사국에 의한 수락을 필요로
한다(동조 2항). ③ 조약이 국제기구의 설립문서인 경우로서 그 조약이 달
리 규정하지 아니하는 한 유보는 그 기구의 권한 있는 기관에 의한 수락을
필요로 한다. ④ 한 국가가 유보의 통고를 받은 후 12개월이 지날 때까지
유보에 대하여 이의를 제기하지 아니한 경우에는 유보가 그 국가에 의하여
수락된 것으로 간주된다. ⑤ 조약이 달리 규정하지 아니하는 한 유보는 언
제든지 철회될 수 있으며 또한 그 철회를 위해서 유보를 수락한 국가의 동
의가 필요하지 아니하다(동 협약 22조).

33 다자조약 체결과정에서 일부 국가들이 일부 조항에 유보를 하였다면,
유보의 효력은 어떤 국가 간의 관계에 영향을 미치는가?
① 유보한 국가와 다른 모든 당사국 간의 관계에서
② 그 조항에 대해 같은 내용의 유보를 한 국가 간의 관계에서
③ 유보한 국가와 유보에 반대하지 아니한 국가 간의 관계에서
④ 유보한 국가와 다른 모든 국가 간의 관계에서
⑤ 조약의 당사자인 모든 국가 간의 관계에서

> 해설 〈유보의 효과〉 유보는 상대적 효과를 갖는다. 즉, 유보된 내용에 따라
> 조항의 효력을 변경하는 유보의 효과는 유보국과 유보에 반대하지 아니한
> 국가 사이에서만 인정되며, 유보에 반대한 국가와의 관계에서는 인정되지
> 않는다. 1969년 비엔나협약 21조는 유보는 유보를 한 국가에게 다른 당사
> 국과의 관계에서 유보가 이루어진 조약규정들을 수정하며, 유보국과의 관
> 계에서 다른 당사국에게 규정을 수정하는 효과를 가져온다고 하였다. 즉
> 유보를 한 국가와 유보에 반대하지 아니한 국가 사이에서는 유보한 내용에
> 따라 조약규정이 수정되는 결과를 가져온다. 그러나 유보를 한 국가와 유
> 보에 반대한 국가 사이에서는 유보의 효과는 제한되어, 유보를 행한 국가
> 는 반대한 국가에게 유보된 조항에 따른 의무이행을 요구하지 못하며, 제3
> 국간 관계에도 유보는 아무런 영향을 미치지 않는다.

34 유보의 제한에 대한 설명이다. 잘못된 것은?

① 유보의 제한은 최소한의 법적용의 통일성 확보를 위해 필요하다.

② 유보는 조약 자체의 규정에 따라 제한된다.

③ 모든 규정이 중요한 경우에는 유보는 전면금지 된다.

④ 조약의 일부 중요한 조항에 대한 유보만 금지되기도 한다.

⑤ 조약에 유보를 제한하는 규정이 없을 때에는 유보는 제한할 수 없다.

> 해설 <유보의 제한> ① 다자조약에서 유보가 무한정 허용된다면 조약은 누더기가 되고 국가마다 지켜야 할 법이 달라져 법의 중요한 특징의 하나인 법적용의 통일성이 깨지게 된다. 유보를 일정한 범위에서 제한함은 바로 그러한 법적용의 통일성을 최소한이나마 유지하기 위한 것이다. ② 1969년 조약법에 관한 비엔나협약은 19조에서 조약 자체규정에 의해 유보는 제한된다고 하였다. 이것은 당사자자치 원칙에 비추어 당연한 규정으로, 조약 자체규정이 있을 경우에는 그 규정에 따라 유보는 금지된다. ③④ 조약규정에 의한 유보제한도 유보를 전면금지하는 경우와 일부 규정에 대한 유보금지로 구분된다. 유보가 전면금지 되는 것은 일부조항에 대해서라도 유보를 인정하게 되면 조약의 목적달성이 불가능해진다고 판단되는 경우이며, 조약의 일부조항이 특별히 중요한 경우에는 그러한 일부조항에 대한 유보가 금지된다. ⑤ 조약에 유보의 제한에 관한 규정이 없더라도 조약의 목적에 어긋나는 유보는 제한할 수 있다.

35 1951년 「집단살해협약의 유보에 대한 권고의견」에서 ICJ는 조약에 유보에 관한 규정이 없는 경우 유보의 허용여부와 관련하여 어떤 기준을 제시하였는가?

① 진정한 관련

② 실효적 지배

③ 유보된 내용과 조약의 목적 간의 양립성

④ 유보와 유보반대 간의 양립성

⑤ 유보의 상대적 효과에 관한 기준

> 해설 <조약의 목적과 유보제한> 조약에 유보에 관한 규정이 없는 경우 유보는 무한정 허용되는가? 만일 유보가 허용된다면 거기에는 어떤 제한이 있는가? 다자조약의 경우 조약문이 다수결에 의해 채택되는 경우가 많아지

면서 조약에 명문의 규정이 없어도 유보는 허용되는 것으로 보는 것이 일반적이다. 그러나 그러한 경우 유보는 어디까지 허용되는가? 1951년 국제사법재판소(ICJ)는 집단살해협약(Genocide Convention)의 유보에 대한 권고의견에서, 협약의 완전성 유지와 예외 없는 보편적 적용이란 충돌되는 원칙을 조화시키기 위하여 유보와 조약의 목적 간의 양립성이란 기준을 제시하였다. 이어서 1969년 비엔나협약도 19조에 유보는 조약 자체규정에 의해 금지되지 않더라도 조약의 목적과 양립하지 않는 경우 금지된다는 규정을 두었다.

제5절 조약의 적용과 해석

36 조약의 적용에 대한 설명들이다. 이치에 맞지 않는 것은?

① 조약은 원칙적으로 당사국 사이에서만 구속력을 갖는다.

② 조약당사국이 조약을 이행하지 않으면 그에 따른 책임을 부담하게 된다.

③ 조약은 당사국간에만 적용되며 제3국의 의무와 권리를 창설하지 못하는 것이 원칙이다.

④ 제3국이 조약상의 의무를 서면으로 수락하면 그 의무는 법적인 효력을 가지게 된다.

⑤ 제3국에게 권리만을 부여하는 조약도 제3국의 서면동의가 없는 한 법적인 효력이 없다.

해설 〈조약의 적용〉 ① 조약은 당사국 사이에서만 법적인 효력을 갖는다. 이것을 조약상대성 원칙이라고 한다. ③ 조약상대성 원칙으로 인하여 조약은 당사국 간에만 적용되며 제3국의 의무와 권리를 창설하지 못한다는 것이 기본 원칙이다. ④ 그러나 제3국이 자신이 체결하지 아니한 조약상의 의무를 서면으로 수락하면 그 의무는 법적인 효력을 가지게 된다. ⑤ 어떤 조약이 제3국에게 일정한 권리를 부여하고 제3국이 거기에 대해 동의하면

제3국은 그 조약상의 권리를 누리게 된다. 이 경우 반대의 표시가 없는 한 동의가 존재하는 것으로 추정한다(조약법협약 35조, 36조).

37 조약의 해석에 관한 다음의 설명 중에서 잘못된 것은?

① 국내법에서와 마찬가지로 국제법에서도 성문법원인 조약의 해석은 중요한 문제이다.

② 각국은 합의에 의하여 조약을 체결할 수 있으나, 조약의 해석은 오직 중립적인 국제기관에 의하여 이루어진다.

③ 조약의 해석에는 문언해석, 주관적 해석, 목적론적 해석방법이 사용된다.

④ 1969년 「조약법에 관한 비엔나협약」도 조약의 해석에 3가지 해석방법을 사용하도록 하였다.

⑤ 조약문이 두개 이상의 언어로 되어 있는 경우에는 별도의 합의가 없는 한 조약문들은 동등한 권위를 갖는 것으로 본다.

해설 <조약의 해석> ① 국제법과 국내법을 불문하고 법의 해석문제는 매우 중요하다. 모든 법조문이 그러하듯이 조약문도 추상적인 표현으로 되어 있는바, 이러한 추상적인 조문을 구체적인 사실에 적용하려면 그 의미를 명확히 해야 하기 때문이다. ② 모든 조약당사국은 나름대로 조약을 해석할 수 있다. 각국의 조약해석 내용이 상이하여 분쟁이 발생하면, 조약당사국들은 국제사법재판소와 같은 중립적인 기관에 해석을 부탁할 수도 있다. ③ ④ 조약의 해석에는 조약문과 용어를 중요시하는 문언해석, 조약을 채택한 당사자의 의사를 중요시하는 주관적 해석, 조약의 목적과 목표를 중요시하는 목적론적 해석 방법이 있다. 이 중에서 가장 중요한 것은 문언해석이다. 1969년 비엔나협약은 조약의 해석과 관련하여 "조약은 조약문의 용어에 부여되는 일반적인 의미에 따라 조약의 문맥과 목적을 고려하여 신의성실의 입장에서 해석되어야 한다"고 하여 세 가지 법해석 방법을 모두 사용하도록 하였다(협약 31조). ⑤ 어떤 조약문이 두 개 이상의 언어로 되어 있는 경우, 별도의 규정이나 당사국간 합의로 어떤 특정한 조약문에 우위를 인정하지 않는 한, 조약문들은 동등한 권위를 갖는다. 그리고 인증된 조약문들이 의미상 차이가 있을 때에는 조약의 목적에 비추어 조약문에 부합하게 해석되어야 한다(협약 33조).

38 1969년 「조약법에 관한 비엔나협약」이 중요시한 조약의 해석방법은?

① 문언해석   ② 당사국의 의사에 따른 해석

③ 논리해석   ④ 목적론적 해석

⑤ 확대해석

> 해설 〈**조약의 해석방법**〉 조약의 해석이란 조약의 추상적인 표현들을 구체화하여 구체적인 사실에 적용하게 하는 것을 의미한다. 조약의 해석은 다른 법조문의 해석에 있어서와 마찬가지로 ① 문언해석, ② 입법자, 즉 조약 당사국의 의사에 따른 해석, ③ 논리해석, ④ 목적론적 해석방식에 따라 해결될 수 있다. 그러나 조약의 해석에 있어서 가장 중요한 방법은 문언해석이다. 1969년 「조약법에 관한 비엔나협약」도 해석의 일반원칙이란 제목하의 조문에서 "조약은 조약문의 용어에 부여되는 일반적인 의미에 따라 조약의 문맥과 목적을 고려하여 신의성실의 입장에서 해석되어야 한다"고 하여 문언해석을 중요시하였다.

제6절 조약의 무효

---

39 조약의 효력발생 조건이 아닌 것은?

① 조약체결 과정에 국내법규정 위반이 없어야 한다.

② 사기와 착오·강박 등 하자 있는 의사표시가 없었어야 한다.

③ 조약규정이 국제법상 강행규정에 어긋나면 안 된다.

④ 조약에 대한 유보가 없어야 한다.

⑤ 조약규정이 이행가능하여야 한다.

> 해설 〈**조약의 효력발생조건**〉 조약이 적법한 절차에 따라 체결되어도 조약이 의도한 대로 효력을 발생하려면 몇 가지 조건을 충족해야 한다. 조약이 제대로 효력발생에 이르려면 국내법상의 조약체결절차에 대한 위반이 없어야 하고, 하자 없는 의사표시가 이루어졌어야 하며, 내용이 적법타당하고

정답 38 ①

이행가능해야 하는 것이다. ④ 조약에 대한 유보는 조약의 통일적 적용을 훼손하지만 유보가 있다고 해서 효력발생이 좌절되는 것은 아니다.

40 조약의 무효를 절대적 무효와 상대적 무효로 구분할 때 절대적 무효 원인에 속하는 것은?

① 착오와 강박
② 강박과 강행규정 위반
③ 국내법규정 위반과 강행규정 위반
④ 사기와 강박
⑤ 부패와 사기

해설 〈**절대적 무효와 상대적 무효**〉 조약의 무효는 절대적 무효와 상대적 무효로 나뉜다. 절대적 무효란 일정한 원인이 있을 때 조약이 처음부터 당연히 무효로 되는 것이며, 상대적 무효란 조약의 상대방에게 조약을 무효화할 수 있는 재량을 부여하는 것이다. 강박이나 강행규범에 위반되는 방법으로 체결된 조약은 절대적 무효이며, 국내법규정 위반·착오·사기·부패에 의해 체결된 조약은 상대적 무효의 대상이 된다.

41 조약의 상대적 무효원인이 아닌 것은?

① 국내법규 위반   ② 착 오
③ 사 기   ④ 부 패
⑤ 강 박

해설 〈**조약의 상대적 무효**〉 조약의 상대적 무효원인에 속하는 것에는 국내법규정 위반, 착오, 사기, 강박이 있다. ① 국내법규정위반은 국내법상 조약체결권이 없는 기관이 국가를 대표하여 조약을 체결하였다든가, 국가대표가 월권을 하여 조약을 체결한 경우를 예로 들 수 있다. 1969년 비엔나협약 46조는 조약에 대한 기속적 동의가 국내법규정에 위반하여 이루어진 경우 상대적 무효를 인정하되 그 위반이 명백하고 근본적으로 중요한 국내법규정에 관한 것이어야 한다고 하였다. 47조는 특정한 조약에 대한 기속적 동의를 표시할 대표의 권한에 어떤 제한이 가해진 경우 그러한 제한이 미리 상대국에 통보되지 않으면 그러한 제한을 조약을 무효화하는 데 원용하지 못한다고 하였다. ② 착오란 1969년 비엔나협약 48조에 규정되어 있는

데, 조약체결 당시에 존재한 것으로 믿었던 사실이나 상황에 착오(error)가
있었고, 그러한 착오가 기속적 동의의 본질적 기초가 된 경우 이를 원용하
여 조약을 무효화할 수 있다고 하였다. 그러나 착오가 조약의 무효화에 원
용되려면 그러한 착오가 동의의 본질적 요소를 구성해야 하며, 자신의 행
동에 의하여 그러한 착오가 유발되었거나, 주위상황으로 보아 이를 알 수
있었을 때에는 착오를 조약을 무효화하는 데 원용하지 못한다. ③ 사기
(fraud) 역시 착오상태에서 법률행위를 한 것이나, 그 착오가 다른 사람의
기만에 의해 발생한 경우이다. 1969년 비엔나협약은 49조에서 사기를 조
약의 무효에 원용할 수 있게 하였다. ④ 부패(corruption) 또는 매수란 한
국가 대표가 다른 국가로부터 뇌물을 받고 조약에 대한 기속적 동의를 해
준 경우이다. 1969년 협약 50조는 조약에 대한 기속적 동의가 다른 국가
에 의한 부패를 통해 이루어진 경우에는 이를 원용하여 조약을 무효화할
수 있다고 하였다.

42 강박에 의한 조약체결에 관한 설명들이다. 잘못된 것은?

① 상대방에게 공포심을 주어 조약체결에 임하게 하는 것이다.

② 대개 국가대표에 대한 강박과 함께 국가 자체에 대한 강박이 동
시에 이루어진다.

③ 정치적·경제적 압력도 강박에 해당된다고 보는 것이 통설적인
견해이다.

④ 강박은 조약의 절대적 무효 원인이다.

⑤ 강박에 의해 체결된 조약의 절대적 무효는 무력행사금지 원칙과
관련되어 있다.

> 해설 <**강박(coercion)**> ①② 강박에 의한 조약체결은 상대방에게 공포심을
> 주어 강제로 조약에 대한 기속적 동의를 하게 하는 것이다. 강박은 대개
> 국가대표와 국가 자체에 동시에 가해진다. ④ 1969년 조약법에 관한 비엔
> 나협약은 51조와 52조에서 국가대표에 대한 강박과 국가에 대한 강박을
> 통하여 체결된 조약은 무효라고 하였다. ③ 1969년 협약 52조의 교섭과정
> 에서 개발도상국들은 군사적 압력과 함께 경제적·정치적 압력도 강박에
> 포함시키자고 주장했었다. 그러나 그렇게 하면 유엔헌장의 무력행사 범위
> 너머까지 강박의 개념이 확대되어 수많은 국제분쟁이 분출될 것으로 우려
> 되어 그러한 주장은 받아들여지지 않았다. ⑤ 강박에 의해 체결된 조약을
> 무효화하는 것은 오늘날 국제법상 일반원칙인 무력행사금지와 통하는 것이

다. 과거 국제연맹 시대 이전까지 강박은 조약의 무효화 사유가 아니었지만, Briand-Kellog 조약과 국제연합 헌장에 이르러 침략전쟁은 불법화되었고 강박에 의해 체결된 조약도 무효화된 것이다.

43 국제법상의 강행규정(*jus cogens*) 관련 규정과 주장에 대한 설명으로 적당치 않은 것은?

① 국제법규도 강행규정과 임의규정으로 구분되어진다는 주장이 있다.

② 국제법규범 간에 상하관계를 인정하여 강행규정에 어긋나는 조약은 무효라는 것이다.

③ 강행규정은 새로운 강행규정에 의해서만 수정된다고 한다.

④ 만장일치나 컨센서스를 통해 채택된 협약 규정들이 강행규정에 해당된다고 한다.

⑤ 무력행사와 인신매매를 금지하는 규범들은 강행규정에 속한다고 한다.

해설 〈국제강행규정〉 ①②③ 국제법규범 간에는 효력에 있어서 상하가 없다는 것이 국제법학자들의 일반적인 생각이다. 그러나 요즈음 국제법에서도 국내법에서의 강행규정과 임의규정 간의 구분을 도입하려는 이론이 득세하고 있다. 1969년 조약법에 관한 비엔나협약도 53조에서 "조약이 체결시 일반국제법상의 강행규정과 충돌되는 경우에는 무효이다. 이 협약에 있어 일반국제법상의 강행규정이란 국가들의 국제공동체가 수락하고 인정하는 규범으로, 그 어떠한 위반도 허용되지 아니하며, 동일한 성격의 새로운 일반국제법 규범에 의해서만 수정될 수 있다"고 하였다. ④ 국내법에 있어서처럼 국제법 규범 간에도 상하 구분이 있어야 한다는 주장은 이론상 타당하다. 그러나 국제사회에는 강행규정 제정을 위한 명확한 절차가 없어 강행규정에 속하는 국제법규를 판별하는 데 어려움이 있다. ⑤ 일반적으로 유엔헌장의 원칙인 무력행사 금지와 집단살해, 해적행위, 인신매매 금지에 관한 규정들을 강행규정에 속한다고 보지만, 인민의 자결권에 대해서는 이견이 있다.

제7절 \ 조약의 종료와 정지

44 조약의 종료(소멸)와 정지(중지)에 관한 일반적인 설명들이다. 틀린 것은?

① 조약의 종료(소멸)란 조약이 일정한 시점부터 효력을 상실하는 것이다.

② 조약의 정지(중지)란 조약이 일정기간 동안 효력발생을 중단하는 것이다.

③ 조약규정, 조약의 폐기와 탈퇴, 새로운 조약의 체결 등 당사국의 의사에 따라 조약은 종료 또는 정지될 수 있다.

④ 당사국의 합의된 의사 이외에 조약에 대한 중대한 위반, 이행불능, 사정변경이 있을 때에도 조약은 종료 또는 정지될 수 있다.

⑤ 조약의 종료원인과 정지원인은 엄격히 구분되므로 혼동이 있을 수 없다.

> [해설] <조약의 종료와 정지> ① 조약의 종료(termination) 또는 소멸이란 효력을 발생해 온 조약이 일정 시점 이후 효력을 상실하여 조약당사국들 사이에서 더 이상 어떤 법적 권리나 의무도 발생시키지 않게 되는 것을 말한다. ② 조약의 정지(suspension of operation) 또는 중지란 조약은 소멸되지 않고 존속하되, 일정기간 효력발생을 중단하였다가 그 원인이 사라지면 다시 효력을 발생하는 것이다. ③④ 조약의 종료나 정지를 가져오는 원인에는 여러 가지가 있으나, 크게 두 가지로 나눌 수 있다. 하나는 명시적이든 묵시적이든 당사국들의 의사에 따른 것으로 조약규정에 의한 경우, 조약의 폐기와 탈퇴, 새로운 조약의 체결 등이 여기에 속한다. 다른 하나는 당사국의 합의된 의사와는 관계가 없는 것으로 조약에 대한 중대한 위반, 이행불능, 사정변경이 여기에 속한다. ⑤ 조약의 종료원인과 정지원인은 상당부분 중복되어 있어, 조약의 운명은 사례별로 검토되어야 한다. 특히 사정변경이나 조약위반처럼 당사국 간 합의에 의하지 아니하는 종료·정지원인이 있을 때, 조약의 운명은 조약의 성격과 상황에 따라 사안별로 처리되어진다.

45　조약 자체의 규정과 조약의 폐기 및 탈퇴에 따른 조약의 종료와 정지
에 관한 다음의 설명들 중에서 틀린 것은?

①　조약당사국은 조약규정에 따라서 또는 다른 당사국들의 동의를
얻어서 조약을 종료시키거나 다자조약에서 탈퇴할 수 있다.

②　별도의 규정이 없는 한 당사국의 탈퇴로 다자조약의 당사국 수
가 효력발생에 필요한 수 이하로 감소하여도 조약은 종료되지
아니한다.

③　당사국들은 원하는 경우 언제든지 조약을 폐기하고 다자조약에
서 즉시 탈퇴할 수 있다.

④　조약규정이 있거나 모든 당사국들이 동의하는 경우에는 조약의
모든 또는 특정한 당사국에 대하여 조약의 시행이 정지될 수 있
다.

⑤　다자조약의 일부 당사국들은 일정한 경우 일시적으로 그 당사국
간에서 조약의 시행을 정지시키기 위한 합의를 할 수 있다.

> **해설**　**〈조약의 폐기와 탈퇴〉** ① 조약의 종료 또는 당사국의 탈퇴는 그 조약
> 규정에 의하거나 다른 당사국과 협의한 후 모든 당사국의 동의를 얻는 경
> 우에 이루어질 수 있다(조약에 관한 비엔나협약 54조). ② 조약이 달리 규
> 정하지 아니하는 한 다자조약은 그 당사국 수가 그 발효에 필요한 수 이하
> 로 감소하는 사실만으로 종료하지 아니한다(동 협약 55조). ③ 조약의 폐
> 기 및 탈퇴의 가능성을 당사국들이 인정한 것이 확실하고, 폐기 및 탈퇴의
> 권리가 묵시적으로 인정되는 경우, 당사국은 조약의 폐기 또는 탈퇴 의사
> 를 12개월 전에 통고하고 조약을 폐기 또는 탈퇴할 수 있다(동 협약 56
> 조). ④ 조약규정에 의하거나 다른 당사국과 협의하여 모든 당사국들의 동
> 의를 얻는 경우 모든 당사국 또는 특정의 당사국에 대한 조약의 효력발생
> 은 정지될 수 있다(동 협약 57조). ⑤ 다자조약의 둘 이상의 당사국들은
> 일정한 경우 일시적으로 그 당사국 간에서만 조약규정의 시행을 정지시키
> 기로 합의할 수 있다(동 협약 58조)

46　조약위반이 있을 시 조약의 운명에 대한 설명들이다. 잘못된 것은?

①　조약에 대한 중대한 위반은 조약의 종료 또는 정지 사유가 된다.

[정답]　45 ③

② 1969년 「조약법에 관한 비엔나협약」은 조약위반의 상대국에게 조약을 종료·정지케 할 권리를 인정하되 그 조건을 엄하게 하였다.

③ 양자조약에 대한 중대한 위반이 있게 되면 그 상대방은 조약을 종료·정지케 할 수 있다.

④ 다자조약에 대한 중대한 위반이 있게 되면 당사국들은 조약을 종료·정지시킬 수도 있고 위반국과 그로 인해 피해를 본 국가 사이에서만 이를 정지시킬 수도 있다.

⑤ 비엔나협약에 의할 때 조약에 대한 중대한 위반이란 국제강행규정에 대한 위반을 의미한다.

> 해설 <조약위반> ①② 조약의 한쪽 당사자가 조약상 의무를 위반하게 되면 다른 당사자에게는 조약을 종료케 하거나 조약상 자국의 의무이행을 중단할 권리가 생긴다. 조약상 의무위반은 타방 당사국에게 비무력적 복구를 할 수 있는 권한을 부여하며, 여기에는 조약의 종료와 정지가 포함되는 것이다. ③ 1969년 비엔나협약 60조 1항은 양자조약의 한쪽 당사자가 조약의 '중대한 위반'(material breach)을 범하게 되면 다른 당사자에게는 조약을 종료·정지케 하는 권리가 부여된다고 하였다. ④ 동조 2항은 다자조약에 대한 위반이 있으면 다른 당사국들은 만장일치로 조약을 종료·정지시킬 수도 있고, 조약위반으로 피해를 입은 국가는 조약위반국과의 관계에서 그러한 위반을 조약의 정지사유로 원용할 수 있으며, 조약위반이 당사국들의 의무에 급격한 변화를 가져오는 경우에는 조약 전체 또는 일부를 정지시킬 수도 있다고 하였다. ⑤ 조약의 종료나 정지를 가져오는 조약위반은 그 정도가 심각한 경우로 한정되어야 한다는 견해가 지배적이며, 1969년 비엔나협약도 조약의 종료나 정지를 위해서는 조약위반이 '중대한' 것이어야 한다고 하였다. 협약 60조 3항은 협약에 대한 중대한 위반이란 협약규정에 의하지 아니한 이행거부와 조약의 목적달성에 필수적인 규정에 대한 위반을 의미한다고 하였다.

47 국제법상 사정변경의 원칙에 관한 설명들이다. 잘못된 것을 고르시오.

① 조약체결 당시의 상황에 커다란 변화가 있어 한쪽 당사자에게 과도한 부담이 되는 경우 조약을 종료 내지 정지시키는 것이다.

② 조약들은 보통 매우 오랜 기간 효력을 가지므로 도중에 중대한 사정변경이 있을 수 있다.

③ 1969년 비엔나협약도 몇 가지 엄격한 조건을 부과하였지만 사정에 근본적 변화가 있을 때에는 사정변경을 조약의 종료 또는 정지사유로 원용할 수 있게 하였다.

④ 사정변경의 원칙은 국경선획정 조약에서 가장 널리 활용되어 왔다.

⑤ 국제사회는 이 원칙 자체는 인정하지만 이를 실제 국제재판에 적용한 사례는 거의 없다.

해설 〈사정변경의 원칙〉 ① 대부분의 국가의 국내법과 마찬가지로 국제법에서도 조약체결시의 사정에 근본적인 변화가 있게 되면 조약을 종료·정지시킬 수 있다. 이것을 사정변경의 원칙(principle of *rebus sic stantibus*)이라고 한다. ② 상당수의 조약들은 장기간 효력을 가지므로 도중에 중대한 사정변경이 발생할 수 있다. 그런 경우 조약을 적절하게 수정해야 하는데, 그것이 불가능해지면 국가 간의 관계는 긴장되고 초법적인 행동이 나올 수 있다. 국제법이 사정변경의 원칙을 인정한 것도 이 원칙이 이러한 극한행동을 피하기 위한 안전판으로 기능할 수 있음을 인정하였기 때문이다. ③ 1969년 「조약법에 관한 비엔나협약」은 62조에서 조약 체결당시 존재한 사정에 근본적인 변화가 있고 그러한 사정이 당사국들의 조약에 구속을 받는다는 동의의 본질적 근거였다면 그러한 사정변경은 조약을 종료·정지케 하는 사유로 원용될 수 있다고 하였다. ④ 그러나 1969년 협약은 동조 2항에서 사정변경이 원용될 수 없는 두 가지 경우를 들었으니, 그것은 국경선획정 조약과 스스로 사정변경을 초래한 경우이다. ⑤ 한편 국제사회에서는 이 원칙 자체는 인정하지만, 이 원칙을 실제로 적용한 예는 거의 없었다. 사정변경이란 상당부분 주관적 판단을 요하므로, 분권화된 국제사회에서는 이 원칙을 실제로 적용하기가 곤란한 경우가 많기 때문이다.

실전문제

1 다음 중 조약에 관한 설명으로 틀린 것은?

① 하나 이상의 문서로 되어 있는 경우도 있다.

② 국제법의 규율을 받는 국가간 합의이다.

③ 한 국가와 외국 사기업 간의 합의도 조약이다.

④ 매우 다양한 명칭들이 존재한다.

⑤ 법적 구속력을 가지는 국가간 합의이다.

> [해설] 조약은 국제법의 규율을 받는 국가간 합의로서, 법적 구속력을 가진
> 다. 조약을 나타내는 명칭은 매우 다양하며, 하나 이상의 문서로 되어 있는
> 경우도 있다. ③ 조약을 체결할 수 있는 능력을 가진 주체는 오직 국가와
> 국제기구이다.

2 국제법상 조약에 대한 설명으로 옳은 것은?

① 조약이란 오직 '조약'(treaty)이란 명칭을 가진 국가 간의 합의를
의미한다.

② 조약이란 오직 하나의 문서로 되어 있는 국가 간의 합의이다.

③ 조약에는 컨세션 계약, 즉 양허계약도 포함된다.

④ 조약이란 문서의 숫자나 명칭에 관계없이 국제법의 규율을 받는
국제적 합의를 의미한다.

⑤ 신사협정도 조약에 범주에 속한다.

> [해설] 조약법에 관한 가장 중요한 조약인 1969년 「조약법에 관한 비엔나협
> 약」(The Vienna Convention on the Law of Treaties)은 2조 1항에서
> "조약이란 하나의 문서이든 또는 둘 이상의 문서로 되어 있든 그 명칭에
> 관계없이 서면으로 되어 있는 국제법의 규율을 받는 국가 간에 체결된 국

제적 합의를 의미한다"고 하였다. ① 국제법에서 말하는 조약은 꼭 '조약' (treaty)이란 이름을 가진 것만을 의미하지는 않는다. ③ 양허계약은 조약이 아니다. ⑤ 조약은 법적 구속력이 있어야 하는데, 신사협정(gentlemen's agreement)은 법적 구속력이 없는 정치적·도덕적 약속에 불과하므로 조약이 아니다.

3 1969년의 「조약법에 관한 비엔나협약」이 적용되는 것은? <사시 '92>
① 국가 간의 조약
② 국제기구 간의 조약
③ 국가와 국제조직 간의 조약
④ 이 협약에 참가하지 않은 국가가 당사자로 되어 있는 조약
⑤ 이 협약에 규정되어 있지 않은 문제

> 해설 1969년 「조약법에 관한 비엔나협약」 2조 1항 (a)는 이 협약에서 '조약'(treaty)이란 국가 간에 체결된 조약을 의미한다고 하였다.

4 국제기구의 설립조약은 대개 무엇이라고 하는가?
① 조 약　　　　② 협 정
③ 의정서　　　　④ 규 정
⑤ 헌 장

> 해설 국제기구 설립을 위한 조약은 헌장(charter)이라 부르는 경우가 많다. 유엔헌장을 상기할 것.

5 1982년 해양법협약과 관계가 없는 것은?
① 다자조약　　　　② 입법조약
③ 개방조약　　　　④ 정식조약
⑤ 계약조약

> 해설 해양법협약은 100개 이상의 국가들이 참여한 가운데 채택되었으므로 양자조약이 아니라 다자조약이고, 다수의 국가들이 함께 지켜야 할 규범을 정하는 것이므로 계약적 성격의 조약이 아니라 입법조약이며, 가능한 많은

국가들이 협약의 당사국이 되기를 원하므로 폐쇄조약이 아니라 개방조약이고, 약식조약이 아니라 정식조약이다.

6 국제법상 일반적으로 조약으로 인정되지 않는 것은?　　　　　<사시 '01>

① 규정(statute)

② 의정서(protocol)

③ 교환각서(exchange of notes)

④ 신사협정(gentleman's agreement)

⑤ 합의의사록(agreed minute)

> [해설] 조약이란 국제법 주체들 간에 체결되는 국제법의 적용을 받는 구속력 있는 합의이다. 1969년 「조약법에 관한 비엔나협약」은 2조 1항에서 "조약이란 하나의 문서이든 둘 이상의 문서로 되어 있든, 그 명칭에 관계없이, 서면으로 되어 있으며 국제법의 규율을 받는, 국가간에 체결된 국제적 합의를 의미한다"고 하였다. 광의의 조약에는 가장 일반적인 명칭인 條約(treaty), 다자조약에 주로 사용되는 協約(convention), 주로 국제기구 설립조약인 憲章(charter), 행정적·기술적 성격이 강한 協定(agreement, pact), 추가되는 내용을 담고 있는 議定書(protocol) 등이 있으며, 이 외에도 規程(covenant), 宣言(declaration), 規約(statute), 暫定協定(modus vivendi), 覺書交換(exchange of notes) 등 여러 가지 표현이 있다. ④ 조약은 둘 이상의 국가간의 합의로서 법적인 구속력을 가지기 때문에, 구속력 있는 결과를 의도하지 아니한 합의는 조약이 아니다. 그 대표적인 것이 국가 간의 정치적·도덕적 약속에 해당하는 紳士協定(gentlemen's agreement)이다.

7 국제적인 인권보호나 환경보호를 위한 국가간 협력을 목적으로 하는 조약들은 대개 어떤 형태나 특성을 가지는가?

① 다자조약이고 입법조약이며 개방조약이다.

② 양자조약이고 입법조약이며 폐쇄조약이다.

③ 다자조약이고 계약조약이며 폐쇄조약이다.

④ 양자조약이고 계약조약이며 개방조약이다.

⑤ 다자조약이고 계약조약이며 개방조약이다.

> [해설] 국제인권보호나 환경보호를 위한 조약들은 많은 국가를 조약당사국으로 하며(다자조약), 국가들의 공통된 행위기준을 마련하는 것이고(입법조약), 가능한 많은 국가들이 그 조약의 당사자가 될 수 있어야(개방조약) 소기의 성과를 거둘 수 있다.

8 다음 중 조약체결능력을 가지지 못하는 것은?

① 국 가 ② 비정부간기구
③ 국제기구 ④ 연방국가의 지방정부
⑤ 유엔 전문기구

> [해설] 국가와 국제기구는 당연히 조약체결능력을 가지며, 연방국가의 지방정부도 국내법이 인정하는 제한된 범위에서 조약을 체결할 수 있다. 유엔 전문기구들은 독립된 법인격을 가진 국제기구들이므로 조약을 체결할 수 있다. 그러나 비정부간기구(NGO)들은 국제법의 주체가 아니며 조약체결능력도 가지지 못한다.

9 다음 중 조약체결능력이 없는 것은? <사시 '83>

① 국제연합 ② 독립국가
③ 종속국 ④ 교전단체
⑤ 영구중립국

> [해설] 국가나 국가적 실체가 조약체결능력을 가지려면 주권이 있어야 한다. 따라서 주권이 없는 종속국은 당연히 조약체결능력이 없으며, 피보호국의 조약체결능력 역시 관련 조약에 따라 제한된다.

10 다음 중 조약체결능력을 가진 국제법 주체끼리 짝지어진 것은?

① 국제기구와 개인 ② 국가와 국제기구
③ 국가와 개인 ④ 국가와 다국적기업
⑤ 개인과 다국적기업

> [해설] 국제법의 주체는 국가, 국제기구, 개인이다. 그 중에서도 개인은 수동적 주체일 뿐이어서 조약체결능력이 없으므로, 국제법의 주체이면서 조약체결능력을 갖는 것은 국가와 국제기구이다.

[정답] 7 ① 8 ② 9 ③ 10 ②

11 다음 보기 중 조약체결의 당사자능력이 인정될 수 있는 주체를 모두 묶은 것으로 옳은 것은? <사시 '05>

> ㉠ 독립국가   ㉡ 국제연합(UN)
> ㉢ 영세중립국   ㉣ 교전단체

① ㉠, ㉢   ② ㉠, ㉡, ㉢
③ ㉠, ㉡, ㉣   ④ ㉡, ㉢, ㉣
⑤ ㉠, ㉡, ㉢, ㉣

해설 국가와 국제기구는 조약체결의 당사자능력을 가진다. 교전단체 또는 반란단체의 조약체결능력에 대해서는 논란이 있을 수 있으나, 그러한 단체의 승인의 취지를 고려해 볼 때, 중앙정부 및 제3국과의 관계에서 제한된 범위에서나마 조약체결능력을 가진다고 보아야 한다.

12 전통적인 조약체결 순서인 것은?
① 교섭 — 서명 — 효력발생 — 비준
② 서명 — 교섭 — 효력발생 — 비준
③ 교섭 — 비준 — 서명 — 효력발생
④ 서명 — 교섭 — 비준 — 효력발생
⑤ 교섭 — 서명 — 비준 — 효력발생

해설 조약은 전통적으로 교섭-서명-비준-효력발생의 순서에 따라 체결된다고 본다.

13 1969년 「조약법에 관한 비엔나협약」상 조약체결 절차의 첫 단계에 속하는 것은?
① 조약의 등록   ② 조약문의 교섭
③ 조약에 대한 기속적 동의   ④ 조약문의 채택
⑤ 조약문에의 서명

정답 11 ⑤   12 ⑤

> [해설] 조약체결의 첫 번째 단계는 교섭이다. 전통적 조약체결절차에 있어서
> 나 1969년 조약법협약에 있어서나 교섭은 조약체결을 위한 첫 단계에 속
> 하는 것이다.

14 Full Powers란 무엇인가?
① 영사위임장　　　　　② 아그레망
③ 전권위임장　　　　　④ 전권대사
⑤ 안전보장이사회 상임이사국

> [해설] 전권위임장(Full Powers)이란 조약체결권자가 발급하는 것으로, 조약
> 체결을 위한 교섭대표들은 이것을 상호 교환하여 확인한 후 교섭에 임하게
> 된다.

15 조약체결을 위하여 특별히 임명된 정부대표가 유효하게 조약을 체결
하는 데 필요한 문서는 다음 중 어느 것인가　　　　　<사시 '02>
① 전권위임장　　　　　② 인가장
③ 아그레망　　　　　　④ 비준서
⑤ 신임장

> [해설] 국가원수와 행정수반, 외무장관은 자동적으로 국가를 대표하므로 별도
> 의 증서 없이 조약체결을 위한 교섭에 나설 수 있다. 그러나 외교관 등 그
> 외의 사람들은 전권위임장(Full Powers)을 제시하여야 한다.

16 정식조약의 체결절차로서 가장 적절한 것은? <행시, 외시, 지시 '01>
① 전권대표의 선임 → 서명 → 교섭 → 비준
② 전권대표의 선임 → 교섭 → 비준 → 서명
③ 전권대표의 선임 → 서명 → 기분 → 교섭
④ 전권대표의 선임 → 교섭 → 서명 → 비준
⑤ 교섭 → 전권대표의 선임 → 비준 → 서명

> [해설] 정식조약은 일반적으로 전권대표로 선임된 국가대표들이 조약문을 교

섭하고, 채택된 조약문을 서명에 의하여 확정하며, 조약문에 대한 기속적 동의행위인 비준을 행하면 조약규정에 따라 효력을 발생하게 된다.

17 조약문의 채택(adoption)이란?
① 조약문의 형식과 내용을 확정짓는 것
② 조약문에 법적 효력을 부여하는 것
③ 조약문의 교섭을 위한 준비
④ 조약체결권자의 확인
⑤ 조약의 등록과 공고

> 해설 1969년 비엔나협약은 조약문의 '採擇'(adoption)에 대해 아무런 설명도 하지 않았다. 그러나 일반적으로 '채택'이란 국가간 합의의 형식(form)과 내용(content)을 확정짓는 조약체결의 단계라 할 수 있다.

18 1969년 「조약법에 관한 비엔나협약」에 의할 때 별다른 합의가 없는 한 국제회의에서의 조약문 채택은?
① 컨센서스에 의한다고 하였다.
② 재적과반수의 찬성에 의한다고 하였다.
③ 단순 과반수 찬성에 의한다고 하였다.
④ 출석하고 투표한 국가의 3분의 2 이상의 찬성에 의한다고 하였다.
⑤ 만장일치에 의한다고 하였다.

> 해설 조약체결시 조약문의 채택은 만장일치에 의하는 것이 전통적인 규칙이었고, 현재도 양자조약이나 제한된 다자조약의 경우에는 이 규칙이 적용된다. 그러나 1969년 「조약법에 관한 비엔나협약」 9조 2항은 국제회의에서 다자조약이 채택되는 경우에는 별도의 합의가 없는 한 출석하고 투표한 국가의 3분의 2 이상의 찬성으로 채택된다고 하였다.

19 조약문 채택에 있어서 컨센서스(총의)에 대한 적절한 설명이 아닌 것은?

① 다수결에 의한 조약문채택 방식이다.

② 일괄타결 방식으로 교섭을 진행한다.

③ 기나긴 교섭과정을 거쳐 반대를 없앤다.

④ 회의의장이 합의내용을 선언한 후 이의가 없으면 통과시키는 방식이다.

⑤ 해양법협약도 원래 컨센서스에 의한 조약체결을 목적으로 했었다.

> **해설** 컨센서스(consensus)란 일괄타결 방식으로 합의를 이끌어내 반대를 없애 가면서 교섭을 진행하여, 회의의장이 합의내용을 선언한 후 이의가 없으면 이를 통과시키는 방식이다. 따라서 이것은 다수결과 다르다. 1982년 해양법협약도 원래 컨센서스에 의한 조약체결을 목적으로 했었으나 실패하였고, WTO협정은 이 방식에 의해 채택되었다.

20 조약문 채택에 관한 설명이다. 가장 적절치 못한 것은?

① 조약문의 형식과 내용을 확정짓는 것이다.

② 조약문 채택에는 여러 가지 방법이 적용된다.

③ 양자조약은 교섭당사국 간에 의견의 일치가 있어야 채택된다.

④ 제한된 다자조약에도 만장일치가 적용되는 경우가 많이 있다.

⑤ 1969년 협약에 따르면 국제회의에서의 조약문 채택에는 단순과반수 방식이 적용된다.

> **해설** 조약문의 '채택'(adoption)이란 조약문의 형식과 내용을 확정짓는 행위이다. 역사적으로 조약문은 교섭에 참가한 모든 국가의 동의로 채택되어 왔기 때문에 만장일치는 조약문 채택에 관한 일반적 규칙이었다. 현재에도 양자조약은 물론 '제한된 다자조약'(restricted multilateral treaty)에 속하는 조약에는 만장일치가 적용된다. 여기에서 제한된 다자조약이란 경제통합조약처럼 당사국 사이에 조약의 완전한 적용이 필수적인 조약을 의미한다. 그러나 조약문이 국제회의에서 채택되는 경우에는 별도의 절차가 필요하다. 국제회의에서는 만장일치, 다수결, 컨센서스 등 여러 가지 방법 중에서 하나를 선택할 수 있지만, 1969년 협약 9조 2항은 국제회의에서의 조약문 채택은 출석하고 투표한 국가의 3분의 2 이상의 찬성을 요한다고 하였다.

21 참가국 수가 많은 국제회의를 통한 다자간 조약문 채택에 자주 사용
되는 것으로, 일괄타결 방식으로 교섭을 진행하여 골격적인 부분에
대한 합의를 이끌어 낸 뒤 의장이 합의내용을 선언한 후 이의가 없을
경우 이를 통과시키는 묵시적 전원일치 방식을 무엇이라고 하는가?

① 다수결   ② 만장일치
③ 컨센서스   ④ 약식서명
⑤ 만 족

> 해설 오늘날 국제사회에서는 유엔 등 국제기구 후원하에 많은 국제회의들이
> 열리고 있다. 이러한 국제회의에서는 상당히 많은 경우 다수결이 아닌 컨
> 센서스에 의한 조약문 채택을 시도한다.

22 조약문의 인증을 위한 서명(signature)에 대한 설명으로 적당하지 않은
것은?

① 서명은 조약문 인증에 가장 많이 사용되는 방법이다.
② 보통 조약문 작성에 참가한 국가대표들이 조약문에 서명하는 방
법으로 이루어진다.
③ 조약문에 대한 인증으로서의 서명은 조약에 구속된다는 동의표
시인 서명과는 다르다.
④ 인증으로서의 서명만으로는 조약이 법적인 구속력을 가지지 못
한다.
⑤ 조약문의 인증을 위한 서명은 비준의 효과도 발생시킨다.

> 해설 ①② 조약문 인증에는 서명이 가장 많이 사용되며, 교섭과정에 참여한
> 국가대표들이 서명을 하는 것이 보통이다. ③④ 그러나 조약문에 대한 인
> 증으로서의 서명은 조약에 대한 기속적 동의로서의 서명과는 달라서, 조약
> 문의 확정을 의미할 뿐 법적 구속력을 발생시키지는 않는다. 따라서 비준
> 처럼 조약에 구속을 받는다는 동의의 효과는 발생하지 않는다.

23 다음 중 '조약에 대한 기속적 동의'의 표시방법이 아닌 것은?

---

① 약식조약의 서명   ② 인 증
③ 수 락   ④ 정식조약의 비준
⑤ 다자조약의 가입

> **해설** 조약에 대한 기속적 동의에는 일반적으로 알려진 비준 말고도 여러 가지 방법들이 사용된다. 1969년 조약법에 관한 비엔나협약은 조약에 대한 기속적 동의는 서명(signature), 조약문교환(exchange of instruments constituting a treaty), 비준(ratification), 수락(acceptance), 인준 또는 승인(approval), 가입(accession)에 의해 표현될 수 있다고 하면서, 당사자 간의 합의가 있을 때에는 다른 방법도 가능하다고 하였다. ②의 인증이란 조약문의 확정절차에 해당한다.

24 약식조약이란?

① 교섭과 서명이 동시에 이루어지는 조약이다.
② 서명과 비준이 별도로 이루어지는 조약이다.
③ 약식서명에 의하여 서명이 이루어지는 조약이다.
④ 서명 후 비준 없이 효력발생으로 이어지는 조약이다.
⑤ 비준이 있은 후 효력발생으로 이어지는 조약이다.

> **해설** 약식조약이란 서명이란 하나의 행위로 조약문의 확정과 조약에 대한 기속적 동의의 효과를 동시에 발생시키는 조약이다. 따라서 약식조약에서는 조약에 대한 서명이 있으면 바로 효력발생으로 이어진다.

25 대표적인 약식조약들로 짝지어진 것은?

① 자원개발계약과 어업협정   ② 휴전협정과 경제통합조약
③ 행정협정과 휴전협정   ④ 동맹조약과 방위조약
⑤ 동맹조약과 어업협정

> **해설** 약식조약이란 서명이란 행위로 조약문의 확정과 조약에 대한 기속적 동의가 동시에 이루어지는 조약을 말한다. 휴전협정이나 행정협정 같이 신속한 효력발생을 요하고 기술성이 강한 조약들이 대표적인 약식조약(agreement in simplified form)들이다.

[정답] 23 ②   24 ④   25 ③

26 비준이란 무엇인가?

① 조약체결권자가 조약문을 최종적으로 확인하는 절차이다.

② 조약문을 확정짓는 절차이다.

③ 조약문의 교섭에 관한 절차이다.

④ 조약의 효력발생에 관련된 절차이다.

⑤ 조약의 등록 절차이다.

> [해설] 비준(ratification)이란 국가원수인 조약체결권자가 교섭대표들에 의해 확정·채택된 조약문을 최종 확인하는 절차로서 정식조약에 있어서 조약에 대한 기속적 동의의 표시방법이다.

27 정식조약의 효력발생 시기는?

① 서명이 이루어진 때

② 등록이 이루어진 때

③ 비준동의가 이루어진 때

④ 비준서 교환이나 기탁이 이루어진 때

⑤ 조약문이 채택된 때

> [해설] 정식조약이 효력발생에 이르는 것은 대개 비준절차가 완료되는 시점부터이다. 그런데 정식조약 중에서 양자조약은 비준서의 교환에 의해서 다자조약의 경우에는 기탁에 의하여 비준절차가 완료되는 경우가 많다.

28 약식조약에 관한 설명 중 옳지 않은 것은?   <사시 '03>

① 약식조약은 별도의 기속적 동의절차 없이 서명만으로도 효력이 발생한다.

② 약식조약의 일방 당사국이 정식조약 체결절차를 거치는 경우에라도 타방 당사국은 반드시 정식조약 체결절차를 거칠 필요는 없다.

③ 약식조약은 대체로 휴전협정과 미국에서 발전한 행정협정(exe-cutive agreement)의 형태로 발전하여 왔다.

④ 약식조약은 그 절차가 간단하지만, 법적 효력에서는 정식조약과

차이가 없다.

⑤ 약식조약은 양자조약에서만 이용이 가능하다.

> [해설]　①③ 休戰協定이나 行政協定과 같이 신속성과 기술성을 요하는 略式
> 條約(agreement in simplified form)에서의 서명(signature)은 비준을 전제
> 로 한 서명과는 달리 조약의 구속력을 최종적으로 인정하는 것이다. 약식
> 조약의 대표적인 사례는 휴전협정과 행정협정이다. ⑤ 약식조약의 적용범
> 위를 양자조약에만 한정할 필요는 없다.

29 오늘날 자주 체결되고 있는 다자조약은 대개 어떤 조건이 충족될 때 효력발생을 시작하는가?

① 모든 교섭당사국이 협약을 비준하였을 때

② 교섭에 참여한 국가의 과반수가 협약을 비준하였을 때

③ 합의되어진 숫자의 국가들이 협약을 비준하고 합의된 기간이 경 과하였을 때

④ 교섭에 참여한 국가의 3분의 1 이상이 비준하였을 때

⑤ 교섭에 참여한 주요 국가들이 모두 협약을 비준하였을 때

> [해설]　당사국이 많은 다자조약들은 대개 일정한 숫자의 국가들이 협약을 비
> 준하고 일정기간이 경과한 때부터 효력발생에 들어간다. 예를 들어 1982년
> 해양법협약은 60개국이 비준하고 1년이 지난 후부터 효력발생에 들어갔다.

30 조약에 대한 국가의 기속적 동의가 최종적으로 확정되는 방식이 아닌 것은?　　　　　　　　　　　　　　　　　　　　　　　　<사시 '01>

① 비준(ratification)　　　　　② 수락(acceptance)

③ 승인(approval)　　　　　　④ 인증(authentication)

⑤ 약식조약에 대한 서명(signature)

> [해설]　조약에 대한 기속적 동의를 표시하는 데에는 비준(ratification), 서명
> (signature), 조약문교환(exchange of instruments constituting a treaty),
> 수락(acceptance), 인준 또는 승인(approval), 가입(accession)이 있다. ④
> 인증은 조약문의 확정절차이다.

---

31 해양법협약은 1982년 4월 채택되어 상당수의 국가들이 협약에 서명하였으나 각국의 비준이 늦어져 1994년 11월에 이르러서야 효력을 발생하게 되었다. 만일 어떤 국가가 1982년 10월 조약을 비준하였다면, 그 때부터 1994년 11월까지 그 국가는 해양법협약과의 관계에서 어떤 상태에 있게 되는가?

① 조약은 아직 효력을 발생하지 않았으므로 조약에 구속되지 않는다.

② 조약의 대상과 목적을 저해하는 행동을 자제해야 한다.

③ 조약이 효력을 발생할 것은 분명하므로 이를 지켜야 할 법적인 의무가 있다.

④ 조약은 없는 것이나 마찬가지이다.

⑤ 조약을 비준하지 않았으므로 조약에 구애될 필요가 없다.

> [해설] 조약에 대한 기속적 동의를 한 국가는 조약의 효력발생 후 조약을 준수해야 할 의무를 갖는다. 그러나 1969년 조약법에 관한 비엔나협약 18조는 조약이 아직 효력발생에 들어가지 않았다 하더라도 조약에 대한 기속적 동의를 한 국가는 조약의 대상과 목적을 저해하는 행동을 해서는 안 된다고 하였다.

32 1969년 「조약법에 관한 비엔나협약」에서 조약의 제3자적 효력에 대한 설명 중 옳지 않은 것은?   <사시 '00>

① 조약은 원칙적으로 제3국에는 효력이 없다.

② 제3국에게 권리를 부여하기 위해서는 당해 국가의 동의가 필요하다.

③ 권리를 부여하는 경우에는 권리를 부여받는 제3국이 반대의 의사표시를 하지 않는 한 동의가 추정된다.

④ 제3국에 대하여 의무를 결정하는 경우에도 당해 국가의 묵시적 동의만으로 충분하다.

⑤ 조약에 규정된 규칙이 국제관습법상의 규칙인 경우에는 그러한

규칙으로 제3국을 구속할 수 있다.

[해설] ①⑤ 조약은 당사국 사이에서만 법적인 효력을 갖는다. 이러한 조약상 대성 원칙은 모든 국가는 자신이 동의한 국제법 규칙에만 종속된다는 데 근거하는 것으로, 국가주권과 독립권에서 나오는 국제법원칙이라 할 수 있다. 조약상대성 원칙에 대한 중대한 예외는 당해 조항이 국제관습법인 경우이다. 국제관습법은 원래 조약의 당사국이든 아니든 모든 국가들이 지켜야 하기 때문이다. ②③ 제3국에게 권리를 부여하는 조약의 경우에는 예외가 인정된다. 어떤 조약이 제3국에게 일정한 권리를 부여하고 제3국이 거기에 대해 동의하면 제3국은 그 조약상의 권리를 누리게 되는데, 이 경우 반대의 의사표시가 없는 한 동의가 존재하는 것으로 추정된다(비엔나협약 35조, 36조). ④ 한편 비엔나협약은 제3국이 자신이 체결하지 아니한 조약상의 의무를 서면으로 수락하면 그 의무는 법적인 효력을 가지게 된다고 하였다.

33 1차대전 후 미국 윌슨 대통령의 제의로 도입된 것으로 비밀조약 폐지를 위해 등장한 제도는?

① 조약의 등록 ② 조약의 소멸
③ 조약의 정지 ④ 조약의 무효
⑤ 조약의 종료

[해설] 조약의 등록(registration)과 공고(publication)는 과거 비밀조약이 세계대전의 원인 중의 하나였다고 생각한 윌슨이 제안하였다.

34 국제연맹 규약에 따르면 등록되지 아니한 조약은?

① 제3국에 대항하지 못한다.
② 국제연맹 기관들에 대해 주장하지 못한다.
③ 효력을 가지지 못한다.
④ 합의된 대로 효력을 발생한다.
⑤ 국제연맹 회원국들에게 이를 주장하지 못한다.

[해설] 국제연맹 규약은 18조에서 등록되지 않은 조약은 효력을 가지지 못한다고 하였었다. 국제연맹 규약에 있어서 등록은 조약의 효력발생조건이었다.

[정답] 32 ④ 33 ① 34 ③

35 유엔헌장에 의하면 사무국에 등록되지 않은 조약은?

① 절대적 무효이다.

② 상대적 무효이다.

③ 취소할 수 있다.

④ 등록된 조약과 아무런 효력상 차이가 없다.

⑤ 유엔기관에서 이를 원용하지 못한다.

> 해설 국제연합헌장은 102조 1항에서 회원국들이 체결한 조약은 가능한 조속히 사무국에 등록되어야 하고 사무국은 이를 공표한다고 하면서, 2항에서는 등록되지 아니한 조약은 모든 유엔기관(any organ of the United Nations) 앞에서 이를 주장하지 못한다고 하였다.

36 UN헌장 제102조 제2항에 따를 때, 사무국에 등록되지 아니한 조약은 누구에 대하여 원용할 수 없는가?   〈사시 '01〉

① 모든 국가   ② 타방 조약당사국

③ 모든 UN기관   ④ 모든 UN회원국

⑤ 모든 국제재판소

> 해설 유엔헌장은 102조 1항에서 회원국들이 체결한 조약은 사무국에 등록되어야 하고 사무국은 이를 공표한다고 하였으며, 2항에서는 등록되지 아니한 조약은 '모든 유엔기관 앞에서'(before any organ of the United Nations) 이를 주장하지 못한다고 하였다.

37 다자조약의 특징이 아닌 것은?

① 국제회의를 통한 교섭

② 다수결과 컨센서스에 의한 조약문 채택

③ 유보의 폭넓은 허용

④ 대부분이 폐쇄조약

⑤ 기탁제도의 활용

> 해설 ①② 다자조약에서는 양국간 교섭방식을 지양하고 교섭당사국들이 한

자리에 모여 국제회의를 통해 교섭하는 방식이 자주 사용되며, 조약문을 채택할 때에도 만장일치가 아닌 다수결이나 컨센서스를 자주 이용한다. ③ ④ 다자조약들은 대부분 가능한 많은 국가를 당사국으로 받아들이기 위하여 개방조약제도를 취하고 유보를 널리 인정한다. ⑤ 비준절차를 마무리할 때에도 조약문 교환이 아닌 기탁제도를 주로 사용한다.

38 조약법에서 유보(reservation)란?

① 체결된 조약의 실시를 연기하는 것

② 조약문을 확정짓는 것

③ 조약에 대한 기속적 동의

④ 조약의 일부규정들의 적용을 배제하거나 수정하는 것

⑤ 체결된 조약을 유엔 사무국에 보고하는 것

> [해설] 유보란 조약의 일부 규정들의 적용을 배제하거나(조항의 유보), 규정들의 법적 효과를 제한하는 것(해석의 유보)이다.

39 다자조약이 유보를 인정하는 데 따른 결과가 아닌 것은?

① 조약의 당사국 숫자가 증가한다.

② 법적용의 통일성이 강화된다.

③ 조약의 적용범위가 확대된다.

④ 보편적 조약의 체결이 쉬워진다.

⑤ 각국의 특수성이 고려된다.

> [해설] 유보가 인정되면 각국의 특수성이 적절히 고려되어, 조약의 당사국 숫자는 늘어나고, 그 적용범위는 확대된다. 그러나 조약의 적용에 있어서의 통일성은 약화된다.

40 A국과 B국은 조약체결을 위한 교섭을 진행하여 서명까지 마쳤다. 그런데 A국 의회는 조약의 일부 조항에 유보를 하여 비준동의를 하였다. 이러한 유보의 효력에 대한 적절한 설명인 것은?

① 유보로서의 효력을 발생한다.

② 대개 새로운 제안의 의미를 갖는다.

③ 그러한 유보는 무효이며 원래 조약안대로 효력이 발생한다.

④ 조약의 내용을 수정하는 효과를 갖는다.

⑤ 정책선언의 의미를 가질 뿐이다.

> [해설] 유보란 원래 다자조약의 적용범위 확대를 위해 도입한 것으로, 양자조약의 한쪽 당사자에 의한 유보는 대개 새로운 제의에 해당하는 것으로 본다. 따라서 이 문제에 대한 해답은 ②번이다. 그러나 예외적으로 양자조약에서도 조약에 서명·비준하는 단계에서 행해진 유보가 효력을 발생하는 경우가 있었다.

41 양자조약에서 유보가 허용된 대표적인 사례는?

① 미국과 파나마 간의 운하조약

② 한·일 대륙붕협정   ③ 헤이-바릴라조약

④ 한·미 행정협정   ⑤ 해양법협약

> [해설] 양자조약에서 유보란 조약에 대한 새로운 제안의 의미를 갖는 것이어서 원칙적으로는 허용되지 않는다. 그러나 예외적으로 양자조약에서도 유보가 이루어진 사례는 있다. 1977년 미국과 파나마 사이에 체결된 새로운 운하조약(Canal Treaty)에 미국 상원이 유보를 붙였으나 파나마가 이를 그대로 받아들였다.

42 조약의 유보에 관한 다음의 설명 중 옳지 않은 것은?   <사시 '92>

① 유보는 서명, 비준, 수락, 승인 또는 가입시에 할 수 있다.

② 유보가 효력을 발생하려면 타방 당사국의 반대가 없어야 한다.

③ 유보는 다자조약보다 양자조약에서 그 의의가 크다.

④ 유보를 한 당사국에 대하여 다른 조약당사국은 동일한 유보를 원용할 수 있다.

⑤ 유보에는 조항의 유보뿐만 아니라 해석의 유보, 적용영역의 유보도 포함한다.

> [해설] 이미 설명한 대로 유보제도는 다자조약의 적용범위 확대를 위해 도입

된 제도이다. 양자조약에서는 무시해도 좋을 정도로 극히 예외적인 경우에
사용되었다.

43 다자조약이 유보를 허용하면서도 일정범위에서 이를 제한하는 것은
어떤 이유에서인가?

① 법적용의 통일성 유지를 위해
② 법적용 공동체의 확장을 위해
③ 다자조약 체결을 쉽게 하기 위해
④ 다자조약제도의 활성화를 위해
⑤ 법적 정당성을 확보하기 위해

> [해설] 조약에 대한 유보가 무한정 허용된다면 국가마다 적용되는 법이 달라
> 져 법적용의 통일성이 깨지게 된다. 유보를 일정한 범위에서 제한하는 것
> 은 법적용의 통일성을 최소한이나마 유지하기 위한 것이다.

44 조약에 유보에 관한 규정이 없는 경우, 유보의 허용여부는 어떤 기준
에 의해 판단되는가?

① 조약의 체결시기   ② 조약체결지법
③ 조약이행지법   ④ 조약의 목적과 원칙
⑤ 사정변경

> [해설] 조약에 대한 유보는 조약규정 자체에 의해 허용여부가 결정된다. 그러
> 나 조약 자체에 그러한 규정이 없는 경우에는 조약의 목적과 원칙에 비추
> 어 허용여부를 판단한다.

45 ICJ가 유보의 원칙상 제한 또는 조약의 목적에 따른 제한에 관한 기준
을 제시한 것은?

① 북해대륙붕 사건
② 집단살해협약에 관한 권고의견
③ 영·불대륙붕 사건

[정답] 42 ③   43 ①   44 ④

④ 유엔봉사 중 발생한 손해배상 사건

⑤ 마브로마티스 사건

> 해설   1951년 국제사법재판소(ICJ)은 「집단살해협약 유보에 관한 권고의견」
> 에서, 유보와 조약의 목적 간의 양립성을 유보허용 여부의 판단기준으로
> 제시하였다.

46 유보에 대한 설명들이다. 옳지 않은 것은?

① 다자조약의 증가에 따라 필요해진 제도이다.

② 다수결에 의하여 채택되는 조약이 증가하면서 많이 사용되고 있다.

③ 오늘날에는 양자조약에서도 널리 사용되고 있다.

④ 다자조약의 당사국 숫자를 늘리기 위한 방법의 하나이다.

⑤ 조약의 최소한의 통일성 유지를 위해 유보는 적절히 제한된다.

> 해설   ①② 유보는 다자조약의 발달에 따라 주목을 끌게 된 제도이다. 국제
> 연맹 시대에도 유보제도는 있었으나, 2차대전 이후 다수결에 의한 다자조
> 약 체결이 빈번해지면서 유보는 널리 사용되게 되었다. ③ 양자조약에서
> 유보가 인정된 사례는 거의 없다. ⑤ 유보가 지나치게 널리 인정되면 다자
> 조약의 적용범위는 확대되겠지만, 조약의 완전성과 통일적 적용이 훼손된
> 다.

47 다자조약의 유보의 효력에 대한 설명으로 옳지 않은 것은?

<행시, 외시, 지시 '99>

① 유보국과 유보를 수락한 국가 간에는 유보된 내용대로 적용된다.

② 유보 반대시 유보국과 반대국간의 유보발효 여부는 반대국의 의사에 달려 있다.

③ 유보를 반대한 국가가 조약 자체의 발효를 반대하지 않는 경우 유보국과 반대국 간에는 유보한 만큼 조약의 적용이 배제된다.

④ 조약이 명시적으로 금지하거나 조약의 목적에 위배되는 유보는 허용되지 않는다.

정답   45 ②   46 ③

⑤ 조약의 유보의사 통고 후 6개월 내 반대가 없으면 수락으로 간주한다.

> [해설] 다자조약의 당사국이 되고자 하는 국가는 유보가 금지되는 경우가 아니면 조약에 서명·비준·가입할 때 일부조항을 유보할 수 있다(비엔나협약 20조). ⑤ 조약에 별도의 규정이 없는 한, 유보가 있은 후 12개월 이내에 유보에 대한 반대가 없으면 유보는 수락된 것으로 본다(동조 5항).

48 국제법상의 절차에 따라 체결된 조약이 효력을 발생하는 데 필요한 조건이 아닌 것은?
① 국제법상 강행규정에 어긋나지 않아야 한다.
② 조약은 이행가능해야 한다.
③ 사기나 착오, 강박이 없었어야 한다.
④ 국내법위반이 없었어야 한다.
⑤ 조약이 유엔 사무국에 등록되어야 한다.

> [해설] 국제법절차에 따라 체결된 조약도 효력발생을 위해서는 몇 가지 조건을 충족해야 한다. 그러한 조건들은 ①②③④에 나와 있다. ⑤ 국제연맹규약은 사무국에의 등록을 조약의 효력발생 조건의 하나로 삼았었다. 그러나 유엔헌장은 등록되지 아니한 조약은 유엔기관들에서 주장하지 못한다고 하였을 뿐, 등록을 효력발생 조건으로 삼지는 않았다.

49 조약의 효력에 관한 설명으로 잘못된 것은?　　　　　<사시 '83>
① 조약이 강행법규에 반하면 무효가 된다.
② 조약상의 의무제한을 위하여 국내입법을 원용할 수 없다.
③ 조약은 원칙적으로 당사국만을 구속한다.
④ 조약은 제3국에 대하여 그 동의 없이 의무를 부과할 수 있다.
⑤ 착오의 결과로서 체결된 조약은 무효로 할 수 있다.

> [해설] 조약법에는 조약상대성의 원칙이란 것이 있다. 조약상의 권리와 의무는 조약당사국 사이에서만 유효하다는 것이다. 따라서 어떤 국가들이 조약을 체결하여 제3국에게 의무를 부과하는 것은 원칙적으로 허용되지 않는다.

[정답] 47 ⑤　48 ⑤　49 ④

50 조약의 적용에 관한 설명 중 옳은 것은? <사시 '02>

① 조약은 별도의 합의가 있는 경우에도 소급 적용될 수 없다.

② 조약은 원칙적으로 각 당사국의 모든 국가영역(state territory)에 적용된다.

③ 1969년 조약법에 관한 비엔나협약에는 조약의 잠정적 적용에 관한 규정이 없다.

④ 신조약에서는 구조약의 효력문제를 규정할 수 없다.

⑤ 조약은 원칙적으로 조약의 당사국이 아닌 제3국에도 적용된다.

> [해설] 조약은 별도의 규정이 없는 한 당사국의 모든 영역에서 당사국을 구속한다(비엔나협약 29조). 그러나 과거 유럽식민국가들이 체결하는 조약에는 소위 '植民地適用條項'(colonial application rule)이라는 것이 있어서 조약의 식민지에의 적용여부를 별도로 규정하였었다.

51 두 개의 언어로 인증된 조약의 해석과 관련하여, 사전에 그 어떠한 조약문에 우위가 정해지지 않은 경우, 조약문은 어떻게 해석되어야 하는가?

① 영문으로 된 조약문에 우위를 인정한다.

② 그러한 조약은 정지된다.

③ 그러한 조약은 종료된다.

④ 보다 보편적으로 사용되는 언어로 된 조약문에 우위를 인정한다.

⑤ 조약의 목적에 비추어 조약문과 가장 잘 어울리는 의미로 해석된다.

> [해설] 1969년 협약 33조는 두 개의 언어로 인증된 조약문은 원칙적으로 동등한 권위를 인정받되, 사전에 그 어떠한 조약문에 우위가 정해지지 않은 경우에는 조약의 목적에 비추어 조약문과 가장 잘 어울리는 의미로 해석된다고 하였다.

[정답] 50 ② 51 ⑤

52 1969년 「조약법에 관한 비엔나협약」이 규정한 조약의 무효원인에 속하지 않는 것은?

① 강행규정 위반 ② 강 박

③ 사정변경 ④ 부 패

⑤ 사 기

> **해설** 1969년 「조약법에 관한 비엔나협약」은 조약의 무효원인으로 국내법규정 위반, 착오, 사기, 부패, 강박, 강행법규 위반을 나열하였다. ③ 사정변경은 조약의 종료 또는 소멸원인이다.

53 착오나 사기에 의해 체결된 조약은?

① 조약 규정대로 효력을 발생한다.

② 당연히 무효이다. ③ 효력발생을 중지한다.

④ 무효로 할 수 있다. ⑤ 등록되면 효력을 발생한다.

> **해설** 착오와 사기, 국내법규정 위반에 의해 체결된 조약은 상대방 국가의 선택에 따라 효력발생에 이르기도 하고 무효가 되기도 한다. 즉 착오와 사기는 조약의 상대적 무효의 원인이다.

54 1962년 프레아비헤어사원 사건에 대한 ICJ 판결에서 핵심적인 쟁점이었던 것은?

① 강박에 의해 체결된 조약의 효력

② 국내법규정에 위반되어 체결된 조약의 효력

③ 지리적 착오에 의해 체결된 조약의 효력

④ 사기에 의해 체결된 조약의 효력

⑤ 전쟁에 의한 조약의 종료

> **해설** 태국과 캄보디아 간의 이 사건은 프랑스가 캄보디아를 지배하고 있었던 시절 프랑스와 태국 간에 체결된 조약에 따라 그어진 국경선의 효력이 주요 관심사였다. 특히 지리적 착오에 의해 그어진 경계선의 효력이 주요 쟁점이었다.

정답 52 ③ 53 ④ 54 ③

55 강박에 의해 체결된 조약은?

① 취소할 수 있다.

② 조약 규정대로 효력을 발생한다.

③ 무효이다.

④ 무효로 할 수 있다.

⑤ 효력발생이 중지된다.

> [해설] 1969년 「조약법에 관한 비엔나협약」은 51조와 52조에서 국가대표에 대한 강박과 국가 자체에 대한 강박에 의해 체결된 조약은 무효라고 하였다(절대적 무효사유).

56 국제강행규정과 그 이론에 대한 설명이 아닌 것은?

① 국내법상 강행규정 이론의 영향을 받아 도입된 이론이다.

② 모든 국가가 지켜야 하는 규칙이다.

③ 강행규정에 어긋나는 조약은 무효이다.

④ 강행규정은 강행규정에 의해서만 수정된다.

⑤ 어떤 국제법규가 강행규정인가 하는 것은 국제법위원회가 결정한다.

> [해설] 1969년 「조약법에 관한 비엔나협약」은 강행규정과 충돌되는 조약은 무효라고 하면서, 강행규정에 대해서는 그 어떠한 위반도 허용되지 않는다고 하였다. 또한 강행규정은 새로운 강행규정에 의해서만 수정된다고도 하였다. 그러나 국제사회에는 확립된 강행규정 제정절차나 이를 공인해 줄 국제기구가 존재하지 않는다.

57 국제법상 강행규정과 가장 거리가 먼 것은?

① 외국인차별 금지   ② 집단살해 금지

③ 무력행사 금지   ④ 인신매매 금지

⑤ 해적행위 금지

> [해설] 국제강행규정에 속하는 것으로는 유엔헌장의 원칙인 무력행사 금지, 집단살해 금지, 해적행위 금지, 인신매매 금지에 관한 규정들을 들 수 있다.

[정답] 55 ③   56 ⑤   57 ①

58 1969년 「조약법에 관한 비엔나협약」에 규정된 조약의 무효사유가 아닌 것은? <사시 '00>

① 조약의 중대한 위반   ② 사기 (또는 기만)

③ 국가대표의 부패 (또는 매수)   ④ 강행규범의 위반

⑤ 착 오

> [해설] 조약의 중대한 위반은 조약의 소멸(종료) 또는 조약의 정지(중지) 사유이다.

59 1969년 「조약법에 관한 비엔나협약」에 나타난 '조약의 무효원인'에 관한 설명 중 옳지 않은 것은? <사시 '01>

① 국가대표에 대한 강박(coercion)을 당한 국가는 조약에 대한 기속적 동의를 무효로 하는 것을 원용할 권리를 가진다.

② 착오(error)의 경우 조약문의 문언에 관한 착오는 제외된다.

③ 부패(corruption)의 경우 국제예양상 사교의 범위내의 것은 제외된다.

④ 조약법협약에 열거된 무효원인 이외의 원인으로 조약의 무효를 주장할 수 없다.

⑤ 조약은 그 체결 당시의 국제 강행규범과 충돌하는 경우 무효이다.

> [해설] 强迫(coercion)에는 국가대표에 대한 강박과 국가에 대한 강박이 있다. 1969년 비엔나협약은 51조에서 국가대표에 대한 어떤 행동이나 위협을 통하여 이루어진 조약에 대한 기속적 동의는 법적인 효력을 가지지 못한다고 하였다. 이는 국가대표에 대한 강박에 의해 체결된 조약은 절대적 무효임을 선언한 것이다. 아울러 협약 52조는 유엔헌장에 규정된 국제법원칙에 위배되는 위협이나 무력행사에 의해 체결된 조약은 무효라고 하였다. 이것은 국가에 대한 강박을 통해 체결된 조약 역시 절대적 무효임을 밝힌 것이다.

60 「조약법에 관한 비엔나협약」상 조약의 무효에 관한 내용으로 옳지 않은 것은? <사시 '03>

[정답]   58 ①   59 ①

① 국가가 다른 교섭국의 기만적 행위에 의하여 조약을 체결하도록 유인된 경우에 그 국가는 조약에 대한 자신의 기속적 동의를 무효화하는(invalidating) 것으로 그 기만을 원용할 수 있다.

② 조약에 대한 국가의 기속적 동의의 표시가 다른 교섭국에 의한 그 대표의 부정(corruption)을 통하여 이루어진 경우에 그 조약은 무효이다.

③ 조약에 대한 국가의 기속적 동의표시가 국가대표에게 행한 위협 등을 통한 강박(coercion)으로 얻은 것이라면 아무런 법적 효력을 가지지 아니한다.

④ UN헌장에 구현된 국제법의 제원칙을 위반하여 힘의 위협 또는 사용에 의하여 조약이 체결된 경우에 그 조약은 무효이다.

⑤ 어느 조약에 대한 국가의 기속적 동의를 표시하는 대표의 권한이 특정의 제한에 따를 것으로 하여 부여된 경우에 그 대표가 그 제한을 준수하지 아니한 것은, 그러한 동의를 표시하기 전에 그 제한을 다른 교섭국에 통고하지 아니한 한 그 대표가 표시한 동의를 무효화하는(invalidating) 것으로 원용될 수 없다.

> [해설] 조약의 무효는 절대적 무효와 상대적 무효로 나눈다. 절대적 무효란 일정한 조건이 갖추어지면 조약을 처음부터 무효인 것으로 처리하는 것이며, 상대적 무효란 조약의 상대방에게 조약을 무효화할 수 있는 재량을 부여하는 것이다. 강박이나 강행규범에 위반되는 방법으로 체결된 조약은 절대적 무효이며, 착오·사기·부패에 의해 체결된 조약은 상대적 무효의 대상이 된다. ② 부패 또는 부정(corruption)이란 한 국가의 대표가 다른 국가로부터 뇌물을 받고 조약의 대한 기속적 동의를 해 주는 것이다. 1969년 비엔나협약은 조약에 대한 기속적 동의가 다른 교섭국에 의한 직·간접적인 부패를 통해 이루어진 경우에는 구속에 대한 기속적 동의를 무효화하기 위해 그 부패를 원용할 수 있다고 하여(협약 50조), 상대적 무효를 규정하였다.

61 국제강행규범에 대한 설명 중 옳지 않은 것은?<행시, 외시, 지시 '99>

① 강행규범이란 국제공동사회가 전체로서 수락하며 인정하는 규범이다.

② 국제강행규범은 이탈이 허용되지 않는다.

③ 동일한 성질을 가진 추후의 국제강행규범에 의해서만 변경될 수 있다.

④ 조약은 체결당시에 국제강행규범과 충돌하는 경우에는 무효이다.

⑤ 새로운 국제강행규범과 저촉되는 기존의 조약은 소급하여 무효가 된다.

> **해설** 1969년 비엔나협약 53조는 조약이 체결시 일반국제법상의 강행규정과 충돌되는 경우에는 무효라고 하면서, 일반국제법상의 강행규정이란 국가들의 국제공동체가 수락하고 승인하는 규범으로, 그 어떠한 위반도 허용되지 아니하며, 동일한 성격의 새로운 일반국제법 규범에 의해서만 수정될 수 있다고 하였다. ⑤ 기존의 조약규정과 충돌되는 새로운 국제강행규범이 등장하는 경우 그러한 시점을 기준으로 조약은 효력을 상실하는 것으로 보아야 한다.

62 다음 중 조약의 종료 또는 정지원인이 아닌 것은?

① 강행규정 위반

② 이전의 조약과 충돌되는 새로운 조약의 체결

③ 조약의 종료나 정지에 관한 조약규정

④ 당사국의 조약위반

⑤ 사정의 근본적인 변화

> **해설** 조약의 종료와 효력발생 정지에는 여러 가지 원인이 있지만, 그러한 원인들은 크게 다음의 두 가지로 나눌 수 있다. 하나는 명시적이든 묵시적이든 당사국의 의사에 의한 것인데, 이미 체결된 조약으로부터의 탈퇴와 폐기 및 효력발생에 관련된 규정들과 이전의 조약과 모순된 내용을 가진 새로운 조약의 체결 등이다. 다른 하나는 당사국의 합의된 의사와는 별도로 인정되는 것으로 조약에 대한 중대한 위반과 이행불능, 중대한 사정변경 등이 여기에 속한다. ① 강행규정 위반은 조약의 무효원인이다.

63 조약의 종료원인이 아닌 것은?

① 이전의 조약과 모순된 내용의 새로운 조약의 체결

② 중대한 조약위반   ③ 중대한 사정변경

④ 강박에 의한 조약체결   ⑤ 전 쟁

> 해설 강박에 의한 조약체결은 조약의 무효원인이다. ⑤ 전쟁은 당사국 간의 정치·군사관계 조약들을 종료케 한다. 경제·사회·문화관계 조약들은 사례에 따라 종료되기도 하고 정지되기도 한다.

64 조약의 정지원인이 아닌 것은?

① 효력발생기간의 경과   ② 조약위반

③ 전 쟁   ④ 사정변경

⑤ 조약의 효력발생 정지조건 충족

> 해설 조약의 효력발생기간이 경과하였다면 그 조약은 소멸된다.

65 1969년 「조약법에 관한 비엔나협약」 제62조가 규정하고 있는 사정변경원칙의 요건이 아닌 것은?   <사시 '00>

① 변경된 사정은 조약체결 당시의 사정과 관련된 것이어야 한다.

② 사정변경이 이행되어야 할 의무의 범위에 관하여 미미한 영향을 주어도 무방하다

③ 사정변경이 당사자에 의해 예상될 수 없었던 것이어야 한다.

④ 그 사정이 조약의무에 대한 동의의 본질적 기초를 구성해야 한다.

⑤ 사정변경이 조약의무의 범위를 확대시키거나 의무의 종류를 변화시켜야 한다.

> 해설 1969년 「조약법에 관한 비엔나협약」 62조는 1항에서 조약의 체결당시 존재하였던 사정에 근본적인 변화가 있고, 당사국들이 이를 예상하지 못하였으며, 그러한 사정이 당사국들의 조약에 대한 기속적 동의의 본질적 근거를 이루었고, 그러한 변화가 앞으로 이행될 의무의 범위를 급격히 변화시키는 것인 경우에는, 사정변경을 조약을 종료시키거나 정지케 하는 사유로 원용할 수 있다고 하였다.

66 「조약법에 관한 비엔나협약」의 사정변경의 원칙에 대해서 잘못 설명한 것은? <사시 '86>

① 국경을 확정하는 조약에는 적용되지 않는다.

② 조약상의 의무가 이미 이행된 경우에 적용된다.

③ 변경된 사정이 조약체결 당시 예견할 수 없었던 것이어야 한다.

④ 변경된 사정이 당사국의 조약의무 수락에 근본적인 기초를 구성한 것이어야 한다.

⑤ 사정변경이 그것을 주장하는 국가의 국제법 위반으로 인한 경우에는 적용되지 않는다.

> 해설 사정변경의 원칙은 이론상 국제법에서도 인정된다. 그러나 실제로 사정변경을 조약의 종료나 정지 원인으로 사용하는 데에는 많은 제약이 따른다. ② 사정변경 원칙을 이미 이행된 조약에까지 확대 적용하는 것은 적절하지 않다.

67 사정변경의 원칙문제가 제기되었던 사례인 것은?

① 북해대륙붕 사건 ② 어업관할권 사건

③ 노테봄 사건 ④ 메인만 해양경계획정 사건

⑤ 바르셀로나 전기회사 사건

> 해설 사정변경의 원칙문제가 제기된 가장 대표적인 사례 두 가지가 있다. 그것은 1932년 프랑스와 스위스 간 자유지역 사건(Case of the Free Zones)과 1973년 영국과 아이슬란드 간 어업관할권 사건(Fisheries Jurisdiction Case)이다. 그 중 어업관할권 사건에서 아이슬란드는 확대되어 가는 연안국의 어업관할권에 관한 국제법을 자국의 주장을 정당화하는 데 사용했으며, ICJ는 법의 변화도 사정의 변경에 해당한다고 하여 그 원칙을 인정하였다.

68 1969년 「조약법에 관한 비엔나 협약」 제62조에 나타난 사정변경의 원칙에 대한 설명으로 옳지 않은 것은? <행시, 외시, 지시 '01>

① 조문을 부정적 형태로 구성하여 사정변경원칙의 예외적·제한적 성격을 강조하고 있다.

② 특정한 조건이 충족되는 경우 조약의 종료, 탈퇴, 정지사유로 원용할 수 있도록 하였다.

③ 사정변경은 조약체결당시 당사국 동의의 기초를 제공한 모든 정치적·경제적·법적·도덕적 상황의 변화를 포괄하는 개념으로 본다.

④ 사정변경의 원칙은 이미 이행된 의무의 범위에 관해서만 급격한 영향이 있는 경우에 원용될 수 있다.

⑤ 사정변경이 이를 원용하는 국가의 국제적 의무 위반의 결과로 발생한 경우 이 원칙은 적용되지 않는다.

[해설]　1969년 「조약법에 관한 비엔나협약」 62조에 따르면 사정의 변경이 앞으로 이행될 의무의 범위를 급격히 변화시키는 것인 경우에, 사정변경을 조약을 종료시키거나 정지케 하는 사유로 원용할 수 있다고 하였다.

69　조약의 체결에 관한 설명 중 옳지 않은 것은?　　　　　<사시 '00>

① 국가만이 조약의 당사자가 될 수 있다.

② 수락과 인준의 효과는 비준과 대체로 동일하다.

③ 일반적으로 약식조약이라 함은 서명만으로 성립되는 조약을 말한다.

④ 외교사절의 파견국과 접수국 간에 조약을 체결하는 경우 외교사절은 별도의 전권위임장을 요하지 않는다.

⑤ 국가에 있어서 조약체결권자는 원칙적으로 국가원수이지만 전시에는 군지휘관이 국가를 대표하여 조약을 체결할 수도 있다.

[해설]　국제법의 주체 중에서도 조약의 당사자가 될 수 있는 것은 국가와 국제기구이다. 국가는 물론이고 국제기구도 조약의 당사자가 될 수 있는 것이다.

70　조약의 유보에 관한 설명 중 옳지 않은 것은?　　　　　<사시 '02>

① 유보란 그 표현여하를 불문하고 조약의 일부조항의 효력을 배제 또는 변경하기 위한 일방적 선언을 말한다.

② 유보는 다자조약에 있어서 가급적 많은 국가의 참여를 확보하기 위해 고안된 제도이다.

③ 유보의 종류에는 조항의 유보, 해석의 유보, 적용지역의 유보 등이 있다.

④ 유보는 조약의 서명, 비준, 수락, 승인, 가입의 어느 경우에나 할 수 있으며, 다른 규정이 없는 한 언제든지 철회가 가능하다.

⑤ 유보는 일방적 선언이므로 타방 당사자의 동의 여부에 관계없이 효력을 발생한다.

> [해설] 유보는 상대적 효과를 갖는다. 따라서 유보된 조항의 효력을 변경하는 유보의 효과는 유보국과 유보에 이의를 제기하지 아니한 국가, 즉 유보에 반대하지 아니한 국가 사이에서만 인정된다(조약법에 관한 비엔나협약 21조 참조).

71 강행규범에 대한 설명 중 옳지 않은 것은?   <행시, 외시, 지시 '02>

① 1969년 「조약법에 관한 비엔나협약」에서 이것을 인정하고 그 정의를 제시하고 있다.

② 1969년 「조약법에 관한 비엔나협약」에 의하면 강행규범의 적용에 관한 분쟁은 양 당사국이 중재재판에 부탁하기로 합의하지 않는 경우, 일방당사국이 서면으로 국제사법재판소의 결정을 부탁할 수 있다.

③ 1969년 「조약법에 관한 비엔나협약」에서는 강행규범을 모든 개별국가들에 의해 승인된 규범이라고 정의하여 개별국가들의 만장일치에 의해 승인되어야 한다는 것을 명시하고 있다.

④ 강행규범은 對世的 義務와 국제범죄라는 개념과 밀접한 관련이 있지만 이들과 동일한 개념은 아니다.

⑤ 1969년 「조약법에 관한 비엔나협약」에서는 강행규범에 대하여 동일한 성격의 후속규범에 의해 변경될 수 있다고 하여 강행규범이 영구불변의 진리는 아니라는 것을 보여주고 있다.

해설 국제사회에도 모든 주체들이 함께 지켜가야 할 최소한의 규범을 정하
는 강행규정이 있어야 한다는 주장은 이론상 옳다고 본다. 그러나 국제사
회에는 국제적으로 합의된 강행규정 제정절차가 존재하지 않는다. 1969년
비엔나협약 53조는 "강행규정이란 국가들의 국제공동체가 수락하고 승인하
는 규범"이라 정의하였으나, 그것이 개별국가들의 만장일치에 의하여 승인
되어야 하는 것이라고 말할 수는 없다.

72 비엔나협약상 사정변경원칙의 요건으로 옳지 않은 것은?

　　　　　　　　　　　　　　　　　　　　　　　〈행시, 외시, 지시 '99〉

① 사정의 변화는 근본적일 것

② 당사자가 예견할 수 없었을 것

③ 사정의 존재와 조약의 구속을 받겠다는 당사자들의 의사표시는
독립적일 것

④ 조약체결시 존재하던 사정의 변화가 있을 것

⑤ 사정변경이 조약상 의무의 범위에 급격한 변화를 가져올 것

해설　1969년 「조약법에 관한 비엔나협약」 62조 1항은 "조약의 체결당시 존
재하였던 사정에 根本的인 變化(a fundamental change of circumstances)
가 있고, 당사국들이 이를 예상하지 못한 경우에도, 그러한 사정이 당사국
들의 조약에 대한 기속적 동의의 本質的 根據(an essential basis of the
consent)가 아니었다든가 그러한 변화가 앞으로 이행될 의무의 범위를 급
격히 변화시키는 것이 아니라면, 조약을 종료시키거나 정지케 하는 사유로
원용하지 못한다"고 하였다. ③ 비엔나협약은 "당사국들의 조약에 대한 기
속적 동의의 本質的 根據"이었던 사정에 근본적인 변경이 있을 때 사정변
경의 원칙을 원용할 수 있게 한 것이다.

73 1969년 「조약법에 관한 비엔나협약」상 조약체결에 관한 설명 중 옳지
않은 것은?　　　　　　　　　　　　　　　　　　　　　　〈사시 '05〉

① 기속적 동의란 국가가 조약문에 법적 구속력을 부여하는 행위이
다.

② 조약에 대한 국가의 기속적 동의는 서명, 조약문서의 교환, 비
준, 수락, 승인, 가입, 또는 기타 합의된 방법으로 표시된다.

③ 조약이 발효하기 위해서는 UN사무국에 등록되어야 한다.

④ 서명에 의하여 기속적 동의를 표시하는 조약의 경우, 교섭국의 대표에 의한 조약의 조건부서명은 그 대표의 본국에 의하여 확인되면 그 조약의 완전한 서명을 구성한다.

⑤ 이미 성립한 조약에 원회원국이 아닌 국가가 참가하여 당사자가 되는 행위는 가입에 해당한다.

> [해설] 국제연맹 규약 18조는 모든 조약은 사무국에 등록되어야 하며, 등록되지 아니한 조약은 효력을 가지지 못한다고 하였으니, 이는 지나치게 이상적인 것이었다. 유엔헌장은 102조 1항에서 회원국들이 체결한 조약은 사무국에 등록되어야 하고 사무국은 이를 공표한다고 하면서, 2항에서는 등록되지 아니한 조약은 '모든 유엔기관 앞에서'(before any organ of the United Nations) 이를 주장하지 못한다고 하였다. 유엔은 보다 현실적인 입장에서 등록되지 아니한 조약의 효력은 인정하되 유엔기관에서 이를 원용하지 못하게 하였던 것이다. 유엔헌장의 이러한 취지를 계승하여, 1969년 「조약법에 관한 비엔나협약」 80조는 간단하게 조약은 효력발생 후 등록과 기록을 위해 사무국에 송부된다고만 하였다.

74 조약의 유보에 관한 설명 중 옳지 않은 것은? <행시, 외시, 지시 '02>

① 1969년 「조약법에 관한 비엔나협약」에 의하면, 유보국은 조약에서 달리 규정하지 않는 경우, 유보를 수락한 국가의 동의가 있어야 그 유보를 철회할 수 있다.

② 1951년 국제사법재판소의 「Genocide협약의 유보에 관한 권고적 의견」에서는 유보를 인정했다.

③ 유보제도는 조약의 일체성을 손상시키고 당사국 사이의 조약관계를 복잡하게 하는 단점을 가지고 있다.

④ 1969년 「조약법에 관한 비엔나협약」에 의하면 유보 및 유보에 대한 이의는 서면으로 해야 한다.

⑤ 유보는 원칙적으로 다자조약의 경우에 행하는 일방적 선언이다.

> [해설] 1969년 조약법에 관한 비엔나협약 22조에 의하면, 별도의 규정이 없는 한, 유보의 철회에 유보 수락국의 동의가 필요하지는 않다.

75 1969년 「조약법에 관한 비엔나협약」상 조약의 유보에 관한 설명 중 옳지 않은 것은?   <사시 '05>

① 조약이 달리 규정하지 않는 한 유보는 언제든지 철회될 수 있으며, 또한 그 철회를 위해서는 동 유보를 수락한 국가의 동의가 필요하지 아니하다.

② 어떠한 조약도 유보가 효력을 발생하기 위해서는 다른 모든 체약국의 동의가 필요하다.

③ 조약의 적용을 받는 국가를 확대하기 위하여 인정되는 제도이다.

④ 조약의 통일성을 저해하는 단점이 있다.

⑤ 국가는 원칙적으로 서명, 비준, 수락, 승인, 또는 가입시에 유보를 형성할 수 있다.

> 해설 「조약법에 관한 비엔나협약」 20조는, 다자조약의 당사국이 되고자 하는 국가는 유보가 금지되는 경우가 아니면 조약에 서명·비준·가입할 때 일부조항을 유보할 수 있다고 하였다. 또한 조약이 명시적으로 인정하는 유보는 별도의 규정이 없는 한 다른 국가들의 수락을 요하지 아니하나, 교섭국이 소수이거나, 조약의 목적에 비추어 조약의 완전한 이행이 필수적인 것으로 판단되는 경우에는 다른 모든 교섭국들의 수락이 필요하다고 하였다. ② 모든 조약에서 유보가 효력을 발생하기 위하여 다른 모든 체약국의 동의가 필요한 것은 아니다.

76 국제법상 강행규범에 관한 설명 중 옳지 않은 것은?   <사시 '03>

① 새로운 강행규범과 저촉되는 기존의 조약은 소급하여 무효가 된다.

② 강행규범은 동일한 성질을 가진 추후의 강행규범에 의해서만 변경될 수 있다.

③ 강행규범은 전체로서의 국제공동사회에 의하여 수락되고 인정된 규범이다.

④ UN국제법위원회(ILC)가 조약법에 관한 비엔나협약 초안을 작성할 당시에, 일부 ILC 위원들은 노예매매, 해적행위, 집단살해 등

을 강행규범 위반의 예로 제시한 바 있다.

⑤ 조약은 그 체결 당시의 강행규범과 충돌하는 경우에 무효이다.

> **해설** 조약은 체결 당시에 존재하는 국제강행규범에 반하는 경우 무효가 되며, 새로이 강행규범이 등장하는 경우에는 강행규범과 충돌되는 기존의 조약은 그 시점부터 효력을 상실한다.

77 1969년 「조약법에 관한 비엔나협약」상 사정변경의 원칙을 원용하기 위한 요건 중의 하나에 해당하지 않는 것은?　　　　　<사시 '05>

① 조약체결 당시에 존재하지 않았던 사정에 관하여 변경이 발생하였을 것

② 사정의 변경이 조약체결 당시 당사자가 예견하지 못한 경우일 것

③ 사정이 근본적으로 변경된 경우일 것

④ 당해 사정의 존재가 조약의 구속을 받겠다는 당사자 동의의 본질적 기초였을 것

⑤ 사정변경의 효과가 그 조약에 따라 계속 이행되어야 할 의무의 범위를 급격하게 변환시킬 것

> **해설** 사정변경의 원칙에 관한 1969년 「조약법에 관한 비엔나협약」 62조 1항은 조약의 체결당시 존재하였던 사정에 근본적인 변화(a fundamental change of circumstances)가 있고, 당사국들이 이를 예상하지 못한 경우에도, 그러한 사정이 당사국들의 조약에 대한 기속적 동의의 본질적 근거(an essential basis of the consent)가 아니었다든가 그러한 변화가 앞으로 이행될 의무의 범위를 급격히 변화시키는 것이 아니라면, 조약을 종료시키거나 정지케 하는 사유로 원용하지 못한다고 하였다. 즉, 사정변경의 원칙은 조약의 체결당시 존재하였던 사정에 근본적인 변화가 있을 때 적용된다.

78 조약에 대한 설명 중 옳지 않은 것은?　　　　　<사시 '01>

① 조약의 유보제도는 다자조약의 성립을 용이하게 하고, 보다 많은 국가의 참여를 유도하려는 것이다.

---

② 조약은 공식적으로 발효되기 이전이라도 일부 당사국간에 잠정적으로 적용될 수 있다.

③ 조약은 그 문맥과 목적에 비추어 조약의 문언에 부여되는 통상적 의미에 따라 해석하는 것이 원칙이다.

④ 조약은 반드시 서면으로 체결되어야 하는 것은 아니고, 구두 조약의 존재도 인정된다.

⑤ 조약은 어떠한 경우에도 제3자에 대하여 효력을 가질 수 없다.

해설 조약은 당사국 사이에서만 법적인 효력을 갖는 것이 원칙이다. 이를 조약상대성 원칙이라 한다. 그러나 조약의 제3국에 대한 권리에서 일부 예외가 인정된다. 비엔나협약은 제3국이 자신이 체결하지 아니한 조약상의 의무를 서면으로 수락하면 그 의무는 법적인 효력을 가지게 된다고 하였다. 또한 어떤 조약이 제3국에게 일정한 권리를 부여하고 제3국이 거기에 대해 동의하면 제3국은 그 조약상의 권리를 누리게 되는데, 이 경우 반대의 표시가 없는 한 동의가 존재하는 것으로 추정된다고 하였다(협약 35조, 36조).

제 6 장

외 교 관 계

제1절 \ 국가면제

1 국가면제에 관한 다음의 설명 중 잘못된 것은?

① 한 국가가 외국의 입법·행정·사법관할권으로부터 면제를 누리는 것이다.

② 국가면제는 과거 군주주권론이 유행하던 시기에 통용되던 제도로 지금은 사라진 이론이다.

③ 국가의 독립권과 주권평등도 국가면제제도의 등장에 기여하였다.

④ 미국의 마셜 대법관은 스쿠너 익스체인지호 사건에서 국가면제에 근거하여 외국 군함에 대한 관할권 행사를 부인하였다.

⑤ 국가면제의 범위와 관련하여 과거에는 절대적 면제가 인정되었으나, 오늘날에는 제한적 면제가 일반적으로 인정되고 있다.

> [해설] <국가면제> ① 국제법에서 국가면제(state immunities)란 한 국가가 국가인 외국의 입법·행정·사법관할권으로부터 면제를 누리는 것이며, 특히 한 국가는 외국법원의 소송절차로부터 면제를 누린다는 것이다. ② 과거에 주권자는 어떤 개인이었는바, 주권자는 그가 통치하고 있는 국가의 사법절차에 종속되지 않게 되었으며, 같은 연장선상에서 그는 외국법원에서 소추되지도 않게 된 것이다. 주권이 군주에게 있다는 생각은 점차 추상적인 국가주권 개념에 의해 대체되어 갔으나, 국가면제제도는 그대로 유지되었다. ③ 국가의 독립권과 평등권의 확립도 국가면제제도의 등장에 기여하였다. 국가는 독립적이고 평등하기 때문에 그 어떠한 국가도 다른 국가의 동의가 없는 한 그 국가에 대해 관할권을 행사할 수 없다는 논리가 나오기 때문이다. ④ 미국의 마셜 대법관은 1812년 The Schooner Exchange 사건에서 한 국가가 그 영토 내에서 행사하는 관할권은 배타적이고 절대적이지만, 그 관할권이 외국주권자에게까지 미치는 것은 아니라고 하였다. ⑤ 원래 국제관습법에 의해 인정되어온 주권면제는 거의 모든 국가행위에 대해 적용되는 절대적 면제이었으며, 이러한 절대적 면제 규칙은 20세기 중반까지 보편적으로 받아들여졌다. 따라서 국가는 그 어떠한 활동에 관여하였건 그리고 그로 인해 어떠한 피해가 발생하였건 간에 외국법원에서 재판

을 받지 않았다. 그러나 각국 정부들의 활동이 보다 적극적이 되어 각종의 상업적·사회적 활동에 나서게 되면서, 이 절대적 면제 규칙은 타당성을 상실하고 상대적 면제가 일반화되었다.

2 국가면제의 범위와 관련하여 다음의 설명 중 옳지 않은 것은?

① 원래 국가면제는 거의 모든 국가행위에 대해 적용되는 절대적 면제가 원칙이었으나, 각국 정부가 상업적·사회적 활동에 나섬에 따라 점차 타당성을 상실하였다.

② 제한적 면제 이론에 따르면 국가는 정부행위로 인한 소송으로부터는 면제를 누리지만, 비정부적 활동으로 인한 결과에 따른 소송으로부터는 면제를 누리지 못한다고 한다.

③ 제한적 면제에 관한 이론은 공산권 국가들에 의하여 지지되어 보편화되었다.

④ 정부가 상업적 활동처럼 사인들이 하는 일을 한 경우에는 재판관할권 면제는 허용되지 아니한다.

⑤ 한 국가가 철도·항공·자동차 사업을 하거나 공장을 운영하다가 사인들에게 피해를 입힌 경우에는 국가면제는 허용되지 아니한다.

[해설] <국가면제의 허용범위> ① 국가면제의 범위는 거의 모든 국가행위에 미치는 절대적 면제가 원칙이었으며, 이러한 규칙은 20세기 중반까지 보편적으로 받아들여졌다. 이러한 규칙에 따라 국가는 외국법원의 관할권으로부터 절대적인 면제를 누렸다. 그러나 각국 정부들의 활동이 보다 적극적이 되어 각종의 상업적·사회적 활동에 나서게 되면서, 이 절대적 면제 규칙은 타당성을 상실하게 되었다. 상대방이 한 국가를 대표하는 정부라는 이유로 계약위반이 있어도 개인이나 기업이 상대방을 법원에 제소할 수 없다면, 이는 매우 불공정한 것이기 때문이다. ② 제한적 면제에 관한 이론에 의하면 국가도 스스로 행한 행위의 일부에 대해서는 외국법원에서 책임을 추궁당할 수 있다고 한다. 즉 국가는 정부행위(*iure imperi*)의 결과로 인한 피해에 관한 소송으로부터는 면제를 누리지만, 그러한 피해가 순전히 상업적이거나 비정부적인 활동(*iure gestionis*)의 결과인 경우에는 면제를 누리지 못한다고 한다. ③ 제한적 면제의 원칙은 서구국가들에 의해 적용되기 시작했으며,

제2차 대전 이후에는 공산권 국가들의 반대에도 불구하고 제한적 면제의 규칙이 급속하게 퍼져나갔다. 미국은 1976년 제한적 면제규칙을 수용하여 「외국주권면제법」(Foreign Sovereign Immunities Act)을 제정하였으며, 영국은 1978년 「국가면제법」(State Immunities Act)을 제정하여 상사거래에는 주권면제를 허용하지 않기로 하였다. 유엔 국제법위원회(ILC)가 작성한 국가재산의 재판권면제에 관한 1986년 초안 역시 제한적 면제이론을 채택하였다. ④ 과거에는 주권국가나 외국정부가 피고인 경우에는 원칙적으로 절대적인 면제가 가능하다고 보는 것이 일반적이었으나, 오늘날 주권면제의 범위는 보다 제한적이 되었다. 국유화를 단행하고 조약을 체결하는 것처럼 정부만이 할 수 있는 일에는 절대적인 면제가 부여된다. 그러나 상업적 활동 등 사인이 수행할 수 있는 행위로부터 발생하는 청구에 대해서는 면제를 누리지 못한다. ⑤ 국가가 철도·항공·자동차 사업을 하거나 공장을 운영하다가 사인들에게 피해를 입힌 경우에는 국가면제가 부여되지 아니하므로 그에 따른 책임을 부담한다. 외국에 소재하는 국가소유의 부동산과 기타 재산도 법정지 법원의 관할권으로부터 면제를 누리지 못한다.

제 2 절 　 외교관계 일반

3 외교관계에 관한 일반적인 설명들이다. 다음 중 잘못된 것은?

① 외교란 국가 간의 공식적인 대화채널이다.

② 외교는 외교관 이외에 국가원수, 정부수반, 외무장관에 의하여 수행된다.

③ 국가 간에 상주사절 교환이 보편화된 것은 고대 그리스시대 이후이다.

④ 외교관계에 관한 가장 중요한 법원은 1961년 「외교관계에 관한 비엔나협약」이다.

⑤ 1961년 「외교관계에 관한 비엔나협약」은 국제관습법을 성문화한 것이다.

정답 2 ③

해설 <외교관계> ① 외교(diplomacy)란 국가 간의 공식적인 대화채널이다. 따라서 외교관계가 수립되지 아니하고는 국가 간의 관계를 정상화되었다고 말하지 않는다. ② 외교관계는 국가를 대표하는 사람들에 의해 설정되고 유지된다. '외교'란 용어가 보편화된 것은 17세기말에 이르러서이며, 특수한 부류의 공무원을 일컫는 '외교관'이란 용어 역시 상주사절 교환이 보편화된 이후 등장하였다. 국제사회에서 국가를 대표하는 기관에는 외교관 이외에 국가원수(Head of State), 정부수반(Head of Government), 외무장관이 있다. 이들은 외교관과는 달리 국가원수가 수여한 신임장이나 전권위임장 없이도 자국을 대표할 수 있다. 반면에 외교관들은 신임장이나 전권위임장을 받아야 자국을 대표할 수 있다. ③ 국가 간에 외교사절이 왕래하기 시작한 것은 기원전까지 거슬러 올라가지만, 국가 간에 상주사절이 교환되기 시작한 것은 15세기 이후 특히 1648년 웨스트팔리아조약 체결 이후이다. ④⑤ 1961년 체결된 「외교관계에 관한 비엔나협약」(Vienna Convention on Diplomatic Relations)은 외교관계에 관한 관습법을 성문화한 것으로 외교관계에 관한 가장 중요한 법원이다.

4 외교관계에 관한 국제법의 역사에 대한 설명들이다. 잘못된 것은?

① 정치조직 간의 실질적인 외교관계의 역사는 기원전까지 거슬러 올라간다.

② 상주사절은 15세기 이후 교환되기 시작하였다.

③ 상주사절의 교환은 1648년 웨스트팔리아조약 이후 보편화되었다.

④ 외교관계에 관한 국제법은 성문화 작업이 지지부진하여 주로 관습법이 적용되고 있다.

⑤ 1961년 비엔나에서 중요한 협약이 체결되었다.

해설 <외교관계법의 역사> 국가간에 외교사절이 왕래하기 시작한 것은 기원전으로 거슬러 올라가며, 비록 국제법에 의한 것은 아니지만 고대에도 외교사절들은 교환되고 특별한 보호와 면제를 누렸다. 그러나 국가간에 상주사절이 교환되기 시작한 것은 15세기 이후이며, 1648년 웨스트팔리아조약이 체결된 이후에야 상주사절의 교환은 보편화되었다. 이어서 18세기에는 외교사절단의 권리와 의무·특권에 관한 관습이 발달하였고, 19세기 초인 1815년 비엔나에서는 「외교사절의 석차에 관한 규칙」이 제정되었다. 1961년 체결된 「외교관계에 관한 비엔나협약」(Vienna Convention on Diplomatic Relations)은 외교관계에 관한 관습법을 성문화한 것으로 외교관계에 관한 가장 중요한 문서이며, 1969년에는 「특별사절에 관한 협약」(Convention on Special Mission)도 체결되었다.

5 1961년 「외교관계에 관한 비엔나협약」이 규정하고 있는 외교사절단의 장, 즉 공관장의 계급은?

① 상주대사, 특별대사　　　　② 대사, 공사, 영사

③ 대사, 공사, 대리공사　　　④ 대사, 공사, 변리공사

⑤ 대사, 영사, 변리공사

> 해설 〈**외교사절단의 장의 계급**〉 외교사절에는 처음에는 계급이 없었으나 점차 분화되었다. 1815년 비엔나회의에서는 현재와 같이 3개의 계급을 정하였으나, 1818년 Aixla-Chappelle회의에서는 공사(전권공사)와 대리공사 사이에 변리공사(resident minister)를 설치하여 외교사절단의 장을 4개의 등급으로 나누었다. 그러나 변리공사는 거의 사용되지 않아 1961년 「외교관계에 관한 비엔나협약」은 이를 폐지하였다. 1961년 비엔나협약이 규정하고 있는 세 개의 계급은 다음과 같다. 첫 번째는 국가원수에게 파견되는 대사(ambassador) 또는 교황청 파견대사인 Nuncios와 이와 동등한 지위의 사절단의 장이다. 여기서 말하는 이와 동등한 지위의 사절단의 장이란 영연방국가 간에 파견되는 고등판무관(high commissioner)과 프랑스공동체 국가 간의 고등대표(haut representant)가 있다. 두 번째는 국가원수에게 파견되는 공사(minister) 또는 교황청 파견공사인 Internucios인데, 여기서 말하는 공사란 공관장인 전권공사(minister plenipotentiare)를 말하며 대사가 있는 공관의 차석외교관인 공사는 아니다. 세 번째는 외무장관에게 파견되는 대리공사(charge d'affaire)이다.

6 "Charge d'affaire ad interim"이란 무엇인가?

① 고등판무관　　　　　　　② 임시대리공사

③ 대사대리　　　　　　　　④ 전권공사

⑤ 고등대표

> 해설 〈**대사대리**〉 "Charge d'affaire ad interim"은 대사대리라고 하며, 공관장이 공석이거나 공관장이 그의 직무를 수행할 수 없을 때에 잠정적으로 공관장의 역할을 수행하는 사람이다. 공관장 또는 파견국 외무부는 대사대리의 성명을 접수국 외부부에 통고한다.

정답 **4** ④　**5** ③　**6** ③

7 외교단(diplomatic corps)에 대한 설명이다. 잘못된 것은?

① 한 국가에 파견되어 있는 외교사절을 총칭하는 개념이다.

② 외교단 내에서의 외교사절 간의 석차는 먼저 직무개시일을 따지고 이어 계급을 고려하여 정한다.

③ 직무개시일은 신임장 제정시기에 의해 정해진다.

④ 외교단장(doyen)은 대부분 가장 일찍 부임한 대사급 외교사절이 맡는다.

⑤ 카톨릭 국가에서는 교황청 파견대사가 외교단장을 맡는 경우가 많다.

> 해설 〈**외교단과 석차**〉 1961년 외교관계에 관한 비엔나협약 16조 1항은 사절단의 장(공관장)들은 직무개시일 순서에 따라 각자의 해당 계급 내에서 서열이 정해진다고 하였다. 그러나 3항에서는 이 조문은 교황청대표의 서열에 관하여 접수국에 의하여 승인된 관행을 해치지 않는다고 하여, 교황청대사(nuncios)를 당연직 외교단장으로 인정해 온 카톨릭 국가들의 관행을 존중하도록 하였다.

8 외교사절단의 구성에 관한 설명들이다. 잘못된 것은?

① 사절단은 사절단의 장과 직원들로 구성된다.

② 사절단의 직원에는 외교직원과 사무기술직원, 노무직원이 포함된다.

③ 외교직원이란 외교관의 지위를 가지는 사절단의 구성원이다.

④ 사무기술직원은 사절단의 행정적・기술적 업무에 종사한다.

⑤ 개인적 사용인도 사절단의 공식적인 구성원이다.

> 해설 〈**외교사절단의 구성**〉 외교사절단의 구성에 대해서는 1961년 외교관계에 관한 비엔나협약 1조가 규정하고 있다. ①② 외교사절단은 사절단의 장(head of the mission)과 사절단의 직원들로 구성되며, 사절단의 직원에는 외교직원(members of the diplomatic staff), 사무 및 기술직원(members of the administrative and technical staff), 노무직원(members of the service staff)이 포함된다. ③ 외교직원은 외교관의 지위를 가진 직원으로 사절단의 장이 아닌 직업외교관과 각 부처에서 파견된 주재관이 포함된다.

④ 사무 및 기술직원은 사절단의 행정적·기술적 역무에 종사하는 사람으로 비서와 타자수 등이 포함된다. ⑤ 노무직원은 운전수나 요리사와 같은 사람들이 해당되며, 개인적 사용인은 가정부와 같이 외교사절단의 구성원의 가사에 종사하는 사람으로 파견국이 직접 고용한 사람이 아니며 외교사절단의 공식적인 구성원이 아니다.

9 다음 중 1961년 「외교관계에 관한 비엔나협약」이 규정한 외교사절단의 직무가 아닌 것은?

① 파견국 대표   ② 첩보활동

③ 자국민 보호   ④ 관찰과 보고

⑤ 우호증진

[해설] **〈외교사절단의 직무〉** 1961년 「외교관계에 관한 비엔나협약」 3조는 외교사절단의 직무에 관하여 규정하고 있다. 외교사절단의 직무는 다음과 같다. 첫째, 접수국에서 파견국을 대표(representing)한다. 외교사절은 의례적 행사에서 자국을 대표하며, 접수국이 자국의 이익을 침해하는 경우 항의하고 자국의 입장을 전달한다. 둘째, 외교사절단은 자국과 자국민의 이익을 보호(protecting)한다. 셋째, 파견국과 접수국간의 문제에 대해 접수국 정부와 교섭(negotiating)을 한다. 넷째, 외교사절단은 모든 합법적인 방법을 사용하여(by all lawful means) 접수국의 정세와 동향을 관찰(ascertaining)하고 이를 본국에 보고(reporting)한다. 다섯째, 파견국과 접수국간의 우호관계를 증진(promoting)하고 양국간 경제·사회·문화관계를 발전(developing)시킨다. ② 1961년 협약 3조 1항 (d)의 관찰과 보고는 첩보(spy) 활동과 구분된다. 관찰과 보고는 합법적인 것으로 허용되지만, 첩보는 불법적인 것이어서 금지되는 것이다.

10 외교사절의 파견절차에 대한 설명이다. 잘못된 것은?

① 파견국은 접수국의 아그레망이 부여되었는지를 확인해야 한다.

② 접수국에서 아그레망을 거부할 때에는 그 이유를 분명히 밝혀야 한다.

③ 사절단의 장이 아닌 구성원에 대해서는 아그레망이 필요 없지만, 무관들에 대해서는 접수국은 승인을 위해 미리 명단을 통보해 주도록 요청할 수 있다.

④ 아그레망이 부여되면 파견국 국가원수는 파견되는 외교사절에게 신임장을 부여한다.

⑤ 접수국 국가원수에게 신임장을 제정하면 그 때부터 외교사절로서의 직무가 시작된다.

> [해설] **<외교사절의 파견절차>** ①② 전통적으로 외교사절을 파견할 때에는 먼저 접수국의 동의를 구해 왔으며 이를 '아그레망'이라고 한다. 1961년 외교관계에 관한 비엔나협약도 4조 1항에서 파견국은 자국이 파견하려는 사절단의 장에게 접수국의 아그레망(Agrément)이 부여되었는지를 미리 확인해야 한다고 하였다. 접수국은 그 이유를 제시함이 없이 아그레망을 거부할 수 있다(협약 4조 2항). ③ 사절단의 장이 아닌 구성원들은 아그레망 절차 없이 파견국이 자유로 임명할 수 있으나, 무관의 경우에는 파견국은 그 명단을 미리 접수국에 통보하여 동의를 얻어야 한다(협약 7조). ④⑤ 아그레망이 부여되면 파견국 국가원수는 파견되는 사절단의 장에게 신임장(credential 또는 letter of credence)을 수여한다. 접수국에 도착한 외교사절은 신임장을 제출하고 직무를 수행한다.

11 접수국에서 외교사절의 직무가 종료되는 원인이 아닌 것은?

① 다른 곳으로의 전보발령 ② 아그레망

③ persona non grata 지정 ④ 본국으로의 소환

⑤ 외교관계 단절

> [해설] **<외교관의 직무의 종료>** ① 접수국에서 외교관의 직무가 종료되는 가장 일반적인 이유는 전보발령이다. 한 국가에 주재하던 외교사절이 다른 곳으로 전보되게 되면 그의 접수국에서의 직무는 당연히 종료된다. ② 아그레망은 외교사절단의 장을 파견할 때 필요한 절차로서 외교사절의 직무의 종료와는 관계가 없다. ③ 접수국은 언제든지 그 배경을 설명하지 아니하고 파견국에게 외교사절단의 장(공관장)이나 외교관을 기피인물(*persona non grata*)로 통고할 수 있다. 이런 경우 파견국은 그를 소환하거나 그의 임무를 종료케 해야 한다. 파견국이 자신의 의무를 거부하거나 적절한 시간 내에 의무를 이행하지 않으면, 접수국은 그를 추방할 수 있다. ④ 외교사절의 직무는 파견국 자체의 사정이나 외교관의 잘못, 파견국과 접수국간 정치적 긴장에 의해 외교사절이 소환(recall)되는 경우에도 정지 또는 종료된다. ⑤ 외교사절의 직무는 파견국이나 접수국 원수의 변경이 있을 때에는 일시적으로 정지된다. 외교사절은 파견국을 대표하지만, 파견국의 국가원수에

의해 접수국의 국가원수에게 파견되므로 양쪽 국가원수 중 한쪽이라도 바뀌게 되면 신임장 갱신이 있을 때까지 그 직무가 일시적으로 정지된다.

12 기피인물(persona non grata) 제도에 관한 것이다. 가장 적절치 못한 것은?

① 기피인물이라 말한다.

② 외교관의 직무의 종료를 가져오는 원인 중의 하나이다.

③ 아그레망과 함께 외교사절 파견에 관한 제도이다.

④ 파견국은 기피인물로 지정된 사람을 소환해야 한다.

⑤ 기피인물에 대한 파견국의 소환이 이루어지지 않으면 접수국은 그를 사절단의 구성원으로 인정하지 않을 수 있다.

> [해설] **〈기피인물(*persona non grata*)〉** 기피인물이란 외교관의 직무의 종료를 가져오는 제도의 하나이다. 1961년 외교관계에 관한 비엔나협약 9조에 의하면 접수국은 언제든지 그 결정을 설명하지 아니하고 파견국에게 외교사절단의 장(공관장)이나 기타 외교관을 기피인물(*persona non grata*)로, 사절단의 다른 직원들은 받아들일 수 없는(not acceptable) 인물로 통고할 수 있다. 이런 경우 파견국은 이들을 소환하거나 그의 임무를 종료케 해야 한다(1항). 파견국이 자신의 의무를 거부하거나 적절한 시간 내에 의무를 이행하지 아니하면, 접수국은 그를 사절단의 구성원으로 인정하기를 거부할 수 있다(2항). ③ 아그레망은 외교사절의 파견 전에 접수국의 동의를 구하는 절차인 데 비해, 기피인물은 이미 파견되어 근무하고 있는 외교관의 직무를 종료시키는 제도이다.

제 3 절 \ 외교특권과 면제

13 외교특권과 면제라 할 때 특권과 면제는?

① 특권과 면제는 별개의 권리이다.

---

② 면제는 국내법에 따른 것이고 특권은 국제법에 따른 것이다.

③ 면제는 국제법에 따른 것이고 특권은 국내법에 따른 것이다.

④ 외교사절단과 외교관이 누리는 특권적 지위를 표현하는 총괄적 개념이다.

⑤ 특권은 사절단에 부여되는 것이고 면제권은 외교관 개인에게 부여된다.

> [해설] <외교특권과 면제> 외교특권과 면제란 다른 외국인과는 달리 외교관들에게만 허용되는 특권적인 지위이다. 외교특권과 면제는 외교사절단 전체에게 부여되는 것과 외교관 개인에게 부여되는 것으로 구분하지만, 개인에게 부여되는 특권도 실제로는 파견국에 부여된 권리이다. 외교특권과 면제라고 할 때 특권에 속하는 권리가 있고 면제에 속하는 별도의 권리가 있는가 하는 의문이 제기된다. 면제는 국제법에 근거한 것이고 특권은 국내법이나 국제예양에 따른 것이라고 하여 이를 구분하기도 한다. 그러나 오늘날 통설은 '외교특권과 면제'를 외교관과 사절단에게 부여되는 특권적인 지위를 총괄하는 단일의 개념으로 보는 것이다.

14 외교특권과 면제가 인정되는 근거에 관한 설명이다. 잘못된 것을 고르시오.

① 대표설에 의하면 외교사절은 파견국과 그 국가원수를 대표하므로 특별한 지위가 인정된다고 한다.

② 치외법권설은 외교공관과 외교관을 법적으로 접수국 영토 밖에 있는 것으로 간주하여 접수국의 관할권을 배제하는 이론이다.

③ 기능설에 의하면 외교사절단과 외교관들이 접수국의 간섭을 받지 아니하고 자신의 기능을 원활히 수행하도록 인정된다고 한다.

④ 과거에는 대표설이 널리 지지를 받았었다.

⑤ 현재는 치외법권설이 가장 널리 지지되고 있다.

> [해설] <외교특권과 면제의 근거> 외교특권과 면제가 인정되는 근거에 관해서는 3개의 학설이 있으며, 그 내용은 ①②③과 같다. 이 세 가지 학설 중에서 과거에는 대표설이 환영을 받았었다. 외교사절들이 누리는 특별한 지위와 대우는 외교사절단과 그 장이 대표하는 외국과 그 군주의 주권 때문이라는

것이다. 그러나 미국의 리스테이트먼트에 의하면 외교특권과 면제의 근거는 이제는 기능적인 것으로 변모되었다고 하며, 기능설과 대표설의 절충적 입장을 따르는 사람도 있다. ⑤ 오늘날 치외법권설을 지지하는 학자는 거의 없다.

15 외교사절단의 공관의 불가침권에 관한 다음의 설명들 중에서 적절하지 않은 것은?

① 1961년 「외교관계에 관한 비엔나협약」은 외교공관의 불가침권을 규정하였다.

② 외교공관이란 사절단의 목적에 사용되는 건물과 부지를 말한다.

③ 외교공관은 불가침이어서 사절단의 장의 허가 없이 접수국 관헌은 그곳에 들어갈 수 없다.

④ 화재발생 등 긴급성과 불가피성이 있을 때에는 접수국 관헌은 사절단장의 사전허가가 없이도 들어갈 수 있다고 본다.

⑤ 공관의 불가침은 절대적인 것이어서 접수국 사람들은 어떠한 경우에도 사절단장의 사전허가가 없이 그 곳에 들어갈 수 없다.

> [해설] **〈외교공관의 불가침〉** ① 1961년 「외교관계에 관한 비엔나협약」 22조 1항은 사절단의 공관은 불가침이며, 접수국 관헌은 사절단의 장의 허가가 없이는 공관에 마음대로 들어갈 수 없다고 하였다. ② 외교공관이란 사절단의 목적에 사용되는 건물과 부지를 말한다. ③④ 외교관계에 관한 비엔나협약 규정을 보면 외교공관의 불가침은 절대적인 것처럼 보인다. 그렇다면 화재를 진압하거나 공관 내 사람의 안전을 보호하기 위한 경우에도 사절단의 장의 허가가 없이는 공관에 들어갈 수 없는 것일까? 이러한 경우를 생각하여 공관의 불가침권은 상대적인 것이라 말하는 학설이 있는가 하면, 이러한 경우에는 묵시적 동의가 있었던 것으로 보아야 한다는 학설도 있다. 여하튼 사절단의 장의 동의를 얻지는 못했지만 긴급성(emergency)과 불가피성(necessity)이 인정되는 때에는, 접수국 관헌은 사절단의 장의 명시적인 허가가 없이도 공관에 들어갈 수 있는 것이다.

16 외교적 비호에 관한 설명이다. 틀린 것은?

① 외교공관의 정치범 보호권 문제이다.

② 정치범들의 외교공관에의 망명권 문제와 직결된 문제이다.

③ 치외법권설 입장에서 보면 외교적 비호는 부인되어야 한다.

④ 과거 유럽에서는 가혹하고 편파적인 재판과 법집행으로 인하여 외교적 비호가 널리 행하여졌다.

⑤ 오늘날 일반국제법에서 외교적 비호는 인정되지 않는다고 보아야 한다.

> 해설 <외교적 비호> ①② 외교적 비호는 외교공관의 불가침과 관련하여 항상 문제가 되어 온 것으로 외교공관의 정치범 보호권 또는 정치범들의 외교공관에의 망명권 문제라고 할 수 있다. ③ 치외법권설에서는 외교공관을 접수국의 주권이 미치지 못하는 부분으로 보기 때문에 외교적 비호권은 논리적으로 쉽게 허용된다. ④ 16, 17세기 유럽에서는 정치범에 대해 가혹하고 편파적인 재판과 법집행이 있었는바, 공관의 외교적 비호는 이들을 보호하기 위해 인정되었다. ⑤ 오늘날 일반국제법에서는 원칙적으로 외교적 비호를 인정하지 않지만, 중남미에서는 이를 널리 인정해 왔다.

17 정치범의 외교공관에의 망명권 문제는 두 가지 충돌되는 법익의 조정 문제로 명확한 해결이 어렵다. 여기서 말하는 충돌되는 두 개의 법익이란 무엇인가?

① 영토주권과 인적 관할권

② 인적 관할권과 인간의 기본권

③ 대표설과 기능설

④ 영토주권과 인간의 기본권

⑤ 공관의 불가침권과 치외법권

> 해설 <외교적 비호권> 과거 치외법권설이 유행할 때에는 외교공관은 접수국 주권이 미치지 못하는 파견국의 영토와 유사한 부분으로 생각되어 외교적 비호는 논리적으로 쉽게 받아들여졌다. 그러나 이제 치외법권설에 따라 외교공관을 파견국의 영토로 주장하는 견해는 퇴조하였고, 영토에의 망명과 같은 맥락에서 외교공관에의 망명도 인정해야 한다는 주장은 설득력을 잃었다. 오늘날 국제법에서 외교공관에의 망명권 인정 문제는 접수국의 영토주권과 정치범을 보호하려는 국제법의 정신 간의 충돌 속에서 흔들리고 있다. 국제법에서 영토주권은 가장 기본적인 원칙에 속하지만, 인간의 기본

권과 정치적 신조를 보호하려는 정신이 사라지지 않는 한 외교적 망명을
부인하는 국가들조차도 이를 인정해야 하는 경우가 있기 때문이다.

18 외교공관에의 망명권이 가장 널리 인정되고 있는 곳은?

① 유 럽　　　　　② 중남미

③ 아시아　　　　　④ 동구권

⑤ 아프리카

> 해설　〈**중남미에서의 외교적 망명**〉 정치정세가 불안한 중남미 제국들은
> 1928년 외교관에 관한 아바나협약, 1933년 「정치범 비호에 관한 몬테비데
> 오협약」 등을 체결하여 정치적 비호의 관행을 수립해 왔다. 1950년 망명권
> 사건과 1951년 Torre사건 이후에도 중남미 국가들은 1954년 카라카스에
> 서 「외교적 비호에 관한 미주국 간 협약」(Interamerican Convention on
> Diplomatic Asylum)을 체결하여 외교적 비호에 관한 관행을 확인하였다.

19 외교사절단의 통신의 자유에 대한 설명으로 적당치 않은 것은?

① 접수국은 외교사절단의 공적 목적을 위한 자유로운 통신을 허가
하고 보호한다.

② 사절단은 파견국 정부와의 통신을 위하여 적절한 수단을 사용할
수 있다.

③ 사절단은 접수국의 동의 없이도 무선송신기를 설치·사용할 수
있다.

④ 사절단의 모든 통신문과 외교공낭은 불가침이다.

⑤ 공문서를 휴대한 외교전서사는 그의 기능을 수행하는 데 있어서
접수국의 보호를 받는다.

> 해설　〈**외교사절단의 통신의 자유**〉 1961년 「외교관계 비엔나협약」 27조는
> 외교사절단의 통신의 자유에 대해 규정하고 있다. 27조는 1항에서 외교사
> 절단은 공적 목적의 통신의 자유를 가지며, 본국정부 등 외부와의 통신에
> 있어 외교전서사(diplomatic courier)나 암호, 부호를 사용하는 등 모든 적
> 절한 수단을 사용할 수 있다고 하였다. 다만 무선송신기를 설치할 때에는
> 접수국의 동의를 받아야 한다(협약 27조 1항). 동조 3항에서 5항은 외교공

낭은 불가침이며, 공적 서류를 휴대한 외교전서사의 신체는 불가침이고 체
포나 구금을 당하지 아니하고 접수국의 보호를 받는다고 하였다.

20　외교관 개인에게 여러 가지 특권과 면제가 부여되는 이유로 가장 적
당한 것은?

① 외교관 개인의 자유를 위해서이다.

② 그들은 치외법권을 갖기 때문이다.

③ 그들은 국가원수를 대표하기 때문이다.

④ 그들이 직무를 원활히 수행하게 해 주기 위해서이다.

⑤ 국가 간의 상호성에 따른 것이다.

> 해설　〈**외교관 특권면제의 근거**〉 외교관 개인에게 특권과 면제가 부여되는
> 것은 전반적인 외교특권·면제의 인정근거와 동일한 이유에서이다. 거기에
> 는 여러 가지 학설이 있었다. 그러나 오늘날 가장 널리 인정되는 기능설의
> 입장에서 볼 때, 외교관의 특권적 지위는 그들이 자신의 직무를 보다 원활
> 히 수행할 수 있게 해주기 위해 인정되는 것이다.

21　다음 중 외교관에게 부여되는 특권과 면제에 해당하지 않는 것은?

① 외교적 보호　　　　　　② 신체의 불가침권

③ 주거의 불가침권　　　　④ 서류와 통신문의 불가침권

⑤ 접수국 재판관할권의 면제

> 해설　〈**외교관의 특권면제**〉 외교관들에게는 여러 가지 특권과 면제가 부여
> 된다. ② 1961년 협약은 29조 2항에서 외교관의 신체는 불가침으로 외교
> 관은 어떤 방법에 의해서도 체포 또는 구금당하지 아니하며, 접수국은 외
> 교관의 신체와 자유에 대한 침해를 방지하는 데 필요한 조치를 취하여야
> 한다고 하였다. 그러나 외교관의 신체의 불가침권 역시 절대적 권리는 아
> 니며, 급박한 위험이 있을 때에는 일시적으로 제한할 수 있다. ③ 동 협약
> 30조 1항은 외교관의 개인적 주거(private residence)는 사절단의 공관과
> 동일한 불가침과 보호를 받는다고 하였다. ④ 협약 30조 2항은 외교관의
> 서류와 통신문도 불가침이라고 하였다. ⑤ 협약 31조는 외교관들의 접수국
> 재판관할권으로부터의 면제를 규정하였다. ① 외교적 보호권은 외국체류
> 자국민에 대한 국가의 보호권으로 외교관의 특권·면제와는 관계가 없다.

22 외교관에 대한 접수국 재판관할권 면제의 가장 정확한 의미인 것은?

① 외교관의 행동의 자유를 무한정 인정하는 것이다.

② 외교관의 행위의 모든 법적 책임을 면제하는 것이다.

③ 외교관에 대해 접수국의 실체법 적용을 면제하는 것이다.

④ 외교관에 대해 접수국의 절차법 적용을 면제하는 것이다.

⑤ 포기할 수 없는 외교관 개인의 권리이다.

> **해설** 〈재판관할권 면제〉 외교관이 누리는 접수국 재판관할권 면제란 접수국 실체법의 적용 면제가 아니라 절차법 적용의 면제이다. 즉 외교관의 재판관할권 면제란 ①의 설명대로 외교관에게 무한한 행동의 자유를 주기 위한 것이 아니며, ②와 ③의 설명대로 접수국의 실체법의 적용을 면제하여 외교관의 모든 행동의 법적 책임을 면해 주기 위한 것도 아니다. 결국 외교관에게 접수국 재판관할권으로부터의 면제를 부여하는 것은 ④의 설명대로 접수국 절차법의 면제, 즉 재판절차의 적용의 면제를 의미할 뿐이다.

23 외교관의 접수국 재판관할권 면제에 관한 설명들이다. 옳지 않은 것은?

① 접수국 실체법의 적용의 면제가 아니라 절차법 적용의 면제일 뿐이다.

② 형사재판 관할권 면제는 절대적이다.

③ 민사 및 행정재판 관할권 면제도 절대적이다.

④ 외교관은 증언의 의무를 지지 않는다.

⑤ 재판관할권 면제에는 파견국의 재판관할권 면제는 포함되지 않는다.

> **해설** 〈재판관할권 면제범위〉 ① 외교관은 접수국의 재판관할권으로부터 면제를 누린다. 그러나 여기서 말하는 재판관할권의 면제 또는 재판권의 면제란 접수국의 실체법 적용의 면제가 아니라 절차법 적용의 면제이다. 외교관은 접수국으로부터 법적인 책임을 면제받는 것이 아니라 재판절차의 적용을 면제받는 것이다. ② 외교관의 접수국 재판관할권으로부터의 면제에 대해서는 1961년 「외교관계에 관한 비엔나협약」 31조에 규정되어 있다. 1항은 먼저 형사관할에 대해 "외교관은 접수국 형사관할권으로부터 면제

를 누린다"고 간단히 규정하였다. 이것은 형사재판관할권의 면제는 절대적임을 표명한 것으로 외교관은 접수국 형법에 위반된 행위로 인해 소추되거나 처벌되지 아니함을 규정하였다. ③ 외교관들은 접수국의 민사재판 및 행정재판 관할권으로부터도 면제되지만, 형사재판관할권의 경우와는 달리 면제의 범위가 일부 제한된다. 외교관도 접수국의 영역 내 사유인 부동산에 관한 소송, 외교관이 관계된 상속에 관한 소송, 외교관이 접수국에서 하는 영업활동에 관한 소송에서는 재판관할권 면제를 누리지 못한다(협약 31조 1항). ④ 외교관들은 증인으로서 증언할 의무도 면제받는다(동조 2항).

24 1961년 「외교관계에 관한 비엔나협약」은 외교관들의 접수국 민사 및 행정재판 관할권으로부터의 면제를 규정하였으나 거기에는 몇 가지 예외가 있다. 그러한 예외에 해당하는 것은?

① 동산, 부동산, 상속에 관한 소송

② 친족과 상속에 관한 소송

③ 모든 재산법에 관한 소송

④ 부동산, 상속, 영업활동에 관한 소송

⑤ 모든 계약에 관련된 소송

> 해설 〈**민사 및 행정재판관할권 면제**〉 1961년 「외교관계에 관한 비엔나협약」은 31조 1항 후단에서 외교관의 접수국 민사 및 행정재판 관할권으로부터의 면제를 규정하였다. 그러나 거기에는 몇 가지 예외가 있으니, ㉠ 접수국내 부동산에 관한 소송, ㉡ 외교관이 사적으로 관련되어 있는 상속에 관한 소송 및 ㉢ 접수국내에서의 직업상 또는 영업상 활동에 관련된 소송의 경우에는 면제되지 않는다.

25 외교관의 재판관할권 면제의 포기에 관한 설명이다. 적절치 못한 것은?

① 외교관의 재판관할권 면제 포기는 외교관 개인의 권한이다.

② 재판관할권 면제의 포기는 외교관 이외에 사절단 구성원과 그 가족에게도 적용된다.

③ 면제의 포기는 명시적으로 하여야 한다.

④ 민사 및 행정재판관할권 면제의 포기와 그 판결의 집행 면제의 포기는 별도로 행하여진다.

⑤ 1961년 외교관계에 관한 비엔나협약 채택시 민사사건에 대해서는 가능하면 면제권을 포기하자는 결의가 있었다.

[해설] **〈재판관할권 면제의 포기〉** ① 1961년 협약에 의하면 외교관의 재판관할권 면제는 포기될 수 있다. 그러나 협약 32조 1항은 "파견국은 외교관의 재판관할권의 면제를 포기할 수 있다"고 하여 면제권의 포기가 외교관 개인의 권리가 아닌 파견국의 권리임을 분명히 하였다. 외교관의 재판관할권 면제는 개인에게 부여된 특권이라기보다는 파견국에게 부여된 것으로 보기 때문이다. ②③④는 협약 32조 2, 3, 4항의 규정 내용이다. ⑤ 외교관의 특권과 면제란 원활한 외교관계를 위한 것이지 외교관 개인의 이익을 위한 것이 아니다. 따라서 양국 간 관계에 별다른 장애가 초래되지 않는 한 파견국들은 면제권을 포기하여 피해자의 배상청구를 용이하게 하는 것이 좋으며, 1961년 비엔나에서의 회의 때에도 그러한 결의가 있었다.

26 외교관이 누리는 조세와 역무의 면제에 대한 다음의 설명 중 잘못된 것은?

① 외교관은 대부분의 세금을 면제받는다.

② 직접세는 물론 물품가격에 포함된 간접세도 면제받는다.

③ 외교관들은 접수국의 모든 인적·공적 역무와 군사적 의무를 면제받는다.

④ 외교관들은 사절단의 공적 사용을 위한 물품과 외교관 및 그 가족의 사용을 위한 물품에 관한 모든 관세와 세금을 면제받는다.

⑤ 외교관의 개인적 수하물은 수출입이 금지된 물건이 없는 한 짐 검사를 면제받는다.

[해설] **〈외교관의 조세와 역무의 면제〉** ①② 외교관들은 간접세와 같은 일부 세금을 제외한 대부분의 세금을 면제받는다(협약 34조). ③ 외교관들은 접수국의 모든 인적·공적 역무와 군사적 의무를 면제받는다(협약 35조). ④ 외교관들은 사절단의 공적 사용을 위한 물품은 물론 외교관의 개인적 사용을 위한 물품의 관세도 면제받는다. ⑤ 외교관의 개인적 수하물(personal baggage)은 면제를 누릴 수 없는 물품이나 수출입이 금지된 물건이 있는 것으로 믿을 만한 근거가 없는 한 짐 검사를 면제받는다(36조).

제4절　영사관계

27 외교관계와 영사관계의 가장 중요하고 명백한 차이점은?

① 조직과 인원　　　　　　　② 파견국과 접수국간 관계증진

③ 정치적 대표성　　　　　　④ 자국민보호

⑤ 파견국 이익보호

> 해설 〈영사관계〉 영사관계란 다른 국가 내에서 파견국과 파견국 국민들의 경제·통상·문화 등의 이익을 보호하며, 파견국 국민들의 행정 및 사법사무를 수행하기 위한 국가 간의 관계를 의미한다. 따라서 영사관계는 ②④⑤의 목적들을 갖는다. ① 조직과 인원에 있어서는 오늘날 외교관계와 영사관계 간의 구분이 희미해지고 있다. 외교관들과 영사관 직원들은 대부분 동일한 외교담당 부서에서 파견되기 때문이다. ③ 영사관계는 정치적 대표성을 가지지 않는다는 점에서 외교관계와 차이가 있다.

28 영사관계와 외교관계에 관한 설명이다. 틀린 것은?

① 영사관계는 정치적 대표성을 가지지 않는다는 점에서 외교관계와 다르다.

② 외교관계와 영사관계는 업무에 있어 유사해지는 경향이 있다.

③ 외교관계와 영사관계는 조직과 인원에 있어서도 융화되어 가고 있다.

④ 영사관계에 관한 협약은 외교관계에 관한 협약과 동시에 체결되었다.

⑤ 영사의 파견절차에는 아그레망제도가 없다.

> 해설 〈영사관계의 특징〉 ① 영사관계는 외교관계가 가진 정치적 대표성이 없다는 점에서 외교관계와 확실히 구분된다. ② 경제외교가 중요시되고 영사들도 정치적인 일들을 처리하게 되면서 외교관계와 영사관계에서 다루는 업무가 유사해지는 경향이 있다. ③ 영사관에 파견되는 직원들 대부분이 외무부서에서 파견되면서, 외교관계와 영사관계 간에는 조직과 인원에 있

어서도 융화현상이 나타나고 있다. ④ 「영사관계에 관한 비엔나협약」은 「외교관계에 관한 비엔나협약」보다 2년 늦은 1963년에 체결되었다. ⑤ 외교사절단의 장의 파견절차에는 아그레망 제도가 있지만, 영사의 파견절차에는 그러한 제도는 없다.

29 영사관계의 발달과정에 관한 다음의 설명 중에서 적절치 못한 것은?
① 중세전기에 있었던 Consul에서 유래하였다.
② 영사는 근대국가의 등장 이전에는 외교기능을 수행하기도 하였다.
③ 2차대전 이전까지 영사관계에 관한 관습법은 제대로 정비되지 않은 상태에 있었다.
④ 1963년 「영사관계에 관한 비엔나협약」이 채택되었다.
⑤ 현재에도 영사재판제도는 유지되고 있다.

> **해설** <**영사관계의 역사**> ① 오늘날의 영사제도와 유사한 제도가 등장한 것은 중세 전기이다. 당시 북부 이탈리아 도시국가에는 외국 상인 간의 상사중재를 담당하는 중재인(consul)이 있었는데, 영사제도는 여기서부터 시작되었다. ② 영사는 근대국가의 등장 이전까지 국가의 공식대표로 활동하는 등 외교기능도 수행하였다. ③ 영사관계에 관한 관습법은 2차대전에 이르기까지도 통일되지 못하고 불확실한 상태에 있었다. ④ 외교관계에 관한 비엔나협약 체결 2년 후인 1963년 「영사관계에 관한 비엔나협약」(Vienna Convention on Consular Relations)이 체결되었다. ⑤ 영사재판제도는 과거 제국주의시대에 있었던 제도로 자국에서 파견한 영사로 하여금 외국에 거주하는 자국인들에 대한 재판을 담당하게 하는 것이었다.

30 영사의 종류와 계급, 석차에 대한 다음의 설명 중 잘못된 것은?
① 영사에는 본무영사와 명예영사가 있다.
② 명예영사는 대부분 파견국의 유력한 국민 중에서 선정된다.
③ 영사기관장에는 총영사, 영사, 부영사, 영사대리가 있다.
④ 오늘날 영사대리는 거의 이용되지 않는다.
⑤ 영사기관장은 영사인가장의 부여일자에 따라 각 계급 내에서 그 석차가 정해진다.

> **해설** <**영사의 종류, 계급, 석차**> ① 영사에는 본국에서 파견되어 영사업무

에만 전념하는 본무영사(전임영사)와 거주국 국민 중에서 영사의 사무를 위탁받은 명예영사(선임영사)가 있다. ② 명예영사는 현지에서 일정한 직업에 종사하는 유력한 인사 중에서 선임되어 영사업무를 위탁받은 사람으로, 영사의 부족을 메우고 양국간 통상관계 증진에 기여한다. ③ 영사기관장에도 계급이 있어서 총영사(consular-general), 영사(consul), 부영사(vice consul), 영사대리(consular agent)가 있다. ④ 영사대리는 오늘날 이용되지 않고 있다. ⑤ 접수국내 외국 영사관장의 석차는 계급을 우선 고려하고 계급이 같은 경우에는 인가장(exequatur)의 발급일자에 따라 정한다.

31 영사의 파견과 관련이 있는 제도끼리 짝지어진 것은?

① 위임장, 인가장   ② 위임장, 아그레망

③ 인가장, 아그레망   ④ 아그레망, 신임장

⑤ 신임장, 인가장

[해설] 〈**영사의 파견절차**〉 영사의 파견은 외교사절 파견시 필요한 아그레망과 같은 절차 없이 파견국 임의로 임명하여 파견한다. 파견국은 파견되는 영사기관장에게 영사위임장(Consular Commission 또는 Letter of Commission)을 교부한다. 영사기관장은 영사인가장이라 불리는 접수국의 인가를 받음으로써 그 직무를 수행하게 된다(영사관계 비엔나협약 11, 12조).

32 본래 영사의 직무에 해당하지 않는 것은?

① 파견국의 이익보호   ② 통상관계업무

③ 여권과 비자발급   ④ 공증과 호적사무

⑤ 자국대표

[해설] 〈**영사의 직무**〉 외교사절은 정치적 대표성을 가지지만 영사는 기능적·행정적 성격을 갖는다. 따라서 1963년 영사협약은 영사의 기능으로 자국이익 보호, 우호통상 촉진, 정보수집, 여권과 사증 발급, 자국민 보호, 호적과 공증사무 수행 등을 규정하였다. ⑤ 자국대표기능은 외교사절단의 몫이다. 그러나 파견국이 외교공관을 가지지 아니하고 접수국의 동의를 받는 경우, 영사관원도 외교활동을 수행할 수 있다.

33 영사기관과 영사관원의 특권과 면제에 대한 다음의 설명 중 잘못된 것은?

[정답] 30 ②   31 ①   32 ⑤

① 영사관사는 불가침이며, 접수국 당국은 영사기관장 등의 동의가 있는 경우가 아니면, 영사관사에 들어가서는 아니 된다.

② 영사기관은 전서사, 행낭, 전신 등을 통한 통신의 자유를 가지나, 무선송신기는 접수국의 동의를 얻은 경우에만 설치하여 사용할 수 있다.

③ 영사관원은 그 어떠한 경우에도 접수국 당국에 의하여 체포되거나 구금되지 아니한다.

④ 영사관원은 직무수행 중에 행한 행위에 대하여는 접수국 당국의 관할권에 종속되지 아니한다.

⑤ 영사기관원은 직무수행에 관련된 사항에 관한 것이 아닌 한 증언의 의무가 있다.

> **해설** 〈**영사특권면제**〉 ① 영사관사는 불가침이다. 접수국 당국은 영사기관장 또는 파견국 외교공관장의 동의가 있는 경우가 아니면, 영사관사에 들어가서는 아니 된다. 그러나 화재 등 신속한 보호조치가 필요한 경우에는 그러한 동의가 있었던 것으로 추정한다(영사관계 비엔나협약 31조). ② 접수국은 영사기관에 대한 통신의 자유를 보장한다. 영사기관은 전서사, 행낭, 전신 등을 통한 통신의 자유를 가지나, 무선송신기는 접수국의 동의를 얻은 경우에만 설치하여 사용할 수 있다(35조). ③ 영사관원은 접수국 당국에 의하여 체포되거나 구금되지 아니한다. 그러나 외교관의 경우와는 달리, 중대한 범죄의 경우에 사법당국에 의한 결정이 있는 경우에는 그러하지 아니한다(41조). ④ 영사관원은 접수국의 행정 및 사법관할권에 종속되지 아니하나, 그것은 직무수행 중에 행한 행위에 국한된다(43조). ⑤ 영사기관원은 직무수행에 관련된 사항에 관한 것이 아닌 한 증언을 거부할 수 없다(44조).

제 5 절 　 국제기구의 특권면제

34 국제기구의 특권면제에 대한 다음의 설명 중에서 옳지 않은 것은?

① 국제법상 국제기구와 그 직원들의 특권면제는 일부 조약들에 의해 단편적으로 규율된다.

② 그러한 조약으로는 1946년 「유엔의 특권면제에 관한 일반협약」과 국제기구와 그 소재지국 간에 체결되는 본부협정이 있다.

③ 국제기구에게 부여되는 특권면제도 외교특권면제와 마찬가지로 주권개념과 연결되어 있다.

④ 1946년 협약에 의하면 유엔은 외교사절단과 유사한 특권면제를 누리지만, 유엔 사무총장과 부총장을 제외한 직원들에게는 제한적인 특권면제만이 허용되었다.

⑤ 유엔회의에 참석하는 회원국 대표들은 외교관과 유사한 특권면제를 누리지만, 접수국 관할권면제는 공적인 행위에 국한되며, 관세의 면제범위도 개인 수하물에 한정된다.

[해설] <국제기구의 특권면제> ①② 국제기구들이 누리는 특권면제에 관한 일반적인 규칙을 발견하기는 어렵다. 실제로 국제기구가 누리는 면제는 1946년 「유엔의 특권면제에 관한 일반협약」(General Convention on the Privileges and Immunities of the United Nations)과 같은 조약과 국제기구와 국제기구 소재지국 간에 체결되는 본부협정(headquarters agreement)에 의해 규율된다. ③ 국제기구는 주권을 가지지 아니하므로 국제기구에게 인정되는 특권면제는 순전히 기능적인 것이다. 국제기구의 목적은 설립헌장에 명시되어 있는바, 국제기구에게는 그 목적의 달성에 필요한 범위에서 특권과 면제가 부여되는 것이다. ④ 1946년 일반협약에 의하면 유엔은 모든 접수국의 법절차로부터 완전한 면제를 누리며, 그 공관과 자산·문서·서류는 불가침이고, 직접세와 관세·소득세도 면제받는다. 아울러 협정은 유엔 사무총장과 부총장은 외교면제를 누리도록 하였으나, 그 외의 직원들에게는 제한적인 면제만을 허용하여 공무와 관련하여서만 법절차의 면제를 허용하였다. ⑤ 유엔회의에 참석하는 회원국 대표들은 외교관과 동일한 특권과 면제를 누린다. 그러나 그들에 대한 접수국 법절차 면제는 공적인 행위에만 적용되며, 관세의 면제범위도 개인 수하물에 한정된다.

실 전 문 제

1 국가면제(주권면제)에 관한 설명으로 옳지 않은 것은?

<행시, 외시, 지시 '01>

① "대등한 자는 대등한 자를 지배할 수 없다"는 주권평등 개념에서 출발했다.

② 최초의 미국 판례는 연방대법원의 스쿠너 익스체인지호(The Schooner Exchange)사건이다.

③ 국가면제를 규율하는 국제협약은 현재까지 존재하지 않는다.

④ 서방세계의 국가관행은 절대적 면제에서 제한적 면제로 변하고 있는 추세이다.

⑤ 일반적으로 국가면제가 적용되는 행위는 통치행위(*acta jureimperii*)이다.

> **해설** 현재 유엔 국제법위원회(ILC)에서는 국가면제에 관한 성문화 작업이 진행 중이며, 1991년에는 관련 초안이 채택되었다. 따라서 국가면제에 관한 보편적인 성문화된 조약은 아직 체결된 바 없으나, 일부 지역적인 조약들이 존재한다. 그 예로는 1926년 체결된 「국가소유선박의 면제에 관한 브뤼셀협약」(The Brussel Convention·on the Immunity of State-Owned Vessels)과 1972년 「국가면제에 관한 유럽협약」(European Convention on State Immunity)을 들 수 있다.

2 다음 중에서 국가면제에 관한 판례인 것은?

① 레드크루제이더호 사건   ② 스쿠너 익스체인지호 사건

③ 비글호 사건   ④ 로터스호 사건

⑤ 타이거호 사건

정답 **1** ③

해설　스쿠너 익스체인지호 사건(The Schooner Exchange v. Mcfaddon)은 본래 미국인 Mcfaddon 소유의 선박이었으나 나폴레옹 전쟁당시 프랑스군에 나포되었고, 그 후 프랑스 군함이 되어 미국항구에 기항한 스쿠너 익스체인지호에 관한 것이었다. 1812년 이 사건에 대한 판결에서 미국의 마셜 대법원장은 이 선박을 프랑스 국가재산으로 보아 국가면제를 인정하였다.

3 다음 중에서 국가면제의 대상으로 인정될 수 없는 것은?
① 국내에 진출해 있는 외국기업의 국유화 조치
② 외국과의 조약체결
③ 다자간 조약에의 가입
④ 외교관계의 수립
⑤ 정부투자기관의 상업적 활동

해설　국가면제의 인정범위는 과거의 절대적 면제에서 상대적 면제로 변모되었다. 따라서 오늘날에는 국가의 행위 중에서도 어떠한 것이 면제의 대상이고 어떠한 것은 그 대상이 아닌가 하는 것이 이슈가 된다. 그 일반적인 기준은 어떤 행위가 정부행위인가 아닌가 하는 것이다. 일반적으로 외국기업의 국유화 조치와 조약체결과 같은 행위는 오직 국가(정부)만이 할 수 있는 것이므로, 당연히 국가면제의 대상이 된다. 반면에 국가기관의 행위일지라도 사인도 할 수 있는 상업적 활동, 재산행위, 불법행위에 대해서는 국가면제는 적용되지 않는 경우가 많다.

4 다음 중 신임장이나 전권위임장을 제시하지 않고도 자국을 대표할 수 있는 기관이 아닌 것은?
① 국가원수　　　　② 정부수반
③ 외교관　　　　　④ 국무총리
⑤ 외무장관

해설　국가를 대표하는 기관 중에는 특별한 조건 없이 당연히 국가를 대표하는 기관들이 있는가 하면, 자국 원수의 신임장이나 전권위임장을 제시하는 등 일정한 조건을 갖추어야 대표로 인정되는 기관이 있다. 전자에는 국가원수(Head of State)와 정부수반(Head of Government), 외무장관이 있으며, 후자에는 외교관들이 있다.

정답　2 ②　3 ⑤　4 ③

5 조약체결을 위하여 파견된 외교사절이 필요로 하는 것은? <사시 '90>

① 위임장   ② 전권위임장
③ 임명장   ④ 신임장
⑤ 인가장

> 해설 외교관이 대외적으로 자국을 대표하려면 일정한 절차를 거쳐야 한다.
> 외교관이 접수국에서 자국을 대표하려면 소정의 절차에 따라 자국원수의
> 신임장을 받아야 하며, 외국과의 조약체결을 위한 절차에 참여하려면 전권
> 위임장(Full Powers)이 필요하다.

6 1818년 Aixla-Chappelle회의에서 도입되었으나 이제는 사라진 외교사
절단의 장은?

① 변리공사   ② 대 사
③ 전권공사   ④ 대리공사
⑤ 교황청대사

> 해설 1818년 회의에서는 공사(전권공사)와 대리공사 사이에 변리공사(resi-
> dent minister)라는 계급을 두었었다. 그러나 그 후 변리공사는 거의 사용
> 되지 않아 1961년 외교관계협약에서는 사라졌다.

7 외교관계에 관한 Vienna협약(1961년)에서 규정한 사절의 계급은?

<사시 '83>

① 대사, 공사   ② 대사, 공사, 대리공사
③ 대사, 공사, 영사   ④ 대사, 공사, 대리공사, 변리공사
⑤ 대사, 대리대사, 공사, 대리공사

> 해설 1961년 외교관계에 관한 비엔나협약에 따르면 외교사절단의 장(공관
> 장)에는 세 개의 계급이 있다. 첫 번째는 국가원수에게 파견되는 대사 또는
> 교황청 파견대사인 Nuncios와 이와 동등한 지위의 사절단의 장이다. 두 번
> 째는 국가원수에게 파견되는 공사 또는 교황청 파견공사인 Internucios이
> 다. 세 번째는 외무장관에게 파견되는 대리공사(Charge d'affaire)이다.

8 다음 중 대사와 같은 계급에 속하는 외교사절단의 장이 아닌 사람은?

① 영연방 국가 간에 파견되는 고등판무관

② 국가원수에게 파견되는 전권공사

③ 프랑스 공동체 국가 간에 파견되는 고등대표

④ 교황청에서 파견하는 nuncios

⑤ 유엔에 파견되는 대사

> 해설 외교사절단의 장(공관장) 중에서 최고 계급에 속하는 것에는 대사와 교황청에서 파견하는 대사인 nuncios, 영연방 국가 간에 교환되는 고등판무관(high commissioner), 프랑스공동체 국가 간에 파견되는 고등대표가 있다. ② 전권공사는 대사급 외교사절보다 한 단계 아래 계급에 속한다.

9 nuncios와 internuncios는 무엇인가?

① 교황청에서 파견하는 대사와 공사

② 영연방 국가 간에 교환되는 대사와 공사

③ 프랑스공동체 국가 간에 교환되는 대사와 공사

④ 전권공사와 변리공사

⑤ 공사와 대리공사

> 해설 양자 모두 교황청에서 파견하는 외교사절단의 장이다. 그 중 nuncios는 대사급, internuncios는 공사급의 외교사절단의 장이다.

10 한 국가에 파견되어 근무하고 있는 각국 외교사절들을 총칭하여 무엇이라고 하는가?

① 외교사절단   ② 외교구락부

③ 외교단   ④ 외교공관

⑤ 치외법권

> 해설 외교단(diplomatic corps)은 한 국가에 파견되어 근무하고 있는 외교사절들을 총칭하는 말이다.

11 외교단에서의 석차는 어떻게 결정되는가?

① 접수국 정부가 일방적으로 결정한다.

② 직무개시일은 고려함이 없이 오직 계급에 의해서만 결정된다.

③ 직무개시일에 이어 계급을 고려하여 결정한다.

④ 계급을 먼저 고려하고 직무개시일 순서를 고려하여 결정한다.

⑤ 계급에 관계없이 직무개시일만을 고려하여 결정한다.

해설 1961년 외교관계에 관한 비엔나협약 16조 1항은 사절단의 장들은 우선은 계급에 의해서 그리고 계급이 같은 경우에는 직무개시일 순서에 따라 석차를 받는다고 하였다.

12 일반적으로 외교단장(doyen)은?

① 대사급 외교사절로 직무개시일이 가장 빠른 사람이 맡는다.

② 공사급 외교사절로 직무개시일이 가장 빠른 사람이 맡는다.

③ 계급에 관계없이 직무개시일이 가장 빠른 사람이 맡는다.

④ 접수국 정부가 일방적으로 결정한다.

⑤ 교황청 파견대사인 nuncios가 맡는다.

해설 일반적으로 외교단장은 외교사절단의 장 사이의 석차에 의해 결정되는 바 대사급 외교사절 중 직무개시일이 가장 빠른 사람이 맡게 되는 것이 일반적이다. 그러나 카톨릭 국가에서는 교황청 파견대사를 외교단장으로 삼는 관행이 있는바, 1961년 외교관계 비엔나협약도 이를 수용하였다.

13 다음 중 외교사절단의 직무에 속하지 않는 것은?　　　　〈사시 '83〉

① 내정간섭　　　　　　　② 접수국에서의 자국대표

③ 관찰과 보고　　　　　　④ 접수국과의 외교교섭

⑤ 자국 및 자국민의 이익보호

해설 외교사절단은 접수국에서 자국을 대표하고, 자국과 자국민의 이익을 보호하며, 접수국 정부와 교섭을 하고, 접수국의 정세와 동향을 관찰·보고하며, 파견국과 접수국 간의 우호증진에 노력한다(1961년 외교관계협약 3조).

정답 11 ④　　12 ①　　13 ①

14 외교사절단의 장을 파견함에 있어 사전에 접수국의 동의를 구하는 제도를 아그레망(Agrement)이라고 한다. 다음 중 옳은 것은? <사시 '83>
① 접수국은 아그레망을 거부할 수 있으나 반드시 그 사유를 밝혀야 한다.
② 접수국은 아그레망을 거부할 수 있을 뿐만 아니라 그 사유를 밝힐 의무도 없다.
③ 아그레망은 사전에 통고하는 의미밖에 없으며 접수국이 이를 거절할 수는 없다.
④ 아그레망의 거부는 국교단절의 의사표시가 되므로 이를 거부할 수 없다.
⑤ 아그레망은 필요한 절차가 아니다.

> [해설] 접수국은 아그레망을 거부할 수 있으며, 그 이유를 제시할 의무도 없다(협약 4조 2항).

15 외교관의 직무의 종료원인이 아닌 것은?
① 파견국과 접수국간 전쟁
② 파견국과 접수국간 외교관계 단절
③ 파견국이 접수국에 외교관의 직무종료 통고
④ 접수국이 외교관을 공관원으로 인정하기를 거부
⑤ 파견국이 업무협의차 외교사절을 잠시 소환

> [해설] 1961년 「외교관계에 관한 비엔나협약」 43조는 ① 파견국이 접수국에 외교관의 직무종료를 통고하거나, ④ 접수국이 외교관을 공관원으로 인정하기를 거부하는 경우 외교관의 직무는 종료된다고 하였다. 외교관의 접수국과 파견국 간의 전쟁이나 외교관계가 단절되는 경우에도 외교관의 직무는 종료된다.

16 Persona Non Grata란?   <사시 '86>
① 스페인의 외교용어이다.

---

② 아그레망과 동의어이다.

③ 로마시대의 외교용어이다.

④ 로마 교황청의 성직자대표권의 취소이다.

⑤ 자국에 받아들일 수 없거나 체류케 할 수 없는 외교사절이나 외국인에게 사용되는 외교적 용어이다.

> **해설** *Persona Non Grata*란 기피인물이라 번역하며, 외교관계에서 자국에 파견된 외국 외교관을 추방하는 데 사용된다.

17 과거 제국주의 시대의 입장으로 접수국 내의 외교공관이 법적으로는 접수국 영토 밖에 있다고 보아 접수국 관할권을 배제하는 주장은?

① 대표설   ② 기능설

③ 치외법권설   ④ 영토주의

⑤ 인적 관할권

> **해설** 외교특권과 면제가 인정되는 근거와 관련하여, 치외법권설(extraterri-toriality theory)은 외교공관과 외교관이 실제로는 접수국 안에 있지만 법적으로는 접수국밖에 있는 것으로 간주하여 접수국의 관할권을 배제하였다.

18 외교특권과 면제가 인정되는 근거에 관한 학설들 중에서 현재의 다수설이라 생각되는 것은?

① 대표설   ② 치외법권설

③ 기능설   ④ 국제예양설

⑤ 상호성

> **해설** 미국의 대외관계법에 관한 리스테이트먼트는 외교특권과 면제는 과거에는 국가와 군주의 주권 때문에 인정된다고 하였으나, 현재는 기능적인 것에서 그 근거를 찾고 있다고 하였다. 학자들 중에는 기능설과 대표설의 절충설적인 입장을 취하는 사람도 있다.

19 외교적 비호(diplomatic asylum)란 무엇인가?

① 접수국의 외교공관 불가침

② 외교관의 신체의 불가침
③ 자국민에 대한 외교적 보호
④ 외교공관의 정치범 보호권
⑤ 외교관의 재판관할권 면제

> **해설** 외교적 비호란 외교공관에 피난해 들어온 정치적 피난민을 보호하는 것이다. 이것은 정치범의 입장에서 보면 외교공관에의 망명권이라고 할 수 있다.

20 외교공관의 외교적 비호권과 가장 밀접한 관계를 가진 문제는?
① 외교적 보호권
② 정치범의 망명권
③ 외교관의 재판관할권 면제
④ 국내문제불간섭 원칙
⑤ 기피인물

> **해설** 외교공관의 외교적 비호권은 외교공관이 정치범들의 망명을 받아들일 수 있는가 하는 문제이다.

21 1950년 망명권 사건의 쟁점은?
① 영토적 망명의 인정 여부 ② 군함에의 망명권
③ 군용기에의 망명권 ④ 외교적 망명의 인정 여부
⑤ 국내문제불간섭 문제

> **해설** 망명권 사건은 페루와 콜롬비아 간의 분쟁으로 페루의 정치지도자 토레(Torre)가 콜롬비아 대사관에 피신한 사건이 발단이었다. 여기서 쟁점은 중남미 국가 간에 외교공관에의 망명권(외교적 망명)이 인정되는가 하는 것이었다.

22 범인이 외교공관 내로 도주하였을 경우 가장 옳은 것은?

<사시 '85, '90>

① 공관은 불가침이므로 범죄인을 비호할 권리가 있다.

② 공관은 범죄인 비호권이 없으므로 영토국의 추적권이 인정된다.

③ 공관은 원칙적으로 범죄인 비호권을 가지지 못한다.

④ 공관은 범죄인 비호권이 없으므로 즉각 추방해야 한다.

⑤ 공관의 불가침권 때문에 범죄인을 추적할 수는 없으나, 공관에 범죄인 비호권이 인정되는 것은 아니다.

> [해설] 외교공관은 불가침권을 가지므로 접수국 당국은 범죄인을 공관 내에까지 추적할 수는 없다. 그러나 일반적으로 외교공관의 범죄인 비호권은 인정되지 아니한다.

23 외교사절단의 통신의 자유에 대한 설명이다. 틀린 것은?

① 통신의 자유를 갖는다.

② 외교전서사(diplomatic courier)를 사용할 수 있다.

③ 암호나 부호를 사용할 수 있다.

④ 무선송신기를 자유로이 부설하여 사용할 수 있다.

⑤ 외교행낭은 불가침이다.

> [해설] 외교사절단이 무선송신기를 사용하려면 접수국의 동의를 받아야 한다 (1961년 외교관계에 관한 비엔나협약 27조).

24 외교관은 신체의 자유를 누리고 접수국 형사재판관할권으로부터도 면제된다. 접수국이 국내법을 위반한 자국주재 외국 외교관에게 가할 수 있는 조치로는 어떤 것이 있는가?

① 기피인물 지정　　　　② 체포・구금

③ 재 판　　　　　　　④ 소 환

⑤ 전보발령

> [해설] ②와 ③은 1961년 협약에 의해 금지되어 있다. ④와 ⑤는 파견국이 취할 수 있는 조치이다. ① 접수국이 특정 외교관을 기피인물로 지정하면 파견국은 그를 소환해야 한다.

25 X국의 대사 甲이 접수국 Y에서 음주운전을 하다가 사고를 내어 접수
국 국민 乙을 사망케 하였다. 다음 중 Y국이 형사재판관할권을 행사
하기 위한 조건으로 옳은 것은?   <행시, 외시, 지시 '99>
① 乙의 유족이 동의하면 가능하다.
② 甲 스스로 형사재판에 참가하고 X국이 아무런 이의를 제기하지
  않으면 가능하다.
③ 甲 스스로 형사재판에 참가하면 가능하다.
④ X국이 명시적으로 형사재판관할권 면제를 포기할 때만 가능하
  다.
⑤ Y국 정부가 X국 정부에게 통고하는 것만으로 가능하다.

> 해설 외교관의 형사재판관할권 면제는 절대적이다. 따라서 형사재판관할권
> 면제의 포기가 없이는 접수국은 외교관에 대해 관할권을 행사할 수 없는
> 데, 1961년 외교관계에 관한 비엔나협약은 외교관의 재판관할권 면제를 포
> 기할 수 있는 것은 파견국이라고 하였다. 따라서 甲의 본국인 X국이 명시
> 적으로 형사재판관할권 면제를 포기하여야만 Y국의 형사재판관할권 행사는
> 가능해진다.

26 외교관이 접수국 재판관할권으로부터 면제권을 누리는 경우인 것은?
① 외교관이 관련된 접수국 내의 사유부동산에 관한 소송사건
② 외교관이 관계된 상속에 관한 소송사건
③ 외교관이 접수국에서 하는 영업활동에 관한 소송사건
④ 일반적인 민사사건에 관한 소송
⑤ 접수국이 재판관할권의 면제를 포기한 형사사건

> 해설 외교관은 접수국의 민사 및 행정재판관할권으로부터도 면제를 누린다.
> 다만 외교관이 관련된 접수국내 부동산에 관한 사건, 외교관이 관계된 상
> 속에 관한 사건, 외교관이 접수국에서 하는 영업활동에 관한 소송사건의
> 경우에는 면제되지 아니한다. ⑤ 외교관은 접수국 형사재판관할권으로부터
> 절대적인 면제를 누리지만 접수국이 면제권을 포기한 경우에는 그렇지 아
> 니하다.

27 외교사절의 재판관할권 면제의 포기에 관한 설명 중 옳지 않은 것은?

<행시, 외시, 지시 '02>

① 판결의 집행에 관한 면제포기는 별개의 포기가 필요하다.

② 형사사건과 관련하여 실제로 면제포기를 한 사례는 많지 않다.

③ 면제포기는 명시적으로 하여야 한다.

④ 면제포기는 외교사절 개인의 권한이 아니라 외교사절단의 장의 권한이다.

⑤ 1961년 「외교관계에 관한 비엔나협약」 회의 당시 민사사건에 관해서는 가능하면 면제권을 포기하자는 결의가 채택된 바 있다.

> **해설** ③④ 외교관은 접수국 재판관할권으로부터 면제를 누리지만, 파견국은 외교관의 재판관할권 면제를 포기할 수 있다. 면제의 포기는 파견국의 권한이며, 명시적으로 포기가 이루어져야 한다. ① 민사 및 행정재판관할권 면제의 포기는 판결의 집행의 포기가 아니므로 이를 위해서는 별도의 포기가 이루어져야 한다. ⑤ 외교관의 특권면제 때문에 외교관의 일정한 행위로 피해를 받은 국가와 국민은 외교관을 상대로 손해배상을 추구하기가 어렵다. 그런데 외교관의 특권과 면제란 원활한 외교관계를 위한 것이지 외교관 개인에게 특혜를 주기 위한 것이 아니므로, 파견국들은 가능한 면제를 포기하여 피해자의 배상청구를 용이하게 해야 한다. 그리하여 1961년 회의에서도 민사사건에 관해서는 가능하면 면제권을 포기하자는 결의가 채택되었다.

28 외교사절의 특권과 면제에 관한 설명 중 옳지 않은 것은?

<행시, 외시, 지시 '02>

① 외교사절의 특권과 면제의 일반적 인정기간은 접수국 영역에 들어간 순간부터 직무종료 후 접수국에서 퇴거하거나 퇴거에 요하는 상당한 기간의 만료시까지이다.

② 외교사절의 어떠한 범죄에 대해서도 체포·구금은 인정되지 않으며, 외교사절의 범죄에 대해 피해자가 정당방위를 하는 것도 금지된다.

③ 외교사절의 형사재판관할권에 대한 면제는 절대적으로 보장되며,

공무상 행한 범죄의 경우에는 직무가 종료한 후에도 소추될 수 없다.

④ 1961년 「외교관계에 관한 비엔나협약」에서는 외교사절에 대한 접수국은 민사재판권의 행사가 일부 예외적으로 인정되고 있는데, 외교사절이 가해자인 교통사고로 인한 손해배상소송은 이러한 예외로 규정되어 있지 않다.

⑤ 외교사절이 범한 범죄에 대하여 접수국은 형사재판관할권을 행할 수 없으나, 파견국은 속인주의에 기해 형사재판관할권을 행사할 수 있다.

> [해설] ① 외교관의 특권과 면제가 인정되는 시기는 외교관으로서의 직무의 개시 및 종료 시점과 일치하지 않는다. 이들은 부임하기 위해 접수국의 영역에 들어갈 때부터, 그 직무가 종료된 후 접수국을 떠나는 데 필요한 기간동안 특권과 면제를 누린다. ② 외교관은 어떠한 경우에도 체포·구금되지 않지만, 외교사절의 범죄에 대한 정당방위까지 금지할 수는 없다. ④ 외교관은 접수국의 민사재판 및 행정재판 관할권으로부터도 면제되지만 면제의 범위가 일부 제한된다. 1961년 비엔나협약은 면제가 인정되지 아니하는 세 가지 예외를 규정하였다. 접수국의 영역 내 사유인 부동산에 관한 소송, 외교관이 관계된 상속에 관한 소송, 외교관이 접수국에서 하는 영업활동에 관한 소송에 있어서는 재판관할권 면제를 누리지 못한다.

29 외교관이 범죄를 범한 경우 주재국이 취할 수 없는 조치인 것은?

<사시 '90>

① 외교관을 추방할 수 있다.
② 파견국에 소환을 요청할 수 있다.
③ 긴급사건일 경우 잠시 구속할 수 있다.
④ 중대사건일 경우 처벌할 수 있다.
⑤ 본국은 언제든지 소환할 수 있다.

> [해설] 외교관의 접수국 형사재판관할권 면제는 절대적이므로, 외교관이 중한 범죄를 범한 경우에도 파견국이 재판관할권 면제권을 포기하지 않는 한 그를 재판에 회부할 수 없다.

[정답] 28 ②   29 ④

30 외교특권을 누릴 수 있는 인적 범위에 대한 적절한 설명이 아닌 것은?

① 외교관 신분의 사절단의 장과 외교관은 완전한 특권과 면제를 누린다.

② 외교관의 가족은 접수국 국민이 아닌 한 외교관과 동일한 특권을 누린다.

③ 사무 및 기술직원은 민사 및 행정재판관할권의 면제가 공무에 한하여 인정된다.

④ 노무직원은 공무 중 행위에 대해서만 재판관할권이 면제되고 조세의 면제범위도 제한된다.

⑤ 개인적 사용인은 아무런 면제도 누리지 못한다.

> **해설** 외교특권과 면제를 누리는 범위는 ①~④ 지문대로 차등이 있다. ⑤ 개인적 사용인도, 접수국의 국민이거나 영주권자가 아닌 한, 조세, 사회보장규정, 재판관할권에 있어 일부 특권면제를 누린다.

31 외교사절에 관한 설명 중 옳지 않은 것은?   <행시, 외시, 지시 '02>

① 외교사절단의 장은 대사, 공사, 대리공사의 3가지 계급으로 구분될 수 있다.

② 외교사절단의 구성원에는 외교사절단의 장, 외교직원, 행정·기능직원 및 노무직원이 포함된다.

③ 대리공사의 경우에는 신임장을 외무장관에게 제출함으로써 직무가 개시된다.

④ 외교사절은 직무개시 이후에야 비로소 외교적 특권을 향유한다.

⑤ 외교사절을 파견하기 위하여 접수국의 동의를 구하는 것을 아그레망(agrément)의 요청이라고 한다.

> **해설** ④ 외교관의 특권과 면제가 인정되는 시기는 외교관으로서의 직무의 개시 및 종료 시점과 일치하지 않는다. 외교관은 부임하기 위해 접수국의 영역에 들어갈 때부터, 그 직무가 종료된 후 접수국을 떠나는 데 필요한

기간까지 특권과 면제를 누린다. ③ 외교사절단의 장(공관장) 중에서 대사와 공사는 국가원수에게 파견되며, 대리공사는 외무부장관에게 파견된다.

32 1961년 「외교관계에 관한 비엔나협약」은 14조에서 외교사절단의 장 (공관장)을 3개 등급으로 나누었다. 그 중에 첫 번째 등급에 속하는 것으로는 대사와 교황청파견 대사 그리고 이와 동등한 계급의 사절단의 장을 들었다. 여기서 말하는 이와 동등한 계급의 사절단의 장에 속하는 것은?

① 전권공사　　　　　　　　② 대리공사
③ 대사대리　　　　　　　　④ 고등판무관
⑤ 특별사절

　　[해설] ①과 ②의 전권공사와 대리공사는 대사급보다는 하위인 공관장들이다. 1961년 협약 14조 1항 (a)에서 말하는 대사급 사절단의 장에 속하는 것으로는, 영연방국가 간에 교환되는 고등판무관(high commissioner)과 프랑스 공동체 국가 간에 교환되는 고등대표(haut representant)가 있다.

33 과거 중세 때 이탈리아 도시국가에 거주하는 상인 간의 분쟁을 중재 등을 통해 해결하던 사람으로 오늘날 영사의 전신에 해당하는 사람은?

① persona non grata　　　② secretary general
③ 외교관　　　　　　　　　④ arbitrator
⑤ consul

　　[해설] 중세 때 이탈리아 북부 도시국가에는 외국 상인 간의 분쟁을 중재 등의 방법으로 해결해 주는 중재인이 있었으니 그를 "consul"이라 하였다. 시간이 흐르면서 "consul"은 오늘날의 영사로 발전하였다.

34 다음 중 영사제도와 관계가 없는 단어는?

① consular commission　　② exequatur
③ consul　　　　　　　　　④ Agrement
⑤ Letter of Commission

[정답]　31 ④　　32 ④　　33 ⑤

[해설] ①과 ⑤는 본국의 국가원수나 외무장관이 수여하는 영사위임장이고, ②는 접수국 원수가 부여하는 인가장이다. ④ 아그레망은 외교사절단의 장 파견시 접수국에서 발하는 것이다.

35 대부분 접수국의 유력인사로 어떤 국가로부터 영사업무를 위탁받아 수행하는 사람을 무엇이라고 하는가?

① 본무영사　　　　　　　② 전임영사

③ 영　사　　　　　　　　④ 명예영사

⑤ 파견영사

[해설] 본국에서 파견되어 영사업무에만 전념하는 사람을 본무영사, 전임영사, 파견영사, 전무영사라 한다. 대부분 접수국 국민으로 영사업무를 수행하는 사람을 명예영사라고 한다.

36 exequatur란 무엇인가?

① 영사위임장　　　　　　② 인가장

③ 아그레망　　　　　　　④ 신임장

⑤ 안도권

[해설] 영사기관장은 파견국의 원수나 외무장관이 발행하는 영사위임장(Consular Commission 또는 Letter of Commission)을 받아 접수국의 외무장관에게 제출하면, 접수국의 외무장관 또는 원수가 인가장(exequatur)을 수여하는데, 이로써 영사업무는 시작된다.

37 외교사절 및 영사에 관한 설명으로 옳지 않은 것은?

<행시, 외시, 지시 '01>

① 통상적으로 외교사절단의 장(長)과 외교직원을 외교관이라고 한다.

② 상주 외교사절단의 장(長)을 파견하기 전에 반드시 '아그레망'을 요청하여야 한다.

③ 영사는 외교사절과는 달리 국가대표성이 없다.

④ 영사관장 파견에는 신임장의 제정이 필요하다.

⑤ 외교관계의 단절이 당연히 영사관계의 단절을 포함하지는 않는다.

> [해설] 영사관장 파견시 파견국은 영사에게 영사위임장(Consular Commission/Letter of Commission)을 교부하며, 접수국으로부터 인가장(exequatur)을 부여받으면 영사업무가 시작된다.

38 영사제도에 대한 설명 중 옳지 않은 것은? <행시, 외시, 지시 '99>

① 외국인도 영사직에 임명할 수 있다.

② 파견국은 접수국과 협의하여 동일한 접수국 안에 다수의 영사관을 설치할 수 있다.

③ 영사는 원칙적으로 접수국가의 비정치적 기관과 접촉한다.

④ 외교관계의 단절은 영사관계의 단절을 초래한다.

⑤ 영사의 특권과 면제는 외교사절에 비하여 매우 제한되어 있다.

> [해설] ② 한 국가 내에 외교공관을 여럿 개설하는 경우는 없지만, 영사관은 다수 설치할 수 있다. ④ 국가 간의 공식관계인 외교관계와 영사관계를 하나로 묶어 볼 필요는 없다. 외교관계의 단절이 당연히 영사관계의 단절을 초래하는 것은 아니다.

39 다음 중 영사의 직무가 아닌 것은?   <사시 '86, '92>

① 공증·호적 사무   ② 자국 선박·항공기의 감독

③ 여권·사증의 발급   ④ 자국민의 이익의 보호

⑤ 접수국정부와의 외교문제에 관한 교섭

> [해설] ⑤는 외교관계의 차원에서 다루어질 사항이다.

40 외교관들의 특권·면제와 영사관원들의 특권·면제를 비교할 때 가장 큰 차이는?

① 영사관원들은 조세의 면제를 누리지 못한다.

② 영사관원들은 관세의 면제를 누리지 못한다.

---

③ 신체의 자유와 재판관할권 면제가 공무수행과 관련해서만 인정
   된다.

④ 면제의 포기 범위와 절차에 차이가 있다.

⑤ 특권의 향유시기에 차이가 있다.

> 해설 영사관원들의 접수국 관할권으로부터의 면제는 외교관의 경우와 유사하
> 다. 영사관 직원들은 조세, 관세, 군대 및 기타 역무에 있어서 외교관들과
> 동일한 면제권을 누리며, 신체의 보호, 특권과 면제의 시작과 종료, 면제권
> 포기도 외교관들의 경우와 유사한 규칙이 적용된다. 가장 큰 차이는 영사
> 관원들의 체포와 구금, 형사재판과 민사재판 절차의 면제가 일반적이지 못
> 하여 그들의 공무수행을 위한 작위와 부작위에 대해서만 면제권이 인정된
> 다는 점이다.

41 1946년 「UN의 특권면제에 관한 협약」에 명시된 내용으로 옳지 않은
것은?   <행시, 외시, 지시 '01>

① UN과 그 재산 및 자산은 그 소재지 및 보유자에 관계없이 원칙
   적으로 모든 종류의 법적 절차로부터의 면제를 향유한다.

② UN의 문서 및 UN이 보유하는 모든 서류는 소재지에 관계없이
   통상 불가침이다.

③ UN과 그 자산·소득 및 다른 재산은 직접세로부터 면제되며,
   UN출판물은 관세로부터 면제된다.

④ UN이 소집하는 회의에 참석하는 회원국 대표는 그들의 임무를
   수행하는 동안만 일정한 특권과 면제를 향유한다.

⑤ UN사무총장과 사무차장의 본인·배우자 및 미성년자 자녀는 외
   교관에 부여되는 면책특권을 향유한다.

> 해설 1946년 「유엔의 특권면제에 관한 일반협약」(General Convention on
> the Privileges and Immunities of the United Nations)에 의하면 유엔은
> 외교관계에서 외교사절단과 그 구성원들이 누리는 특권면제와 유사한 특권
> 면제를 향유한다. 유엔회의에 참석하는 회원국 대표들은 외교관들과 유사
> 한 특권과 면제를 누리며, 외교관들과 마찬가지로 회의장소로 여행하는 동
> 안에도 그러한 특권면제를 누린다.

제 7 장

국 가 책 임

국 가 책 임

1 국제책임에 관한 설명으로 적절치 않은 것은?

① 국가도 국제법에 위반하여 다른 국가에게 피해를 주게 되면 그에 따른 책임을 진다.

② 한 국가의 작위·부작위에 의해 초래된 손해에 대한 전보가 주요 이슈이다.

③ 국제법에서는 비교적 성문화가 늦은 분야에 속한다.

④ 처음에는 한 국가 내의 외국인대우 문제가 중요한 이슈였다.

⑤ 주권이론은 국제책임법 발달을 촉진하였다.

> **해설** <**국제책임법**> ①② 국제사회에서 한 국가도 작위나 부작위에 의해 다른 국가의 법익(legal interest)을 침해하게 되면 거기에 상응하는 책임을 지게 된다. ③⑤ 국제법에서 국가책임에 대한 연구는 역사도 짧고 규범화도 매우 미진하다. 거기에는 여러 가지 이유가 있겠지만, 주권국가가 불법을 범할 수 없다는 전통적 주권이론의 영향을 지적할 수 있다. 국가의 완전성과 무오류에 대한 환상이 깨진 이후에야 국가책임론은 새로운 도약의 기회를 맞았다.

2 국제책임법의 역사에 대한 설명으로 틀린 것은?

① 국제책임법은 전통적 주권이론의 영향으로 체계화가 지체되었다.

② 19세기 말 이후 헤프터, 트리펠, 안칠로티에 의해 연구되었다.

③ 기본적인 규정들은 국제연맹 시대에 성문화되었다.

④ 1950년대 들어 유엔 국제법위원회를 중심으로 국제책임법의 성문화 작업이 진행되었다.

⑤ 유엔에서의 성문화 작업은 아직 진행 중에 있다.

> **해설** <**국제책임법의 역사**> ① 국제책임법(국가책임법)은 전통적 주권이론의

정답 1 ⑤

반발로 관련연구가 늦어지고 규범화도 지체되었다. ② 국가의 국제책임은 19세기 말 이후에 헤프터(Heffter), 트리펠(Triepel), 안칠로티(Anzilotti)에 의해 연구되었다. ③ 국제연맹시절에 관련 관습법을 성문화하려는 시도가 있었지만 실패하였다. 특히 1930년 국제법성문화회의 때에도 국제책임법의 성문화가 거론되었으나 무산되었다. ④⑤ 유엔은 1950년대 들어 국가책임법의 성문화 작업을 시작하였다. 그 결과 1980년에는 「국제책임조문초안」(Draft Articles on International Responsibility)이 2001년에는 「국제위법행위에 대한 국가책임조문초안」(Draft Articles on Responsibility of States for Internationally Wrongful Acts)이 채택되는 등 성과를 거두고 있으나 아직 정식협약에는 이르지 못하고 있다. 국제법위원회는 국가의 무과실책임을 인정하기 위해 「국제법상 금지되지 아니하는 행위로 인한 해로운 결과에 대한 국제책임」(the international liability for injurious consequences arising out of acts not prohibited by international law)에 관한 문제도 다루었으나 역시 지지부진하다.

3 국가의 국제책임법의 특징이나 내용이 아닌 것은?

① 국제위법행위의 성립과 법적 책임문제를 다룬다.

② 국제위법행위의 직접적 피해자가 아닌 국가도 국제책임을 물을 수 있다.

③ 형사처벌보다는 민사책임 추구방식이 많이 사용된다.

④ 각국 국내법의 영향을 많이 받는 분야이다.

⑤ 국제법의 여러 분야 중 비교적 성문화가 늦은 분야에 속한다.

> **해설** 〈국제책임법의 특징〉 ① 국제책임법은 불법행위의 성립과 법적 결과를 다루는 규칙들로 되어 있다. ② 국제책임법에서는 국제법위반에 따른 직접적인 피해자에게만 그 책임을 물을 수 있는 권리가 인정되며 다른 국가들은 그 책임을 추구할 수가 없다. 그것은 아직 분권화된 상태에 있는 국제사회의 현실을 반영한 것이라 생각된다. ③ 국제책임법의 특징 중 하나는 국가의 국제책임 추구는 주로 형벌이 아닌 민사책임 방식으로 이루어진다는 것이다. 최근 들어 일부 국제범죄에 형벌을 부과하려는 시도가 있으나 아직은 시작단계에 불과하다. ④⑤ 국제책임법은 국제법 중에서도 국내법의 영향을 비교적 많이 받은 분야이며, 성문화가 늦은 분야의 하나이다.

정답 2 ③   3 ②

제 2 절 \ 국가책임의 성립

4 국가의 국제책임 성립을 위한 조건이 아닌 것은?

① 국제법에 대한 위반이 있어야 한다.

② 국제법위반 행위에 대한 책임을 당해 국가의 국민에게 귀속시킬 수 있어야 한다.

③ 위법성조각사유가 없어야 한다.

④ 고의 또는 과실이 필요한가 하는 데 대해서는 학설대립이 있다.

⑤ 현실적인 피해의 발생이 필요한가 하는 데 대해서도 학설의 대립이 있다.

> [해설] **〈국제책임의 성립요건〉** 국가의 국제책임이 성립하려면 몇 가지 조건이 충족되어야 하며, 그러한 조건들은 갖가지 조약과 국제관습법에 따라 구체적으로 결정될 것이다. 그러나 일반적으로 국가의 국제책임은 국제법위반이 있고, 그러한 위반행위에 대한 책임을 국가에 귀속시킬 수 있으며, 위법성을 조각하는 사유가 없어야 성립된다고 본다. 이러한 조건 외에 불법행위에 대한 고의·과실과 현실적인 피해의 발생을 조건에 포함시켜야 한다는 주장이 있으나, 여기에 대해서는 논란이 있다. ② 국제법위반 행위에 대한 책임은 당해 국가의 국민이 아니라 국가에게 귀속시킬 수 있어야 한다.

5 국가책임의 성립조건으로서 국제법위반에 대한 적절한 설명이 아닌 것은?

① 국제적인 명시적 합의, 즉 조약에 대한 위반이 있는 경우 국가책임이 발생한다.

② 국제관습법에 대한 위반이 있는 경우에도 국가책임은 발생한다.

③ 국가책임은 작위에 의한 불법행위에 의해서만 발생한다.

④ 국제법위원회에서는 국가의 국제의무위반을 국제범죄와 국제불법행위로 구분하여 다루었다.

[정답] **4** ②

⑤ 국제범죄란 국제사회의 근본적인 이익보호에 필수적인 규범에 대한 위반이 있는 경우 인정된다.

> **해설** 〈국제법위반〉 ① 국가가 국제적인 명시적 합의, 즉 조약을 위반하면 국가책임이 발생한다. PCIJ는 1927년 호르조(Chorzow)공장 사건에서 합의에 대한 위반이 있으면 적절한 방법으로 그에 따른 손해를 배상할 의무가 있다는 것이 국제법원칙이라고 하였다. ② 국가가 국제관습법을 위반한 경우에도 국가책임이 발생한다. 1949년 Corfu해협 사건에서 ICJ는 국가가 부작위에 의해 국제관습법을 위반한 경우에도 국제책임이 발생함을 인정하였다. ③ 국가책임은 작위는 물론 부작위에 의해서도 발생한다. 국제법위원회의 국가책임초안 3조는 작위 또는 부작위에 의한 국제의무 위반이 국가책임의 발생원인이 된다고 하였다. ④⑤ 국제위법행위, 국제범죄, 국제불법행위에 대해서는 다음 문제의 해설을 볼 것.

6 국제법위원회에서 마련 중인 국제책임법상 '국제위법행위'와 '국제범죄', '국제불법행위' 개념에 대한 설명들이다. 틀린 것은?

① 국제법위원회의 국가책임에 관한 조문초안은 국제의무에 위반한 국가행위를 '국제위법행위'라 하였다.

② 국제법위원회는 국제사회의 근본적인 이익을 보호하는 데 필수적인 국제의무에 위반하는 행위는 '국제범죄'라 하였다.

③ 국제범죄보다 중대한 국제위법행위들이 '국제불법행위'에 해당된다.

④ 국제범죄와 국제불법행위를 구분하는 것은 국제사회의 현실에 비추어 시기상조라는 비판도 있다.

⑤ 국제범죄를 범한 사람을 제대로 처벌하려면 국제형사재판소의 설치가 필요하다는 주장이 있었다.

> **해설** 〈국제위법행위, 국제범죄, 국제불법행위〉 ① 국제법위원회에서 마련한 「국가책임에 관한 조문초안」은 19조에서 국제의무에 위반한 국가행위를 '국제위법행위'(internationally wrongful act)라 하였다. ② 국제위법행위 중에서 국제사회의 근본적인 이익보호에 필수적이어서 위반하는 경우 공동체 전체에 의하여 범죄(crime)로 생각되는 국제의무에 위반한 행위는 '국제범죄'(an international crime)라 한다. 국제범죄에는 침략금지와 같은 국제평

화와 안전의 유지, 식민지배의 금지와 같은 인민의 자결권보호, 노예매매와 집단살해·인종차별 금지와 같은 인권보호, 대기나 해양의 대규모 오염 금지 같은 환경보존에 관한 국제법 규정에 위반한 행위들이 포함되어 있다. ③ 국제범죄에 해당하지 아니하는 국제위법행위, 즉 국제범죄에 이르지 아니하는 미약한 국제위법행위들이 '국제불법행위'(international delict)이다. ④⑤ 국제법위원회가 마련한 초안에 대해 미국과 서구국가들 및 라틴아메리카 국가들은 범죄라는 용어는 형벌의 부과를 전제로 하는 것이라고 하면서, 통일된 국제사법기관이 없는 현실에 비추어 시기상조라고 하였다. 국제강행규정과 같이 국제규범들을 차별화하려는 움직임이 있지만, 규범간 상하구분이 명확하지 않은 것이 현실이기 때문이다.

7 1949년 코르푸해협 사건에 대한 판결에서 ICJ는 알바니아가 자국 영해에 부설된 기뢰에 접근하는 영국 군함에게 이를 고지하지 않아 발생한 피해에 대한 국제책임을 인정하였다. 여기서 알 수 있는 것은?
① 군함에게 통과통항권이 인정되었다.
② 작위에 의한 국제책임만이 인정되었다.
③ 부작위에 의한 국제책임도 인정된다.
④ 무해통항은 민간선박에게만 인정된다.
⑤ 과실에 의해서도 국제책임이 발생한다.

[해설] 국제책임은 당사국 간의 명시적 합의에 대한 위반은 물론 일반국제법이 요구하는 의무에 위반한 경우에도 발생한다. 코르푸해협 사건은 일반국제법이 요구하는 위험고지의무의 부작위에 의한 위반을 보여준다.

8 국가의 국제책임에 있어서 국가의 귀책성에 대한 올바른 설명인 것은?
① 국가는 국가기관의 행위에 대해서만 책임을 진다.
② 국가기관의 행위 중에서 행정적 행위만이 국제책임을 발생시킨다.
③ 국가는 그 하위기관의 행위에 대해서는 책임을 부담하지 않는다.
④ 지방자치단체의 행위에 대한 책임은 전적으로 그 단체에 귀속된다.

⑤ 사인이나 그 집단의 행위라 할지라도 국가가 상당한 주의의무를 다하지 않은 때에는 국가책임이 발생한다.

[해설] ＜국가의 귀책성＞ ①②③ 국가란 개념상의 존재로 실제 국가행위는 사람에 의하여 이루어지므로 국가에게 책임을 물을 수 있는 국가행위의 범위를 정해야 한다. 여기서 말하는 국가의 행위란 상당부분 국가기관의 행위를 의미하지만, 국가에의 귀책(attribution) 기준은 국내법상 국가기관에 관한 기준과 동일하지 않다. 국가기관의 행위라면 그것이 입법·행정·사법 어떤 분야에 속하는 것이든, 그 기관이 국가조직 내에서 상위기관이든 하위기관이든 상관없다. 입법부는 국제법에 어긋나는 법을 제정하는 경우, 그리고 사법부는 소위 '재판의 거부'(denial of justice)가 있게 되면 국제책임이 발생한다. 재판의 거부에는 소송의 수리를 거부하는 것에서부터 재판절차나 법적용이 불공정한 경우까지 포함된다. ④ 지방자치단체의 행위 역시 그것이 권한 내의 행위인 한 그 국가의 행위로 간주된다. ⑤ 국가기관의 구성원이 아닌 사인이나 집단의 행위는 원칙적으로 개인의 문제이며 국가가 책임질 일이 아니다. 그러나 국가가 외국인 보호에 '상당한 주의'(due diligence)를 하지 아니한 경우에는 국가책임이 발생한다.

9 국제책임을 발생시키는 재판의 거부에 해당되지 않는 것은?

① 국내법원이 국제사법 규정에 따라 제3국의 법을 적용하였다.
② 외국인이 제기하는 소송의 수리를 거부하였다.
③ 재판절차가 외국인에게 명백하게 불리하게 진행되었다.
④ 판결이 명백하게 불공정한 것이었다.
⑤ 판결의 집행이 부당하게 지체되었다.

[해설] ＜재판의 거부＞ 국제책임을 야기하는 사법부의 국제법위반은 '재판의 거부'(denial of justice)라고 부른다. 재판의 거부에는 ㉠ 소송의 수리를 거부하는 것(협의의 재판거부), ㉡ 재판절차의 불공정, ㉢ 불공정한 판결, ㉣ 판결집행의 부당한 지체가 포함된다.

10 국가의 국제책임 성립과 관련하여 현실적인 피해의 발생이나 법익침해라는 조건에 대한 적절치 못한 설명인 것은?

① 청구권자의 현실적인 피해나 법익침해가 국제책임 성립에 필수적인가 하는 데 대해서는 의견대립이 있다.

② 국제법위원회 특별보고자였던 아고는 피해발생은 국가책임의 중요한 요소이지만 필수적인 요소는 아니라고 하였다.

③ 아레차가는 법적인 이익을 침해당하지 않은 사람은 소송을 제기할 수 없다는 것이 법의 기본원칙이라고 하면서 국가책임이 성립하려면 현실적인 피해가 있어야 한다고 하였다.

④ 일반적인 경우 어떤 청구를 제기하려면 법익의 침해가 있어야 하므로, 국가책임의 성립을 위해서는 법익침해가 있어야 한다는 주장은 타당하다.

⑤ 현실적인 피해를 입지 않은 국가나 주체들의 당사자적격을 인정하지 않아도 인권이나 근로자들의 보호에 문제는 없다.

> **해설** 〈피해발생(법익침해)〉 ① 국가책임이 성립하기 위한 조건과 관련하여 국제법위반에 따른 구제를 추구하는 국가에게 그러한 위반으로 실제로 손해가 발생했어야 하는가 하는 데 관해 의견대립이 있다. ② 국제법위원회의 특별보고자 아고(Ago)는 손해는 국가책임을 구성하는 주요 요소이지만 국가책임 추구에 필수적인 요소는 아니라고 하였다. ③ 한편 ICJ 판사 아레차가(Jiminez de Arechaga)는 침해된 법적인 이익을 가지지 아니한 사람은 소송을 제기할 수 없는 것이 법의 기본원칙이라고 하면서, 국제법상 국가책임이 성립하려면 현실적인 피해가 있어야 한다고 하였다. ④ 일반적인 경우 어떤 청구를 제기하려면 법익의 침해가 있어야 하므로, 국제법상 국가책임의 성립을 위해서도 일반적으로 법익침해가 있어야 한다. ⑤ 하지만 인권이나 근로자들의 권리처럼 국가가 자국민보호를 위한 국제조약을 위반한 경우에는, 다른 국가의 이익에 대한 침해가 없더라도 국가책임을 추구할 수 있는 권리를 인정해 주어야 한다.

11 국가의 국제책임의 성립요소로서 고의·과실에 대한 적절한 설명이 아닌 것은?

① 그로티우스는 국가는 국가기관의 고의·과실이 있는 경우에만 책임을 진다고 하였다.

---

② 과실책임이론은 Lauterpacht, Verdross, Eagleton에 의해 계승되었다.

③ 안칠로티는 객관적 책임이론을 주장하여 국가책임의 성립에 고의·과실은 입증할 필요가 없다고 하였다.

④ 객관적 책임이론에서는 국가기관 구성원들의 고의·과실 없이도 국가기관의 행위와 결과 사이에 인과관계만 있으면 위반국의 국가책임이 발생한다고 한다.

⑤ 오늘날 국가관행과 국제법위원회의 입장을 보면 객관적 책임이론은 철저히 배제되고 있다.

> 해설 〈고의 또는 과실〉 ① 그로티우스(Grotius)는 도덕적 실체인 국가는 국가기관의 고의·과실(*mens rea*)이 있어야 자신의 작위·부작위에 대해 책임을 진다고 하였다. 이것은 국가책임이 발생하려면 국가기관의 고의·과실이 있어야 한다는 과실책임이론 또는 주관적 책임론이라 할 수 있다. ② 과실책임이론은 Lauterpacht, Verdross, Eagleton에 의해 계승되었다. ③ 안칠로티(Anzilotti)는 객관적 책임(objective responsibility)이론을 주장하여, 국가책임의 성립을 위해 작위나 부작위에 대해 책임 있는 국가기관 구성원들의 고의나 과실을 입증할 필요는 없다고 한다. ④ 객관적 책임이론에서는 국가기관 구성원들의 고의나 과실이 없더라도 국가기관의 행위와 결과 사이에 인과관계만 있으면 위반국의 국가책임이 발생한다고 한다. ⑤ 오늘날의 국가관행과 국제법위원회의 입장을 보면 점차 객관적 책임이론이 강해지고 있다.

12 국가의 국제책임에 있어서 위법성조각사유가 아닌 것은?

① 무력복구   ② 불가항력

③ 상대방의 동의   ④ 긴급피난

⑤ 자위권행사

> 해설 〈위법성조각사유〉 국제법에 위반되는 행위가 있었다 할지라도 국제법이 인정하는 일정한 사유가 있게 되면 위법성이 조각되어 불법행위 책임은 사라진다. 이러한 위법성조각사유에는 국제법 위반행위 상대방의 동의(consent), 불가항력(force majeure), 긴급피난(necessity), 자위(self-defence), 유엔에 의한 강제조치가 있다.

정답 11 ⑤   12 ①

13 어떤 군함이나 군용기가 악천후나 장비결함으로 사전동의를 받지 않은 상태에서 다른 국가의 영역에 진입하였다면, 그 군함이나 군용기는 어떤 근거에서 자신의 행위를 변호할 수 있을까?

① 동 의　　　　　　　② 긴급피난
③ 정당방위　　　　　　④ 불가항력
⑤ 강제조치

> 해설　〈불가항력〉한 국가의 국제불법행위에 따른 위법성은 통제할 수 없는 불가항력(*force majeure*)이나 예기치 못한 사건으로 인하여 그 국가가 자신의 의무를 이행하는 것이 물리적으로 불가능해진 경우에는 조각된다. 그리고 그 대표적인 사례는 선박이나 항공기가 악천후나 장비결함으로 다른 국가의 영역을 침범하는 것이다. 반면에 조난은 의무이행이 물리적으로 불가능한 것은 아니지만 생명이 위태롭게 되는 경우를 말하며 역시 위법성이 조각된다.

14 중대하고 임박한 위험으로부터 국가의 근본적인 이익을 보호하기 위하여 다른 국가의 이익을 침해하는 것으로, 그 침해되는 이익이 근본적인 것이 아닌 한도 내에서 인정되는 위법성조각사유는?

① 정당방위　　　　　　② 자위권
③ 긴급피난　　　　　　④ 불가항력
⑤ 집단제재

> 해설　〈긴급피난〉국제법위원회가 작성한 「국제책임법 초안」 33조에 따르면, 긴급피난(necessity)이란 중대하고 임박한 위험으로부터 국가의 근본적인 이익을 보호하기 위한 유일한 수단으로 다른 국가의 근본적인 이익이 침해되지 않는 경우에 한하여 허용되는 것이다. 불가항력은 의무를 이행하는 것이 물리적으로 불가능한 경우로서 고의가 없는 위반인 데 비하여, 긴급피난은 보다 큰 위험을 피하기 위해 고의로 의무를 따르지 않는 것이다. 긴급피난은 적대적인 집단이나 국가에 의해 억류되어 있는 자국민 구출을 위해 군대를 그 국가나 제3국 영토에 침투시킨 경우, 즉 1976년 이스라엘에 의한 우간다 엔테베공항 공격과 1980년 미국이 시도한 이란 내 인질구출 작전 때 원용되었다.

제 3 절 \ 외교적 보호

15 외교적 보호에 관한 가장 정확한 설명인 것은?

① 국가의 영토관할권

② 자국영토 내의 자국민에 대한 보호권

③ 외국영토 내의 자국민에 대한 보호권

④ 외국주재 자국외교관에 대한 보호권

⑤ 자국주재 외국외교관에 대한 보호권

> [해설] **〈외교적 보호〉** 국가는 국제법상 영토관할권(영토고권)과 인적 관할권 (대인고권)을 갖는다. 영토관할권은 자국 영토와 영토상의 사람과 물건에 대한 지배권으로 매우 강력하고 배타적인 관할권이다. 그러나 국가는 자국 국적을 보유한 자국민에 대해서도 관할권을 가지는바 그것이 인적 관할권 이다. 이처럼 국가는 모든 자국민에 대하여 보호권을 가지지만, 자국 영토 내에 있는 국민에게는 인적 관할권에 앞서 영토관할권이 적용되어 인적 관할권은 문제가 되지 않는다. 따라서 국가의 인적 관할권은 실제로는 외국에 있는 자국민에 대해서만 예외적으로 인정되는바 이를 외교적 보호권 이라 한다.

16 외교적 보호에 있어서 국적에 관한 조건에 대한 설명이다. 잘못된 것을 고르시오.

① 한 국가가 외교적 보호권을 행사하려면 피해자가 그 국적을 가지고 있어야 한다.

② 피해자의 국적은 불법행위로 인한 손해발생시부터 최종판결이 있을 때까지 계속 보유되어야 한다.

③ 외국에 진출해 있는 자국기업에 대해서도 외교적 보호는 가능하다.

④ 국가와 자국민(기업) 간에 진정한 관련이 있어야 외교적 보호는 가능하다.

⑤ 외교적 보호의 행사 중 피해자 국적이 변경되면 새로운 국적국가가 외교적 보호권을 승계받는다.

> 해설 〈국적계속의 원칙〉 외교적 보호는 피해자의 본국이 가지는 권리이므로 피해자의 국적은 중요한 요소이며, ③의 설명대로 법인들도 자국의 외교적 보호를 받을 수 있다. 또한 ④의 설명대로 그 국적은 진정한 것이어야 한다. ②⑤ 중요한 것은 국적보유시기인데, 불법행위로 인하여 손해가 발생한 때부터 외교적 보호권 행사로 최종판결이 있을 때까지 그 국가의 국적을 계속 보유하여야 외교적 보호가 가능하다. 이것을 국적계속의 원칙이라 한다.

17 외교적 보호의 조건인 국내구제완료에 대한 적절한 설명이 아닌 것은?

① 외교적 보호를 위해 보편적으로 인정되는 원칙이다.

② 영토국가의 법과 제도에 따른 구제기회를 준다는 의미도 있다.

③ 영토국가의 법에 대한 불신에서 나온 제도이기도 하다.

④ 피해자인 외국인은 영토국가의 법에 따라 구제를 받기 위한 노력을 다하여야 한다.

⑤ 피해자의 본국은 영토국가의 국내구제절차가 종료된 이후 외교적 보호권을 행사한다.

> 해설 〈국내구제완료의 원칙〉 외교적 보호가 행사되려면 피해자인 외국인은 피해가 발생한 국가 내에서 그 국가의 법과 제도에 따라 구제를 받는 방법을 찾아보아야 한다. 이것을 국내적 구제의 원칙이라 하는데, 이 제도는 상대방 국가의 법과 제도에 대한 최소한의 신뢰에서 나온 것이라고 할 수 있다. 이 원칙에 따르면 피해자는 본국의 외교적 보호를 요청하기에 앞서, 피해 발생지역 국가의 법원은 물론 권한 있는 행정기관에도 구제를 요청해야 하며, 가능하면 최고법원까지 올라가 보아야 한다. 그러나 국내적 구제의 완료란 모든 수단을 꼭 밟을 것을 요구하는 것은 아니다.

정답 **16** ⑤   **17** ③

18 국제법의 전통적인 입장에서 볼 때, 외교적 보호의 법적 성격에 대한 다음의 설명 중에서 가장 적절한 것은?

① 외교적 보호란 국가가 피해자인 자국민을 대신하여 행사하는 권리이다.

② 외교적 보호란 피해자 개인이 자신의 권리를 행사하는 것이다.

③ 외교적 보호란 국가가 자신의 권리를 행사하는 것이다.

④ 외교적 보호는 개인에게 속하는 권리이며, 국가는 그 절차적 관할권을 갖는다.

⑤ 외교공관에 부여되는 외교사절단의 특별한 지위이다.

> [해설] **<외교적 보호의 법적 성격>** 국제법에서 외교적 보호는 국가가 자신의 권리를 행사하는 것이며 국민의 권리를 대신 행사하는 것이 아니다. 따라서 국가는 피해를 입은 국민의 요청이 있더라도 이를 발동할 의무가 없으며, 피해자의 요청이 없어도 이를 행사할 수 있다. 한편 독일은 외교적 보호를 받을 수 있는 권리를 국민의 헌법상 권리로 규정하였다고 한다.

19 칼보(Calvo)조항은 무효라고 한다. 그 이유는 무엇인가?

① 무력사용은 국제법 위반이기 때문이다.

② 외교적 보호는 개인의 권리이기 때문이다.

③ 외교적 보호는 국가의 권리이기 때문이다.

④ 계약의 자유는 국제법에서도 적용되기 때문이다.

⑤ 오늘날 국적은 법적 인연으로 중요하지 않기 때문이다.

> [해설] **<칼보조항>** 칼보조항(Calvo clause)이란 국제계약에서 외국인을 재류국 국민으로 간주하여 본국의 외교적 보호를 배제하는 조항이다. 통설에 의하면 외교적 보호는 피해자의 권리가 아닌 본국의 권리이므로 이 조항은 무효이다. 그러나 계약의 자유를 근거로 이 조항의 효력을 부분적으로라도 인정해야 한다는 현실적인 주장도 있다.

제 4 절 \ 대항조치

20 국제법상 대항조치에 대한 설명이다. 잘못된 것은?

① 대항조치란 분권화된 세계에서 국가가 자신의 이익을 지키기 위하여 자력구제 차원에서 행하는 것이다.

② 대항조치는 국제위법행위에 대하여 책임 있는 국가로 하여금 그 의무를 이행하게 하기 위하여 취해진다.

③ 국제법위원회에서는 대항조치란 조치를 취하는 국가가 국제위법행위에 책임 있는 국가에 대한 국제의무를 당분간 이행하지 않는 것이라고 하였다.

④ 대항조치에는 비무력적 복구는 물론 무력적 복구를 취할 수 권한도 포함되는 것으로 본다.

⑤ 대항조치를 취하는 경우에도 유엔헌장의 무력행사금지 의무, 인간의 기본권 보호의무 등을 위반하면 안 된다.

> **해설** 〈대항조치〉 ① 국제법의 약점 가운데 하나는 세계가 아직 분권화된 상태에 있어 국제법위반에 대한 제재가 제대로 이루어지지 않고 있는 것이다. 이러한 상태에서는 국제법위반의 상대방은 어쩔 수 없이 자력구제(self-help)에 의존할 수밖에 없다. 국제법을 위반한 국가를 상대로 피해국이 직접 취하는 조치를 대항조치(counter-measures) 또는 보복조치(retaliatory measures)라고 한다. ② 2001년 국제법위원회가 채택한 「국제위법행위에 관한 국가책임초안」 49조 1항은 피해국은 국제위법행위에 대하여 책임 있는 국가를 상대로 대항조치를 취함으로써 그 국가로 하여금 자신의 의무를 이행하도록 유도할 수 있다고 하였다. 대항조치란 위법행위국가로 하여금 그 의무를 준수하게 하기 위한 목적에서 인정되는 것임을 밝힌 것이다. ③ 국제법위원회 초안 49조 2항은 대항조치는 국가가 국제위법행위에 책임 있는 국가에 대한 국제의무를 당분간 이행하지 않는 것에 국한된다고 하여 그 범위를 제한하였다. ④ 국제법위원회 초안에도 불구하고, 상대방의 국제법 위반행위로 인해 피해를 입은 국가가 직접 취하는 자력구제조치를 대항조치라 보는 견해가 유력하다. 이런 경우 대항조치에는 보복(retorsion)은 물론이고 복구(reprisal)도 포함되는 것으로 본다. 다만 금세기 들어 무력행사금지가 국제법 기본원칙의 하나가 되면서 복구 중에서 무력적 복구는 금

지되게 되었다. ⑤ 대항조치를 취하는 경우에도 위반할 수 없는 국가의 기본적인 의무들이 있다. 국제법위원회 초안 50조 1항은 대항조치는 유엔헌장의 무력행사금지 의무, 기본권 보호의무, 복구를 금지하는 인도적 성격의 의무, 기타 일반국제법상 강행규정에 따른 의무에 영향을 미치지 않는다고 하였다.

21 국제법위원회가 채택한 「국제위법행위에 관한 국가책임초안」을 중심으로 본 대항조치 행사조건에 관련된 설명들이다. 적절하지 않은 것은?

① 대항조치는 상대방에 의해 야기된 피해를 상당히 초과하는 수준까지 이루어질 수 있다.

② 대항조치를 취하기 이전에 피해국은 국제위법행위에 책임 있는 국가에게 그 의무의 이행을 요구하여야 한다.

③ 대항조치 이전에 피해국은 국제위법행위에 책임 있는 국가에게 대항조치 결정을 통고하고 협상을 제의하여야 한다.

④ 국제위법행위가 종료되었거나 분쟁이 당사국을 구속하는 결정을 할 수 있는 법원이나 법정에 계류되어 있으면 대항조치는 발동될 수 없다.

⑤ 국제위법행위에 책임 있는 국가가 위법행위와 관련하여 자신의 의무를 이행하는 즉시 대항조치는 종료되어야 한다.

[해설] <대항조치의 조건과 한계> ① 대항조치는 상대방에 의해 야기된 피해 정도에 비례하는 수준까지 취해질 수 있다. 2001년 국제법위원회가 채택한 「국제위법행위에 관한 국가책임초안」 51조는 대항조치는 국제위법행위와 문제가 되는 권리의 무게를 고려하여 초래된 피해에 상응하는 정도의 것이어야 한다고 하였다. ②③ 국제법위원회 초안 52조 1항은 대항조치를 취하기 이전에 피해국은 국제위법행위에 책임 있는 국가에게 그 의무의 이행을 요구하여야 하며, 국제위법행위에 책임 있는 국가에게 대항조치 결정을 통고하고 협상을 제의하여야 한다고 하였다. ④ 동조 3항은 국제위법행위가 종료되거나 분쟁이 당사국을 구속하는 결정을 할 수 있는 법원이나 법정에 계류되어 있으면 대항조치는 취해질 수 없다고 하였다. ⑤ 국제법위원회 초안 53조는 국제위법행위에 책임 있는 국가가 위법행위와 관련하여 자신의 의무를 이행하는 즉시 대항조치는 종료되어야 한다고 하였다.

22 復仇(reprisal)에 관한 다음의 설명 중에서 옳은 것끼리 나열된 것은?

> ㉠ 가해국 행위의 위법성에 관계없이 취할 수 있는 대항조치이다.
> ㉡ 오늘날 군사적 조치를 포함하는 무력복구는 금지된다.
> ㉢ 상대방의 위반정도와 피해정도에 비례하는 비무력적 복구는 합법적
> 인 것으로서 허용된다.
> ㉣ 비무력적 복구에는 조약상 의무이행의 정지와 상대방 국가의 국내
> 자산 동결 같은 조치들이 포함된다.
> ㉤ 유엔헌장 제7장에 따른 강제조치를 일컫는 말이다.

① ㉠,㉡,㉢   ② ㉡,㉢,㉣
③ ㉢,㉣,㉤   ④ ㉠,㉢,㉤
⑤ ㉡,㉢,㉤

> **해설** <**복구**> ㉠ 복구(reprisal)란 어떤 한 국가의 불법적인 행동에 대응하
> 여 그 국가를 상대로 취하여지는 조치로, 상대방의 위법이 전제되지 아니
> 하는 경우에는 위법적인 행위가 되는 대항조치이다. ㉡ 과거에는 복구가
> 널리 인정되었으나, 오늘날에는 군사적 조치를 포함하는 무력복구는 금지
> 된다. ㉢㉣ 비무력적 복구(non-forceful reprisal)는 국제법 위반을 종식시
> 키고 예방하기 위하여 그러한 조치가 필요한 경우에 허용되며, 상대방의
> 위반정도 및 피해정도에 비례하는 조치는 합법적인 것으로서 허용된다. 비
> 무력적 복구에 속하는 것으로는 조약상 의무의 정지와 상대방 국가소유의
> 국내자산 동결 같은 것이 있다. ㉤ 유엔은 평화에 대한 위협, 평화의 파괴,
> 침략행위가 있을 때 그 회원국들에게 경제관계와 철도·해양·항공을 포함
> 한 교통수단의 단절과 외교관계의 단절을 요구할 수 있으며(유엔헌장 41
> 조), 이러한 조치가 적절치 못하다고 판단될 때에는 군대를 파견하여 시위·
> 봉쇄·기타 작전을 수행하는 조치를 취할 수 있다(헌장 42조). 이러한 조
> 치들을 일반적으로 집단적 조치라 부른다.

23 다음 중 報復(retorsion)에 관한 적합한 설명끼리 나열된 것은?

> ㉠ 피해를 입은 국가가 가해국 행위의 불법성에 관계없이 취할 수 있는
> 대항조치이다.

ⓛ 가해국 행위의 불법성이 전제되지 않는 점에서 복구와 유사하다.
ⓒ 법적으로는 복구가 보복보다 중대한 대항조치이지만, 실제로는 보복이 복구보다 더 효율적인 경우가 많다.
ⓔ 유엔이 취하는 강제조치이다.
ⓜ 투자의 축소, 원조감축, 일부 품목에 대한 무역거래중단, 무역상특혜의 거부는 보복조치에 해당한다.

① ⓐ,ⓛ,ⓒ   ② ⓐ,ⓒ,ⓔ
③ ⓐ,ⓒ,ⓜ   ④ ⓛ,ⓔ,ⓜ
⑤ ⓛ,ⓒ,ⓜ

해설 〈보복〉 ⓐⓛ 보복(retorsion)이란 피해를 입은 국가가 가해국 행위의 불법성에 관계없이 취할 수 있는 대항조치로, 상대방의 행위가 불법적인 행위인가 하는 것은 문제가 되지 않는다. 보복은 이처럼 상대방 국가의 도발에 관계없이 독자적으로 취할 수 있다는 점에서, 상대방의 불법적인 행위가 전제되는 경우에만 합법적이 되는 복구와는 다르다. ⓒ 법적인 관점에서 보면 복구가 보복보다 중대한 제재수단이지만, 실제로는 보복이 복구보다 효율적인 경우가 많다. ⓜ 보복조치에는 무역과 투자의 축소, 원조감축, 외교관계의 단절, 모든 품목 또는 전략물자와 같은 일부 품목의 교역중지, 이민억제, 위반국 정부에 대한 무역상의 특혜거부 등이 포함된다.

제 5 절 국제책임의 해제

24 국제책임의 성립과 해제에 관한 설명으로 적절하지 않은 것은?
① 국제법 위반행위로 인하여 다른 국가에게 피해를 준 국가는 그에 따른 국제책임을 부담한다.
② 국제사회는 국제위법행위 중에서 국제범죄에 속하는 행위에 대해서는 형사책임을 부과하려고 하고 있다.

③ 국제사회는 국제위법행위 중 국제불법행위에 속하는 행위의 경우에도 피해에 대한 배상의무가 인정된다.

④ 국제책임의 해제에는 전통적으로 민사책임 추구방식이 주로 사용되어 왔다.

⑤ 국제책임의 해제를 위해서는 자력구제방법을 사용하는 것을 원칙으로 하고 있다.

> **해설** <**국제책임의 해제방법**> ① 국제불법행위가 성립하고, 위법성조각 사유가 없으면, 국제법위반으로 다른 국가에게 피해를 준 국가는 그에 따른 국제책임을 부담하여야 한다. ②③ 국제위법행위 중에서 국제범죄(international crime)에 속하는 행위에 대해서는 별도의 형사책임 문제가 거론되고 있지만, 일반적인 국제불법행위(international delict)의 경우에도 피해에 대한 배상(reparation)의무가 인정된다. ④ 전통적으로 국제책임의 해제에는 형사책임보다는 민사책임 추구방식이 주로 사용되어 왔다. ⑤ 2001년 국제법위원회가 채택한 「국제위법행위에 관한 국가책임초안」 34조는 국제위법행위에 의해 초래된 피해에 대한 배상은 원상회복(restitution), 금전배상(compensation), 만족(satisfaction)에 의하여 이루어진다고 하였다.

25 국제책임의 해제방법으로서 원상회복에 관한 적절한 설명이 아닌 것은?

① 원상회복이란 국제위법행위가 발생하지 않았더라면 있었을 상황을 다시 만드는 것이다.

② 「국제위법행위에 대한 국가책임초안」도 국제위법행위를 범한 국가의 원상회복 의무를 인정하였다.

③ 위법행위 국가의 원상회복 의무는 원상회복이 가능한 경우는 물론이고 불가능한 경우에도 인정된다.

④ 원상회복은 지체된 조약상 의무의 이행, 위법행위의 취소, 약탈된 재산의 반환 등에 의하여 이루어질 수 있다.

⑤ 원상회복이 가능하다면 이 방법에 의할 때 국제책임은 간편하고 확실하게 해제될 수 있다.

정답 24 ⑤

[해설] **〈원상회복(restitution)〉** ① 원상회복이란 작위이든 부작위이든 불법행위가 발생하지 않았더라면 있었을 상황을 다시 만드는 것이다. ② 국제법위원회의 「국제위법행위에 대한 국가책임초안」 역시 35조에서 국제위법행위에 대하여 책임 있는 국가는 원상회복 의무, 즉 위법행위가 이루어지기 이전에 존재하였던 상황을 다시 만드는 의무를 진다고 하였다. ③ 국가의 원상회복 의무와 원상회복의 범위는 원상회복이 실제로 가능하고, 금전배상 대신에 원상회복을 함으로써 발생하는 이익에 상응하는 부담을 포함하는 경우에 인정된다. ④ 원상회복은 지체된 조약에 따른 의무의 이행, 불법적인 행위의 취소, 약탈된 재산의 반환, 불법행위의 포기 등에 의하여 이루어진다. ⑤ 원상회복이 가능하다면 원상회복은 가장 확실한 국제책임 해제방법이다.

26 금전배상에 의한 국제책임 해제에 대한 설명이다. 적절치 않은 것은?

① 원상회복 이전에 시도되는 국제책임 해제방법이다.

② 금전배상은 오늘날 가장 널리 사용되는 국제책임 해제방법이다.

③ 금전배상의 범위에는 위법행위로 인하여 발생한 직접손해는 물론 간접적인 손해도 포함된다.

④ 금전배상 범위에는 통상적인 이자도 포함된다.

⑤ 금전배상의 경우 배상금은 피해 발생시가 아니라 배상금 지급시를 기준으로 산정한다.

[해설] **〈금전배상〉** ① 국제법위원회의 「국제위법행위에 대한 국가책임초안」 36조 1항은 국제위법행위에 대하여 책임 있는 국가는 원상회복이 이루어지지 못한 경우 손해에 대해 금전배상(compensation) 의무를 진다고 하였다. 금전배상은 원상회복이 불가능한 경우에 시도되는 국제책임 해제방법이다. ② 금전배상은 경제적인 피해를 배상하는 데 매우 유용한 방법이다. 그러나 화폐는 통상적인 가치평가 수단이기 때문에 금전배상은 경제적인 피해는 물론 국제위법행위에 따른 책임 해제방법으로 널리 사용되고 있다. ③④ 국제법위원회의 「국제위법행위에 대한 국가책임초안」 36조 2항은 금전배상은 경제적인 평가가 가능한 모든 손해를 포함하되, 그러한 손해에는 입증가능한 상실된 이익(loss of profits)이 포함된다고 하였다. 금전배상의 범위에는 위법행위로 인하여 발생한 직접적인 손해는 물론 통상적인 이자도 포함된다. ⑤ 금전배상의 경우 배상금은 피해발생 당시가 아니라 배상금 지급당시를 기준으로 산정해야 한다는 것이 국제관습법의 입장이다. 불

법적으로 몰수된 재산이 있다면 그 가치는 몰수 당시가 아니라 배상금 지급당시를 기준으로 환산되어야 하는 것이다.

27 만족 또는 사죄에 의한 국제책임 해제에 대한 설명들이다. 틀린 것은?

① 국가존엄에 대한 정신적·비물질적 피해에 대한 국제책임 해제 방법으로 적당하다.

② 원상회복이나 금전배상에 의하여 충족될 수 없는 피해에 대한 국제책임 해제방법이다.

③ 위법행위국에 의한 법위반 시인, 유감표시, 공식사과 등의 방법이 사용된다.

④ 공식적인 사과, 책임자 처벌, 행위의 불법성을 시인하는 선언을 하는 것도 만족 또는 사죄의 방법이다.

⑤ 만족과 사죄의 경우에는 위법행위에 책임 있는 국가에게 비례를 초과하는 치욕적인 형태로 이루어질 수 있다.

> **해설** 〈만족〉 ① 만족(satisfaction)은 정신적·비물질적 피해나 다른 국가의 존엄에 대한 도덕적인 피해가 있을 때 적당한 구제방법이다. ② 국제법위원회의 「국제위법행위에 대한 국가책임초안」 37조 1항은 국제위법행위에 대하여 책임 있는 국가는 원상회복이나 금전배상에 의하여 충족될 수 없는 피해에 대하여 만족(사죄)을 주어야 할 의무가 있다고 하였다. ③④ 동조 2항은 만족(사죄)은 법위반 시인(acknowledgement of breach), 유감표시(expression of regret), 공식사과(formal apology)및 기타 적절한 방법(another appropriate modality)으로 이루어진다고 하였다. 그 외에 오늘날 국제사회에서 자주 사용되는 만족의 형태로는 책임자 처벌, 행위의 불법성에 대한 공식적 시인 또는 선언이 있다. ⑤ 그러나 동조 3항은 만족(사죄)은 침해에 대한 비례를 초과하지 못하며 위법행위에 책임 있는 국가에게 치욕적인 형태를 취하면 안 된다고 하여 그 범위를 제한하였다.

실 전 문 제

1 다음 중 국제책임법의 특징이 아닌 것은?

① 과거에는 개인의 형사책임을 다루는 법이 주류를 형성해 왔다.

② 각국의 국내법들이 적지 않게 영향을 미치고 있다.

③ 성문화 작업이 비교적 늦게 시작되었다.

④ 국제책임의 해제에 민사책임 추구방식이 주로 사용된다.

⑤ 국제책임의 해제를 위해서는 원상회복, 금전배상, 만족 등의 방법이 사용된다.

> [해설] 국제법에서는 국제불법행위를 두 가지로 나누어 국제범죄(international crime)에 속하는 행위에 대해서는 형사책임을 부과하고, 일반적인 국제불법행위(international delict)에는 민사책임 추구방식을 적용하려 하고 있다. 그러나 최근 국제형사재판소 출범 전까지 국제법에서 형사책임에 관한 문제는 구체적인 내용을 담고 있지 못하였으며, 국제불법행위에 따른 책임의 해제는 주로 민사책임 추구방식으로 이루어졌다.

2 다음의 국제법 분야에서 성문화가 가장 늦은 것은?

① 국제책임법　　　　　　② 조약법

③ 외교관계법　　　　　　④ 해양법

⑤ 전쟁법

> [해설] 조약법은 1969년 「조약법에 관한 비엔나협약」에 의하여, 외교관계법은 1961년 「외교관계에 관한 비엔나협약」에 의하여, 해양법은 1958년 제1차 해양법회의에서 채택된 4개의 협약과 1973~82년의 제3차 해양법회의에서 채택된 「해양법협약」을 거치면서, 그리고 전쟁법은 19세기 말 이래 여러 조약들을 거치면서 일반규범들을 만들어 왔다. 반면에 국가책임법의 성문화는 아직 진행 중에 있다.

[정답] 1 ① 2 ①

3 국제법이 국가의 국제책임에 관한 법규칙을 정리하여 가는 데 있어서 두 개의 판례가 중요한 역할을 맡았었다. 하나는 국가가 국가간 합의를 작위에 의해 위반한 경우이고, 다른 하나는 부작위에 의해 국제의무를 위반한 경우였다. 이 두 개의 판례는 어떤 것인가?

① 호르조공장 사건, 코르푸해협 사건
② 노테봄 사건, 코르푸해협 사건
③ 트레일제련소 사건, 핵실험 사건
④ 토레 사건, 호르조공장 사건
⑤ 코르푸해협 사건, 핵실험 사건

> 해설 PCIJ는 1927년 Chorzow공장 사건에서 합의에 대한 위반이 있을 경우에는 그에 따른 피해를 배상할 의무가 발생하는 것이 국제법원칙이라고 하여, 당사국 간 합의에 반하는 행위에 따른 책임을 인정하였다. ICJ는 1949년 Corfu해협 사건에서 알바니아가 일반국제법이 요구하는 행위를 하지 않았음을 지적하여 부작위에 의해 일반국제법을 위반한 경우에도 국제책임이 발생함을 인정하였다. 이 두 가지 사건에 대한 국제재판소의 결정은 조약이든 일반국제법규이든, 국제법규칙에 대한 위반이 있게 되면 국제책임이 발생하며, 작위는 물론 부작위에 의해서도 국가책임이 발생함을 보여주었다.

4 국제책임법의 원칙끼리 짝지어진 것은?

① 개별적 책임추구의 원칙, 민사책임의 원칙
② 무력복구의 원칙, 민사책임의 원칙
③ 진정한 관련의 원칙, 공해자유의 원칙
④ 국내문제불간섭의 원칙, 국가행위이론
⑤ 개별적 책임추구의 원칙, 국가행위이론

> 해설 국제책임법의 특징으로는 국제법위반의 피해자만이 국제책임을 추구할 수 있다는 개별적 책임추구의 원칙과, 국제책임의 해제는 형벌이 아닌 민사적인 방법으로 이루어진다는 민사책임의 원칙을 들 수 있다.

정답 3 ① 4 ①

5　다음 중 국제법위원회가 마련한 「국제위법행위에 관한 조문초안」에서
　　상정한 국제범죄에 속하지 않는 것은?
　　① 생물다양성 파괴　　　　② 침략행위
　　③ 인종차별　　　　　　　④ 대규모 해양오염
　　⑤ 식민지배

> **해설**　국제법위원회가 1980년에 발표한 「국제위법행위에 관한 조문초안」은
> 국제위법행위를 국제범죄와 국제불법행위로 나누었다. 그 중에 국제범죄에
> 는 ㉠ 침략금지와 같은 국제평화와 안전의 유지, ㉡ 식민지배의 금지와 같
> 은 인민의 자결권보호, ㉢ 노예매매와 집단살해・인종차별 금지와 같은 인
> 권보호, ㉣ 대기나 해양의 대규모 오염금지 같은 환경보존에 관한 국제법
> 규정에 위반하는 행위들이 포함된다고 하였다. 국제위법행위 중 국제범죄에
> 해당하지 아니하는 국제적으로 불법적인 행위가 「국제불법행위」(interna-
> tional delict)이다.

6　국제책임의 성립에 대한 설명이다. 잘못된 것은?
　　① 국제책임의 성립요건은 조약과 국제관습법에 의해 정해진다.
　　② 국제책임은 작위에 의한 불법행위에 의해서만 성립된다.
　　③ 국제법위반이 있어야 한다.
　　④ 국제법 위반행위에 대해 국가에게 그 책임을 물을 수 있어야 한
　　　다.
　　⑤ 위법성이 있어야 한다.

> **해설**　국제책임은 조약과 국제관습법이 정하는 바에 따라 성립하지만, 일반
> 적으로 국제법위반, 국가에의 귀책가능성, 위법성이 있어야 한다고 본다.
> ② 국가의 국제책임은 작위에 의해서만 발생하는 것은 아니며, 부작위에
> 의해서도 발생한다.

7　국가의 국제책임이 성립하려면 다음의 조건들이 필요하다. 틀린 것
　　은?　　　　　　　　　　　　　　　　　　　　　　　　　〈사시 '86〉
　　① 고의나 과실이 있을 것

---

② 현실적 손해가 있을 것

③ 국가의 국제법위반이 있을 것

④ 국가기관 아닌 사인의 행위만으로도 성립된다.

⑤ 위법행위에 대한 책임이 국가에 귀속될 수 있을 것

> 해설 국가의 국제책임은 일반적으로 국제법위반, 국가에의 귀책가능성, 위법성, 고의나 과실, 현실적 피해 등이 있어야 성립한다고 본다. 국가기관의 구성원이 아닌 사인의 행위는 국가가 '상당한 주의'를 하지 않은 경우에만 국가가 책임을 부담한다.

8 국가의 귀책성이 인정되지 않는 경우는?

① 행정부의 국제불법행위

② 입법부의 국제법에 어긋나는 입법행위

③ 재판의 거부

④ 교전단체의 국제불법행위

⑤ 지방자치단체의 국제불법행위

> 해설 국가기관의 국제불법행위는 그것이 행정부의 행위이든, 입법부나 사법부의 행위이든, 상위기관의 행위이든 하위기관의 행위이든, 지방자치단체의 행위이든 국가에 책임을 물을 수 있다. 그러나 일단 교전단체로 승인된 단체의 국제불법행위에 대해서는 중앙정부의 책임이 면제된다.

9 국가의 국제책임에 관한 설명 중 옳지 않은 것은?   <사시 '05>

① 국가기관의 행정적 행위만이 국제책임을 야기한다.

② 외국인이 제기한 소송의 수리를 부당하게 거부하는 것은 소위 '재판의 거부'에 해당한다.

③ 피해의 발생이 사인(私人)의 행위로 인한 것이라도 국가가 그러한 행위를 방지하기 위하여 상당한 주의의무를 다하지 않은 경우 국제책임이 발생할 수 있다.

④ 국제의무의 위반은 작위뿐만 아니라 부작위에 의해서도 야기될 수 있다.

⑤ 국제책임을 해제하는 방법으로 원상회복, 금전배상, 사죄 등이 있다.

> [해설] 국가의 국제책임을 발생시키는 '국가행위'란 원칙적으로 국가기관의 행위이다. 그리고 여기에서 말하는 국가기관의 행위에는 그 기관이 헌법적·입법적·행정적·사법적 권한 중에서 그 어떠한 권한을 행사하는 것이든, 또한 그 기능이 국제적인 것이든 아니면 국내적인 것이든, 그리고 그 기관이 국가조직 내에서 상위의 것이든 하위의 것이든 국가의 행위로 간주된다. 실제로 국가기관에 의한 국제불법행위는 대부분 행정부의 대외적인 행위로 인해 발생하지만, 입법부가 국제법에 어긋나는 법을 제정하거나 사법부에 의한 '재판의 거부'(denial of justice)가 있는 경우에도 국제책임이 발생한다.

10 재판의 거부(denial of justice)에 해당되지 않는 것은?   <사시 '83>

① 오판의 경우

② 불공평한 판결을 내린 경우

③ 재판절차가 불공정한 경우

④ 외국인의 소송의 수리를 거부하는 경우

⑤ 피고인에 대한 유죄판결을 집행하지 않는 경우

> [해설] 재판의 거부란 사법기관이 외국인에게 적절한 사법적 보호를 하지 않는 것으로 국가의 국제책임이 발생하는 원인이 된다. 재판의 거부에는 불공평한 판결을 내리거나, 재판절차가 불공정하거나, 소송의 수리를 거부하거나, 유죄판결을 집행하지 않는 것이 포함된다. 그러나 오판은 재판의 거부로 보지 않는다.

11 사인(私人)의 행위로 인한 국가책임 성립에 관한 기술 중 틀린 것은?
<사시 '92>

① 사인의 행위 자체만으로는 원칙적으로 국가책임은 성립하지 않는다.

② 국가는 사인의 행위에 대해 상당한 주의를 기울여 문제의 발생을 방지해야 한다.

③ 사후에는 국가의 적절한 국내적 구제가 필요치 않다.

④ 상당한 주의에 관한 기준에는 국제표준설과 국내표준설이 있다.

⑤ 사인의 집단인 폭도의 폭동에 의해서도 국가책임이 성립되는 경우가 있다.

> [해설] 사인의 행위만으로는 국가책임은 발생하지 않는다. 사인의 행위에 대하여 국가가 책임을 지는 것은 국가가 외국인 보호에 '상당한 주의'(due diligence)를 기울이지 아니하였고, 피해에 대해 적절한 구제를 하지 아니한 경우이다. 상당한 주의를 판단하는 기준에 관해서는 국제표준주의와 국내표준주의가 대립하고 있다.

12 사인(私人)의 행위로 인한 국가책임을 인정한 사건은?   <사시 '03>

① 노테봄(Nottebohm) 사건

② 바르셀로나 전철전력회사(Barcelona Traction Co.) 사건

③ 테헤란 주재 미국대사관원 인질 사건

④ 코르푸해협(Corfu Channel) 사건

⑤ 아야 데 라 토레(Haya de la Torre) 사건

> [해설] 개인이나 어떤 집단의 행위라 할지라도, 그들이 사실상 국가를 대신하여 행동하고 있고 실제로 정부권한의 일부를 행사하고 있다면 그들의 행위의 결과는 국가에 귀속된다. 국제사법재판소는 테헤란인질 사건에서 처음 미국 대사관을 공격한 사람들은 국가기관이 아니었기 때문에 이란정부에게 그 책임을 물을 수는 없다고 하였다. 그러나 아야툴라 호메이니가 이를 추인하고 대사관을 계속 점거하게 함으로써 그들의 행위는 국가행위가 되었다고 하였다.

13 다음 중 국제법상 국가책임이 성립하기 위한 조건여부에 대하여 학설대립이 있는 것은?

① 국제위법행위   ② 국가에의 귀책성

③ 피해발생과 고의·과실   ④ 위법성조각사유가 없을 것

⑤ 국제법위반

> [해설] 국가의 국제책임이 성립하기 위한 조건과 관련해 어떤 청구를 하는 국가에게 그러한 위반으로 인한 현실적 피해발생이 있어야 하는가에 대해서

는 의견의 대립이 있다. 국제책임의 성립을 위하여 고의·과실이 필요한가에 대해서도 의견의 대립이 있다. 과거 국가는 그 기관의 고의·과실이 있는 경우에만 책임을 진다는 과실책임론이 지지되었으나, 오늘날에는 국가기관 구성원들의 고의나 과실 없이도 국가기관의 행위와 결과 사이에 인과관계만 있으면 위반국의 국가책임을 인정하는 무과실책임론이 설득력을 얻고 있다. ③ 피해발생과 고의·과실은 국가책임의 성립을 판단하는 중요한 자료임에 틀림없지만, 그 필요성에 대해서는 논란이 있으므로 이를 필수불가결한 조건이라고 할 수는 없다.

14 국가의 국제법상 책임이 발생하려면 다른 국가에게 어떤 현실적 피해가 발생해야 하는 것이 원칙이다. 그러나 외국에 어떤 현실적인 피해를 끼치지 않았더라도 국제책임이 인정되어야 하는 경우가 있다. 다음 중 그러한 사례에 해당하는 것은?

① 외국선박의 영해내 어로　　② 외국인 불법차별
③ 자국 내의 외국재산 몰수　　④ 전쟁법 위반
⑤ 자국인의 인권침해

　　해설　일반적으로 한 국가가 외국을 상대로 국제책임을 거론하려면 상대방 국가의 일정한 행위로 초래된 자국의 현실적 피해를 입증해야 한다. 그러나 어떤 경우에는 자국에게 그러한 현실적 피해가 없더라도 국제책임 문제를 제기하도록 허용할 필요가 있을 것이다. 그러한 사례로는 인권이나 노동조건에 관한 국제의무 위반을 들 수 있다.

15 고의나 과실 없이도 국가책임이 성립할 수 있다고 주장한 사람은?

① 그로티우스　　　　　② 이글턴
③ 베어드로스　　　　　④ 라우터팍트
⑤ 안칠로티

　　해설　국가책임이 성립하려면 고의·과실이 필요하다는 입장(과실책임이론)은 그로티우스(Grotius)에 의해 주장된 이래, 라우터팍트(Lauterpacht), 베어드로스(Verdross), 이글턴(Eagleton)에 의해 계승되었다. 반면에 고의·과실이 필요 없다는 주장(객관적 책임이론)은 안칠로티(Anzilotti)에 의해 주장되었다.

정답　13 ③　　14 ⑤　　15 ⑤

16 국가책임에 관한 설명 중 옳지 않은 것은?   〈행시, 외시, 지시 '02〉

① 국가책임 해제시 가해국은 국내법을 이유로 원상회복의 불능을 주장할 수 없다.

② 私人이 외국인의 법익을 침해한 경우 원칙적으로는 국가책임이 성립되지 않는다.

③ 1967년 「우주조약」에 의하면 동 조약의 당사국은 私人의 우주활동에 대해서도 직접 책임을 진다.

④ 국제법정이나 국가관행의 입장을 보면, 국가의 불법행위시의 고의·과실의 정도는 손해배상액 산정에 참고로 하고 있다.

⑤ 폭도의 폭동이나 내란에 의하여 외국인이 손해를 입은 경우 당연히 국가책임이 발생한다.

> **해설** 국가기관의 구성원이 아닌 개인이나 집단의 행위는 개인의 문제이므로 국가책임과 직접적인 관계가 없다. 그러나 개인의 일정한 행위로 인하여 외국인이나 외국에게 피해가 발생하였는데, 국가가 외국인 보호에 '상당한 주의'(due diligence)를 게을리 한 경우에는 국가책임이 발생한다. 특히 중앙정부가 상당한 주의의무를 다하는 한 반도들이나 반란단체에 의한 행위는 국제법상 중앙정부의 행위로 간주되지 않는다. 다만 반란이 성공하는 경우에는 그 이전에 행하여진 반란단체의 행위들은 그 국가의 행위가 된다.

17 다음 중 국제법이 인정하는 위법성조각사유가 아닌 것은?

① 상대방의 동의   ② 불가항력
③ 무력복구   ④ 조 난
⑤ 긴급피난

> **해설** 오늘날 무력행사 금지가 일반 국제법원칙이 되면서 무력복구는 금지되었다.

18 국제법위원회가 1980년에 채택한 국가책임협약초안이 위법성조각사유로 명시한 항목이 아닌 것은?   〈사시 '92〉

① 불가항력(force majeure)　② 정당방위(self-defense)

③ 무력복구(armed reprisals)　④ 피해국의 동의(consent)

⑤ 대항조치(countermeasures)

> [해설] 복구(reprisal)란 상대방의 불법행위로 인한 피해만큼 가해국을 응징하는 것이다. 그 중에서 비무력적 복구는 허용되지만, 무력복구는 금지된다.

19 한 국가가 외국영토에 억류되어 있는 자국민 구출을 위해 군대를 파견하였다. 그 국가는 어떤 사유로 자국의 행위를 정당화할 것인가?

① 자위권　　　　　　② 긴급피난

③ 불가항력　　　　　④ 조 난

⑤ 강제조치

> [해설] 긴급피난은 자국의 중대한 이익이 침해되는 것을 피하기 위해 다른 국가의 이익을 침해하는 것으로, 이스라엘의 엔테베 공격이나 미국의 이란 내 인질구출 작전처럼 외국에 억류되어 있는 자국민 구출을 위한 작전을 전개할 때 원용되었다. ① 자위권은 다른 국가의 침략이나 공격이 임박해 있을 때 자신을 지키기 위해 인정되는 권리로 긴급피난과는 다르다.

20 A국은 B국에게 B국 내의 인권상황 개선을 요구하면서, 그러한 요구조건이 받아들여지지 않을 경우 자국이 일방적으로 B국에 부여한 무역상의 특혜들을 박탈하겠다고 하였다. 그러한 위협이 실행에 옮겨진다면 그것은 다음의 어느 조치에 해당되는가?

① 침 략　　　　　　② 집단적 제재

③ 복 구　　　　　　④ 보 복

⑤ 자 위

> [해설] 자국에게 피해를 준 국가에게 국제법에 어긋나지 않는 방법으로 가하는 대항조치를 보복(retorsion)이라 한다. GSP 같은 무역상의 특혜조치는 국제법상의 의무가 아니며 선진국들이 개발도상국들에게 일방적으로 부여하는 특혜이므로 이를 박탈하여도 국제법 위반이 아니다.

[정답] 18 ③　19 ②　20 ④

21 외교적 보호를 가장 적절히 설명하고 있는 것은?

① 개인이 다른 국가를 상대로 자신의 침해된 이익을 구제받고자 하는 것이다.

② 자국민의 침해된 권리구제를 위해 그의 본국이 외국을 상대로 행사하는 권리이다.

③ 외교관이 접수국에 자신의 침해된 권리를 구제해 주도록 요청하는 것이다.

④ 외교공관에의 정치적 망명권을 의미한다.

⑤ 개인이 자국 내의 외국인에게 침해된 자신의 권리구제를 요청하는 것이다.

> **해설** 외교적 보호(diplomatic protection)란 국가가 가지는 외국에 있는 자국민에 대한 보호권으로, 외국의 불법·부당한 대우로부터 자국민을 보호하기 위해 행사되는 권리이다.

22 다음 중 국가의 외교적 보호권 발동을 위한 조건에 해당되지 않는 것은?

① 외교공관에 들어가 망명을 요청해야 한다.

② 사전에 피해발생지역 국가 내에서 구제절차를 밟아야 한다.

③ 피해자는 자국국민이어야 한다.

④ 피해자가 기업인 경우에는 그 기업이 자국국적을 가지고 있어야 한다.

⑤ 피해자 본국의 판단과 의지가 중요하다.

> **해설** ②는 국내적 구제의 원칙에 관한 것이고, ③과 ④는 국적에 관한 원칙으로 모두 관계가 있다. ①은 외교적 망명 또는 외교적 비호에 관한 설명으로 외교적 보호와 혼동하면 안 된다.

23 외교적 보호에서 국적계속의 원칙이란?

① 불법행위로 피해가 발생한 당시의 국적국가가 외교적 보호권을

갖는다는 것.

② 불법행위 피해자가 외교적 보호를 요청할 당시의 국적국가가 외교적 보호권을 갖는다는 것.

③ 외교적 보호의 대상자는 불법행위로 피해가 발생한 때부터 최종판결시까지 동일한 국적을 가지고 있어야 한다는 것.

④ 국내구제절차가 종료되는 시점의 당사자의 국적국가가 외교적 보호권을 갖는다는 것.

⑤ 국내적 구제절차가 시작되는 시점의 당사자의 국적국가가 외교적 보호권을 갖는다는 것.

> [해설] 국적계속의 원칙이란 외교적 보호의 대상자는 불법행위로 피해가 발생한 때로부터 최종판결시까지 동일한 국적을 가지고 있어야 한다는 것이다.

24 외교적 보호권에 관한 설명 중 옳지 않은 것은?   <사시 '02>

① 외교적 보호권은 국가의 권리이지 재외국민의 권리가 아니므로 개인이 일방적으로 포기할 수 없다.

② 국내적 구제절차 완료의 원칙에서 국내의 의미는 재외국민의 본국을 의미한다.

③ 국적계속의 원칙에서 국적은 재외국민이 자신의 권리침해발생시 보유한 실효적인 국적을 의미한다.

④ 1970년 Barcelona Traction 사건에 관한 국제사법재판소(ICJ)의 판결은 외교적 보호권과 관련이 있다.

⑤ 외교적 보호권의 행사에 있어서 피해자가 A국과 B국의 2중국적을 보유한 경우, A국과 B국 상호간에는 외교적 보호권을 행사할 수 없다.

> [해설] ② 국내구제완료의 원칙에서 '국내'란 당연히 손해가 발생한 지역의 영토국가를 의미한다. ⑤ 2중국적자의 경우 당사자가 그 국적을 보유한 양국은 서로 상대방에 대하여 그 사람을 자기 국민이라 주장할 수 없다.

25 국내구제(local remedies)의 완료 원칙과 가장 밀접한 관계가 있는 사건은? <사시 '00>

① Interhandel 사건 ② Corfu Channel 사건
③ Lotus호 사건 ④ Haya de la Torre 사건
⑤ North Sea Continental Shelf 사건

[해설] 국내구제절차 완료의 원칙을 깊이가 있게 다루었던 사건으로는 Inter-handel 사건이 있다. 1959년 국제사법재판소(ICJ)는 국내구제절차가 완료되지 않았다는 이유로 Interhandel 회사의 본국인 스위스의 청구를 거부하였던 것이다.

26 국내적 구제완료(exhaustion of local remedies)의 원칙에 대한 설명 중 옳은 것은? <사시 '01>

① 불가항력으로 인하여 우연히 외국영역에 들어가 손해를 입은 경우에도 이 원칙은 적용된다.
② 이 원칙은 가해국의 주권적 입장과 재판관할권을 존중하려는 것이다.
③ 국내적 구제는 사법적 구제에 한정될 뿐 행정적 구제는 제외된다.
④ 이 원칙의 적용은 국가간 합의에 의해서도 배제될 수 없다.
⑤ 국내적 구제수단의 이용가능성, 유효성 및 실현가능성이 없는 경우에도 이 원칙은 적용되어야 한다.

[해설] ① 국내구제의 원칙은 불가항력으로 외국영역에 들어가 손해를 입은 경우에는 적용되지 아니한다. 대부분의 경우 외국영역에 들어가는 것은 그 국가의 법을 따르겠다는 동의가 있는 것이나, 불가항력으로 들어간 경우에는 그러한 전제가 성립되지 아니하기 때문이다. ② 국내구제의 원칙은 영토국가의 주권과 재판관할권에 대한 존중에 기초해 있다. ③ 국내적 구제완료의 원칙에서 완료의 의미는 사법적 구제에 한정되지 아니한다. ⑤ 국내적 구제완료 원칙은 이용가능성과 실현가능성이 있는 한도에서만 적용된다.

27 Calvo조항에 관한 설명으로 틀린 것은? <사시 '84>

① 아르헨티나의 Calvo가 제창
② 예외 없이 국제법상 효력이 인정됨
③ 재류국 국내법에 복종하겠다는 조항
④ 선진국과 개발도상국 간의 양허계약에 다수 삽입
⑤ 어떠한 경우에도 본국정부의 외교적 보호를 요구하지 않는다는 조항

> [해설] 칼보조항이란 일부 국제계약에 포함되어 있는 조항으로, 외국인이 어떤 경우에도 본국의 외교적 보호를 받지 않는다는 내용의 합의이다. 그러나 외교적 보호란 본래 국가의 고유한 권리이므로 칼보조항은 원칙적으로 무효이다.

28 외교적 보호권에 관한 설명 중 옳지 않은 것은?

① 국가는 피해자인 자국민의 요청이 있는 경우에만 외교적 보호권을 발동할 수 있다.
② 국가의 외교적 보호는 자연인뿐만 아니라 법인에 대해서도 인정된다.
③ 국가는 피해자인 자국민이 재류국에서 이용할 수 있는 모든 국내적 구제절차를 완료한 후에 외교적 보호권을 행사하는 것이 원칙이다.
④ 원칙적으로 피청구국은 외국인 피해자에 대해서가 아니라 그 외국인의 본국에 대하여 국제책임 해제의 의무를 진다.
⑤ 국적계속의 원칙이 요구되는 이유 중 하나는 피해자가 보다 강한 외교적 보호를 구하기 위하여 국적을 변경하는 것을 방지하기 위함이다.

> [해설] 국가의 외국인 보호의무는 피해를 입은 외국인에 대한 의무가 아니라 외국인의 본국에 대한 의무이다. 외교적 보호란 국가가 자신의 권리를 행사하는 것이지 국민의 권리를 대신 행사하는 것이 아니므로, 국가는 피해를 입은 국민의 요청이 있어도 외교적 보호를 발동할 의무가 없으며, 피해자의 요청이 없어도 이를 행사할 수 있다.

29 외교적 보호권 행사를 위한 요건에 관한 설명 중 옳은 것은?

<사시 '03>

① 국적계속의 원칙은 출생시부터 분쟁을 해결하는 시점까지 피해자의 국적에 변동이 없어야 한다는 원칙이다.

② 국내구제절차가 명백히 실효성이 없는 경우에는 이를 완료하지 않더라도 외교적 보호권을 행사할 수 있다.

③ 이중국적자가 제3국으로부터 불법적인 침해를 받은 경우 외교적 보호권을 행사할 수가 없게 된다.

④ 법인의 경우 실질적 이해관계자인 대주주의 국적국이 우선적으로 외교적 보호권을 행사한다는 것이 국제사법재판소(ICJ)의 판례이다.

⑤ 외교적 보호권의 행사에 있어서는 형식적인 국적의 보유여부가 문제되고 그 국적국과 피해자 간의 진정한 관련성 여부는 문제되지 않는다.

> 해설 ② 국내구제완료의 원칙이란 이용가능하고 실효성 있는 국내절차를 밟도록 요구하는 것이다. ③ 2중국적자가 제3국으로부터 손해를 입은 경우에는 그 사람의 양쪽 본국정부 모두 외교적 보호권을 행사할 수 있다. 그러나 그 사람을 어떤 국가의 국민으로 인정하는가는 손해발생지역 국가가 결정한다.

30 외국에서 권리침해를 받은 개인은 영토국가에서 국내적 구제절차를 완료(exhaustion of local remedies)한 후에야 본국의 외교적 보호를 받을 수 있다. 다음 설명 중 옳지 않은 것은?   <행시, 외시, 지시 '99>

① 국제사법재판소(ICJ)는 국내적 구제절차가 완료되지 않은 사건에 대하여는 본안사건에 대한 관할권을 행사할 수 없다.

② 재판의 거부(denial of justice) 상태가 인정되면 국내적 구제절차가 완결된 경우와 같이 개인의 본국은 외교적 보호권을 행사할 수 있다.

③ 국내적 구제의 완료란 구제절차 중 어느 한 가지 절차의 완료만
으로 충분하다.

④ 국내적 구제의 완료란 행정적 및 사법적 등 가능한 모든 구제절
차를 말한다.

⑤ 국제사법재판소에서는 국내적 구제절차의 미완료가 선결적 항변
(preliminary objection)의 사유가 된다.

> [해설] 국내적 구제완료의 원칙은 피해를 입은 당사자가 현지의 국내법원은
> 물론 행정기관의 구제절차도 밟을 것을 요구한다. 따라서 피해자는 가능하
> 면 최고법원까지 올라가야 하지만, 법원의 공정성에 문제가 있는 경우에는
> 그렇게 할 필요가 없다.

31 국제법상 대항조치에 대한 설명이다. 잘못된 것은?

① 초국가기구가 없는 국제사회에서는 불가피한 구제수단이다.

② 자국의 국가이익을 침해한 국가를 상대로 피해국이 가하는 조치
이다.

③ 복구와 보복조치도 포함된다.

④ 국제법은 모든 형태의 자력구제를 허용한다.

⑤ 국제법이 정비되면 자력구제의 허용범위는 점차 줄어들 것이다.

> [해설] 국제사회는 조직화가 미진하므로 다른 법분야에 비해 자력구제가 넓게
> 인정되고 있다. 그러나 그렇다고 해서 모든 자력구제가 허용된다고 할 수
> 는 없다. 무력행사를 금지하는 오늘날 국제법 원칙에 따라 무력복구는 금
> 지되었다.

32 복구에 대한 다음의 설명 중 잘못된 것은?

① 복구란 대항조치 또는 자력구제에 속하는 조치이다.

② 상대방의 불법에 대응하여 취해지는 조치이다.

③ 현재에도 예전처럼 무력복구가 인정되고 있다.

④ 무력적 방법에 의한 복구는 금지된다.

⑤ 자국 내의 상대국 자산을 동결하는 조치는 복구에 속한다.

[해설] 복구는 과거에는 널리 인정되었으나, 현재의 국제법에서는 일정한 조건이 충족되는 경우에만 예외적으로 인정되고 있다. 오늘날 군사적 조치를 포함하는 무력복구는 금지되었으며, 비무력적 복구도 국제법 위반을 종식시키고 예방하기 위한 경우에만 허용되며 상대방의 위반정도와 피해정도에 비추어 그 범위도 제한된다. ⑤ 자국내 상대방 국가의 자산동결은 가장 전형적인 복구에 해당하는 조치이다.

33 다음 중 보복조치에 포함되지 않는 것은?

① 조약상 의무 불이행   ② 무역거래의 축소
③ 원조감축   ④ 이민억제
⑤ 무역상 특혜의 박탈

[해설] 법적인 관점에서 볼 때 복구가 보복보다 훨씬 무거운 제재조치이지만, 실제로는 상대국에게 대단한 피해를 주는 보복조치들이 있다. 조약규정에 의한 상대방 권리의 정지나 자국의 의무 불이행과 같은 복구조치는 그 효과가 상당히 제한적인 경우가 많다. 반면에 무역과 투자의 축소, 원조의 감축, 외교관계 단절, 전략물자와 같은 일부 품목의 교역중지, 위반국으로부터의 이민억제, 위반국 정부에 대한 특혜거부와 같은 보복조치들은 상대방에게 엄청난 타격을 줄 수 있다.

34 국가의 국제책임 해제의 주요 방법이 아닌 것은?

① 원상회복   ② 손해배상
③ 만 족   ④ 국제책임의 부인
⑤ 대항조치

[해설] 국제책임의 해제방법에는 크게 보아 원상회복, 금전배상, 만족이 있으며, 피해국의 대항조치도 포함시킬 수 있다.

35 국가책임의 해제방법이 아닌 것은?   <사시 '90>

① 진 사   ② 손해배상
③ 관계자의 처벌   ④ 국제재판에의 응소
⑤ 장래에 대한 보장

　　해설　국제재판이란 국제분쟁을 해결하기 위한 절차 또는 방법이지 국제책임 해제방법은 아니다.

36　다음 중 원상회복에 의한 국제책임 해제에 속하지 않는 것은?

①　불법점령한 영토의 반환

②　불법행위의 취소

③　불법적으로 약탈한 재산의 반환

④　불법행위에 대한 사과

⑤　강박에 의해 체결된 조약의 취소

　　해설　원상회복에 의한 국제책임 해제방법으로는 불법점령한 영토의 반환, 불법행위의 취소, 불법적으로 약탈한 재산의 반환, 강박에 의해 체결된 조약의 취소 등이 있다.

37　다음 중 만족에 의한 국제책임 해제방식에 해당되지 않는 것은?

①　유감의 표시　　　　　　②　사　과

③　금전배상　　　　　　　④　자국행위의 불법성 시인

⑤　관계자 처벌

　　해설　만족이란 국가의 존엄과 같이 한 국가에 대한 정신적·비물질적·도덕적인 피해가 있을 때 적당한 국제책임 해제방법이다. 오늘날 국제법이 인정하는 만족의 형태에는 공적인 유감(regret) 표시와 사과(apology), 잘못을 범한 공무원의 처벌, 행위의 불법성을 공식적으로 시인하거나 선언하는 것이 포함된다.

38　외교적 보호권을 행사하기 위한 요건에 관한 설명 중 옳지 않은 것은?

<행시, 외시, 지시 '02>

①　국적계속의 원칙이란 출생시부터 구제를 받을 때까지 국적의 변경이 없어야 한다는 원칙으로, 피해가 발생하기 전에 국적이 변경된 자는 외교적 보호권을 행사할 국가가 없게 된다.

②　피해자가 불가항력으로 인하여 가해국의 영토에 들어간 경우 국

내적 구제절차를 반드시 거칠 필요가 없다는 주장이 있다.

③ 법인의 경우 법인의 국적국이 외교적 보호권을 행사하고 주주의 본국은 외교적 보호권을 행사할 수 없다는 국제사법재판소의 판결이 있다.

④ 외교적 보호권은 국가의 권리이므로 피해자 개인이 외교적 보호권의 청구를 포기하더라도 피해자의 본국이 외교적 보호권을 행사할 수 있다.

⑤ 기존의 국내적 구제수단이 명백히 쓸모없거나 실효성이 없는 경우에는 국내적 구제절차를 완료하지 않아도 외교적 보호권을 행사할 수 있다.

> **해설** ① 국적계속의 원칙에 의하면 피해자인 개인이나 기업은 불법행위로 손해가 발생한 때부터 외교적 보호권의 행사로 최종판결이 있을 때까지 한 국가의 국적을 계속 보유하고 있어야 한다. ③ 국제사법재판소는 Barcelona Traction 사건에서 법인에 대한 외교적 보호는 법인의 설립준거법에 따라 결정되는 그 본국이 이를 행사한다고 하였다.

39 UN국제법위원회의 국가책임초안의 내용이 아닌 것은? <사시 '00>
① 국가의 국제위법행위는 국제범죄와 국제불법행위로 구분된다.
② 국제범죄는 국제공통체의 기본적 이익의 보호를 위해 필수적인 것으로 설정되고 있는 국제의무에 대한 국가의 위반행위를 말한다.
③ 대기권이나 해양의 중대한 오염을 금지하는 국제의무의 위반은 국제범죄가 아니다.
④ 불가항력, 피해국의 동의, 긴급피난 등이 위법성조각사유로 명시되었다
⑤ 국가책임의 해제방법으로는 원상회복, 금전배상, 사죄 등이 있다.

> **해설** 1980년 국제법위원회가 발표한 국가책임초안은 국제위법행위를 국제범죄와 국제불법행위로 나누었다. 국제범죄에는 침략금지와 같은 국제평화와 안전의 유지, 식민지배의 금지와 같은 인민의 자결권보호, 노예매매와

집단살해·인종차별 금지와 같은 인권보호, 대기나 해양의 대규모 오염금지 같은 환경보존에 관한 국제법 규정에 위반하는 행위들이 포함되었다.

40 국가의 국제책임에 대한 설명 중 옳은 것은?   <사시 '01>

① 행정기관의 행위만이 국제책임을 야기한다.

② 교전단체의 국제적 불법행위에 대해 일차적으로 본국의 책임이 성립한다.

③ 私人의 행위라 할지라도 국가가 상당한 주의의무를 다하지 않은 경우 국가책임이 발생한다.

④ 국가는 그 하위기관의 행위에 대하여는 국제책임을 지지 않는다.

⑤ 지방자치단체의 행위에 대한 국제책임은 당연히 당해 단체가 진다.

> [해설] ① 국가는 그 행정기관은 물론이고 입법, 사법기관의 행위에 대해서도 국제책임을 부담한다. ② 중앙정부가 교전단체를 승인하는 이유 중의 하나는 교전단체의 국제불법행위에 대한 책임을 면하는 데 있음을 유의할 것. ④⑤ 국가는 지위 고하를 막론하고 그 기관의 행위에 대하여 국제책임을 지며, 지방자치단체의 행위에 대한 국제책임 역시 그 국가에게 귀속된다.

41 국가의 국제책임에 관한 설명 중 옳지 않은 것은?   <사시 '01>

① 국가가 국제법을 위반한 경우 전통적으로 형사책임과 민사책임 모두를 지도록 되어 있다.

② 연방국가의 구성국의 불법행위에 대하여는 원칙적으로 연방국가 자체가 국제책임을 진다.

③ 과실책임의 원칙이 전통적으로 인정되어 왔으나, 근래 원자력이나 우주공간의 이용에 관하여 무과실책임이 적용되는 경향을 보이고 있다.

④ 사법기관이 외국인에 대한 적절한 보호를 거부하여 '재판의 거부'(denial of justice)에 해당하는 경우, 국가책임이 발생할 수 있다.

⑤ 손해배상, 원상회복, 사과 등에 의하여 국가책임이 해제된다.

> [해설] ③ 국제책임법에는 소위 민사책임의 원칙이라는 것이 있다. 국제법상 국가의 책임은 전통적으로 형사책임이 아니라 민사책임 추구방식으로 진행되어 왔다는 것이다. ③ 국제법에서도 전통적으로 과실책임의 원칙이 인정되어 왔다. 그러나 근래에는 고의나 과실을 입증하지 아니하고도 위험한 피해가 발생한 사실만으로도 국가책임을 인정하는 무과실책임 또는 엄격책임의 논리가 설득력을 얻고 있으며, 일부 분야에서는 이미 적용되고 있다.

분쟁의 평화적 해결

분쟁의 평화적 해결

제1절 \ 분쟁의 평화적 해결의무

1 국제분쟁의 평화적 해결의무의 연혁에 대한 다음의 설명 중 잘못된 것은?

① 무차별전쟁관이 유행하던 시기에는 국제분쟁의 평화적 해결은 법적인 의무가 아니었다.

② 20세기 들어 무력행사금지 원칙이 강화되면서 분쟁의 평화적 해결의무도 강화되었다.

③ 1899년과 1907년 제1, 2차 헤이그평화회의에서는 「국제분쟁의 평화적 해결협약」을 채택하고 수정하였다.

④ 1919년 「국제연맹 규약」과 1928년 「국제분쟁의 평화적 해결에 관한 일반의정서」는 국제분쟁의 평화적 해결의무를 규정하였다.

⑤ 유엔헌장은 분쟁의 평화적 해결의무를 규정하면서, 국제분쟁에 대한 국제사법재판소의 강제관할을 인정하였다.

> **해설** <**분쟁의 평화적 해결 연혁**> ① 무차별전쟁관이 유행하던 19세기까지 국제분쟁의 평화적 해결은 도덕적 의무이지 법적인 의무는 아니었다. ② 20세기 들어 무력행사금지가 국제법의 일반원칙으로 등장하면서 자연스럽게 분쟁의 평화적 해결의무도 강화되었다. ③ 1899년과 1907년 제1, 2차 헤이그 평화회의에서 채택, 수정된 「국제분쟁의 평화적 해결협약」은 각국에게 국제분쟁을 평화적으로 해결할 것을 촉구하였지만 이를 법적인 의무로 만들지는 못하였다. ④ 1919년 국제연맹 규약은 회원국들에게 국제분쟁의 평화적 해결의무를 부과하였으며, 1928년 국제분쟁의 평화적 해결에 관한 일반의정서는 국제분쟁의 평화적 해결의무를 보편화하였다. ⑤ 유엔헌장은 무력행사를 금지하고 분쟁의 평화적 해결을 회원국의 임무로 규정하면서, 안보리의 강제조치를 이를 실현하기 위한 장치로 삼았다. 그러나 국제사법재판소는 당사국 간에 당해 사건을 재판소에 맡긴다는 합의가 있는 때에만 관할권을 갖는 임의관할을 원칙으로 하고 있다.

정답 **1** ⑤

- 373 -

2 국제분쟁의 평화적 해결에서 말하는 분쟁에 관한 설명들이다. 잘못된 것은?

① 분쟁과 사태는 하나의 연장선상에 있어 명확한 구분이 곤란한 경우가 많다.

② 분쟁은 보다 심각한 국가간 마찰이며, 사태는 아직은 분쟁에 이르지 아니한 상태이다.

③ 국제사법재판소는 핵실험 사건에서 재판소가 다룰 수 있는 분쟁의 범위 문제를 다루었다.

④ 핵실험사건에서 국제사법재판소는 당사국 간의 관계에 실질적인 영향을 미칠 수 있는 분쟁에 대해서만 재판권을 행사하겠다고 하였다.

⑤ 선언적인 의미만을 갖는 분쟁에 대한 판결은 기피하겠다는 국제사법재판소의 결정은 보편적으로 인정되는 일반국제법 원칙을 반영한 것으로 별다른 이견이 없었다.

> 해설 〈국제분쟁〉 ①② 국제분쟁의 평화적 해결에서 말하는 '분쟁'(disputes)의 범위와 관련하여 '사태'와의 구분이 필요하다. 이론상 '사태'는 국제적인 마찰을 초래할 수 있는 상태로 분쟁의 전단계이고, '분쟁'은 한쪽 당사국의 어떠한 요구와 다른 국가의 거절로 인한 국가간 충돌상태라고 한다. 1924년 마브로마티스(Mavrommatis) 사건에서 상설국제사법재판소(PCIJ)는 분쟁을 정의하여 "법이나 사실문제에 대한 의견의 불일치 또는 법적인 견해와 이익의 충돌"이라고 하였었다. 그러나 양자는 하나의 연장선상에 있어 이를 엄격히 구분하는 것은 곤란하다. ③④⑤ 국제사법재판소가 재판관할권을 행사할 수 있는 분쟁의 범위와 관련하여 재판소는 당사국들에게 실제로 영향을 미치게 될 '분쟁'에만 재판관할권을 행사하며, 선언적인 의미를 갖는 사안에 대한 재판은 회피해야 하는가 하는 문제가 제기되었다. 국제사법재판소는, 핵실험 사건(Nuclear Tests Cases)에서, 프랑스 정부가 더 이상 핵실험을 하지 않겠다는 성명을 발표함으로써 호주와 뉴질랜드가 소송을 통해 얻으려고 하였던 목적이 성취되어 분쟁은 종료되었다고 하였다. 그러나 이 판결은 재판소에서도 9대 6의 근소한 차이로 결정되었으며, 그 후 많은 비판을 받았다.

정답 2 ⑤

3 유엔헌장은 33조에 분쟁의 평화적 해결을 위한 방법들을 나열하였다. 그러한 방법에 속하지 않는 것은?

① 조 정   ② 중 재

③ 강제조치   ④ 심 사

⑤ 사법적 해결

> 해설 〈유엔헌장과 분쟁의 평화적 해결〉 유엔헌장은 2조 3항에서 "모든 회원국들은 그들의 국제분쟁을 국제평화와 안전, 그리고 정의가 위협받지 않게 평화적 수단에 의해 해결해야 한다"고 하여 분쟁의 평화적 해결의무를 규정하였다. 또한 33조 1항에서는 "분쟁의 계속이 국제평화와 안전의 유지를 위태롭게 하는 모든 분쟁의 당사국들은 우선 교섭, 심사, 중개, 조정, 중재, 사법적 해결, 지역기구나 협정에의 회부, 그들이 선택하는 그 외의 다른 평화적 수단에 의한 해결을 모색하여야 한다"고 하였다.

4 국제분쟁의 평화적 해결방법에 대한 설명이다. 틀린 것은?

① 국제분쟁을 법적인 분쟁과 정치적인 분쟁으로 나누어 그에 알맞은 분쟁해결 방법을 찾아야 한다는 주장이 있다.

② 그러한 주장에 의하면 정치적 분쟁은 교섭·중개·심사·조정에 의해 해결해야 한다고 한다.

③ 그러한 주장에 의하면 법적인 분쟁은 중재나 사법적 해결을 통해 해결해야 한다고 한다.

④ 19세기에는 대부분의 분쟁을 법적인 것으로 보는 경향이 있었지만, 20세기 들어서는 국제분쟁에 정치적 요소들이 확산되었다.

⑤ 법적인 분쟁과 정치적 분쟁을 구분하는 것은 어려우므로 당사자들이 어떤 해결방법을 추구하는가 하는 것이 중요하다.

> 해설 〈법적 분쟁과 정치적 분쟁〉 과거에는 국제분쟁을 법적인 분쟁과 정치적인 분쟁으로 나누어, 정치적 분쟁은 정치적인 방법으로 법적인 분쟁은 법적인 방법으로 해결해야 한다는 주장이 있었다. 그에 따라 국제분쟁의 해결방법도 크게 두 가지로 나누어지게 되었으니, 정치적 또는 외교적 방법으로는 교섭, 중개, 심사, 조정이 있으며, 법적 방법으로는 중재와 사법적 해결(judicial settlement)이 있다. 역사적으로 법실증주의가 유행하던 19세

기까지 대부분의 분쟁은 정치적인 것이었지만, 20세기 들어서면서 국제분쟁에 법적인 요소들이 크게 확산되었다. 그러나 법적인 분쟁과 정치적인 분쟁을 명확히 구분하는 것은 어려우며, 당사자들이 어떤 방법에 의해 분쟁해결을 시도하는가 하는 것이 보다 중요하다.

제2절 \ 외교적 해결

5 국가 간의 분쟁해결 방법으로서의 교섭이란?

① 위원회를 구성하여 분쟁사실에 대한 오해를 밝혀 분쟁을 해결하는 것이다.

② 당사자 간의 합의로 법정을 구성하여 분쟁을 해결하는 것이다.

③ 분쟁당사국들이 제3자의 개입 없이 직접 만나 분쟁을 해결하는 것이다.

④ 위원회를 구성하여 분쟁사실과 법률문제에 대한 권고안을 작성케 하는 것이다.

⑤ 국제사법재판소에 제소하기 위한 특별협정을 작성하는 것이다.

> 해설 〈교섭〉 교섭(negotiation) 또는 직접교섭은 분쟁당사국들이 다른 국가나 국제기구의 도움 없이 직접 만나 합의함으로써 분쟁을 해결하는 것이다. 주로 외교채널을 이용하지만, 위원회나 정상회담 등을 통해 교섭이 이루어지기도 한다. ①은 심사, ②는 중재, ④는 조정이다.

6 교섭에 대한 다음의 설명 중 잘못된 것은?

① 교섭은 대부분의 국제분쟁 해결시 제일 먼저 시도되는 방법이다.

② 교섭은 주로 외교채널을 통하지만 관련기관 대표로 구성되는 대표단 간 회담이나 정상회담 형식으로 이루어지기도 한다.

③ 교섭은 국제분쟁을 평화적으로 해결하기 위한 외교적 수단의 하나이다.

④ 제3국과 국제기구가 해결책을 제시하는 등의 방법으로 교섭에 의한 분쟁해결에 개입한다.

⑤ 상당수의 국제분쟁들이 교섭에 의해 해결되고 있다.

> 해설 〈교섭의 특징〉 ①⑤ 교섭은 국제분쟁을 해결하는 데 있어 제일 먼저 시도되는 방법으로, 실제로 수많은 국제분쟁들이 이 단계에서 해결된다. ② 교섭은 통상적인 외교채널을 통해 이루어지는 경우가 많지만, 관련기관 대표들로 구성되는 대표단간의 회담이나 위원회를 통해 이루지기도 하며, 정상회담을 통해 이루어지기도 한다. ④ 교섭 또는 직접교섭이란 분쟁당사국끼리 만나 분쟁해결을 도모하는 것이므로, 그 과정에 제3국이나 국제기구는 관여할 수 없다.

7 교섭의 일부를 구성하는 제도로, 한 국가의 정책이 다른 국가에게 피해를 줄 것으로 예상되는 경우, 사전에 그 국가와 대화하여 정책을 조정하고 화해를 이루고자 하는 분쟁예방 수단은 무엇인가?

① 일괄타결   ② 자위권

③ 중 재   ④ 협 의

⑤ 심 사

> 해설 〈협의〉 교섭은 국가 간의 분쟁해결에 매우 중요한 제도이지만, 교섭에는 이미 발생한 분쟁을 해결하는 기능뿐 아니라 분쟁의 발생을 예방하는 기술도 포함되어 있다. 가령 한 국가의 어떤 결정이 다른 국가에게 큰 피해를 줄 것으로 예상되는 경우, 정책을 발표하기 이전에 그 국가와 대화하여 정책을 조정하고 양해를 구할 수 있다면 분쟁을 예방하는 데 효과적일 것이다. 그러나 협의(consultation)는 사전통고(prior notification)나 사전동의(prior consent)와 다르다. 협의는 사전통고와는 달리 타방 당사국에게 대책을 마련할 시간을 주어 기정사실의 일방적 통고가 가져올 파멸적 결과를 예방하는 기능을 가지며, 상대방 국가의 거부권을 인정하는 사전동의와도 다르다.

8 다음 중 교섭의 단점이 아닌 것은?

① 교섭의 결과는 구속력이 없다.

---

② 분쟁이 악화되는 경우에는 교섭은 시작될 수 없다.

③ 적당한 중개자를 찾는 데 어려움이 있다.

④ 당사국간에 견해차가 크고 심각한 분쟁은 교섭에 의한 해결이 곤란하다.

⑤ 당사국들의 협상력에 큰 차이가 있으면 분쟁의 공정한 해결은 기대하기 어렵다.

> [해설] <교섭의 장단점> 교섭은 분쟁을 신속히 해결하고 당사국간의 화해증 진에 기여한다는 장점이 있다. 그러나 교섭은 다음과 같은 단점이 있다. ① 분쟁당사국은 교섭의 결과에 따라야 할 법적인 의무가 없다. ② 교섭은 분쟁당사자들이 직접 만나 분쟁해결을 도모하는 것이기 때문에, 분쟁이 악화되어 당사국간의 만남 자체가 어려운 경우에는 시도조차 될 수 없다. ④ 영토분쟁처럼 당사국간의 심각하고 견해차가 큰 분쟁 역시 교섭에 의한 해결에는 한계가 있다. ⑤ 강대국과 약소국 간의 교섭처럼 당사국의 협상력에 큰 차이가 있게 되면 교섭은 공정하지 못한 결과를 가져올 우려가 있다. ③ 교섭에 중개자는 필요하지 않다.

9 주선(good office)이란 무엇인가?

① 분쟁당사자들이 직접 만나 분쟁해결을 모색하는 것이다.

② 제3자가 개입하여 분쟁당사국들이 다시 교섭에 임할 수 있게 도와주는 것이다.

③ 분쟁당사국 간의 교섭이 재개되도록 하고 해결방안의 제시 등을 통해 제3자가 분쟁해결에 깊이 관여하는 것이다.

④ 국제적인 위원회를 조직하여 분쟁사실을 조사함으로써 분쟁해결을 도모하는 것이다.

⑤ 사실문제와 법률문제를 함께 다루는 위원회를 조직하여 분쟁해결 방안을 모색하는 것이다.

> [해설] <주선> 주선(good office)이란 교섭에 의한 분쟁해결이 실패한 경우 시도되는 것으로, 제3자가 회담장소를 제공한다든가 하는 방법으로 개입하여 분쟁당사국들이 다시 교섭에 임할 수 있게 하는 것이다. ①은 교섭, ③은 중개, ④는 심사, ⑤는 조정이다.

[정답] 8 ③   9 ②

10 주선(good office)에 비해 제3자의 개입이 보다 적극적이어서, 제3국이나 국제기구가 분쟁당사국 간의 만남을 주선할 뿐 아니라, 분쟁내용을 조사하여 구속력은 없지만 분쟁해결을 위한 방안도 제시하는 것을 무엇이라고 하는가?

① 중 개   ② 심 사
③ 교 섭   ④ 중 재
⑤ 조 정

> **해설** 〈중개〉 중개(mediation)란 주선에 비해 제3자의 개입이 보다 적극적이어서 제3국이나 국제기구가 분쟁당사국의 만남을 주선하는 데 그치지 않고 나름대로 분쟁내용을 조사하고 해결방안도 제시하는 것이다.

11 중개자에 대한 설명이다. 잘못된 것은?

① 유엔은 종종 분쟁지역에 중개자를 파견하고 있다.
② 분쟁당사국과 특별한 관계에 있는 국가들이 주로 중개를 맡는다.
③ 로마 교황청은 카톨릭국가간 분쟁해결을 위해 종종 중개자를 파견해 왔다.
④ 강대국이 아닌 중위권 국가들에 의한 중개가 성공하는 사례도 자주 있다.
⑤ 유엔이 임명한 중개자의 분쟁해결안은 구속력이 있다.

> **해설** 〈중개자〉 ① 유엔과 지역기구들은 종종 주선이나 중개에 의해 분쟁해결을 시도해 왔다. 특히 유엔은 중동지역에 여러 차례 중개자를 파견해 왔다. ② 분쟁당사국과 특수한 관계에 있는 국가가 중개를 맡는 경우가 많다. 1982년 영국과 아르헨티나 간의 포클랜드 분쟁 당시 미국의 중개와 1965년 인도와 파키스탄 간의 분쟁에서 소련의 중개가 그 예이다. ③ 로마 교황청은 분쟁당사국이 모두 카톨릭국가인 경우 분쟁해결을 위해 종종 중개를 하였다. 1978년 칠레와 아르헨티나 간의 비글수로 사건에 대한 중개는 그 예이다. ④ 강대국이 아닌 신뢰할 수 있는 중위권 국가의 중개도 의외로 좋은 성과를 거두었다. 1980년 미국과 이란 간의 분쟁에 대한 알제리의 중개와 1994년 노르웨이의 이스라엘과 PLO간 중개가 그러한 예이다. ⑤ 중개는 어디까지나 외교적 분쟁해결 방법이므로 구속력은 없다.

12 주선과 중개의 장점과 한계에 대한 설명으로 적절치 않은 것은?

① 비교적 단순하고 신속한 분쟁해결 방법이다.

② 국제사회에서는 거의 사용되지 않는 분쟁해결 방법이다.

③ 분쟁당사자들이 신뢰하는 중개자를 발견하기 어려운 경우가 많다.

④ 분쟁사실에 대한 객관적 조사절차가 마련되어 있지 않다.

⑤ 주선과 중개 모두 구속력이 없다.

> [해설] **〈주선과 중개의 평가〉** ①② 주선과 중개는 교섭보다는 복잡하지만 비교적 단순하고 신속한 분쟁해결 방법이어서 국제사회에서 자주 사용되고 있다. ③ 주선과 중개는 간편하고 효율적인 분쟁해결 방법이지만 훌륭한 중개자를 발견하지 못하는 경우에는 한계에 부딪히게 된다. ④ 주선과 중개는 사실 및 법률에 대한 객관적인 조사절차가 마련되어 있지 않아 불편한 점이 있다. ⑤ 양자 모두 법적인 구속력이 없는 단점이 있다.

13 국제분쟁 해결수단으로서의 국제심사(international inquiry)란 무엇인가?

① 국제적인 사법기관이 국제분쟁에 대한 재판을 위해 실시하는 분쟁사실 조사이다.

② 국제위원회가 사실을 조사하여 분쟁사실에 대한 오해를 풀어 분쟁을 해결하는 것이다.

③ 중개를 위해 제3자가 실시하는 분쟁사실 조사이다.

④ 조정을 위해 국제기관이 실시하는 분쟁사실 조사이다.

⑤ 국제적인 사법기관이 행하는 당사국 주장에 대한 심사행위이다.

> [해설] **〈국제심사〉** 국제심사(inquiry)에는 두 가지가 있다. 넓은 의미에서의 심사에는 분쟁에 관련된 사실문제 해결을 위해 국제적인 사법기관과 같은 분쟁해결기관이 수행하는 모든 절차가 포함된다. 거의 모든 국제분쟁이 심사를 필요로 하는 불확정한 사실문제를 가지고 있으므로, 이런 의미에서의 심사는 국제심사는 물론 조정, 중재에서도 중요하다. 그러나 국제분쟁 해결의 한 가지 방법으로의 국제심사, 즉 좁은 의미에서의 심사는 이러한 분쟁해결 기관이 수행하는 절차가 아니라 하나의 특수한 분쟁해결 제도이다. 여기서 말하는 국제심사는 바로 1899년 헤이그협약에 의해 도입된 하나의

제도로 심사위원회(commission of inquiry)라는 기구에 의한 국제분쟁 해결방법이며, 분쟁의 원인된 사실을 분명히 하여 오해를 풀어 분쟁을 해결하는 방법이다.

14 국제심사에 대한 다음의 설명 중 잘못된 것은?

① 국제심사위원회의 사실심사로 분쟁을 해결하는 것이다.

② 법률문제에 대한 당사국 간의 견해 차이를 해소하여 분쟁을 해결한다.

③ 러시아의 마르텐스의 제의로 1899년 「국제분쟁의 평화적 해결 협약」에 처음 규정되었다.

④ 국제심사에 의해 해결된 분쟁으로는 도거뱅크 사건이 유명하다.

⑤ 국제심사는 그 유용성에도 불구하고 실제로 그리 많이 사용되지 않는다.

[해설] 〈**국제심사**〉 ①② 국제심사란 사실에 대한 당사국 간의 오해를 해소하여 분쟁을 해결하는 것이다. 따라서 법률문제는 사실심사의 관심대상이 아니다. ③ 심사는 러시아의 마르텐스(Martens)의 제의로 1899년 헤이그협약에 처음 규정되었으며, 미국은 Knox조약과 Bryan조약에 이 제도를 도입하였다. ④ 국제심사에 의해 해결된 가장 유명한 사건으로는 1905년 도거뱅크 사건이 있다. ⑤ 국제심사는 사실에 관한 오해로 발생한 분쟁의 해결에는 매우 유용하지만, 교섭 등 다른 방법에 비해 사용빈도가 떨어진다.

15 다음 중 국제심사에 의해 해결된 국제분쟁의 대표적 사례에 속하는 분쟁은?

① 도거뱅크(Dogger Bank) 사건

② 북해대륙붕 사건

③ 얀마옌(Jan Mayen) 사건

④ 코르푸(Corfu)해협 사건

⑤ 카슈미르(Kashmir) 분쟁

[해설] 〈**도거뱅크 사건**〉 도거뱅크 사건은 1904년 1월 9일 새벽 러일전쟁에

참가하기 위해 발틱해를 떠나 극동으로 향하던 러시아 함대가 도거뱅크 부근을 지나고 있을 때, 악천후 속에 영국 어선단을 일본 어뢰정으로 오인하여 공격한 데서 발생한 사건이다. 양국 제독 한 명씩과 프랑스, 오스트리아, 미국인 한 사람 등 5명으로 구성된 심사위원회는 사실조사를 통해 당시 그 근방에는 일본 어뢰정은 없었다고 결론지었다. 양 당사국이 보고서를 수락하여 분쟁은 해결되었으며, 러시아는 영국에 6만 5,000파운드의 배상금을 지불하였다. ②와 ④는 국제사법재판소에 의하여, ③은 조정에 의하여, ⑤는 소련의 중개에 의해 해결되었다.

16 국제기관이 사실문제와 함께 법률문제도 조사하고 검토하여 당사국들에게 해결방안을 제시하는 것을 무엇이라고 하는가?

① 심 사   ② 교 섭
③ 조 정   ④ 중 개
⑤ 중 재

> 해설 〈조정〉 조정(conciliation)이란 원래 사실심사에서 발전한 것으로 위원회의 권한을 사실문제뿐 아니라 법률문제까지도 다룰 수 있도록 확대한 것이다. 조정은 조정위원회라는 국제기관이 담당하는데, 위원회는 사실문제와 법률문제를 검토한 후 적절한 조정안을 제시하여 분쟁해결을 시도한다. 그러나 분쟁당사국들이 그러한 조정안을 따라야 할 의무는 없다.

17 조정제도에 대한 다음의 설명 중 잘못된 것은?

① 조정위원회는 사실문제와 함께 법률문제도 검토하여 해결방안을 제시한다.
② 조정은 20세기에 등장하여 수많은 양자조약과 다자조약에 분쟁해결 수단으로 등장하였다.
③ 조정은 사안에 따라 교섭과 유사한 방식으로 운영되기도 하고 중재와 유사하게 운영되기도 한다.
④ 조정안은 당사국들을 구속하는 효력을 갖는다.
⑤ 조정은 당사국들이 법적인 쟁점을 갖는 분쟁을 형평에 따라 해결하기를 원하는 경우 유용하다.

해설 **<조정제도>** ① 조정(conciliation)제도는 조정위원회가 분쟁의 사실문제와 법적인 문제를 함께 검토하여 해결안을 제시함으로써 분쟁을 해결하는 것이다. ② 조정제도는 1920년대에 등장하여 단기간에 수많은 양자조약과 다자조약에 분쟁해결 수단의 하나로 등장하였다. 특히 1982년 해양법협약과 같은 다자조약에서도 분쟁해결 방법으로 중요한 위치를 차지하게 되었으나, 실제로는 널리 활용되지 못하고 있다. ④ 조정안은 제안에 불과하므로 당사국들을 법적으로 구속하지 못한다. ⑤ 조정위원회는 사실문제와 법적인 문제를 함께 고려하므로 분쟁당사국들이 형평에 따른 해결을 원하는 경우에 매우 적합한 분쟁해결 수단이다.

18 다음 중 조정에 의해 해결된 분쟁은 어떤 것인가?

① Dogger Bank 사건　　② Jan Mayen 대륙붕 사건

③ 북해대륙붕 사건　　④ Red Crusader호 사건

⑤ Tiger호 사건

해설 **<얀마옌 사건>** 조정제도는 분쟁 자체는 법적인 성격을 가지지만 당사국들이 형평에 따른 해결을 원하는 경우 매우 유용한 분쟁해결 방식이다. 조정에 의하여 해결된 분쟁으로는 국제연맹시대 볼리비아와 파라과이 간의 Chaco분쟁과 1947년 프랑스-샴 조정위원회, 1955년에 설치된 프랑스-스위스 위원회, 1980년 얀마옌(Jan Mayen)섬 부근 대륙붕 해양경계획정을 위해 설치된 아이슬란드와 노르웨이 간의 조정위원회가 있다. 특히 얀마옌 섬과 아이슬란드 간의 대륙붕 경계선에 관한 권고를 위해 1980년에 설치된 아이슬란드와 노르웨이 간의 위원회는 법적인 문제와 함께 가스와 석유자원의 부존가능성을 감안하여 공동개발구역의 설정을 제안하였으며, 조정안은 양국에 의해 수락되었다.

제 3 절 \ 국제기구에 의한 해결

19 국제기구에 의한 국제분쟁의 평화적 해결에 관한 설명들이다. 잘못된 것은?

① 국제분쟁의 평화적 해결은 유엔과 같은 국제기구들의 지대한 관심사이다.

② 국제연맹 이사회는 강제성 있는 결의를 채택할 수 없었다.

③ 국제분쟁 해결을 위하여 유엔은 비무력적 수단과 함께 무력적 수단도 사용할 수 있다.

④ 유엔의 평화유지활동은 유엔헌장에 따라 이루어지고 있다.

⑤ 국제분쟁은 NATO와 OAS 등 지역기구들에 의해서도 해결된다.

> 해설 <국제기구에 의한 분쟁해결> ① 국제분쟁의 평화적 해결은 국제연맹이나 유엔 같은 국제기구들의 최대 관심사이다. ② 국제연맹은 회원국에게 분쟁의 평화적 해결의무를 부과하였으나, 이사회는 강제성 있는 결의를 채택할 수 없었다. ③ 유엔은 국제분쟁의 평화적 해결의무를 규정하면서, 이를 위한 갖가지 방법을 제시하였다. 유엔은 분쟁해결을 위하여 비무력적 수단과 함께 무력적 수단도 사용할 수 있다. ④ 유엔헌장에는 평화유지활동에 관한 규정이 없다. 유엔의 평화유지활동은 그 묵시적 권한에 따라 이루어지고 있는 것이다. ⑤ 국제분쟁의 평화적 해결은 NATO와 OAS 등 지역기구들의 관심사이기도 하다.

20 국제연맹의 분쟁해결 제도에 대한 설명이다. 타당치 않은 것은?

① 국제연맹의 분쟁해결 권한은 이사회와 총회가 가지고 있었다.

② 국제분쟁의 평화적 해결은 총회보다는 이사회의 주된 임무였다.

③ 연맹규약은 이사회에 제기된 분쟁은 14일이 경과한 후에야 총회에 제기할 수 있게 하였다.

④ 이사회는 권고적 성격의 결의만 채택할 수 있었다.

⑤ 이사회의 결의는 상임이사국 모두가 찬성해야 성립될 수 있었다.

> 해설 <국제연맹의 분쟁해결> ① 국제연맹에서의 분쟁해결 권한은 이사회와 총회 모두에게 인정되어 있었다. 그러나 실제로 분쟁해결에 관한 권한은 대부분 이사회가 행사하였으니, 그 이유는 ②와 ③에 제시되어 있는 바와 같다. ⑤ 상임이사국에게 거부권이 부여된 것은 유엔 안보리에서부터이다. 연맹규약 11조 2항은 회원국들은 국제관계에 영향을 미칠 사태로서 국제평화를 위태롭게 할 우려가 있는 분쟁에 이사회가 개입하도록 요청할 수 있게 하였다. 이러한 요청이 있게 되면 이사회는 심사, 주선, 중개 등의 방

법으로 적절한 조치를 취한다. 분쟁이 해결되면 이사회는 당해 분쟁에 대한 조서를 작성하고 공표하며, 실패하게 되면 분쟁사실과 해결조건을 담은 권고적 성격의 보고서를 작성 공표한다(규약 15조 3, 4항). 만일 이 보고서가 분쟁당사국을 제외한 모든 국가의 찬성으로 채택되면 권고를 따르는 국가를 상대로 한 전쟁은 금지된다(동조 6항).

21 국제연합의 평화유지체제와 관계가 없는 것은?

① 국제평화유지에 있어 강대국의 우월한 역할을 인정하였다.

② 강대국 간의 협조에 의한 세계평화를 위해 안보리 상임이사국에게 거부권을 부여하였다.

③ 안보리로 하여금 강제조치를 취할 수 있게 하였다.

④ 국제평화유지에 대한 안보리의 주된 책임을 인정하여, 총회는 안보리가 다루고 있는 분쟁을 다룰 수 없게 하였다.

⑤ 「평화를 위한 단결」 결의는 안보리의 평화유지 권한을 더욱 강화하였다.

> 해설 〈유엔의 국제평화유지기능〉 ①②④ 유엔은 국제연맹과는 달리 국제 사회의 현실을 인정하여 강대국들에게 특별한 권한을 부여하였으니 그것이 곧 안보리 상임이사국들의 거부권이다. 국제연맹은 분쟁해결에 있어 원칙적으로 총회와 이사회에 동등한 권한을 부여하였으나, 유엔은 국제평화와 안전의 유지에 대한 주된 책임을 안보리에 인정하여 총회는 안보리가 다루고 있는 분쟁을 다룰 수 없게 하였다. 의결절차에 있어서도 연맹은 만장일치를 요구하여 실질적으로 모든 국가에게 거부권을 인정하였으나, 유엔은 안보리 상임이사국들에게만 거부권을 인정하였다. ⑤ 1950년 총회가 채택한 「평화를 위한 단결」 결의는 거부권 남용으로 마비된 안보리 대신에 총회의 평화유지 기능을 강화하기 위하여 채택된 것이다.

22 유엔의 평화유지 기능에 대한 설명이다. 잘못된 것은?

① 유엔의 행정책임자인 사무총장은 분쟁해결에 관여할 수 없다.

② 국제평화유지에 대해서는 안보리가 주된 책임을 맡는다.

③ 어떤 분쟁의 지속이 국제평화를 위협하는 경우에는 안보리는 당사국들에게 적절한 권고를 할 수 있다.

④ 안보리가 어떤 분쟁에 대해 기능을 수행하는 동안 총회는 그 분쟁에 관해 결의를 채택할 수 없다.

⑤ 유엔에서 총회는 강제조치를 결정할 수 없다.

> 해설 〈유엔의 평화적 분쟁해결〉 ① 사무총장은 유엔의 행정책임자이다. 그러나 사무총장은 수많은 분쟁의 평화적 해결을 모색하는 보다 적극적인 임무를 수행하고 있다. ②③ 국제평화유지에 주된 책임을 맡고 있는 안전보장이사회는 어떤 분쟁이나 사태의 지속이 국제평화와 안전의 유지에 해롭다고 판단되는 경우 이를 조사하고, 해결절차와 방법에 관해 적절한 권고를 할 수 있다. ④ 총회는 일반적인 권한을 가지지만 국제분쟁의 해결에 있어서는 안전보장이사회와의 관계에서 일정한 제한을 받는다. 총회는 안보리가 헌장에 따라 어떤 분쟁이나 사태에 관해 자신의 기능을 수행하는 동안 안보리 요구가 없이는 그 분쟁에 관해 결의할 수 없다. ⑤ 유엔헌장 11조 2항은 총회는 행동(action)이 필요한 문제의 경우 토의 전후에 안보리에 회부해야 한다고 하였다. 이것은 총회가 아닌 안보리가 헌장 7장의 강제조치를 결정할 권한을 가지는 것을 의미한다.

제4절 중 재

23 일반적으로 중재는 다음 중 어떠한 분쟁해결 방법에 속한다고 보는가?

① 정치적 해결 ② 외교적 해결
③ 법적 해결 ④ 교 섭
⑤ 국제기구에 의한 해결

> 해설 〈중재〉 국제분쟁의 평화적 해결방법은 크게 두 가지 또는 세 가지로 나누어진다. 교섭·중개·심사·조정은 외교적 방법(diplomatic means)에 속하는데, 여기서는 분쟁해결의 열쇠는 계속 당사국들의 수중에 남아 있게 된다. 반면에 중재(arbitration)와 사법적 해결(judicial settlement)에서는 분쟁은 당사자들의 통제범위를 벗어나 제3자적 기관에게 넘어가고

법적으로 구속력 있는 결정을 가져오므로 법적 방법(legal means)이라 부른다.

24 국제분쟁 해결방법으로의 중재란 무엇인가?

① 당사국들의 합의에 의해 구성된 법정이 합의에 의해 정해진 절차와 규칙에 따라 구속력 있는 판정을 하는 분쟁해결 방법이다.

② 기존의 국제적인 사법기관이 기존의 절차와 규칙에 따라 구속력 있는 결정을 하는 분쟁해결 방식이다.

③ 합의에 의해 구성된 국제기관이 분쟁사실을 조사하여 분쟁을 해결하는 것이다.

④ 합의에 의해 구성된 국제기관이 분쟁사실과 법적 문제를 조사·고려하여 해결방안을 제시하는 것이다.

⑤ 당사자 간의 직접적인 만남을 통하여 분쟁을 해결하는 것이다.

> 해설 <**중재의 의미**> 중재(arbitration)란 외교적 해결과 달리 구속력 있는 결정을 내리며, 국제사법재판소(ICJ)에 의한 재판과는 달리 재판정 구성과 재판절차, 재판의 준칙을 결정하는 데 당사국들에게 폭넓은 재량이 허용되는 분쟁해결 방법이다. 중재는 일정한 분쟁들을 다루기 위하여 설립된 상설적 조직에 의하여 이루어지기도 하지만, 많은 경우 분쟁이 발생한 후 분쟁당사국들이 지명하는 중재관들로 구성되는 재판정에 의하여 이루어진다. ②는 국제사법재판소에 의한 재판이며, ③은 심사, ④는 조정, ⑤는 교섭이다.

25 중재제도가 국제분쟁의 해결에 많이 사용되는 가장 큰 이유는 무엇인가?

① 분쟁당사국들의 의사가 반영되는 해결방안을 제시해 준다.

② 사실을 밝혀 주어 오해에서 비롯된 분쟁을 해결하는 데 매우 적합하다.

③ 구속력 있는 결정을 하면서도 그 결정에 당사국들의 의사가 상당부분 반영된다.

정답 23 ③ 24 ①

④ 상설적인 국제사법기관이 기존의 법규와 절차에 따라 공정한 결정을 해 주기 때문이다.

⑤ 상설중재재판소의 매우 활발한 활동 때문이다.

> 해설 <중재제도의 장점> 중재제도는 제도적 측면에서 몇 가지 문제들을 안고 있다. 분쟁의 발생 이후에 재판정이 당사자 간의 합의로 구성되고, 당사자 간의 합의에 의해 판정의 준칙과 절차가 마련된다면 그것은 분명 문제가 있는 제도이다. 그러나 국제사회에서는 바로 그러한 약점이 장점으로 비추어져 중재제도가 자주 사용되고 있다. 즉, 재판정의 구성과 판정의 준칙 및 절차의 결정에 있어서 자신의 주권을 제한받지 않으려는 국가들의 속성과 맞아떨어져 사법적인 해결보다 자주 사용되는 것이다. ①은 외교적 해결 방법들의 특징이며, ②는 심사제도의 장점이며, ④는 국제사법재판소(ICJ)의 특징이다. ⑤ 상설중재재판소(PCA)의 활동은 별로 활발하지 않다.

26 중재제도의 역사에 대한 다음의 설명들 중에서 잘못된 것은?

① 오늘날의 중재제도와 유사한 분쟁해결 제도는 고대 그리스 시대와 중세에도 있었다.

② 19세기 미국과 영국은 제이조약과 겐트조약 등 일련의 중재조약을 체결하였다.

③ 1871년 Alabama호 사건은 중재로 해결된 대표적인 국제분쟁이다.

④ 국제연맹 규약에 따라 상설중재재판소(PCA)가 설립되었다.

⑤ 현재 중재제도는 국제분쟁해결에 있어서 매우 중요한 수단으로 평가되고 있으며, 특히 국제상사중재 제도의 발달이 주목을 끈다.

> 해설 <중재제도의 역사> ① 중재제도의 역사는 고대 그리스와 중세에까지 거슬러 올라간다. ② 중재제도는 19세기 들어 미국과 영국 간에 제이(Jay)조약과 겐트(Ghent)조약 등 일련의 중재조약들이 체결되면서 다시 사용되기 시작하였다. ③ 특히 1871년 Alabama호 사건은 중재에 따라 해결된 대표적인 국제분쟁이다. ④ 1899년 헤이그에서 채택된 「국제분쟁의 평화적 해결협약」은 중재제도의 가치를 높이 평가하여 상설중재재판소(Permanent Court of Arbitration)를 설립하였다. ⑤ 현재 중재제도는 국제분쟁해결에

서 매우 중요한 수단으로 평가되고 있으며, 특히 국제상사중재 제도의 발달이 눈부시다. 오늘날 국제사회에서는 국적을 달리하는 사적 주체(개인이나 사기업) 간의 분쟁해결을 위한 제도인 국제상사중재제도가 관심을 끌고 있다. 그러한 중재는 분쟁의 발생 이후에 구성되는 중재기관에 의해 이루어지기도 하지만, ICC 중재재판소와 같이 상설화된 국제기관에 부탁되기도 한다.

27 중재기관의 종류와 구성에 대한 설명들이다. 잘못된 것은?

① 중재기관은 혼합위원회, 단독중재, 합의체적 법정으로 구분된다.

② 혼합위원회란 분쟁당사국이 지명하는 동수의 중재관으로 구성되는 중재기관이다.

③ 과거에는 국가원수나 교황 또는 유명한 법률가 한 사람에게 중재를 맡기는 단독중재도 종종 사용되었다.

④ 합의체적 법정이란 분쟁당사국이 동수의 중재관을 임명하고 그들이 모여 홀수의 중립중재관을 선임하여 홀수인 중재기관을 구성하는 것이다.

⑤ 과거에는 합의체적 법정이 많이 사용되었으나, 오늘날에는 혼합위원회와 단독중재가 주로 사용되고 있다.

> **해설** **〈중재기관의 종류〉** 중재기관에는 세 가지가 있다. ② 분쟁당사국이 지명하는 동수의 중재관으로 구성되는 혼합위원회(mixed commission) 형태의 중재기관은 미국과 영국 간의 1794년 제이조약(Jay Treaty)과 1814년 겐트조약(Treaty of Ghent)에서 채택되었는데, 외교적 방법과 법적 방법의 중간형태에 해당한다. ③ 단독중재는 중재의 적임자를 만나게 되면 중재인의 영향력을 이용할 수 있어 분쟁해결에 효율적일 수 있다. 1923년 미국 대법원장 Taft에 의한 티노코 사건(Tinoco Case) 중재와 1928년 스위스 법률가 Max Huber에 의한 팔마스섬 사건(Island of Palmas Case) 중재가 대표적인 사례이다. ④ 합의체적 법정(collegiate tribunal)은 오늘날 가장 널리 사용되는 중재기관으로 3명 또는 5명의 중재관으로 구성되며 판정은 표결에 의해 이루어진다. 이러한 형태의 법정이 처음 중재에 사용된 것은 1871년 앨라배마(Alabama)호 사건에서이며, 1977년 영·불대륙붕 사건과 1985년 기니와 기니비소 간의 해양경계획정사건도 이 방식으로 해결되었다.

28 국제중재에 사용될 준칙에 관한 설명들이다. 잘못된 것을 고르시오.
① 분쟁당사자들은 합의에 의해 중재에 사용될 준칙들을 결정한다.
② 당사국들은 국제법을 준칙으로 정하는 경우가 많다.
③ 국제중재에서 국내법은 준칙으로 사용되지 않는다.
④ 국제중재에서 당사국들은 형평에 따른 중재를 요구할 수도 있다.
⑤ 당사국들은 합의에 의해 공평과 선에 따른 중재를 요청할 수도 있다.

> **해설** 〈중재의 준칙〉 ①② 분쟁당사자들은 중재에 사용될 준칙들을 합의에 의해 결정할 수 있는데, 국제중재에서는 국제법이 준칙으로 사용되는 경우가 많다. ③ 당사자들은 합의하여 한 국가의 국내법을 준칙으로 삼을 수 있다. 유명한 트레일제련소 사건(Trail Smelter case)에서 중재재판소는 당시 국제법에 환경법 규칙이 거의 없었던 사정을 감안하여 "미국에서 유사한 문제를 다룰 때 따랐던 법과 관행 및 국제적인 법과 관행"을 적용할 것을 요구하였었다. 오늘날 국제상사중재에서도 국내법은 자주 판정을 위한 준칙으로 사용된다. ④ 당사국들은 여러 가지 '형평에 맞는'(equitable) 고려사항들을 고려해 줄 것을 요구하여 중재기관에 법적용과 해석에 재량을 부여할 수도 있다. 형평에 따른 중재는 철저한 법에 따른 해결이 곤란한 영토와 해양경계선 획정에 자주 사용되어 왔다. ⑤ 당사국들은 합의에 의해 공평과 선(*ex aequo et bono*)에 따른 판정을 요구할 수도 있다.

29 다음 중 중재판정의 무효원인이 아닌 것은?
① 중재판정이 만장일치로 이루어지지 않은 경우
② 중재관 선정이 부탁합의에 어긋나는 방식으로 이루어진 경우
③ 중재관들이 적용할 준칙을 적용하지 아니한 경우
④ 사기나 부패행위가 판정에 영향을 미친 경우
⑤ 중재관들이 부탁합의상의 절차와 준칙을 무시한 경우

> **해설** 〈중재판정의 무효〉 중재판정은 다수결에 의해 이루어지는 것이 보통이므로 ①은 잘못된 것이다. 중재를 통하여 당사국 간의 분쟁은 종결되는 것이 보통이나, ②③④⑤에 제시된 문제점이 발견되는 경우에는 판정이 무효화될 수 있다.

제 5 절 \ 국제사법재판소

30 국제사법재판소(ICJ)에 대한 설명이다. 적절치 않은 것은?

① 기존의 준칙과 절차에 따라 재판하는 상설적인 국제적 사법기관이다.

② 지역적 분포를 감안하여 선출되는 15명의 재판관들로 구성된다.

③ 국가와 국제기구 그리고 개인이 소송당사자가 될 수 있다.

④ 임의관할을 원칙으로 하므로 분쟁당사자 간의 합의가 있어야 재판소의 재판관할권이 성립한다.

⑤ 재판소는 유엔 주요기관과 전문기구들이 요청하는 경우 권고의견을 제시한다.

> 해설 **<국제사법재판소(ICJ)>** ① 중재재판은 분쟁당사자 간의 합의에 의하여 구성된 재판정이 합의에 의해 마련된 재판의 준칙과 절차에 따라 판정을 하는 데 비해, 국제사법재판소는 기존의 준칙과 절차에 따라 재판을 하는 상설적인 국제적 사법기관이다. ② 국제사법재판소는 지역적 분포를 감안하여 선출되는 임기 9년의 15명의 재판관들로 구성된다. ③ 국제사법재판소에 소송을 제기할 수 있는 주체는 오직 국가이다. 국제기구와 개인, 비정부간기구, 법인은 재판소의 소송당사자가 될 수 없다. ④ 국제사법재판소는 임의관할을 원칙으로 한다. 따라서 재판소의 재판관할권이 성립하려면 사건을 재판소에 맡긴다는 분쟁당사자 간의 합의가 있어야 한다. ⑤ 국제사법재판소는 국제분쟁에 대한 재판은 물론 법률자문도 한다. 국제사법재판소가 제시하는 법적 의견을 권고의견이라 하는데, 유엔의 주요기관과 전문기구들이 그러한 의견을 요청할 수 있다.

31 국제사법재판소의 구성에 대한 다음의 설명 중 잘못된 것은?

① 임기 9년의 재판관 15명으로 구성한다.

② 재판관의 선출은 총회와 안보리에 의해 이루어진다.

정답 **30** ③

③ 재판관 선출과 관련하여 지역적 안배에 관한 일종의 신사협정이 있다.

④ 한 국가 출신의 재판관은 최대한 2명까지 가능하다.

⑤ 분쟁당사국은 자국출신의 재판관을 당해 사건의 재판에 참여시킬 수 있다.

> **해설** **〈국제사법재판소의 구성〉** ①④ 국제사법재판소는 임기 9년인 15명의 재판관으로 구성되며, 동일한 국적의 재판관이 두 명 이상이면 안 된다. ICJ 규정 2조와 3조에 의하면 ICJ 재판관은 고도의 도덕적 자질이 있고 자국에서 최고법관에 해당하는 자격을 가지고 있으며 국제법에 조예가 깊어야 한다. ② 재판관의 선출은 총회와 안보리에서 이루어진다. 상설중재재판소(PCA)의 국가별 그룹이 지명한 후보자 중에서 총회와 안보리 양쪽에서 절대다수표를 획득한 사람이 재판관이 된다. ③ 유엔회원국들 간에는 국제사법재판소 재판관 선출에 관한 신사협정이 있어서 지역간 분배를 하고 있다. ⑤ ICJ 규정 31조에 따르면 분쟁당사국들은 자국출신 재판관을 재판에 참여시킬 수 있다. 이를 국적재판관 또는 임시재판관이라고 한다.

32 ICJ 규정 31조에 의하면 각 분쟁당사국은 자국출신 재판관을 국제사법재판소의 재판절차에 참여시킬 수 있다. 자국출신 재판관을 가지지 못한 분쟁당사국이 당해 사건의 재판에 참여할 수 있도록 선정하는 재판관을 무엇이라 하는가?

① 특별재판관   ② 임시재판관

③ 중재관   ④ 소송대리인

⑤ 법률고문

> **해설** **〈임시재판관〉** 국제사법재판소의 특징의 하나는 임시재판관(ad hoc judge) 또는 국적재판관(national judge) 제도이다. 국제사법재판소규정 31조에 따르면 분쟁당사국은 모두 자국출신 재판관을 재판에 참여시킬 수 있게 되어 있다. 만일 재판소에 분쟁당사국 중 한 국가의 국적을 가진 재판관만 있다면, 다른 분쟁당사국도 자국출신 임시재판관을 소송에 참여시킬 수 있으며, 분쟁당사국이 모두 자국출신 재판관이 없다면 각각 임시재판관을 선정하여 재판에 참여하게 할 수 있다. 국적재판관 제도는 특별재판부(Chamber)에서의 재판에도 그대로 적용된다(규정 31조).

---

33 국제사법재판소 특별재판부(Chamber)에 대한 다음의 설명 중 잘못된 것은?

① 특정한 사건이나 특별한 종류의 사건들을 재판하기 위해 구성된다.

② 3명 또는 그 이상의 재판관들로 구성된다.

③ 특별재판부 판결은 전원재판부 판결보다 구속력이 약하다.

④ 1984년 미국과 캐나다 간의 메인만 사건에 대한 판결은 특별재판부에서 내린 것이다.

⑤ 특별재판부는 당사국들이 합의하는 경우 헤이그가 아닌 다른 곳에서 재판을 진행할 수도 있다.

> 해설 <**특별재판부(Chamber)**> ① 국제사법재판소는 재판관 전원이 참석한 가운데 재판을 하는 것이 보통이다. 그러나 어떤 특정 사건이나 특별한 종류의 사건을 다루기 위한 특별재판부(Chamber)를 구성하여 이 곳에 재판을 맡길 수도 있다. ②③ 3명 또는 그 이상으로 구성되는 특별재판부의 판결은 재판관 전원으로 구성된 재판소의 판결과 동일한 효력을 가진다(ICJ 규정 27조). ④ 특별재판부가 내린 판결로는 1984년 미국과 캐나다 간의 메인(Maine)만 해양경계획정사건과 1985년 Burkina Faso와 Mali 간 국경선사건, 1989년 미국과 이태리 간의 ELSI 사건, 1987년 엘살바도르와 온두라스 간 국경분쟁사건이 있다. ⑤ ICJ 규정 28조는 당사국들이 합의하는 경우 특별재판부는 헤이그가 아닌 다른 곳에서 재판을 할 수도 있다고 하였다.

34 국제사법재판소에 소송을 제기할 수 있는 주체는?

① 국가와 국제기구이다.   ② 국가와 개인이다.

③ 국제기구뿐이다.   ④ 국가뿐이다.

⑤ 국제기구와 개인이다.

> 해설 <**국제사법재판소의 당사자**> ICJ에서 소송당사자가 될 수 있는 것은 오직 국가뿐이며, 국제기구는 권고적 의견을 요청할 수 있을 뿐이다. 그러나 모든 국가가 재판소에 소송당사자가 될 수 있는 것은 아니다. 유엔헌장 93조는 1항에서 모든 유엔회원국은 당연히 ICJ 규정의 당사국이 된다고 하였으므로, 유엔회원국은 자동적으로 ICJ 규정당사국이 된다. 동조 2항은

유엔회원국이 아닌 국가는 안보리의 권고에 의거하여 총회가 결정하는 조건을 충족하는 경우 당사국이 될 수 있다고 하였다.

35 국제사법재판소의 재판관할권이 인정되지 않는 경우인 것은?

① 당사국 간에 특별협정이 체결된 경우

② 확대관할권이 인정되는 경우

③ 문제의 조약에 부탁합의 조항이 있는 경우

④ 당사국 일방의 제소가 있는 경우

⑤ 분쟁당사자 쌍방이 선택조항을 수락한 경우

> 해설 〈**국제사법재판소의 재판관할권**〉 국제사법재판소의 재판관할권이 인정되는 것은 다음의 네 가지 경우이다. 첫째, 당사국 간에 특별협정(special agreement)이 체결된 경우이다. 특별협정이란 재판소에 그들 간의 분쟁을 맡긴다는 분쟁당사국 간의 합의이다. 둘째, 확대관할권(forum prorogatum)에 따른 것이다. 당사국 간에 명시적 합의는 없었지만 사건을 재판소에 맡긴다는 묵시적 합의를 추정할 수 있을 때 관할권을 인정하는 것이다. 셋째, 문제의 조약에 부탁합의조항이 있거나, 분쟁당사국 쌍방이 부탁합의 조항을 두고 있는 조약의 당사국인 경우이다. 이런 경우에는 별도의 합의가 없어도 당사국 일방의 청구로 재판소의 관할권이 성립된다. 넷째, 분쟁당사자 쌍방이 국제사법재판소 규정 36조 2항의 선택조항을 수락한 경우이다. 이 조항을 수락한 국가 간의 일부 분쟁들은 자동적으로 국제사법재판소의 관할권에 종속된다. ④ 국제사법재판소는 임의관할을 원칙으로 하기 때문에, 위의 어떠한 조건도 갖추어지지 않은 상태에서 일방적인 제소가 있을 경우 재판소의 관할권은 성립되지 않는다.

36 국제사법재판소에서는 분쟁당사국들이 그들 간의 분쟁을 재판소에 맡긴다는 명시적 합의는 없더라도 그러한 합의를 추정할 수 있는 일정한 상황이 있는 경우 관할권 성립을 인정해 왔다. 이를 무엇이라고 하는가?

① 선택조항   ② 특별협정

③ 확대관할권   ④ 부탁합의

⑤ 특별재판부

정답 34 ④   35 ④

해설 〈**확대관할권**(forum prorogatum)〉 임의관할을 원칙으로 하는 국제재판에서 재판소의 관할권이 성립하려면 당사자들의 부탁합의가 있어야 한다. 그러나 상설국제사법재판소(PCIJ)와 국제사법재판소(ICJ)에서는 명시적 합의가 없더라도 당사국들의 묵시적 합의를 추정할 수 있는 경우에는 재판소의 관할권 성립을 인정해 왔다. 이를 확대관할권이라 하는데, 일방의 제소에 대하여 타방 당사국이 관할권 문제를 제기함이 없이 변론에 참여한다든가 반소를 제기하는 경우에는 재판소의 관할권에 대한 묵시적 동의가 있었던 것으로 추정하는 것이다.

37 국제사법재판소는 임의관할을 원칙으로 하지만, 국제사법재판소 규정 36조 2항은 국가들로 하여금 재판소의 관할권을 의무적인 것으로 수락할 수 있게 하는 규정을 두어 강제관할의 요소를 다소나마 도입하려 하였다. 이를 무엇이라고 하는가?

① 확대관할권　　　　② 선택조항
③ 특별협정　　　　　④ 권고의견
⑤ 선택의정서

해설 〈**선택조항**(Optional Clause)〉 선택조항이란 ICJ 규정 36조 2항을 의미하는 것으로 임의관할 원칙과 강제관할 필요성 간의 타협으로 등장한 조항이다. 선택조항의 수락여부는 각국이 결정할 문제이지만, 일단 수락하게 되면 이를 수락한 국가 간의 법적인 분쟁들은 국제사법재판소의 강제관할 대상이 되어 당사국 간에 특별협정이 없어도 일방의 제소로 재판소의 관할권이 성립한다. 선택조항 수락에 의해 강제관할이 성립하는 분쟁은 법적인 분쟁들로서, 조약의 해석, 국제법 문제, 국제의무위반 사실의 존재, 국제의무위반에 따른 손해배상의 성격과 범위에 관한 것들이다.

38 국제사법재판소 판결과 판결의 효력 및 집행에 관한 다음의 설명들 중에서 잘못된 것은?

① 판결은 출석한 재판관의 과반수 찬성으로 이루어지며, 가부동수인 경우에는 재판소장이 캐스팅보트를 행사한다.
② 판결은 최종적이어서 상소할 수 없으며 법적인 구속력을 갖는다.

③ 선례구속의 원칙이 인정되지 않으며, 판결의 효력은 당해 사건에만 영향을 미친다.

④ 어떠한 경우에도 재심은 허용되지 않는다.

⑤ 당사국이 판결을 이행하지 않을 때에는 이를 안보리에 제기할 수 있고, 안보리는 판결의 집행을 위해 적절한 조치를 취한다.

[해설] <재판소의 판결, 효력, 집행> ① 국제사법재판소에서 판결은 출석한 재판관 과반수 찬성으로 이루어지며, 가부동수인 경우에는 재판소장이 캐스팅보트를 행사한다. ② 판결은 최종적이어서 상소할 수 없으며 법적인 구속력을 갖는다. ③ 국제사법재판소의 판결에는 선례구속의 원칙이 인정되지 않기 때문에 판결의 효력은 당해 사건에만 미친다. ④ 판결이 내려진 후 10년 이내에 판결에 영향을 미칠 수 있는 새로운 사실이 발견된 경우에는 재심을 요구할 수 있다. ⑤ 당사국이 판결을 이행하지 않을 때에는 다른 당사국은 이를 안보리에 제기할 수 있고, 안보리는 판결의 집행을 위해 적절한 조치를 취한다. 여기서 말하는 조치에는 강제조치도 포함된다.

39 국제사법재판소의 권고의견에 대한 설명이다. 적절하지 않은 것은?

① 국제사법재판소가 제시하는 법적인 의견이다.

② 유엔 총회와 안보리는 자신의 독자적인 판단에 따라 권고의견을 요청한다.

③ 유엔의 다른 주요기관들과 전문기구들은 총회의 승인을 받아 권고의견을 요청한다.

④ 국가는 권고의견을 요청할 수 없다.

⑤ 권고의견은 재판소의 판결과 동등한 효력이 있다.

[해설] <권고의견(advisory opinion)> ① 권고의견이란 재판이 아닌 법적 자문기능에 속하는 것으로, 국제사법재판소는 유엔의 주요기관과 산하기구들이 요청하는 문제에 대해 자신의 법적인 의견을 제시한다. ②③ 권고의견을 요청할 수 있는 주체는 유엔의 주요기관들과 전문기구들이다. 유엔헌장 96조는 1항에서 "총회와 안전보장이사회는 법적인 문제에 대한 권고의견을 국제사법재판소에 요청할 수 있다"고 하여 총회와 안보리는 스스로의 판단에 따라 ICJ에 직접 권고의견을 요청할 수 있게 하였다. 한편 동조 2항은 "유엔의 다른 기관과 전문기구들은 그들의 활동범위 내에서 발생하는

법적 문제에 대해 총회의 동의를 받아 권고의견을 요청할 수 있다"고 하였다. ④ 국가는 쟁송사건의 소송당사자가 될 수는 있지만 권고의견을 요청할 수는 없다. ⑤ 권고의견은 법적인 구속력이 없으므로, 권고의견을 요청한 기관이라 할지라도 권고의견을 따라야 할 의무는 없다. 그러나 권고의견은 세계적인 국제법 권위자들이 제시하는 의견인 만큼 그 권위까지 부인할 수는 없을 것이다.

실 전 문 제

1 다음 중 국제분쟁의 평화적 해결방법으로 볼 수 없는 것은?

<사시 '84, '83>

① 사법재판　　　　　　② 평시봉쇄
③ 중재재판　　　　　　④ 거중조정
⑤ 사실심사

해설 분쟁의 평화적 해결방법에는 외교적 방법에 속하는 교섭·주선·중개·심사·조정과 법적 방법에 속하는 중재와 사법적 해결이 있다.

2 다음 중 국제분쟁의 평화적 해결방법이 아닌 것은?　　　<사시 '86>

① 복 구　　　　　　　② 국제재판
③ 중 개　　　　　　　④ 국제조정
⑤ 사실심사

해설 복구란 상대방의 불법적인 행위에 대하여 불법적인 방법으로 대응하는 것이다. 복구에는 비무력적인 복구와 무력적 복구가 있다.

3 분쟁의 평화적 해결방법 중에서 외교적 방법에 속하는 것끼리 나열되어 있는 것은?

① 교섭, 심사, 조정　　　② 중재, 심사, 교섭
③ 사법적 해결, 중재, 교섭　④ 심사, 중재, 조정
⑤ 사법적 해결, 주선, 중개

해설 외교적·정치적 방법에 속하는 분쟁해결 방법으로는 교섭·주선·중개·심사·조정이 있다. 반면에 법적인 방법에 속하는 것으로는 중재와 사법적 해결이 있다.

정답 1 ②　2 ①　3 ①

4 외교적 방법에 의한 분쟁해결과 비교하여 법적인 방법이 가지는 특징
이라 할 수 있는 것은?

① 당사국들이 계속해서 분쟁에 대한 통제권을 갖는다.

② 분쟁해결은 당사국들의 통제범위를 벗어나게 되며, 구속력 있는
결정이 가능하다.

③ 제3자가 분쟁해결에 개입한다.

④ 분쟁당사국들이 분쟁해결 절차를 마련한다.

⑤ 조정도 법적인 분쟁해결 방법에 속한다.

> 해설 국제분쟁의 법적인 해결방법인 중재와 사법적 해결, 특히 사법적 해결
> (국제사법재판소에 의한 재판) 방식으로 분쟁해결을 추구하는 경우, 분쟁은
> 분쟁당사국들의 통제범위를 벗어나게 되며 그 결정은 구속력을 가진다.

5 다음 중 실제로 국제분쟁해결에 가장 많이 사용되는 방법이라 생각되
는 것은?

① 사법적 해결   ② 중 재

③ 조 정   ④ 심 사

⑤ 교 섭

> 해설 교섭은 분쟁해결 방법 중에서 가장 먼저 시도되는 것으로, 상당히 많
> 은 분쟁들이 이 단계에서 해결된다.

6 다음 중 교섭에 의한 분쟁해결의 장점인 것은?

① 분쟁해결이 신속하고 당사국 간의 화해에 기여한다.

② 법적인 구속력이 있다.

③ 사실에 대한 오해로 인한 분쟁의 해결에 유용하다.

④ 제3자에 의한 공정한 해결이 보장된다.

⑤ 결과의 공정성이 보장된다.

> 해설 교섭의 가장 큰 장점은 분쟁해결 절차가 간단하고 신속하며 분쟁해결
> 시 당사국 간의 화해에 유익하다는 것이다. 그러나 교섭은 법적인 구속력

이 없고, 분쟁당사국의 협상력에 차이가 있을 때에는 공정한 해결이 어려워진다는 단점이 있다.

7 Good Office란 무엇인가?
① 교 섭   ② 주 선
③ 중 개   ④ 심 사
⑤ 중 재

해설 Good Office는 주선이다. 주선이란 제3자가 분쟁해결에 관여하는 정도가 가장 낮은 것으로 회의장을 제공하는 등의 방법으로 당사국들이 다시 교섭에 임할 수 있게 도와주는 것이다.

8 중개가 주선과 다른 점은?
① 법적인 구속력이 있다.
② 법적인 해결방법이다.
③ 당사국 간의 직접교섭 방법이다.
④ 중개에서는 제3국의 역할이 보다 적극적이다.
⑤ 국제위원회를 구성하여 분쟁해결에 임한다.

해설 중개는 주선보다 제3국의 역할이 보다 적극적이어서 분쟁당사국들이 만나도록 도와주는 데 그치지 않고 분쟁사실을 조사하여 해결방안을 제시하기도 한다.

9 사실에 대한 오해로 인하여 발생한 분쟁의 해결에 유용한 것은?
① 중 재   ② 조 정
③ 심 사   ④ 중 개
⑤ 교 섭

해설 심사는 사실심사라고도 하는데, 어떤 사실에 대한 오해에서 비롯된 분쟁의 해결에 매우 효과적이다.

10 국제심사에 부탁되었던 사건이 아닌 것은?

① Dogger Bank 사건　　　　② Tavignano 사건

③ Red Crusader호 사건　　　④ Schooner Exchange호 사건

⑤ Tiger호 사건

> 해설　사실심사에 의해 해결된 분쟁 중에서 가장 유명한 것은 도거뱅크 사건
> 이다. 그 외에도 여러 사건들이 국제심사에 부탁되었었다. ④ 스쿠너 익스
> 체인지(Schooner Exchange)호는 미국에 의해 국가면제가 인정되었던 선
> 박이다.

11 조정위원회는?

① 사실문제만을 다룬다.

② 법률문제만을 다룬다.

③ 사실문제와 법률문제를 함께 다룬다.

④ 당사국의 부탁합의가 있으면 당해 재판부가 이를 구성한다.

⑤ 당사국 간에 특별협정이 체결되면 이를 구성한다.

> 해설　조정위원회는 분쟁의 사실문제와 법률문제를 함께 고려하여 조정안을
> 제시한다.

12 다음 중 국제조정에 부탁된 국제분쟁이 아닌 것은?

① 볼리비아와 파라과이 간의 차코분쟁

② 프랑스령 인도네시아와 샴 간의 국경분쟁

③ 동아프리카 공동체 자산분배 문제

④ 얀마옌 대륙붕 경계획정 문제

⑤ 나우릴라 사건

> 해설　①부터 ④까지의 사건이나 분쟁들은 조정에 부탁되었던 사건들이다.
> ⑤ 나우릴라 사건은 독일과 포르투갈 사이에 포르투갈령 앙골라에서 발생
> 하였던 사건으로 독일에 의한 복구의 정당성이 문제였다. 이 사건은 중재
> 에 의해 해결되었다.

정답　**10** ④　**11** ③　**12** ⑤

13 분쟁당사국이 분쟁을 제3자의 사실조사 및 그가 제시한 해결방안에 따라 해결하기로 하였다. 그러나 제3자의 이러한 안은 그 자체로 법적 구속력을 가지지 않고 분쟁당사국이 수락하여야만 법적 구속력을 가지는 것으로 합의하였다. 분쟁당사국이 선택한 분쟁해결 방안은?

<행시, 외시, 지시 '01>

① 중재재판(arbitration)　　② 교섭 또는 협상(negotiation)
③ 주선(good office)　　④ 중개(mediation)
⑤ 조정(conciliation)

> 해설　조정이란 조정위원회라 부르는 국제기관이 분쟁해결에 나서는 것으로 사실문제는 물론 법률문제도 함께 다룬다. 조정은 국제분쟁의 외교적 해결 방법 중에서 가장 제도화된 수단이다. 그러나 조정안은 법적인 구속력이 없다는 단점이 있다.

14 분쟁의 평화적 해결방법에 관한 기술 중 틀린 것은?　　<사시 '92>
① 직접교섭도 하나의 방법이다.
② 안전보장이사회의 강제조치는 여기에 속하지 않는다.
③ 정치적 해결방법과 사법적 해결방법으로 대별된다.
④ 국제사법재판소에 의한 해결방법도 포함된다.
⑤ 해양분쟁 해결방법은 여기에 포함되지 않는다.

> 해설　갖가지 해양분쟁 해결방법도 당연히 분쟁의 평화적 해결방법에 속한다.

15 국제연맹과 유엔에 의한 분쟁의 평화적 해결에 관한 설명들 중에서 잘못된 것은?
① 국제연맹에서는 총회와 이사회가 분쟁의 평화적 해결에 대한 관할권을 가졌었다.
② 국제연맹에서는 이사회가 실질적으로 국제분쟁해결의 주된 권한을 행사하였다.

---

③ 유엔에서 총회는 안보리에 앞서 국제평화와 안전에 관한 문제를 토의하고 결정한다.

④ 유엔에서는 안보리가 국제평화유지의 주된 책임을 진다.

⑤ 유엔 사무총장은 예방외교 차원에서 국제분쟁의 평화적 해결을 위해 노력한다.

해설 ①② 국제연맹에서는 분쟁해결에 관한 권한을 이사회와 총회 양측 모두에게 인정하였다. 그러나 총회는 전체기관으로 외교적 방법에 의한 분쟁해결을 추진하는 데 적당하지 않았고, 연맹규약도 분쟁이 이사회에 제기되고 14일이 경과한 다음에야 총회에 제기할 수 있게 하여, 국제연맹에서의 분쟁해결은 주로 이사회의 임무가 되었다. ③ 유엔에서 총회는 일반적 권한을 가지므로 국제평화와 안전에 관한 문제도 토의하고 권고할 수 있다. 그러나 총회는 안보리가 헌장에 따라 어떤 분쟁이나 사태에 관한 자신의 기능을 수행하고 있는 동안은 그 분쟁에 관해 토의는 할 수 있지만 결의를 해서는 안 된다. 또한 행동(action)이 필요한 문제는 토의의 전후에 안보리에 회부해야 한다. ④ 안보리는 어떤 분쟁이나 사태의 지속이 국제평화와 안전의 유지에 위태롭다고 판단하는 경우 이를 조사할 수 있으며, 적절한 권고를 할 수 있다. ⑤ 유엔사무총장은 유엔의 최고행정관이지만 분쟁의 평화적 해결을 위해 공정한 중재자로서의 역할도 수행한다.

16 국제분쟁의 평화적 해결에 관한 설명 중 옳지 않은 것은?

<행시, 외시, 지시 '99>

① 국제분쟁의 제1차적인 해결방법은 직접교섭이다.

② 오늘날 모든 국가는 국제분쟁의 평화적 해결의무를 지고 있다.

③ 어떠한 방법에 의하여 분쟁을 해결할 것인가는 분쟁당사자의 자유로운 선택에 따른다.

④ UN 안전보장이사회에 의하여 제시되는 분쟁해결 조건은 법적구속력을 갖는다.

⑤ 국제심사에 의한 사실인정에 어떤 효과를 부여할 것인지는 당사국들의 의사에 달려 있다.

해설 안전보장이사회가 유엔헌장 제7장에 따라 취하는 강제조치는 구속력을 갖는다. 그러나 안보리는 헌장 제6장에 따라 법적인 구속력이 없는 권고를 하기도 한다.

17 중재재판(Arbitration)이 국제사법재판소(ICJ)의 제도와 구별되는 설명 중 옳은 것은?   <행시, 외시, 지시 '99>
① 중재재판은 재판부의 구성과 재판의 준칙 및 재판절차에 관하여 국제사법재판소와 차이가 없으나 법적 구속력이 없다.
② 중재재판에서는 국제사법재판소와는 달리 분쟁당사국이 재판부의 구성과 재판의 준칙 및 재판절차를 합의로 결정할 수 있다.
③ 중재재판은 당사국의 이해관계를 조정하는 것이 목적이므로 조약과 관습은 재판의 준칙이 될 수 없다.
④ 중재재판은 정치적 분쟁을 해결의 대상으로 한다는 점에서 다르다.
⑤ 중재재판과 국제사법재판소의 분쟁해결 방식에는 차이가 없다.

> [해설] 중재재판이란 구속력 있는 결정을 하면서도, ICJ에 의한 사법적 해결과는 달리 재판부의 구성과 재판절차 및 준칙을 마련하는 데 있어서 당사국들의 폭넓은 재량이 허용된다. 중재재판소는 분쟁당사국들이 지명하는 중재재판관들로 구성되는데, 재판소는 분쟁당사국들에 의해 임시로 설치되기도 하고 일정한 범주에 속하는 분쟁들을 다루기 위해 상설적인 조직으로 설립되기도 한다.

18 중재는 어떠한 국제분쟁 해결방법에 속하는가?
① 정치적 해결   ② 외교적 해결
③ 법적 해결   ④ 국제기구에 의한 해결
⑤ 무력적 해결

> [해설] 국제중재는 ICJ에 의한 사법적 해결과 함께 국제분쟁의 법적 해결방법에 속한다.

19 다음 중 앨라배마호 사건에 대한 설명이 아닌 것은?

[정답] 16 ④   17 ②   18 ③

① 미국 남북전쟁 당시가 사건의 배경이다.

② 영국의 중립의무 위반여부가 사건의 쟁점이었다.

③ 1871년 미국과 영국은 워싱턴조약에서 이 사건을 중재에 맡기기로 합의하였다.

④ 1872년의 중재판정은 혼합위원회가 내린 것이다.

⑤ 중재제도 발전에 크게 기여한 사건으로 손꼽힌다.

> **해설** 앨라배마호 사건은 미국의 남북전쟁 당시, 남군을 교전단체로 승인하였던 영국이 앨라배마호 등의 군함들을 남군에 제공하여 중립의무를 위반하였다는 미국의 주장에 의하여 시작된 사건이다. 남북전쟁이 끝난 후인 1871년 5월 8일 양측은 워싱턴조약(Treaty of Washington)을 체결하여 앨라배마호 사건을 중재에 맡기기로 하였다. 중재법정은 5인으로 구성하였는데, 이것은 최초의 합의체적 법정으로 중재제도 발전에 크게 기여하였다.

20 다음 중 중재제도와 관련이 없는 것은?

① Jay조약   ② Ghent조약

③ Alabama호 사건   ④ PCIJ

⑤ PCA

> **해설** Jay조약과 Ghent조약은 18세기 미국과 영국 사이에 체결된 중재조약이며, Alabama호 사건은 합의체적 법정에 의해 해결된 최초의 국제분쟁이다. PCA는 상설중재재판소이다. PCIJ는 1920년에 설립된 상설국제사법재판소로 중재와는 관련이 없다.

21 1899년 및 1907년에 채택된 「국제분쟁의 평화적 해결에 관한 헤이그 협약」에 의해 설립된 것은?   <행시, 외시, 지시 '99>

① 국제포획재판소   ② 유럽사법재판소

③ 상설국제사법재판소   ④ 상설중재재판소

⑤ 국제사법재판소

> **해설** 1899년 및 1907년 헤이그평화회의에서 채택된 「국제분쟁의 평화적 해결 협약」(Convention for the Peaceful Settlement of International

---

정답 19 ④   20 ④

Disputes)은 중재에 관한 규정을 상당수 포함하고 있었다. 협약은 중재를 법적인 성격의 문제들, 특히 국제협약의 해석과 적용에 있어 가장 효율적이고 형평에 맞는 분쟁해결 수단이라고 하였다(협약 16조). 협약에는 국제 중재에 관한 상세한 규정들이 있었으며, 상설중재재판소(Permanent Court of Arbitration)가 설립되었다.

22 중재를 위한 부탁합의에 포함되지 않는 것은?

① 주요 쟁점　　　　　　② 재판정의 구성방법

③ 판정의 준칙　　　　　④ 판정절차

⑤ 임시재판관

> 해설　당사자 간에 중재조약이 있지 않은 한 분쟁이 발생한 후 당사자 간에 부탁합의(compromise)가 있어야 중재절차는 개시된다. 부탁합의에는 여러 가지 사항들이 포함된다. 국제법위원회(ILC)가 마련한 「중재절차표준규칙」(Model Rules on Arbitral Procedure)을 보면, 부탁합의에는 사건의 주요 쟁점, 중재재판정의 구성방법과 권한, 중재시 적용할 법규칙과 원칙, 중재 절차에 관한 규정들이 포함된다. ⑤ 임시재판관(ad hoc judge)은 국제사법 재판소에 관련된 제도이다.

23 중재기관의 한 가지 형태로 분쟁당사국 양측이 동수의 중재재판관을 임명하고 이들이 모여 홀수의 중립중재재판관을 선임하여 구성하는 중재기관을 무엇이라고 하는가?

① 혼합위원회　　　　　　② 합의체적 법정

③ 단독중재　　　　　　　④ 특별재판부

⑤ ICSID

> 해설　혼합위원회는 양측이 동수의 중재재판관을 임명하여 구성하는 중재기 관이며, 합의체적 법정이란 양측이 동수의 중재재판관을 임명한 후 그들이 모여 중립국 중재재판관을 선정하여 구성하는 중재기관이다.

24 1965년에 체결된 「국가와 외국인 간의 국제투자분쟁해결협약」에 따라 설치된 분쟁해결기관은?

---

① ICSID   ② IBRD
③ ICC   ④ UNCITRAL
⑤ ICJ

> 해설 한 국가와 외국인 또는 외국기업간의 투자분쟁해결을 위한 중재기관으
> 로는 1965년에 체결된 「국가와 외국인 간의 국제투자분쟁해결협약」(Con-
> vention on the Settlement of Investment Disputes between States and
> Nationals of Other States)에 따라 설치된 「국제투자분쟁해결센터」(Inter-
> national Center for the Settlement of Investment Disputes), 즉 ICSID
> 가 있다.

25 분쟁당사자들이 그들 간의 분쟁을 중재에 맡긴다는 합의를 무엇이라
고 하는가?

① agreement   ② compromise
③ jurisdiction   ④ arbitration
⑤ negotiation

> 해설 중재에 관한 기존 조약이 있어서 당사자 간의 일정한 분쟁이 일방의
> 통고로 자동적으로 중재에 부탁되지 않는 한, 분쟁이 발생한 이후 당사자
> 간의 부탁합의(compromise)가 있어야 중재절차는 개시된다. 부탁합의에는
> 여러 가지 사항들이 포함되는데, 국제법위원회(ILC)가 마련한 「중재절차표
> 준규칙」(Model Rules on Arbitral Procedure)에 따르면, 부탁합의에는 사
> 건을 중재에 의해 해결한다는 서약과 주요 쟁점, 중재재판정의 구성방법과
> 권한, 적용할 법규칙과 원칙, 중재절차에 관한 규정들이 포함된다.

26 국제중재재판과 국제사법재판에 관한 설명 중 옳지 않은 것은?

<사시 '02>

① 사법재판의 판결(judgment)은 법적 구속력이 있으나, 중재재판의
판정(award)은 법적 구속력이 없는 것이 원칙이다.

② 재판준칙의 선정에 있어서 사법재판보다 중재재판의 경우, 당사
국의 재량이 더 많이 보장되고 있다.

③ 중재재판은 사법재판에 비해 재판기관의 독립성과 상설성이 불

충분하다.

④ 국제사법재판소(ICJ)에 의한 사법재판의 경우 미흡하나마, 판결의 이행확보수단이 UN헌장에 명시되어 있다.

⑤ 중재재판소의 구성은 원칙적으로 분쟁당사국간의 합의에 의해 결정된다.

> 해설　중재재판은 당사자의 합의에 의해 재판정을 구성하고 그들이 합의한 규칙과 절차에 따라 판정이 이루어지는 데 비해, 국제사법재판소는 상설적인 것으로 적용할 법과 절차가 미리 정해져 있는 보다 제도화된 국제재판제도이다. 따라서 사법재판이 중재재판에 비해 보다 제도화된 분쟁해결제도인 것은 분명하지만, 사법재판의 판결과 중재재판의 판정 모두 법적인 구속력을 가진다는 점에서는 유사하다.

27 현재의 국제사법재판소의 전신으로 국제연맹시대의 국제적인 사법기관이었던 것은?

① PCA ② PCIJ
③ ICSID ④ ICC
⑤ ICJ

> 해설　국제사회 최초의 상설사법재판소는 1907년 중미 5개국이 설립한 중미사법재판소라고 한다. 그러나 본격적인 의미에서의 최초의 상설적인 국제적인 재판기관은 1920년 설립된 상설국제사법재판소(Permanent Court of International Justice : PCIJ)이며, 현재의 국제사법재판소(International Court of Justice : ICJ)는 이를 계승한 것이다. ①은 헤이그협약에 따라 개설된 상설중재재판소(Permanent Court of Arbitration)이고, ③은 국제투자분쟁해결센터이며, ④는 국제상업회의소이다.

28 국제사법재판소 재판관의 선출방법은?　　　　　　　　　　　<사시 '83>

① 유엔 총회가 선출

② 유엔 사무총장이 지명

③ 유엔 안보리가 선출

④ 대륙법계 국가 재판관 중에서 선출

---

⑤ 유엔 총회와 안보리에서 각각 절대다수에 의하여 선출

[해설] ICJ 재판관의 선출은 유엔 총회와 안보리의 공동작업이다. 상설중재재판소(PCA)의 국가별 그룹이 지명한 후보 중에서 총회와 안보리 양쪽에서 절대다수표를 얻는 사람이 재판관이 된다.

29 국제사법재판소는 어떻게 구성되는가?

① 임기 6년의 재판관 9명으로 구성된다.

② 임기 6년의 재판관 15명으로 구성된다.

③ 임기 9년의 재판관 9명으로 구성된다.

④ 임기 9년의 재판관 12명으로 구성된다.

⑤ 임기 9년의 재판관 15명으로 구성된다.

[해설] 국제사법재판소는 임기 9년인 15명의 재판관으로 구성되며, 동일한 국적의 재판관이 두 명 이상이면 안 된다. ICJ 재판관은 고도의 도덕적 자질이 있고 자국에서 최고법관에 해당하는 자격을 가지고 있으며 국제법에 조예가 깊은 사람이어야 한다(ICJ 규정 2조, 3조).

30 국제사법재판소의 재판관수는?　　　　　　　　　　　　　　<사시 '84, '83>

① 5명　　　　　　　　　　　② 7명

③ 9명　　　　　　　　　　　④ 11명

⑤ 15명

[해설] 국제사법재판소의 재판관 숫자는 15명이다. 그러나 실제 재판이 시작되면 임시재판관들이 추가되어 최대 17명까지 재판에 참여하게 된다.

31 국제사법재판소 재판관의 임기는 몇 년인가?　　　　　　　　<사시 '85>

① 3년　　　　　　　　　　　② 4년

③ 6년　　　　　　　　　　　④ 9년

⑤ 10년

[해설] 국제사법재판소 재판관들의 임기는 9년이며, 3년마다 5명씩 개선된다.

[정답] 28 ⑤　29 ⑤　30 ⑤　31 ④

32 어떤 두 개의 국가가 자신들의 분쟁을 국제사법재판소에 부탁하기로
하였다. 그런데 재판소에 한쪽 분쟁당사국 출신의 재판관이 있다면
재판부는 총 몇 명의 재판관들로 구성되는가?(특별재판부가 구성되지
아니한 경우를 상정할 것)

① 14명   ② 15명

③ 16명   ④ 17명

⑤ 18명

> [해설] 국제사법재판소 규정 31조에 따르면 분쟁당사국 중 한쪽 국가 출신의
> 재판관만 있으면 다른 분쟁당사국도 1명의 임시재판관을 선정할 수 있고
> (총 16명), 양측 모두 자국 출신의 재판관이 없으면 각각 1명의 임시재판
> 관을 선정하여 참여시킬 수 있다(총 17명).

33 국제사법재판소(ICJ)에 관한 설명으로 옳지 않은 것은?

<행시, 외시, 지시 '01>

① UN의 주요기관이다.

② 재판관은 UN 안전보장이사회의 권고에 의해 총회가 선출한다.

③ 15명의 독립된 재판관으로 구성된다.

④ 재판관의 임기는 9년이다.

⑤ 재판관은 재판소의 업무에 종사하는 동안 외교특권 및 면제를
향유한다.

> [해설] ICJ 재판관 선출은 유엔총회와 안보리에 의하여 이루어진다. 상설중재
> 재판소(PCA)의 국가별 그룹에 의하여 지명된 후보자를 상대로 선거가 이
> 루어지는데, 총회와 안보리 양쪽에서 절대다수표를 획득한 사람이 재판관
> 이 된다.

34 국적재판관(national judge)이란?   <사시 '86>

① 15인의 재판관에 대한 별칭이다.

② 재판관 후보로 지명된 자를 말한다.

[정답] 32 ③   33 ②

③ 특정 소송사건에 관련이 있어 기피하는 재판관을 말한다.

④ 15인의 재판관 중에서 당해 소송사건 당사국의 국적을 가진 자를 말한다.

⑤ 15인의 재판관 중에 당해 소송사건의 당사국 국적의 재판관이 없을 경우에 임시로 선임되는 재판관을 말한다.

> [해설] 국제사법재판소 규정 31조 1항은 분쟁당사국의 국적을 가진 재판관이 재판소에 제기된 사건에 대한 재판에 참여해야 한다고 하였다. 이 규정에 따라 자국 출신 재판관을 가지지 못한 분쟁당사국이 당해 사건에 대한 재판절차에 참여하도록 선출한 재판관을 국적재판관 또는 임시재판관이라고 한다.

35 국제사법재판소(ICJ)에 관한 설명 중 옳지 않은 것은? <사시 '01>

① 임기 9년인 15명의 재판관들로 구성된다.

② 동일한 국가의 국민 2인 이상이 동시에 재판관이 될 수 없다.

③ UN 총회와 안전보장이사회는 각각 독립하여 재판관을 선출한다.

④ 재판관단은 그 전체가 세계의 주요 문명형태와 법체계를 대표할 수 있도록 구성된다.

⑤ 재판관은 자신의 국적국이 분쟁당사자인 사건의 재판절차에는 참가할 수 없다.

> [해설] 국제사법재판소 규정 31조 1항은 분쟁당사국 출신의 재판관이 재판소에서의 재판에 참여해야 한다고 하였다. 따라서 국제사법재판소 재판관이 재판에 참가하는 것은 물론이고, 자국 출신 재판관을 가지지 못한 분쟁당사국은 당해 사건에 대한 재판절차에 참여하게 하기 위하여 임시재판관을 선임하여 당해 사건의 재판절차에 참가하게 한다.

36 국제사법재판소(ICJ)의 구성 및 운영에 관한 설명 중 옳지 않은 것은?

<사시 '02>

① ICJ 재판관으로 선출되기 위해서는 UN 총회 및 안전보장이사회에서 절대다수표를 얻어야 한다.

[정답] 34 ⑤   35 ⑤

② 재판소는 15명의 재판관으로 구성되며, 이들의 임기는 9년이다.

③ 재판소의 소재지는 네덜란드의 암스테르담이다.

④ 재판소는 특정종류의 사건의 처리를 위하여, 또는 간이절차에 의한 사건의 신속한 처리를 위하여 '소재판부(chamber)'를 설치할 수 있다.

⑤ '소재판부'가 선고한 판결은 재판소가 선고한 것으로 간주된다.

> 해설 ③ 국제사법재판소는 네덜란드의 헤이그에 있다. ④⑤ 국제사법재판소에서는 보통 재판관 전원이 참석하는 전원재판부(full court)가 판결을 한다. 그러나 재판소는 특정한 사건이나 특정한 부류의 사건을 다루기 위해 특별재판부(Chamber)를 둘 수 있다. 특별재판부의 판결은 전원재판부에 의한 판결과 동일한 효력을 갖는다(ICJ 규정 27조).

37 국제사법재판소에서 소송당사자가 될 수 있는 것은?

① 모든 국가와 국제기구

② 모든 국가와 유엔 주요기관

③ 모든 국가와 유엔의 주요기관 및 전문기구

④ 유엔 회원국

⑤ 유엔 회원국과 유엔이 정한 조건을 충족한 국가

> 해설 국제사법재판소(ICJ)에서 소송당사자가 될 수 있는 것은 오직 국가뿐이다. 그러나 모든 국가가 당연히 소송당사자가 될 수 있는 것은 아니다. 유엔헌장 93조는 1항에서 모든 유엔 회원국은 당연히 ICJ 규정의 당사국이 된다고 하면서, 2항에서는 유엔 회원국이 아닌 국가도 안보리의 권고에 의거하여 총회가 결정하는 조건을 충족하는 경우 당사국이 될 수 있다고 하였다.

38 국제사법재판소에 관한 다음 설명 중 틀린 것은?   <사시 '92>

① 유엔가맹국은 당연히 국제사법재판소 규정당사국이 된다.

② 개인도 국제사법재판소 규정의 당사자가 될 수 있다.

③ 국제사법재판소는 15인의 재판관으로 구성된다.

④ 국가만이 국제사법재판소의 당사자가 될 수 있다.

⑤ 선택조항을 수락하면 강제관할권이 성립한다.

[해설] 국제사법재판소에 소송당사자로 참여할 수 있는 것은 오직 국가뿐이다.

39 국제사법재판소가 재판관할권을 행사할 수 없는 경우는? <사시 '84>

① 일방 당사국이 제소한 모든 경우

② 분쟁당사국이 선택조항을 수락한 경우

③ 분쟁당사국이 합의하여 부탁한 경우

④ 조약에서 재판소에 부탁할 것을 규정한 경우

⑤ 일방 당사국이 제소하고 타방 당사국이 응소한 경우

[해설] 국제사법재판소는 원칙적으로 임의관할을 원칙으로 한다. 따라서 특별 협정이 있거나, 관련조약에 국제재판에 부탁하는 조항을 두었거나, 양쪽 분쟁당사국이 모두 선택조항을 수락하였거나, 확대관할권이 인정될 수 있어야 재판소의 관할권이 성립한다.

40 국제사법재판소의 기능에 해당하지 않는 것은?

<행시, 외시, 지시 '02>

① 국가 간의 법적 분쟁인 재판사건의 해결

② 유엔의 권한 있는 기관이 제기하는 법률문제에 대한 권고적 의견

③ 판결의 의미 또는 범위에 관한 분쟁시 일방당사자의 요청에 의한 판결의 해석

④ 국제사법재판소 재판사건 소송진행 중 소송당사국의 권리보호를 위한 가보전조치의 지시

⑤ 국제평화를 위한 국가간 정치적 분쟁의 중재와 권고

[해설] 국제사법재판소는 분쟁당사국이 재판소에 제기하는 법적인 분쟁을 법적인 절차에 따라 해결한다. 따라서 정치적 분쟁을 중재와 권고를 통해 해결하는 것은 재판소의 임무가 아니다.

[정답] 38 ② 39 ① 40 ⑤

41 국제사법재판소(ICJ)의 쟁송사건관할권(contentious jurisdiction)에 관한 설명 중 옳지 않은 것은? <사시 '01>

① 원칙적으로 국가 간의 합의에 기초하고 있다.

② 확대관할권(forum prorogatum)은 인정되지 아니한다.

③ 국가들은 ICJ 규정 제36조 제2항에 따라 ICJ의 강제관할권을 수락할 수 있다.

④ 관할권 존부에 관한 다툼은 ICJ의 결정에 의하여 해결된다.

⑤ 국제기구와 개인은 쟁송사건의 당사자가 될 수 없다.

> 해설 국제사법재판소는 임의관할을 원칙으로 하므로 당사국들의 명시적 또는 묵시적 합의가 있는 경우에만 분쟁에 대한 재판절차를 진행한다. 묵시적 합의가 인정되는 경우란 확대관할권을 말한다.

42 국제사법재판소(ICJ)의 재판절차에서의 선결적 항변에 관한 설명 중 옳지 않은 것은? <사시 '01>

① ICJ의 관할권 부인을 목적으로 하는 것이다.

② 국내적 구제절차를 완료하지 않은 경우 선결적 항변사유가 될 수 있다.

③ 선결적 항변이 제기된 경우, 타방 당사국은 이것을 검토하고 이에 대한 자국의 입장을 해명할 수 있다.

④ 선결적 항변은 그 근거가 되는 사실 및 법을 명시하여 제기하여야 한다.

⑤ 제기된 선결적 항변사유가 둘 이상인 경우, 그 항변사유 모두가 인정되어야 그 사건에 대한 관할권이 부인된다.

> 해설 선결적 항변이란 한 당사국이 국제사법재판소(ICJ)의 관할권을 부인하기 위하여 제기하는 것이다. 당사국이 제기한 선결적 항변사유 중에서 하나라도 재판소에 의해 받아들여지는 경우에는 재판소의 당해 사건에 대한 관할권은 인정되지 아니한다.

43 국제사법재판소에서의 특별협정(special agreement)과 가장 관련이 깊은 것은?

① ICJ의 강제관할　② ICJ의 임의관할
③ 확대관할권　④ 선택조항
⑤ 권고의견

해설 국제사법재판소의 재판관할권이 성립되려면 당사국 간에 그들의 분쟁을 재판소에 부탁한다는 특별협정이 체결되어야 한다. 이것은 국제사법재판소가 임의관할을 원칙으로 하고 있다는 증거이다.

44 국제사법재판소에 그들 간의 분쟁을 맡긴다는 당사국 간의 합의를 무엇이라고 하는가?

① 선택조항　② 특별협정
③ 확대관할권　④ 교섭문
⑤ 양해각서

해설 ICJ 규정은 36조에서 이를 특별협정(special agreement)이라 하였다.

45 forum prorogatum이란 무엇인가?

① 국제기구의 묵시적 권한　② 법정지법주의
③ 특별협정　④ 확대관할권
⑤ 국적재판관

해설 forum prorogatum이란 확대관할권이라 하며, 분쟁당사국 간에 명시적 합의는 없었지만, 일방이 제소하고 타방 당사국이 응소한 것으로 추정할 만한 사실이 있는 경우 재판소의 관할권을 인정하는 것이다.

46 국제사법재판소 규정 제36조 2항에 의하면 국가들이 스스로의 판단에 따라 재판소의 관할권을 의무적인 것으로 수락할 수 있다. 이를 수락한 국가간에 발생하는 일정한 분쟁에 대해서는 一方의 제소로 재판소

의 관할권이 성립되는데 이것을 무엇이라고 부르는가?

<행시, 외시, 지시 '02>

① 부탁합의   ② 특별협정

③ 분쟁해결양해   ④ 선택조항

⑤ 확대관할권

> **해설** 국제사법재판소 규정 36조 2항이 선택조항에 관한 규정이다. 이 규정
> 에 따르면, 이 조항의 수락여부는 각국의 자유이지만 일단 수락한 국가 간
> 의 일부 분쟁에는 국제사법재판소의 강제관할권이 인정된다.

47 선택조항(optional clause)이란?

① ICJ의 재판관할권 확대를 위한 조항

② 국제인권규약에 부가되어 있는 의정서

③ 국적의 선택에 관한 규정

④ 준거법 선택에 관한 규정

⑤ 특별협정의 규정 내용

> **해설** 선택조항이란 ICJ 규정 36조 2항을 말한다. 임의관할을 원칙으로 하는
> 국제사법재판소(ICJ)에 강제관할을 일부 인정하여 재판관할권을 확대하려
> 는 의도에서 도입된 것이다.

48 선택조항의 수락에 의해 국제사법재판소의 강제관할권이 성립하는 사
항이 아닌 것은?

① 조약의 해석

② 국제법 문제

③ 국제의무 위반사실의 존재

④ 국제의무 위반 존재시 손해배상의 성격과 범위

⑤ 판결의 구속력

> **해설** 선택조항 수락에 의해 강제관할이 성립하는 분쟁들은 조약의 해석, 국
> 제법 문제, 국제의무 위반사실의 존재 여부, 국제의무위반에 따른 손해배상
> 의 성격과 범위에 관한 것이다.

정답 46 ④ **47** ① **48** ⑤

49 국제사법재판소(ICJ) 규정 제36조 제2항에 규정된 선택조항(optional clause)의 수락과 관련된 설명 중 옳은 것은?　　　　　<사시 '03>

① 선택조항을 수락한 국가는 모든 국가와의 관계에서 ICJ의 강제적 관할권이 성립한다.

② 선택조항을 수락한 국가 간에는 특별한 합의 없이 ICJ의 강제적 관할권이 성립한다.

③ 국제사법재판소 규정의 비당사국도 선택조항을 수락할 수 있다.

④ 선택조항은 조건부로 수락할 수 없다.

⑤ 선택조항은 기한부로 수락할 수 없다.

> 해설 선택조항이란 ICJ 규정 36조 2항에 따라 재판소의 강제관할권을 수락하는 데 관한 조항으로, 임의관할과 강제관할 원칙간의 타협으로 등장한 것이다. 선택조항의 수락 여부는 각국이 스스로 결정하지만, 일단 수락한 다음에는 이를 수락한 국가 간에 법적인 분쟁이 발생하면 특별협정 없이도 일방당사자의 제소로 ICJ의 관할권이 성립된다.

50 국제사법재판소에 권고의견을 요청할 수 있는 것은?　　<사시 '85>

① 개 인　　　　　　　　　② 국 가

③ 전문기구　　　　　　　　④ 반도단체

⑤ Vatican시국

> 해설 권고의견을 요청할 수 있는 것은 유엔의 주요기관들과 전문기구들이다.

51 국제사법재판소(ICJ)에 제기된 분쟁에 대한 관할권 유무를 최종적으로 결정하는 기관은?　　　　　　　　　　　<사시 '00>

① UN 사무총장　　　　　　② UN 안전보장이사회

③ UN 총회　　　　　　　　④ 분쟁 당사국

⑤ 국제사법재판소

> 해설 국제사법재판소가 어떤 사건에 대한 관할권을 가지는가 하는 것을 판

단하는 권한도 국제사법재판소에 속한다. 재판소가 사건에 대한 관할권을 가지지 못한다고 주장하는 국가가 제기하는 청구를 '선결적 항변'이라 하는데, 이러한 청구에 대한 관할권, 즉 '관할권에 대한 관할권'도 국제사법재판소 자체에 속하는 것이다.

52 국제사법재판소(ICJ)의 관할권이 성립되지 않는 경우는? <사시 '00>
① 분쟁당사국이 특별협정을 통해 제소한 경우
② 분쟁당사국이 모두 ICJ 규정 당사국일 때, 그 중 한 국가가 일방적으로 제소한 경우
③ 분쟁의 모든 당사국이 선택조항을 수락한 경우
④ 조약을 통해 ICJ에 부탁하도록 미리 합의한 경우
⑤ 한쪽 당사국의 제소에 대해 상대방이 응소한 경우

> 해설 국제사법재판소는 임의관할을 원칙으로 하므로, 국제사법재판소가 관할권을 행사하려면 사건을 재판소에 맡긴다는 당사국간의 합의를 확인할 수 있어야 한다. ② ICJ의 관할권이 성립하려면 분쟁당사국들이 ICJ 규정의 당사국일 뿐 아니라 분쟁을 재판소에 맡긴다는 분쟁당사국간 명시적·묵시적 합의가 있어야 한다.

53 국제사법재판소(ICJ)에 의한 재판과 관련하여 나타나는 문제점이라고 볼 수 없는 것은?   <사시 '01>
① 선택조항 수락국가의 증가   ② 선결적 항변의 남용
③ 개인의 당사자능력 부인   ④ 판결의 집행력 취약
⑤ 상소제도의 부재

> 해설 '선택조항'(optional clause)이란 ICJ 규정 36조 2항을 의미한다. 이 조항의 수락 여부는 각국이 스스로 결정하지만, 일단 수락한 다음에는 이를 수락한 국가간에 법적인 분쟁이 발생하면 특별협정 없이도 일방당사자의 제소로 ICJ의 관할권이 성립된다. 따라서 선택조항을 수락하는 국가가 증가해 간다는 것은 재판소의 관할권을 넓혀 간다는 의미에서 긍정적인 것이다. 그렇지만 이제까지 선택조항의 수락상황은 그리 고무적이지 못하다. 선택조항을 수락한 국가의 숫자도 아직 적을 뿐 아니라, 선택조항을 수락하는 경우에도 다양한 형태의 유보가 이루어지고 있기 때문이다.

정답 51 ⑤   52 ②   53 ①

54 국제사법재판소(ICJ)의 관할권 존재 여부에 대한 분쟁은 어떻게 해결되는가? <사시 '03>

① UN 안전보장이사회가 실질문제로 결정한다.

② UN 안전보장이사회가 절차문제로 결정한다.

③ UN 총회가 중요문제로 결정한다.

④ 국제사법재판소의 요청에 의하여 UN 사무총장이 결정한다.

⑤ 국제사법재판소 자신이 결정한다.

> [해설] 국제사법재판소가 어떤 사건에 대한 관할권을 가지는가 하는 것은 국제사법재판소가 판단한다. 국제사법재판소에서는 종종 재판소의 관할권을 부인하는 국가가 제기하는 '선결적 항변'을 다루는데, 이러한 청구에 대한 관할권은 국제사법재판소에 속하는 것이다.

55 국제사법재판소(ICJ) 판결의 효력에 관한 설명 중 옳은 것은?

<사시 '01>

① UN 안전보장이사회의 이행보장결의가 있을 때만 법적 구속력을 가진다.

② 판결의 의의 또는 범위에 관하여 분쟁이 있을 때, ICJ는 어느 분쟁당사자의 요청이 있는 경우라도 이를 해석하여야 한다.

③ 선례구속성(stare decisis)의 원칙이 적용된다.

④ 판결에 대한 재심 청구는 허용되지 않는다.

⑤ UN헌장 제94조 제2항은 패소국이 판결을 이행하지 않는 경우 승소국이 UN 총회에 제소하도록 하고 있다.

> [해설] ① 국제사법재판소의 판결은 당사자 사이에서 당해 사건에 대해 당연히 구속력을 가지며, 당사국들은 자국의 모든 기관들을 동원하여 ICJ가 판결을 통해 부과한 자신의 의무를 이행하여야 한다. 법적 구속력을 확보하기 위하여 유엔의 어떠한 조치가 필요한 것은 아니다. ② ICJ의 판결은 최종적(final)이며 상소할 수 없다. 판결의 의미와 범위에 대해 분쟁이 있어 일방 당사국이 해석을 요구하면 재판소는 이를 해석한다(ICJ 규정 60조). ③ 국제법에서는 선례구속의 원칙이 인정되지 않으므로 ICJ 판결의 효력은 당

해 사건에만 미치는 것이 원칙이다. ④ 분쟁당사국은 판결시 알려지지 않았던 사실로서 판결에 결정적인 요소가 될 만한 사실이 발견된 경우에는 再審을 요청할 수 있다. 재심은 새로운 사실의 발견 이후 6개월 이내, 판결일로부터 10년 이내에 청구되어야 한다(규정 61조). ⑤ 분권화되어 있는 국제사회의 현실을 감안할 때, 국제사법재판소의 판결이 제대로 집행되지 못하는 경우를 예상할 수 있다. 만일 어떤 국가가 ICJ가 판결을 통해 자신에게 부과한 의무를 이행하지 않는 경우, 다른 국가는 이를 안보리에 부탁할 수 있고, 안보리는 판결의 집행을 위해 권고를 하거나 필요한 조치를 취할 수 있다(유엔헌장 94조). 여기서 말하는 조치에는 강제조치도 포함된다.

56 국제사법재판소(ICJ)의 판결에 대한 설명 중 옳지 않은 것은?

<사시 '02>

① 판결은 대리인에게 적절히 통지된 후 공개된 법정에서 낭독된다.
② 분쟁당사국은 판결을 이행할 의무를 진다.
③ 판결은 당해 사건에 한해서만 구속력을 갖는다.
④ 선례는 동일한 성격의 분쟁에 대해서는 법적 구속력을 갖는다.
⑤ 판결은 종국적이며 상소할 수 없다.

> [해설] 국제법에서는 선례구속의 원칙이 인정되지 않는다. ICJ 판결의 효력도 당해 사건에만 미친다.

57 국제재판에 관한 설명 중 옳지 않은 것은?   <행시, 외시, 지시 '02>
① 국제재판에는 중재재판과 사법재판의 두 가지가 있다.
② 근대적 중재재판의 효시는 1794년 영·미간의 제이조약(Jay Treaty)에 의한 중재재판이다.
③ 중재재판의 경우 중재판정의 효력은 분쟁당사자의 합의에 의하여 정해진다.
④ 중재재판과 사법재판 모두 '형평과 선'을 재판준칙으로 선택할 수도 있다.
⑤ 국제사법재판소의 재판절차는 당사국 간의 합의에 의해서도 변경할 수 없다.

해설 중재재판은 당사국들이 합의하여 구성하는 재판부가 그들이 합의한 절차와 준칙에 따라 재판을 진행한다. 그러나 일단 중재재판절차가 진행되어 판정이 나오게 되면 그 판정은 당연히 법적인 효과를 가지게 된다.

58 다음 중 국제사법재판소에 권고의견을 요청할 수 없는 것은?

① 국 가   ② IMF

③ IBRD   ④ 유엔총회

⑤ 신탁통치이사회

해설 국가는 권고의견을 요청할 수 없다.

59 국제사법재판소에 현재까지 권고의견을 가장 많이 요청한 기관은?

① 총 회   ② 안전보장이사회

③ 경제사회이사회   ④ 유엔행정재판소

⑤ UNESCO

해설 1993년 현재까지 ICJ에는 총 22개의 권고의견이 요청되었는데, 그 중에 총회가 요청한 것이 12개로 가장 많고, 다음은 유엔행정재판소의 결정에 대한 재심으로 5개가 부탁되었다.

60 유엔 주요기관이나 전문기구의 요청에 의해 국제사법재판소가 제시하는 법적인 의견을 무엇이라고 하는가?

① 개별의견   ② 반대의견

③ 권고의견   ④ 법률해석

⑤ 참고의견

해설 권고의견(advisory opinion)이란 재판소에 의한 재판이 아닌 법적 자문에 속하는 것으로, ICJ는 유엔 주요기관과 산하 전문기구들의 요청이 있는 경우 법적인 문제에 대해 자신의 의견을 제시한다.

61 유엔 기관 중 스스로의 판단에 의해 국제사법재판소에 권고의견을 요청할 수 있는 것은?

정답 57 ③   58 ①   59 ①   60 ③

① 총회와 신탁통치이사회   ② 총회와 안전보장이사회
③ 유엔 산하 전문기구   ④ 유엔의 모든 주요기관
⑤ 모든 유엔의 주요기관과 전문기구

> 해설 유엔 총회와 안보리는 스스로의 판단에 따라 ICJ에 권고의견을 요청할
> 수 있지만, 다른 기관들과 전문기구들은 총회의 승인을 받아야 요청이 가
> 능하다.

62 국제사법재판소(ICJ)에 권고적 의견을 요청할 수 있는 것은?

<사시 '00>

① 국 가   ② UN 총회
③ 국가와 국제기구   ④ 국제기구와 개인
⑤ 국가, 국제기구와 개인

> 해설 유엔 총회와 안보리는 자신의 판단에 의하여, 유엔의 다른 기관과 전
> 문기구들은 총회의 동의를 받아 국제사법재판소에 권고의견을 요청할 수
> 있음(유엔헌장 96조)을 기억할 것.

63 국제사법재판소(ICJ)의 권고적 의견(advisory opinion)에 대한 설명으로
옳지 않은 것은?   <행시, 외시, 지시 '99>
① 법률문제만 다룰 수 있다.
② 유엔 전문기구는 권고적 의견을 부탁할 수 없다.
③ 국가는 권고적 의견을 부탁할 수 없다.
④ 법적 구속력이 없다.
⑤ 유엔 총회의 권고적 의견 부탁은 그 활동범위 내의 문제에 한정
   되지 않는다.

> 해설 유엔 전문기구는 총회의 동의를 받아 권고의견을 요청할 수 있다.

제9장

해 양 법

해 양 법

1 해양에 대한 적절한 평가라 볼 수 없는 것은?

① 수산자원의 보고이다.

② 국가간 주요 교역로이다.

③ 해양의 대부분은 무주물이므로 자유의 법리가 지배한다.

④ 석유 등 광물자원의 주요 공급원의 하나이다.

⑤ 심해저에는 다금속단괴와 같은 심해저자원도 있다.

> [해설] 〈**해양의 유용성**〉 해양은 지구표면의 70% 이상을 점하고 있다. 전통적으로 해양은 국가와 국가를 연결하는 주요 교통로로 사용되어 왔으며, 현재에도 가장 중요한 화물수송로이다. 또한 해양은 자원의 보고이다. 해양에는 엄청난 어류자원과 석유를 비롯한 광물자원도 상당량 있으며, 최근에는 심해저 자원이 사람들의 관심을 끌고 있다. ③ 해양은 과거에는 대부분 자유의 법리가 지배하는 공간이었다. 그러나 해양이 우리에게 주는 이러한 이익을 둘러싼 국가간 경쟁과 해양오염으로 인하여 이제는 자유의 법리만이 적용될 수는 없게 되었다.

2 다음 중 해양의 자유라는 해양법의 전통적인 패러다임을 제시한 사람은?

① 푸펜도르프   ② 셀 덴

③ 토마스 아퀴나스   ④ 그로티우스

⑤ 파르도

> [해설] 〈**해양의 자유**〉 국제해양법은 17세기 초 이래 소위 '자유'의 원리에 의해 지배되고 있다. 이러한 해양의 자유는 당시 그로티우스(Grotius)와 셀덴(Selden) 간의 '자유해양'(Mare Liberum)과 '폐쇄해양'(Mare Clausum)에 관한 논쟁에서 그로티우스의 이론이 승리함으로써 보편적인 원칙으로 정착되었다.

[정답] 1 ③   2 ④

3 해양법의 역사에 대한 다음의 설명 중에서 적합하지 않은 것은?

① 중세 때 해양은 무질서한 가운데 있었으며, 실제로 14세기에 이르기까지 대부분의 바다는 해적들의 지배 아래 있었다.

② 근대 이후 해양법의 역사는 폐쇄해론과 자유해론 간의 대립 가운데 있었다.

③ 영국은 19세기 초 최고의 해양강대국이 되었으며, 해양자유론을 강력하게 옹호하였다.

④ 2차대전 이후 국제무대에 등장한 신생국들은 기존의 국제해양질서를 계승하여 공해의 자유를 강화하는 데 기여하였다.

⑤ 오늘날 '해양의 헌법'이라 부르는 유엔해양법협약은 제3차 유엔해양법회의의 산물이다.

해설 <해양법의 역사> ① 평화보다는 전쟁이 일상적이었던 중세에는 해양도 '만인의 만인에 대한 투쟁'(*bellum omnium contra omnes*) 상태에 있었으며, 실제로 14세기에 이르기까지 대부분의 바다는 해적들의 지배하에 있었다. ② 해양법의 역사는 서로 상반되면서도 보완적인 관계에 있는 두 개의 원칙, 즉 영토주권에 근거한 폐쇄해론과 공해의 자유를 중심으로 하는 자유해론 간의 대립이란 측면에서 볼 수 있다. ③ 영국은 자국의 이익에 따라 폐쇄해론과 자유해론 사이를 오갔으나, 19세기 초 최대의 해양강대국으로 부상하면서 해양자유론의 강력한 옹호자가 되었다. ④ 제2차 세계대전 이후 국제무대에 등장한 신생국들은 기존의 해양질서를 그들의 이익에 비추어 재평가하였으며, 국제회의에서는 굳건히 단결하여 막강한 교섭력을 과시하였다. 그들은 단결하여 경제수역 같은 새로운 제도를 창설하고 심해저와 그 자원을 '인류의 공동유산'(common heritage of mankind)으로 하는 데에도 기여하였다. ⑤ 1982년 채택된 유엔해양법협약은 이제까지 국가들이 합의한 문서 중에서 가장 복잡하고 방대한 것으로서, 오늘날 '해양의 헌법'이라 부르기도 한다.

4 1958년 제네바에서 열린 제1차 유엔해양법회의에서 채택된 협약이 아닌 것은?

① 영해 및 접속수역에 관한 협약

② 공해에 관한 협약

③ 대륙붕협약

④ 공해상 어업 및 생물자원보존에 관한 협약

⑤ 해양법협약

> **해설** 〈제1차 유엔해양법회의〉 1958년 제1차 유엔해양법회의는 과거 오랫동안 관습법의 형태로 내려오던 갖가지 해양제도들과 1945년 트루먼선언 이래 관습법으로 발전해 온 대륙붕을 성문화된 제도로 정착시키는 성과를 거두었다. 그 결과 영해 및 접속수역에 관한 협약, 공해에 관한 협약, 대륙붕협약, 공해상 어업 및 생물자원보존에 관한 협약이 채택되었다. 그러나 이 회의에서는 첨예한 의견대립으로 영해의 너비를 확정하지 못하였다. ⑤ 해양법협약은 1982년 폐막된 제3차 유엔해양법회의의 산물이다.

5 1960년 제2차 유엔해양법회의의 가장 중요한 주제는 무엇이었나?

① 대륙붕의 정의 결정   ② 영해의 너비 확정

③ 경제수역의 범위 결정   ④ 공해어업질서 확립

⑤ 심해저 자원개발제도 논의

> **해설** 〈제2차 유엔해양법회의〉 제1차 유엔해양법회의에서 타결되지 못한 영해의 너비 문제는 1960년의 제2차 유엔해양법회의의 가장 중요한 이슈가 되었다. 회의에서는 3해리 영해를 고수하려는 해양강대국들과 12해리를 주장하는 사회주의 국가들 그리고 개발도상국 간에 심각한 견해차가 노정되었다. 미국은 타협안으로 6 더하기 6 방식(six plus six formula), 즉 영해 6해리에 접속수역 6해리를 설정케 하는 제안을 하였으나 표결결과 총투표수의 3분의 2에 1표가 모자라 부결되었다. 그러나 이후 영해에 관한 관습법은 영해를 12해리까지 인정하는 방향으로 나아갔다.

6 소위 「인류의 공동유산선언」으로 제3차 유엔해양법회의가 개최되는 데 중요한 계기를 제공한 사람은?

① 트루먼   ② 그로티우스

③ 셀 덴   ④ 파르도

⑤ 바 텔

정답 4 ⑤   5 ②

해설 <**인류의 공동유산선언**> 1973년 시작된 제3차 유엔해양법회의(UNCLOS III)는 1967년 유엔총회가 창설한 심해저위원회(Sea Bed Committee)에 근거를 두고 있다. 이 위원회는 1967년 당시 유엔주재 몰타 대사 파르도 (Arvid Pardo)가 유엔총회 연설에서 심해저와 그 자원을 '인류의 공동유산'(Common Heritage of Mankind)으로 하자는 제안을 함에 따라 심해저 자원의 문제를 검토하기 위하여 설립되었다.

7 제3차 유엔해양법회의와 그 후의 국제해양법 동향에 관한 다음의 설명 중 잘못된 것은?

① 1973년 시작된 제3차 유엔해양법회의는 1982년 4월 30일 「유엔해양법협약」을 채택하고 폐막되었다.

② 해양법협약은 영해를 12해리로 확장하고, 군도수역과 경제수역을 새로이 성문화하여 연안국의 해양관할권을 확대하였다.

③ 우리나라는 1996년 해양법협약에 가입하였다.

④ 1994년 채택된 「1982년 유엔해양법협약 11장의 이행에 관한 협정」은 해양법협약의 심해저 개발제도에 대한 개발도상국들의 불만을 수용하기 위하여 마련되었다.

⑤ 1995년 유엔이 채택한 「경계왕래성어류와 고도회유성어류의 보존관리에 관한 유엔해양법협약 관련조항의 이행협정」은 이들 어류자원의 보존과 관리를 위해 마련되었다.

해설 <**최근의 해양법 동향**> ① 제3차 유엔해양법회의에는 150개 이상의 국가들이 참가하였고 의제도 매우 다양하였다. 회의는 총의(consensus)에 의한 협약 채택을 목표로 삼아 협상타결에 상당한 어려움이 있었으나, 1982년 4월 30일 「유엔해양법협약」(United Nations Convention on the Law of the Sea)을 채택하고 폐막되었다. ② 해양법협약은 영해를 12해리로 확장하였고, 국제해협에 통과통항제도를 도입하였으며, 군도수역과 경제수역을 새로이 성문화하고, 대륙붕을 확장하였으며, 심해저와 그 자원을 인류의 공동유산으로 하였고, 국가들의 해양환경보호 의무와 책임을 규정하였으며, 국제해양법재판소를 설립하는 등 분쟁해결절차를 정비하였다. ③ 해양법협약 308조 1항에 의하면 협약은 60번째 비준서나 가입서가 기탁된 날로부터 12개월 후 효력발생에 들어가도록 되어 있다. 심해저개발 관련 규정에 불만을 가지고 있던 대부분의 서방국가들은 협약에 대한 서명·비준을 거부하여 해양법협약의 장래에 대하여 비관적인 견해도 있었으나, 1994년 11월 16일 협약은 효력발생에 들어갔다. 우리나라는 1996년 1월 29일 84번째로 당사국이 되었다. ④ 해양법협약의 심해저개발 제도와 관련하여 주로 선진국들이 제기해 온 문제점들을 해결하기 위하여 1994년 7월 「1982년 유엔해양법협약 11장의 이행에 관한 협정」(Agreement Relating to the Implementation of Part XI of the United Nations Convention on the Law of the Sea of 10 December 1982)이 채택되었다. 이 협정은 해양법협약의 심해저 개발제도에 대한 미국 등 선진국들의 불만을 수용하기 위하여 마련된 것으로, 해양법협약의 일부 조항들을 개정하는 효과를 갖게 되었다. ⑤ 1995년 8월 유엔에서 채택된 「경계왕래성어류와 고도회유성어류의 보존관리에 관한 유엔해양법협약 관련조항의 이행협정」은 경계왕래성어류와 고도회유성어류의 보존과 장기지속적 사용을 위하여 체결된 것으로 2001년 12월 효력발생에 들어갔다.

8 제3차 유엔해양법회의를 통하여 처음으로 성문화된 제도끼리 짝지어진 것은?

① 심해저와 대륙붕

② 경제수역과 심해저

③ 군도수역과 대륙붕

④ 대륙붕과 경제수역

⑤ 영해와 군도수역

> 해설 〈새로운 해양관할권〉 1973년 시작되어 10여 년의 회의 끝에 1982년 채택된 해양법협약(Law of the Sea Convention)은 군도수역, 경제수역, 심해저 등 새로운 제도를 성문화하였다.

9 해양법협약은?

① 1958년 제1차 유엔해양법회의에서 채택되었다.

② 1960년 제2차 유엔해양법회의에서 채택되었다.

③ 1982년 제3차 유엔해양법회의에서 채택되어 즉시 효력을 발생하였다.

---

④ 1982년 제3차 유엔해양법회의에서 채택되었으나 아직 효력발생에 이르지 못하였다.

⑤ 1982년 제3차 유엔해양법회의에서 채택되어 1994년 효력발생에 들어갔다.

> [해설] <해양법협약의 효력발생> 제3차 유엔해양법회의는 1982년 4월 표결을 통해 130대 4(기권 17)의 압도적 차이로 해양법협약을 채택하였다. 그러나 미국의 반대 등으로 협약에 대한 비준은 매우 지지부진하여 협약의 채택 이후 효력발생에 이르기까지 10년 세월이 소요되었다. 1993년 11월 60번째 비준서가 유엔에 기탁되어 협약은 1994년 11월 정식으로 효력발생에 들어갔다.

10 오늘날 해양법의 동향에 대한 설명으로 적절치 않은 것은?

① 해양에 대한 국가의 해양관할권이 점점 넓게 인정되고 있다.

② 공해의 자유가 점차 넓게 인정되어 가고 있다.

③ 해양오염 방지 등 해양환경 보호가 중요한 이슈로 등장하였다.

④ 해양법의 중심이 공간에서 기능으로 이전되어 가고 있다.

⑤ 국가의 경제적 관할권에서는 대륙붕보다 경제수역이 중요해져 가고 있다.

> [해설] <해양법의 동향> ①② 해양법은 해양을 가능한 한 자유롭게 두자는 입장과 해양에 대한 국가관할권을 폭넓게 인정하자는 주장 사이에서 움직여 왔다. 그러나 이제 해양은 모든 국가의 자유로운 사용에 개방될 만큼 넓지도 않고 무진장한 자원을 가지고 있지도 않다. 대륙붕과 경제수역의 등장에서 보듯이 국가의 해양관할권이 점차 넓게 인정되어 가면서, 상대적으로 공해의 자유는 축소되어 가고 있다. ④ 대륙붕과 경제수역이 창설되면서 해양에 대한 연안국의 관할권은 확대되었고, 환경보호와 자원보존이 중요한 해양법의 주제로 등장하는 등 해양법은 공간 중심에서 기능 중심으로 나아가고 있다. ⑤ 오늘날 국가의 경제적 관할권이 미치는 수역에서는 대륙붕보다는 더 포괄적인 관할권인 경제수역이 중요해져 가고 있다.

제 2 절 \ 내수와 군도수역

11 다음 중 내수에 대한 설명으로 적절치 않은 것은?

① 내수란 영해기준선 안쪽의 수역이며, 연안국의 주권이 미친다.

② 내수에서는 외국선박의 무해통항권은 인정되지 않는다.

③ 직선기선 사용으로 새로이 내수로 편입된 수역에서도 외국선박의 무해통항권은 인정되지 않는다.

④ 내수에서 외국선박은 연안국의 영토주권에 종속되나, 실제로 연안국은 자신의 이익이 관련된 사건에만 관여한다.

⑤ 내수에 진입한 외국군함에 대한 연안국의 권한은 비교적 많은 제약을 받는다.

해설 <**내수(internal waters)**> ①② 1982년 해양법협약은 내수란 영해기준선(baseline)의 육지 쪽 수역이라고 하였다(협약 8조). 따라서 내수에는 호수·항구·만이 포함된다. 내수에서 연안국은 거의 완전하고 배타적인 주권을 행사하는바, 영해에서 인정되는 외국선박의 무해통항권도 인정되지 않는다. ③ 직선기선 안쪽의 수역은 당연히 내수이지만, 과거 내수가 아니었던 수역이 직선기선 설정으로 내수로 편입된 경우에는 영해에 적용되는 무해통항이 적용된다(해양법협약 8조 2항). ④ 원칙적으로 외국의 내수에 외국선박이 진입하면 그 순간부터 연안국의 영토주권에 종속되나, 실제로 연안국은 자신의 이익이 관련된 사건에만 관여한다. 내수에 있는 외국선박에서 발생하는 문제에 대해서도 연안국은 항구와 같은 내수에서 발생한 범죄가 자국의 평화와 질서를 해치는 경우에만 관할권을 행사하기 때문이다. ⑤ 외국군함에 대한 연안국의 권한은 일반 선박에 비해 크게 제약을 받는다. 원칙적으로 군함은 강제집행으로부터 면제되며, 연안국은 외국군함에게 즉각적인 퇴거를 요구할 수 있을 뿐이다. 군함의 승무원들은, 범죄행위시 제복을 착용하고 공무에 종사하고 있는 한, 선상에서 범한 것이든 상륙하여 범한 것이든 범죄행위에 대한 처벌로부터 면제를 누린다.

12 군도수역에 대한 다음의 설명들 중에서 잘못된 것은?

① 1982년 유엔해양법협약이 처음 성문화한 제도이다.

② 군도국가에게만 인정되는 수역이다.

③ 군도기준선 안쪽의 수역은 영해가 되고, 그 바깥쪽에 군도수역이 설정된다.

④ 군도수역과 군도국가 육지면적의 비율은 1 : 1에서 9 : 1 사이에 있어야 한다.

⑤ 군도기준선의 길이는 100해리를 초과할 수 없다.

> 해설 〈**군도수역(archipelagic waters)**〉 ① 오래 전부터 필리핀과 인도네시아는 자국의 안전과 교통을 위하여 자국영토인 섬 사이의 수역은 자국영토의 일부로 인정되어야 한다고 주장해 왔다. 군도국가들의 이러한 요구는 마침내 1982년 해양법협약에 의하여 처음으로 받아들여져, 협약은 46조에서 53조까지 군도수역에 관한 규정을 두었다. ② 군도수역은 군도국가(archipelagic state)만 가질 수 있는데, 해양법협약에 따르면 군도국가란 전체적으로 하나 또는 그 이상의 군도로 구성된 국가를 의미한다. ③ 군도수역은 군도의 외측점을 직선으로 연결하는 군도기준선(archipelagic base-lines) 안쪽의 수역을 말하며, 군도국가의 영해는 그 바깥쪽에 위치한다. ④ ⑤ 군도기준선의 길이는 100해리를 초과할 수 없으며, 군도수역의 면적과 육지면적의 비율은 1대 1에서 9대 1의 사이에 있어야 한다.

13 군도수역의 법적 지위에 대한 설명으로 적절치 않은 것은?

① 군도수역에는 연안국의 주권이 미친다.

② 군도수역에서 외국선박들은 무해통항권을 갖는다.

③ 군도국가는 군도수역에 통항로와 항공로를 지정한다.

④ 군도수역 통항로 통항제도는 공해통항제도와 유사하다.

⑤ 군도국가가 군도수역에 통로를 지정할 때에는 IMO와 협의한다.

> 해설 〈**군도수역의 법적 지위와 통항제도**〉 ① 군도수역에 대한 군도국가의 관할권은 내수에 대한 권한과 영해에 대한 권한의 중간에 위치하므로 군도국가는 이 수역에서 영해에서보다 강력한 권한을 행사한다. 군도국가의 주권은 군도기선내 군도수역의 해저와 지하뿐 아니라 상공과 자원에까지 미친

다. ② 군도수역에서 군도국가는 외국선박에게 영해에서처럼 무해통항을 인정한다. ③ 군도국가는 공해의 법질서가 적용되는 두 개의 바다를 연결하는 군도수역에 통항로(sea-lane)와 항공로(air route)를 지정하며, 이러한 통항로와 항공로는 모든 선박과 항공기가 사용할 수 있다. ④ 군도수역에서의 통항문제는 주로 통과(transit)에 초점이 맞추어져 있어 국제해협에의 통과통항과 매우 유사한 내용을 가지고 있다. 따라서 통과하는 선박과 항공기는 당해 수역을 계속적으로 신속하게 통과해야 한다. ⑤ 군도국가는 군도수역에 항로를 지정·대체하거나 통항분리제도를 설정·대체하는 경우 권한 있는 국제기구인 국제해사기구(IMO)와 협력해야 한다.

제 3 절　영 해

14 영해에 대한 설명들이다. 적절치 못한 것은?

① 영해는 영토 및 영공과 함께 국가영역의 일부를 구성한다.

② 영해의 너비는 시대에 따라 변해 왔다.

③ 영해의 범위는 영해기준선에서부터 일정한 거리까지로 측정된다.

④ 해양법협약은 영해에 대한 연안국의 권한을 '주권적 권한'이라 표현하였다.

⑤ 연안국의 권한은 영해의 상공, 해저, 지하에도 미친다.

해설 〈영해〉 ① 한 국가의 주권이 미치는 영역은 영토와 영해·영공으로 구성된다. ②③ 영해란 국내수역을 넘어 일정한 거리까지의 수역인데, 그 너비는 시대에 따라 변해 왔으며, 그 출발점은 영해기준선이다. ④⑤ 1982년 해양법협약은 2조 1항에서 연안국의 '주권'(sovereignty)은 그 육지영토와 내수를 넘어 영해(territorial sea)라 불리는 인접해대에까지 미친다고 하였고, 2항은 그 주권은 영해의 상공과 해저 및 지하(to the air space over the territorial sea as well as to its bed and subsoil)에 미친다고 하였다. 해양법협약은 내수와 영해에 대한 연안국의 권한을 '주권'(sovereignty)이라 표시한 데 반해, 대륙붕과 경제수역에 대한 연안국의 권한은 '주권적 권한'(sovereign right)이라 하였다.

15 영해기준선에 대한 설명이다. 잘못된 것은?

① 영해기준선이란 영해의 범위를 측정하는 기준이 되는 선이다.

② 영해기준선은 영해의 범위를 결정하는 데 사용되며, 대륙붕과 경제수역의 범위를 위해서는 별도의 기준선이 설정된다.

③ 영해기준선은 그냥 기준선이라고도 한다.

④ 통상기선은 해안의 저조선을 따라 그어진다.

⑤ 해안이 복잡한 곳에서는 직선기선이 사용된다.

> 해설 <영해기준선> 연안국이 영해를 위시한 자국의 관할권이 미치는 해양 수역의 범위를 결정하려면 그러한 수역들의 출발선을 먼저 정해야 한다. 이 선을 영해기준선 또는 기준선(baseline)이라 한다. 과거에는 영해가 유일한 연안국의 해양관할 수역이었으므로 이 선은 영해기준선이라 불리어 왔지만, 오늘날 이 선은 영해는 물론 접속수역·경제수역·대륙붕의 한계를 측정하는 데에도 사용되므로 이를 그냥 기준선이라 부르기도 한다.

16 통상기선(normal baseline)에 대한 가장 적절한 설명인 것은?

① 해안선이 단순한 경우 사용되며 해안의 저조선을 기준선으로 삼는다.

② 해안선이 단순한 경우 사용되며 육지나 섬의 외측점을 연결하는 직선이 기준선이 된다.

③ 해안이 복잡한 경우 사용되며 해안의 저조선이 기준선이 된다.

④ 해안이 복잡한 경우 사용되며 육지나 섬의 외측점을 연결하는 직선이 기준선이다.

⑤ 기준선 설정에 항상 사용되는 방식으로 저조선을 따른다.

> 해설 <통상기선> 통상기선 또는 정상기선이란 일반적인 경우 사용되는 방법으로 해안의 저조선(간조선)에 따른다. 반면에 해안이 복잡하여 통상기선의 사용이 바람직하지 않은 예외적 상황에서는 직선기선이 사용된다. 1982년 해양법협약도 5조에서 영해의 폭을 측정하기 위한 통상기선은 연안국에 의하여 공인된 대축척해도에 표시되어 있는 해안의 저조선(the low water line along the coast)으로 한다고 하였다.

---

17 직선기선(straight baseline)에 대한 설명이다. 잘못된 것은?

① 해안의 굴곡이 심하거나 해안에 많은 섬들이 있는 경우에 사용된다.

② 육지의 돌출부나 섬들의 외측점을 기점으로 직선을 그어 기준선으로 삼는다.

③ 해안선이 굴곡이 거의 없이 직선에 가까운 경우에 사용된다.

④ 1951년 어업사건에 대한 ICJ 판결이 직선기선에 관한 국제법 성립에 크게 기여하였다.

⑤ 우리나라도 서해안과 남해안에서 직선기선을 사용하였다.

> 해설 〈**직선기선**〉 ① 직선기선이란 해안의 굴곡이 심하고 섬이 많아 정상기선에 의한 영해 설정시 해안이 지나치게 복잡한 모습을 하게 되는 경우에 적용된다. ② 직선기선은 육지와 섬의 돌출부들을 연결하는 방식을 사용한다. ④ 19세기부터 유럽각국에서 사용되어 온 직선기선이 만 이외에 굴곡이 많은 육지나 섬에도 널리 사용되기 시작한 것은 1951년 영국과 노르웨이 간 어업사건에 대한 국제사법재판소의 판결 이후로서 이 판결은 직선기선에 관한 국제법 성립에 크게 기여하였다. ⑤ 우리나라는 서·남해안에서 직선기선을 사용하였다. 해안선이 굴곡 없이 직선인 경우에 사용되는 것은 정상기선(통상기선)이므로 ③이 잘못된 것이다.

18 다음의 국제법 관련 판례 중에서 직선기준선 설정에 관한 국제법 성립에 가장 크게 기여한 것은?

① 1969년 북해대륙붕 사건

② 1949년 코르푸해협 사건

③ 1982년 리비아 대 튀니지 간 대륙붕 사건

④ 1951년 어업사건

⑤ 1923년 윔블던호 사건

> 해설 〈**어업사건(Fisheries Case)**〉 영국과 노르웨이 간의 어업사건(Fisheries Case, United Kingdom v. Norway, ICJ Reports, 1951)은 노르웨이가 1935년 국왕령을 발표하여 북위 66도 28분 이북 1,000마일에 달하는 해안에 4해리 어업전관수역(Exclusive Fishery Zone, 실제로는 영해와 유사함)

을 설치하면서 그 곳의 육지의 돌출부와 섬, 암초를 연결하는 직선기준선을 사용함으로써 촉발되었다. 이 곳에서 오랫동안 어로에 종사해 온 영국은 1949년 이 문제를 국제사법재판소에 제소했는데, 노르웨이가 만에만 사용할 수 있는 직선기선을 사용했고 너무 긴 직선기준선을 사용하여 국제법을 위반했다는 것이다. 그러나 국제사법재판소는 영국의 주장을 기각하고 노르웨이의 직선기선제도는 국제법에 어긋나는 것이 아니라고 하여 직선기선의 합법성을 인정했다. 재판소는 이처럼 직선기선의 타당성을 인정하면서, 직선기선 설정을 위한 몇 가지 준칙을 제시했다. 첫째, 직선기준선은 '해안의 일반적 방향'(the general direction of the coast)에서 현저히 벗어나면 안 된다고 하였다. 둘째, 직선기준선의 안쪽 수역은 내수에 포함될 정도로 육지영토와 밀접한 관련을 가져야 한다고 하였다. 셋째, 오랜 관행에 의해 증명되는 어떤 수역에 대한 경제적 이익과 현실, 중요성을 고려해야 한다고 하였다.

19 직선기준선 설정방법에 대한 다음의 설명 중에서 잘못된 것은?

① 1951년 어업사건에 대한 ICJ 판결은 직선기선에 관한 국제법 성립에 많은 영향을 주었다.

② 직선기준선 설정에 관한 준칙들은 1982년 해양법협약에 의해 최초로 성문화되었다.

③ 직선기선은 해안의 일반적 방향을 현저하게 벗어나면 안 된다.

④ 직선기선 안쪽의 수역은 내수에 속할 만큼 육지와 밀접한 관계에 있어야 한다.

⑤ 간출지는 직선기선 설정시 기점으로 사용되지 못한다.

[해설] **<직선기준선 설정준칙>** 1951년 어업사건에 대한 ICJ 판결은 주로 노르웨이 해안의 특수성을 강조하는 것이었지만 영해와 기타 해양수역 경계 획정에 매우 큰 영향을 주었다. 1958년 「영해 및 접속수역에 관한 협약」은 직선기선 설정을 위해 국제사법재판소가 제시한 준칙들을 수용하여 이를 명문화하였으며, 이러한 준칙들은 1982년 해양법협약에 의해 계승되었다. 해양법협약은 7조에서 해안선의 굴곡이 심하고 해안에 일련의 섬들이 있는 경우 직선기준선을 설정할 수 있다고 하면서(동조 1항), 직선기선은 해안의 일반적 방향(general direction of the coast)으로부터 현저하게 이탈하면 안 되고, 기준선 내 수역은 내수제도에 속할 만큼 육지와 밀접한 관계를 가져야 하며(동조 3항), 간출지(low tide elevation, 저조고지라고도 함)는 기점이 될 수 없다고 하였다(동조 4항).

20 국제법상 만(bay)에 대한 다음의 설명 중 잘못된 것은?

① 어업사건에 대한 ICJ 판결이 있기 이전부터 만의 입구를 가로지르는 직선기선은 인정되어 왔다.

② 만의 입구를 가로지르는 직선기선을 그으려면 만의 입구가 24해리 미만이어야 한다.

③ 만에 관한 일반국제법 규칙들은 역사적 만(historic bay)에는 적용되지 않는다.

④ 역사적 만(historic bay)은 특별한 역사적 권원에 의하여 연안국의 내수라 주장되는 수역이다.

⑤ 캐나다의 허드슨만, 러시아의 피터대제만, 중국의 발해만, 리비아의 시드라만은 국제적으로 공인된 역사적 만(historic bay)이다.

> **해설** 〈만과 역사적 만〉 ① 만의 경우에는 어업사건에 대한 국제사법재판소의 판결이 있기 훨씬 이전부터 만의 입구를 가로지르는 직선기선을 그어 그 곳으로부터 영해의 너비를 측정하는 것이 관습법적으로 허용되어 왔다. ② 만의 입구를 가로지르는 직선기선의 길이에 대하여는 논란이 있었으나, 1958년 영해협약과 1982년 해양법협약은 24해리를 그 한계로 정하였다. ③ 해양법협약 10조 6항이 규정하고 있는 바와 같이 역사적 만에는 직선기선에 관한 규정들은 적용되지 않는다. ④ 역사적 만이란 특별한 역사적 권리에 의하여 연안국의 내수로 주장되는 해역이다. 상당한 기간동안 어떤 연안국이 특정한 만을 자국의 내수라 주장하고 다른 국가들이 이를 묵인하는 경우, 연안국은 이러한 역사적 근거에 기초하여 만에 대해 주권을 주장하게 되는 것이다. ⑤ 캐나다는 허드슨만(Hudson Bay)에 대해 역사적 권리를 주장하고 있으며, 러시아는 블라디보스톡 항이 위치한 피터대제만, 중국은 발해만을 역사적 만이라고 주장하지만, 그 어느 것도 국제적으로 공인된 것은 없다. 국제법상 '역사적 만'이라는 제도는 분명히 존재하지만, 역사적 만의 인정여부를 둘러싸고 국가 간에 많은 견해차이가 있는 것이다.

21 1982년 해양법협약이 규정한 영해의 너비는?

① 착탄거리 ② 3해리

③ 6해리 ④ 12해리

⑤ 24해리

정답 20 ⑤

[해설] <**영해의 너비**> 18세기 이전까지 영해의 너비에 관해서는 여러 가지 학설이 있었다. 그러던 중 18세기 초 빈커스혹(Bynkershoeck)이 무기의 힘이 끝나는 곳에서 영토의 힘도 끝난다고 하여 착탄거리설(Cannon shot Rule)을 주장하여 널리 인정되었다. 그 후 포탄의 사정거리는 늘어났지만 상당히 오랜 기간 동안 영해는 3해리로 고정되어 있었다. 20세기 들어서도 한동안 잘 지켜지던 3해리 영해는 점차 흔들리게 되어, 1958년 제1차 해양법회의와 1960년 제2차 해양법회의 모두 영해의 너비를 결정하는 데 실패하였다. 다만 1960년 회의 당시 6해리 영해와 6해리 접속수역을 인정하자는 미국의 제안(6 plus 6 formula)이 회의에서 3분의 2에서 1표가 모자라 부결되면서, 각국은 이를 12해리까지 영해를 확장할 수 있다는 묵시적인 합의로 받아들이게 되어 12해리 영해가 보편화되어 갔다. 이러한 추세를 반영하여 제3차 해양법회의는 12해리 영해를 해양법협약에 명문화하였다.

22 영해에서 외국선박들은?

① 항해의 자유를 누린다.   ② 통과통항권을 갖는다.

③ 무해통항권을 갖는다.   ④ 통과교통권을 갖는다.

⑤ 연안국의 사전허가를 받지 않고는 통항할 수 없다.

[해설] <**무해통항권**> 연안국은 자국의 영해에서 주권을 가지므로 별다른 제한이 없는 한 포괄적이고 배타적인 관할권을 갖는다. 구체적으로 연안국은 자국 영해에서 배타적인 경찰권·연안어업권·자원개발권·연안무역권·과학적조사권·오염규제권 등을 갖는다. 그러나 이러한 연안국의 주권을 제한하는, 즉 외국선박들이 연안국의 영해에서 누리는 권한이 있으니 그것이 곧 무해통항권이다. 이것은 오래 전부터 관습법으로 내려왔으며, 영해협약에 이어 해양법협약에 규정되었다. 1982년 해양법협약은 17조에서 모든 국가의 선박은 외국영해에서 무해통항권을 갖는다고 하였다.

23 무해통항과 관련하여 외국 영해에의 유해한 통항에 해당하지 않는 것은?

① 무력행사   ② 항 해

③ 어로행위   ④ 오염행위

⑤ 군사훈련

해설 <'**무해한**' 통항> 무해통항에서는 '무해한' 통항이 무엇인가 하는 것이 문제가 된다. 무해통항의 의미를 보다 분명히 하기 위한 노력은 19세기부터 진행되었다. 그러나 그러한 노력은 별다른 결실을 거두지 못하였으며, 1958년 영해협약도 14조 4항에서 통항은 그것이 연안국의 평화, 질서 또는 안전을 해하지 아니하는 한 무해하다는 원칙적인 내용만을 규정하였다. 그렇지만 1982년 해양법협약은 무해통항에 관해 보다 분명한 규정을 두었다. 협약은 19조에서 무력행사, 군사훈련, 정보수집, 선전행위, 항공기 이착륙, 오염행위, 어로활동, 조사활동 등 유해한 통항에 속하는 12가지 사례를 나열하였다. 또한 협약은 외국의 영해에서 잠수함을 포함한 잠수정들은 물위로 떠서 국기를 게양하고 항행하여야 한다고 하였다(협약 20조).

24 무해통항에 대한 다음의 설명들 중에서 잘못된 것은?

① 1982년 해양법협약은 '유해한 통항'에 해당되는 12가지 사례를 나열하였다.

② 1982년 해양법협약은 통항의 '무해' 여부 판단과 관련하여 아무런 판단기준도 제시하지 못하였다.

③ 연안국은 통항하는 선박의 무해통항을 방해하지는 못하지만, 안전한 항로를 이용하도록 요구할 수 있다.

④ 연안국은 외국선박의 무해통항을 방해하지는 못하지만, 영해에서의 무해통항에 관한 법령을 제정하여 집행할 수 있다.

⑤ 무해통항 중인 선박은 연안국이 제정한 법령과 관련 일반국제법규를 준수해야 한다.

해설 <**무해통항권의 내용**> ① 1982년 해양법협약은 제18조에서 '통항' (passage)이란 내수에 들어감이 없이 영해를 횡단하거나, 내수를 향하여 또는 내수로부터 항진하는 것이라고 하였다. 이어서 19조에서는 통항은 연안국의 평화·질서·안전을 해하지 아니하는 한 무해하다고 하면서, 연안국의 평화와 질서, 안전을 해하는 '유해한 통항'에 해당되는 12가지 사례를 나열하였다. ② 1982년 해양법협약은 통항의 '무해'여부를 판단할 수 있는 기준을 제시하였다. 그러나 해양법협약은 통항의 '무해'여부 판단에 있어서 일정한 행위만을 기준으로 제시하였다는 비판을 받는다. 1958년 영해협약은 일정한 행위만이 아닌 여러 가지 복합적인 사항들을 고려하여 통항의 '무해'여부를 판단할 수 있는 여지를 남겨 두었으나, 1982년 해양법협약은 장비불량, 장비미비, 화물의 위험성과 같은 요소들을 고려할 수 없게 하였다는 것이다. ③ 연안국은 무해통항을 방해하지는 못하지만, 안전한 항로를 이용하도록 요구할 수 있다. 해양법협약도 "연안국은 필요한 경우 항행의 안전을 고려하여 영해에서 무해통항권을 행사하는 외국선박에게 선박의 통항을 규율하기 위하여 지정하거나 규정한 항로대 및 통항분리 방식을 이용하도록 요구할 수 있다"고 하였다. ④ 연안국은 외국 선박의 무해통항을 방해해서는 안 되지만, 영해에서의 무해통항에 관한 법령을 제정하고 이를 집행할 수 있다. 해양법협약은 21조 1항에서 연안국은 영해에서의 무해통항과 관련하여 해양법협약과 국제법규칙에 따라 일정한 사항에 관한 법령을 제정할 수 있다고 하였다. ⑤ 해양법협약에 따르면 연안국은 외국선박들이 지켜야 할 법령을 제정할 수 있으며, 무해통항 중인 외국선박은 그러한 연안국의 법령과 해상충돌 방지에 관한 일반국제법규를 준수하여야 한다.

25 군함의 무해통항과 관련하여 가장 현실적인 문제는 무엇인가?

① 무해통항이 국제법상 확립된 원칙인가 하는 것
② 군함의 정의에 관한 것
③ 잠수함은 군함인가 하는 것
④ 역사적 만의 법적 지위 문제
⑤ 연안국의 사전허가 또는 사전통고 요구가 합법적인가 하는 것

해설 〈**군함의 무해통항권**〉 1958년 영해협약과 1982년 해양법협약에는 무해통항과 관련하여 군함에 관한 예외규정이 없으므로, 외견상 협약의 무해통항에 관한 규정들은 모든 선박에게 동일하게 적용되는 것으로 보인다. 그러나 실제로 군함의 외국영해 통항은 처음부터 엄청나게 논란이 많은 문제이었으며, 실제로 상당히 많은 국가들이 자국영해를 통항하려는 외국군함에게 사전허가(prior authorization)나 사전통고(prior notification)를 요구하고 있다. 결국 군함의 무해통항을 둘러싼 문제는 연안국이 사전허가나 사전통고를 조건으로 자국의 영해통항을 허용하여도 되는가 하는 것이다. 군함의 무해통항에 관련된 국가실행을 보면, 사전통고만을 요구하는 국가와 사전허가를 요구하는 국가, 그리고 사전통고와 사전허가 모두에 반대하는 국가로 나눌 수 있다. 현재로는 사전허가를 요구하는 국가가 많으나, 해양강대국들은 사전허가와 사전통고 요구 모두에 반대하고 있어 국제적인 합의가 어려운 상태에 있다.

26 우리나라의 영해에 대한 다음의 설명 중 잘못된 것은?

① 1977년 영해법을 제정하였다.

② 1978년 영해법시행령이 마련되었다.

③ 영해의 너비는 12해리로 하였다.

④ 모든 해안에 통상기선을 그었다.

⑤ 외국선박들의 무해통항을 원칙적으로 인정하였다.

> 해설 <**한국의 영해**> 우리나라는 1977년 12월 영해법을 제정하고 1978년 영해법시행령을 마련하였다. 1978년 4월 30일 효력을 발생한 우리나라 영해법은 1조에서 기준선으로부터 12해리까지의 수역을 영해로 하면서 대통령령이 정하는 수역에서는 이를 12해리 이내로 할 수 있다고 하였는데, 시행령은 대한해협의 일부수역에 3해리의 영해를 설치하였다. 영해의 기준선 역시 간조선(low water line)을 따라 통상기선을 설치하되, 영일만·울산만·남해안·서해안에서는 섬의 외곽이나 육지의 돌출부를 기점(base point)으로 하여 직선기준선을 그었다. 외국선박의 우리나라 영해에의 무해통항도 원칙적으로 인정되지만, 외국의 군함 기타 비상업용 정부선박은 통과 3일 전까지 우리나라 외무장관에게 선명과 종류, 목적, 항로, 일정 등을 통고하여야 한다.

27 접속수역에 관한 설명이다. 잘못된 것은?

① 좁은 영해를 보완하기 위한 목적에서 등장한 수역이다.

② 연안국은 자국의 접속수역에서 관세·재정·출입국관리·위생에 관한 자국법 위반을 방지하고 위반선박을 처벌하는 권한을 갖는다.

③ 1958년 영해 및 접속수역에 관한 협약에 따르면 접속수역은 기준선에서 12해리까지 설치할 수 있게 되어 있었다.

④ 1982년 해양법협약은 접속수역의 너비를 기준선에서 24해리까지로 하였다.

⑤ 영해의 확대와 대륙붕 및 경제수역의 등장으로 우리나라는 접속수역을 설치하지 않기로 하였다.

해설 〈접속수역〉 ①② 접속수역이란 관세·재정·위생 등에 있어서 좁은 영해를 보완하기 위하여 등장한 수역이다. ③④ 1958년 협약에서는 접수수역의 너비는 영해기준선에서 12해리까지로 되어 있었지만, 1982년 협약에서는 기준선에서 24해리까지로 확대되었다. ⑤ 접속수역의 유용성은 영해의 확대와 경제수역 등의 등장으로 많이 감소하였으나, 그 필요성은 여전히 남아 있다. 최근까지 접속수역을 선포하지 않았던 우리나라도 1995년 12월 개정된 「영해 및 접속수역법」 3조에서 기선으로부터 24해리까지의 수역 중에서 영해를 제외한 부분을 접속수역으로 한다고 하였다.

제4절 \ 국제해협

28 1949년 코르푸해협 사건에서 국제사법재판소(ICJ)가 표명한 것끼리 나열된 것은?

> 가. 각국의 선박은 평화시 연안국의 사전허가 없이 공해의 두 부분을 연결하는 해협을 통항할 권리가 있다.
> 나. 해협연안국은 자국의 영해인 국제해협을 지나는 군함에게 사전통고를 요구할 수 있다.
> 다. 코르푸해협은 국제항해에 그다지 중요한 수로가 아니므로 국제해협이 아니다.
> 라. 국제해협 여부의 결정에 있어서 중요한 요소는 해협의 지리적 상황과 국제항행에의 사용 여부이다.

① 가, 나   ② 가, 라
③ 나, 다   ④ 나, 라
⑤ 다, 라

해설 〈코르푸해협 사건〉 1946년 11월 2척의 순양함과 2척의 소해정으로 구성된 영국함대가 코르푸해협 북쪽에 이르렀을 때 2척의 군함이 기뢰에 부딪혀 크게 파손되고 수병 중에 사상자가 발생한 사건이 있었다. 이 사건에서 ICJ는 해협을 통한 무해통항 문제에 대해 매우 중요한 언급을 하였는데, 모든 국가들은 평화시 통항이 무해하다는 조건하에 연안국의 사전허가 없이 자국 군함을 2개의 공해를 연결하는 국제항행에 사용되는 해협에 보낼 수 있는 권리를 갖는다고 한 것이다. 이 사건에서 알바니아는 코르푸수로는 2차적인 중요성(secondary importance)만이 인정되는 수로로서 공해의 두 부분간의 필수적인 통로가 아니므로 외국선박의 통항권이 인정되는 국제공로(international highway)에 속하지 않는다고 하였다. 그러나 재판소는 이에 대해 "보다 결정적인 기준은 공해의 두 부분을 연결하는 지리적 상황과 국제항행에 사용되고 있다는 사실"이라고 하였다.

29 1958년 영해 및 접속수역에 관한 협약(영해협약)의 해협제도에 관한 설명이 아닌 것은?

① 1958년 영해협약에 의하면 해협통항권은 주로 당해 수역이 영해인가 아니면 공해인가 하는 데 따라 달라지도록 되어 있었다.

② 어떤 해협이 하나 또는 그 이상 국가들의 영해에 속하면 외국선박들은 그 곳에서 정지되지 않는 무해통항권을 향유하였다.

③ 공해와 한 국가의 영해를 연결하는 해협에는 영해에 적용되는 무해통항이 적용되도록 하였다.

④ 1958년 영해협약은 정지되지 아니하는 무해통항이 군함에게도 인정되는 것인지 아무런 규정을 두지 않았다.

⑤ 해양강대국들은 영해협약이 잠수함에게 수면에 떠서 국기를 게양하고 항해할 것을 요구한 데 대해 불만을 가지고 있었다.

> **해설** <**1958년 영해협약과 해협통항제도**> ①② 1958년 영해 및 접속수역에 관한 협약(영해협약) 16조 4항은 "공해의 한 부분과 공해의 다른 부분 또는 외국의 영해 사이의 국제통항에 사용되는 해협을 통한 외국 선박의 무해통항은 정지시키지 못한다"고 하였다. 따라서 1958년 영해협약에 의하면 해협통항제도는 당해 수역이 영해인가 아니면 공해인가 하는 데 따라 달라지게 되었다. 해협에 공해가 있으면 통항하는 외국 선박들은 연안국의 관할권이나 통제에 속하지 않는 항해의 자유를 누렸으며, 해협이 하나 또는 그 이상의 국가들의 영해에 속하는 경우에는 외국선박들은 무해통항권

을 가질 뿐이었다. 공해와 공해를 연결하는 국제통항에 사용되는 해협의 무해통항을 정지시킬 수 없다는 국제법규칙은 이미 1949년 ICJ의 코르푸 해협(Corfu Channel)사건 판결에서 제시되었으며, 영해협약은 이를 확인하였다. ③ 1958년 영해협약은 공해와 어떤 국가의 영해를 연결하는 해협에도 정지되지 아니하는 무해통항이 적용되도록 하였다. 1958년 제1차 해양법회의는 공해의 두 부분을 연결하는 해협은 물론 공해와 다른 국가의 영해를 연결하는 해협에도 '정지되지 아니하는 무해통항'이 적용되도록 하였던 것이다. 이는 티란해협(Straits of Tiran)을 거쳐 아카바 만 안쪽의 이스라엘 항구 에일라트(Eilat)에 출입하는 통로를 열어주려 하였기 때문이다. ④⑤ 1958년 영해협약은 해협통항과 관련하여 몇 가지 불명확한 점을 가지고 있었다. 즉 정지되지 아니하는 무해통항권은 군함에게도 적용되는 것인지, 해협을 통항하려는 외국군함에게 사전통고나 사전허가를 요구하는 것이 합법적인 것인지 불분명하였다. 한편 해양강대국들은 영해협약이 잠수함은 수면에 떠서 국기를 게양하고 항해할 것을 요구하고, 모호한 무해통항의 내용으로 인하여 연안국이 통항을 규제할 수 있는 길을 널리 열어놓은 것에 대해 불만을 가지고 있었다.

30 통항의 자유란 관점에서 볼 때 과거 1982년 해양법협약 이전의 해협 통항제도가 안고 있었던 문제가 아닌 것은?

① 외국 항공기들의 해협상공 비행권은 인정되지 않았다.

② 잠수함은 물위로 국기를 게양하고 통과해야 했다.

③ 많은 연안국들이 군함의 무해통항을 금지하거나 사전통고를 요구하였다.

④ 무해통항은 내용이 모호하여 연안국이 이를 규제할 길이 열려 있었다.

⑤ 통과하는 선박들은 계속적으로 신속하게 통과해야 했다.

  해설 <과거 해협통항제도의 문제점> 해협이 연안국의 영해에 속하는 경우 중지되지 아니하는 무해통항이 인정되기는 하였지만 과거의 해협통행제도는 아직 여러 문제점들을 가지고 있었다. 첫째, 항공기들은 군용기는 물론 민간항공기들도 해협 상공을 비행하려면 연안국들의 사전동의를 얻어야 했다. 둘째, 잠수함은 수면으로 국기를 게양하고 항해해야 하였다. 셋째, 무해통항은 그 내용이 모호하여 연안국이 이를 규제할 수 있는 길이 열려 있었다. 넷째, 많은 연안국들은 군함의 무해통항권을 부인하면서 사전허가나 사전통고를 요구하였다. ⑤ 계속적이고 신속한 통과는 1982년 해양법협약에서도 해협통과 선박들이 준수해야 하는 규칙이다.

31 제3차 유엔해양법회의에서 논의된 해협통항제도에 관한 설명들이다. 적합하지 않은 것은?

① 영해너비가 12해리로 확대되면서 새로운 해협통항제도의 확립이 중요한 이슈로 등장하였다.

② 해양국가들은 자유로운 통과가 보장되는 해협통항제도 수립을 요구하였다.

③ 해협연안국들은 영해에 적용되는 무해통항제도를 적용할 것을 주장하였다.

④ 해양강대국과 연안국들은 타협하여 국제해협에 정지되지 아니하는 무해통항을 도입하였다.

⑤ 해양법협약의 새로운 해협통항제도인 통과통항은 자유로운 통과와 정상적인 항해를 보장해주는 제도이다.

> [해설] **<제3차 유엔해양법회의와 해협통항제도>** ① 1960년 제2차 유엔해양법회의 이후 12해리 영해를 주장하는 국가들이 급증하였다. 특히 이전에는 그 가운데 공해대가 존재하여 공해의 자유가 인정되어 온 해협 중 상당수가 완전히 연안국 영해에 포함되게 되면서 새로운 해협통항제도가 필요해졌다. ②③ 미국, 소련, 영국 같은 해양국가들은 '자유통과'(free transit)가 보장되는 해협통항제도를 요구하였다. 반면에 해협연안국들은 1973년 사이프러스, 그리스, 인도네시아, 말레이시아, 모로코, 필리핀, 스페인, 예멘 등 8개국이 심해저위원회 제2소위에 제출한 초안에서 무해통항제도의 적용을 주장하였다. ④ 제3차 유엔해양법회의에서 해양강대국과 연안국들은 타협하여 영해에 적용되는 무해통항보다는 통항의 자유가 넓게 인정되지만, 공해에서 인정되는 항해의 자유보다는 제한적인 통과통항제도에 합의하였다. ⑤ 해양법협약의 새로운 해협통항제도의 핵심은 통과통항(Transit Passage)제도이다. 통과통항제도는 해협에서의 '자유로운 통과와 정상적인 항해'(free transit and normal navigation)를 보장하는 제도이다.

32 1982년 해양법협약은 해협을 여러 가지로 분류하여 다양한 통항제도

를 마련하였다. 다음 중 연결이 적절하지 않은 것은?

① 통과통항이 적용되는 해협 ── 공해 또는 경제수역의 일부분과 공해 또는 경제수역의 다른 부분을 연결하는 국제항행에 사용되는 해협

② 오래된 국제협약에 의해 통항이 규제되어 온 해협 ── 관련 국제협약

③ 해양법협약과 상충되지 아니하는 오래되지 아니한 국제협약이 적용되는 해협 ── 관련 국제협약

④ 해협 내에 공해항로나 경제수역항로가 있는 해협 ── 통항의 자유

⑤ 연안국의 본토와 섬에 의해 형성된 해협으로 섬의 해양 쪽에 유사한 편의를 가진 공해나 경제수역 항로가 있는 해협 ── 통과통항

해설 <해양법협약상 해협통항제도의 분류> ① 1982년 해양법협약의 가장 중요하고도 보편적인 해협통항제도인 통과통항은 공해 또는 경제수역의 일부분과 공해 또는 경제수역의 다른 부분을 연결하는 국제항행에 사용되는 해협의 통항에 적용된다. ② 해양법협약은 35조 (c)에서 협약 제3부의 국제해협에 관한 협약 규정은 "특정해협에 관하여 장기간에 걸쳐 유효한 국제협약에 따라 통항이 전체적 또는 부분적으로 규제되고 있는 해협의 법제도에는 영향을 미치지 아니한다"고 하였다. 여기에서 말하는 장기간 유지되어 온 국제협약에 의해 규율되는 국제해협이란 1936년 몬트로협약에 의해 통과가 규율되고 있는 터키해협과 같은 해협이다. ③ 해양법협약은 어떤 해협연안국이 다른 국가와의 합의를 통해 해양법협약이 규정하고 있는 것과 동등한 정도의 또는 보다 자유로운 선박의 통항을 보장하기로 하였다면 그러한 합의는 유효하다고 하였다. 해양법협약 311조 2항에 따라 해양법협약과 상충되지 아니하는 오래되지 아니한 국제협약이 적용되는 해협으로는 1979년 3월 26일 체결된 이집트와 이스라엘 간 평화협정에 포함된 티란(Tiran)해협과 아카바(Aqaba)만을 들 수 있다. ④ 해협 가운데에 공해나 경제수역과 같이 자유로운 통항이 가능한 수역이 존재하는 경우, 그 곳을 지나는 선박과 항공기는 항해의 자유와 상공비행의 자유를 누리므로 굳이 연안국의 영해부분 통항에 편의를 제공할 필요는 없다. 해양법협약 36조는 중간에 공해항로나 경제수역 항로가 있는 해협의 경우에, 해협을 지나는 선박이나 항공기는 연안국의 영해에 속하지 아니하는 해협 중간의 공해나 경제수역 항로를 이용하거나, 연안국의 영해를 통상적인 무해통항 방

식으로 통과하여야 한다는 취지의 규정을 두었다. ⑤ 해양법협약 45조 1항이 규정한 무해통항이 적용되는 해협은 어떤 연안국의 본토와 섬에 의해 형성된 해협으로 섬의 해양 쪽에 유사한 편의를 가진 공해나 경제수역 항로가 있는 해협과 공해 또는 경제수역의 한 부분과 외국 영해를 연결하는 해협이다. 해협연안국의 섬과 본토에 인하여 해협이 형성되어 있고 항해상 및 수로상의 특성에 있어서 섬의 바다 쪽에 유사한 편의를 가진 공해 통과항로나 경제수역 통과항로가 있는 경우에 인정되는 통과통항에 대한 예외는 섬에 의하여 해협이 형성된 경우에 인정되는 예외이므로 '섬의 예외'(island exception)라 하지만, 이태리가 시실리 섬과 본토에 의해 형성된 메시나 해협을 염두에 두고 제안하였으므로 '메시나 조항'(Messina clause)이라 부르기도 한다.

33 통과통항에 대한 다음의 설명 중에서 옳은 것끼리 나열된 것은?

> 가. 통과통항은 영해제도와 분리된 해협통항제도를 원하였던 연안국들의 주장이 반영된 제도이다.
> 나. 통과통항은 공해나 배타적 경제수역의 일부와 공해나 배타적 경제수역의 다른 부분 간의 국제항행에 이용되는 해협에 적용된다.
> 다. 통과통항 중에 있는 선박과 항공기는 해협을 지체 없이 항진하여야 하며, 연안국의 주권과 영토보전 및 정치적 독립에 반하는 행동을 하면 아니 된다.
> 라. 연안국은 국제항행에 사용되는 해협에 항로대를 지정하고 통항분리방식을 설정할 수 있다.
> 마. 국제해협의 통과통항에 관한 법령은 오직 국제해사기구(IMO)에서 제정할 수 있으며, 연안국에게는 그러한 권한이 없다.

① 가, 나, 라　　　　② 가, 다, 마
③ 나, 다, 라　　　　④ 나, 라, 마
⑤ 다, 라, 마

해설 〈통과통항제도〉 ㉮ 통과통항은 제3차 유엔해양법회의에서 영해제도와 분리된 새로운 해협통항제도의 수립을 원하였던 해양강대국들의 주장이 반영된 것으로 보아야 한다. 특히 해군의 기동성을 중시하였던 미국과 소련은 해협통항제도의 확립을 협약타결의 전제조건으로 삼았다. ㉯ 해양법협약 37조는 통과통항제도의 적용범위와 관련하여 "이 절은 공해나 배타적 경제수역의 일부와 공해나 배타적 경제수역의 다른 부분간의 국제항행에 이용되는 해협에 적용한다"고 하였다. ㉰ 해양법협약 39조 1항은 선박과 항공기가 통과통항권을 행사함에 있어서 지켜야 할 의무를 규정하였다. 이들 선박과 항공기는 해협을 지체 없이 항진하여야 하며, 해협연안국의 주권, 영토보전 또는 정치적 독립에 반하거나, 유엔헌장의 국제법원칙에 위반되는 방식으로 무력의 위협이나 무력의 행사를 하면 아니 된다. ㉱ 해양법협약 41조는 해협연안국에게 국제항행에 사용되는 해협에 항로대를 지정하고 통항분리방식을 설정할 수 있는 권한을 주었다. 그런데 연안국의 항로대와 통항분리방식은 국제해사기구(IMO)에 제안하여 채택하는 방식을 취해야 한다. ㉲ 해양법협약 42조는 해협연안국이 국제항행에 사용되는 해협을 통한 통과통항에 관한 법령을 채택할 수 있는 활동을 열거하고, 외국선박은 통과통항권을 행사함에 있어 그러한 법령을 준수해야 한다고 하였다. 법령제정권은 연안국의 권한인 것이다.

34 1982년 해양법협약의 해협통항제도에 대한 설명들이다. 다음 중 그 설명이 잘못된 것은?

① 하나의 공해 또는 경제수역과 다른 공해나 경제수역을 연결하는 국제항해에 사용되는 해협에는 통과통항이 적용된다.

② 통과통항은 모든 국가의 모든 선박에게 자유로운 해협통과를 보장하는 제도이다.

③ 연안국의 본토와 섬에 의해 형성된 해협의 섬의 해양 쪽에 해협과 유사한 편의를 가진 항로가 있을 때에는 해협에 통과통항이 적용된다.

④ 공해 또는 경제수역과 외국 영해 사이의 통항에는 무해통항이 적용된다.

⑤ 오래된 국제조약에 의해 통항이 규율되어 온 해협에는 그 국제조약이 적용된다.

> **해설** <무해통항이 적용되는 해협> ①② 하나의 공해 또는 경제수역과 다른 공해나 경제수역을 연결하는 국제항해에 적용되는 통과통항은 모든 국가의 모든 선박에게 자유로운 해협통과를 보장하는 제도이다.

③④ 유엔해양법협약에 의하면 통과통항제도의 도입에도 불구하고 일부 해협에는 1958년 영해협약의 해협통행제도인 정지되지 아니하는 무해통항이 그대로 적용된다. 1982년 해양법협약은 45조에서 무해통항이 적용되는 두 가지 경우를 규정하였다. 첫째, 소위 "섬의 예외"(island exception)라 불리는 것으로, 해협이 해협연안국의 도서와 본토에 의해 형성되어 있고 도서의 해양쪽 공해나 경제수역에 유사한 편의를 가진 항로가 있는 경우이다. 둘째, 공해 또는 경제수역과 외국영해 사이의 통과에 사용되는 해협에도 무해통항이 적용된다. 이러한 예에 속하는 대표적 사례로는 Tiran해협이 있다. ⑤ 해양법협약 35조는 "장기간 유지되어 온 국제조약에 의해 통행이 전체적·부분적으로 규율되고 있는 해협"에는 통과통항제도가 아무런 영향을 미치지 않는다고 하였다. 이는 장기간 유지되어 온 통행체제가 자유로운 항행을 보장해 오고 있다면 이를 굳이 바꿀 필요가 없다는 것으로, 여기에 속하는 해협으로는 1936년 몬트레(Montreux)조약에 의해 규제되고 있는 터키해협(보스포루스·다르다넬스해협), 1881년 아르헨티나와 칠레 간의 조약에 의해 규율되는 Margellan해협, 1857년 코펜하겐조약의 규율을 받는 덴마크해협이 있다.

35 우리나라의 해협에 대한 다음의 설명 중 잘못된 것은?

① 우리나라와 일본 대마도 간의 대한해협에 우리나라와 일본은 모두 3해리 영해를 설치하였다.

② 대한해협 가운데에는 통항의 자유가 인정되는 공해로가 존재하므로 통항의 자유가 인정된다.

③ 우리나라에서는 제주해협을 우리나라 내수의 일부로 보고 있다.

④ 제주해협을 지나는 외국선박들은 '정지되지 아니하는 무해통항권'을 갖는다는 것이 우리나라의 입장이다.

⑤ 북한에서는 제주해협을 통과통항이 적용되는 국제해협이라 보고 있어 우리나라와 갈등을 빚은 적이 있다.

[해설] <대한해협과 제주해협> ①② 너비가 23해리인 대한해협은 우리나라와 일본 대마도 간의 해협이다. 일본은 1977년 5월 영해법에서 12해리 영해를 설정하면서, 대한해협 등 주요 해협에 3해리 영해를 설치하였으며, 우리나라는 1977년 말 제정된 영해법과 1978년의 동 시행령에서 대한해협에 3해리 영해를 설정하였다. 그 결과 대한해협에는 공해대가 존재하므로 선박들은 자유롭게 통과할 수 있다. ③④ 제주해협은 국제항해에 그다지

중요한 통로가 아니었다. 한때 우리나라는 직선기준선을 제주도까지 연결하여 제주해협을 내수로 편입하려 하였으나 포기하고, 현재는 영해에 포함되어 있다. 따라서 제주해협을 지나는 외국선박들은 '정지되지 아니하는 무해통항권'을 누린다는 것이 우리나라의 입장이다. ⑤ 그러나 북한 등은 제주해협을 통과통항이 적용되는 국제해협이라 주장하고 있어, 2001년 여름 북한상선의 무단통과로 인하여 남북 간에 긴장이 조성된 바 있다.

제 5 절 대 륙 붕

36 대륙붕제도의 발달과정에 대한 설명이다. 적절치 못한 것은?

① 1945년 미국은 트루먼선언을 통해 대륙붕에 대한 연안국의 관할권을 주장하였다.

② 1958년 대륙붕협약은 대륙붕을 수심 200미터와 개발가능성이란 기준을 사용하여 정의하였다.

③ 1969년 ICJ의 북해대륙붕 사건에 대한 판결은 대륙붕 경계획정 원칙에 큰 변화를 가져왔다.

④ 제3차 유엔해양법회의에서는 한때 대륙붕제도를 폐지하자는 주장도 있었다.

⑤ 1982년 해양법협약의 대륙붕의 범위는 경제수역의 범위와 정확히 일치한다.

[해설] **<대륙붕제도의 역사>** ① 1945년 미국은 트루먼선언(Truman Proclamation)을 발표하여 대륙붕에 대해 최초로 관할권을 주장하였으며, 많은 국가들이 미국의 이러한 조치를 따르게 되었다. ② 1958년 제1차 유엔해양법회의가 채택한 대륙붕협약(Convention on Continental Shelf)은 대륙붕을 성문화된 국제법 제도로 정착시켰다. 대륙붕협약은 대륙붕을 수심 200m와 개발가능성이라는 기준에 따라 정의하였다. ③ 1958년 대륙붕협약은 주변국 간의 경계획정을 위해 중간선-등거리선 원칙을 규정하였으나,

1969년 북해대륙붕 사건 이후 형평의 원칙이 널리 인정되었다. ④ 1973년부터 1982년까지 진행된 제3차 유엔해양법회의에서는 경제수역이 등장하면서 대륙붕제도를 폐지하자는 주장까지 제기되었으나 받아들여지지 않았다. ⑤ 1982년 해양법협약은 200해리 거리와 대륙변계 개념을 사용하여 대륙붕을 정의하였다. 따라서 대륙붕과 EEZ의 범위는 비슷하기는 하지만 같은 것은 아니다.

37 1982년 해양법협약은 대륙붕을 200해리 거리와 대륙변계(continental margin)에 의해 정의하였다. 여기서 말하는 대륙변계란 지질학에서 무엇을 의미하는가?

① 대륙붕
② 대륙붕과 대륙사면
③ 대륙사면과 대륙대
④ 대륙붕과 대륙사면과 대륙대
⑤ 대륙붕과 대륙대

> **해설** 〈**해저의 지질구조**〉 지질학에서는 육지에 인접한 해저를 3부분으로 나눈다. 해안에서 수심 200m에 이르는 완만한 경사 부분을 대륙붕(continental shelf), 대륙붕을 지나 대략 수심 2,500m까지의 급한 경사 부분은 대륙사면(continental slope), 대륙사면 너머 수심 4,000m까지의 비교적 완만한 경사를 이루고 있는 부분은 대륙대(continental rise)라 한다. 그리고 이들 세 부분을 합하여 대륙변계(continental margin)라고 한다. 1969년 북해대륙붕 사건에서 국제사법재판소는 대륙붕을 육지영토의 자연적 연장이라 정의하였으며, 1982년 해양법협약은 이러한 세 부분으로 구성된 육지의 자연적 연장을 대륙붕의 외측한계 설정에 사용하였다.

38 대륙붕의 범위에 대한 설명이다. 잘못된 것은?

① 1958년 대륙붕협약은 수심 200m와 개발가능성이란 기준에 의해 대륙붕의 외측한계를 정하도록 하였다.

② 대륙붕협약의 개발가능성이란 기준은 선진국을 유리하게 하는 상대적인 기준이어서 많은 비판을 받았다.

③ 1969년 북해대륙붕 사건에서 ICJ는 각국의 대륙붕의 범위는 근접성에 의해 결정되어야 한다고 하였다.

④ 1982년 해양법협약은 모든 연안국은 기준선에서 200해리까지를 자국의 대륙붕으로 할 수 있다고 하였다.

⑤ 1982년 해양법협약은 200해리를 넘어서도 대륙변계가 발달해 있으면 200해리 너머까지 대륙붕을 설정할 수 있게 하였다.

> 해설 　〈대륙붕의 범위〉①② 1958년 대륙붕협약은 제1조에서 대륙붕을 연안국의 해안과 섬에 인접한 영해 외측 수심 200m까지의 지점이나 천연자원의 개발이 가능한 곳까지라고 정의하였다. 그러나 이러한 정의는 그 객관적 기준에도 불구하고 개발가능성(exploitability)이란 기준의 상대적 성격 때문에 비판을 받았다. 만일 개발가능성이 연안국의 능력을 의미한다면 선진국들만이 그 수혜자가 될 것이기 때문이다. ③ 1969년 북해대륙붕 사건에 대한 국제사법재판소(ICJ)의 판결은 대륙붕협약에 나타난 대륙붕 개념에 커다란 변화를 가져왔다. 재판소는 대륙붕은 국가영토의 자연적 연장(natural prolongation of its land territory)이라고 하여 대륙붕 개념을 지질학적 대륙변계로 변모시켰다. ④⑤ 1982년 해양법협약은 대륙붕을 200해리 거리기준과 대륙변계(대륙주변부, continental margin)라는 지질학상의 개념을 사용하여 정의하였다. 해양법협약은 76조 1항에서 연안국의 대륙붕은 육지영토의 자연적 연장을 통하여 대륙변계의 외측까지, 대륙변계의 외측이 200해리에 미치지 못하는 경우에는 영해의 폭을 측정하는 기준선으로부터 200해리까지 미친다고 하였다.

39 대륙붕에 대한 연안국의 관할권은?

① 해저와 상부수역의 자원에 미친다.

② 해저와 지하의 자원에 미친다.

③ 해저와 상공의 자원에 미친다.

④ 해저와 지하와 상부수역의 자원에 미친다.

⑤ 지하와 상부수역의 자원에 미친다.

> 해설 　〈대륙붕에 대한 관할권〉 대륙붕은 원래 공해의 해저이었기 때문에 이곳에 대한 연안국의 권한은 제한적이다. 대륙붕은 공해의 자유를 최대한 보장하면서 해저와 지하의 자원에 대한 연안국 관할권을 보장하기 위해 등장하였다. 따라서 대륙붕에 대한 연안국의 권한은 해저와 지하의 자원에 대한 권한으로 한정되었고, 다른 문제에 있어서는 공해의 자유가 그대로 적용된다. 대륙붕에 대한 연안국의 권한은 결국 해저와 지하의 자원관할권

이라 할 수 있다. 해양법협약은 연안국이 대륙붕을 탐사하고 천연자원을 개발할 주권적 권리(sovereign right)를 갖는다고 하면서(협약 77조 1항), 이 권리는 연안국이 대륙붕을 탐사·개발하지 않고 있는 때에도 그 국가에게 속하므로 배타적이라고 하였다(협약 77조 2항). 연안국의 배타적 자원관할권이 미치는 천연자원은 정착성 생물자원(sedentary species), 즉 해저의 표면이나 지하에 살거나 항상 그 곳에 붙어 움직이는 생물체와 해저와 지하의 광물자원 및 무생물자원이다(협약 77조 4항). 따라서 이러한 자원에는 석유자원과 가스 및 골재 기타 대부분의 광물자원들이 포함되며, 굴·대합·전복 등 정착성 생물자원들도 연안국의 자원관할권에 속한다.

40 대륙붕의 법적 체제에 대한 다음의 설명 중 잘못된 것은?

① 연안국의 관할권은 해저와 지하에 미친다.

② 연안국은 대륙붕 개발을 위해 인공섬이나 구조물을 설치할 수 있다.

③ 상부수역과 상공에는 공해의 법질서가 적용된다.

④ 연안국은 대륙붕 상부수역의 어류자원에 대해서도 배타적 관할권을 갖는다.

⑤ 국가들은 다른 국가의 대륙붕에 해저전선이나 도관을 설치할 수 있다.

> [해설] 〈**대륙붕의 법적 체제**〉 대륙붕은 연안국에게 해저와 지하의 자원개발권을 부여하며 상부수역이나 상공에는 공해의 법질서가 그대로 적용된다. 해양법협약도 78조 1항에서 연안국의 권리가 상부수역이나 상공의 법적 지위에 아무런 영향을 미치지 않는다고 하였다. 대륙붕은 연안국에게 상부수역의 어족자원에 대한 배타적 관할권을 부여하지 않으므로 ④의 설명은 잘못된 것이다.

41 우리나라의 대륙붕에 대한 설명으로 적합하지 않은 것은?

① 우리나라는 1969년 유엔 ECAFE의 황해 및 동중국해 탐사보고서 발표 이후 대륙붕에 큰 관심을 갖게 되었다.

② 우리나라는 1970년에 해저광물개발법을 제정하였다.

③ 우리나라는 1970년 대통령령을 발표하여 7개의 해저광구를 설치하였다.

④ 우리나라는 일본과 1974년 대륙붕협정을 체결하여, 공동개발구역을 설치하였다.

⑤ 우리나라는 최근 중국과도 대륙붕협정을 체결하여 잠정수역과 과도수역을 설치하였다.

> [해설] <우리나라의 대륙붕> 우리나라가 해저자원 개발에 본격적으로 관심을 가지게 된 것은 황해와 동중국해의 석유부존 가능성을 시사한 1969년 ECAFE 보고서 발표 이후이다. 우리나라는 1970년 해저광물개발법과 대통령령을 제정하여 7개의 해저광구를 설치하였다. 그러나 우리나라가 설치한 광구들은 중국과 일본이 설치한 광구들과 중복되어 경계획정(delimitation) 문제를 야기하였다. 우리나라는 일본과 1974년 대륙붕공동개발협정을 체결하여 관할권 주장이 중복되는 지역을 공동개발구역으로 지정하여 자원을 공동으로 개발하기로 하였다. 그러나 중국과는 대륙붕관련 협정을 체결한 바 없다.

제6절　경제수역

42 경제수역에 대한 설명으로 적절치 않은 것은?

① 경제수역은 기준선으로부터 200해리까지이다.

② 연안국의 배타적 자원개발권이 인정되는 수역이다.

③ 연안국의 관할권은 경제수역의 해저와 지하, 상부수역에 미친다.

④ 해양법협약은 연안국의 경제수역에 대한 권리를 주권적 권리라고 하였다.

⑤ 경제수역에서 외국은 어로, 항해, 상공비행, 해저전선 부설의 자유를 갖지 못한다.

해설 <**경제수역의 의미**> 1982년 해양법협약은 55조에서 배타적 경제수역 (Exclusive Economic Zone)이란 연안국의 권리와 관할권이 다른 국가들의 권리 및 자유와 함께 협약에 의해 규율되는 수역이라 하면서, 57조에서 그 너비를 영해기준선에서 200해리라고 하였다. 따라서 배타적 경제수역 (Exclusive Economic Zone : EEZ)이란 기준선으로부터 200해리에 이르는 수역으로, 자원개발 분야에서는 연안국의 배타적 권리가 인정되지만 그 외 문제에선 공해의 자유가 유지되는 수역이다. 그러나 연안국은 자국의 경제 수역에서 해저와 지하는 물론 상부수역의 자원들에 대해서도 배타적 권한을 가지며, 인공섬과 시설의 건설과 사용, 해양과학조사, 해양환경보호를 규율할 권한을 가진다. 그렇지만 다른 국가들은 공해에서와 마찬가지로 항해와 상공비행의 자유, 해저전선이나 도관을 부설할 자유 및 기타 국제적으로 적법한 방식으로 해양을 사용할 권한을 갖는다.

43 경제수역제도의 발달과정에 관한 다음의 설명들 중에서 잘못된 것은?

① 1940년대 후반 미국 등 선진국들은 200해리 수역을 설치하기 시작하였다.

② 1952년 산티아고에서 남미국가들은 공동으로 200해리 수역을 선언하였다.

③ 1972년 라고스회의에서 케냐는 오늘날의 경제수역제도와 매우 유사한 제도를 제안하였다.

④ 1970년대 중반 이후 경제수역은 관습법제도로 자리를 잡았다.

⑤ 1982년 해양법협약은 경제수역을 성문화하였다.

해설 <**경제수역의 발달과정**> ① 연안국들의 해양에 대한 관할권 확대는 1945년 미국의 트루먼선언으로 이미 시작되었다. 그러나 대륙붕은 지질학적 대륙붕이 거의 없이 훔볼트해류를 타고 올라오는 연안수역의 어족자원에 큰 관심을 갖고 있던 태평양연안 남미국가들에게는 실익이 없었다. 따라서 이들은 1947년 칠레를 선두로 200해리 수역을 주장하게 되었다. 경제수역제도는 남미국가들의 관행에서 시작되었다. ② 남미국가들은 1952년 산티아고선언(Santiago Declaration)을 통해 200해리 수역을 공동으로 선언하였다. ③ 남미국가들에 의해 주장되기 시작한 200해리 수역은 오늘날의 경제수역과 유사한 제도로 변모되면서 점차 확산되어 갔다. 배타적 경제수역(Exclusive Economic Zone : EEZ)이란 용어는 1972년 나이지리아 라고스 「아시아-아프리카법률자문회의」에서 케냐 대표가 처음 사용하였다.

정답 42 ⑤

라틴아메리카 국가들은 보다 광범위한 개념인 '세습수역'(Patrimonial Sea) 개념을 주장하였으나, 케냐의 제안이 아프리카와 아시아의 많은 개발도상 국들로부터 많은 지지를 받았다. ④ 경제수역은 1973년 제3차 해양법회의 가 시작되면서 관습법적인 제도로 정착되었다. 그리하여 1975년 이후에는 이 제도에 반대하는 국가가 없었다. ⑤ 경제수역이 1970년대 중반 이미 관 습법제도로 위치를 확고히 하였기 때문에 1982년 해양법협약은 경제수역 을 성문화하는 데 별다른 어려움이 없었다.

44 관할권의 범위와 관련하여 경제수역을 대륙붕에 비해 포괄적인 경제 적 관할권이라고 한다. 그 정확한 이유는?

① 경제수역의 수평적 범위가 대륙붕보다 넓다.

② 경제수역은 연안국에게 해저와 지하에 있는 자원에 대한 관할권 을 부여한다.

③ 경제수역은 연안국에게 해저와 지하에 있는 생물, 무생물, 광물 자원에 대한 관할권을 부여한다.

④ 경제수역은 해저와 지하는 물론 상부수역에 있는 자원에 대한 관할권을 연안국에게 부여한다.

⑤ 경제수역에 대해 연안국은 주권을 가지기 때문이다.

> 해설 〈**경제수역과 연안국의 권한**〉 대륙붕에서와 마찬가지로 배타적 경제수 역에서도 연안국이 가지는 가장 중요한 권리는 자원관할권이다. 경제수역 이 대륙붕에 비해 포괄적인 경제적 관할권이 될 수 있는 것은 결국 관할권 의 수직적 범위 때문이다. 경제수역의 연안국은 영해기준선에서 200해리 이 내에서 해저와 지하(하층토)는 물론 상부수역에 위치하는 생물·무생물· 천연자원에 대한 주권적 권리를 가지는바(협약 56조 1항), 연안국의 관할 권이 해저와 지하에 있는 자원만 미치는 대륙붕에 비해 그 관할권이 포 괄적이라 할 수 있는 것이다. 경제수역의 수평적 범위는 기준선에서 200해 리로 대륙변계까지 인정되는 대륙붕보다 수평적 범위가 넓지 않다.

45 경제수역에 대한 연안국의 권한과 관계가 없는 것은?

① 자원관할권   ② 과학조사권

③ 항해와 상공비행 허가권   ④ 법령제정권

---

⑤ 환경보호권

[해설] **〈연안국의 권한〉** ① 이미 설명한 바와 같이 연안국은 경제수역에서 해저와 지하는 물론 상부수역에 있는 자원에 대해 주권적 권리를 가진다. ② 연안국은 자국 경제수역 내에서의 해양의 과학적 조사에 있어서 배타적 관할권을 갖는다. 각국이 다른 국가의 경제수역에서 해양과학조사를 하려면 연안국의 동의를 얻어야 한다. 해양법협약은 '통상적인 상황'(normal circumstances)에서 평화적 목적이나 인류의 이익을 위한 경우에는 다른 국가나 국제조직에 의한 해양과학조사를 허용해야 한다고 하였다(협약 246조 1-3항). ③ 항해와 상공비행은 공해의 자유에 따라 당연히 인정된다. 경제수역은 연안국에게 자원개발권을 부여하는 것일 뿐, 외국선박의 통항에는 아무런 영향을 미치지 않는다. ④ 연안국은 자국의 경제수역에서의 질서유지를 위하여 법령을 제정하고 집행할 권한을 갖는다. ⑤ 연안국은 해양환경보호에 있어서도 일차적인 권한과 함께 의무를 부담한다. 연안국은 다른 국가 선박에 의한 오염을 예방·통제·감소케 하기 위해 관련 국제기구나 일반국제회의가 마련한 '보편적 국제법규와 기준'을 시행하기 위한 법률과 규칙제정권을 갖는다.

46 해양법협약은 경제수역 연안국에게 수역내 어류자원에 대한 관할권을 부여하였다. 적절한 설명이 아닌 것은?

① 한 국가의 경제수역에서 외국어선은 공해의 자유에 따른 어로의 자유를 갖는다.

② 연안국은 어로에 대한 배타적 관할권과 함께 어류자원 보존의무도 부담한다.

③ 해양법협약은 참치와 같은 고도회유성어종의 보호를 위해 연안국과 어로국간 협력을 요구하였다.

④ 연어처럼 바다에서 살다 산란을 위해 강으로 이동하는 어종은 그 모천국이 일차적으로 관할권을 갖는다.

⑤ 뱀장어처럼 강에서 살다 산란을 위해 바다로 이동하는 어종은 이들이 보다 오랫동안 머무는 수역의 국가가 관할권을 갖는다.

[해설] **〈연안국의 어업관할권〉** ② 배타적 경제수역은 과거의 어업수역과 관계가 깊은 것으로, 1982년 해양법협약은 어업규제에 관해 비교적 상세한

규정들을 두었다. 협약은 연안국에게 수역내 어로에 관한 주권적 권한을 부여하는 동시에 어족자원 보존의무를 부과하였다. 연안국은 허용어획량(allowable catch)을 정하고 적절한 보존조치를 통하여 자원의 최대지속적 생산(maximum sustainable catch)을 유지해야 한다(61조 참조). ③ 해양법협약은 고도회유성어종(Highly Migratory Species)의 보호를 위해 특별한 규정들을 두었다. 참치와 같이 고도회유성이면서도 상업적 이익이 큰 어종에 대해 협약 64조는 연안국과 어업국간 협력의무를 규정하였다. ④ ⑤ 연어처럼 산란을 위해 강으로 이동하는 어종(Anadromous stocks)에 대해서는 그 어종의 모천국이 일차적 이익과 함께 책임을 지도록 하고, 뱀장어와 같이 산란을 위하여 강에서 바다로 이동하는 강하성어종(Catadromous Species)의 경우에는 그 생애의 많은 부분을 보내는 국가가 이를 관리할 책임을 지도록 하였다(협약 63조~68조).

47 해양관할권과 관련하여 우리나라가 취한 조치에 대한 설명으로 적절하지 않은 것은?

① 1952년 우리나라가 선포한 평화선에 대해서는 이를 경제수역과 유사한 것으로 보려는 견해도 있었다.

② 1965년 우리나라와 일본 간의 어업협정은 어업질서의 변화에 따라 진부한 것이라는 비판을 받았다.

③ 1996년 우리나라는 해양법협약을 비준하고, 배타적 경제수역법을 제정하였다.

④ 1998년 체결된 새로운 한일어업협정에 따라 동해와 동중국해에는 중간수역이 설치되었다.

⑤ 2001년 최종 타결된 중국과의 어업협정에 따라 황해와 동중국해에 양국간 경제수역 경계선이 획정되었다.

해설 <**우리나라의 경제수역**> ① 1952년 우리나라는 평화선을 선포하였는데, 이것을 경제수역과 같은 것으로 보려는 견해도 일부 있었다. ② 우리나라와 일본 간에 1965년 체결된 한일어업협정은 국제어업질서의 변화에 따라 시대에 뒤떨어졌다는 비판을 받게 되었다. ③ 우리나라는 1996년 2월 해양법협약을 비준하고 동년 8월 배타적 경제수역법을 제정한 후, 일본 및 중국과 경제수역(어업수역) 경계획정을 위한 협상을 시작하였다. ④ 일본과 새로운 어업협정을 체결하기 위한 협상은 1996년 5월 시작되었다. 그러나 양국은 경제수역 경계획정이 아닌 잠정적 성격의 어업협정을 1998년 9월 말 타결하였다. 새로운 어업협정에 따라 동해에서 양국은 연안으로부터 35 해리의 배타적 어업수역을 설정하고 나머지는 중간수역으로 하기로 하였다. 그 결과 일본 근해에서 조업을 하던 우리 어선들이 타격을 입게 되었으나, 대화퇴 어장의 절반 정도가 중간수역에 포함되어 우리 어선들의 조업이 가능해졌다. ⑤ 중국과의 어업협정은 우여곡절 끝에 2001년 4월 최종적으로 타결되었다. 1994년 해양법협약이 발효된 이후에도 중국은 한국 근해에서 불법어업을 계속해 왔으나, 어업협정의 타결로 중국어선들의 저인망 남획으로 인한 자원고갈을 피할 수 있게 되었다. 중국과의 협정에서는 배타적 어업수역과 잠정수역 이외에 임시적인 성격의 20해리 과도수역을 설치하여 4년 후 배타적 어업수역에 편입시키기로 하였다.

제 7 절 \ 해양경계획정

48 1958년 대륙붕협약이 대륙붕 경계획정의 원칙으로 규정한 것은?

① 형평의 원칙　　　　　　② 육지영토의 자연적 연장 원칙
③ 중간선 및 등거리선 원칙　　④ 근접성의 원칙
⑤ 특별상황의 원칙

> [해설] 〈**대륙붕협약의 경계획정원칙**〉 등거리선 방법이란 연안국들의 기선에서 가장 가까운 점으로부터 같은 거리에 위치하는 점들을 연결하는 선을 그어 경계선으로 삼는 방법으로 대안국들 사이에서는 중간선이 된다. 1958년 대륙붕협약은 대안국 및 인접국 간의 경계선이 합의에 의하여 결정되지 못하고, 특별상황(special circumstances)에 의하여 다른 경계선이 정당화되지 않는 한, 중간선과 등거리선을 경계선으로 한다고 하였다.

49 대륙붕과 육지의 자연적 연장의 관계에 관한 설명이다. 잘못된 것은?

① 1945년 트루먼선언은 대륙붕은 연안국 대륙괴의 자연적 연장이라 하였다.

② 1969년 북해대륙붕 사건 판결에서 ICJ는 대륙붕이란 육지영토
의 자연적 연장이라 정의하였다.

③ 1982년 해양법협약은 대륙변계를 사용하여 대륙붕을 정의함으
로써 육지의 자연적 연장을 대륙붕을 정의하는 데 사용하였다.

④ 경제수역의 등장으로 해양경계획정에 있어 육지의 자연적 연장
은 더욱 중요해졌다.

⑤ 육지영토의 자연적 연장론은 국가영토에 대한 영토주권이 그 자
연적 연장을 따라 바다 속까지 연결된다는 주장이다.

[해설] <대륙붕과 육지의 자연적 연장> ① 1945년 미국은 트루먼선언에서 대
륙붕을 "연안국 대륙괴의 연장"이라고 하여 대륙붕에 대한 연안국의 권리는
육지영토에 대한 주권에서 나온다는 입장을 밝혔다. ②⑤ 1969년 북해대륙
붕 사건에서 국제사법재판소도 대륙붕이란 육지영토의 자연적 연장이라고
정의하면서, 경계획정은 각국에게 육지영토의 자연적 연장 전체를 주도록
이루어져야 한다고 하였다. 아울러 국제사법재판소는 대륙붕에 대한 연안국
의 관할권은 영토주권이 영토의 자연적 연장을 따라 바다 속까지 들어가기
때문이라는 견해를 밝힌 바 있다. ③ 1982년 해양법협약은 76조에서 육지
영토의 자연적 연장을 대륙붕의 개념을 정하는 데 사용했다. ④ 경제수역은
대륙붕과 마찬가지로 연안국의 해양에 대한 경제적 관할권이지만 해저지형
보다는 '거리'를 중시하는 제도이고, 대륙붕에도 '거리' 개념이 등장함으로써
해저지형을 중시하는 자연적 연장론의 입지는 좁아지게 되었다.

50 국제사법재판소가 판결에서 해양경계획정의 원칙으로 형평의 원칙을
최초로 도입함으로써 대륙붕 경계획정에 변화를 가져온 사건은?

① 북해대륙붕 사건

② 영·불 대륙붕 사건

③ 리비아·몰타 간 대륙붕 사건

④ 리비아·튀니지 간 대륙붕 사건

⑤ 메인만 해양경계획정 사건

[해설] <형평의 원칙> 형평이 대륙붕 경계획정시 중요한 요소로 인정된 것은
대륙붕 개념이 국제법에 도입되면서부터였다. 1945년 트루먼선언은 미국해

안의 대륙붕이 다른 국가 연안까지 뻗어 있거나 인접국과 대륙붕을 공유하고 있는 경우, 경계선은 미국과 관련 국가에 의해 형평의 원칙에 따라 결정되어야 한다고 하였다. 또한 1969년 북해대륙붕 사건에서 국제사법재판소는 경계획정은 다른 국가영토의 자연적 연장에 저촉함이 없이, 가능한 각국에게 육지영토의 자연적 연장을 구성하는 대륙붕 전체를 주도록 형평의 원칙에 따라 모든 관련상황을 고려하여 이루어져야 한다고 하여 자연적 연장론과 함께 형평의 원칙을 제시하였다. 형평의 원칙은 1977년 영·불 대륙붕 사건에 대한 중재재판소의 판결, 1982년 리비아와 튀니지 간 대륙붕 사건과 1984년 리비아와 몰타 간 대륙붕 사건 등 일련의 판결에서도 지지되었다.

51 1982년 해양법협약은 대륙붕과 경제수역 경계획정은 어떻게 이루어져야 한다고 하였는가?

① 중간선·등거리선 방식에 따라서

② 거리기준에 따라서

③ 형평에 맞는 해결을 목적으로

④ 육지의 자연적 연장을 최대한 존중하는 방식으로

⑤ 공정한 분배의 원칙을 적용하여

해설 〈**해양법협약과 해양경계획정**〉 경계획정에서 형평을 강조하는 관습법적 경향은 제3차 유엔해양법회의에서도 받아들여져, 1982년 해양법협약 74조(경제수역의 경계획정)와 83조(대륙붕 경계획정)는 대안국 및 인접국 간 경제수역(대륙붕) 경계획정은 ICJ규정 38조에 나타난 국제법을 기초로 형평에 맞는 해결을 이루기 위해 합의에 의해 이루어져야 한다고 하였다.

제 8 절 \ 공 해

52 공해에 대한 일반적인 설명들이다. 옳은 것으로 나열된 것은?

> 가. 과거에는 공해를 공유물로 보는 견해가 있었으며, 실제로 공해는 법적인 공백상태에 무주물처럼 방치되어 있었다.
> 나. 제3차 유엔해양법회의가 배타적 경제수역과 군도수역을 제도화함으로써 공해는 크게 축소되었다.
> 다. 공해범위의 축소로 공해에서의 국제분쟁 가능성은 현저히 줄어들었다.
> 라. 공해의 법적 성격과 관련하여 현재에도 무주물설이 유력하다.

① 가, 나   ② 가, 다
③ 가, 라   ④ 나, 다
⑤ 나, 라

해설   〈공해일반내용〉 ㉮ 많은 국제법학자들은 오래전부터 공해를 공유물이나 국제공역으로 보았으나, 실제로 공해는 오랫동안 법적인 공백상태에 무주물처럼 방치되어 있었다. 그 결과 1960년 제2차 유엔해양법회의에 이르기까지 국제사회의 해양에 대한 관심은 주로 영해 문제에 집중되었으며, 공해제도는 별반 주목을 받지 못하였다. ㉯ 1982년 해양법협약을 채택한 제3차 유엔해양법회의는 배타적 경제수역(EEZ)과 군도수역을 인정함으로써 연안국의 해양관할수역은 확대되고 반대로 공해는 크게 축소되었다. ㉰ 공해의 면적은 현재에도 전체 해양의 3분의 2에 달하고 있으며, 생물·무생물자원의 공급원은 물론 국제운송을 위한 고속도로로서의 해양의 역할은 변하지 않았다. 해양질서의 변화에 따라 공해의 범위는 축소되었으나, 과학기술의 발달로 인간의 해양자원 사용능력은 증대되어 해양자원과 사용방법을 둘러싼 국가간의 분쟁가능성도 훨씬 많아졌다. ㉱ 공해의 법적 성격과 관련하여 한때는 무주물설이 설득력이 있었다. 그러나 해양과학기술의 발달을 고려할 때 이제는 공유물설과 국제공역설이 설득력을 가지게 되었다.

53 공해의 역사에 관한 설명들이다. 적합하지 않은 것은?

① 고대로마의 법률가 마르시아누스는 바다와 바다의 물고기들은 자연법에 따라 공유에 속하거나 모든 사람에게 개방되어 있다고 하였다.
② 15세기 유럽에서는 많은 국가들이 바다의 일정한 부분에 대해

주권적 권리를 주장하였다.

③ 1493년 교황 알렉산더 6세는 대서양을 영국과 네덜란드의 세력 범위로 나누어 주었다.

④ 1607년 그로티우스의 『해양자유론』 출간을 계기로 해양자유론 과 폐쇄해론 간의 이론적 갈등이 본격화되었다.

⑤ 해양자유론이 폐쇄해론과의 경쟁에서 승리함에 따라 공해의 자 유는 일반국제법원칙이 되었다.

해설 <공해질서의 형성과정> ① 2세기 때의 법률가 마르시아누스(Marcia-nus)는 판결에서 바다와 바다의 물고기들은 자연법에 따라 공유에 속하거 나 모든 사람에게 개방되어 있다고 하였다. 그러나 로마시대 지중해 일대 는 모두 로마제국의 영토이었으므로 이를 국제법상의 공해의 질서에 관한 언 급이라 볼 수는 없다. ② 15세기에는 많은 국가들이 일정한 바다에 대해 주권적 권리를 주장하였다. 스웨덴과 덴마크는 발틱해와 노르웨이해, 베니 스는 아드리아해, 제노아와 피사는 리구리안해, 영국은 영국해에 대하여 주 권적인 주장을 하였던 것이다. ③ 1493년 교황 알렉산더 6세는 대서양을 나누어 스페인과 포르투갈의 세력범위로 인정하였다. 1493년의 교황경계선 이란 영국과 네덜란드가 아닌 스페인과 포르투갈의 세력범위를 정하는 경 계이었다. ④ 15세기말 소위 해양시대가 열리면서 폐쇄해론적인 경향에 제 동이 걸리고 해양자유론 관련 주장들이 힘을 얻게 되었다. 특히 해양자유 론과 폐쇄해론 사이에 이론적·현실적 갈등이 본격화된 것은 1607년 그로 티우스의 『해양자유론』(Mare Liberum)이 출간되면서부터이다. 『해양자유 론』은 네덜란드와 동인도간의 무역을 옹호하기 위하여 쓰여진 것이지만, 여기에서 그로티우스는 해양이 자유로운 공간이 되어야 하는 이유를 체계 적으로 논증하여 공해의 자유 이론의 초석을 다졌다. ⑤ 해양자유론이 폐 쇄해론과의 경쟁에서 승리한 이후 공해의 자유는 최근까지 일반국제법 원 칙의 자리를 확고하게 지키게 되었다.

54 그로티우스가 주장한 해양의 자유의 근거나 주장내용이 아닌 것은?

① 해양은 유동적이어서 누구의 소유로 하는 데 부적당하다.

② 통상권은 자연법적 권리이다.

③ 해양은 인류의 공동유산이다.

④ 해양자원은 무궁무진하여 그 소유를 구분할 필요가 없다.

⑤ 해양은 모든 국가 모든 사람에게 개방되어야 한다.

[해설] <그로티우스의 해양자유론> 그로티우스는 해양자유론을 통해 '좁은 영해, 넓은 공해'란 패러다임을 세웠다. 그는 소유를 불가능하게 하는 해양의 자연적 유동성과 해양자원의 무궁무진함, 자연법적 통상권에 근거하여 해양이 모든 사람 모든 국가에게 개방되어야 한다고 하였다. ①②④는 그로티우스가 해양의 자유의 근거로 제시한 것이고, ⑤는 그 주장내용이다. ③의 인류의 공동유산 주장은 심해저제도의 등장을 예고하는 것으로 파르도(Pardo)가 주장한 것이다.

55 1958년 공해에 관한 협약이 예시한 공해의 자유에 속하는 자유가 아닌 것은?

① 항해의 자유 ② 과학조사의 자유
③ 어로의 자유 ④ 상공비행의 자유
⑤ 해저전선과 도관 설치의 자유

[해설] <공해자유의 내용> 공해는 연안국이나 내륙국에 관계없이 모든 국가에게 개방된다. 공해를 항해하는 것은 원칙적으로 어떤 국가의 통제도 받지 아니하며 해양의 사용자들은 몇 가지 규칙에만 종속될 뿐 원하는 바를 행할 수 있다. 또한 새로운 해양기술은 계속 발전해 가므로 공해의 자유에 속하는 권리는 이를 일일이 거명할 수도 없다. 그러나 1958년 공해협약은 공해의 자유에 속하는 대표적인 자유로 항해의 자유, 어로의 자유, 상공비행의 자유, 해저전선과 도관 설치의 자유 등 4가지를 예시하였으니 이를 4대 공해자유라 부른다. 1982년 해양법협약은 여기에다 인공섬 및 기타 시설 설치의 자유와 과학적 조사의 자유를 추가하여 6가지 자유를 명문화하였다. ② 과학조사의 자유는 1982년 해양법협약이 추가한 것으로 1958년 협약에는 규정되어 있지 않았다.

56 공해자유의 제한에 대한 다음의 설명들 중에서 옳은 것끼리 나열된 것은?

> 가. 공해의 자유는 모든 국가와 모든 사람에게 인정되는 것이므로 공해의 자유의 행사에는 당연히 상대방을 고려할 의무가 뒤따른다.

나. 공해어업의 자유가 제대로 보장되게 된 것은 1970년대 경제수역제
　　도의 등장 이후이다.

다. EEZ의 등장과 해양생물자원의 고갈로 공해에서의 어업의 자유는
　　점차 제한되게 되었다.

라. 1995년 공해어류협정은 공해어류자원의 보존 및 관리를 위하여 예
　　방의 원칙을 도입하고 지역수산기구의 역할을 강화하였다.

마. 공해어류협정은 공해의 자유 원칙에 충실한 협정이므로 공해어업의
　　자유를 제한하게 될 것으로 예상되지는 않는다.

① 가, 나, 다　　　　　　② 가, 다, 라
③ 나, 다, 라　　　　　　④ 나, 다, 마
⑤ 다, 라, 마

해설 <공해자유의 제한> ㉮ 공해는 모든 국가와 모든 사람의 사용에 개방
되며, 공해의 자유는 모든 국가와 모든 사람에게 인정된다. 따라서 공해의
자유를 행사하는 데에는 상대방에 대한 '상당한 고려'(due regard) 의무가
따르게 된다. ㉯ 1970년대 배타적 경제수역의 등장 이전까지 공해에서는
누구든지 마음대로 어로를 할 수 있는 자유가 보장되었다. ㉰ 1982년 해
양법협약에 따라 200해리 배타적 경제수역(EEZ)이 등장하면서 전체 해양
의 36% 정도가 국가관할권에 종속되게 되어 공해는 양적으로 크게 줄어들
었다. 또한 그로티우스가 그의 해양자유론을 주장할 때 상정하였던 조건
중의 하나는 해양자원 특히 해양생물자원은 무궁무진하여 굳이 누구의 소
유로 묶어둘 필요가 없다는 것이었으나, 과학과 어업기술의 발달로 규제가
없이는 수산자원의 고갈이 우려되는 상황이 초래되어 공해어업의 자유에
대한 제한이 불가피해졌다. ㉱ ㉲ 1970년대 제3차 유엔해양법회의 시작 직
후 EEZ가 관습법적 제도로 자리를 잡아가면서 경계왕래성어류의 보존관리
가 국제적인 이슈로 등장하였으나, 해양법협약에는 원칙적인 규정들만 들
어 있었다. 이에 따라 1995년 8월 「경계왕래성어류와 고도회유성어류의
보존관리에 관한 협정」(일명 공해어류협정)이 체결되었으니, 협정에는 공해
의 자유에 영향을 미칠 수 있는 조항들이 들어 있다. 협정은 경계왕래성어
류와 고도회유성어류의 장기적 보존과 지속가능한 사용을 위하여 수산자원
보호에 예방의 원칙을 도입하였고, 지역수산기구를 통한 국제협력을 강화
하였으며, 보존관리조치에 일관성의 원칙을 도입하였다. 특히 협정은 지역
수산기구에 참가하지 않은 국가의 공해어업을 봉쇄하는 규정을 담고 있어
전통적인 공해어업의 자유를 크게 제한하게 될 것으로 예상된다.

정답 56 ②

57 공해상 선박에 대해서는 원칙적으로 어떤 국가가 관할권을 행사하는 가?

① 모든 국가   ② 연안국
③ 선박의 출항국   ④ 선박의 기항국
⑤ 국기국가

[해설] **<국기국가관할권>** 어떤 특정한 국가의 해양관할권에 속하는 해양의 질서는 당해 연안국에 의해 유지된다. 그러나 공해에는 어느 국가의 관할권도 미치지 못하므로 이 곳의 질서를 유지하는 방법이 문제가 된다. 그런데 해양에서의 인간의 활동은 결국 선박을 사용해 이루어지므로 해양법은 공해상 선박에 대한 관할권 행사를 통해 해양의 질서를 유지하는 방법을 취하고 있다. 해양법협약은 90조에서 모든 국가는 공해에 자국국기를 게양한 자국선박을 항해케 할 권리를 갖는다고 하면서, 91조에서는 모든 국가는 '진정한 관련'(genuine link)이 존재하는 선박에게 자국 국적을 부여하고 이를 공해에 항해하게 할 수 있다고 하였다. 반면 국기국가에게는 일정한 의무도 부과되는바, 각국은 해양에서의 안전과 조난, 선박 지원에 관련된 국제적인 의무를 이행하기 위한 법규칙을 마련해야 한다(해양법협약 94조).

58 군함이나 정부선박이 아닌 선박들은 공해에서 국기국가가 아닌 다른 국가의 군함이나 정부선박의 임검을 받는 경우가 있다. 그러한 경우에 해당하지 않는 것은?

① 노예수송 혐의가 있는 경우
② 해적행위 혐의가 있는 경우
③ 마약밀매 혐의가 있는 경우
④ 선적국의 동의가 있는 경우
⑤ 연안국의 허가 없이 어로를 한 경우

[해설] **<공해상 외국선박에 대한 관할권>** 공해상의 선박에 대해서는 기국만이 관할권을 행사하는 것이 원칙이다. 따라서 상선과 같은 사용선박들은 공해에서 다른 국가의 간섭을 받지 않는 것이 원칙이지만, 선적국의 동의가 있거나 해적행위, 노예무역, 마약밀매, 불법방송, 무국적 등의 혐의가 있을 때에는 다른 국가 군함이나 정부선박의 간섭을 받게 된다. 해양법협약 110조도 군함과 같이 주권면제를 누리는 선박이 아닌 외국선박이 해적행

위, 노예거래, 무허가방송에 종사하거나 무국적선인 경우, 군함은 임검권을 행사할 수 있다고 하였다.

59 추적권에 관한 다음의 설명들 중에서 잘못된 것은?

① 추적권은 추적국가의 관할수역에서 그 국가의 법령을 위반한 선박을 공해까지 추적하여 나포할 수 있는 권한이다.

② 추적은 군함과 군용기, 정부용 선박과 항공기에 의해 이루어진다.

③ 추적은 피추적 선박이 공해에 있을 때 시작되어야 하며, 피추적 선박이 그 기국이나 다른 나라의 영해로 들어가면 종료된다.

④ 부당한 추적권 행사로 선박이 피해를 입은 경우에는 그 손해를 보상받는다.

⑤ 추적권 행사시 연안국이 피추적 선박을 격침시킬 수 있는가 하는 데 대해서는 논란이 있다.

> **해설** 〈**추적권**〉 공해에서의 추적권은 추적국가의 관할수역 안에서 그 국가의 법령을 위반한 선박을 공해까지 추적하여 나포할 수 있는 권한으로 19세기에 확립되었다. 연안국은 자국의 내수·군도수역·영해·접속수역·경제수역·대륙붕에 적용되는 국내법을 위반한 외국선박들을 처벌하기 위하여 이들을 공해까지 추적할 수 있는 것이다. 추적은 군함과 군용기, 정부용 선박과 항공기에 의해 이루어진다. 추적은 피추적 선박이 문제의 수역 내에 있을 때 시작되어야 하며, 이 선박이 자신의 기국이나 제3국의 영해에 들어가면 종료된다. 연안국은 추적권 행사시 피추적 선박을 격침시킬 수 있는가 하는 문제도 제기되었다. 중재재판소는 I'm Alone 사건에 대한 판정에서 추적권에 추적당하는 선박을 고의로 격침시킬 수 있는 권리는 포함되지 않지만, 나포하는 과정에서 우발적으로 격침하는 경우에는 불법적인 것으로 볼 수는 없다고 하였다.

60 현재 공해의 자유는 여러 가지 이유에서 축소되어 가고 있다. 그러한 원인이라 볼 수 없는 것은?

① 대륙붕과 경제수역 때문에 연안국들의 해양수역이 확대되면서 공해는 축소되었다.

② 공해 해저의 심해저 자원은 심해저제도에 종속되었다.

③ 국기국가는 공해상 자국선박에 대해 관할권을 갖게 되었다.

④ 어로기술의 발달로 어족자원들이 고갈되면서 보호조치가 필요해졌다.

⑤ 심각해지는 해양오염으로 인하여 공해상 선박에 의한 해양오염 행위를 통제하게 되었다.

해설 〈공해자유의 축소〉 오늘날 공해의 자유는 양적·질적으로 축소되어 가고 있다. ①② 1945년 트루먼선언 이래 대륙붕과 경제수역이 등장하면서 연안국들의 관할수역은 점점 확대되는 반면 공해의 범위는 점점 좁아져 가고 있다. 1982년 해양법협약이 심해저제도를 도입하여 심해저자원의 개발 문제를 별도의 체제에 의해 관리하기로 한 것도 공해의 양적 범위를 제한하는 결과를 가져왔다. ④⑤ 공해의 자유의 질적인 축소는 해양환경보호와 깊이 관련되어 있다. 17세기 그로티우스가 전개한 공해의 자유에 관한 이론은 해양은 매우 넓고 자원은 무궁무진해서 그 어떠한 사용도 다른 사람에게 피해를 주지 않는다는 전제에서 출발하였는데, 그러한 전제들은 오늘날 타당성을 상실하였다. 어족자원의 고갈과 심각한 해양오염은 공해의 자유를 축소시키는 요인이 되었다. ③ 국기국가의 관할권은 이미 오래 전에 성립된 국제규범으로 새삼스런 것이 아니며 공해의 자유와는 직접적인 관련이 없다.

제9절 심해저

61 심해저에 대한 설명들이다. 잘못된 것은?

① 심해저란 국가의 관할권 밖에 있는 해저와 지하이다.

② 1982년 해양법협약은 심해저를 The Area라 표시하였다.

③ 1982년 해양법협약이 처음으로 성문화한 제도이다.

④ 심해저 자원개발 문제는 제3차 유엔해양법회의에서 가장 합의가 어려운 문제이었다.

⑤ 해양법협약의 심해저 자원개발제도에 대한 강력한 반대자는 개발도상국들이었다.

> [해설] <심해저제도> ①② 심해저란 국가의 관할권밖에 있는 해저·해상·지하이다(해양법협약 1조 1항). 다시 말하면, 심해저란 해양 중에서 연안국의 관할권이 미치는 국내수역·영해·접속수역·경제수역·대륙붕을 제외한 바다의 해저와 지하를 의미한다. 해양법협약은 심해저를 그냥 The Area라 표시하였다. ③④ 심해저 문제는 제3차 유엔해양법회의가 개최된 직접적인 동기이었으며, 심해저자원 개발에 관한 선진국과 후진국 간의 견해차이는 해양법협약의 조기 채택과 효력발생에 가장 큰 장애였다. ⑤ 1982년 해양법협약의 심해저 자원개발제도에 대한 반대자는 미국을 중심으로 하는 선진국들이었다. 선진국들의 이러한 반감을 누그러뜨리기 위하여 해양법협약은 사전투자보호제도를 도입하였으며, 1994년에는 이행협정을 채택하였다.

62 1982년 해양법협약은 심해저를 '인류의 공동유산'이라 하였다. 다음의 설명 중 잘못된 것은?

① 1967년 유엔총회 연설에서 파르도가 제안하였다.

② 인류의 공동유산은 처음에는 일종의 정치적 슬로건으로 제시된 것이다.

③ 해양법협약 136조는 심해저와 그 자원은 인류의 공동유산이라 규정하였다.

④ 해양법협약은 공해자유의 법리를 근거로 능력 있는 모든 주체에게 심해저자원 개발권을 부여하도록 하였다.

⑤ 심해저자원의 개발에 따른 이익은 인류 전체, 특히 개발도상국 국민들의 복지를 위해 사용되어야 한다는 의미이다.

> [해설] <인류의 공동유산> ①②③ 1967년 유엔주재 몰타 대사 파르도(Pardo)는 심해저와 그 자원을 인류의 공동유산으로 하자는 선언을 하였다. 그 후 1982년 해양법협약 136조가 심해저와 그 자원을 인류의 공동유산(common heritage of mankind)이라 규정함으로써 이 개념은 단순한 정치적 슬로건을 넘어 법적인 개념이 되었다. ⑤ 협약 규정에 비추어 보건대, 심해저를 인류의 공동유산이라 규정한 것은 남극처럼 개발을 금지하는 것

이 아니라 개발은 허용하되 개발이익을 분배하는 것을 목적으로 하는 것으로 보아야 한다. 1982년 해양법협약에 의해 심해저와 그 자원의 소유권은 국제공동체 전체에 귀속되었으며, 자원개발에 따른 개발이익은 인류 전체, 특히 개도국 국민들의 복지를 위해 사용하게 된 것이다. ④ 심해저를 인류의 공동유산으로 한 것은 기존의 공해의 자유의 법리가 심해저에 적용되는 것을 차단하기 위한 것이다.

63 심해저제도의 연혁에 대한 설명이다. 잘못된 것은?

① 심해저자원이란 심해저의 자원 전체를 의미하지만 주로 다금속단괴를 지칭한다.

② 다금속단괴는 구리·니켈·코발트·망간 등의 광물들을 함유하고 있다.

③ 19세기 후반 영국의 챌린저호가 처음으로 다금속단괴를 채취하였다.

④ 심해저문제는 1958년 제1차 유엔해양법회의 때부터 다루어졌다.

⑤ 해양법협약은 심해저제도에 반대하는 미국 등 선진국들 때문에 효력발생이 지체되었다.

[해설] <**심해저제도 연혁**> ①② 심해저자원이란 다금속단괴(polymetallic nodules)와 열수광상, 망간각을 비롯하여 심해저에 존재하는 모든 자원들을 의미한다. 그 중에서 특히 관심을 모았던 다금속단괴(또는 망간단괴)에는 구리·니켈·코발트·망간 등 상업적 이익을 갖는 주요 광물들이 함유되어 있다. ③ 망간단괴가 처음으로 끌어올려진 것은 영국의 해양조사선 챌린저(Challenger)호가 세계를 순항할 때(1873~1876년)이었다. 주로 과학적 호기심에서 비롯된 망간단괴에 대한 연구는 1957년 캘리포니아 대학 해양연구소가 심해저자원 개발의 경제성에 관해 긍정적인 연구보고를 함으로써 차츰 세인의 관심을 끌게 되었다. ④ 심해저 문제는 1967년 당시 유엔 주재 몰타대사였던 파르도(Arvid Pardo)의 인류공동유산 선언에 의해서 국제사회의 주목을 끌게 되었으며, 1968년 심해저위원회(Seabed Committee)와 1973년 개최된 제3차 해양회의의 주요 의제가 되었다. ⑤ 제3차 유엔 해양법회의는 1982년 해양법협약을 채택하였으나, 심해저개발제도에 불만을 가지고 있었던 미국 등 선진국들의 반대로 협약의 효력발생은 지체되었다. 그러나 1994년 협약은 효력발생에 들어갔다.

[정답] 62 ④   63 ④

64 해양법협약상 심해저 자원개발제도에 대한 설명이다. 잘못된 것은?

① 공해자유의 원칙에 따라 모든 국가, 모든 기업은 자유로이 심해저자원 개발에 참여할 수 있다.

② 심해저자원의 탐사와 개발을 위해 국제심해저기구(Authority)를 설립하였다.

③ 심해저자원의 개발을 직접 수행할 기구로 심해저공사(Enterprise)를 설립하기로 하였다.

④ 심해저자원의 개발에는 심해저공사(Enterprise)와 국가, 각국의 사기업이 참여할 수 있다.

⑤ 육지광물생산국들을 보호하기 위해 심해저자원의 생산한도를 정하기로 하였다.

> 해설 〈심해저 자원개발제도〉 ① 1982년 해양법협약의 체결로 과거 공해의 질서가 지배하던 공해의 해저에 심해저란 별도의 제도가 도입된 것이므로, 심해저 자원개발제도는 오히려 공해의 자유를 제한하기 위하여 등장한 제도라고 보아야 한다. ② 1982년 해양법협약은 심해저자원의 탐사와 개발을 총괄하도록 국제심해저기구(Authority)를 설립하였다. ③ 해양법협약은 직접 심해저 활동을 수행하고 심해저로부터 채취된 광물의 수송과 가공·판매를 담당할 회사 형태의 기관인 심해저공사(Enterprise)를 설립하도록 하였다. ④ 해양법협약은 심해저자원의 개발권을 심해저기업과 당사국 및 당사국 국적을 가진 사기업에 부여하였다(협약 153조). 해양법회의 당시 개도국들은 심해저기구 또는 심해저기업에 의한 개발을 주장하였고, 선진국들은 사기업에도 개발권을 부여해야 한다고 주장하였으나, 해양법협약은 양자 모두를 개발주체로 인정하였다. ⑤ 해양법협약은 구리·니켈·코발트·망간 등의 육지광물생산국 보호를 위해, 니켈을 중심으로 생산한도를 설정하였다(협약 151조).

65 심해저에 있어서 사전투자자보호제도에 대한 가장 적절한 표현인 것은?

① 심해저자원의 개발을 위해 이미 연구개발을 수행한 사기업을 보호해 주기 위한 제도이다.

② 심해저자원의 개발을 위해 이미 연구개발을 수행한 국가와 사기업을 보호해 주기 위한 제도이다.

③ 심해저자원의 개발을 위해 이미 연구개발을 수행한 국가를 보호해 주기 위한 제도이다.

④ 심해저자원의 개발을 위해 이미 연구개발을 수행한 국제기구를 보호해 주기 위한 제도이다.

⑤ 심해저기구와 심해저기업의 이익을 보호해 주기 위한 제도이다.

> **해설** <**사전투자보호제도**> 선진국들이 심해저자원 개발을 위한 연구·개발 (R&D)을 시작한 것은 1960년대였고, 1970년대에는 컨소시엄을 조직하여 본격적인 상업생산 준비에 들어갔다. 그러나 해양법회의가 선진국들의 뜻과는 반대방향으로 나아가자 선진국들은 협약에 서명을 거부하는 등 해양법협약에 크게 반발하였다. 특히 1981년 미국 레이건 행정부가 협약에 대한 재검토를 선언한 이후 선진국들의 사전투자를 일부나마 보호해 주기 위하여 이 제도가 등장하였다. 사전투자가로 보호를 받게 되는 것은 프랑스, 일본, 인도, 소련의 4개국과 Kennocot, OMA, OMI, OMCO 등 선진국 중심의 4개 컨소시엄 및 일정한 액수를 연구개발에 투자한 국가이다. 이들 사전투자가들은 15만km²의 광구를 우선 배정받으며, 자원의 탐사와 개발, 생산허가에 우선권을 갖는다.

66 1982년 해양법협약이 채택된 이후에도 국제사회는 미국 등 협약에 소극적인 선진국들을 협약체제 속으로 끌어들이기 위한 노력을 계속하였다. 그 이유로서 적당하지 않은 것은?

① 선진공업국들에게 가능하면 많은 경제적 이득을 부여하기 위하여

② 가능하면 많은 국가들이 협약에 가입하게 하여 협약의 적용범위를 확대하기 위하여

③ 미국 등 선진국들이 협약에 가입하는 데 소극적이었으므로

④ 선진국들이 심해저자원 개발에 필요한 기술을 가지고 있으므로

⑤ 국제심해저기구 초기에 필요한 막대한 운영자금을 확보하기 위하여

해설 <해양법협약과 선진국> 1982년 해양법협약은 1995년 11월 정식으로 효력을 발생하였다. 그러나 해양법협약을 마련한 제3차 해양법회의가 개최된 직접적 동기였던 심해저 개발문제는 여전히 숙제를 안고 있다. 효력발생 당시까지 해양법협약을 비준한 국가의 대부분은 개도국이고 정작 심해저 개발기술을 보유한 대부분 선진국들은 비준을 기피하고 있었다. 더구나 유엔에서와 마찬가지로 심해저기구가 발족하면서 소요되는 막대한 운영비의 대부분은 미국과 일본·서구국가 등 선진국들에 의존할 수밖에 없었고, 심해저 개발기술 역시 이들이 독점하고 있어 새로운 유인책이 요구되었다.

67 1994년 이행협정에 대한 적절한 설명이 아닌 것은?

① 정식명칭은 「1982년 유엔해양법협약 11장의 이행에 관한 협정」이다.

② 해양법협약의 심해저 자원개발 제도에 관한 개발도상국들의 불만을 누그러뜨리기 위하여 채택한 것이다.

③ 심해저공사(Enterprise)의 활동시기를 늦추었다.

④ 심해저기구 이사회를 개편하여 의사결정과정에 미국 등 선진국들의 참여를 보장하였다.

⑤ 심해저공사에의 의무적 기술이전 조항을 개정하여 시장에서 공정하고 합리적인 조건으로 기술을 획득하도록 하였다.

해설 <1994년 이행협정> ①② 해양법협약은 1982년 채택되었으나 심해저 문제는 여전히 숙제를 안고 있었다. 해양법협약이 효력발생에 이를 때까지 협약을 비준한 국가의 대부분은 개도국이었고 정작 심해저 개발기술을 보유한 대부분의 선진국들은 비준을 기피하고 있었다. 1990년부터 유엔에서는 해양법협약에 보다 많은 국가 특히 선진국들을 참여시키기 위한 협상이 시작되었고, 1994년 7월 드디어 「1982년 유엔해양법협약 11장의 이행에 관한 협정」(Agreement Relating to the Implementation of Part XI of the United Nations Convention on the Law of the Sea)이 채택되었다. 이 협정은 1996년 7월 효력발생에 들어갔는데, 해양법협약의 심해저개발 제도에 대한 미국 등 선진국들의 불만을 수용하는 것이었다. ③④⑤ 1994년 이행협정은 1982년 해양법협약의 심해저관련 제도 중에서 몇 가지를 수정하였다. 심해저공사(Enterprise)의 활동시기를 늦추어 그 때까지는 심해저기구 사무국이 그 기능을 대신 수행하도록 하였다. 심해저기구 이사회를 개편하여 의사결정과정에 미국 등 선진국들의 참여를 보장하였다. 협약 발효 후 15년마다 재검토회의(review conference)를 개최해야 한다는 조문은 삭제하였다. 심해저기업에의 의무적 기술이전 조항을 개정하여 시장에서 공정하고 합리적인 조건으로 기술을 획득하도록 하였다. 육지광물생산국 보호를 위한 심해저 생산한도를 철폐하여 여기에도 시장원리를 적용하도록 하였다.

제10절 \ 선박과 섬의 지위

68 해양에서의 인간의 활동은 대부분 선박을 통하여 이루어진다. 때문에 공해의 질서는 기본적으로 선박들에게 일정한 국가가 통제권을 행사하게 하는 방식으로 유지되어 왔다. 해양법에서는 전통적으로 어떤 국가에게 공해상 선박에 대한 통제권을 부여해 왔는가?

① 연안국   ② 국제해사기구
③ 선박이 출항한 국가   ④ 선박의 선적국가
⑤ 선박이 기항할 국가

> 해설 **〈공해상 선박에 대한 국기국가 관할권〉** 전통적으로 해양의 질서를 유지하는 데 있어 연안국의 관할권이 미치지 아니하는 공해의 경우에는 선박에 국적을 부여하여 그 국기국가로 하여금 선박을 통제하게 하는 방법이 사용되어 왔다. 선박의 국적은 선박에 대한 국기국가 관할권(flag state jurisdiction)을 행사하는 국가가 어떤 국가인가 하는 것과, 선박의 작위나 부작위로 인한 책임이 궁극적으로 어떤 국가에 귀속되는가 하는 것, 선박을 위한 외교보호를 행사할 수 있는 국가가 어떤 국가인지를 보여준다.

69 공해상 선박에 대한 효율적인 통제를 위해서는 선박에 대한 국적부여에 관한 규칙을 마련해야 한다. 따라서 국제법에서는 선적국가와 선박 간에 현실적 유대가 있는 경우에만 자국의 국적을 부여하도록 하였으나, 라이베리아, 파나마 등 일부 국가들은 자국과 관련이 없는 선

박에게도 쉽게 자국의 국적을 부여하여 왔다. 이러한 관행을 무엇이
라고 하는가?

① 실효성   ② 진정한 관련
③ 편의치적   ④ 무국적
⑤ 연안국관할

> [해설] <**편의치적**> 1958년 공해협약과 1982년 해양법협약은 국적을 부여하
> 는 국가와 국적을 받는 선박 간에 '진정한 관련'(genuine link)이 있어야
> 한다는 규정을 두어 양자 간에 현실적인 유대가 있는 경우에만 선적을 부
> 여하도록 하였다. 그러나 국제사회에서는 자국과 거의 아무런 관련이 없는
> 선박에게도 그 국적을 부여하는 편의치적(flag of convenience)이 널리 행
> 하여지고 있다. 1920년대 미국의 선박 소유주들이 그들의 선박을 파나마나
> 온두라스에 등록하면서 시작된 편의치적은 2차대전을 전후하여 확대되었
> 다. 편의치적을 인정하는 주요 국가는 라이베리아, 파나마, 키프로스, 바하
> 마이다.

70 선박의 국적에 관한 다음의 설명 중 틀린 것은?

① 1958년 공해협약은 선적국가와 선박 간에는 현실적 유대, 즉 진
정한 관련이 있어야 한다고 하였다.

② 1982년 해양법협약도 선적국가와 선박 사이에는 진정한 관련이
있어야 한다고 하였다.

③ 국제사회는 선박의 편의치적 관행을 단절하기 위해 1986년 선
박등록조건협약을 체결하였다.

④ 국제협약에 따라 국제사회에서는 일반적으로 선박의 편의치적은
불법적인 것으로 다루며 그 효력을 인정하지 않는다.

⑤ 국제협약들은 국가와 선박 간의 진정한 관련을 요구하지만, 국
제사회에서는 편의치적 관행이 계속되고 있다.

> [해설] <**편의치적 선박의 지위**> ① 선박의 국적 문제는 국제법위원회가 제1
> 차 해양법회의를 준비할 때 체계적으로 검토되기 시작하였으며, 1958년 공
> 해협약 5조는 선적국가와 선박 간에는 현실적 유대, 즉 '진정한 관련'이 있
> 어야 한다고 하였다. ② 1982년 해양법협약도 91조 1항에 유사한 규정을

두었다. 즉 국가와 선박 사이에는 '진정한 관련'이 있어야 한다고 하였다. ③ 진정한 관련의 원칙을 강화하고 편의치적 관행을 단절하기 위해 국제사회는 1986년 2월 「선박등록조건협약」을 채택하였으나, 아직 효력발생에 이르지 못하였다. ④⑤ 국제사회는 각종 국제협약을 체결하여 편의치적 관행을 단절하고자 노력해 왔으나, 별로 효과가 없었다. 국가와 선박 간에 진정한 관련을 요구하는 국제협약에도 불구하고 국제사회에서는 편의치적 관행이 계속되고 있는 것이다. 이러한 현실 때문에 국제사회에서는 일반적으로 편의치적을 불법으로 보지는 않는다.

71 다음의 국제적인 영토분쟁 중에서 최근 국제사법재판소(ICJ) 판결에 의해 해결된 것은?

① 포클랜드군도 분쟁　　　　② 팔마스섬 분쟁
③ 리기탄-시파단 분쟁　　　　④ 클리퍼튼섬 분쟁
⑤ 스프래틀리군도 분쟁

해설　<리기탄과 시파단섬 분쟁> 도서영유권 관련 영유권 분쟁 중에서 최근 국제사법재판소 판결에 의하여 그 분쟁이 해결된 것은 인도네시아와 말레이시아간 리기탄(Ligitan)과 시파단(Sipadan)섬 분쟁이다. 인도네시아와 말레이시아는 1998년 11월 특별협정을 통해 국제사법재판소(ICJ)에 리기탄과 시파단섬 영유권 분쟁의 해결을 의뢰하였으며, ICJ는 2002년 12월 17일 이 사건에 대해 판결을 내렸는데, 16대 1로 리티간과 시파단섬에 대한 영유권은 말레이시아에게 있다고 하였다. 리기탄과 시파단섬은 셀레베스(Celebes)해, 보르네오섬 동북쪽 연안에 위치해 있는 작은 섬들이다. 인도네시아의 영유권 주장은 1891년 영국과 네덜란드간 협정을 근거로 삼았으며, 말레이시아는 술루의 술탄-스페인-미국-영국-말레이시아로 연결되는 승계과정 및 지속적인 평화적 점유와 통치를 통해 영유권을 획득하였다고 주장하였다. ICJ는 실효성을 기준으로 이들 섬의 영유권 문제를 해결하였다. 인도네시아는 네덜란드와 자국 해군의 활동과 자국 어민들의 전통적인 어업을 근거로 제시하였으나, ICJ는 이를 영유권 인정의 근거로 받아들이지 않았다. 반면에 말레이시아는 리기탄과 시파단섬에서의 거북알 채집 규제조치와 두 섬에 건설한 등대를 근거로 제시하였다. ICJ는 그러한 활동이 횟수는 많지 않지만 입법적·행정적·준사법적 활동을 포함하고 있는 것으로 보았으며, 그 당시 네덜란드와 인도네시아가 이에 대해 거의 항의하지 않은 것을 주목하였다. ICJ는 실효성을 근거로 리기탄과 시파단섬에 대한 영유권은 말레이시아에 속한다고 한 것이다.

72 오늘날 국제사회에서 섬의 영유권을 둘러싼 분쟁이 자주 발생하는 이유라 볼 수 없는 것은?

① 섬을 둘러싼 국가 간의 해묵은 영토분쟁들이 재연되고 있다.

② 대륙붕과 경제수역의 등장으로 섬이 창설할 수 있는 해양수역이 확대되었다.

③ 탈염시설 등 과학기술의 발달로 섬의 효율적인 이용이 가능해졌다.

④ 해양법협약이 해양경계획정시 모든 섬들과 암석(rock)에게 육지와 동등한 효과를 인정하였기 때문이다.

⑤ 영토분쟁은 국가의 자존심이 걸린 문제로 비화되어 대화를 통한 해결에 어려움이 있다.

> [해설] **<국제법상 섬의 중요성>** 오늘날 국제사회에서는 수많은 영토분쟁이 발생하고 있고 그 중에 상당부분은 섬의 영유권에 대한 분쟁이다. 동아시아만 해도 우리와 일본 간의 독도문제를 비롯하여, 중국과 일본 간의 센카쿠, 중국·베트남·필리핀·인도네시아 등 6개국이 영유권을 주장하고 있는 남사군도(Spratly군도)를 둘러싼 분쟁이 있다. 이러한 섬에 대한 영유권 분쟁은 ①③⑤에 언급된 이유들로 인하여 계속 발생하고 있으나, 근래에 부쩍 섬에 대한 영유권 분쟁이 증가한 것은 ②에서 지적한 대로 대륙붕과 경제수역의 등장으로 섬에 대한 영유권이 광대한 주변수역에 대한 관할권을 보장해 줄 것으로 믿기 때문이다. ④ 해양법협약은 해양경계획정시 모든 섬들의 가치를 동등하게 인정하지 않았다. 실제 경계획정에서도 섬들은 섬들이 가지고 있는 여러 가지 가치들(인구, 육지와의 거리, 경제적 중요성)에 의해 그 효과가 결정된다.

73 국제법상 섬의 정의에 대한 다음의 설명 중 잘못된 것은?

① 전통적으로 국제법에서 섬은 어떤 지형이 자체의 영해를 가질 수 있는가 하는 기준에 입각하여 정의되어 왔다.

② 국제법상의 섬은 인간의 거주와 독자적 경제생활이 가능해야 한다.

③ 섬은 자연적으로 형성된 것이어야 한다.

④ 섬은 육지지역이어야 한다.

⑤ 섬은 만조시 수면 위에 노출되어야 한다.

해설 **〈섬의 정의〉** ① 섬을 법적으로 정의하여 법적인 섬과 그렇지 아니한 섬을 구분하고자 하는 노력은 1930년 헤이그성문화회의 때부터 시도되었다. 그 후 섬의 정의는 어떠한 섬이 자체의 영해를 가질 수 있는가 하는 측면에서 검토되어 왔으며, 1958년 영해협약과 1982년 해양법협약도 동일한 입장에서 섬을 정의하였다. ② 1982년 해양법협약 121조 1항은 섬은 만조시 수면 위에 존재하는, 물로 둘러싸인, 자연적으로 형성된 육지지역(An Island is a naturally formed area of land, surrounded by water, which is above water at high tide)이라고 정의하였다. 인간의 거주가능성과 독자적 경제생활은 동조 3항에 의하여 자체의 대륙붕과 경제수역을 갖기 위한 섬의 조건으로 도입되었다. ③ 국제법상의 섬은 자연적으로 형성된(naturally formed) 것이어야 한다. 따라서 등대와 같은 인공시설물들은 국제법상 섬이 아니다. ④ 국제법상의 섬은 육지로 된 지역(an area of land), 즉 땅으로 이루어져 있어야 한다. 따라서 정박해 있는 선박과 빙산처럼 부유하는 자연적 형성물, 해저시설물 등은 국제법상 섬이 아니다. ⑤ 국제법상의 섬은 만조시 노출(emergence at high-tide)되어야 한다. 이것은 국제법상의 섬이 되려면 항상 수면 위에 노출되어 있어야 한다는 것으로, 썰물시에는 노출되었다가 밀물시에는 물 속에 잠기는 간출지(low-tide elevation)는 국제법상 섬이 아니다.

74 섬이 가질 수 있는 해양수역에 대한 다음의 설명 중 적합하지 않은 것은?

① 제3차 유엔해양법회의에서는 섬의 해양수역 창설능력에 있어서 섬을 차별해야 한다는 입장과 이에 반대하는 입장이 대립되었다.

② 해양법협약은 섬의 해양수역 창설능력과 관련하여 섬들을 차별하지 않았다.

③ 해양법협약은 모든 법적인 섬들은 자체의 영해를 가질 수 있게 하였다.

④ 해양법협약은 암석이 아닌 섬들만 자체의 대륙붕을 가질 수 있게 하였다.

⑤ 해양법협약은 암석이 아닌 섬들만 자체의 경제수역을 가질 수 있게 하였다.

[해설] <섬의 해양수역> ① 국제법에서는 오래 전부터 국제법상의 섬이 자체의 영해를 가질 수 있음을 인정해 왔다. 그러나 대륙붕과 경제수역이 등장하면서 모든 섬들에게 자체의 대륙붕과 경제수역을 허용할 것인가 하는 문제가 제기되었다. 제3차 해양법회의에서도 해양수역 창설과 관련하여 섬을 차별하면 안 된다는 주장과 조그만 섬들의 해양수역은 제한해야 한다는 주장이 대립하였다. ② 1982년 해양법협약은 해양수역 창설능력과 관련하여 섬들 간에 차별을 인정하여, 모든 섬들에게 자체의 영해는 허용하되 암석 (rock)의 대륙붕과 경제수역은 제한하였다. ③ 1982년 해양법협약 121조 2항 규정에 따라 모든 법적인 섬들은 자체의 영해를 가질 수 있다. ④⑤ 해양법협약은 121조 3항에서 인간의 거주와 독자적 경제생활을 유지할 수 없는 암석(rocks which cannot sustain human habitation or economic life of their own)은 배타적 경제수역과 대륙붕을 가지지 못한다고 하여 암석의 대륙붕과 경제수역 창설능력을 부인하였다. 즉 암석이 아닌 섬들만 자체의 대륙붕과 경제수역을 가질 수 있는 것이다.

제11절 해양분쟁해결

75 1982년 해양법협약의 해양분쟁해결 제도에 대한 설명으로 적절하지 못한 것은?

① 해양법협약은 협약의 해석과 적용에 관한 당사국간 분쟁은 평화적으로 해결되어야 한다고 하면서 유엔헌장 33조 1항에 나열된 방법들을 제시하였다.

② 해양법협약은 협약관련 분쟁을 당사국들이 합의하는 평화적 수단에 의해 해결할 수 있게 하였다.

③ 협약의 해석 및 적용과 관련하여 분쟁이 발생하면, 당사국들은

교섭 등 평화적 수단에 의한 분쟁해결에 관해 의견을 교환한다고 하였다.

④ 해양법협약은 당사국들이 해양분쟁을 조정절차에 부탁할 수 있게 하였다.

⑤ 조정에 의하여 해결되지 아니하는 해양법협약 관련 분쟁은 자동적으로 국제해양법재판소(ITLOS)에 부탁된다고 하였다.

해설 〈해양분쟁해결절차〉 ① 해양법협약 279조는 해양법협약의 해석과 적용에 관한 분쟁은 평화적으로 해결되어야 한다고 하면서, 유엔헌장 33조 1항에 나열된 수단들을 언급하였다. ② 그러나 해양법협약 280조는 분쟁당사국들은 그들이 선택하는 평화적 수단에 의해 해결할 수 있다고 하였다. ③ 해양법협약 283조는 협약의 해석 및 적용과 관련하여 분쟁이 발생하면, 당사국들은 교섭 등 평화적 수단에 의한 분쟁해결에 관해 의견을 교환한다고 하였다. ④ 해양법협약 284조는 조약의 해석 및 적용과 관련하여 당사국은 다른 분쟁당사국에게 그들 간의 분쟁을 제5부속서의 조정절차에 부탁하도록 요청할 수 있으며, 타방 당사국이 이를 수락하면 조정절차가 진행된다고 하였다. ⑤ 해양법협약 287조에 따르면 당사국은 협약의 해석과 적용에 관한 분쟁을 해결하기 위하여 하나 또는 그 이상의 분쟁해결 수단을 선택하여야 한다. 이것을 강제절차라고 한다. 당사국들은 ㉠ 제6부속서에 따라 설립되는 국제해양법재판소, ㉡ 국제사법재판소, ㉢ 제7부속서에 따라 구성되는 중재재판소, ㉣ 제8부속서에 따라 설립되는 특별중재재판소 중에서 선택한다.

76 해양법협약은 구속력 있는 강제절차로서 당사국들이 협약에 구속을 받는다는 동의를 할 때 4가지 분쟁해결절차 중에서 하나 또는 그 이상을 선택하여야 한다고 하였다. 다음 중 그러한 절차에 속하지 않는 것은?

① 조 정　　　　　　　② 국제해양법재판소
③ 국제사법재판소　　　④ 제7부속서에 따른 중재재판소
⑤ 제8부속서에 따른 특별중재재판소

해설 〈강제절차〉 해양법협약 287조는 모든 당사국은 협약의 해석과 적용에 관한 분쟁을 해결하기 위하여 협약에 서명·비준·가입할 때 또는 그 후 언제든지 서면으로 된 선언으로 하나 또는 그 이상의 수단을 선택하여야 한다. 여기서 말하는 수단이란 ㉠ 제6부속서에 따라 설립되는 국제해양법재판소(International Tribunal for the Law of the Sea), ㉡ 국제사법재판소(ICJ), ㉢ 제7부속서에 따라 구성되는 중재재판소, ㉣ 제8부속서에 따라 설립되는 특별중재재판소(special arbitral tribunal)이다(협약 287조 1항). 만일 어떤 분쟁당사국이 상기한 분쟁해결 수단들 중에서 아무것도 선택하는 선언을 하지 않은 경우에는 제7부속서에 따른 중재를 선택한 것으로 본다고 하였다(동조 3항).

77 다음 중에서 국제해양법재판소에 관한 설명이 아닌 것은?

① 국제해양분쟁의 평화적 해결을 위해 설립되었다.

② 국제법 분야에서 능력을 인정받은 15명의 재판관들로 구성되며, 네덜란드 헤이그에 소재한다.

③ 재판소에는 11명의 재판관들로 구성되는 해저분쟁재판부(Seabed Disputes Chamber)를 둔다.

④ 재판소는 특정한 종류의 분쟁을 처리하기 위하여 필요한 경우 3인 이상의 재판관으로 구성되는 특별재판정을 설치할 수 있다.

⑤ 재판소는 해양법협약과 관련하여 부탁되는 모든 분쟁과 재판소에 관할권을 부여하는 협정에 규정된 모든 사항을 다룬다.

해설 <국제해양법재판소> ①② 유엔해양법협약은 해양관련 분쟁의 평화적 해결을 위해 국제해양법재판소(ITLOS)를 설립하였다. 국제해양법재판소는 독일 함부르크에 위치한다. 국제해양법재판소는 공정성과 성실성에 있어서 최고의 명성을 가지며 해양법분야에서 능력을 인정받은 21명의 독립적인 재판관들로 구성된다(재판소규정 2조). 재판관의 임기는 9년이고 재선될 수 있다(규정 5조). ③ 재판소에는 11명의 재판관들로 구성되는 해저분쟁재판부(Seabed Disputes Chamber)를 설치한다(규정 14조). ④ 재판소에는 특별한 종류의 분쟁들을 처리하기 위하여 3인 이상으로 구성되는 특별재판정을 설치할 수 있으며, 업무의 신속한 처리를 위하여 약식절차에 따라 분쟁을 처리하고 결정하는 5명의 재판관들로 구성되는 재판정을 구성한다(규정 15조). ⑤ 국제해양법재판소의 관할권은 협약과 관련하여 재판소에 부탁되는 모든 분쟁과 재판소에 관할권을 부여하는 협정에 규정된 모든 사항에 미친다(규정 21조).

실 전 문 제

1 해양법의 역사에 대한 다음의 설명 가운데 적합하지 않은 것은?

① 중세 때 해양은 무질서 속에 있었으며 해적들이 지배하였다.

② 근대 이후 해양법의 역사는 폐쇄해론과 자유해론 간의 대립 가운데 있었다.

③ 영국은 19세기 해양강대국이 되면서 해양자유론을 강력하게 옹호하였다.

④ 2차대전 이후 신생국들은 단결하여 공해의 자유를 강화하는 데 기여하였다.

⑤ 미국과 소련 등 해양강대국들은 연안국들의 해양수역 확대에 반대하였다.

> [해설] 해양의 자유 또는 공해의 자유는 해양강대국들이 선호하던 것이며, 개발상국들은 오히려 해양에 대한 연안국들의 관할권 확대를 위해 노력하였다.

2 그로티우스가 그의 『해양자유론』을 통하여 도입한 해양법의 기본구조라 할 수 있는 것은?

① 좁은 영해, 넓은 공해 ② 인류의 공동유산수역

③ 세대간 형평구조 ④ 국제공역개념

⑤ 해양에 대한 경제적 관할권

> [해설] 그로티우스는 해양의 자유, 즉 대부분의 바다는 자유로운 공간이 되어야 한다고 주장하였는바, 좁은 영해를 제외한 대부분의 바다는 공해가 되어야 한다고 본 것이다.

[정답] 1 ④ 2 ①

3 다음 중 1958년 제1차 유엔해양법회의와 관계가 없는 것은?

① 영해 및 접속수역에 관한 협약을 채택하였다.

② 대륙붕협약을 채택하였다.

③ 경제수역을 성문화하였다.

④ 공해에 관한 협약을 채택하였다.

⑤ 영해의 너비에 대해서는 합의하지 못했다.

> [해설] ③ 경제수역을 성문화한 것은 1982년 해양법협약이 처음이다.

4 1973년에 시작되어 1982년 해양법협약을 채택하고 폐막된 회의는?

① 제1차 유엔해양법회의   ② 제2차 유엔해양법회의

③ 제3차 유엔해양법회의   ④ 제4차 유엔해양법회의

⑤ 제5차 유엔해양법회의

> [해설] 제1차 유엔해양법회의는 1958년, 제2차 회의는 1960년에 개최되었다. 제3차 유엔해양법회의는 1973년부터 1982년까지 진행되었고, 그 결과 해양법협약이 채택되었다.

5 다음 중 1982년 해양법협약과 관계가 없는 것은?

① 대륙붕을 처음으로 성문화하였다.

② 경제수역을 처음으로 성문화하였다.

③ 군도수역을 처음으로 성문화하였다.

④ 심해저제도를 처음으로 성문화하였다.

⑤ 해양오염방지를 위해 자세한 규정들을 두었다.

> [해설] 제3차 유엔해양법회의는 경제수역·군도수역·심해저를 처음으로 성문화된 제도로 만들었으며 해양오염에 대해서도 자세한 규정을 두었다. 그러나 대륙붕은 이미 1958년 대륙붕협약을 통해 성문화되었다.

6 해양법의 발달과정에 관한 설명 중 옳지 않은 것은?

<행시, 외시, 지시 '02>

[정답] **3** ③   **4** ③   **5** ①

① 영해와 공해라는 이원적 해양구조가 과거 오랫동안 유지되어 왔다.

② 주권이나 배타적 권리가 인정되는 해역을 넓히려는 연안국의 요구와 국제항해에 필요한 해역을 확보하려는 해양강대국 간의 타협으로 배타적 경제수역이 인정되게 되었다.

③ 배타적 경제수역은 제1차 유엔해양법회의에서 제도화되었고 대륙붕은 제3차 유엔해양법회의 결과 채택된 유엔해양법협약에서 처음으로 제도화되었다.

④ 영해의 폭에 대하여 오랜 기간동안 다양한 주장이 제기되었으나 합의를 보지 못하다가, 제3차 유엔해양법회의의 결과 채택된 유엔해양법협약에서 처음으로 그 폭에 대하여 합의를 보았다.

⑤ 제3차 유엔해양법회의 결과 제도화된 심해저제도에 의해 공해의 자유도 제한을 받게 되었다.

> 해설 ③ 대륙붕은 제1차 유엔해양법회의에서 성문화되었고, 경제수역은 제3차 유엔해양법회의 결과 채택된 유엔해양법협약에서 처음으로 제도화되었다.

7 1982년 「UN해양법협약」에 대한 설명으로 옳지 않은 것은?

<행시, 외시, 지시 '01>

① 연안국들에게 200해리 배타적 경제수역을 선포할 수 있게 하였다.

② 연안국들에게 영해기준선에서 12해리까지 영해를 선포할 수 있게 하였다.

③ 국제해협에는 영해에 적용되어온 기존의 무해통항제도가 적용되도록 하였다.

④ 군도국가들에게 군도수역을 선포할 수 있게 하였다.

⑤ 심해저와 그 자원은 인류의 공동유산이라고 하였다.

> 해설 1982년 해양법협약은 국제해협의 통항제도를 다양화하였다. 가장 대표적인 해협통항제도는 통과통항이지만, 그 외에도 무해통항이 적용되는 해협과 오래된 조약이 그대로 적용되는 해협이 있다.

8 다음 보기 중 1982년 「UN해양법협약」에서 처음으로 명문화된 제도를 묶은 것으로 옳은 것은?

> ㉠ 최대 12해리 영해제도   ㉡ 심해저제도
> ㉢ 대륙붕제도   ㉣ 군도수역제도
> ㉤ 무해통항제도

① ㉠,㉡,㉢   ② ㉠,㉡,㉣
③ ㉠,㉣,㉤   ④ ㉡,㉢,㉤
⑤ ㉠,㉣,㉤

> 해설 1982년 「유엔해양법협약」은 영해를 12해리로 확장하였고, 국제해협에 통과통항제도를 도입하였으며, 군도수역과 경제수역 및 심해저를 새로이 성문화하고, 대륙붕을 확장하였으며, 심해저와 그 자원을 인류의 공동유산으로 하였고, 국제해양법재판소를 설립하는 등 분쟁해결절차를 정비하였다.

9 1980년대 이후 국제해양법 동향에 관한 적절한 설명이 아닌 것은?
① 제3차 유엔해양법회의에서는 유엔해양법협약을 채택하였다.
② 해양법협약은 영해의 너비를 12해리로 확장하였다.
③ 해양법협약에 따라 대륙붕과 경제수역이 처음으로 성문화되었다.
④ 해양분쟁해결을 위해 국제해양법재판소가 설립되었다.
⑤ 경계왕래성어족과 고도회유성어족의 보존과 관리를 위한 협약이 채택되었다.

> 해설 대륙붕은 1958년 제1차 유엔해양법회의에서 성문화되었다.

10 영해기준선 안쪽에 있는 수역은?

① 영 해   ② 접속수역

③ 경제수역   ④ 군사수역

⑤ 내 수

> 해설 영해기준선 안쪽의 수역을 내수라고 한다.

11 다음 중 내수에 속하지 않는 것은?   <사시 '83>

① 항   ② 만

③ 하 천   ④ 운 하

⑤ 접속수역

> 해설 내수란 영해기준선 안쪽의 수역이다. 따라서 영해기준선 바깥쪽에 위치하는 접속수역은 내수가 아니다.

12 1982년 「UN해양법협약」상 영해 및 내수에 관한 설명 중 옳지 않은 것은?   <사시 '02>

① 영해는 기선으로부터 12해리까지 설정될 수 있다.

② 해안의 굴곡이 심하거나 해안 가까이 도서가 많이 산재한 경우에는 직선기선을 설정할 수 있다.

③ 평시의 경우 영해에서 외국선박은 무해통항권을 가진다.

④ 군도수역의 경우를 제외하고는 영해기선의 육지측 수역은 내수에 포함된다.

⑤ 해양법협약 제8조 제2항에 의하면, 종래에는 내수가 아니었으나, 직선기선을 설정함에 따라 새로이 내수로 편입되는 수역에서는 통과통항권이 인정된다.

> 해설 해양법협약에 의하면, 종래에는 내수가 아니었으나, 직선기선을 설정함에 따라 새로이 내수로 편입되는 수역에서는 외국선박들에게 무해통항권이 인정된다.

---

13 내수에 대한 가장 정확한 정의인 것은?

① 영해기준선 안쪽의 수역

② 호수나 폐쇄해 같은 육지영토 안의 수역

③ 연안국의 주권적 권한이 미치는 수역

④ 폐쇄해나 반폐쇄해 같이 육지로 둘러싸인 수역

⑤ 연안국의 주권이 미치는 수역

14 제3차 UN해양법회의에서 새로 등장한 제도는?   <사시 '84>

① 접속수역   ② 군도수역

③ 위험수역   ④ 세습수역

⑤ 어업보존수역

> [해설] 1973년부터 1982년까지 진행된 제3차 해양법회의에서는 군도수역,
> 경제수역, 심해저제도가 새로이 등장하였다.

15 군도수역이란?

① 군도국가에게만 허용되는 영해 외측의 수역이다.

② 모든 군도에게 허용되는 영해 외측의 수역이다.

③ 군도국가의 경제수역이다.

④ 군도국가에게만 허용되는 영해 안쪽의 수역이다.

⑤ 모든 군도에게 허용되는 영해 안쪽의 수역이다.

> [해설] 군도수역이란 군도국가에게만 허용되는 수역으로, 이 수역은 내수 외
> 측 영해 안쪽에 위치한다. 군도국가의 영해는 군도수역 외측에서부터 시작
> 된다.

16 군도수역에 대한 다음의 설명 중에서 잘못된 것은?

① 군도국가만이 설정할 수 있는 수역이다.

② 군도기준선 안쪽의 수역을 말한다.

[정답] 13 ①   14 ②   15 ④

③ 본토에서 멀리 떨어진 군도를 가지고 있는 국가도 군도수역을 설치할 수 있다.

④ 군도수역은 육지면적의 최대 9배까지 설치할 수 있다.

⑤ 군도기준선의 길이는 100해리를 초과할 수 없다.

> [해설] 제3차 유엔해양법회의는 대륙국가로서 본토에서 멀리 떨어진 곳에 군도를 가지고 있는 국가는 군도수역을 설치할 수 없게 하였다.

17 영해에 관한 설명으로 옳지 않은 것은?　　　　　　　　＜사시 '01＞

① 영해에는 연안국의 주권이 미친다.

② 영해에서 무해통항 하고자 하는 외국의 잠수함은 해면 위로 부상하여 국기를 게양하고 항행하여야 한다.

③ UN해양법협약상 영해의 폭은 12해리까지 인정하고 있다.

④ 우리나라는 전 연안에서 12해리 영해를 선포하고 있다.

⑤ 무해통항중인 외국선박의 선내에서 행해진 범죄에 관해서는 특정한 경우를 제외하고는 기국이 재판관할권을 가진다.

> [해설] 우리나라는 1977년 12월 영해법을 제정하고 1978년 영해법시행령을 마련하였다. 영해법은 1조에서 기준선으로부터 12해리까지의 수역을 영해로 하고, 대통령령이 정하는 수역에서는 이를 12해리 이내로 할 수 있다고 하였다. 시행령은 대한해협의 일부 수역에서 직선기선 외측에 너비 3해리의 영해를 설치하였다.

18 1982년 해양법협약에 의할 때 영해기준선의 용도에 대한 가장 정확한 표현인 것은?

① 영해의 범위를 정하는 데 사용된다.

② 영해와 접속수역의 범위를 정하는 데 사용된다.

③ 영해와 접속수역, 경제수역의 범위를 정하는 데 사용된다.

④ 영해와 접속수역, 경제수역, 대륙붕의 범위를 정하는 데 사용된다.

⑤ 영해와 경제수역, 대륙붕의 범위를 정하는 데 사용된다.

[해설] 과거 영해기준선은 주로 영해의 너비를 측정하는 데 사용되었었다. 그러나 1982년 해양법협약에서 영해기준선은 영해는 물론 접속수역(기준선에서 24해리), 경제수역(기준선에서 200해리)의 범위를 측정하는 데에도 사용되게 되었으며, 대륙붕의 외측한계 설정에도 대륙변계와 함께 200해리 거리기준(기준선으로부터)을 사용되게 되었다.

19 직선기선에 대한 적절한 설명이 아닌 것은?

① 굴곡이 심하고 섬이 많아 해안선이 복잡한 곳에 설정된다.

② 직선기선 설정을 위한 준칙은 어업사건에 대한 ICJ 판결에서 확립되었다.

③ 해안의 일반적 방향을 벗어나면 안 된다.

④ 직선기준선 안쪽의 수역은 내수이다.

⑤ 간출지도 직선기선 설정을 위한 기점으로 사용할 수 있다.

[해설] 간출지(low-tide elevation, 저조고지)란 썰물시에는 수면 위에 나왔다가 밀물시에는 수면 밑에 가라앉는 지형으로, 원칙적으로 직선기준선 획정을 위한 기점으로 사용할 수 없다.

20 1951년 영국과 노르웨이 간 어업사건에 대한 국제사법재판소(ICJ)의 판결은 국제법 어느 부분의 발달에 크게 기여하였는가? <사시 '01>

① 직선기선의 설정　　　　② 공해어업의 자유

③ 대륙붕의 경계확정　　　④ 경제수역의 경계확정

⑤ 국제해협의 통항

[해설] 영국 대 노르웨이 간의 어업사건에서 ICJ는 노르웨이가 선포한 직선기준선의 정당성을 확인하고 직선기준선 획정시 따라야 할 준칙들을 제시하였다.

21 general direction of the coast란 무엇인가?

① 통상기선 설정시 따라야 할 기준의 하나이다.

② 직선기선 설정시 따라야 할 기준의 하나이다.

③ 통과통항시 따라야 할 기준이다.
④ 무해통항시 따라야 할 기준이다.
⑤ 국경선획정시 따라야 할 기준이다.

> 해설 해안의 일반적 방향(general direction of the coast)이란 1951년 어업사건에 대한 판결에서 국제사법재판소가 제시하였고, 1958년 영해 및 접속수역에 관한 협약과 1982년 해양법협약이 명문으로 채택한 직선기준선 설정에 관한 국제법 규칙이다.

22 직선기선 설정에 대한 설명으로 부적절한 것은?
① ICJ의 1951년 어업사건 판결이 큰 영향을 미쳤다.
② 해양법협약도 해안선이 복잡한 곳에 직선기선을 그을 수 있게 하였다.
③ 직선기선은 해안의 일반적 방향을 따라야 한다.
④ 직선기선은 해도에 표시된 해안의 저조선을 따른다.
⑤ 해안과 섬의 돌출부의 기점을 직선으로 연결하여 직선기선을 긋는다.

> 해설 해도에 표시된 해안의 저조선에 따라 그어지는 기준선은 통상기선이다.

23 1982년 「UN해양법협약」상 직선기선에 관한 설명 중 옳은 것은?
① 국제사법재판소(ICJ)는 영국과 아이슬란드 간의 어업관할권사건(Fisheries Jurisdiction Case)을 통하여 직선기선 설정의 합법성을 인정하였다.
② 직선기선 내측의 수역을 영해라고 한다.
③ 간출지(low-tide elevations)로부터 언제나 직선기선이 설정될 수 있다.
④ 다른 국가의 영해를 배타적 경제수역이나 공해로부터 차단시키더라도 직선기선을 설정할 수 있다.

⑤ 직선기선의 설정은 해안의 일반적 방향으로부터 현저히 이탈할 수 없다.

[해설] ① 국제사법재판소(ICJ)는 영국과 아이슬란드 간의 어업관할권사건 (Fisheries Jurisdiction Case)이 아닌 영국과 노르웨이 간의 어업사건(Fisheries Case)에서 직선기선 설정의 합법성을 인정하였다. ② 직선기선 안쪽 수역은 내수이다. ⑤ 해양법협약 7조 3항은 직선기선은 해안의 일반적 방향으로부터 현저히 벗어나게 설정하면 아니 된다고 하였다.

24 국제법상 만(bay)에 대한 다음의 설명 중 잘못된 것은?

① 오늘날 연안국 중에는 자국주변의 일부 해역을 역사적 만이라 주장하는 국가들이 있다.

② 국제법상 역사적 만에 대한 판단기준은 아직 모호하다.

③ 1958년의 영해협약과 1982년 해양법협약 모두 역사적 만에 대한 규정을 두었으나, 규정의 해석을 둘러싸고 의견대립이 심하였다.

④ 유엔은 어떤 국가가 상당한 기간동안 특정한 수역을 자국의 내수라 주장하면서 효율적으로 권한을 행사하였고, 다른 국가들이 이를 묵인하는 경우, 역사적 만에 대한 주장이 가능하다고 보았다.

⑤ 역사적 만에 대해서는 만의 입구를 가로지르는 만구폐쇄선을 그어 기준선으로 활용할 수 있다.

[해설] ①② 오늘날 연안국 중에는 자국 해안의 일부 해역을 역사적 만이라고 주장하는 국가들이 있으나, 역사적 만에 대한 판단기준은 아직 모호한 상태에 있다. ③ 역사적 만에 대해서는 해양법회의가 열릴 때마다 초안이 제출되는 등 관련 규정의 성문화 요구가 있었으나, 1958년의 영해협약과 1982년 해양법협약 모두 역사적 만에 대하여 아무런 규정을 두지 못하였다. ④ 유엔은 1962년 보고서에서 어떤 국가가 상당한 기간동안 특정한 수역을 자국의 내수라 주장하면서 효율적으로 자신의 권한을 행사해 왔고, 다른 국가들이 이를 묵인하는 경우, 역사적 권원(historic title)이 인정된다고 하였다. ⑤ 일단 만에 대한 역사적 권원이 인정되면, 만의 입구를 가로지르는 만구폐쇄선을 그어 기준선으로 활용할 수 있다. 역사적 만의 만구폐쇄선의 길이에 관한 국제법규칙 역시 존재하지 않지만, 역사적 만에 대한 권원이 인정되는 경우 만구폐쇄선의 길이에는 특별한 제한이 없다고 보아야 한다.

25 UN해양법협약 제10조 제4항의 내용 중 밑줄 친 부분에 알맞은 숫자
는?   <사시 '01>

> 만(bay)의 자연적 입구 양쪽의 저조지점 간의 거리가 ___해리를 넘지
> 않는 경우, 폐쇄선을 두 저조지점 간에 그을 수 있으며, 이 안에 포함
> 된 수역은 내수로 본다.

① 3   ② 6
③ 12   ④ 24
⑤ 200

26 다음 중 착탄거리설을 주창한 학자는?   <사시 '83>
① Vattel   ② Grotius
③ Pufendorf   ④ Vitoria
⑤ Bynkershoek

> [해설] 영해의 너비는 시대에 따라 변해 왔다. 그러나 제일 먼저 영해의 폭
> 에 관한 일반적인 학설로 등장한 것은 18세기 초에 네덜란드의 빈커스훅
> (Bynkershoek)이 주창한 착탄거리설(cannon shot rule)이었다. 그는 "무
> 기의 힘이 끝나는 곳에서 영토의 권력도 끝난다"고 하였었다.

27 1982년 해양법협약이 규정한 영해의 너비는?   <사시 '90>
① 영해기준선으로부터 12해리 이내
② 영해 외연으로부터 12해리 이내
③ 영해기준선으로부터 24해리 이내
④ 항만으로부터 24해리 이내
⑤ 영해기준선으로부터 200해리 이내

> [해설] 1982년 해양법협약 3조는 "모든 국가는 이 협약에 따라 결정된 기선

으로부터 12해리를 넘지 않는 범위에서 영해의 폭을 결정할 권리를 가진다"고 하였다.

28 1982년 해양법협약에 의하면 잠수함은 외국영해에서

① 통과통항권을 갖는다.

② 항해의 자유를 갖는다.

③ 잠수하여 통항한다.

④ 물위로 떠서 국기를 게양하고 통항한다.

⑤ 통항할 수 없다.

> [해설] 1982년 해양법협약은 20조에서 "잠수함과 그 밖의 잠수항행기기는 영해에서 해면위로 국기를 게양하고 항행한다"고 하였다.

29 UN해양법협상의 무해통항(innocent passage)제도는 다음 중 어느 수역을 주된 적용대상으로 하는가?   <사시 '00>

① 공 해   ② 영 해

③ 배타적 경제수역   ④ 접속수역

⑤ 내 수

> [해설] 무해통항이란 주로 한 국가의 영해를 다른 국가의 선박들이 연안국에게 해를 끼치지 아니하면서 통항하는 것이다. 무해통항이 일부 다른 수역에 적용되는 경우도 있으나 무해통항은 본래 영해와 가장 관련이 깊은 것이다.

30 영해를 항해하는 선박에 대하여 연안국의 형사관할권 행사가 인정되는 경우가 아닌 것은?   <사시 '92>

① 일반선원의 요청이 있을 때

② 범죄의 결과가 연안국에 미칠 때

③ 범죄가 연안국의 평화 또는 영해의 공서를 교란하는 것인 때

④ 기국의 영사의 원조요청시

⑤ 마약 불법거래를 진압하기 위한 경우

[정답] 27 ①   28 ④   29 ②

해설 해양법협약 27조는 영해내 외국선박에 대한 연안국의 형사관할권에 대해 규정하였다. 연안국이 형사관할권을 행사하는 것은 ① 범죄의 결과가 연안국에 영향을 주거나, ② 범죄가 연안국의 평화나 영해의 질서를 교란하거나, ③ 선장이나 기국의 외교관 또는 영사가 연안국에 원조를 요청하거나, ④ 마약 또는 향정신성물질의 불법거래를 억제하기 위한 경우이다.

31 우리나라 영해법상 영해의 범위는?   <사시 '92>
① 3해리이다.
② 원칙적으로 12해리이다.
③ 200해리이다.
④ 특별한 규정을 두고 있지 않으며 국제법에 따른다.
⑤ 영해의 범위는 규정하지 않고 12해리 어업수역만을 규정하였다.

해설 우리나라의 영해는 1977년 제정된 영해법과 1978년에 마련된 영해법 시행령에 의해 그 범위가 정해진다. 영해법은 1조에서 영해기준선으로부터 12해리까지의 수역을 영해로 한다고 하였다. 그러나 대통령령으로 일정한 수역에서는 영해의 너비를 12해리 이내로 할 수 있다고 하였으며, 시행령은 대한해협의 일부 수역에서 영해를 3해리로 축소하였다.

32 선박의 외국영해에의 통항방법에 대한 설명이다. 옳지 않은 것은?
① 일반적으로 무해통항이 적용된다.
② 잠수함은 잠수하여 항해할 수 있다.
③ 군함에 대해서는 사전통고나 사전허가를 요구하는 국가가 많다.
④ 해양법협약은 유해한 통행에 속하는 12가지 사례를 나열하였다.
⑤ 연안국은 통항에 관한 법령을 제정하여 시행할 수 있다.

해설 해양법협약 20조는 "잠수함과 그 밖의 잠수항행기기는 영해에서 해면 위로 국기를 게양하고 항행한다"고 하였다.

33 다음 중 국가영역의 구성요소로 볼 수 없는 것은?   <사시 '85>
① 영 공   ② 내 해

③ 영 해   ④ 영 토

⑤ 접속수역

> **해설** 국가영역은 영토, 영해, 영공으로 구성된다. 접속수역은 영해 외측에 위치하므로 주권이 적용되는 국가영역의 일부가 아니다.

34 다음 중 1982년 UN해양법협약상 무해통항권에 관한 설명으로서 옳지 않은 것은?   <사시 '02>

① 무해통항권은 선박뿐만 아니라 항공기에 대해서도 인정된다.

② 무해통항권은 타국의 영해에서 인정되는 개념이다.

③ 잠수함의 잠항통항은 무해통항권의 내용에 포함되지 않는다.

④ 무해통항권은 연안국의 평화, 안전 또는 공공질서를 해치지 않는 통항을 의미한다.

⑤ 동 협약 제19조 2항에서는 무해통항에 합치되지 않는 유해행위를 규정하고 있다.

> **해설** 군도수역 통항로를 통한 통항과 통과통항이 적용되는 국제해협 통항권은 항공기에게도 인정되지만, 외국영해에의 무해통항권은 선박에게만 인정된다.

35 UN해양법협약상 영해와 관련된 설명 중 옳지 않은 것은? <사시 '03>

① 모든 국가는 영해기선으로부터 12해리를 초과하지 아니하는 범위에서 영해의 폭을 설정할 권리를 가진다.

② 영해의 폭을 측정하기 위한 통상기선은 원칙적으로 연안국이 공인한 대축척해도에 표시된 해안의 저조선(low-water line)으로 한다.

③ 모든 국가의 선박과 항공기는 영해에서 무해통항권(right of innocent passage)을 향유한다.

④ 잠수함과 기타 잠수항행기기는 외국 영해에서 해수면 위로 국기를 게양하고 항행하여야 한다.

⑤ 외국 선박에 대하여 영해의 통항만을 이유로 어떠한 수수료도 부과할 수 없다.

[해설] 항공기는 영해에서 무해통항권을 가지지 못한다.

36 1982년 해양법협약에 의하면 접속수역의 범위는?   <사시 '90>
① 영해에서 12해리 이내   ② 영해기준선에서 24해리 이내
③ 영해외측에서 24해리 이내   ④ 내수로부터 24해리 이내
⑤ 영토로부터 24해리 이내

[해설] 해양법협약 33조 2항은 "접속수역은 영해기준선으로부터 24해리를 초과하여 확장할 수 없다"고 하였다.

37 UN해양법협약은 접속수역에서 연안국이 일정한 목적을 위해 통제할 수 있는 사항을 열거하고 있다. 이에 해당되는 사항들로만 연결된 것은?   <사시 '03>
① 위생 — 재정   ② 관광 — 출입국관리
③ 출입국관리 — 어업   ④ 관광 — 위생
⑤ 관세 — 유전개발

[해설] 해양법협약 33조는 1항에서 연안국이 접속수역에서 가지는 권한을 연안국의 영토나 영해에서 관세, 재정, 출입국관리, 위생에 관한 법령의 위반 방지와 그러한 법령위반에 따른 처벌이라고 하였다.

38 거의 전적으로 교통로로서의 해양의 기능을 위하여 등장한 제도라 할 수 있는 것은?
① 영해제도   ② 접속수역제도
③ 경제수역제도   ④ 해협제도
⑤ 대륙붕제도

[해설] 해협은 전적으로 국제통항을 위해 마련된 제도라 할 수 있다.

[정답] 35 ③   36 ②   37 ①   38 ④

39 공해와 공해를 연결하는 국제항해에 사용되는 해협의 무해통항은 금지시킬 수 없다는 원칙은 다음 중 어떤 사건에 대한 판결에서 확인되었는가?

① 코르푸해협 사건　　　　② 로터스호 사건

③ 레인보워리어 사건　　　④ 북해대륙붕 사건

⑤ 윔블던호 사건

> **해설** 무해통항은 연안국이 자국의 안전보호를 위해 필요한 경우에는 일시적으로 중지시킬 수 있다. 그러나 주요 해협의 통행이 중지된다면, 항해의 자유는 크게 손상될 것이므로, 공해와 공해를 연결하는 국제항해(international navigation)에 사용되는 해협의 무해통항은 중지시킬 수 없다는 국제법규칙이 생겨났다. 이 규칙은 1949년 코르푸해협 사건에서 국제사법재판소(ICJ)에 의해 받아들여졌다. 이어서 1958년 영해 및 접속수역협약은 16조 4항에서 하나의 공해와 다른 공해 또는 외국의 영해 간의 국제항해에 사용되는 해협을 통한 외국선박들의 무해통항은 중지시키지 못한다고 하였다.

40 1982년 해양법협약이 도입한 대표적인 국제해협 통항제도는?

① 무해통항　　　　　　　② 중지당하지 않는 무해통항

③ 항해의 자유　　　　　　④ 통과교통

⑤ 통과통항

> **해설** ①은 영해에의 외국선박 통항제도이고, ②는 과거 1958년 영해협약이 규정한 국제해협 통항제도이다. ⑤ 1982년 해양법협약이 자유롭고 정상적인 항해를 위해 새로이 규정한 국제해협 통항제도는 통과통항(transit passage)이다.

41 통과통항에 대한 설명들이다. 옳지 않은 것은?

① 모든 국가의 모든 선박에게 자유로운 통과와 정상적인 항해가 보장되는 해협통항 제도이다.

② 공해의 법질서가 적용되는 바다 사이를 연결하는 국제항해에 사용되는 해협에 적용된다.

---

③ 연안국은 통과통항을 중지시키지 못한다.

④ 군용선박과 항공기가 해협을 통과하려면 연안국의 사전동의를 받아야 한다.

⑤ 선박과 항공기는 계속적으로 신속하게 해협을 통과해야 한다.

> [해설] ① 1982년 해양법협약은 국제해협에 자유로운 통과와 정상적인 항해(free transit and normal navigation)를 보장하는 통과통항(transit passage)제도를 도입하였다. ② 통과통항은 공해 또는 경제수역의 일부분과 다른 공해 또는 경제수역 사이, 즉 공해의 법질서가 적용되는 수역 간의 국제항해에 사용되는 해협에 적용된다. ④ 과거 무해통항이 적용될 때에는 많은 국가들이 해협통과 군용선박과 항공기에게 사전동의를 요구했었다. 그러나 통과통항제도에서는 그러한 요구를 할 수 없게 되었다.

42 제3차 UN해양법회의 결과 채택된 해양법협약이 규정하고 있는 국제해협에서의 통항제도는?   <사시 '92>

① 선박과 항공기는 통항을 위해 해협연안국의 사전허가를 받아야 한다.

② 해협연안국이 외국선박 및 항공기의 통과를 방해할 수 없는 통항제도이다.

③ 선박의 자유통항 및 항공기의 자유비행권을 인정하는 아무런 제약이 없는 자유통항제도이다.

④ 선박의 자유통항만을 허용하고 항공기의 상공비행은 금지되는 제도이다.

⑤ 선박과 항공기의 무해통항을 허용한다고 규정하였다.

> [해설] 해양법협약이 국제해협 통항제도로 도입한 통과통항(transit passage)제도는 기본적으로 자유롭고 정상적인 항해를 보장해 주는 해협통항방식이다. 따라서 모든 국가의 모든 선박이 통항의 자유를 누린다. 그러나 ③의 설명대로 통항방법에 아무런 제약이 없는 것은 아니다. 통과선박들은 계속적으로 신속하게 해협을 통과해야 하며, 연안국의 주권·영토보전·독립에 유해한 무력행사를 자제하고 관련 국제법규들을 준수해야 한다(해양법협약 39조).

43 통과통항과 관계가 있는 것은?   <사시 '90>

① 공 해   ② 내 수

③ 영 해   ④ 군도수역

⑤ 국제해협

해설 통과통항이란 1982년 해양법협약이 채택한 대표적인 국제해협 통항제도이다.

44 통과통항에 대한 적절한 설명이 아닌 것은?

① 해양법협약이 도입한 국제해협 통항제도

② 군함에게도 국제해협 통항자유 보장

③ 잠수함의 잠수통항도 보장

④ 연안국은 필요시 해협통항중지 권한 보유

⑤ 모든 선박과 항공기의 해협통과 보장

해설 통과통항에서 해협연안국은 선박과 항공기의 통항을 방해하거나 정지시키지 못한다.

45 제3차 UN해양법회의의 결과인 새로운 해양법에 따르면, 국제해협은?   <사시 '86>

① 모든 선박의 자유통항권을 보장하였다.

② 모든 선박의 무해통항권을 보장하였다.

③ 모든 선박의 통과통항권을 보장하였다.

④ 군함을 제외한 모든 선박의 무해통항권을 보장하였다.

⑤ 군함을 제외한 모든 선박의 통과통항권을 보장하였다.

해설 새로운 해협통행제도인 통과통행은 모든 선박과 항공기의 해협통과를 보장한다.

46 1982년 해양법협약이 통과통항제도를 도입하였음에도 불구하고 통과통항이 적용되지 않는 해협은?

① 공해와 공해를 연결하는 해협
② 공해와 경제수역을 연결하는 해협
③ 경제수역과 외국영해를 연결하는 해협
④ 경제수역과 경제수역을 연결하는 해협
⑤ 통행이 자유로운 2개의 바다를 연결하는 해협

> 해설 통과통항은 통행이 자유로운 2개의 바다를 연결하는 해협이므로, 하나의 경제수역이나 공해와 다른 경제수역이나 공해를 연결하는 해협에 적용된다. ③ 경제수역과 외국영해를 연결하는 해협에는 무해통항이 적용된다.

47 통과통항권(right of transit passage)에 관한 설명으로 옳지 않은 것은?

<행시, 외시, 지시 '02>

① 공해 또는 배타적 경제수역의 일부분과 공해 또는 배타적 경제수역의 다른 부분과의 사이에 위치한 국제항행에 사용되는 해협에 적용된다.
② 이들 해협에서는 계속적이고 신속한 통과를 목적으로 한 항해뿐만 아니라 상공비행의 자유도 인정된다.
③ 연안국은 통과통항에 관한 법령을 제정·공포하여 이를 시행할 수 있다.
④ 연안국은 항로대를 지정하거나 통항분리방식을 설정할 수 있으나, 통과통항 자체를 정지시킬 수는 없다.
⑤ 잠수함의 경우 수면에 부상해서 항해하지 않으면 통과통항이 불가능하다.

> 해설 외국영해를 무해통항할 때 잠수함은 수면위로 항행하여야 한다. 그러나 해양법협약에 따라 국제해협을 통과통항하는 잠수함은 잠수항행도 할 수 있다.

48 코르푸해협 사건(Corfu Channel Case)에 대한 설명 중 옳지 않은 것은?

<행시, 외시, 지시 '99>

---

① 알바니아는 영국군함의 항해는 무해통항이 아니었으며, 일정한 상황에서는 연안국의 사전승인을 얻어야 한다고 주장하였다.

② 국제사법재판소는 국제수로가 아닌 해역에서도 군함의 무해통항권은 인정되어야 한다고 판시하였다.

③ 영국은 동 해협이 국제수로로서 군함의 무해통항권이 인정되어야 한다고 주장하였다.

④ 알바니아 영해에 영국군함이 진입함으로써 발생한 사건이다.

⑤ 재판부는 알바니아가 코르푸해협 내에 기뢰가 부설되어 있음을 알면서도, 영국군함에게 고지하지 않은 것은 급박하고도 명백한 위험으로부터 구출할 인도주의적 고려의무를 위반한 것이라고 하였다.

> 해설 ICJ는 코르푸해협을 국제항행에 사용되는 수로로 보았으므로, 국제수로가 아닌 해역에의 통항은 본 사건의 고려대상이 아니었다.

49 국가의 경제적 관할권에 속하는 수역이라 할 수 있는 것은?

① 영해와 접속수역   ② 접속수역과 대륙붕

③ 대륙붕과 경제수역   ④ 경제수역과 공해

⑤ 경제수역과 심해저

> 해설 연안국의 배타적·경제적 관할권이 적용되는 해양수역은 대륙붕과 경제수역이다.

50 다음 중 국제법상 대륙붕제도의 시작으로 볼 수 있는 것은?

① 얄타회담   ② 대서양헌장

③ 트루먼선언   ④ 인류의 공동유산 선언

⑤ 아시아·아프리카 법률가회의

> 해설 연안국이 대륙붕과 그 자원에 대한 관할권을 본격적으로 주장하기 시작한 것은 1945년 미국의 트루먼선언부터이다.

정답 48 ②   49 ③   50 ③

51 제3차 유엔해양법회의 당시 새로운 해양수역이 등장하면서 대륙붕 제
도를 폐지하자는 주장이 제기되었다. 이 새로운 수역은 무엇인가?

① 영 해　　　　　　　　　② 접속수역

③ 군도수역　　　　　　　　④ 경제수역

⑤ 심해저

> 해설　③④⑤는 모두 제3차 해양법회의를 통해 처음 성문화된 제도이다. 그
> 중에 대륙붕과 매우 유사하면서도 대륙붕보다 권한이 포괄적이어서 대륙붕
> 제도의 존재가치를 위협하였던 것은 경제수역이다.

52 대륙붕이 이미 국제법상 제도로 정착되었음에도 불구하고 200해리 경
제수역이 등장하게 된 가장 큰 이유는?

① 대륙붕은 연안국에게 어류자원에 대한 배타적 관할권을 부여하
지 않는다.

② 대륙붕은 연안국에게 해저 광물자원에 대한 배타적 관할권을 부
여하지 않는다.

③ 경제수역은 공해의 자유를 보다 넓게 보장하는 데 기여한다.

④ 경제수역은 정착성생물자원에 대한 관할권을 부여한다.

⑤ 대륙붕은 연안국에게 해저, 지하, 상부수역의 자원에 대한 관할
권을 부여한다.

> 해설　1945년 미국의 트루먼선언 이후 각국은 연안에 대륙붕을 선포하였다.
> 그러나 태평양연안 남미국가들은 해안에 지질학적 대륙붕이 거의 없었으
> 며, 대륙붕으로는 연안수역의 어류자원을 독점할 수도 없었다. 남미국가들
> 이 200해리 수역을 주장하기 시작한 것은 대륙붕으로는 연안의 어류자원
> 에 대해 배타적 관할권을 행사할 수 없었기 때문이다.

53 1958년 대륙붕협약에 따르면 대륙붕의 범위는?

① 수심 200m와 개발가능성에 의해 정해진다.

② 영해기준선에서 200해리까지이다.

③ 대륙사면까지이다.

④ 대륙변계까지이다.

⑤ 지질학적 대륙붕까지이다.

> **해설** 1958년 대륙붕협약은 1조에서 대륙붕은 연안국의 해안과 섬에 인접한 영해외측 수심 200m까지의 지역과 자원개발이 가능한 곳까지라고 하였다.

54 1982년 해양법협약은 대륙붕의 범위를 어떻게 정하도록 하였는가?

① 지질학적 대륙붕에 의해서

② 200해리 거리기준과 대륙변계에 의해서

③ 200m 수심과 개발가능성에 의해서

④ 육지영토의 자연적 연장에 의하여

⑤ 200해리 거리기준에 의하여

> **해설** 1982년 해양법협약은 일단 모든 연안국들에게 영해기준선에서 200해리까지 대륙붕을 설정할 수 있게 하고, 그 너머까지 대륙변계가 발달해 있는 경우에는 대륙변계의 끝까지를 대륙붕으로 할 수 있다고 하였다. ③은 1958년 대륙붕협약이 정한 대륙붕의 범위설정 방법이다. ⑤는 경제수역의 범위를 정하는 기준이다.

55 대륙붕에 대한 정의와 그 범위에 대한 설명으로 틀린 것은?

① 미국은 1945년 트루먼선언에서 국가의 대륙붕에 대한 관할권 행사는 대륙붕은 연안국 대륙괴의 연장이므로 정당하다고 하였다.

② 1958년 대륙붕협약은 대륙붕은 수심 200m와 개발가능성에 따라 범위가 결정되도록 하였다.

③ 1969년 북해대륙붕 사건에서 ICJ는 대륙붕의 범위결정에 200해리 거리기준을 사용해야 한다고 하였다.

④ 1982년 해양법협약은 200해리를 넘어서도 대륙변계가 발달해 있으면 그 너머까지 대륙붕을 설정할 수 있게 하였다.

정답 53 ①　　54 ②

⑤ 대륙변계란 지질학적 의미의 대륙붕과 대륙사면, 대륙대를 포함한다.

[해설] 1969년 북해대륙붕 사건에서 ICJ는 대륙붕은 "국가영토의 자연적 연장"(natural prolongation of land territory)이라고 하였다. 이 판결은 대륙붕 개념에 지질학적 대륙변계(continental margin)라는 기준을 도입하였던 것이다.

56 다음 중 대륙붕이 연안국에게 부여하는 권리가 아닌 것은?

① 해저의 정착성 생물자원에 대한 관할권

② 지하의 광물자원에 대한 관할권

③ 지하의 석유자원에 대한 관할권

④ 상부수역의 어족자원에 대한 관할권

⑤ 대륙붕 개발을 위한 시설의 건설·사용권

[해설] 대륙붕은 해저와 지하의 자원에 대한 경제적 관할권을 연안국에게 부여한다. 경제수역은 연안국에게 상부수역의 어족자원에 대한 관할권을 부여하지만, 대륙붕에 의해서는 불가능하다.

57 1982년 해양법협약에서 이론상 연안국의 기선으로부터 가장 멀리까지 확장될 수 있는 것은?   <행시, 외시, 지시 '99>

① 접속수역   ② 배타적 경제수역

③ 대륙붕   ④ 영 해

⑤ 해 협

[해설] 1982년 해양법협약은 대륙붕을 200해리라는 거리기준과 대륙변계(continental margin)라는 지질학 개념을 사용하여 정의하였다. 협약은 76조 1항에서 연안국의 대륙붕은 육지영토의 자연적 연장을 통하여 대륙변계의 외연까지, 대륙변계의 외연이 200해리에 미치지 못하는 경우에는 영해의 폭을 측정하는 기준선으로부터 200해리에 이르는 해저지역의 해저 및 지하라고 정의하였다. 여기서 말하는 대륙변계란 대륙붕, 대륙사면, 대륙대를 포괄하는 개념인데, 대륙붕의 외측한계점은 기준선에서 최대한 350해리까지 도달할 수 있다.

[정답] 55 ③   56 ④   57 ③

58 배타적 경제수역(EEZ)에 대한 설명 중 옳지 않은 것은? <사시 '01>

① 연안국은 배타적 경제수역의 해저와 하층토는 물론 상부수역에 있는 자원에 대한 관할권을 가진다.

② 연안국은 배타적 경제수역 내에서 어업에 대한 배타적인 권한을 가지는 동시에 생물자원을 보존·관리하기 위한 조치를 취하여야 한다.

③ 연안국은 모든 섬에 대해서 배타적 경제수역을 설정할 수 있다.

④ 대향국 또는 인접국 간의 배타적 경제수역의 경계획정은 당사국 간의 합의에 의하고, 합의가 안 되면 UN해양법협약상의 분쟁해결 절차에 회부한다.

⑤ 배타적 경제수역 상공에서 타국은 비행의 자유를 누린다.

> 해설 모든 섬은 자체의 영해와 대륙붕 경제수역을 창설하는 것이 원칙이다. 그러나 섬 중에서 인간거주나 독자적 경제생활이 불가능한 암석(rock) 주변에는 경제수역과 대륙붕을 설치할 수 없다(해양법협약 121조).

59 경제수역의 외측한계에 대한 가장 정확한 표현인 것은?

① 영해 외측에서 200해리이다.

② 해안으로부터 200해리이다.

③ 접속수역에서 200해리이다.

④ 기준선에서 200해리이다.

⑤ 대륙붕의 외측한계와 같다.

> 해설 해양법협약 57조는 "배타적 경제수역은 영해기선으로부터 200해리를 넘을 수 없다"고 하였다.

60 오늘날의 200해리 경제수역의 시발점이 된 200해리 수역이 처음 선포되기 시작한 곳은?

① 북 미   ② 남 미

③ 아시아   ④ 아프리카

⑤ 공산권

> **해설** 남미의 태평양 연안국들이 처음으로 200해리 수역을 주장하였다. 그
> 들은 이 수역을 200해리 영해라 하였지만, 실제로 그것은 영해가 아닌 오
> 늘날의 경제수역과 비슷한 것이었다.

61 200해리 경제수역이 등장하기 이전에 존재하였던, 어떤 의미에서는
경제수역의 전신에 해당하는 수역들이다. 가장 관계가 먼 것은?
① 남미국가들의 200해리 수역
② 어업수역
③ 라틴아메리카 국가들의 세습수역
④ 우리나라의 평화선
⑤ 영 해

> **해설** 오늘날의 배타적 경제수역(EEZ) 이전에 남미국가들의 200해리 수역에
> 서 시작하여 어업수역, 세습수역으로 불리던 수역들이 있었다. 논란의 소지
> 는 있으나 우리나라의 평화선에 대해서도 이를 경제수역과 일맥상통하는
> 것으로 이해하려는 사람들이 있다. 분명한 것은 영해는 경제수역과 관계가
> 없다는 것이다.

62 경제수역이 하나의 관습법제도로 자리를 잡게 된 시점은?
① 1940년대 후반   ② 1950년대 중반
③ 1960년대 중반   ④ 1970년대 중반
⑤ 1980년대 중반

> **해설** 많은 학자들(특히 국제사법재판소 판사인 Oda Shigeru)에 의하면, 경제
> 수역은 1974, 1975년을 지나면서 확고한 국제관습법제도가 되었다고 한다.

63 경제수역에 대한 연안국의 관할권에 관한 설명으로 틀린 것은?
① 연안국의 포괄적 자원관할권이 인정된다.
② 연안국은 배타적 해양과학조사권을 갖는다.
③ 연안국은 해양환경보호권을 갖는다.

④ 전통적인 공해의 자유는 변함없이 인정된다.

⑤ 연안국은 어족자원에 대한 배타적 관할권을 갖는다.

> [해설] 경제수역에 대한 연안국의 관할권 중에서 가장 중요한 것은 어족자원과 광물자원 등 수역 내에 존재하는 자원에 대한 관할권이다. 그 외에 해양과학조사권과 해양환경보호권도 인정된다. ④ 한 국가의 경제수역 내에서 외국선박은 전통적인 공해의 자유에 속하는 어업의 자유를 더 이상 누릴 수 없다.

64 1982년 UN해양법협약상 배타적 경제수역(EEZ)에 관한 설명 중 옳은 것은?　　　　　　　　　　　　　　　　　　　　　　　　　　＜사시 '02＞

① 배타적 경제수역은 영해의 외측한계로부터 200해리까지의 수역을 말한다.

② 지리적 불리국과 내륙국은 연안국의 배타적 경제수역의 잉여생물자원에 대해 어떠한 권리도 갖지 않는다.

③ 인간의 거주 또는 독자적 경제생활을 유지할 수 없는 암석은 배타적 경제수역을 가질 수 없다.

④ 제2차 UN해양법회의에서는 주로 배타적 경제수역의 폭에 대해 논의하였다.

⑤ 동 협약 제74조 제1항에서는 대향국간 또는 인접국간의 배타적 경제수역의 경계를 등거리원칙이나 중간선원칙에 따라 확정하도록 명백히 규정하고 있다.

> [해설] 제2차 유엔해양법회의 때에는 경제수역이 아닌 영해의 폭에 대하여 집중적인 논의가 있었다.

65 UN해양법협약상 배타적 경제수역(EEZ)에 관한 설명 중 옳지 않은 것은?　　　　　　　　　　　　　　　　　　　　　　　　　　＜사시 '03＞

① 연안국은 EEZ의 해양환경 보호 및 보존 등에 관한 관할권을 갖는다.

② 연안국은 EEZ의 천연자원의 탐사·개발·보존 및 관리 등을 위한 주권적 권리를 갖는다.

③ 연안국은 EEZ의 폭을 영해의 외측한계로부터 200해리까지 설정할 수 있다.

④ 외국은 EEZ에서 일정한 조건하에 해저전선 및 관선부설의 자유를 갖는다.

⑤ EEZ는 영해나 공해가 아닌 '특별한 법제도'(specific legal regime)로 규정되어 있다.

> [해설] 해양법협약 57조는 "배타적 경제수역은 영해기선으로부터 200해리를 넘을 수 없다"고 하였다. EEZ는 영해의 외측한계가 아니라 영해기선으로부터 200해리까지 설정할 수 있다.

66 경제수역에 대한 다음의 설명 중 적합하지 않은 것은?

① 연안국은 해저와 지하, 상부수역에 있는 자원에 대해 배타적 관할권을 갖는다.

② 경제수역은 기준선에서 200해리까지이다.

③ 경제수역은 대륙붕에 비해 포괄적인 경제적 관할권이다.

④ 해양법협약은 경제수역에 대한 연안국의 권한을 '주권'이라 표현하였다.

⑤ 경제수역의 경계획정 규정은 대륙붕의 그것과 동일하다.

> [해설] 해양법협약 56조 1항은 경제수역에서 연안국은 해저·지하·상부수역 자원의 탐사와 개발, 보존에 있어 주권적 권리(sovereign right)를 가지며, 인공섬이나 시설을 건설하여 사용하고, 해양에 대한 과학적 조사를 행하며, 해양환경을 보호하는 관할권을 갖는다고 하였다. 주권적 권리와 주권은 구분하여야 한다.

67 1982년 해양법협약의 경제수역과 대륙붕 경계획정 규정에 대한 설명으로 잘못된 것은?

① 대륙붕과 경제수역의 경계획정에 관한 규정은 내용이 동일하다.

---

② 양자 모두 형평에 맞는 해결을 위해 합의에 의하도록 하였다.

③ ICJ 규정 38조에 나타나 있는 국제법을 기초로 해야 한다고 하였다.

④ 중간선·등거리선을 최대한 고려하라고 하였다.

⑤ 형평에 맞는 해결을 위해서는 관련상황들을 최대한 고려해야 한다.

> 해설　1982년 해양법협약은 74조(경제수역)와 83조(대륙붕)에서 양 수역의 경계획정에 관해 규정했는데, 그 조문의 내용이 완전히 동일하다. 즉 "대안국 및 인접국간 경제수역(대륙붕) 경계획정은 ICJ 규정 38조에 나타난 국제법을 기초로 형평에 맞는 해결을 이루기 위해 합의에 의해 이루어져야 한다"고 하였다. 이 규정은 해양경계획정에 관해 관습법으로 내려오던 형평의 원칙을 명문화한 것으로, 형평이란 관련상황에 대한 철저한 검토를 요구한다. ④ 조문에는 중간선·등거리선에 대한 언급은 포함되어 있지 아니하다.

68 해양경계획정에 관하여 잘못 연결된 것은?

① 1945년 트루먼선언 ── 형평의 원칙

② 1958년 대륙붕협약 ── 육지의 자연적 연장

③ 1969년 북해대륙붕 사건 ── 형평의 원칙

④ 1969년 북해대륙붕 사건 ── 육지의 자연적 연장

⑤ 1982년 해양법협약 ── 국제법에 기초한 형평에 맞는 해결

> 해설　1958년 대륙붕협약은 대안국과 인접국 간의 경계선이 합의에 의해 결정되지 못하고, 특별상황이 없는 한, 등거리선·중간선을 경계선으로 한다고 하였다.

69 대륙붕 또는 배타적 경제수역의 경계획정에 관하여 UN해양법협약이 규정하고 있는 기본적인 원칙은?　　　　　　　　　〈행시, 외시, 지시 '99〉

① 중간선의 원칙　　　　　　② Uti Possidetis의 원칙

③ Thalweg의 원칙　　　　　④ 등거리 원칙

⑤ 형평의 원칙

> **해설** 해양법협약의 경계획정 규정의 의미에 대하여는 두 가지 상반된 해석이 있다. 형평의 원칙을 지지했던 측에서는 이 조문을 형평의 원칙을 명문화한 것으로 받아들이는 반면, 등거리선 원칙을 지지했던 측에서는 이러한 해석에 반대한다. 그러나 조문 중 '형평에 맞는 해결'이란 부분의 중요성을 감안할 때, 형평의 원칙이 반영된 것으로 이해하는 것이 합당하다고 본다.

70 1982년 해양법협약이 대륙붕과 경제수역 경계획정과 관련하여 제시한 기준은?

① 특별상황을 고려한 중간선·등거리선 방식
② 국제법을 기초로 하는 형평에 맞는 해결
③ 육지의 자연적 연장을 최대한 존중
④ 공정한 분배의 원칙을 적용
⑤ 분배적 정의를 지향하는 형평에 맞는 해결

> **해설** 해양법협약 74조와 83조 참조.

71 경제수역의 경계획정에 있어서 가장 중요한 요소는 무엇으로 생각되는가?

① 자원의 위치   ② 해저지형
③ 해안에서의 거리   ④ 양국의 경제적 상황
⑤ 환경보호

> **해설** 경계획정에 있어서 대륙붕의 경우에는 육지영토의 자연적 연장이란 요소를 완전히 무시하기는 어렵다. 그러나 경제수역은 대륙붕에서처럼 해저지형에 구애받지 않는다. 경제수역은 처음 생겨날 때부터 해안에서 200해리라는 거리기준만이 존재하였기 때문에, 경계획정에 있어서도 거리가 가장 중요한 기준이 된다.

72 다음 중 통항이란 점에 있어서 공해에서와 마찬가지로 항행의 자유가 적용되지 않는 곳은?

① 경제수역   ② 대륙붕

---

③ 공 해   ④ 영 해

⑤ 심해저

> 해설 경제수역과 대륙붕은 주로 수역 내 경제적 이익에 관한 관할권만을 연안국에게 부과하므로 항해란 측면에서 공해의 자유를 해치지 않는다. 심해저의 상부수역은 공해이다.

73 1982년 UN해양법협약상 배타적 경제수역(EEZ)에 관한 설명 중 옳지 않은 것은?

① 배타적 경제수역은 영해 밖에 인접한 수역으로서, 영해기선으로부터 200해리를 넘을 수 없다.

② 배타적 경제수역제도는 1982년 UN해양법협약에서 처음으로 성문화되었다.

③ 배타적 경제수역에서의 해양과학조사는 원칙적으로 연안국의 동의 없이는 수행될 수 없다.

④ 배타적 경제수역에서 연안국을 포함하여 모든 국가들은 원칙적으로 항행, 상공비행의 자유와 해저전선·관선 부설의 자유를 가진다.

⑤ 배타적 경제수역의 경계획정은 중간선 원칙에 의한다.

> 해설 1982년 해양법협약 74조가 "대안국 및 인접국간 경제수역 경계획정은 ICJ 규정 38조에 나타난 국제법을 기초로 형평에 맞는 해결을 이루기 위하여 합의에 의하여 이루어져야 한다"고 한 것을 상기할 것.

74 '좁은 영해, 넓은 공해'라는 해양의 전통적 패러다임이 성립되는 데 가장 크게 기여한 사람은?

① 바 텔   ② 그로티우스

③ 셀 덴   ④ 파르도

⑤ 옐리네크

> 해설 그로티우스는 『자유해론』(해양의 자유론)을 저술하여 공해의 자유 또

는 해양의 자유가 성립하는 데 크게 기여하였다. 그의 해양자유론은 가능한 좁은 영해만을 인정하고 나머지 대부분의 해양은 자유가 인정되는 공해로 하자는 것이었다.

75 그로티우스가 해양의 자유를 주장할 때 제시한 근거나 주장내용이 아닌 것은?

① 해양은 유동적이어서 누구의 소유로 하기에 부적합하다.
② 통상권은 자연법적 권리이다.
③ 연안국들의 해양관할권 확대가 필요하다.
④ 해양자원은 무궁무진하여 그 소유를 구분할 필요가 없다.
⑤ 해양은 너무 넓어 전유의 대상으로 할 수가 없다.

[해설] 연안국들의 해양관할권을 확대하여 인정해야 한다는 주장은 그로티우스의 해양자유론에 맞서 폐쇄해론을 주장하였던 사람들의 주장내용이다.

76 1958년 공해협약에는 나타나 있지 않으나 1982년 해양법협약에 등장한 공해의 자유는?

① 항해의 자유   ② 어로의 자유
③ 해저전선과 도관설치의 자유   ④ 과학적 조사의 자유
⑤ 상공비행의 자유

[해설] 1958년 공해협약은 공해의 자유에 항해의 자유, 어업의 자유, 해저전선과 도관 설치의 자유, 상공비행의 자유가 포함된다고 하였다. 1982년 해양법협약은 1958년 공해협약이 규정한 전통적인 공해의 4대 자유 이외에 인공섬 및 기타 시설 설치의 자유와 과학적 조사의 자유를 추가하여 6가지 자유를 규정하였다.

77 공해의 자유가 축소되는 이유가 아닌 것은?

① 해양자원의 고갈   ② 경제수역의 확대
③ 해양환경의 오염   ④ 국제무역의 발달
⑤ 심해저제도의 등장

해설 공해의 자유는 양적으로 질적으로 축소되고 있다. 양적으로는 경제수역과 심해저제도의 등장으로 인한 공해제도 적용영역의 축소 때문에, 질적으로는 해양오염과 해양자원 고갈로 해양활동에 제한이 가해지면서 공해의 자유는 축소되고 있다.

78 공해에서 금지되는 행위가 아닌 것은?   <사시 '90>
① 어로행위   ② 불법방송
③ 노예운송   ④ 마약불법운송
⑤ 해적행위

해설 전통적으로 공해에서는 항해의 자유, 어로의 자유, 상공비행의 자유, 해저전선과 도관 설치의 자유 등이 인정되어 왔으며, 해양법협약은 여기에 인공섬 및 시설 설치의 자유와 과학적 조사의 자유를 추가하여 6가지 자유를 인정하였다. 그러나 이러한 자유는 예시에 불과하며 기본적으로 공해에는 '자유'의 법리가 적용된다. 그러나 해양에서 불법방송, 노예수송, 마약불법거래, 해적행위는 금지되며, 이러한 행위를 한 선박은 그 국기국가뿐 아니라 다른 국가의 군함이나 정부선박의 단속을 받게 된다.

79 공해를 항해하는 노예수송, 해적행위, 해적방송 혐의가 있는 선박에 대해서는?
① 오직 국기국가만이 단속할 권한을 갖는다.
② 오직 연안국만이 단속할 권한을 갖는다.
③ 국기국가와 연안국만이 단속할 권한을 갖는다.
④ 국제해사기구(IMO)의 관할권에 종속된다.
⑤ 국기국가 이외 국가의 군함도 이를 단속할 수 있다.

해설 일반적으로 공해상의 선박에 대해서는 기국만이 관할권을 행사한다. 그러나 해양법협약 110조는 외국선박에 대한 임검권에 관한 규정에서, 각국의 군함은 외국선박이 해적행위, 노예거래, 무허가방송, 무국적선, 허위 국기게양 선박인 경우 임검권을 행사할 수 있다고 하였다.

80 1995년「경계왕래성어류와 고도회유성어류의 보존관리에 관한 협정」에 관한 설명이 아닌 것은?

───────────────

정답 77 ④   78 ①   79 ⑤

① 협정은 어류자원의 보존을 위하여 예방의 원칙을 도입하였다.

② 협정은 지역수산기구를 통한 국제협력을 강화하였다.

③ 협정은 공해어업의 자유를 강화하여 원양어업국가들에게 유리하게 되었다.

④ 협정은 경제수역의 등장 이후 국제어업질서의 변화에 대처하기 위해 체결되었다.

⑤ 협정은 공해어류협정이라고도 부른다.

> [해설] 1995년 공해어류협정은 어류자원의 보존을 목표로 하였으므로, 원양어업의 규제를 내용으로 하였다.

81 Hot Pursuit란?

① 영해에서 연안국이 행사하는 임검권이다.

② 영해에서 연안국이 행사하는 추적권이다.

③ 접속수역에서 연안국이 행사하는 추적권이다.

④ 공해에서 연안국이 행사하는 추적권이다.

⑤ 공해에서 모든 국가가 행사하는 임검권이다.

> [해설] 추적권이란 연안국이 자국의 관할수역에서 자국의 법령을 위반한 외국선박을 공해에까지 추적할 수 있는 권한이다.

82 1982년 「UN해양법협약」상 모든 국가의 군함이 공해상에서 외국 사용(私用)선박에 대하여 임검권을 행사할 수 있는 경우가 아닌 것은?

<행시, 외시, 지시 '01>

① 해적행위선박   ② 무허가방송선박

③ 노예무역선박   ④ 허위의 국기게양선박

⑤ 유해산업폐기물 수송선박

> [해설] 해양법협약 110조는 외국선박에 대한 임검권에 관한 규정에서, 각국의 군함은 외국선박이 해적행위, 노예거래, 무허가방송, 무국적선, 허위 국기게양 선박인 경우 임검권을 행사할 수 있다고 하였다.

83 외국 어선이 영해 내에서 불법어로작업을 하다가 도주하는 경우, 연안국의 공선이 영해 밖으로까지 쫓아가서 나포할 수 있는 해양법상의 권리는? <사시 '00>

① 추적권

② 국기심사권

③ 해상봉쇄권

④ 기국주의 관할권

⑤ 징발권

> [해설] 추적권이란 연안국이 자신이 정한 법령에 위반하는 행위를 한 선박을 공해까지 추적하여 나포할 수 있는 권리이다.

84 추적권에 관한 설명 중 옳지 않은 것은? <사시 '02>

① 추적권은 피추적선이 그 국적국 또는 제3국의 배타적 경제수역에 들어감과 동시에 소멸한다.

② 추적의 방법은 중단이 없는 계속추적이어야 하나, 인계추적도 인정된다.

③ 추적사유는 피추적선이 연안국의 법령을 위반한 것으로 믿을 만한 충분한 사유가 있어야 한다.

④ 추적선은 연안국의 군함, 군용항공기, 특별히 추적의 권한이 인정된 공선 또는 공항공기이다.

⑤ 추적은 시각이나 음향 정선신호를 피추적선이 보거나 들을 수 있는 거리에서 발신한 후 시작할 수 있다.

> [해설] 추적권이란 한 국가가 자국수역에서 자국법령을 위반한 선박을 공해까지 추적할 수 있는 권리이다. 추적은 군함, 군용기 또는 정부업무에 사용 중인 정부선박과 항공기에 의하여 이루어지며, 추적은 피추적 선박이 연안국의 관할수역 내에 있을 때 개시되어야 한다. 추적은 피추적 선박이 그 국적국 또는 제3국의 영해로 들어가면 종료되어야 한다.

85 1982년 해양법협약에서 The Area란 무엇인가?

① 모든 해양수역을 의미한다.

② 심해저를 의미한다.

③ 경계획정대상 수역을 의미한다.

④ 경제수역을 의미한다.

⑤ 공해를 의미한다.

> [해설] 1982년 해양법협약은 심해저를 그냥 The Area라 하였다.

86 1982년 해양법협약에 의할 때 심해저는?

① 인류의 공동유산이다.

② 공해의 일부이다.

③ 공해의 법질서가 지배하는 곳이다.

④ 연안국들의 대륙붕을 포함한다.

⑤ 무주물이다.

> [해설] 해양법협약 136조는 심해저와 그 자원은 인류의 공동유산(common heritage of mankind)이라고 하였다.

87 1982년 해양법협약의 '인류의 공동유산' 개념에 대한 옳은 설명이 아닌 것은?

① 1967년 유엔총회에서 파르도가 제안하였다.

② 공해자유의 법리를 강화하여 능력 있는 주체에게 심해저 자원개발권을 주자는 것이다.

③ 심해저와 그 자원에 대해서는 그 어떠한 국가도 배타적인 관할권을 주장하지 못한다.

③ 주로 개발도상국들의 지지를 받았던 주장이다.

④ 심해저자원의 개발이익은 인류 전체의 복지를 위해 사용되어야 한다는 것이다.

> [해설] 심해저와 그 자원을 인류의 공동유산으로 하자는 주장은 심해저 자원을 공해의 자유의 법리로부터 분리하고자 제기된 것이었다.

---

88 심해저에 대한 다음의 설명 중 잘못된 것은?

① 1982년 해양법협약은 심해저자원의 개발에 관한 업무를 유엔에 맡기기로 하였다.

② 심해저란 국가의 관할권 밖에 있는 해저를 말한다.

③ 심해저는 해양 중에서 연안국의 내수・영해・접속수역・경제수역・대륙붕을 제외한 공해의 해저와 지하를 말한다.

④ 심해저와 그 곳의 자원은 인류의 공동유산이다.

⑤ 심해저의 가장 중요한 자원은 망간단괴라 불리는 다금속단괴이다.

> 해설 심해저자원이란 구리・니켈・코발트・망간을 함유한 망간단괴 또는 다금속단괴라 불리는 광물덩어리를 의미한다. ① 1982년 해양법협약은 심해저자원의 개발과 관리에 관한 업무를 심해저기구(Authority)에 맡기기로 하였다.

89 국제심해저제도에 관한 설명이다. 틀린 것은? <사시 '92>

① 국제심해저란 국가관할권을 넘어서 존재하는 공해의 해저 및 해상과 그 지하(하층토)이다.

② 국제심해저제도는 개발도상국들이 해저자원의 공동개발을 위하여 선진국의 참여 없이 만든 것이다.

③ 심해저자원의 탐사・이용을 총괄하기 위하여 국제심해저기구(Authority)가 있다.

④ 심해저자원개발을 위한 사업기관으로 국제심해저기업(Enterprise)이 있다.

⑤ 심해저자원 개발에 따른 분쟁해결을 위해 심해저분쟁재판부를 둔다.

> 해설 국제심해저와 심해저자원개발에 관한 제도를 만드는 데 개발도상국들이 열성적이었고, 선진국들이 다소 미온적이었던 것은 사실이다. 그러나 선진국들의 참여 없이 개도국만으로 심해저제도를 만들었다는 것은 지나친 표현이다. 1982년 해양법협약에 대한 표결 때에 심해저제도에 불만이 많았던 미국은 반대표를 던졌으나, 그 외의 선진국들은 기권하거나 찬성했었다.

90 다음 중 심해저와 관계가 없는 것은?

① polymetallic nodule   ② Area

③ hot pursuit   ④ Authority

⑤ Enterprise

> 해설   ①은 심해저자원인 다금속단괴이고, ②는 해양법협약이 심해저를 지칭하는 표현이다. ④는 심해저기구이고, ⑤는 심해저기업이다. ③은 추적권으로 연안국이 자국의 관할수역 내에서 자국법을 위반한 선박을 공해까지 추적할 수 있는 권리이므로 심해저와는 관계가 없다.

91 해양법협약은 심해저자원에 대한 연구·개발에 상당액을 투자한 국가나 사기업에게 그들의 기득권을 인정하여 특혜를 주는 제도를 만들었다. 이것을 무엇이라고 하는가?

① 병행개발제도   ② 육지광물생산국 보호

③ 심해저기구(Authority)   ④ 사전투자보호

⑤ 심해저기업(Enterprise)

> 해설   ①은 해양법협약이 심해저기업과 특정 국가 및 사기업에게 심해저 개발권을 부여한 것을 말하고, ③과 ⑤는 심해저에 관련된 기구들이다. ④의 사전투자보호제도가 일부 선진국과 기업들의 기득권 보호를 위해 새로이 고안된 제도이다.

92 심해저자원의 보고로 해양법협약의 효력발생에 따라 국제적인 관심을 끌고 있는 지역은?

① 북서태평양   ② 하와이와 멕시코 사이 수역

③ 남서태평양   ④ 남대서양

⑤ 인도양

> 해설   심해저자원인 다금속단괴가 가장 많이 발견되는 곳은 하와이와 멕시코 사이 수역인 소위 C-C Area(Clarion-Clipperton Area)라 불리는 곳이다. 우리나라도 그간의 연구개발 성과를 근거로 사전투자자로 인정받아 1994년 8월 3일 하와이 동남쪽 2,000km 해저에 15만km²의 해저광구를 확보하였다.

정답   90 ③   91 ④   92 ②

93 이제까지 선박소유주들이 편의치적을 선호해 온 이유가 아닌 것은?

① 금제품을 수입하는 데 장애를 받지 않기 위하여

② 전시에 적국으로부터의 공격을 피하기 위하여

③ 해양법협약도 편의치적을 허용하고 있으므로

④ 법인세 등 세금을 적게 내기 위하여

⑤ 자국의 엄격한 근로기준을 피하기 위하여

> 해설 선박소유주들은 과거에는 주로 ①②에 제시된 이유 때문에, 그리고 요
> 즘에는 주로 ④⑤의 이유로 인하여 다른 국가에 선박을 등록하고 있다. ③
> 해양법협약은 91조 1항에서 국가와 자국국적을 취득하는 선박 간에는 '진
> 정한 관련'(genuine link)이 있어야 한다는 입장을 분명히 하였다.

94 소위 Panlibhon States란?

① 중남미 국가들 　　　　　② 선박소유국

③ 편의치적국가 　　　　　④ 무해안국

⑤ 지리적 불리국

> 해설 Panlibhon states란 Panama, Liberia, Honduras의 앞부분을 따서 만
> 든 합성어로 편의치적 국가들을 나타낸다.

95 아시아에 위치한 섬으로 현재로는 영유권분쟁의 대상이 아닌 섬은?

① 센카쿠열도 　　　　　② 북방도서

③ 남사군도 　　　　　④ 서사군도

⑤ 팔마스섬

> 해설 센카쿠열도는 일본과 중국 간의, 북방도서는 일본과 러시아 간의, 남
> 사군도는 중국을 포함하는 동남아시아 6개국의 영유권분쟁 대상이다. 팔마
> 스섬은 필리핀과 인도네시아 사이에 위치한 섬으로 1928년 후버의 중재에
> 의해 영유권문제가 해결되었다.

96 최근 국제사법재판소(ICJ) 판결을 통하여 분쟁이 해결된 도서 영유권
에 관한 분쟁인 것은?

정답 　**93** ③　　**94** ③　　**95** ⑤

① 포클랜드군도 분쟁   ② 팔마스섬 분쟁
③ 리기탄-시파단 분쟁   ④ 스프래틀리 분쟁
⑤ 동부그린란드 분쟁

> [해설] 리기탄과 시파단은 셀레베스해에 위치한 섬들로, 인도네시아와 말레이시아 간에 영유권 분쟁이 있었다. 이 분쟁은 2002년 ICJ 판결로 말레이시아 소유로 확정되었다.

97 국제법상 섬의 지위에 관한 설명으로 잘못된 것은?

① 국제법상 섬이 되려면 항상 수면위에 노출되어 있어야 한다.
② 일정한 조건을 갖추면 인공섬과 인공시설도 국제법상의 섬의 지위를 갖는다.
③ 국제법상의 섬은 육지지역이어야 한다.
④ 모든 섬들은 자체의 영해를 가질 수 있다.
⑤ 간출지는 섬의 지위를 가지지 못한다.

> [해설] 어떤 지형이 국제법상 섬의 지위를 가지려면, 그 지형은 자연적으로 형성된 것이어야 하며, 육지지역이어야 하고, 항상 수면위에 노출되어 있어야 한다. ② 인공섬과 인공시설은 자연적으로 형성된 것이 아니므로 국제법상의 섬의 지위를 가질 수 없다.

98 간출지 또는 저조고지(low-tide elevation)에 대한 설명으로 부적당한 것은?

① 썰물시에는 수면 위에 노출되나 밀물시에는 수면 밑에 있는 자연적 지형이다.
② 국제법상 섬의 지위를 갖는다.
③ 본토로부터 영해의 폭을 넘지 않는 거리에 있을 때에는 기준선 설정에 활용할 수 있다.
④ 본토로부터 영해의 폭을 넘는 거리에 있을 때에는 자체의 영해를 가지지 못한다.

⑤ 본토로부터 영해의 폭을 넘는 거리에 있을 때에는 자체의 대륙
붕과 경제수역을 가지지 못한다.

[해설] ①② 간출지 또는 저조고지(low-tide elevation)란 썰물시에는 수면
위에 노출되나 밀물시에는 수면 밑에 있는 자연적 지형이다. 섬이 되려면
항상 수면위에 노출되어 있어야 하므로, 간출지는 국제법상 섬의 지위를
가지지 못한다. ③ 그러나 간출지도 본토로부터 영해의 폭을 넘지 않는 거
리에 있을 때에는 기준선 설정에 활용된다. ④⑤ 간출지가 본토로부터 영
해의 폭을 넘는 거리에 있을 때에는 자체의 영해는 물론 대륙붕과 경제수
역을 가지지 못한다.

99 섬의 해양수역에 대한 다음의 설명 중 적합하지 않은 것은?

① 해양법협약은 섬의 해양수역 창설능력과 관련하여 섬들을 구분
하였다.

② 해양법협약은 모든 법적인 섬들은 자체의 영해를 가질 수 있게
하였다.

③ 해양법협약은 암석이 아닌 섬들만 자체의 대륙붕을 가질 수 있
게 하였다.

④ 해양법협약은 암석을 포함한 모든 섬들이 자체의 경제수역을 가
질 수 있게 하였다.

⑤ 암석이란 인간거주나 독자적 경제생활을 유지할 수 없는 섬을
말한다.

[해설] 해양법협약은 121조에서 모든 섬들은 원칙적으로 육지영토와 마찬가
지 방식으로 설정되는 해양수역들을 갖는다고 하였다. 그러나 동조 3항은
인간의 거주와 독자적 경제생활을 유지할 수 없는 암석(rocks which can-
not sustain human habitation or economic life of their own)은 자체의
경제수역과 대륙붕을 갖지 못한다고 하였다.

100 국제법상 섬의 지위를 가지는 지형들 중에서 1982년 해양법협약이 그
들의 대륙붕과 경제수역 창설능력을 부인한 것은?

① 간출지(low-tide elevation) ② 인공시설물

③ 정박해 있는 선박   ④ 암석(rock)

⑤ 소도(islet)

[해설] 해양법협약 121조 참조.

101 국제법과 해양법협약에 의할 때 암석(rock)에 대한 설명으로 적절하기 않은 것은?

① 암석도 국제법상 섬의 지위를 갖는다.

② 암석은 인간거주 또는 경제생활이 불가능한 지형이다.

③ 암석 주변에는 영해를 설치할 수 있다.

④ 암석 주변에도 대륙붕과 경제수역을 설치할 수 있다.

⑤ 암석도 직선기선 설정시 기점으로 사용할 수 있다.

[해설] 해양법협약 121조 3항은 암석의 대륙붕과 EEZ 창설능력을 부인하였다.

102 1982년 UN해양법협약상 섬의 국제법적 지위에 관한 설명 중 옳지 않은 것은?

① 섬은 바닷물로 둘러싸여 있으며, 자연적으로 형성된 육지로서 만조시 수면위에 나와 있는 것을 말한다.

② 모든 섬은 원칙적으로 자신의 영해를 가진다.

③ 사주(砂洲) 등 반도 모양으로 돌출된 지형으로 간조시에 본토와 연결되어 있는 경우에는 섬으로 인정되지 못한다.

④ 인간이 거주할 수 없거나 독자적인 경제생활을 유지할 수 없는 암석(rocks)도 대륙붕을 가진다.

⑤ 연안국의 영해 밖에 존재하는 인공섬이나 그 외의 해양구조물은 독자적인 영해를 가지지 못한다.

[해설] 해양법협약 121조 3항은 인간의 거주와 독자적 경제생활이 불가능한 암석(rock)은 자체의 경제수역이나 대륙붕을 가지지 못한다고 하였다.

[정답] 100 ④   101 ④   102 ④

103 국제해양법재판소에 대한 다음의 설명 중 틀린 것은?

① 공정성과 성실성에 있어서 최고의 명성을 가진 21명의 해양법전
문가들이 재판부를 구성한다.

② 재판소는 전체적으로 세계의 주요 법체계가 대표될 수 있도록
형평에 맞게 지리적 분배를 이루도록 구성된다.

③ 재판소는 독일의 함부르크에 소재한다.

④ 재판관의 임기는 9년이고 재선될 수 있다.

⑤ 국제사법재판소의 특별재판부 중의 하나이다.

> **해설** ①② 국제해양법재판소는 공정성과 성실성에 있어서 최고의 명성을
> 가지며 해양법분야에서 능력을 인정받은 21명의 독립적인 재판관들로 구성
> 되며, 전체적으로 세계의 주요 법체계가 대표되도록 형평에 맞게 지리적
> 분배를 고려하여야 한다(ITLOS 규정 2조). ③ 재판소는 독일의 함부르크
> 에 소재한다. ④ 재판관의 임기는 9년이고 재선될 수 있다. ⑤ 국제해양법
> 재판소는 법적으로 국제사법재판소(ICJ)와는 직접적인 관련이 없는 독립된
> 재판기관이다.

104 UN해양법협약의 당사국이 강제적 분쟁해결절차 중 어느 것도 선택하
지 않았을 때는 다음 중 어떠한 절차를 수락한 것으로 간주되는가?

<행시, 외시, 지시 '99>

① 특별중재재판소

② UN 안전보장이사회에 의한 분쟁해결

③ 국제사법재판소

④ 중재재판소

⑤ 국제해양법재판소

> **해설** 해양법협약의 당사국은 협약에 비준·가입할 때 또는 그 후 언제라도
> 국제해양법재판소, 국제사법재판소, 중재재판소, 특별중재재판소 중에서 하
> 나 또는 그 이상의 분쟁해결 수단을 선택하여야 한다. 그러나 어떤 국가가
> 그러한 선택을 하지 않은 경우에는 중재절차를 선택한 것으로 본다(협약
> 287조).

105 해양법에 관한 설명 중 옳지 않은 것은?   <사시 '00>

① 영해기선은 영해, 대륙붕, 배타적 경제수역 등 연안국의 해양관
   할 수역의 범위를 설정하기 위한 기준이 된다.

② 대한민국의 영해 범위는 예외 없이 기선으로부터 12해리로 설정
   되어 있다.

③ UN해양법협약에 의하면 배타적 경제수역은 영해와 공해에 속하
   지 않는 '특별한 법제도'에 따르도록 규정되어 있다.

④ 북한이 결정하고 있는 군사수역은 국제법상 합리적 근거를 찾기
   가 힘들다.

⑤ 모든 국가는 원칙적으로 공해에서 기국주의에 의하여 관할권을
   행사한다.

> 해설 우리나라 영해법은 1조에서 영해기준선으로부터 12해리까지의 수역을
> 영해로 한다고 하였다. 그러나 대통령령으로 일정한 수역에서는 영해의 너
> 비를 12해리 이내로 할 수 있다고 하였다. 영해법시행령은 대한해협의 일
> 부 수역에서 영해의 너비를 3해리로 축소하였다.

106 UN해양법협약에 따른 설명 중 옳지 않은 것은?   <사시 '03>

① 직선기선의 방법은 해안선이 깊게 굴곡이 지거나 잘려 들어간
   지역, 혹은 해안을 따라 아주 가까이에 섬이 산재하고 있는 지
   역에 사용될 수 있다.

② 무해통항에서 무해란 연안국의 평화, 공공질서, 안전을 해치지
   아니하는 것을 말한다.

③ 모든 국가는 일정한 조건하에 연안국의 배타적 경제수역(EEZ)에
   서 항행·상공비행의 자유를 향유한다.

④ 서로 마주보고 있는 연안국간의 배타적 경제수역(EEZ)의 경계확
   정은 중간선원칙에 따르도록 하고 있다.

⑤ 접속수역은 영해기선으로부터 24해리를 초과하여 확장할 수 없
   다.

정답 105 ②

[해설] 해양법협약 74조는 "대안국 및 인접국간 경제수역 경계획정은 ICJ규
정 38조에 나타난 국제법을 기초로 형평에 맞는 해결을 이루기 위하여 합
의에 의하여 이루어져야 한다"고 하였다.

특수지역과 상공

특수지역과 상공

제1절 국제운하

1 국제해협의 경우와 비교하여 볼 때 국제운하 통항제도 성립의 일반적 특징이라 할 수 있는 것은?

① 국제관습법에 의해 성립되었다.

② 보편적 국제조약에 의해 성립되었다.

③ 영토국가를 포함한 관련 국가들 간의 조약에 의해 성립되었다.

④ 영토국가들이 수로를 국제사회에 기부함으로써 성립되었다.

⑤ 관행에 이어 법적 인식이 생성되어 성립하였다.

> **해설** <**운하통항제도**> 운하란 해협과 마찬가지로 2개의 바다를 연결하는 해양통로이지만 해협과 달리 인공으로 만들어진 것이다. 또한 운하에 대한 관할권은 원칙적으로 운하가 위치한 국가의 영토주권에 종속된다. 그러나 수에즈·파나마·킬운하에서 보듯이 외국선박들의 잦은 운하 사용은 이들 국제운하에 적용할 국제조약들을 요구하게 되었다. 국제해협의 자유로운 통항권은 국가실행이 국제관습을 거쳐 조약에 명문화되면서 확립되었지만, 운하의 자유로운 통항은 각 운하에 관한 조약을 통해 이들이 국제공동체의 사용에 개방된 결과 인정된 것이다. 즉 수에즈·파나마·킬 등 3개의 주요 운하를 자유로이 통항할 수 있는 권리는, 그것이 자유의사에 의한 것이든 아니면 다른 국가들의 요구에 의한 것이든, 영토국가가 당사자인 조약들에 의해 개별적으로 확립된 것이다. 따라서 ①과 ⑤의 국제관습법과는 직접적인 관계가 없으며, 해양법협약과 같은 보편적인 국제조약에 의해 성립된 것이 아니므로 ②도 적합하지가 않다. ④도 사실과 다르다.

2 다음 중 수에즈운하에 대한 설명으로 옳지 않은 것은?

① 레셉스에 의해 1869년 완공되었다.

② 운하의 통항제도는 1888년 콘스탄티노플 협약에 의해 성립되었다.

정답 **1** ③

③ 운하는 항상 모든 국가의 모든 선박에 개방된다.

④ 1956년 이집트의 나세르 대통령에 의해 국유화되었다.

⑤ 이스라엘 선박들의 통항은 금지되어 있다.

> **해설** 〈수에즈운하〉 ① 수에즈운하는 1869년에 이집트로부터 99년간 양허
> 권을 획득한 레셉스가 건설하였다. ②③ 수에즈운하의 법적 체제는 1888
> 년 콘스탄티노플 협약에 의해 확립되었다. 영·불·독·오스트리아·러시
> 아·이태리·스페인·네덜란드·터키 등 9개국이 서명하고, 후에 6개국이
> 가입한 이 협약은 1조에서 운하는 전시건 평시건, 그 국기에 관계없이, 모
> 든 상선과 군함에 개방된다고 하였다. ④ 1956년 이집트의 나세르 대통령
> 은 운하회사의 국유화를 단행하였으나, 콘스탄티노플 협약상의 권리와 의
> 무를 준수하고 협약에 따라 모든 국가에게 자유롭고 방해받지 않는 통항을
> 보장한다고 선언하였다. ⑤ 이집트는 1979년 캠프데이비드 협정에서 이스
> 라엘에도 운하의 통항권을 인정하였다.

3 파나마운하와 관계가 없는 것은?

① 1901년 Hay-Paunceforte 조약

② 1903년 Hay-Varilla 조약

③ 1977년 운하조약

④ 1921년 Wimbledon호 사건

⑤ 1850년 Clayton-Bulwer 조약

> **해설** 〈파나마운하〉 파나마운하의 통항자유는 1850년 영국과 미국 간의
> Clayton-Bulwer 조약과 1901년 Hay-Paunceforte 조약에 의해 약속되었
> 다. 1903년 미국과 파나마는 Hay-Varilla 조약을 체결하여 통항의 자유를
> 확인하고, 미국이 파나마 지협에서 너비 10마일의 운하지대를 영구 조차하
> 며, 이 지역의 안보와 파나마 공화국의 독립을 보장해 주기로 합의하였다.
> 오늘날 운하에 대한 미국과 파나마의 지위와 권한은 1977년 9월 워싱턴에
> 서 체결된 일련의 조약들에 의해 규율되고 있는데, 이들 조약은 「파나마
> 운하조약」(Panama Canal Treaty)과 관련 조약 및 부속서, 의정서로 되어
> 있다. 파나마 운하조약은 운하와 운하지대에 대한 파나마의 영토주권을 인
> 정하면서, 미국이 1999년까지 운하를 관리하도록 하였다. ④의 윔블던호
> 사건은 킬운하의 통항에 관한 사건이다.

4 다음 중 윔블던호 사건과 관계가 깊은 것은?

① 수에즈운하   ② 킬운하

③ 터키해협   ④ 지브롤터해협

⑤ 파나마운하

> 해설 〈킬운하〉 독일의 킬(Kiel)운하는 1919년 베르사유조약에 의하여 국제
> 화되고 모든 국가들에게 개방된 국제수로가 되었다. 동 조약 380조는 킬운
> 하와 그 부속시설들은 독일과 평화를 유지하고 있는 모든 국가들의 상선과
> 군함들에게 완전히 평등한 조건에 따라 자유롭게 개방된다고 하였다. 킬운
> 하의 통항자유 문제는 1923년 상설국제사법재판소(PCIJ)의 Wimbledon호
> 사건에 대한 판결에서 다시금 제기되었다. 1921년 3월 한 프랑스 회사가
> 용선한 영국 선적의 윔블던호는 살로니카항에서 4,200톤의 탄약과 대포들
> 을 싣고 단치히로 향하던 중 독일로부터 킬운하 통항을 거절당하였다. 독
> 일은 폴란드나 러시아로 향하는 이러한 종류의 화물의 통과를 금지하는
> 1920년 6월 제정된 자국의 중립규칙을 원용해 자신의 조치를 정당화하였
> 다. 그러나 재판소는 베르사유조약 380조를 들어 독일의 행동을 비난하고,
> 킬운하는 평화시에나 전시에나 독일과 평화관계에 있는 모든 국가들의 모
> 든 선박에게 개방되어야 한다고 하였다.

제 2 절 국 제 하 천

5 국제하천에 대한 설명들이다. 잘못된 것은?

① 각국은 영토 내에 있는 하천에 대해 영토주권을 갖는 것이 원칙
이다.

② 여러 나라를 관류하는 하천을 국제하천이라고 한다.

③ 라인강과 다뉴브강은 대표적인 국제하천이다.

④ 국제하천은 일반국제법보다는 당사국간 조약에 의해 규율된다.

⑤ 하천의 유용성에 대한 관심은 유역에서 수로로 이전되었다.

정답 4 ②

해설 〈국제하천〉 해양과 달리 하천·호수·운하 같은 내수는 이들이 위치한 국가의 영토주권에 종속된다. 따라서 어떤 하천이 완전히 한 국가 영토 안에 있다면 그 하천은 전적으로 그 국가의 관할권에 속하며, 하천이 여러 국가를 관류하고 있다면 각국은 하천 중 자국 영토 내에 위치한 부분에 대해 관할권을 갖는 것이 원칙이다. 그러나 국제사회에서는 여러 나라를 관류하는 하천, 즉 라인이나 다뉴브강과 같은 국제하천(international rivers)을 국제화하여 각국 선박에 통항의 자유를 부여했었다. 더구나 요즈음에는 하천에 대한 종합개발이 추진되면서 통항 이외의 분야에서도 국가간 협력이 요망되고 있다. 그런데 국제하천에 관한 일반국제법규칙은 별로 존재하지 않으며, 국제하천에 관한 법제도의 대부분은 당사국간 조약에 의존해 온 것이 사실이다. ⑤의 설명은 사실을 반대로 기술한 것이다. 과거 하천의 가장 중요한 용도는 항행과 어로, 특히 항행이었으나, 이제는 관개, 수력발전, 공업용수 공급이 보다 중요해졌으며 여러 곳에서 하천의 종합개발이 추진되고 있다. 이러한 변화는 국제하천의 중요성이 '수로'에서 '유역'(basin)으로 바뀌었음을 보여 준다.

6 가장 대표적인 국제하천에 해당하는 것은?

① 미시시피강과 라인강　　　② 라인강과 다뉴브강

③ 양자강과 미시시피강　　　④ 인더스강과 아마존강

⑤ 다뉴브강과 인더스강

해설 〈라인강과 다뉴브강〉 대표적 국제하천으로는 라인강과 다뉴브강이 거론되어 왔다. 1815년 비엔나회의 최종의정서가 국제하천 자유항행의 원칙을 채택한 이래, 라인강은 1831년 Meyence 조약과 1868년 Mannheim 조약에 의해 그리고 다뉴브강은 1856년 파리조약에 의해 국제화되었다.

7 하천이 항행 이외에 관개·발전·용수공급 등 다용도로 사용되면서 국제하천을 하나의 권역으로 묶어 보려는 경향이 있다. 이러한 경향에 따라 등장하게 된 개념은?

① 국제하천　　　　　　　② 국제하천유역

③ 항행의 자유　　　　　　④ 통과통항

⑤ 경제수역

[해설] <국제하천유역> 하천의 사용이 항행 이외에 관개, 발전, 농업과 공업
용수의 공급원으로 확대되면서, 하천유역을 하나의 권역으로 묶어 체계적으
로 개발하려는 경향이 생기게 되었다. 그 결과 하천유역의 물리적인 연계가
인정되었고, 국제사회에서도 '국제하천유역'(international drainage basin)
이란 개념이 중요해졌다. 1966년 국제법협회 헬싱키회의에서 마련된「국제
하천수역의 사용에 관한 헬싱키규칙」(Helsinki Rules on the Uses of the
Waters of International Rivers) 2조에 의하면, 국제하천유역이란 분수계
에 의해 결정되는 2개국 이상에 걸쳐 있는 지리적 구역이다.

8 국제하천의 사용과 관련하여 상류국과 하류국간 관계에 관한 다음의
학설 중에서 국제사회가 가장 널리 수용하고 있는 입장인 것은?
① 절대적 영토주권이론　　　② 절대적 영토보전이론
③ 공동체이론　　　　　　　④ 제한적 영토주권이론
⑤ 하몬주의

[해설] <상류국과 하류국 관계> ①⑤ 절대적 영토주권(absolute territorial
sovereignty)이론, 즉 하몬주의(Harmon doctrine)는 영토주권의 절대성을
강조해 온 전통 국제법에서 나온 이론으로, 모든 국가들은 하천의 자국영
토 부분에 대해 절대적 영토주권을 가진다고 하므로 상류국가에게 이로운
이론이다. ② 절대적 영토보전(absolute territorial integrity)이론은 하류국
가는 상류국가에게 하천의 수량이나 수질에 아무런 변화가 없는 온전한 하
천의 흐름을 요구할 수 있는 권리가 있다는 주장이다. 이것은 하류국가에
게 유리한 이론이다. ③ 공동체이론(community theory)은 국제하천유역은
국경을 초월하는 하나의 단위이므로 유역국가들은 하천유역을 공동으로 관
리·개발하여야 한다고 한다. 이것은 매우 이상적인 이론으로 현실성에 의
문이 있다. ④ 제한적 영토주권(limited territorial sovereignty)이론은 상
류국가는 하류국가의 합리적인 물 사용(reasonable use of waters)을 방
해하지 않는 범위 내에서 자국 영토를 흐르는 하천을 사용할 수 있다고 한
다. 대부분의 국제적·국내적 재판기관들과 각종 국제기구들이 이 이론을
지지한다. 일부 학자들은 이것을 관리책임이라 표현한다.

9 오늘날 하천에 대한 종합개발이 추진되면서 수자원 개발을 추진하는
국가와 그에 따른 영향을 받게 되는 국가 간의 법적인 관계가 관심의
대상이 되고 있다. 하천개발을 추진하는 국가와 그 영향이 미치는 국

가간의 관계에서 발생한 사건은?

① Wimbledon호 사건   ② Nottebohm 사건

③ Lake Lanoux 사건   ④ Naulilla 사건

⑤ Tinoco 중재사건

> [해설] <Lake Lanoux 사건> 전통 국제법에서는 한 국가가 자국 영토 내에서 행한 행위에 대해서는 이를 적법한 것으로 추정하게 하였으니 이는 국가의 영토주권의 결과였다. 이런 맥락에서 보면 한 국가가 자국 내에서 하천개발에 나서는 것은 국제법에 대한 위반이 아니다. 반면에 한 국가가 일방적으로 하천의 흐름을 방해하거나 변경하여 결과적으로 다른 국가에게 피해를 주는 것은 국제법 위반이라는 주장이 점차 설득력을 얻어 가고 있다. 이 주장에 의하면 수자원 개발을 추진하는 국가는, 형평의 관점에서 다른 국가에 대한 영향을 충분히 고려할 의무가 있다는 것이다. 국제하천 개발을 둘러싼 영토국가와 인접국가 간의 관계에 관한 사건으로는 1957년 프랑스와 스페인 간의 Lanoux호수 사건에 대한 중재판결이 유명하다. Lanoux 호수의 출구이자 스페인과의 국경을 지나는 캐롤(Carol) 강의 물을 돌려 수력발전에 사용하려는 프랑스의 계획이 문제가 되었다. 하천개발을 의도하는 국가는 상류국 또는 하류국과의 협의의무가 있는가 하는 것이 문제였는데, 중재재판소는 국가들에게 사전협의의무를 부과하되 그들의 관할권을 그러한 합의에 종속시키지는 않았다.

10 국제법협회는 1966년 헬싱키에서 국제하천의 사용에 관한 규칙을 마련하였다. 이 규칙에 의하면 유역국가들의 국제하천 사용은?

① 합리성과 형평에 의해 조정되어야 한다.

② 하몬독트린에 따른다.

③ 영토주권의 원칙에 따른다.

④ 자유롭게 이루어진다.

⑤ 하류국가와 상류국가의 동의를 얻어야 한다.

> [해설] <헬싱키규칙> 국제법협회(International Law Association)는 1966년 헬싱키 회의에서 「국제하천수역의 사용에 관한 헬싱키규칙」(Helsinki Rules on the Uses of the Waters of International Rivers)을 채택하면서 국제하천유역(international drainage basin) 개념을 널리 사용하였다. 헬싱키규칙은 영토주권의 절대성보다 형평에 따른 사용을 강조하였다. 과거에는 모

든 국가는 자국영역을 지나는 국제하천의 물을 사용하고 처분하는 무제한
적인 권리를 갖는다는 「하몬독트린」(Harmon Doctrine)이 유행했으나, 헬
싱키규칙은 유역국가들은 국제하천의 물의 사용에 '합리적이고 형평에 맞
는 몫'(a reasonable and equitable share)으로 참여할 권리를 갖는다고
하였다.

제 3 절 \ 극 지

11 남극 및 북극과 같은 극지에 대한 설명으로 적절하지 않은 것은?

① 극지에 대한 인간의 관심은 호기심과 탐험에서 시작되었다.

② 북극지방은 일찍이 인류의 공동유산으로 인정되어 국제화되었다.

③ 북극은 인근 대륙과 연결되어 있어서 비교적 일찍부터 관할권
주장이 제기되어 왔다.

④ 남극대륙과 주변에는 상당한 자원이 있을 것으로 추정되어 사람
들의 관심이 높다.

⑤ 1959년 남극조약은 남극에 대한 일체의 영유권 주장을 동결하
였다.

> 해설 <극지> ① 극지(polar regions)에 대한 사람들의 관심은 처음에는 과
> 학적 호기심이나 탐험정신에서 비롯되었다. ②③ 북극의 경우에는 인근에
> 대륙이 발달되어 있어서 비교적 일찍부터 관할권 주장이 제기되어 왔다.
> ④⑤ 남극은 사람의 거주에 부적합하여 영토주권 획득을 위한 조건의 충
> 족이 용이하지 않아 법적으로 불안정한 상태에 있었다. 그러나 남극대륙과
> 주변해역에는 석유 등 광물자원과 고래·크릴새우 등 생물자원도 풍부하여
> 관심을 끌고 있다. 현재는 1959년 체결된 남극조약이 적용되고 있다.

12 북극의 법적 지위에 대한 설명으로 타당하지 않은 것은?

---

① 북극에 대해서는 일찍부터 선형이론이 주장되어 왔다.

② 소련과 캐나다는 선형이론에 따라 자국의 관할범위를 주장하였었다.

③ 소련은 자국의 영토가 얼음으로 북극과 연결되어 있고 그 곳에 주민이 존재하는 것을 이유로 선형이론을 주장하였다.

④ 북극의 법적 지위에 관해서는 특별한 국제적인 합의가 존재하지 않는다.

⑤ 북극해의 육지와 섬에 대한 관할권과 경계획정은 선형이론에 따라 이루어지고 있다.

> [해설] <**북극의 법적 지위**> ①②③ 북극에 대해서는 일찍부터 선형이론 (sector theory)이라는 독특한 이론이 주장되어 왔다. 1903년 캐나다(영국)는 최초로 지도상에 자국연안에서 북극에 이르는 선형을 표시하였으며, 이곳에서의 탐사나 조사를 위해서는 자국이 발급한 허가증이 있어야 한다고 하였다. 소련은 1926년 이래 자국연안에서 북극점에 이르는 선형지역 내의 모든 섬에 대한 주권을 주장해 왔는데, 자국영토가 얼음으로 북극과 연결되어 있고 그곳에 자국주민이 존재하는 것이 주요 근거이었다. ④⑤ 북극은 국제화된 지역이 아니며 그 지위와 관련하여 별도의 국제적인 합의가 존재하지도 않는다. 따라서 북극의 해양과 영토문제는 영토와 해양에 관한 일반적인 국제질서에 의해 규율된다고 보아야 한다. 즉 북극해에 육지나 섬을 가지고 있는 국가의 영토주권과 해양에 대한 관할권은 선형이론이 아닌 관련 일반국제법 규칙에 따라 행사되며, 북극해의 해양경계획정에도 일반적인 해양경계획정 규칙들이 적용된다.

13 북극과 달리 남극에서는 선형이론이 주장되기 어려웠던 가장 큰 이유는?

① 남극대륙은 주변국가들의 영토에서 멀리 떨어져 있다.

② 남빙양에는 해양자원이 풍부하다.

③ 남극에는 오래전부터 사람들이 정착해 살아왔다.

④ 남극의 환경보호는 절대적으로 중요하다.

⑤ 남극은 경제적·정치적으로 중요하다.

해설 **〈선형이론〉** 선형이론이 북극에서는 상당히 설득력을 가지는 데 비해 남극에서는 그렇지 못한 데에는 여러 가지 이유가 있다. 그 이유는 북극에 선형이론이 주장될 때 제기된 이유들을 생각해 보면 쉽게 알 수 있다. 1961년 소련과학아카데미(Academy of Sciences of the U.S.S.R.)는 선형이론을 북극에 적용해야 하는 이유들을 밝혔다. 소련은 그 이유로 북극에 영토를 가지고 있는 국가들의 영토가 일련의 섬들과 녹지 않는 얼음에 의해 북극점까지 연결되어 있는 사실, 북극지역은 경제적·군사적으로 매우 중요하다는 점, 극지지역은 오래 전부터 주변 국가들에 의해 개발되어 왔으며 주민들이 부분적으로 정착해 살고 있다는 점을 들었다.

14 20세기 초 이래 여러 국가들이 남극대륙에 대해 영유권을 주장해 왔으나, 이러한 각국의 주장은 다른 국가들에 의해 잘 받아들여지지 않았다. 그 가장 중요한 이유는 무엇인가?

① 남극은 무주지였다.

② 남극대륙은 실효적 점유가 용이하지 않은 지역이다.

③ 남극에는 정치적·사회적으로 조직된 부족이 있었다.

④ 실제로 남극에 대해 오랜 기간 지속적으로 영유권을 주장한 국가는 없었다.

⑤ 남극은 국제공역으로 인류 전체를 위해 사용되어야 한다.

해설 **〈남극의 지위〉** 남극에 대한 영유권은 1908년 영국이 처음 주장하였으니, 주로 남빙양에서의 포경을 통제하기 위한 것이었다. 그 후에도 아르헨티나, 호주, 프랑스, 뉴질랜드, 칠레 등 많은 국가들이 영유권을 주장하였는데, 그 근거는 선점(occupation), 근접성(contiguity), 선형이론(sector theory) 등 매우 다양하였다. 반면에 미국과 소련을 비롯한 많은 국가들은 남극에 대한 영유권 주장에 반대하였는데, 그러한 주장이 영토획득에 관한 전통적 조건들을 충족하지 못하고 있다는 것이었다. 남극이 무주지(terra nullius) 이었다고 할지라도 단순한 발견으로는 영유권이 생기지 않으며 '실효적 점유'(effective possession)를 입증해야 하는데, 그것은 쉽지 않기 때문이다.

15 1959년 남극조약에 대한 설명이다. 잘못된 것은?

① 1959년 미국, 영국, 소련, 아르헨티나, 칠레, 일본 등 12개국에

의해 체결되었다.

② 남극조약 가입국은 협의당사국과 비협의당사국으로 분류되어 그
에 상응하는 권한을 갖는다.

③ 남극은 인류의 공동유산으로서 적극적으로 개발되어야 한다고
하였다.

④ 남극에서의 과학조사의 자유와 국제협력의 원칙을 규정하였다.

⑤ 남극에서의 핵실험금지와 환경보호원칙을 규정하였다.

> **해설** 〈**남극조약**〉 ① 남극의 법적 지위와 관련해서는 여러 가지 주장이 있
> 었다. 그러던 중 미국은 남극에 이해관계를 갖고 있는 국가들을 회의에 초
> 청하였으며, 회의에서는 1959년 남극조약(Antarctic Treaty)을 체결하였
> 다. 남극조약은 남극대륙에 대해 영유권을 주장하거나 과학적 관심을 가지
> 고 있었던 미국, 영국, 소련, 아르헨티나, 칠레, 일본 등 12개국이 1959년
> 에 체결한 것이다. ② 남극조약 가입국은 협의당사국과 비협의당사국으로
> 분류되어 그에 상응하는 권한을 갖는다. 남극문제에 대한 중요한 결정에
> 참여하는 협의당사국은 처음에는 12개국이었으나 현재는 25개국이다. ④
> ⑤ 남극조약에는 몇 가지 중요한 원칙이 담겨 있다. 첫째는 평화적 사용의
> 원칙이다. 남극은 평화적 목적에만 사용되며, 그곳에 군사시설을 한다든가
> 군사연습을 하는 등의 군사적 성격의 활동은 금지된다. 둘째는 과학조사의
> 자유이다. 셋째는 국제협력의 원칙이다. 과학조사에 있어서 국제협력 증진
> 을 위하여 당사국들은 정보와 연구결과를 교환한다. 넷째는 남극에서의 핵
> 실험과 방사능 폐기물 투기 금지이다. 다섯째는 환경보호의 원칙이다. ③
> 남극은 심해저와 달리 '인류의 공동유산'과는 관계가 없다.

16 남극조약에 의해 남극에 대한 영유권 주장은 '동결'되었다고 한다. 영
유권 주장의 '동결'이란 의미에 포함되지 않는 것은?

① 당사국들이 이제까지 주장해 온 영유권 주장은 포기된 것이 아
니다.

② 당사국들이 제기해 온 다른 국가들의 영유권 주장에 대한 반대
도 포기된 것이 아니다.

③ 조약의 효력발생기간 중 당사국들은 새로이 영유권을 주장할 수
없다.

---

④ 조약의 효력발생기간 중 당사국들은 자신의 과거의 영유권 주장을 되풀이하지 않는다.

⑤ 조약의 효력발생기간 중 당사국들은 남극에 대한 과학적 조사를 중지한다.

> 해설 **<남극조약과 영유권문제>** 남극의 영유권 문제는 남극조약 4조가 규정하였다. 4조 1, 2항은 이 조약으로 인해 당사국들이 이제까지 주장해 온 권리나 영유권 주장을 포기한 것으로 해석되지 않는다고 하였다. 동시에 조약의 효력발생기간 중에 발생한 그 어떠한 행동이나 조치도 남극에 대한 영유권주장을 제기·지원·부인하는 근거가 되지 못한다고 하였다. ⑤ 남극에 대한 과학조사는 영유권 문제와 관계없이 계속 허용된다.

17 우리나라는 남극조약의?

① 가입국이 아니다.　　② 비협의당사국이다.

③ 협의당사국이다.　　④ 옵서버 자격을 가지고 있다.

⑤ 서명국이다.

> 해설 **<우리나라와 남극>** 남극조약의 운영체제는 2중적인 구조를 가지고 있다. 남극조약 가입국은 협의당사국과 비협의당사국으로 구분되는데, 우리나라는 1989년 남극조약 협의당사국 지위를 획득하여, 남극조약 운영에 중요한 일원으로 참가하게 되었다.

18 일부 개발도상국들은 남극이 심해저와 유사한 지위를 가져야 한다고 주장하고 있다. 그것은 다음 중 어느 것을 말하는가?

① 현재의 남극조약 체제 유지

② 공해의 자유 적용

③ 무주시의 시위

④ 인류의 공동유산 원칙 적용

⑤ 선형이론에 따른 분할

> 해설 **<남극의 장래>** 남극조약은 1961년 효력발생 이후 1991년 6월 23일로 30년을 경과하여 어떤 원서명국이든 전체 당사국회의 소집을 요구할 수

있게 되었으며 회의는 다수결에 의해 조약을 개정할 수 있다. 따라서 새로운 남극체제 문제가 국제사회의 중요한 이슈로 등장해 있다. 남극의 장래에 관하여는 여러 의견이 제시되고 있다. 종래 영유권을 주장해 온 국가들은 자신들의 영유권 주장을 포기하지 않았고, 1959년 남극조약 체제를 그대로 유지하기를 희망하는 국가들도 있으며, 상당수 개도국들은 1982년 해양법협약이 심해저에 도입한 '인류공동유산'(Common Heritage of Mankind) 개념이 남극에도 적용되어야 한다고 생각하였다. 특히 1975년 스리랑카 대표 Amerasinghe는 형평을 강조하는 공동유산 개념을 남극에 적용할 것을 유엔에 공식 제의하였다.

제 4 절 영 공

19 항공법의 연구대상 범위는?

① 외기권 우주   ② 대기권

③ 대기권과 외기권 우주   ④ 영 공

⑤ 영공과 대기권 및 우주

> [해설] 〈**항공법**〉 상공은 대기권과 외기권 우주로 구분된다. 대기권은 항공기의 비행이 가능한 공기로 채워진 공간으로, 하토국이 있을 때 그 영공이 되며, 국제법상 항공법의 연구대상 영역이 된다. 외기권 우주는 인공위성을 위시한 우주물체들이 활동하는 공간으로 국제법에서는 우주법의 영역이 된다. 항공법의 주요 관심사는 민간항공기의 비행의 자유와 항공기 불법납치 억제 문제이다.

20 다음 중 항공법과 관련이 없는 조약은?

① 1919년 파리협약   ② 1929년 바르샤바협약

③ 1944년 시카고협약   ④ 1970년 헤이그협약

⑤ 1969년 비엔나협약

[해설] **〈항공법의 역사〉** ① 항공에 관한 최초의 다국간 합의는 1899년 「전쟁무기로서의 기구와 그 외 장치에 관한 헤이그선언」이었다. 그러나 최초의 본격적인 국제항공에 관한 협약은 1919년 「항공운송의 규제에 관한 파리협약」(Paris Convention on the Regulation of Aerial Navigation)으로, 현재의 ICAO의 전신인 「국제항공위원회」(International Commission on Aerial Navigation)를 설립하였다. ② 1929년에는 「국제항공운송의 통합규칙에 관한 바르샤바협약」(Warsaw Convention for the Unification of Certain Rules relating to International Carriage by Air)이 체결되었다. ③ 현재의 국제민간항공의 골격은 1944년 「시카고 국제민간항공협약」(Chicago Convention on the International Civil Aviation)에 의해 마련되었으며, 이 협약을 통해 국제민간항공기구(ICAO)가 창설되었다. ④ 항공기 테러를 방지하기 위하여 체결된 조약으로는 1963년 도쿄협약, 1970년 헤이그협약, 1971년 몬트리올협약이 있다. ⑤ 1969년 비엔나협약은 조약법에 관한 협약이다.

21 다음 중 영공의 수평적 범위를 가장 정확하게 서술한 것은?

① 영토의 상공

② 영토와 영해의 상공

③ 영토와 영해, 접속수역의 상공

④ 영토와 영해, 접속수역, 경제수역의 상공

⑤ 영토와 영해, 접속수역, 경제수역, 방공확인구역의 상공

[해설] **〈영공의 수평적 범위〉** 영공은 영토와 영해의 상공이다. 따라서 접속수역이나 경제수역 등 그 외 해양수역의 상공은 영공이 아니다. 1944년 시카고 국제민간항공협약도 영공은 당해 국가의 주권 아래 있는 육지와 그에 인접한 영수의 상공이라고 하였다. 그러나 상당수의 국가들은 안보적 이유에서 이러한 영역 외측에 '방공확인구역'(Air Defence Identification Zone : ADIZ)을 설치하여 항공기의 기장들로 하여금 이 구역에 진입하기 이전에 미리 통과시간과 위치를 통보하도록 요구하고 있다. 미국은 1950년부터 이 제도를 유지해 오고 있으며 우리나라(KADIZ)를 비롯한 많은 국가들도 이 제도를 사용하고 있다. 그러나 방공확인구역은 영공이 아니다.

22 영공의 수직적 범위에 대한 설명들이다. 적절하지 않은 것은?

① 영공의 수직적 범위문제는 우주개발이 본격화되면서 제기되었다.

② 옛날 로마에서는 국가영역의 상공 무한대까지 그 국가의 소유권
   이 미친다고 보았다.

③ 영공의 수직적 범위를 확정하지 않고 우주활동의 성격에 따라
   그 범위를 신축적으로 운용하자는 기능적 입장이 오늘날의 다수
   설이다.

④ 현재의 다수설과 국제관행은 영공에 수직적 한계를 설정하는 것
   이다.

⑤ 영공의 수직적 범위는 인공위성의 최저고도인 지상 90km까지로
   보는 것이 일반적이다.

> 해설 〈영공의 수직적 범위〉 ① 영공의 수직적 한계는 항공기의 고공비행과
> 우주개발이 본격화하면서 문제가 되었다. ② 과거 로마법에서는 "땅의 주
> 인은 하늘의 주인"이란 원칙에 따라 국가영역의 상공 무한대까지를 영공으
> 로 보았었다. ③ 영공의 수직적 범위를 미리 정하지 않고 우주활동의 성격
> 등을 고려하여 기능적인 관점에서 운용하자는 기능적 입장은 소수설이다.
> ④⑤ 오늘날에는 영공에 수직적 한계가 있다고 보는 것이 다수설이다. 구
> 체적인 한계에 대해서는 견해차이가 있으나, 인공위성이 우주궤도에 머물
> 수 있는 최저고도(perigee)인 지상 90km를 그 한계선으로 보는 견해가 유
> 력하다.

23 영공의 법적 성격에 대한 다음의 설명 중 잘못된 것은?

① Fauchille는 일정한 높이 이상의 상공에는 항공의 자유가 인정
   되어야 한다는 자유공설을 주장하였다.

② 상공의 높이에 관계없이 외국항공기의 존재는 하부국가에 위협
   이 된다는 점에서 자유공설은 비판을 받았다.

③ 완전주권설은 상공에 대한 하부국가의 절대주권을 인정하는 학
   설이다.

④ 1919년 파리에서 체결된 국제항공협약은 자유공설을 지지하였다.

⑤ 1944년 시카고 국제민간항공협약은 완전주권설의 입장을 수용하
   였다.

〈영공의 법적 성격〉 ① 20세기 초 항공법의 선구자 포슈(Fauchille)는, 해양에서와 같이, 일정한 높이까지의 상공은 하토국의 주권에 속하고 그 이상의 공간에는 항공의 자유가 인정되어야 한다는 자유공설을 주장하였다. 이 학설은 Nys가 계승하였다. ② 그러나 바다와 달리 상공의 경우에는 높이에 관계없이 외국항공기의 존재 자체가 하부국가의 안보에 위협이 되므로, 이러한 주장은 배척되었다. ③④⑤ 1914년 이후에는 대기권에 대한 하토국의 절대적이고 배타적인 주권이 인정된다는 완전주권설이 널리 인정되게 되었다. 1919년 파리에서 체결된 「국제항공협약」과 1944년 시카고 「국제민간항공협약」 모두 완전주권설을 채택하였다. 그 결과 각국은 자국 상공에서 완전하고 배타적인 권한을 갖게 되었다.

24 오늘날의 국제민간항공 제도에 대한 설명으로 잘못된 것은?

① 1944년 시카고에서 채택된 국제민간항공협약이 기본적인 협약이다.

② 부정기항공에 종사하는 민간항공기는 외국 영공에서 항공의 자유를 갖는다.

③ 정기항공에 종사하는 민간항공기도 외국 영공에서 항공의 자유를 갖는다.

④ 현재의 국제민간항공, 특히 정기항공은 대부분 당사국 간에 체결되는 조약에 의해 규율되고 있다.

⑤ 1944년 시카고에서는 국제항공업무통과협정과 국제항공운송협정도 체결되었다.

해설 **〈국제민간항공협약〉** ① 1944년 11월 시카고에서는 연합국과 중립국 대표들이 참석한 가운데 국제민간항공에 관한 국제회의가 개최되었다. 여기에서는 오늘날 '민간항공의 헌법'이라 일컬어지는 「국제민간항공협약」(Convention on International Civil Aviation)이 채택되었다. 시카고협약이라 부르는 이 협약에 의해 국제민간항공기구(ICAO)가 창설되었다. ② 국제민간항공협약에 따르면 부정기국제항공업무에 종사하는 민간항공기는 다른 당사국 상공을 무해통항 할 수 있으며 운수 이외의 목적으로 착륙할 권리도 갖는다(협약 5조). ③④ 반면에 정기국제항공에 종사하는 항공기는 다른 국가의 허가가 있는 경우에만 그 상공을 비행할 수 있다. 따라서 정기항공의 경우에는 당사국 간에 합의가 있거나 타방 당사국의 허가가 있는 경우가 아니면 원칙적으로 무해통항권을 갖지 못한다. ⑤ 1944년 시카고회의에서는 「국제항공업무통과협정」(International Air Services Transit Agreement)과 「국제항공운송협정」(International Air Transport Agreement)이 체결되어 협정당사국 간에서는 정기항공의 경우에도 통항에 관해 몇 가지 권리를 상호 인정하도록 하였다. 국제항공업무통과협정은 체약국의 영공을 무착륙 횡단하는 자유와 운수 이외의 목적, 즉 연료보급이나 항공기 정비와 같은 목적에서 착륙하는 기술적 착륙(technical landing)을 허용하고 있다. 국제항공운송협정은 이들 외에 자국에서 탑승한 승객과 화물을 내릴 수 있는 자유와 타국에서 탑승한 승객과 화물을 자국에서 내릴 자유, 제3국간 승객과 화물을 수송할 수 있는 자유, 즉 이원권을 규정하였다. 국제항공업무통과협정은 1945년 효력발생에 들어갔으나 국제항공운송협정은 많은 국가들이 비준을 꺼리고 있다. 결국 정기항공의 경우에는 아직 무해통항의 자유가 인정되지 않으므로, 국가간 항공관계 조약에 의해 규율되고 있다.

25 국제항공에 관련된 조약들과 그 주요 내용에 관한 것이다. 다음 중 연결이 옳지 않은 것은?

① 1919년 항공규제에 관한 파리협약 —— 영토국가의 상공에 대한 주권인정

② 1944년 시카고협약 —— 국제민간항공의 기본법

③ 1963년 도쿄협약 —— 민간항공기에 대한 무력행사금지

④ 1970년 헤이그협약 —— 항공기 불법납치의 방지와 처벌

⑤ 1971년 몬트리올협약 —— 항공시설파괴 등 다양한 항공방해행위 규제

해설 〈**항공기범죄관련협약**〉 ③ 1963년 동경협약 즉 「항공기에서 발생한 범죄와 기타 행위에 관한 동경협약」(Tokyo Convention on Offences and Certain Other Acts Committed on Board Aircraft)은 당사국들로 하여금 비행 중인 항공기에서 발생한 범죄에 대한 관할권을 규정하였다. ④ 1970년 헤이그협약 즉 「항공기불법납치억제협약」(Convention for the Suppression of Unlawful Seizure of Aircraft)은 항공기에 탑승한 사람들에 의한 항공기 불법납치를 억제하고 처벌하기 위하여 체결되었다. 협약은 범인들의 도피처를 차단하기 위하여 항공기납치범죄에 대한 형사관할권을 여러 국가에 분산하여 인정하였으며, 범죄인의 처벌과 인도를 의무화하였다. ⑤ 1971년 몬트리올 협약 즉 「민간항공의 안전에 대한 불법행위억제를 위한

협약」(Convention for the Suppression of Unlawful Acts against the Safety of Civil Aviation)은 탑승한 자에 의한 항공기를 대상으로 하는 범죄와 항공시설의 파괴 등 다양한 항공방해행위들을 규율하고자 하였다.

26 민간항공기를 상대로 하는 무력행사에 관한 국제법에 관한 설명들이다. 다음 중 옳지 않은 것은?

① 1950년대 미국의 항공기들이 동구권 국가들에서 격추되는 사건이 있었으나 국제재판에 이르지는 못하였다.

② 종래에는 불법적으로 자국영토에 들어온 민간항공기를 상대로 무력을 행사할 수 있는가 하는 데 대해 의견이 대립되어 있었다.

③ 리시친은 자국영공에 들어온 민간항공기의 자국안보에 대한 위협여부에 대한 판단에 따라 무력행사 가능성을 판단해야 한다고 하였다.

④ 중국민항기 사건은 항공기에 대한 무력행사 문제를 재검토하는 계기가 되었다.

⑤ 1984년 ICAO에서는 관련 협약을 개정하여 민간항공기에 대한 무력사용을 금지하였다.

> **해설** <**민간항공기에 대한 무력사용**> ① 1950년대 미국 군용기들이 헝가리, 소련, 체코슬로바키아에서 격추되는 사건이 있었다. 미국은 ICJ에 제소하였으나 피제소국들이 응소하지 않아 재판에는 이르지 못했다. 1955년에는 이스라엘 민항기가 불가리아에서 격추되었으나, ICJ는 관할권 흠결로 기각하였다. ②③ 민간항공기에 대한 무력행사에 대해서는 두 가지 입장이 있었다. 하나는 리시친(Lissitzyn)이 주장한 '유연한 원칙'(flexible principle)인데, 한 국가는 자국 영공에 들어온 항공기가 진정으로 안보에 위협이 되지 아니하는 한 공격하면 안 된다고 하였다. 반면에 민간항공기에 대한 무력사용은 절대로 금지된다는 '절대적 규칙'(absolute rule)도 주장되었다. ④⑤ 1983년 10월 1일 소련 전투기들은 자국 영공에 들어온 대한항공 007기를 격추하여 269명의 인명피해가 발생하는 사건이 있었다. 사건 후 ICAO 이사회는 대한항공기의 격추를 비난하는 결의를 채택하고, 시카고협약을 일부 개정하였다. 여기에서 비행 중의 민간항공기에 대한 무력사용을 절대 금지하였으며, 요격 시에도 승객들의 생명과 항공기를 위험에 처하게 하여서는 안 된다고 하였다.

제 5 절 \ 우 주

27 우주법의 역사에 대한 설명이다. 잘못된 것은?

① 1957년 소련은 스푸트니크 1호를 발사하였다.

② 1959년 유엔은 우주의 평화적 사용 위원회(COPUOS)를 조직하였다.

③ 1963년 유엔총회는 우주에 관한 법원칙선언을 채택하였다.

④ 1963년 법원칙선언은 오늘날 우주법의 기본조약으로 법적인 구속력이 있다.

⑤ 1967년 유엔총회는 우주에 관한 원칙조약을 채택하였다.

> [해설] **〈우주법의 역사〉** ① 우주개발의 역사는 1957년 소련의 Sputnik 1호 발사로 시작되었다. ② 유엔총회는 1958년 「우주의 평화적 사용에 관한 임시위원회」에 이어 1959년 「우주의 평화적 사용 위원회」(Committee on the Peaceful Uses of Outer Space : COPUOS)를 설립하였다. ③④ COPUOS가 작성하여 1963년 유엔총회가 채택한 「우주의 탐사 및 사용에 관한 국가활동에 관한 법원칙선언」은 조약이 아니므로 법적인 구속력이 없었다. ⑤ COPUOS가 작성하여 1967년 유엔총회를 통과한 「달과 천체를 포함하는 우주의 탐사 및 사용에 관한 국가활동에 관한 원칙조약」(Treaty on Principles Governing the Activities of States in the Exploration and Uses of Outer Space including the Moon and Outer Celestial Bodies)은 우주에 관한 기본적인 법원칙을 담고 있다. 이 원칙조약이 우주법의 가장 중요한 법원이다.

28 perigee란 무엇인가?

① 적도 직상공을 지나는 선

② 인공위성이 우주궤도에 머물 수 있는 최저고도

③ 항공기가 공기의 부력으로 날 수 있는 최고고도

④ 지구정지궤도

---

⑤ 공기가 있는 최고고도

> **해설** <**우주의 범위**> 우주의 범위를 정하는 데에는 3가지 입장이 있다. 하나는 일정한 고도를 경계선으로 하여 그 너머를 우주로 하자는 공간적 방법이고, 그 둘은 우주활동의 성격과 형태에 따라 경계선을 달리하자는 기능적 방법이며, 그 셋은 현 단계에서는 경계선을 획정하지 말자는 주장이다. 이 중에 가장 유력한 것은 첫 번째 공간적 방법인데, 여기에서도 구체적으로 어디서부터가 우주인가 하는 문제가 제기된다. 몇 가지 학설이 있는데, 가장 유력한 것은 인공위성이 공기와의 마찰로 파괴되지 아니하고 우주궤도에 머물 수 있는 최저고도(perigee)인 지상 90km 정도의 상공이라고 본다.

29 다음 중 1967년 우주에 관한 원칙조약이 규정한 우주법의 원칙이 아닌 것은?

① 우주는 무주지이다.

② 우주는 모든 인류의 영역이다.

③ 우주는 평화적 목적을 위해서만 사용된다.

④ 당사국들은 우주활동에 따른 피해에 대해 국제책임을 부담한다.

⑤ 우주의 탐사 및 개발에 있어 당사국들은 서로 협력한다.

> **해설** <**우주법원칙**> 1967년 「달과 천체를 포함하는 우주의 탐사 및 사용에 관한 국가활동에 관한 원칙조약」(우주에 관한 원칙조약 또는 우주조약)은 몇 가지 우주법 원칙들을 밝혔다. 첫째는 자유사용원칙이다(1조). 우주는 모든 인류의 영역, 즉 국제공역으로 모든 국가들은 차별 없이 우주를 탐사·이용할 수 있다는 것이다. 둘째는 전유(appropriation)의 금지와 국제법준수 원칙이다. 조약은 자유이용 원칙을 규정하면서도 이를 전유하거나 다른 국가의 이익과 활동을 방해하면 안 된다고 하였다. 셋째는 평화적 사용원칙이다(4조). 핵무기나 그 외의 대량파괴무기는 지구궤도나 천체 또는 우주에 배치할 수 없으며, 천체에서 무기를 실험하거나 군사연습을 하는 것은 금지되었다. 넷째는 국제책임의 원칙이다(6조). 당사국들은 달과 천체를 포함한 우주에서의 국가활동이 정부기관에 의하여 수행되든 아니면 비정부적 실체에 의하여 수행되든 그에 따른 국제책임을 부담한다고 하였다. 다섯째는 국제협력원칙이다(9조). 우주의 탐사 및 사용에 있어 당사국들은 협력과 상호원조 원칙을 준수하여야 하며 다른 국가들의 이익을 적절히 고려하여야 한다.

---

30 1967년 원칙조약이 담고 있는 우주에서의 국제협력에 관한 설명들이다. 적절하지 않은 것은?

① 사고를 당한 우주인들에게는 가능한 모든 원조를 제공한다.

② 우주물체는 등록국에 반환된다.

③ 우주와 지구의 환경이 오염되지 않도록 한다.

④ 당사국들은 상호간에 우주물체 관측에 편의를 제공하고 유엔에 정보를 제공한다.

⑤ 우주를 사용하는 국가는 하부국가들의 허가를 받아야 한다.

> [해설] **<우주에서의 국제협력>** 1967년 원칙조약은 9조에서 국제협력의 원칙을 천명하였다. 그 내용들은 다음과 같다. 첫째 우주인의 보호와 우주물체 반환에 관한 규정이다. 1967년 원칙조약은 우주인들을 우주에 보낸 '인류의 사절'(envoys of Mankind)로 보아 사고 · 조난 · 비상착륙시 '모든 가능한 원조'(all possible assistance)를 제공하기로 하였다. 아울러 우주물체는 항상 등록국의 소유에 속한다고도 하였다. 둘째는 우주와 지구의 환경 보호이다. 원칙조약은 9조에서 우주에서의 국제협력의무를 규정함과 동시에 연구와 탐사로 인해 우주가 오염되고 지구환경이 악화되지 않게 해야 한다고 하였다. 셋째는 관측에 있어서의 편의제공과 정보제공이다. 조약은 우주에서의 국제협력을 위해 다른 당사국들에게 비행관측의 기회를 제공하고 유엔에 우주활동의 상황과 결과 등 정보를 제공하게 하였다. ⑤ 우주는 하부국가들의 관할권이 미치는 곳이 아니다.

31 지구정지궤도에 대한 가장 정확한 설명인 것은?

① perigee이다.

② 인공위성이 우주궤도에 머물 수 있는 최저고도이다.

③ 적도상공에 있는 우주궤도이다.

④ 영공과 우주가 만나는 선이다.

⑤ 지구의 공전궤도이다.

> [해설] **<지구정지궤도(geostationary orbit)>** 지구의 적도상공 대략 35,800km (22,300마일)에 있는 궤도를 지구정지궤도라 한다. 이 곳의 인공위성은 지구와 동일한 방향과 동일한 속도로 회전하기 때문에, 그 위성들은 지구에

서 볼 때 항상 같은 위치에 정지해 있는 것처럼 보인다. 이 궤도는 이러한 특성 때문에 통신과 기상관측을 비롯한 광범위한 목적에 사용되므로 우주에서 가장 유용하고 사용빈도가 높은 부분이다.

32 지구정지궤도에 대한 설명으로 적당치 않은 것은?

① 지구정지궤도는 적도상공 35,800km를 지나는 궤도이다.

② 1967년 우주에 관한 원칙조약의 자유사용원칙에 따르면 지구정지궤도에 대한 배타적 관할권 주장은 허용되지 않는다.

③ 적도국가들은 1976년 보고타선언에서 이 궤도가 모든 인류의 영역임을 천명하였다.

④ 지구정지궤도와 관련하여 인공위성의 주파수 배분문제가 중요한 이슈이다.

⑤ 주파수 배분에 있어 선진국들은 "first come, first served" 방식을 주장한다.

> [해설] 〈지구정지궤도의 법적 지위〉 ① 지구정지궤도는 적도상공 35,800km 상공에 있는 궤도이다. ② 1967년 우주에 관한 원칙조약에 따르면 우주는 모든 국가들의 자유사용에 개방되는 곳이므로, 어느 누구도 이곳에 대해 배타적 관할권은 주장할 수 없다. ③ 8개 적도국가들(콜롬비아, 콩고, 에콰도르, 인도네시아, 케냐, 우간다, 자이레, 브라질)은 1976년 보고타(Bogota)선언에서 지구정지궤도에 대한 주권을 주장하였다. 그들은 지구정지궤도는 하부국가의 영역의 일부이므로 그 곳에 위성을 배치하려면 사전에 그들의 허가를 받아야 한다고 하였다. ④⑤ 지구정지궤도와 관련된 보다 복잡한 문제는 주파수 배분문제이다. 기존의 주파수 배분방식은 "first come, first served"인데, 개발도상국들은 이러한 정책은 나중에 위성을 갖게 될 후발국들의 참여기회를 봉쇄하는 것이라고 하여 비판해 왔다. 반면에 지구정지궤도의 효율적인 사용을 위해서는 능력 있는 국가들에게 주파수가 우선적으로 배정되어야 한다는 주장도 있다.

33 오늘날 전세계적으로 위성에 의한 직접 TV방영이 행하여지고 있다. 전파발사국과 전파의 영향권 안에 있는 국가간 관계에서 전파발사국이 가장 유의해야 할 것은?

① 상업방송의 금지
② 전파월경에 대한 사전합의
③ 상대국의 문화적 · 정치적 정체성 존중
④ 상대국에 대한 원거리탐사
⑤ 상대국의 영토주권

해설 〈위성방송〉 위성을 사용한 방송, 특히 텔레비전 방송은 광범위한 지역을 가시청권으로 하며, 상업적 목적에서 의도적으로 광범위한 지역에 전파를 보내는 경우도 있어 다른 국가들의 문화적 · 정치적 정체성에 영향을 미치게 된다. 그러나 위성에 의한 직접TV방영에 관한 국제적인 협약은 아직 없으며, 1982년 유엔총회가 채택한 「국제직접TV방영을 위한 국가들의 인공위성 사용에 관한 원칙」(Principles Governing the Use by States of Artificial Earth Satellites for International Direct Television Broadcasting)이 있다. 이 결의는 전파발사국과 수신국간 사전협의를 요구하면서, 직접TV방영(DTBS)은 모든 국가의 '문화적 · 정치적 정체성'(cultural and political integrity)을 존중해야 한다고 하였다. 그러나 서구국가들은 인간은 정보를 전수하고 전파할 수 있는 권리를 갖는다고 한 세계인권선언 19조를 인용하면서 반대하였다. 결국 1982년 유엔총회 결의를 국제관습법의 반영이라 할 수는 없으며, 이를 무제한 허용하는 국제법 규칙도 없다고 보아야 한다. 위성을 사용한 직접TV방영을 금지하는 국제적 규칙은 없으나, 방송내용이 다른 국가 국민들의 문화적 · 정치적 정서를 지나치게 해쳐서는 안 된다고 하겠다.

실 전 문 제

1 국제운하에 대한 설명 중 잘못된 것은?

① 수에즈·파나마·킬운하가 대표적인 국제운하이다.

② 이들 운하들은 영토국가를 포함한 관련국가들 간의 조약에 의해 통항문제를 해결하였다.

③ 국제운하들은 모든 국가의 선박들에게 통항의 자유를 부여한다.

④ 1977년 운하조약에서 미국은 파나마운하와 운하지대를 영구 조차하였다.

⑤ 1956년 이집트는 수에즈운하를 국유화하였다.

> **해설** 미국은 1903년 파나마와 Hay-Varilla 조약을 체결하여 파나마운하와 운하지대를 영구 조차하였다. 그러나 이 조약에 대해서는 많은 비판이 있었다. 따라서 양국은 1977년 새로이 운하조약(canal treaty)을 체결하여 2000년 미국은 운하와 운하지대에 대한 관할권을 파나마에 이양하였다.

2 킬운하의 통항에 관련된 문제로 국제재판소가 다루었던 사건은?

① 코르푸 사건   ② 로터스호 사건

③ 윔블던호 사건   ④ 레드 크루제이더호 사건

⑤ 메인만 사건

> **해설** 1923년 상설국제사법재판소(PCIJ)는 윔블던호 사건에 대한 판결을 내렸다. 독일이 영국선적의 윔블던호의 킬운하 통항을 금하면서 제기된 이 사건은 1919년 베르사유조약에 의해 보장된 운하통항의 자유가 주된 관심사였다.

3 영토주권의 절대성을 근거로 각국은 자국 영토를 지나는 국제하천을

마음대로 사용할 권한을 갖는다는 주장을 무엇이라고 하는가?

① 몬로주의   ② 토바르주의

③ 에스트라다주의   ④ 스팀슨주의

⑤ 하몬주의

> [해설] ②③은 정부승인에 관련된 입장이고, ④는 불법적으로 성립된 국가에
> 대한 비승인주의이며, ⑤가 자국영토를 지나는 국제하천의 자유로운 사용
> 을 주장하는 「하몬주의」(Harmon Doctrine)이다.

4 국제하천의 상류국과 하류국간 관계에 관한 학설 중에서 국제사회가 널리 인정하는 것은?

① 절대적 영토주권론   ② 절대적 영토보전론

③ 제한적 영토주권론   ④ 공동체이론

⑤ 자유공설

> [해설] 국제하천의 상류국과 하류국 간의 관계에 대해서는 여러 가지 학설이
> 있으나, 제한적 영토주권론이 다수설이고 국제관행에 부합한다.

5 국제하천의 중요성이 수로에서 유역으로 전환된 사실을 중시하여, 1966 년 국제법협회가 사용한 개념은?

① 국제하천유역   ② 관 개

③ 종합개발   ④ 수력발전

⑤ 공업용수

> [해설] 1966년 국제법협회는 헬싱키회의에서 「국제하천수역의 사용에 관한
> 규칙」(Rules on the Uses of the Waters of International Rivers)을 제정
> 하였는데, 여기서는 분수계를 기준으로 2개국 이상에 관련되어 있는 지역
> 인 '국제하천유역'(international drainage basin)이란 개념을 사용하였다.

6 상류국과 하류국 간의 국제하천 사용문제가 법적인 판단의 대상이었 던 사건은?

① Naulilla 사건   ② Lake Lanoux 사건

---

③ Nottebohm 사건   ④ Tinoco 사건

⑤ Maine만 사건

> **해설** 라누호수(Lake Lanoux) 사건은 프랑스와 스페인 간 캐롤강의 강물
> 사용에 관한 분쟁으로, 1957년 중재재판소에 의해 해결되었다.

7 남극의 법적 체제에 대한 설명으로 옳은 것은?

<행시, 외시, 지시 '01>

① 남극에 대한 영유권 주장은 1959년 남극조약에 의하여 포기되
었다.

② 남극환경보호의정서를 채택하는 데 실패하였다.

③ 평화적 목적 및 군사적 목적으로 이용할 수 있다.

④ 광물자원에 대한 탐사 및 개발활동을 전면 허용하고 있다.

⑤ 남극조약에 의하면 남극지역에서 행한 임무수행과 관련하여 재
판관할권은 그가 속하는 체약국의 재판권에 의한다.

> **해설** ① 1959년 남극조약은 영유권 주장을 동결하였으며, ②④ 남극환경보
> 호의정서는 1991년 7월에 채택되었는데 광물자원에 대한 과학적 연구를
> 제외한 모든 활동을 금지시켰다. ③ 남극은 평화적 목적에만 사용되며 군
> 사적 성격의 활동은 금지된다.

8 1959년 남극조약은 남극의 법적 지위와 관련하여 어떠한 입장을 취하
였는가?

① 남극대륙에 대한 일체의 영유권 관련 주장을 동결

② 남극을 인류의 공동유산이라 선언

③ 선형이론에 따른 해결을 권고

④ 형평의 원칙에 따른 경계선 획정을 규정

⑤ 남극은 무주지라고 선언

> **해설** 남극조약 4조는 이 조약으로 인해 당사국들이 이전에 주장해 온 권리
> 나 영유권 주장을 포기한 것으로 해석되어서는 안 된다고 하였다(조약 4조

1항). 동시에 조약의 효력발생 기간 중에 발생한 그 어떠한 행동이나 조치도 남극에 대한 영유권 주장을 제기·지원·부인하는 근거가 되지 못한다고 하여(동조 2항), 이 조약이 남극의 영유권 문제에는 아무런 영향도 미치지 않음을 분명히 하였다. 남극조약은 이제까지 남극에 대해 주장해 온 모든 영유권관련 주장들을 동결(freeze)한 것이다.

9 다음 중 국제적인 합의에 의하여 개발이 금지되어 있는 곳은?

① 심해저   ② 공 해

③ 남 극   ④ 국제하천

⑤ 북 극

> 해설 1988년 채택된 「남극광물자원활동규제협약」(Convention on the Regulation of Antarctic Minerals Resource Activities : CRAMRA)은 광물자원개발 활동의 세 가지 단계를 마련하고 필요한 기관을 설립하는 등 남극의 광물자원개발제도를 담고 있었다. 그러나 이 협약의 채택을 계기로 이에 대한 반대도 커져, 1991년 4월 남극조약협의당사국회의는 「남극조약 환경보호의정서」(Protocol on Environmental Protection to the Antarctic Treaty)를 채택하여 광물자원에 대한 과학적 연구를 제외한 모든 활동을 금지시켰다.

10 현재의 국제민간항공의 골격을 마련하여 「민간항공의 헌법」이라 일컬어지는 조약은?

① 1919년 파리협약   ② 1944년 시카고협약

③ 1970년 헤이그협약   ④ 1958년 제네바협약

⑤ 1971년 몬트리올협약

> 해설 기본문제 24번의 해설을 참조.

11 다음 중 그 상공이 영공이 아닌 곳은?

① 영 토   ② 내 수

③ 영 해   ④ 접속수역

⑤ 하 천

> **[해설]** 영공은 영토와 영해의 상공이다. 영해 외측의 수역인 접속수역의 상공
> 은 영공이 아니다.

12 항공법 초기의 학설로 해양법에서처럼 일정한 높이까지는 영해처럼
하토국의 주권이 인정되고 그 이상의 공간에는 공해처럼 항공의 자유
가 인정되어야 한다는 학설은?

① 자유공설   ② 완전주권설
③ 기능주의   ④ 대기권설
⑤ 실효적 지배설

> **[해설]** 포슈(Fauchille)가 주장한 자유공설에 관한 것이다. 상공은 바다와는
> 달리 외국항공기의 영토상공 존재 자체가 위협이므로 자유공설은 받아들여
> 지지 않았다. 대신 완전주권설이 각종 협약에 의해 인정되었다.

13 국제민간항공기구는?

① IAEA   ② IBRD
③ ICAO   ④ IUCN
⑤ UNDP

> **[해설]** ①은 국제원자력기구, ②는 국제부흥개발은행, ③이 국제민간항공기구
> 로 International Civil Aviation Organization의 약어이다. ④는 국제자연
> 보호연맹이고, ⑤는 유엔개발계획의 약자이다.

14 국제민간항공기구(ICAO)는 어떤 조약에 의하여 설립되었는가?

① 1919년 파리협약   ② 1944년 시카고협약
③ 1963년 도쿄협약   ④ 1970년 헤이그협약
⑤ 1971년 몬트리올협약

> **[해설]** 국제민간항공기구는 1944년 시카고에서 체결되어 1947년 효력발생에
> 들어간 「국제민간항공협약」(Chicago Convention on the International
> Civil Aviation)에 의해 설립되었다.

[정답] 11 ④   12 ①   13 ③   14 ②

15 영공의 법적 체계에 관한 설명으로 옳은 것은?

<행시, 외시, 지시 '99>

① 민간항공기의 침입시 무조건적인 격추도 가능하다.

② 항공기는 해양법상의 무해통항권과 유사한 권리를 향유하지 못 한다.

③ 오로지 육지영토 상공만을 일컫는다.

④ 우주와의 경계구분이 실정법상 확립되었다.

⑤ 완전하고 배타적인 주권원칙은 확립되지 못했다.

> 해설 ① 대한항공 007기 사건을 계기로 국제민간항공기구(ICAO)에서는 협약을 개정하여 민간항공기에 대한 무력사용을 금지하였다. ② 해양의 경우와 달리 외국항공기가 자국 상공에 존재한다면 그 자체가 위협이므로, 항공기는 해양법에서의 무해통항권과 같은 권리를 누리지 못한다. ③ 영공은 영토와 내수, 영해의 상공이다. ④ 대기권과 우주와의 경계에 대해서는 학설의 대립이 있다. ⑤ 한때 포슈의 자유공설이 유행하는 등 영공의 법적인 성격에 대하여 논란이 있었으나, 1914년 이후에는 영공에 대한 영토국가의 배타적 관할권을 인정하는 완전주권설이 확립되었다. 1944년 시카고협약도 "체약국들은 모든 국가가 그 영역의 상공에서 완전하고 배타적인 주권을 갖는다는 것을 인정한다"고 하였다.

16 국제사회에서는 항공기내에서 발생한 범죄와 항공기불법납치 등 항공기를 대상으로 한 범죄행위에 대처하기 위하여 1963년 도쿄협약, 1970년 헤이그협약, 1971년 몬트리올협약을 체결하였다. 이들 협약들이 규정하는 내용과 다른 것은?

① 당사국들은 항공기상에서 발생하는 범죄를 다루기 위한 법제도를 정비하기로 하였다.

② 항공기 불법납치를 범한 사람들을 중형에 처하도록 하였다.

③ 항공기 납치범에 대한 재판관할권은 불법행위가 발생한 영토국가에게만 인정하였다.

④ 항공기불법납치범을 체포한 국가는 직접 처벌하지 않는 경우 범

정답 15 ②

인을 인도하도록 의무화하였다.

⑤ 다양한 항공방해행위들을 규제하고 처벌하기 위한 규정들을 도입하였다.

> **해설** ① 동경협약에 규정된 내용이다. ②와 ④는 헤이그협약에 규정되어 있는 내용이다. ⑤는 몬트리올협약의 내용이다. ③ 항공기 불법납치 억제를 위해 체결된 헤이그협약은 항공기 납치범의 처벌가능성을 높이기 위하여 그들에 대한 재판관할권을 여러 국가에 분산하여 인정하였다.

17 헤이그 항공기불법납치협약과 관계가 없는 것은?

① 항공기 불법납치를 억제하기 위하여 체결된 협약이다.

② 항공기 불법납치범에 대한 재판관할권은 범행발생지 국가만이 행사할 수 있다고 하였다.

③ 범죄인의 의무적 처벌과 인도를 규정하였다.

④ 항공기 납치범은 중한 범죄자로 처벌해야 한다고 하였다.

⑤ 1970년 헤이그에서 체결되었다.

> **해설** ① 1970년 헤이그협약 즉 「항공기불법납치억제협약」(Convention for the Suppression of Unlawful Seizure of Aircraft)은 항공기에 탑승한 사람들에 의한 하이재킹, 즉 항공기 탈취행위를 규율하는 것을 목적으로 하였다. ② 헤이그협약은 항공기 불법납치범의 도피처를 차단하기 위하여 범죄에 대한 형사관할권을 항공기 등록국, 착륙국, 항공기 임차인의 주소지국, 범인을 체포한 국가 등 여러 국가에 분산하여 인정하였다. ③ 헤이그협약은 범죄인의 처벌과 인도를 의무화하였다. 협약은 항공기납치 혐의자가 발견된 국가는 그를 인도하든지 처벌을 위하여 관계당국에 넘겨야 한다고 하여, 범인을 직접 처벌하지 않는 경우에는 다른 국가에게 인도하도록 하였다. ④ 각국은 항공기납치범을 각국의 법에 따라 '중한 범죄'(offence of a serious nature)로 재판하도록 하였다.

18 국제민간항공기구(ICAO)가 민간항공기에 대한 무력행사를 절대적으로 금지하게 된 결정적인 사건은?

① 대한항공 007기 사건   ② 빈센스호 사건

③ 레드크루제이더호 사건   ④ 엔테베공항 사건

⑤ 중국민항기 사건

해설 1983년 10월 1일 소련 전투기들이 자국영공에서 대한항공 007기를 격추하여 수백 명의 인명피해가 발생한 후, ICAO 이사회는 시카고협약을 개정하여 민간항공기에 대한 무력사용을 금지하는 조치를 취하였다.

19 COPUOS란 무엇인가?

① 심해저위원회   ② 우주의 평화적 사용위원회

③ 남극조약협의당사국회의   ④ 국제심해저기구

⑤ 국제민간항공기구

해설 「우주의 평화적 사용 위원회」, 즉 COPUOS는 Committee on the Peaceful Uses of Outer Space의 약자로 1959년 유엔총회의 결의로 설립되어 우주관련 협약들을 만드는 데 기여하였다.

20 1967년 우주에 관한 원칙조약과 관계가 없는 것은?

① 우주법의 기본 원칙들을 제시하였다.

② COPUOS가 작성하여 유엔총회가 채택하였다.

③ 우주는 평화적 목적을 위해 사용되어야 한다고 하였다.

④ 우주는 인류의 공동유산이라고 하였다.

⑤ 모든 국가들에 의한 자유사용 원칙을 밝혔다.

해설 인류의 공동유산 개념은 1982년 해양법협약을 통해 심해저에 도입되었다. 우주에도 인류의 공동유산 개념을 도입해야 한다는 주장이 있으나, 국제사회가 그러한 결정을 한 바는 없다.

21 1967년 우주조약(Outer Space Treaty)상 기본원칙이 아닌 것은?

<행시, 외시, 지시 '01>

① 우주공간이용자유의 원칙   ② 영유금지의 원칙

③ 평화적 이용의 원칙   ④ 인류의 공동유산

⑤ 우주활동으로 야기된 손해에 대한 책임

정답 18 ①   19 ②   20 ④

[해설] 1967년 「달과 천체를 포함하는 우주의 탐사 및 사용에 관한 국가활동에 관한 원칙조약」(우주에 관한 원칙조약 또는 우주조약)이 밝힌 우주법 원칙들을 다음과 같다. 첫째는 자유사용원칙으로, 모든 국가들은 차별 없이 우주를 탐사·이용할 수 있다는 것이다. 둘째는 전유(appropriation) 금지의 원칙으로, 우주를 전유하거나 다른 국가의 이익과 활동을 방해하면 안 된다는 것이다. 셋째는 평화적 사용의 원칙으로, 핵무기나 그 외의 대량파괴무기를 우주에 배치하거나 우주에서 군사연습을 하는 것은 금지된다. 넷째는 국제책임의 원칙으로, 국가는 우주에서의 활동에 따른 국제책임을 부담한다는 것이다. 다섯째는 국제협력원칙으로, 우주의 탐사 및 사용에 있어 당사국들은 상호 협력하며 다른 국가들의 이익을 적절히 고려해야 한다는 것이다.

22 다음 중 우주조약(1967)의 내용이 아닌 것은?　　　　　　　<사시 '86>

① 영유자유원칙　　　　　　　② 우주활동자유원칙

③ 우주평화이용원칙　　　　　④ 우주이용평등의 원칙

⑤ 정보제공 및 공개의 원칙

[해설] 앞 문제의 해설 참조.

23 지구정지궤도에 대한 설명으로 잘못된 것은?

① 지구의 적도 35,800㎞ 상공을 지나는 궤도이다.

② 적도국가들은 자신들의 소유에 속하는 것으로 주장한다.

③ 인공위성을 통한 통신과 기상관측에 유용한 궤도이다.

④ 인공위성에 필요한 주파수는 ITU에서 배분한다.

⑤ 국제사회는 적도국가들의 주권적 권한을 인정한다.

[해설] 적도국가들은 보고타선언에서 지구정지궤도에 대한 자신들의 권리를 주장하였지만, 다른 국가들은 이를 인정하지 않았다. 지구정지궤도에 대한 권리주장은 우주에 대한 전유금지 원칙에도 어긋나기 때문이다.

24 1976년 채택된 보고타선언에서 적도국가들은 지구정지궤도의 법적 지위에 대하여 무엇이라고 하였는가?

① 인류의 공동유산   ② 하부국가의 영역
③ 자유로운 공간   ④ 국제공역
⑤ 공유물

> **[해설]** 지구정지궤도는 적도상공 35,800km에 위치하고 있으며, 이 곳에 위치
> 한 위성은 지구와 함께 자전과 공전을 하여 지구에서 볼 때 항상 같은 위
> 치에 존재한다. 이 때문에 이 궤도는 통신위성과 기상관측 위성 등이 사용
> 하기에 아주 편리하며 이용가치가 높으므로 1976년 보고타에서 일부 적도
> 국가들은 이 궤도에 대해 주권적 권리를 주장하였다.

25 다음 중 지구정지궤도에 대해 주권을 주장한 국가가 아닌 것은?
① 에콰도르   ② 아르헨티나
③ 브라질   ④ 자이레
⑤ 인도네시아

> **[해설]** 1976년 보고타선언에서 지구정지궤도에 대한 주권을 주장한 8개 적도
> 국가는 콜롬비아, 콩고, 에콰도르, 인도네시아, 케냐, 우간다, 자이레, 브라
> 질이다.

국제경제법

국제경제법

1 오늘날 국제경제법에서 발견되는 특징적인 요소라 할 수 있는 것은?

① 주권독립 원칙의 강화

② 국제화와 상호의존의 심화

③ 국내문제불간섭 원칙의 철저한 적용

④ 주권평등 원칙의 지배

⑤ 자급자족적 경제체제의 성립

> [해설] 〈**국제화와 국제경제법**〉 요즈음의 국제사회는 국제화와 상호의존의 심화에 의해 거대한 변화에 직면해 있다. 이러한 변화는 전통 국제법원칙에 커다란 변화를 가져오고 있으니, 전통국제법 원칙인 국가주권과 독립권은 한 국가의 대내적 경제정책이 다른 국가경제에 직접 영향을 미치는 현실에서는 제한된 의미를 가질 수밖에 없다. 주권평등 원칙 역시 인구·경제력·기술력에 큰 차이가 있는 국가간 관계에서 온전히 유지되기는 어려운 것이 현실이다.

2 법의 주체란 점에서 국제공법과 국제사법을 구분할 때, 국제공법의 한 분야로의 국제경제법과 가장 거리가 먼 것은?

① 국제무역질서에 관한 법　　② 국제통화에 관한 법

③ 국제상사중재에 관한 법　　④ 국제투자제도에 관한 법

⑤ 국제개발에 관한 법

> [해설] 〈**국제경제법의 범위**〉 국제경제법(International Economic Law)이 무엇인가 하는 데 대해서는 의견 차이가 있다. 광의의 국제경제법은 국제적 요소와 경제적 요소를 담고 있는 모든 법적 주제들을 포괄하는 것으로 정의될 수 있다. 그러나 이처럼 국제경제법을 국제경제관계를 규율하는 법규범 전체를 지칭한다고 하면 국제경제법의 범위에는 국제경제의 기본질서에서부터, 통화와 금융, 투자, 무역에 이르기까지 국제경제활동에 관한 모든

[정답] **1** ②

국제법과 국내법이 포함되어 국제경제법의 범위는 지나치게 넓어진다. 국제법에서는 전통적으로 최소한 한쪽 당사자가 국가나 공적 조직인 경우를 규율대상으로 하여 왔으며 그러한 전통은 현재에도 유지되고 있다. 따라서 국제법의 한 분야로서의 국제경제법은 기본적으로 국가 간의 경제관계에 관한 것이라 정의할 수 있다. 이러한 맥락에서 볼 때, ③을 제외한 나머지 모든 분야는 국제경제법의 범주에 넣을 수 있다고 본다.

3 국제경제법의 역사에 대한 다음의 설명 중 잘못된 것을 고르시오.

① 국제경제법이 본격적인 발달을 시작한 것은 2차대전 이후이다.

② 1차대전 당시 윌슨이 제안한 14개조에도 무역에 관한 내용이 있었다.

③ 2차대전 이후의 국제경제질서를 브레튼우즈체제라고 한다.

④ 브레튼우즈체제는 통제된 질서가 아니라 자생적 질서에 기초한 것이다.

⑤ 브레튼우즈체제에서는 IMF, IBRD, GATT 등 보편적 기구들이 중요한 역할을 맡고 있다.

> [해설] **〈국제경제법의 역사〉** ① 국제경제법이 양적으로나 질적으로 본격적인 발전을 시작한 것은 20세기, 특히 제2차대전 이후이다. ② 그렇지만 이미 윌슨은 그의 「14개조」(Fourteen Points)에서 국가간 무역조건에 대하여 언급하였으며, 국제연맹 규약은 연맹의 목적의 하나로 회원국간 무역의 형평에 맞는 대우를 규정하였다(국제연맹 규약 23조 e). ③④ 제2차 세계대전 이후 수립된 국제경제질서는 「브레튼우즈체제」(Bretton Woods System)라 하는데 과거의 국제경제체제와 큰 차이가 있다. 과거의 국제경제관계는 전체에 대한 구상은 없이 집적된 '자생적 질서'(spontaneous orders)에 의해 규율되었지만, 브레튼우즈체제는 '통제된 질서'(directed orders)에 기초한 국제경제질서이기 때문이다. ⑤ 브레튼우즈체제는 1944년 브레튼우즈회의에서 체결된 「국제통화기금」(IMF)과 「국제부흥개발은행」(IBRD) 설립협정 및 1947년의 「관세 및 무역에 관한 일반협정」(GATT)을 주축으로 성립된 체제이다.

4 경제협력개발기구(OECD)에 대한 설명이다. 잘못된 것은?

① 1960년에 서명된 협약에 따라 1961년 출범하였다.

---

② 1948년에 설립된 유럽경제협력기구(OEEC)를 계승한 것이다.
③ 개발도상국들의 입장을 대변하는 국제경제기구이다.
④ 주요 선진국들이 그 회원국으로 되어 있다.
⑤ 회원국들의 지속적 경제성장과 국제통화의 안정, 세계무역의 증진을 목적으로 한다.

> 해설 **〈경제협력개발기구〉** 경제협력개발기구(Organization for Economic Cooperation and Development : OECD)는 제2차대전 이후 미국이 유럽의 부흥을 위해 제공한 마셜플랜에 따른 원조를 관리하기 위해 1948년 파리조약에 의해 설립되었던 유럽경제협력기구(OEEC)를 계승하여 창설되었다. 1960년 12월 체결된 협약에 따라 출범한 OECD는 주요 선진 공업국들로 구성된 기구로 자본이동이나 투자와 같은 각종 국제적 경제거래에 관한 국가별 행동원칙을 토의, 결정하는 역할을 수행하고 있다. 회원국은 최근에 가입한 우리나라, 유럽국가들, 미국, 캐나다, 일본을 포함하는 29개국이다. ③ 이 기구는 개발도상국이 아닌 선진국들의 입장을 대변하는 기구이다.

5 신국제경제질서운동이란?
① 1945년 이후 선진국들이 주장한 새로운 국제경제질서 수립 주장이다.
② 1970년대 개발도상국들이 주장한 새로운 국제경제질서 수립 주장이다.
③ 1970년대 선진국들이 주장한 새로운 국제경제질서 수립 주장이다.
④ 1990년대 개발도상국들이 주장한 새로운 국제경제질서 수립 주장이다.
⑤ 1990년대 선진국들이 주장한 새로운 국제경제질서 수립 주장이다.

> 해설 **〈신국제경제질서운동〉** 제2차대전 이후의 국제경제체제를 소위 브레튼우즈체제라고 하는데, 이 체제하에서 세계경제는 비약적인 발전을 거듭하였다. 그러나 개발도상국들은 IMF와 GATT를 주축으로 하는 이 체제는 선진국 위주로 되어 있어서 선진국과 개발도상국 간의 경제적 차이를 점점

깊게 하고 있다고 생각하였다. 이러한 인식에서 개발도상국들은 국제경제 질서에 관한 기존의 국제법 규범을 형평(equity)에 입각한 '신국제경제질서'(New International Economic Order : NIEO)로 바꾸어야 한다고 주장하였다. 그리고 이러한 주장은 1970년대 중반 유엔에서 몇 가지 결의들이 채택되면서 절정에 달하였다.

6 다음 중 신국제경제질서 주장과 가장 관계가 약한 것은?

① 보편적 무역기구의 설립을 주장한다.

② 형평에 입각한 국제경제질서 수립을 주장한다.

③ 비상호성에 입각하여 개발도상국에 유리하게 무역질서를 개편할 것을 요구한다.

④ 천연자원에 대한 영구주권을 주장한다.

⑤ 다국적기업에 대한 규제강화를 주장한다.

> 해설 <**신국제경제질서의 내용**> 1974년 신국제경제질서에 관한 3개의 결의 가 유엔총회를 통과하였다. 그것은 「신국제경제질서의 수립에 관한 선언」, 「신국제경제질서 수립에 관한 행동계획」, 「국가의 경제적 권리와 의무에 관한 헌장」이다. 이들 세 가지 결의에 포함되었던 개발도상국들의 요구는 다음과 같았다. 첫째, 형평에 입각한 새로운 경제질서를 세워 국가간 경제적 불균형을 해소해야 한다고 주장한다. 법에서 형평은 보통 재판상 재량 (judicial discretion)을 의미하지만 여기에서는 분배적 정의(distributive justice)의 실현을 위한 수단이 된다. 둘째, 식민주의 시대 중심국가들의 필요에 의해 형성된 무역질서를 개편하되 비상호성에 입각하여 개발도상국에게 유리한 무역질서를 세워야 한다고 한다. 셋째, 천연자원에 대한 영구주권을 인정하여 영토국가(개발도상국)의 외국기업 국유화 권리를 인정하자고 하였다. 넷째, 현지 영토국가와 국제기구의 다국적기업 규제권을 인정해야 한다고 하였다.

7 국제경제법의 法源에 관한 설명이 아닌 것은?

① 성문법 위주로 발전하고 있다.

② 조약이 중요하다.

③ 국제관습법이 가장 중요한 법원이다.

④ 국내법과 밀접히 관련되어 있다.

⑤ 연성법인 경우가 많다.

> 해설 <**국제경제법의 법원**> 법원이라는 면에서 국제경제법은 다른 국제법 분야와 비교하여 몇 가지 특징적 요소를 갖는다. 첫째, 국제경제법은 성문법 위주로 발전해 가기 때문에 국제관습법은 상대적으로 덜 중요하다. 브레튼우즈체제와 최근의 WTO협정이 이러한 추세를 보여 주고 있으며, 국가간 경제관계도 대부분 양자간 또는 다자간조약에 의하여 규율된다. 따라서 ③의 설명은 부적절하다. 둘째, 국제경제법은 국내법과 보다 밀접히 연결되어 있다. 국제경제법 원칙들 중 상당수는 각국의 국내법 원칙에서 나왔으며 국제경제법 규칙들도 국내법에 많은 영향을 주고 있다. 셋째, 국제경제법은 연성법(soft law)의 특징을 갖는다. 오늘날 경제문제에 있어 상호의존이 심화되면서 긴밀한 국제협력이 요망되고 있지만, 국가간 경제발전 수준의 차이는 보편적·강제적 법규칙 마련을 억제하고 있다. 때문에 국제경제법 규칙들은 바람직한 행위준칙을 제시하는 수준에 머무는 경우가 많다.

8 국제경제법의 주체에 대한 다음의 설명들 중에서 잘못된 것은?

① 국가는 국제경제법에서도 중요한 주체이다.

② IMF, IBRD, WTO 등 국제기구들의 역할 역시 매우 중요하다.

③ 유럽연합과 같은 지역기구들도 중요한 주체이다.

④ 국제경제법에서는 개인과 사기업이 가장 중요한 법주체이다.

⑤ 다국적기업들은 아직 국제경제법의 주체로 인정받지 못하고 있다.

> 해설 <**국제경제법의 주체**> ① 국제경제법에서도 국가는 가장 중요한 주체이다. 다른 국제법 분야에서와 마찬가지로 국제경제법 역시 그 골격은 국가들에 의해 만들어지며, 국가간 경제관계는 국제경제법의 기본구조를 형성하기 때문이다. 더구나 냉전 종식 이후 경제발전과 복지가 국가의 최대 관심사로 등장하면서 국제경제법에서 국가가 차지하는 비중은 더욱 커지게 되었다. ②③ 오늘날 국제경제법에서 국제기구는 매우 중요한 주체이다. 브레튼우즈체제는 국제통화기금(IMF), 국제부흥개발은행(IBRD), 관세 및 무역에 관한 일반협정(GATT)과 세계무역기구(WTO)와 같은 국제기구들에 의해 유지되고 있다고 해도 과언이 아니며, 그 외에 수많은 유엔 전문기구

와 유럽연합(EU) 같은 지역기구들도 오늘날 국제경제법에서 매우 중요한 역할을 수행하고 있다. ④ 오늘날도 개인이 국제법의 주체인가 하는 데 대해 학설의 대립이 있는 것은 사실이지만, 대부분의 학자들은 개인이 국제법의 주체임을 인정하고 있다. 개인은 유럽연합이나 국제행정재판소에서, 그리고 1965년 체결된 「국가와 외국인 간 투자분쟁해결 협약」에 따라 설립된 국제투자분쟁해결센터(ICSID)에서, 국가나 국제기구를 상대로 청원을 하거나 소송을 제기할 수 있다. 그러나 사기업은 국제법의 주체가 아니며, 그것은 국제경제법에서도 마찬가지이다. ⑤ 오늘날 다국적기업의 활동은 매우 광범위하며 그 일부는 웬만한 국가들보다 국제적인 영향력이 강하다. 그렇지만 다국적기업들은 과거 제국주의시대 후진국을 침탈하는 첨병 역할을 했으며, 20세기 들어서도 개발도상국들의 자원을 약탈하는 존재로 비쳐져 독립된 법인격을 얻는 데 많은 어려움이 있다. 특히 개발도상국들은 다국적기업에게 국제적 법인격을 부여하는 데 강력히 반대하고 있어 아직 국제법의 주체로 인정받지 못하고 있다.

9 다국적기업에 대한 가장 적절한 표현인 것은?

① 국적이 여럿인 기업을 말한다.

② 주주가 여러 국가의 국민인 기업을 말한다.

③ 실질적 정의의 방법에 의해 결정된다.

④ 여러 국가에 공장과 지점·현지법인을 가지고 생산과 판매 등 영업을 하는 기업이다.

⑤ 설립지 이외의 국가에서 영업을 하는 기업을 말한다.

해설 〈다국적기업〉 다국적기업(multinational corporation)에 대한 보편적으로 합의된 정의는 아직 존재하지 않는다. 다국적기업의 개념을 정하는 데에는 크게 두 가지 방법이 사용된다. 하나는 다국적기업을 기업의 규모, 생산과 영업이 행해지는 국가의 수, 매출액, 자산, 수익, 고용의 측면에서 해외비중을 고려하여 정하는 실질적 정의의 방법인데, 그 구체적인 기준을 마련하는 데 어려움이 있다. 반면에 기업의 형태에 주목하여 기업이 설립된 국가 이외의 여러 국가에 지사나 지점, 현지법인을 설립하여 생산과 판매 등 영업활동을 하는 기업을 다국적기업이라 분류하는 형식적 정의 방식이 있다. 이 방법은 복수국가에서 영업을 한다는 이유만으로 중소기업까지 다국적기업으로 분류되는 모순이 있기는 하지만, 국제사회에서는 대체로 이 방식을 사용하고 있다.

정답 8 ④   9 ④

10 다국적기업의 법적 지위에 대한 다음의 설명 중에서 잘못된 것은?

① 다국적기업은 국제법의 주체가 아니다.

② 대다수 개발도상국들은 다국적기업을 국제법 주체로 인정하는 데 반대한다.

③ 다국적기업도 국제법의 주체로 인정되어야 한다는 주장도 일부 존재한다.

④ 전통국제법에서 다국적기업들은 본국의 외교적 보호에 의존해 왔다.

⑤ 현재 다국적기업은 국제사법재판소에서 소송당사자가 될 수 있다.

> 해설 <**다국적기업의 법적 지위**> 오늘날 다국적기업의 활동은 매우 광범위하고 중요하여 그 국제적인 영향력도 강해졌다. 그러나 다국적기업들은 과거 제국주의 시대 후진국 침탈의 역할을 했으며, 20세기 들어서도 개발도상국의 자원을 약탈하는 존재로 비춰져 국제법의 주체로 인정받는 데 상당한 어려움이 있다. 특히 개발도상국들이 다국적기업에 국제적 법인격을 부여하는 데 강력히 반대하는데, 오늘날처럼 경제의 국제화가 빠르게 진행되고 주권개념은 약화되어 기업활동이 보다 자유로워진다면, 이들이 국제사회에서 일정한 국제적 법인격을 얻는 것은 시간문제일 것이다. ④⑤ 전통국제법에서 다국적기업은 국제법 주체가 아니므로 직접 국가를 상대로 국제책임을 추구하지 못한다. 따라서 다국적기업이 영토국가로부터 불법부당한 대우를 받는 경우 기업들은 주로 외교적 보호에 의존해 온 것이 사실이다.

제 2 절 \ 국제통화와 IMF

11 국제통화제도의 역사에 대한 다음의 설명 중 잘못된 것은?

① 건전한 국제금융과 무역질서 수립을 위해서는 환율의 안정이 중요하다.

정답 10 ⑤

② 과거에는 각국이 마음대로 자국화폐의 환율을 결정하여 국제경제의 안정을 해치는 경우가 있었다.

③ 1865년 벨기에·프랑스·이태리·스위스·그리스는 「라틴통화연합」(Latin Monetary Union)을 창설하였다.

④ 제1차대전 이후 유럽국가들은 「유럽통화제도」를 창설하여 통화분야의 협력을 원활히 하였다.

⑤ 1944년 브레튼우즈회의에서 「국제통화기금」이 창설되면서 통화분야의 국제협력이 본격화되었다.

> 해설 ＜국제통화제도의 역사＞ ① 화폐는 국제금융과 국제무역의 수단으로 건전한 국제금융 및 통상질서를 수립하려면 통화의 안정이 필수적이다. 특히 외환의 가치를 나타내는 환율의 변동은 국제수지에 지대한 영향을 미치므로 환율의 안정은 국제경제질서의 안정을 위해 매우 중요하다. ② 환율의 안정이 이처럼 중요함에도 불구하고 제2차대전 이전에는 각국이 마음대로 자국화폐의 환율을 결정할 수 있는 주권을 보유하고 있어 국제경제의 안정을 저해하는 요인이 되었다. ③ 1865년 벨기에·프랑스·이태리·스위스·그리스는 결제수단의 통합을 위하여 「라틴통화연합」(Latin Monetary Union)을 창설하였다. ④ 제1차대전 이후 국제사회는 환율의 안정, 통화간의 태환성 보장 등 국제통화협력이 필요하다고 인식하였으나, 이를 제도화하지는 못하였다. ⑤ 현재의 국제통화법은 1944년 브레튼우즈회의에서 그 기초가 마련되었다. 이 회의에서 국가들은 통화분야에서의 효율적인 국제협력을 위하여 「국제통화기금」(IMF)을 창설하였다.

12 다음 중 국제통화기금에 대한 적절한 설명이 아닌 것은?

① 유엔 전문기구의 하나이다.

② 1944년 브레튼우즈협정에 따라 1945년에 설립되었다.

③ 환율의 안정을 통한 국제무역 확대와 경제성장을 목적으로 한다.

④ 처음부터 지금까지 금본위제를 유지하고 있다.

⑤ IMF에서의 표결에는 투표가중치제도(weighted voting system)가 적용되므로, 분담금액이 큰 일부 서구국가들에 의사결정이 좌우되고 있다.

[해설] <국제통화기금> ①② 유엔전문기구의 하나인 「국제통화기금」(International Monetary Fund : IMF)은 1944년 1월 브레튼우즈에서 채택된 협정에 의하여 1945년 12월 출범하였다. ③ IMF는 국제통화협력의 증진에 의한 국제무역의 확대, 회원국간 외환거래 질서와 환율안정, 다자간결제제도(multilateral system of payments) 수립을 목적으로 하였다. ④ IMF는 금본위제를 원칙으로 하였으나, 1968년 국제유동성 부족에 대처하기 위해 특별인출권(Special Drawing Right : SDR)을 창설하였다. 1971년에는 미국 달러화의 금으로의 태환을 중지시킨 데 이어, 1978년 킹스턴(Kingston) 협정에 따라 금본위제는 종식되고 변동환율제로 이행하였다. ⑤ IMF의 주요 기관으로는 모든 회원국 대표들로 구성되는 총회와 최소한 24명의 이사들로 구성되는 집행이사회가 있는데, 양 기관에서의 표결에서는 투표가중치제도(weighted voting system)가 적용되어 각국의 투표는 분담금액에 상응하는 가치를 가지기 때문에, 의사결정은 실제로 분담금액이 큰 서구국가들에 의해 좌지우지되고 있다.

13 국제통화기금(IMF)에 대한 다음의 설명 중 옳지 않은 것은?

① IMF는 외환문제와 관련하여 금본위제를 원칙으로 하였으나, 1978년 이후 변동환율제로 전환하였다.

② IMF는 극심한 수지불균형으로 대외채무 지불불능 위기에 직면한 채무국이 기댈 수 있는 마지막 보루이다.

③ 채무국이 IMF 구제금융을 받으려면 인플레 억제, 임금상승 억제, 정부지출 축소 등 긴축조치를 약속해야 한다.

④ 이제까지 멕시코, 브라질, 인도네시아, 우리나라 등이 IMF로부터 구제금융을 지원받았다.

⑤ IMF로부터 구제금융을 받은 국가는 IMF의 관리 아래 있는 것이므로 IMF로부터 일종의 신탁통치를 받는 것이다.

[해설] <IMF 구제금융> ② IMF는 국제무역에 필수적인 안정적인 국제통화제도 마련을 위해 설립되었으나, 극심한 수지불균형을 겪고 있는 회원국에 대한 자금공여와 정책조정을 한다. IMF는 세계경제의 경찰역할을 수행하고 있으며, 대외채무 지불불능에 빠질 위기에 있는 채무국이 기댈 수 있는 마지막 보루이다. ③ IMF가 제공하는 여신에는 조건이 부가되어 있으니, IMF와 채무국이 체결하는 '대기성협정'(stand-by arrangements)을 통해 채무

국은 인플레 억제, 임금상승 억제, 정부지출 축소 등 긴축조치들을 약속해
야 한다. ④ 외환부족 사태에 직면한 국가들도 IMF가 요구하는 조치들이
부담스러워 IMF에 구제금융 신청을 꺼리는 경우가 많다. 이제까지 IMF로
부터 구제금융을 받은 국가로는 멕시코와 브라질, 우리나라, 인도네시아가
있다. ⑤ IMF로부터 구제금융을 받은 국가는 대기성협정의 긴축조치들을
부담스러워하여 스스로를 IMF의 관리하에 있다고 비하하거나 자신의 주권
이 침해당하고 있다고 생각하는 경우가 많았다. 그러나 그것은 지나친 자
기비하이며, 법적으로 IMF 여신에 부가되어 있는 조건들은 조약상 의무는
아니므로 채무국이 조건을 따르지 않더라도 국제법상 불법행위가 아니라는
유력한 견해도 있다.

제 3 절 \ 국제투자와 IBRD

14 국제투자제도에 대한 다음의 설명 중 잘못된 것은?

① 전통국제법에서 외국인투자는 외국인의 피해에 대한 국가책임이
   란 관점에서 다루어졌다.

② 20세기 중반까지 외국인투자는 주로 간접투자였으며, 직접투자
   는 천연자원개발에 집중되었다.

③ 「다자간투자협정」 타결로 외국인 직접투자에 관한 포괄적인 조
   약이 마련되었다.

④ 기업이 외국에 투자하려면 기업의 본국법, 영토국가의 법, 관련
   국제법을 조사해 보아야 한다.

⑤ 오늘날 외국인투자관련 분쟁해결에는 국제사법이나 외교적 보호
   이외에 중재절차가 많이 사용되고 있다.

[해설] <국제투자제도> ① 전통국제법에서 외국인 직접투자는 전적으로 영토
국가의·주권에 속하는 사항이었으며, 외국인이 입은 피해에 대한 국가책임
이란 관점에서 다루어졌다. 최근 세계의 경제적·정치적 환경이 변하면서

국제투자 문제는 국제법 학자들의 관심대상으로 등장하였고, 관련 국제조약들이 속속 체결되고 있다. ② 20세기 중반까지 국제투자란 주로 간접투자였으며 직접투자는 주로 천연자원 개발에 집중되었다. 1970년대에 이르기까지 개발도상국들은 외국인 직접투자에 대한 규제에 관심을 기울였으며, 그 결과 '천연자원에 대한 영구주권론'이 등장하기도 하였다. 그렇지만 1980년대 들어서면서 상황은 크게 달라지기 시작하였고, 외국인 투자를 촉진하는 조약과 국내법들이 속속 마련되었다. ③ 세계경제의 통합에 따라, 우루과이라운드를 통하여 국제무역에 단일규범이 도입되었듯이, 국제투자에도 통일된 규범을 마련하려는 움직임이 있었다. 1995년 5월 OECD 이사회는 「다자간투자협정」(Multilateral Agreement on Investment : MAI) 체결을 목표로 즉시 협상을 시작하였다. MAI협정은 자본자유화와 투자자보호를 추진하며 분쟁해결에 관한 명확한 규칙들을 마련하는 것을 목표로 하였으나, 결실을 거두지 못하였다. ④ 외국인 직접투자에 관한 포괄적인 국제조약은 아직 존재하지 않는다. 따라서 외국인투자에 관한 법은 여러 종류의 규범들과 문서로 짜여진 상태에 있다. 외국인투자를 규율하는 법은 외국에 투자하려는 기업의 본국법, 투자유치국의 법, 관련 국제법으로 구성된다. 국제투자에 관한 국제법은 양국간 또는 다자간에 체결되는 관련 조약들과 국제관습법이다. ⑤ 외국인투자관련 분쟁해결과 관련하여 종래에는 외국인투자자가 직접 영토국가의 법원에 제소하거나 본국에 외교적 보호를 요청하는 방법이 주로 사용되었으나, 오늘날에는 국제투자분쟁해결센터(ICSID)나 국제상업회의소(ICC)의 중재절차가 자주 사용되고 있다.

15 국제투자관련 국제기구에 관한 설명들이다. 다음 중 옳지 않은 것은?

① 국제금융 내지 국제투자에 관한 국제기구로는 IBRD가 가장 중요하며, IFC 및 IDA와 함께 세계은행그룹을 형성한다.

② IBRD는 처음에는 유럽의 전후복구 지원에 치중하였으나, 오늘날에는 개발도상국들의 사회간접자본과 경제개발 프로젝트를 주로 지원한다.

③ IBRD와 IMF는 그 회원국과 표결절차가 매우 유사하다.

④ 국제금융공사(IFC)와 국제개발처(IDA)는 개도국 기업들과 최빈국들에게 자금을 융자하는 일을 맡고 있다.

⑤ 국제투자분쟁해결센터(ICSID)는 우루과이라운드 협정에 따라 설립된 국제투자분쟁 해결기관이다.

정답 **14** ③

해설 <**국제부흥개발은행(IBRD)**> ① 국제금융 내지 국제투자를 위한 보편적 국제기구로는 「국제부흥개발은행」(International Bank for Reconstruction and Development : IBRD)이 가장 중요하다. 그 외에 「국제금융공사」(International Finance Corporation : IFC)와 「국제개발처」(International Development Association : IDA)를 묶어 세계은행그룹(World Bank Group)이라고 한다. ② 1945년 브레튼우즈회의는 전후 경제부흥에 소요되는 자금을 지원하는 기관으로 IBRD를 설립하였다. IBRD는 설립협정 1조에서 밝혔듯이 회원국들의 전후 복구와 개발을 지원하고, 개인에 의한 국제투자를 증진하며, 생산활동 자금을 지원하고, 국제무역의 균형성장과 수지균형을 제고하며, 투자정책을 조정하는 것을 목표로 하였다. IBRD는 실제로 처음에는 유럽의 전후 복구사업 지원에 치중하였으나, 오늘날에는 개발도상국들의 사회간접자본과 경제개발 프로젝트를 지원하는 데 자금을 주로 사용하고 있다. ③ IBRD의 회원국이 되려면 먼저 국제통화기금(IMF) 회원국이 되어야 하기 때문에, 양 기구의 회원국들은 비슷하다. 주요기관의 구성방식과 표결제도도 유사하므로 출자를 많이 한 국가들이 의사결정에서 주도권을 행사한다. ④ 국제금융공사(IFC)는 본국정부의 보증 없이 개도국 기업들에게 자금을 융자하여 개도국의 민간기업 활성화에 이바지하며, 국제개발처(IDA)는 최빈국들에게 필요한 자금을 융자하는 일을 맡고 있다. ⑤ 국제투자분쟁해결센터(ICSID)는 IBRD 후원으로 1965년 채택된 「국가와 외국인 간 투자분쟁해결협약」(Convention on the Settlement of Investment Disputes between States and Nationals of Other States)에 따라 설립되었으며, 국제투자분쟁을 국제사법이나 외교적 보호가 아니라 국제조정과 중재를 통하여 해결하고자 한다.

16 ICSID에 대한 설명이다. 다음 중 틀린 것은?

① 국제투자를 둘러싼 국제분쟁의 해결을 위하여 설립되었다.

② IBRD 후원으로 체결된 「국가와 외국인 간 투자분쟁해결협약」에 따라 설립되었다.

③ 개인이나 사기업은 ICSID 중재절차의 당사자가 될 수 없다.

④ ICSID의 중재판정부는 홀수로 구성한다.

⑤ 중재판정부는 당사자들이 합의한 준칙에 따라 판정을 내린다.

해설 <**국제투자분쟁해결센터(ICSID)**> ①② ICSID는 「세계은행」, 즉 IBRD 후원으로 1965년 체결된 「국가와 외국인 간 투자분쟁해결협약」에 따라 설립된 기구로, 국제투자분쟁을 국내법이나 외교적 보호가 아닌 국제조정과 중재를 통해 해결하고자 한다. ③ ICSID의 관할권은 체약국 또는 체약국의 하부조직이나 기관과 체약국 국민 간의 분쟁에 미친다. 여기서 말하는 체약 국민에는 체약국 국민은 물론 법인도 포함된다. ④ ICSID 중재판정부는 당사자들의 합의에 따라 구성되되 홀수인 중재인으로 구성된다. ⑤ 일반적 중재에서와 마찬가지로 ICSID 중재판정부는 당사자들이 합의한 법규칙에 따라 판정을 내린다. 그러한 합의가 없을 때에는 분쟁당사국의 국내법과 국제법을 적용하기도 한다.

제 4 절 \ GATT와 WTO

17 1948년 채택된 아바나헌장에 따라 설립이 예정되어 있었으나 실패로 돌아간 보편적 무역기구는?

① WTO   ② ITO

③ GATT   ④ UNCTAD

⑤ IMF

> 해설 〈**국제무역기구(ITO)**〉 1947년 11월부터 1948년 5월까지 쿠바 아바나에서는 「유엔 무역·고용회의」가 열렸다. 여기서는 「아바나헌장」(Havana Charter)이 채택되었는데, 이 헌장은 국제무역에 있어서의 공정한 거래에 관한 원칙과 법규 이행을 위한 전문기구(specialized agency)로 「국제무역기구」(International Trade Organization : ITO)를 설립하기로 되어 있었다. 이 헌장에는 상업정책, 제한적인 기업관행, 일차산품협정, 고용, 경제개발과 국제투자, 국제무역관련 유엔기구설립에 관한 6개의 협정이 들어 있었으나, 미국의 비준실패로 이 기구는 출범하지 못하였다.

18 「관세 및 무역에 관한 일반협정」(GATT)이란?

① ITO와 동일한 것이다.

② ITO헌장이 효력발생에 들어가면서 출범한 보편적 무역기구이다.

---

③ ITO헌장의 효력발생 실패로 그 기능 중 일부를 대신 수행해 온
   보편적 무역협정이다.
④ WTO헌장에 따라 발족한 보편적 무역기구이다.
⑤ WTO헌장의 효력발생 실패로 그 일부기능을 대신 수행하는 보
   편적 무역협정이다.

> [해설] <관세 및 무역에 관한 일반협정(GATT)> 1947년 4월부터 10월까지 제
> 네바에서 열린 「유엔 무역·고용회의」 2차 준비위원회는 국제무역기구(ITO)
> 헌장을 기초하였을 뿐 아니라 호혜적인 관세인하를 위한 다자간무역협상을
> 진행하였다. 그리고 그 회기 말 준비위원회는 다자간 무역관계를 다루는 헌
> 장 초안 부분을 별도로 떼어내 임시적으로 효력을 발생하게 하기로 결정하
> 였다. 헌장초안의 이 부분과 각국의 관세양허 계획표는 「관세 및 무역에
> 관한 일반협정」(General Agreement on Tariffs and Trade : GATT)이란
> 별도의 조약으로 만들어져 그 회기의 최종협정문(Final Act)에 포함되었으
> 며 1947년 10월 30일 참가국들에 의하여 서명되었다. 같은 날 최종협정문
> 에 서명한 23개국은 「GATT 임시적용에 관한 의정서」(Protocol of Provi-
> sional Application of GATT)를 채택하였고 이것은 1948년 1월 1일 효력
> 을 발생하였다. 이러한 연유에서 가트에 가입을 한다는 것은 곧 이 임시적
> 용에 관한 의정서에 가입함을 의미하게 되었다(Günther Jaenicke, GATT,
> Encyclopedia of the Public International Law, vol. 5, 1983, pp. 20~21).

19 GATT에 대한 다음의 설명 중 잘못된 것은?
① ITO를 대신하여 국제무역의 자유화에 크게 기여하였다.
② 처음부터 유엔산하 전문기구로 창설되었다.
③ 나중에 상설사무국을 설치하는 등 국제기구와 유사한 조직을 갖
   추었다.
④ 가트체제하에서 세계경제는 급속한 발전을 이루었다.
⑤ 세계 무역환경 변화에 대처하기 위하여 우루과이라운드 이전까
   지 7차례 다자간무역협상이 있었다.

> [해설] <GATT의 지위> GATT는 아바나헌장에 의하여 창설될 국제무역기구
> (ITO)에 의해 대체될 예정이었으므로 GATT 조약 자체에는 그 조직에 관
> 한 규정이 없었다. 그러나 아바나헌장이 효력발생에 이를 수 없다는 것이

명백해지면서, GATT는 자신의 기능을 수행하는 데 필요한 최소한의 조직을 만들어 가게 된다. 처음에는 유엔 조직을 사용하였으나 1955년 이후에는 사무총장(Executive Secretary, 나중에는 Director General)이 GATT 협정과 후속협정들의 수탁에 관한 기능을 수행하였다. 아울러 중요한 기능의 수행을 위하여 여러 개의 상설위원회를 조직하기도 하였다(Jaenicke, GATT, Encyclopedia of the Public International Law, vol. 5, p. 21). ② ITO는 유엔 산하 전문기구로 예정되어 있었으나 GATT는 본래 하나의 조약으로 유엔 전문기구가 아니다.

20 가트에서 라운드(Round)란 무엇인가?

① 가트 사무국이다.   ② 국제무역기구를 의미한다.

③ 다자간섬유협상이다.   ④ 반덤핑협정이다.

⑤ 다자간무역협상을 의미한다.

> **해설** 〈**라운드**〉 GATT는 출범후 내국인대우, 최혜국대우, 자유무역, 공정무역의 원칙 아래 세계무역의 확대를 위해 노력하였다. 그 과정에서 국제무역질서는 수많은 변화를 겪었으며 이러한 변화에 대응하여 우루과이라운드 이전까지 이미 7차례의 라운드(Round) 또는 다자간무역협상(Multilateral Trade Negotiations : MTNs)을 타결해 국제무역의 자유화를 촉진해 왔다. 그 중 제1차 협상부터 6차 협상인 케네디라운드까지는 선진국간 관세인하가 주요 내용이었고, 제7차 협상인 도쿄라운드는 관세인하 이외에 비관세장벽의 완화를 본격적으로 다루어 별도의 9개 다자간무역협정(Multilateral Trade Negotiation Code : MTN Code)을 체결하였다.

21 우루과이라운드가 시작된 배경에 대한 설명이다. 적절치 못한 것은?

① 미국 등 선진국들의 경기침체와 경상수지 적자확대

② 전반적인 보호무역주의 강화 움직임

③ 수출자율규제와 같은 회색지대 조치들의 남용

④ 보호무역적인 경제블록의 확산 움직임

⑤ 무역거래의 지나친 팽창

> **해설** 〈**UR의 배경**〉 무역환경의 변화에 따라 7차례에 걸쳐 다자간무역협정이 체결되었지만, GATT는 여러 면에서 한계를 맞게 되어 우루과이라운드를

거쳐 새로운 무역체제인 WTO체제로 넘어가게 되었다. GATT의 8번째 다자간협상인 우루과이라운드가 시작된 데에는 몇 가지 이유가 있다. GATT 체제 외부요인으로는 ㉠ 미국 등 선진국들의 경기침체와 높은 실업률 및 경상수지 적자 확대, ㉡ 보호무역주의의 강화, ㉢ GATT체제를 벗어난 수출자율규제와 시장질서협정 등 회색지대조치(grey area measures)의 남발과 반덤핑·상계관세제도의 남용, ㉣ 경제블록화의 진전에 따른 보호무역적 지역주의에 대한 우려, ㉤ 농산물과 서비스 무역, 지적소유권 보호를 다자간무역체제에 편입시켜야 한다는 선진국들의 주장을 들 수 있다. ⑤ 무역거래의 팽창은 오히려 가트의 목적에 해당하므로 그것 때문에 새로운 변화가 필요했다고 볼 수는 없다.

22 GATT는 우루과이라운드를 거쳐 WTO체제로 옮아가게 되었다. 이러한 변화가 있게 된 가장 큰 GATT 내부문제는?

① 가트는 본래 조약으로 의도된 것이므로 효율적인 집행과 판정을 할 수 없었다.

② 가트는 일부지역 국가 간에 적용되는 지역적 조약이었다.

③ 가트는 조약의 해석에 대한 견해차로 제대로 기능할 수 없었다.

④ 가트는 유엔 전문기구로서의 한계를 가지고 있었다.

⑤ 가트는 유엔 보조기관으로서의 한계를 가지고 있었다.

> 해설 〈GATT의 내부적 한계〉 GATT체제의 해체와 WTO의 등장을 가져온 가트 내부요인으로는 이것이 국제기구가 아닌 조약이라는 데에서 오는 한계를 지적할 수 있다. GATT를 하나의 국제기구로 보는 일반적인 인식과는 달리 그 명칭에서 알 수 있듯이 GATT는 하나의 조약으로서 효율적 운용을 위해 나중에 사무국을 설치한 것이다. 또한 GATT의 분쟁해결제도 역시 매우 취약하여 점증하는 국가간 무역마찰을 제대로 해결할 능력이 없었던 것이다. 가트는 ④⑤의 설명대로 유엔 산하 전문기구나 보조기관은 아니다.

23 우루과이라운드 협상과정에 대한 설명이다. 잘못된 것은?

① 우루과이라운드란 GATT의 8번째 다자간무역협상이다.

② 1986년 우루과이의 푼타 델 에스테에서 시작되어 1994년 4월 모로코의 마라케시 각료회의에서 종료되었다.

---

③ 협상분야가 공산품에 한정되었고 참가국수도 많지 않아 협상타결에는 큰 애로가 없었다.

④ 정체상태에 있었던 협상은 1991년 12월 제시된 던켈 협상초안에 의해 활기를 되찾았다.

⑤ 한때 지지부진하던 협상은 1993년 말 농산물 보조금을 둘러싼 미국과 EC간 협상, 쌀시장 개방협상, 서비스시장 개방협상이 타결되면서 동년 12월 15일 마무리되었다.

> 해설 <UR 협상과정> 우루과이라운드(Uruguay Round)는 1986년 우루과이의 푼타 델 에스테(Punta del Este)에서 시작되어 7년 후인 1994년 4월 12~15일 모로코 마라케시(Marrakesh) 각료회의를 끝으로 대단원의 막을 내렸다. 123개 GATT 회원국을 포함한 전세계 125개국 대표들이 참가하였던 UR은 GATT체제의 한계를 극복하고 향후 보다 효과적이고 새로운 무역질서를 세우기 위해 세계무역기구(World Trade Organization : WTO)를 설립하기로 하였다. 우루과이라운드는 포괄분야가 매우 광범위하고, 참가국수가 많았으며, 이해관계 대립이 심하여 타결이 어려울 것으로 예상되었다. 그렇지만 1991년 12월 던켈 협상초안(Dunkel Clean Text)이 제시되고 각국이 이를 협상의 기초로 수용할 뜻을 보이면서 급진전 되었다. 그 후에도 한때 지지부진하던 협상은 1993년 11월부터 12월 중순에 걸쳐 최대의 난제였던 농산물 보조금을 둘러싼 미국과 EC(프랑스)간 협상, 쌀시장 개방을 둘러싼 협상, 서비스시장 개방에 대한 선진국과 개도국간 협상이 타결되면서 동년 12월 15일 마무리되었다.

24 GATT 1994에 포함되지 않는 것은?

① 1947년에 체결되어 개정되어 온 GATT협정

② 1947년 GATT협정에 따라 체결되어 효력을 발생하고 있는 의정서와 결정들

③ 6가지 양해서

④ GATT 1994에 대한 마라케시의정서

⑤ 세계무역기구 설립협정

> 해설 <GATT 1994> 「1994 관세 및 무역에 관한 일반협정」(GATT 1994)은 1조에서 GATT 1994는 ㉠ 1947년에 체결되어 그간 여러 차례 개정되

어 온 GATT협정, ⓛ GATT 1947에 따라 체결되어 효력을 발생하고 있는
의정서와 결정들, ⓒ 6가지 양해서, ⓡ GATT 1994에 대한 마라케시의정
서들로 구성된다고 하였다. ⑤ GATT 1994가 오히려 세계무역기구설립협
정(WTO협정)의 일부이다.

25 WTO의 회원국 자격에 대한 설명들 중에서 틀린 것은?

① 1947년 GATT협정 당사국으로서 WTO협정을 수락하고, GATT
1994와 서비스협정에 자국의 양허표를 부가한 국가들이 원회원
국이다.

② 최저개발국들은 각국의 발전정도 및 능력에 부합하는 서약과 양
허를 함으로써 원회원국이 될 수 있다.

③ 총회는 회원국 과반수의 찬성으로 새로운 회원국의 가입을 결정
한다.

④ 대외상사관계에 있어서 자치권을 가진 관세지역도 WTO에 가입
할 수 있다.

⑤ 회원국이 WTO에 탈퇴통지서를 접수한 지 6개월이 경과하면 탈
퇴효과가 발생한다.

> 해설 <**WTO 회원국**> ① 세계무역기구의 원회원국은 1947년 GATT협정의
> 당사국으로서, WTO 설립협정과 다자간무역협정들을 수락하고, GATT
> 1994와 서비스협정에 자국의 양허표를 부가한 국가들이다. ② 그러나 유엔
> 이 인정하는 최저개발국들은 각국의 발전정도 및 능력에 부합하는 서약과
> 양허를 함으로써 원회원국이 될 수 있다. ③ 새로운 회원국의 가입은 각료
> 회의가 회원국 3분의 2 이상의 찬성으로 결정한다. ④ 대외상사관계에 있
> 어서 자치권을 가진 관세지역도 WTO와 합의되는 조건에 따라 협정에 가
> 입할 수 있다. ⑤ 회원국은 협정에서 탈퇴할 수 있다. 탈퇴는 서면에 의한
> 탈퇴통지서가 WTO에 접수된 지 6개월이 경과하면 효력을 발생한다.

26 다음 중 GATT와 WTO의 목적이나 원칙과 가장 거리가 먼 것은?

① 최혜국대우   ② 내국인대우
③ 관세인하   ④ 수량제한금지

⑤ 관리무역

> [해설] <**GATT와 WTO의 원칙**> 국제무역의 자유화를 위해 GATT와 WTO는 다음과 같은 원칙들에 의해 운영된다. 첫째는 차별 없는 무역의 원칙인데, 이 원칙은 '최혜국대우'(most favored nation treatment)와 '내국인대우' (national treatment) 원칙에 의해 실현된다. 두 번째는 수량제한금지의 원칙인데, 자국산업에 대한 보호는 수량제한이 아닌 관세에 의해서만 이루어져야 한다는 원칙이다. 쿼터의 사용이나 수량제한과 같은 조치들은 시장경제에 필수적인 가격메커니즘 기능을 방해하기 때문에 가트협정 11조는 이를 금하였다. 그러나 국내 농산물시장 안정, 국제수지보호 및 개도국의 경제개발을 위한 경우에는 예외가 인정된다. 셋째는 상호성의 원칙이다. 가트협정문에는 상호성에 관한 명문 규정이 없지만, 호혜적이고 상호이익이 되는 합의는 가트협정의 근본을 이루는 것으로 가트협정 서문을 비롯해 여러 곳에 언급되었다. 일방적으로 한쪽에게만 유리한 무역은 결국 경제분야에서의 국제협력을 파탄에 이르게 할 것이므로, 상호성은 다른 국제법 분야에서와 마찬가지로 국제무역에서도 기본원칙에 해당된다고 보아야 한다. 그 외에 수출과 관련하여 덤핑과 보조금을 지급하면 안 된다는 원칙도 들 수 있다. ⑤의 관리무역은 자유무역에 반대되는 개념으로 오히려 가트의 목적에 반하는 것이다.

27 GATT가 차별 없는 무역이란 목적에 도달하기 위하여 사용하는 2가지 원칙은?

① 최혜국대우와 내국인대우

② 내국인대우와 외국기업의 현지화

③ 상호성원칙과 외국인 차별금지

④ 비상호성과 개도국우대

⑤ 반덤핑관세와 상계관세 금지

> [해설] <**차별 없는 무역원칙**> GATT는 차별 없는 무역을 위하여 2가지 원칙을 가지고 있다. 그 하나는 최혜국대우의 원칙이다. 가트조약 1조 1항은 각 체약국들에게 관세와 무역법규를 적용하는 데 있어 모든 국가들에게 동등한 대우를 해 줄 것을 요구하여 최혜국대우를 도입하였다. 그러나 최혜국대우에 대해서도 예외는 인정되는바, ㉠ 관세동맹과 자유무역지대, ㉡ 덤핑이나 보조금지급, ㉢ 일반특혜관세제도(Generalized System of Pre-ferences : GSP), ㉣ 다자간섬유협정(Multi-Fiber Arrangement : MFA)이

있는 때에는 그 적용이 면제될 수 있었다. 다른 하나는 내국인대우 원칙으로 가트협정 3조에 규정되어 있다. 최혜국대우가 수입품이나 외국인에 대한 차별대우를 금지하는 것이라면, 내국인대우는 내국산품과 외국산품 사이 및 내국인과 외국인 간의 차별을 금하는 것이다.

28 최혜국대우원칙에 대한 예외로 인정되는 사례가 아닌 것은?

① 관세동맹   ② 공산품거래

③ 일반특혜관세제도   ④ 자유무역지대

⑤ 다자간섬유협정

> [해설] **〈최혜국대우〉** GATT협정 1조 1항은 각 체약국들에게 관세와 무역법규를 적용하는 데 있어 모든 국가들을 동등하게 대우할 것을 요구하였다. 이것을 '최혜국대우'(most favored nation treatment)라 한다. 그러나 가트조약은 처음부터 관세동맹, 자유무역지대, 국경무역, 덤핑이나 보조금지급 등 일정한 사유가 있는 때에는 예외를 인정하였으며, 나중에는 일반특혜관세제도(GSP)와 다자간섬유협정(MFA)에도 예외가 확대되어 인정되었다.

29 GATT와 WTO에 있어서 내국인대우원칙에 대한 예외가 아닌 것은?

① GATT 20조에 따른 일반적 예외

② 안전보장을 위한 경우

③ 일반특혜관세제도

④ 영화필름에 대한 쿼터제

⑤ 정부조달 분야에서의 국산품 우대

> [해설] **〈내국인대우〉** 내국인대우(national treatment)는 가트협정 3조에 규정되어 있는데, 세금 등 기타 절차에 있어서 수입품을 국산품보다 불리하게 대우하지 않는 것이다. 최혜국대우가 수입품이나 외국인 사이에 차별적인 대우를 금지하는 것이라면, 내국인대우는 내국산품과 외국산품, 내국인과 외국인 간의 차별을 금하는 것이다. 그러나 내국인대우에 있어서도 ㉠ 가트조약 20조에 따른 일반적 예외 이외에, ㉡ 안전보장을 위한 경우에 인정되는 예외(21조), ㉢ 문화적 이유에서 영화필름에 대한 쿼터제 허용(4조), ㉣ 정부조달 분야에서의 국산품 우대는 허용된다.

30 GATT와 WTO에서의 수량제한금지원칙에 대한 설명으로 적절치 않은 것은?

① 국내산업 보호는 관세가 아닌 수량제한을 통하는 것이 원칙이다.

② 수입할당제나 수입허가제와 같은 수량제한조치들은 원칙적으로 금지된다.

③ 섬유분야의 다자간섬유협정도 수량제한조치로 WTO에서는 폐지되었다.

④ 국내 농산물시장 안정을 위해 수출량을 제한하는 것은 허용된다.

⑤ 국제수지방어를 위해서는 일시적으로 수입물량을 제한할 수도 있다.

> 해설 〈**수량제한금지**〉 ①② GATT와 WTO에서 자국산업에 대한 보호는 오직 관세에 의해서만 이루어진다. GATT 11조는 상품의 수출입할당제나 수입허가제와 같은 수량제한조치들을 금지하였다. ③ 가트시대에 존재하던 섬유분야의 다자간섬유협정(MFA)도 수량제한조치이므로 WTO에서는 일정한 단계를 거쳐 폐지된다. ④ 수량제한금지에도 예외는 있다. 따라서 ㉠ 국내 농산물시장 안정을 위한 수출제한, ㉡ 국제무역에서 상품의 분류 및 규격과 관련된 제한, ㉢ 농수산물의 수입제한, ㉣ 국제수지방어를 위한 제한, ㉤ 개발도상국에 의한 수입제한, ㉥ 특정산품이 국내산업에 피해를 줄 때 발동되는 긴급수입제한, ㉦ 20조의 일반적 예외, ◎ 안전보장을 위한 제한, ㉧ 대항조치로의 수입제한 등은 허용된다.

제 5 절 \ 상품무역의 자유화

31 상품무역의 자유화에 대한 다음의 설명 중 잘못된 것은?

① 종래부터 국가들은 양자조약인 「우호통상항해조약」을 체결하여 상대방 국가로부터의 상품수입을 허용하였다.

정답 30 ①

② 일정한 지역에 위치하는 국가들이 결성한 「관세동맹」이나 「자유무역지대」는 국제무역은 물론이고 회원국간 무역에도 장애가 되었다.

③ 세계적인 차원에서는 가트(GATT)에 이어 세계무역기구(WTO)가 수입제한조치들의 완화를 통해 국제무역의 활성화를 위해 노력하고 있다.

④ 수입제한조치에는 관세장벽과 비관세장벽이 있다.

⑤ 관세인하는 최혜국대우조항에 의해 상당부분 달성되었으며, 우루과이라운드에서도 대폭적인 관세인하에 합의하였다.

> 해설 〈상품무역자유화〉 ① 국가들은 수입규제조치들로 인한 국가간 무역관계의 파탄을 막기 위해 우호통상항해조약을 체결해 왔다. 주로 양자조약인 이러한 조약을 통해 체약국들은 서로 상대방 국가로부터의 상품수입을 허용하였다. ② 여러 지역에서 국가들은 역내국가들끼리 「관세동맹」(customs union)이나 「자유무역지대」(free trade area)를 결성하여 회원국간 무역을 촉진하고 역외국가들에 대한 협상력을 강화하였다. 유럽연합(EU)과 북미자유무역지대(NAFTA)가 그 대표적인 조직들이다. ③ 세계적인 차원에서는 GATT에 이어 세계무역기구(WTO)가 등장하여 갖가지 수입제한조치들의 완화를 통한 국제무역의 자유화를 위해 노력하고 있다. ④ 수입제한조치는 크게 관세장벽(tariff barrier)과 비관세장벽(non-tariff barrier)으로 나누어진다. 관세장벽에 속하는 조치는 주로 수입관세에 관련된 조치들이며, 비관세장벽에 속하는 조치로는 수입쿼터, 수입허가절차, 안전 및 환경기준 등이 있다. ⑤ 관세인하는 오늘날 국제무역 자유화의 가장 중요한 수단이며, 그러한 목표는 최혜국대우조항에 의해 상당부분 달성되었다. 우루과이라운드에서도 상당한 정도로 관세인하가 단행되었다.

32 다음 중 관세인하와 관련이 없는 제도이거나 다자간협상인 것은?

① 최혜국대우　　　　　　② 관세양허
③ 케네디라운드　　　　　④ 도쿄라운드
⑤ 최소시장접근

> 해설 〈관세인하〉 GATT는 1조에 최혜국대우 조항을 두고 2조에서는 관세양허계획에 따른 관세인하를 의무화하여 상당한 관세인하 효과를 거두었

다. 또한 관세인하를 위한 7차례의 다자간무역협상, 특히 1964~1967년 케네디라운드와 1973~1979년 도쿄라운드에서는 다양한 품목에 대해 대폭적인 관세인하가 단행되었다. ⑤ 최소시장접근은 관세가 아니라 수량제한과 밀접한 관계를 가지는 것으로 농산물무역과 관련하여 도입되었다.

33 원산지규정에 대한 적절한 설명이 아닌 것은?

① 국제무역을 통해 거래되는 물품의 생산국을 판정하는 법률과 절차이다.

② 원산지 문제는 반덤핑관세, 상계관세, 쿼터배정과 관련하여 자주 제기되었다.

③ 「원산지규정협정」은 WTO협정의 일부로 편입되지 못하였다.

④ WTO에서는 원산지 판정을 위한 통일된 기준을 마련하기로 하였다.

⑤ 통일된 기준이 마련되기까지는 각국이 나름대로 기준을 채택하여 원산지를 정하기로 하였다.

> 해설 <원산지규정> ① 원산지규정이란 국제무역을 통해 거래되는 물품의 생산국을 판정하기 위한 법률 및 판례, 행정절차 등을 총칭하는 것이다. ② 관세 및 비관세장벽을 통한 무역규제가 어려워지면서 덤핑판정, 상계관세 부과, 쿼터배정시 물품의 원산지 문제가 자주 제기되었다. ③ 「원산지규정협정」(Agreement on Rules of Origin)은 WTO협정의 「상품무역에 관한 다자간협정」의 일부로 편입되었다. ④ 원산지규정협정에 따르면 WTO협정의 발효 이후 통일된 원산지판정기준을 마련하기로 하였다. ⑤ 그 이전에는 각국이 세번변경기준, 부가가치기준, 주요공정기준 등을 사용하여 원산지를 결정하되, 그 기준을 명료하게 하기로 하였다.

34 WTO의 다자간상품무역협정에 포함된 협정에 대한 다음의 설명 중 잘못된 것은?

① 위생 및 검역조치협정은 위생 및 검역이 비관세장벽이 되는 것을 막기 위해 과학적이고 국제적인 기준을 마련하는 것을 목적으로 하였다.

② 무역에 대한 기술장벽협정은 한 국가의 기술규정과 표준이 무역
장벽이 되는 것을 방지하기 위하여 마련되었다.

③ 무역관련 투자조치협정은 각국이 긴급수입제한조치를 남용하지
않도록 기준을 마련하였다.

④ 관세평가협정은 관세평가가 무역장벽이 되지 않게 하기 위한 기
준을 마련하는 것을 목적으로 한다.

⑤ 수입허가절차협정은 수입허가절차의 간소화와 투명성 보장을 위
하여 마련되었다.

> 해설 〈관세 · 비관세관련협정〉 ① 「위생 및 검역조치협정」(Agreement on
> the Application of Sanitary and Phytosanitary Measures)은, 농 · 수 ·
> 축산물 무역의 자유화로 중요해진 위생 및 검역조치가 비관세장벽이 되는
> 것을 방지하기 위해 체결되었다. 협정은 각국이 위생 및 검역조치를 취할
> 때 과학적이고 국제적인 기준에 맞추도록 하였다. ② 「무역에 대한 기술장
> 벽협정」(Agreement on Technical Barriers to Trade)은 표준화와 기술장
> 벽 문제를 WTO체제 속에 포함시켜, 이들이 무역장벽이 되지 않도록 하였다.
> ③ 「무역관련 투자조치협정」(Agreement on Trade Related Investment
> Measures : TRIMs)은 상품무역에 관련된 투자에 관한 조치로 무역의 왜곡
> 을 방지하기 위하여 체결되었다. 협정은 특정품목이나 물량, 생산량을 정하
> 여 국산품의 구매와 사용을 강제하고 국산부품 사용을 의무화하는 것을 금
> 지하였다. ④ 「관세평가협정」은 정식명칭이 「GATT 1994 제7조의 이행에
> 관한 협정」(Agreement on Implementation of Article Ⅶ of the GATT
> 1994)이며, 관세평가에 관한 공통의 기준을 마련하는 것을 목적으로 하였
> 다. ⑤ 「수입허가절차협정」(Agreement on Import Licensing Procedures)
> 은 수입허가절차의 간소화와 투명성 보장을 위하여, 회원국들이 수입허가
> 절차를 국제규범에 맞게 하고 절차의 중립성과 공평성이 보장되도록 의무
> 화하였다.

35 환경과 공중보건 보호를 위한 무역규제에 대한 국제경제법에 대한 적
절한 설명이 아닌 것은?

① 환경과 공중보건 보호를 구실로 하는 무역규제는 비관세장벽에
속한다.

② 1947년 GATT협정은 환경과 공중보건을 보호하기 위한 국내조

치들도 최혜국대우, 내국인대우, 수량제한금지 같은 일반원칙을
따라야 한다고 하여, 전혀 예외를 인정하지 않았다.

③ 우루과이라운드를 통해 농·수·축산물 무역이 자유화되면서 위
생 및 검역조치의 중요성이 크게 부각되어, 「위생 및 검역조치
협정」이 체결되었다.

④ 미국과 유럽연합 간의 '호르몬쇠고기' 사건은 「위생 및 검역조치
협정」의 체결 필요성을 증대시켰다.

⑤ 협정에 따르면 모든 위생 및 검역조치는 과학적 원칙에 근거해
야 하며 충분한 과학적 증거가 없이 유지되어서는 안 된다고 하
였다.

> **해설** <**위생 및 검역조치**> ① 2차대전 이후 가트를 중심으로 이루어져 온
> 다자간무역협상의 결과 세계 각국의 관세가 대폭 낮아지면서, 대신에 비관
> 세무역장벽(Non-tariff Trade Barrier : NTBs)이 등장하였다. 비관세장벽
> 에는 건강과 안전관련 규정, 환경관련 규정, 표준관련 규정, 정부조달관련
> 규정, 통관관련 규정들이 속한다. ② 1947년 GATT협정은 환경과 공중보
> 건을 보호하기 위한 국내조치들도 최혜국대우, 내국인대우, 수량제한금지와
> 같은 협정의 일반원칙을 따라야 하였다. 그러나 GATT 20조는 「인간·동
> 물·식물의 생명과 건강보호에 필요한 조치」와 「유한한 천연자원의 보존에
> 관한 조치」에 대해서는 예외를 인정하였다. ③ WTO협정 체결로 농·수·
> 축산물 무역이 자유화되면서 위생 및 검역조치의 중요성이 크게 부각되었
> 다. 각국이 자의적으로 위생기준을 마련하여 적용하게 되면 일종의 비관세
> 장벽을 세우는 결과를 가져오게 되므로, 우루과이라운드에서는 「위생 및
> 검역조치협정」(Agreement on the Application of Sanitary and Phyto-
> sanitary Measures : SPS협정)을 체결하였다. ④ 「위생 및 검역조치협정」
> 은 미국과 EU 간의 '호르몬쇠고기'(hormone-treated beef)를 둘러싼 장기
> 간의 분쟁과 관련하여, 무역에 대한 비관세장벽으로의 위생 및 검역조치의
> 남용을 억제하기 위해 체결된 것이다. ⑤ 「위생 및 검역조치협정」은 모든
> 위생 및 검역조치는 "과학적 원칙에 근거해야 하며 충분한 과학적 증거가
> 없이 유지되어서는 안 된다"고 하였다.

36 WTO 「무역에 대한 기술장벽협정」은 다음 중 어떤 것이 무역장벽이
되는 것을 막기 위하여 체결되었는가?

① 표 준   ② 지적재산권
③ 관 세   ④ 위 생
⑤ 원산지

> **해설** <**무역에 대한 기술장벽**> GATT는 도쿄라운드에서 「기술장벽협정」을
> 체결하여 각국의 표준제도가 무역장벽이 되는 것을 막고자 하였다. 그러나
> 이 협정에는 가입한 국가가 적었고 지방정부들에 대한 구속력도 확보되지
> 않아 실효를 거두지 못하였다. WTO체제에서는 「무역에 대한 기술장벽협
> 정」(Agreement on Technical Barriers to Trade)이 체결되어 표준화 문
> 제도 WTO체제 속에 포함되게 되었다. 특히 기술규정과 표준의 범주 속에
> '관련공정 및 생산방법'(PPMs)을 포함시켜 기술규정과 표준의 판정절차가
> 무역장벽이 되지 않게 하였다.

제6절 \ 공정무역규범

37 GATT와 WTO가 덤핑에 대해서는 반덤핑관세를, 보조금 지급에 대해
서는 상계관세를 부과하는 것을 허용하는 이유는?
① 공정한 무역을 보장하기 위한 것이다.
② 개발도상국을 보호하기 위한 것이다.
③ 선진국을 보호하기 위한 것이다.
④ 상품수출국을 보호하기 위한 것이다.
⑤ 상호성 원칙에 따른 조치이다.

> **해설** <**공정한 무역**> 진정한 무역자유화는 '공정한 무역원칙'(principles of
> fair trade)이 확립되어야 가능하다. GATT와 WTO는 완전경쟁 상태에서
> 자유롭고 비차별적인 무역이 가능하도록 공정무역에 관한 여러 가지 원칙과
> 방법들을 마련하였다. 그 중 대표적인 것으로는 '반덤핑관세'(anti-dumping
> duties)와 '상계관세'(countervailing duties) 제도를 들 수 있는데, 이러한
> 관세들이 허용되는 것은 덤핑이나 보조금 지급에 따른 시장왜곡을 시정하
> 기 위한 것이다.

38 덤핑과 반덤핑관세에 대한 적절한 설명이 아닌 것은?

① 가트협정에서는 6조가 이 문제에 관해 규정하고 있었다.

② 어떤 상품이 외국으로부터 정상가격 이하로 수입되는 것을 덤핑이라고 한다.

③ 정상가격이란 수출국의 국내시장 가격이며, 국내가격이 없을 경우에는 제3국에 수출되는 가격이나 생산비 가운데 높은 것으로 본다.

④ WTO에서는 반덤핑협정인 「GATT 1994 제6조의 이행에 관한 협정」이 체결되었다.

⑤ WTO 반덤핑협정은 수입국들의 입장을 반영하여 반덤핑조치를 널리 허용하였다.

> 해설 <**덤핑과 반덤핑관세**> ①② GATT협정 제6조는 한 국가의 상품이 정상가격(normal value) 이하로 수입되어 수입국의 산업에 피해를 주는 경우 덤핑이 존재한다고 보아, 수입국이 반덤핑관세(anti-dumping duties)를 부과할 수 있게 하였다. ③ 정상가격이란 수출국의 국내 판매가격이며, 국내가격이 없을 경우에는 제3국에 수출되는 가격이나 생산비 가운데 높은 것을 정상가격으로 본다. ④ WTO의 「GATT 1994 제6조의 이행에 관한 협정」(Agreement on Implementation of Article VI of the GATT 1994)은 「반덤핑에 관한 협정」이라고 한다. ⑤ UR협상에서 덤핑과 반덤핑 문제는 개발도상국과 선진국 간 의견대립이 심한 분야였다. 그러나 협상결과 정상가격의 인정범위가 확대되어, 수입국의 자의적인 가격산정을 통한 반덤핑조치 남용을 억제하게 되어 수출국들에게 상대적으로 유리하게 되었다.

39 WTO 「보조금과 상계조치협정」에 대한 설명이다. 잘못된 것은?

① 지급된 보조금에 대해서는 그 효과를 상쇄하기 위하여 상계조치를 인정한다.

② 우루과이라운드에서는 보조금에 대한 규율강화를 주장하였던 선진국들의 입장이 많이 반영되었다.

③ 보조금에 대한 상계조치는 원칙적으로 보조금에 특정성이 없는

경우에 허용된다.

④ 특정성이 있더라도 연구활동과 낙후지역, 환경보호를 지원하기 위한 보조금은 허용된다.

⑤ 수출보조금은 금지되는 보조금이다.

> [해설] 〈보조금과 상계관세〉 ① 보조금(subsidies)이 지급되면 가격메커니즘이 붕괴되어 수요·공급에 왜곡이 초래되므로 이를 상쇄하기 위해 상계관세(countervailing duties)를 부과한다. ② 협정에는 보조금의 규율강화를 주장한 선진국들의 입장이 많이 반영되었다. 보조금과 상계관세에 관한 규정들은 보다 세밀해졌고, 개도국들에 대한 예외는 극빈국들에게만 인정되는 등 축소되었다. ③ 금지되는 보조금은 원칙적으로 특정성(specificity)이 있는 보조금이다. 따라서 일부기업에 국한된 보조금, 수출보조금, 수입품 대신 국산품을 사용하는 데 따른 보조금은 금지된다. ④ 보조금 지급이 허용되는 허용보조금 또는 비상계보조금(non-actionable subsidies)에는 특정성이 없는 보조금과, 특정성이 있더라도 연구활동지원, 낙후지역지원, 환경보호지원을 위한 보조금이 포함된다.

40 긴급수입제한조치에 대한 다음의 설명들 중에서 잘못된 것은?

① 긴급수입제한조치는 '세이프가드' 또는 '도피조항'이라 부르기도 한다.

② 특정상품의 수입증가로 국내산업이 심각한 피해를 입었거나 심각한 피해위협을 받고 있을 때 발동된다.

③ 조치는 국내산업에 대한 심각한 피해를 예방·치유하며 조정하게 하는 선까지 허용된다.

④ 개발도상국이 원산지인 물품에 대한 긴급수입제한조치 발동은 엄격히 제한된다.

⑤ 각국은 이미 시행 중에 있는 회색지대조치를 비롯한 수입제한조치들을 WTO 출범 이후에도 계속 유지할 수 있게 되었다.

> [해설] 〈긴급수입제한조치〉 ① 긴급수입제한조치란 특정한 상품이 한 국가에 대량으로 수입될 때 국내산업 보호를 위해 취하는 조치로, '세이프가드'(safeguard) 또는 '도피조항'(escape clause)이라고도 한다. ② 이 조치는

특정상품의 절대적 또는 상대적인 수입증가로 동종의 물품이나 직접경쟁물품을 생산하는 국내산업에 심각한 피해를 주었거나 심각한 피해위협이 있는 경우에 그 상품에 대해서만 취해진다. ③ 긴급수입제한조치는 심각한 피해를 예방하고 치유하며 조정을 가능하게 하는 선에서 허용된다. 수량제한조치는 최근 3년간의 평균수입량 이하로 취해지면 안 되며, 최대한 4년을 초과하지 못한다. ④ 개발도상국이 원산지인 물품에 대한 긴급수입제한조치의 발동은 매우 엄격히 제한되었다. ⑤ WTO 세이프가드협정에 따르면 각국은 1999년까지 연장 가능한 1개의 조치를 제외한 모든 회색지대조치들을 WTO협정 효력발생일로부터 4년 이내에 폐지해야 한다.

제 7 절 \ 분야별 무역자유화

41 농산물무역에 관한 설명들이다. 틀린 것은?

① GATT에서 농산물은 다자간무역체제 밖에 있었으나 UR협상을 통해 WTO체제 안으로 들어오게 되었다.

② WTO는 농산물무역에 예외 없는 관세화 원칙을 적용하지 않았다.

③ 수입물량이 국내소비량의 3% 미만인 농산물로 당장 관세화가 어려운 것은 일정기간 관세화를 유예해 주었다.

④ 수입량이 아주 적은 품목에 대해서는 국내소비량의 3%를 최소시장접근으로 인정하고 이를 점차 확대하기로 하였다.

⑤ 농산물 수입이 급증하는 경우에는 긴급수입제한조치를 인정하여 추가적인 관세부과가 허용된다.

[해설] **〈농산물무역〉** ①② 농산물은 국제무역에서 차지하는 비중이 높았으나 식량안보와의 관계 때문에 대부분의 국가에서 수입을 제한하여 GATT체제 밖에 있었다. 그러나 WTO에서는 농산물의 자유무역·공정무역을 목표로 예외 없는 관세화를 추진하여 1995년부터 2001년까지 1986~1988년 기

준 평균관세율을 36% 감축하기로 하였다. ③ 그러나 수입물량이 국내소비량의 3% 미만인 농산물로 당장 관세화가 어려운 특정 농산물은 일정기간 (1995년을 기준으로 선진국은 6년, 개도국은 10년간) 관세화를 유예하기로 하였다. ④ 또한 수입이 아주 적은 품목에 대해서는 국내소비량의 3%를 최소시장접근(Minimum Market Access)으로 인정하고 이를 5%까지 확대하기로 하였다. ⑤ WTO에서는 농산물을 다국간무역체제 속에 편입시키는 동시에 긴급수입제한조치를 인정하여 수입량이 급증하는 경우에는 추가적인 관세부과를 허용하였다.

42 섬유와 의류의 무역질서에 대한 설명들이다. 잘못된 것은?

① 가트시대에는 수량제한금지 원칙에도 불구하고 섬유류무역에 대한 수량제한이 일부 행하여졌었다.

② 선진국들은 섬유류 수출국들과 합의하여 섬유류수입에 대한 실질적인 수량제한조치들을 취하였다.

③ UR에서는 섬유류무역의 자유화를 주장하는 개도국들의 입장이 반영되어 섬유류무역도 WTO체제로 들어오게 되었다.

④ WTO에서는 「다자간섬유협정」에 따라 섬유류수입에 대한 수량제한을 금지하게 되었다.

⑤ 섬유류무역은 일정한 단계를 거쳐 10년 내에 WTO에 완전히 복귀시키되, 일단 복귀된 품목에 대해서는 수입제한조치를 취하지 못하도록 하였다.

해설 〈섬유류무역〉 ①② GATT는 11조에서 수입품에 대한 수량제한(quantitative restrictions)을 원칙적으로 금지하였다. 그러나 저임금 개발도상국으로부터의 섬유류수입은 선진국들의 공식적·비공식적 수량제한을 초래하였으며, 양자간 협상에 의해 수량제한을 가할 수 있도록 주요 섬유수입국들과 수출국들 간에 「다자간섬유협정」(Multi-Fiber Arrangement : MFA)이 체결되었다. ③ UR에서는 이처럼 가트체제 밖에 있던 섬유분야를 다자간무역체제에 복귀시키기로 하였는데, 이것은 개도국들의 강력한 요구에 따른 것이다. ④⑤ UR협상을 통해 체결된 「섬유 및 의류협정」(Agreement on Textiles and Clothing)은 현재 MFA에 의해 규율되고 있는 섬유류무역을 일정한 단계를 거쳐 10년 내에 WTO에 완전 복귀시키고, 일단 복귀된 품목에 대해서는 차별적인 수입조치를 취하지 못하게 하였다.

43 WTO 「서비스무역협정」에 대한 설명으로 잘못된 것은?

① 서비스분야에서 비교우위를 확보한 선진국들의 주장으로 UR협상 의제에 포함되었다.

② UR협상 결과 GATT협정의 일부로 서비스무역협정이 체결되었다.

③ 서비스무역협정은 6부 29개 조문과 8개의 부속서로 이루어져 있다.

④ 서비스에는 금융, 운송, 통신 등 전형적인 서비스산업 외에 회계, 엔지니어링, 광고도 포함되었다.

⑤ UR에서 의견대립이 있었던 분야에 대해서는 후속협상이 예정되어 있다.

> 해설 〈서비스무역〉 ① 서비스산업이 WTO협정을 통해 다자간무역체제에 편입되게 된 것은 이 분야에서 비교우위를 확보한 선진국들의 주장에 의해서이다. ② 우루과이라운드 협상 결과 GATT 1994는 WTO협정 중 부속서 1A 「상품무역에 관한 다자간협정」에 포함하게 되었다. 「서비스무역에 관한 일반협정」(General Agreement on Trade in Services : GATS)은 부속서 1B로서 「상품무역에 관한 협정」과는 별도의 부속서에 기재되었다. ③ 「서비스무역협정」(GATS)은 총 6부 29개 조문과 8개의 부속서로 되어 있다. ④ UR협상과 WTO에서 말하는 서비스에는 금융, 운송, 통신 등 전형적인 서비스산업은 물론 회계, 엔지니어링, 광고도 포함된다. ⑤ UR최종단계에서 첨예한 의견대립이 있었던 분야에 대해서는 후속협상이 예정되어 있다.

44 WTO 「서비스무역협정」의 내용에 대한 설명들이다. 잘못된 것은?

① 서비스무역에도 최혜국대우원칙이 적용되나 폭넓은 예외가 인정된다.

② 각국은 서비스협정에 영향을 미치는 국내조치들과 국제조약들을 공개하여야 한다.

③ 각국은 다른 국가에서 취득한 학력·경력·면허·자격을 일방적으로 또는 상호 간의 합의를 통해 인정할 수 있다.

---

④ 협정의 규정들은 정부조달 분야에도 예외 없이 적용된다.

⑤ 공중도덕과 공공질서 보호, 사람과 동식물의 생명과 건강보호를 위한 경우에는 협정에 대한 예외를 인정한다.

> 해설 <서비스무역협정> ① 서비스무역에서도 최혜국대우 원칙은 인정된다. 그러나 이제까지 서비스무역은 보편적 협정이 없는 상태에서 양자간 또는 복수국간 조약들에 의해 이루어져 왔기 때문에, 서비스 분야에서는 최혜국 대우 원칙에 대한 폭넓은 예외가 인정되었다. ② 협정은 각국은 서비스협정에 영향을 미치게 될 모든 조치들과 국제조약들을 즉시 공개하여야 한다고 하였다. ③ 각국은 서비스 공급자의 인허가에 관련된 기준과 관련하여 특정한 국가에서 취득한 학력과 경력·면허·자격을 인정할 수 있다. 이러한 인정은 관련당사국과의 합의를 통해서 상호 간에 이루어질 수도 있다. ④ 서비스협정의 일부규정들은 정부에서 사용할 목적으로 정부기관들이 구매하는 서비스조달(정부조달)에 관한 법령이나 조건에는 적용되지 않는다. ⑤ 한편 공중도덕과 공공질서 보호, 사람과 동식물의 생명과 건강보호, 사기와 서비스계약 위반의 방지, 개인정보 유통에 따른 개인의 프라이버시와 개인의 기록과 계정에 대한 비밀보호, 안전보장에 관련된 법령의 준수를 위해 필요한 경우에는 서비스협정에 대한 예외가 인정된다(협정 14조). 이것은 서비스무역에 대한 '일반적 예외' 조항이다.

45 WTO 「무역관련 지적재산권협정」에 대한 설명이다. 틀린 것은?

① TRIPs협정이라고 하며 전문과 7부, 73개 조문으로 되어 있다.

② TRIPs협정의 등장으로 기존의 지적재산권관련 조약들은 효력을 상실하게 되었다.

③ 내국인대우를 원칙으로 하였다.

④ 최혜국대우를 원칙으로 하였다.

⑤ 저작권, 상표, 지리적 표시, 의장, 특허의 보호에 관한 규정들을 두었다.

> 해설 <무역관련 지적재산권협정> ① 「무역관련 지적재산권협정」(Agreement on Trade-Related Aspects of Intellectual Property Rights : TRIPs)은 전문과 7부, 73개 조문으로 되어 있다. ② 우루과이라운드 지적재산권 협상에서는 기존의 관련협약들을 최저보호수준으로 삼아 이를 강화시키는 '최저보호수준의 원칙' 또는 '기존의 국제협정 플러스' 방식을 택하였다. 따라

서 본 TRIPs협정에도 불구하고 1967년 파리협약, 1971년 베른협약, 로마협약, 집적회로에 대한 지적재산권에 관한 조약 당사국들은 기존의 조약들을 계속 지켜야 한다. ③ 각 회원국은 지적재산권 보호와 관련하여 다른 회원국 국민들에게 자국국민들에게 부여하는 것보다 불리한 대우를 하지 않도록 하였다. ④ 지적재산권 보호에도 최혜국대우가 적용된다. ⑤ TRIPs협정은 저작권·상표·지리적 표시·의장·특허의 보호에 관한 규정들을 두었다.

46 무역관련 지적재산권협정(TRIPs)의 내용에 대한 설명들이다. 적절치 않은 것은?

① 보호되는 저작권에는 컴퓨터 프로그램과 영상저작물도 포함되었다.

② 상표는 단 한 번 등록이 가능하며 최대한 7년간 보호된다.

③ 각국은 원산지를 오인하게 하거나 불공정경쟁을 유발하는 지리적 표시를 금지하는 법적인 조치를 취해야 한다.

④ 의장의 보호기간은 최소한 10년이다.

⑤ 특허는 물건 또는 제조공정에 관한 기술분야의 발명에 인정되며 등록일로부터 20년간 보호받는다.

> 해설 〈TRIPs협정의 내용〉 ① 저작권보호에는 1971년 베른협약이 상당부분 준용되며, 컴퓨터프로그램과 데이터베이스도 보호대상이 된다. ② 상품 또는 서비스를 식별할 수 있는 표지인 상표는 등록 때마다 7년까지 보호되며, 상표의 등록은 무한정 갱신될 수 있다. ③ 지리적 표시(geographical indications)란 어떤 상품의 원산지를 시사하는 표시를 의미하며, 각국은 원산지를 오인하거나 불공정경쟁을 유발할 수 있는 표시의 사용을 금지하는 법적인 장치를 마련해야 한다. ④ 각국은 독창성 있는 의장(industrial design)을 보호하기 위한 규정을 마련해야 하며, 그 보호기간은 최소한 10년으로 한다. ⑤ TRIPs협정이 보호대상으로 하는 특허(patent)는 제조된 물건이나 제조공정에 관한 기술분야의 발명으로, 그러한 발명은 새로운 것일 뿐 아니라 산업에 사용가능한 것이어야 한다.

제 8 절 \ WTO 분쟁해결절차

47 WTO 분쟁해결절차에 있어서 협의에 관한 설명이다. 다음 중 틀린 것은?

① 협의를 요청받은 국가는 10일 이내에 응답하고 30일 이내에 협의에 응한다.

② 협의를 요청받은 국가가 10일 이내에 응답하지 않거나 30일 이내에 협의가 시작되지 않으면 협의요청국은 패널설치를 요구할 수 있다.

③ 협의는 비밀로 진행된다.

④ 협의요청 접수 후 60일 내에 분쟁해결에 실패하면 협의요청국은 상소기구에 제소할 수 있다.

⑤ 부패하기 쉬운 물건을 포함한 긴급상황인 경우 협의일정은 단축된다.

> 해설 〈협의절차〉 ① 협의신청국은 서면으로 협의(consultation) 요청서를 분쟁해결기구와 관련 이사회 및 위원회에 통보하여야 하는데, 요청서에는 문제가 되는 조치와 제소의 법적인 근거를 명시한다. 협의를 요청받은 국가는 요청을 접수한 날로부터 10일 이내에 응답하고 30일 이내에 상호간에 만족할 만한 해결책에 도달하기 위한 협의에 응하여야 한다. ② 협의를 요청받은 국가가 요청을 접수한 지 10일 이내에 응답하지 않거나 30일 이내에 협의가 시작되지 않으면 협의를 요청한 국가는 곧바로 패널의 설치를 요구할 수 있다. ③ 협의과정에서 회원국들은 분쟁이 만족스럽게 해결될 수 있도록 노력하며, 협의는 비밀로 진행한다. ④ 협의요청이 접수된 날로부터 60일 이내에 협의에 의한 분쟁해결에 도달하지 못하면 제소국은 패널의 설치를 요구할 수 있다. ⑤ 협정은 긴급한 경우에 관한 특례규정을 두어 부패하기 쉬운 물건에 관한 사건의 경우에는, 협의요청이 접수된 지 10일 이내에 협의에 들어가고, 접수일로부터 20일 이내에 분쟁해결에 실패하면 제소국은 패널의 설치를 요구할 수 있다.

정답 47 ④

48 WTO 분쟁해결절차에서 주선, 조정, 중개에 의한 분쟁해결에 관한 옳은 설명이 아닌 것은?

① 일방당사자의 요청이 있으면 다른 당사자는 의무적으로 응해야 한다.

② 주선, 조정, 중개의 쟁점은 당사국들이 정한다.

③ 주선, 조정, 중개절차가 종료되면 패널설치를 요구할 수 있다.

④ 주선, 조정, 중개가 시작되면 일정한 기간 내에는 패널설치를 요구할 수 없다.

⑤ WTO 사무총장은 당사국간 분쟁해결을 돕기 위하여 주선, 조정, 중개를 제의할 수 있다.

> 해설 <주선, 조정, 중개> ① 주선, 조정, 중개는 분쟁당사국들이 합의하는 경우에만 시작될 수 있는 절차이다. ② 주선, 조정, 중개는 분쟁당사국들이 합의하는 문제를 대상으로 언제든지 시작되고 종료될 수 있다. ③④ 협의 요청 접수일로부터 60일 이내에 주선, 조정, 중개가 시작되면 그 때로부터 60일 내에는 패널설치를 요구할 수 없다. ⑤ 사무총장은 회원국들의 분쟁해결을 돕기 위하여 주선, 조정, 중개를 제의할 수 있다.

49 WTO「분쟁해결규칙 및 절차에 관한 양해」에 규정된 패널절차에 대한 적절한 설명이 아닌 것은?

① 패널설치 요청서에는 문제가 된 조치와 제소의 법적 근거가 제시되어야 한다.

② 패널은 5인의 패널리스트로 구성하는 것이 원칙이다.

③ 패널은 관련 규정들을 고려하면서 제소국이 제기한 쟁점을 검토하고, 분쟁해결기구가 권고나 판정을 내리는 데 필요한 보고서를 작성하여 제출한다.

④ 패널은 6개월 이내에 최종보고서를 제출하여야 하며, 부패하기 쉬운 물건에 관해서는 3개월 이내에 보고서를 제출하여야 한다.

⑤ 분쟁해결기구는 당사국 일방이 상소의사를 통보하거나 분쟁해결기구가 총의로 보고서를 채택하지 않기로 결정하지 않는 한, 패널보고서가 회원국들에게 전달된 날로부터 60일 이내에 이를 채택한다.

해설 <패널절차> ① 일방당사국이 패널의 설치를 요구하면 분쟁해결기구가 총의로 패널설치에 반대하지 않는 한 패널을 설치하여야 한다. 패널설치 요청은 서면으로 이루어지며, 거기에는 문제가 된 조치와 제소의 법적 근거가 제시되어야 한다. ② 패널은 3인의 패널리스트로 구성함을 원칙으로 하되, 당사국이 합의하는 경우에는 5인으로 구성할 수도 있다. 분쟁당사국 국민은 특별한 합의가 없는 한 패널에 참가할 수 없다. ③ 패널은 관련규정에 따라 제소국이 제기한 문제점을 검토하고, 분쟁해결기구가 권고안이나 판정을 내리는 데 필요한 조사보고서를 작성하여 제출한다. ④ 패널이 구성되어 분쟁당사국에게 최종보고서를 전달하기까지의 기간은 최대한 6개월을 넘으면 안 된다. 다만 부패하기 쉬운 물건에 관한 것처럼 긴급한 사안의 경우에는 패널은 3개월 이내에 보고서를 제출해야 한다. ⑤ 당사국들이 패널보고서를 검토할 시간을 주기 위하여, 보고서가 회원국들에게 회람되고 20일이 경과한 이후에만 분쟁해결기구는 보고서 채택을 검토할 수 있다. 보고서에 이의가 있는 당사국은 분쟁해결기구 회의가 열리기 10일 전까지 서면으로 반대사유를 제기할 수 있다. 일방 당사국이 상소의사를 통보하거나 분쟁해결기구가 총의로써 보고서를 채택하지 않기로 결정하지 않는 한, 분쟁해결기구는 보고서 회람 후 60일 내에 이를 채택된다. 그러나 한 당사국이 상소를 결정하면, 분쟁해결기구는 상소절차가 종료될 때까지 패널보고서를 채택하지 않는다.

50 WTO 분쟁해결절차에서 상소절차에 관한 설명으로 잘못된 것은?
① 상소기구는 분쟁해결기구가 설립하며 7명의 위원으로 구성한다.
② 패널보고서에 대한 상소는 분쟁당사국과 패널절차에 참가한 제3국이 제기할 수 있다.
③ 상소기구는 패널보고서에 포함된 사실문제를 검토한다.
④ 상소절차는 상소제기 후 60일 내에 종료되는 것이 원칙이다.
⑤ 분쟁해결기구가 총의로써 상소기구 보고서를 채택하지 않기로 결정하지 않는 한 보고서는 채택된다.

정답 49 ②

해설   <상소절차> ① 상소기구(Appellate Body)는 분쟁해결기구가 설립하며, 분쟁해결기구가 지명하는 4년 임기의 7명의 위원으로 구성하되, 사건당 3명의 위원을 배정한다. ② 패널보고서에 대하여 상소를 제기할 수 있는 것은 분쟁당사국과 패널절차에 참가하였던 이해관계를 가진 제3국이다. ③ 상소기구는 패널보고서에 포함된 법적인 쟁점과 패널이 제시한 법적인 해석에 대한 문제만을 심리한다. ④ 상소절차는 분쟁당사국이 상소를 제기한 후 60일을 경과하면 안 된다. 그 기간 내에 상소보고서를 작성할 수 없을 때에도 최대한 90일을 초과하면 안 된다. ⑤ 상소보고서가 회람된 지 30일 이내에 분쟁해결기구가 총의로 보고서를 채택하지 않기로 결정하지 않는 한, 분쟁해결기구는 상소기구 보고서를 채택한다.

51 WTO 분쟁해결절차에 따라 취해지는 조치가 아닌 것은?

① 당사국에게 WTO협정에 맞지 않는 조치를 시정하도록 권고한다.

② 패널과 상소기구는 당사국이 제도를 협정에 맞게 조정하도록 권고한다.

③ 제소국은 권고나 판정을 이행하지 않는 타방당사국에게 보상안 마련을 위한 협상을 제의할 수 있다.

④ 보상을 위한 합의에 실패하면 제소국은 분쟁해결기구에 양허와 의무적용의 정지를 요청할 수 있다.

⑤ 교차보복은 동일한 분야에 대해서만 허용된다.

해설   <분쟁해결조치> ①② 패널과 상소기구는 분쟁당사국들에게 WTO협정에 맞지 않는 조치를 시정하도록 권고할 수 있다. ③ 그러한 권고나 판정에도 불구하고 이를 이행하지 않는 국가에 대해 제소국은 보상안 마련을 위한 협상을 요청하며, 상대방은 이러한 요청에 응하여야 한다. ④ 분쟁당사국들이 보상에 관한 합의에 실패하면, 제소국은 분쟁해결기구에 양허나 의무적용의 정지를 요청할 수 있다. ⑤ 분쟁해결기구가 총의로 그러한 요청을 거부하지 않는 한 분쟁해결기구는 이를 승인하여 교차보복을 인정한다. 보복의 범위는 동일한 분야로 한정하는 것을 원칙으로 하되, 그것이 비효과적일 때에는 다른 분야에의 보복도 허용된다.

52 최근 들어 국제상사중재 제도의 사용이 크게 증가하고 있다. 그 이유로 볼 수 없는 것은?

정답   50 ③   51 ⑤

① 중재제도의 중립성   ② 국제사법재판소의 권위

③ 중재제도의 유연성   ④ 관련 국제조약의 체결

⑤ 각국 법원의 우호적 태도

해설 〈국제상사중재〉 국제상사중재(International Commercial Arbitration)는 국제거래의 활성화에 따라 빈발하는 국제분쟁의 해결수단으로 각광을 받고 있다. 중재가 국제 상거래의 분쟁해결 수단으로 선호되는 데에는 여러 가지 이유가 있는데, 중재제도의 중립성과 유연성, 관련 국제협약 체결, 국제상사문제에 대한 외국의 중재관할을 인정해 가는 각국 국내법원의 태도변화를 들 수 있다. 중재제도의 이러한 장점에도 불구하고 중재란 당사자 간에 합의가 있어야 사용될 수 있고, 중재조항이 타당성을 인정받으려면 여러 가지 조건들을 충족해야 하므로, 사전에 중재에 관한 자세하고 명확한 규정들을 마련해 두는 것이 중요하다. 중재를 분쟁해결수단으로 사용한다는 합의가 필요하다면 그러한 합의는 분쟁의 발생 이후보다는 발생 전에 이루어져야 실효성을 갖게 된다.

제 9 절 \ 국제계약과 책임

53 갑국 기업 A는 을국 정부와 계약을 체결하여 을국 내에 도로건설을 하게 되었다. 이 계약과 관련하여 양자 간에 분쟁이 발생하는 경우, 이를 해결하기 위한 방법으로 적당하지 않은 것은?

① 을국 국내법원의 재판절차를 밟는다.

② 갑국 정부는 을국 정부와 합의하여 국제적인 사법기관에 사건을 맡긴다.

③ 갑국 정부는 외교적 보호권을 행사하여 을국 정부와 정치적 해결을 모색한다.

④ 국제법에 따른 중재에 의해 분쟁을 해결한다.

정답 52 ②

⑤ A기업과 을국이 특별협정을 체결하여 분쟁을 국제사법재판소에 맡긴다.

> [해설] **<국제계약 분쟁해결방법>** 국제법상 영토주권은 자국 영토 내의 모든 사람과 물건은 물론 법인에까지 미치므로, 한 국가 내의 외국기업과 영토국가 간의 법적인 문제는 영토국가의 국내법에 따라 해결하는 것이 일반적이다. 기업 간의 국제적 법률관계 역시 이제까지는 대부분 국제사법 규정에 따라 특정한 국가의 국내법에 따라 해결해 왔다. 결국 이제까지 국가계약이든 국적이 다른 기업 간의 계약이든 대부분의 국제계약들은 한 국가의 국내법에 따라 해결되어 온 것이다. ①은 그런 의미에서 사용가능한 방법이다. 또한 ②와 ③의 설명대로 개인이나 사기업의 본국에게 인정되는 외교적 보호권을 사용하여 본국정부는 영토국가를 상대로 자국기업의 피해에 대한 배상을 요구하거나 국제법원에 재판을 청구할 수도 있다. 또한 ④의 설명대로 중재제도를 활용하여 국제법 또는 어떤 국가의 국내법에 의하여 분쟁을 해결할 수도 있다. 그러나 사기업은 국제사법재판소의 소송당사자가 될 수는 없으므로 ⑤의 설명은 잘못된 것이다.

54 천연자원에 대한 영구주권의 의미와 법적 성격에 대한 설명들이다. 잘못된 것을 고르시오.

① 개도국들에 의하면 그 개념 속에는 자국내 외국기업 국유화 권리와 통제권이 포함된다고 한다.

② 영토국가의 천연자원과 경제활동에 대한 주권들이 포함된다.

③ 서구국가들은 이것은 국제법이 보호하는 자신들의 기득권을 침해하는 것이라고 하여 반대하였다.

④ 이러한 이론을 주장하는 사람들 중에는 천연자원주권은 국제강행규범에 속한다고 주장하는 사람도 있다.

⑤ 이 주장은 정치적 슬로건의 차원을 넘어 일반국제법 제도가 되었다.

> [해설] **<천연자원에 대한 영구주권>** '천연자원에 대한 영구주권'은 선진국과 개발도상국, 그리고 그 법학자들 간에 많은 논쟁을 불러일으켰다. 개발도상국들은 ⊙ 자신들의 경제적 자결권, ⓒ 자국내 외국기업 국유화 및 통제권, ⓒ 양허계약을 포함하는 국제계약에의 국내법 적용, ⓔ 외국기업에게 이익

을 주는 계약의 수정·폐기권을 주장하였다. 서구의 학자들은 이러한 주장은 기득권에 대한 부당한 침해라고 하였다. 천연자원주권의 법적 성격에 대해서도 견해는 나뉜다. 개발도상국 학자들은 이를 '공통된 법의식'(*opino juris communis*)의 표현이라 하였고, 특히 일부에서는 이것은 강행규정에 해당한다고 하였다. 반면에 서구의 학자들은 이러한 주장은 정치적 슬로건에 불과하다고 하였다.

55 외국인 재산의 몰수나 외국기업의 국유화에 따른 보상에 관한 다음의 설명들 중에서 가장 적절치 못한 것을 고르시오.

① 유엔은 1962년 결의에서 적절한 보상의 원칙을 천명한 바 있다.

② 1974년 「국가의 경제적 권리와 의무에 관한 헌장」은 영토국가의 법에 따른 보상을 규정하였다.

③ 서방국가들은 신속하고 적절하며 효과적인 보상을 주장하였다.

④ 헐(Hull) 방식은 일반국제법이 승인하는 것으로 적절한 보상의 원칙을 담고 있다.

⑤ 최근 들어 외국인 재산의 국유화 문제는 비교적 잠잠해졌다.

> 해설 〈국유화와 보상〉 ① 유엔은 1962년 결의에서 국제법에 따른 '적절한 보상'(appropriate compensation)을 밝힌 바 있었다. ② 그러나 1974년 유엔총회는 「국가의 경제적 권리와 의무에 관한 헌장」(CERDS)에서 적절한 보상을 규정하면서도 영토국가의 법과 법원이 보상문제를 다루게 하였다. ③ 서방국가들은 '신속하고 적절하며 효과적인'(prompt, adequate and effective) 보상을 요구해 왔다. 이 방식은 멕시코가 미국인 소유의 토지들을 몰수한 1938년 당시 미국 국무장관 헐(Hull)의 멕시코에 대한 청구에서 제기되어 '헐 방식'(Hull formula)이라 한다. ④ 그러나 헐 방식은 일반국제법이 승인한 것이 아니며 국제적인 사법기관과 서구의 유명 국제법 학자들도 이 방식이 국제적으로 승인된 것이라고 보지 않는다. 결국 1962년 영구주권에 관한 유엔 결의에 등장하는 '적절한 보상'이 가장 일반적으로 인정되는 기준이라고 하겠다. ⑤ 외국인 재산의 국유화 문제는 근래 들어 상당히 잠잠해졌다. 사회주의 국가들조차도 정치적·사회적 변혁을 거쳐 자유경제체제로 나아가면서 다국적기업에 대한 적대감이 사라지고 있기 때문이다.

실전문제

1 2차대전 이후의 국제경제질서인 「브레튼우즈체제」에 대한 적절한 설명이 아닌 것은?

① 자생적 질서에 기초한 제도이다.

② 통제된 질서에 기초한 제도이다.

③ 1947년 브레튼우즈회의에서 시작되었다.

④ 국제기구들의 활약이 중요하다.

⑤ 국제무역의 증진이 그 목표의 하나이다.

> [해설] 과거의 국제경제체제는 전체에 대한 구상 없이 필요에 따라 구성된 자생적 질서에 기초한 것이었다. 반면에 브레튼우즈체제는 국제무역의 자유화란 뚜렷한 목표를 가지고 그러한 목표에 따라 국제경제질서를 구성하는 소위 '통제된 질서'(directed order)에 근거하고 있다.

2 브레튼우즈체제를 지탱해 온 주요 국제기구들은?

① ICJ, IBRD, APEC

② IBRD, IMF, ICJ

③ IMF, APEC, EC

④ IBRD, IMF, GATT

⑤ GATT, IBRD, EC

> [해설] 브레튼우즈체제를 유지하는 데 있어서, 국제통화와 투자에 있어서는 IMF와 IBRD가, 그리고 국제무역에서는 GATT와 WTO가 중요한 역할을 수행해 오고 있다.

[정답] 1 ①   2 ④

3 OECD에 대한 적절한 설명이 아닌 것은?

① 경제협력개발기구라고 부른다.

② 유럽경제협력기구(OEEC)가 그 전신이다.

③ 세계경제발전, 개도국지원, 다자간무역 원칙에 입각한 세계무역 확대가 목표이다.

④ 선진국과 후진국들이 한 자리에 모여 세계무역의 확대를 논의하는 국제기구이다.

⑤ 우리나라도 그 회원국이다.

> [해설] 「경제협력개발기구」(OECD)는 제2차대전 이후 미국이 유럽의 부흥을 위해 제공한 마셜플랜에 따른 원조를 관리하기 위해 설립되었던 「유럽경제협력기구」(OEEC)의 뒤를 이어 1960년 창설되었다. 세계경제발전, 개도국지원, 다자간무역 원칙에 입각한 세계무역확대를 목표로 하는 이 기구는 선진공업국들로 구성된 국제기구이다. 우리나라는 1996년 11월 26일 국회에서 OECD협약 가입안이 통과됨으로써 1997년 1월 1일 29번째 회원국이 되었다.

4 OECD가 선진국들의 이익을 대변하는 국제기구라면 개발도상국들의 이익을 대변하는 국제기구로는 어떤 것이 있는가?

① OEEC   ② UNCITRAL

③ IMF   ④ IBRD

⑤ UNCTAD

> [해설] ①은 유럽경제협력기구로 OECD의 전신이며, ②는 유엔무역법위원회이고, ③은 국제통화기금, ④는 국제부흥개발은행이다. ⑤ 「유엔무역개발회의」(United Nations Conference on Trade and Development : UNCTAD)는 1964년 5월 제네바에서 첫 번째 회의를 가진 후, 유엔총회가 UNCTAD를 자신의 항구적인 기관의 하나로 함으로써 탄생하였다. 이 기구는 국제개발정책의 모든 문제에 관심을 가지지만 그 중에서도 일차산품 문제와 기술이전, 개발도상국간 무역의 확대, 저개발국에 대한 특별대우에 관심이 많다(Encyclopedia of The UN and International Agreements, 1990, pp. 932~933).

[정답] 3 ④   4 ⑤

5 국제경제법에서 가장 중요한 法源은?

① 국제조약   ② 국제관습법

③ 법 일반원칙   ④ 학설과 판례

⑤ 공평과 선

> 해설 국제경제법은 성문법 위주로 발전해 가고 있기 때문에, 국제조약이나 협약들의 중요성이 돋보인다.

6 신국제경제질서(NIEO) 운동과 관계없는 것은?

① 개발도상국들의 주장이다.

② 형평에 따른 부의 재분배를 목적으로 한다.

③ 무역구조의 개편을 요구하였다.

④ 다국적기업에 대한 규제를 주장하였다.

⑤ 철저한 상호성에 입각한 무역질서 수립을 주장하였다.

> 해설 개발도상국들은 신국제경제질서 운동에서 상호성이 아니라 개도국에게 이익이 되는 방향에서 비상호성에 입각한 무역질서 수립을 주장하였다.

7 GSP에 대한 설명으로 틀린 것은?

① 일반특혜관세제도이다.

② 선진국과 개도국 간의 합의에 의해 인정되는 일반국제법 제도이다.

③ 선진국이 개도국에게 부여하는 일방적인 무역상 우대조치이다.

④ 개발도상국에서 생산된 공산품의 수입관세를 감면해 주는 제도이다.

⑤ 개발도상국들의 공업화에 크게 기여하였다.

> 해설 일반특혜관세제도, 즉 GSP(Generalized System of Preferences)란 선진국이 일방적인 조치로 개발도상국에서 생산된 공산품의 수입관세를 감면해 주는 제도이다.

정답 5 ①   6 ⑤   7 ②

8 국제통화제도에 관한 다음의 연결 중 잘못된 것은?

① SDR ── 특별인출권

② 킹스턴협정 ── 고정환율제

③ IMF ── 국제통화기금

④ 마스트리히트 조약 ── 유럽통화통합

⑤ IBRD ── 세계은행

> 해설 킹스턴협정에서는 변동환율제로의 이행이 합의되었다.

9 다음 중 국제적인 환율안정과 각국의 국제수지 안정을 통해 국제경제의 견실한 성장을 도모하는 국제기구는?

① IMF   ② IBRD

③ WTO   ④ GATT

⑤ UNCTAD

> 해설 IMF는 국제통화협력에 의한 국제무역 확대, 회원국에 대한 단기금융, 다자간 결제제도 수립을 목적으로 한다.

10 IBRD와 관계가 없는 것은?

① 유엔 전문기구이다.

② 개발도상국들의 경제적·사회적 발전을 위해 개발원조를 제공한다.

③ 1944년 브레튼우즈회의에서 설립이 결정되었다.

④ 유엔의 보조기관이다.

⑤ 세계은행이라고도 한다.

> 해설 IBRD는 세계은행(World Bank)이라고도 하며, 유엔 전문기구이다.

11 IMF 8조국과 14조국의 구분기준은 무엇인가?

정답 8 ②   9 ①   10 ④

① 금본위제 수락여부　　　　　② 변동환율제 수락여부

③ OECD 가입여부　　　　　　④ 자본자유화 여부

⑤ 자유무역정책 여부

> 해설 IMF는 8조국과 14조국 제도를 가지고 있다. IMF 8조국은 경상지급에 있어서의 제한을 없애고, 차별적인 통화제도를 포기하며, 외국이 보유한 자국통화의 상시교환을 허용하는 의무를 진다. 반면에 IMF 14조국은 이러한 자본자유화 의무를 유예받고 있다.

12 국제무역은 다자조약에 의해 규율될 수 있지만, 양자조약에 의해 규율되기도 한다. 국제무역에 관한 양자조약은 일반적으로 무엇이라고 부르는가?

① 계약조약　　　　　　　　　② 통상항해조약

③ 최혜국대우조약　　　　　　④ 내국인대우조약

⑤ 관세 및 무역에 관한 일반협정

> 해설 통상항해조약이란 양국 간 무역관계를 규율하는 조약으로, 일반적으로 최혜국대우 조항과 내국인대우 조항을 담고 있다.

13 GATT에 관한 설명 중 틀린 것은?　　　　　　　　　＜사시 '92＞

① 관세 및 무역에 관한 일반협정이다.

② 비차별을 바탕으로 하는 통상자유의 원칙이 핵심이다.

③ 개발도상국에 대한 특혜주장도 비차별원칙상 거부되었다.

④ Kennedy Round, Tokyo Round를 통해 관세를 인하하였다.

⑤ Uruguay Round에서는 농산물과 서비스무역이 주요 문제로 등장하였다.

> 해설 「관세 및 무역에 관한 일반협정」(GATT)은 1947년 출범이래 여러 번의 라운드(다자간무역협상)를 통해 관세를 인하해 왔다. 그러나 GATT협정은 개발도상국에 대해서는 원칙에 대한 예외를 적용하도록 하는 경우가 많았다.

정답 **11** ④　　**12** ②　　**13** ③

14 세계무역기구(WTO)의 법적 지위와 관련된 설명 중 옳지 않은 것은?

<사시 '03>

① WTO는 법인격(legal personality)을 가진다.

② WTO는 UN의 전문기구이다.

③ WTO공무원이 각 회원국에서 향유하는 특권과 면제는 1947년 전문기구의 특권과 면제에 관한 협약에 규정된 특권과 면제와 유사하여야 한다.

④ WTO는 각 회원국에서 자신의 기능을 수행하는 데 필요한 특권과 면제를 향유한다.

⑤ WTO의 각 회원국대표들은 이 기구의 업무수행에 관한 한 자신의 기능을 수행하는 데 필요한 특권과 면제를 향유한다.

> [해설] GATT는 본래 하나의 국제협정에 불과하였으며, 나중에 필요한 조직을 갖추었음에도 불구하고 그 한계를 넘을 수는 없었다. 반면에 WTO는 국제기구로서 완벽한 법인격을 가지고 있으며, 그에 따라 필요한 특권과 면제를 누린다. ② GATT와 마찬가지로 WTO는 유엔 전문기구가 아니다.

15 다음 중 세계무역기구(WTO) 설립협정 부속서 4에 명시된 「복수국간 무역협정」(Plurilateral Trade Agreement)에 속하는 것만 모두 고른 것은?

<사시 '02>

> ㄱ. 민간항공기 무역에 관한 협정
> ㄴ. 정부조달에 관한 협정
> ㄷ. 농업에 관한 협정
> ㄹ. 원산지규정에 관한 협정
> ㅁ. 무역에 대한 기술장벽에 관한 협정

① ㄱ

② ㄱ, ㄴ

③ ㄱ, ㄴ, ㄷ

④ ㄱ, ㄴ, ㄷ, ㄹ

⑤ ㄱ, ㄴ, ㄷ, ㄹ, ㅁ

[해설] WTO협정의 부속서 4는 「복수국간무역협정」(Plurilateral Trade Agreement)으로, 여기에는 민간항공기무역협정, 정부조달협정, 국제낙농협정, 국제쇠고기협정 등 4개의 협정이 들어 있었다. 그러나 1997년 WTO 일반이사회가 국제낙농협정과 국제쇠고기협정을 제외함으로써 민간항공무역협정과 정부조달협정만이 남게 되었다.

16 세계무역기구(WTO)의 구조에 관한 설명 중 옳지 않은 것은?

<사시 '00>

① 모든 회원국 대표로 구성되는 각료회의
② 일부 회원국 대표로 구성되는 일반이사회
③ 전문분야별 이사회
④ 분쟁해결기구
⑤ 행정기관인 사무국

[해설] WTO에서 각료회의와 일반이사회는 모두 모든 회원국 대표로 구성한다.

17 세계무역기구(WTO)의 기관에 관한 설명 중 옳지 않은 것은?

<사시 '03>

① 각료회의는 모든 회원국 대표로 구성되며 최소 2년에 1회 개최된다.
② 각료회의 산하에는 무역개발위원회, 국제수지제한위원회, 예산·재정·행정위원회 등이 설치된다.
③ 일반이사회는 각료회의 비회기 기간 동안 개최되며, 이사국은 각료회의에서 선출된다.
④ 일반이사회는 분쟁해결기구와 무역정책검토기구의 책임을 이행하기 위해서도 필요에 따라 개최된다.
⑤ 일반이사회 산하에는 상품무역이사회, 무역관련 지적재산권이사회, 서비스무역이사회가 설치된다.

[해설] 세계무역기구는 3단계로 되어 있다. 모든 당사국 대표들로 구성되는

「각료회의」(Ministerial Conference)는 최소한 2년마다 개최되며, 세계무역기구에 부여된 기능을 수행하는 데 필요한 조치를 취한다(협정 4조 2항). 각료회의에서는 새로운 다자간협상을 시작하고 그 결과를 채택할 수 있으며, 4분의 3 이상의 찬성으로 긴급한 상황에 처한 국가의 의무를 일부 면제할 수 있다. 각료회의에서 모든 회원국들은 동등한 투표권을 갖는다. 「일반이사회」(General Council) 역시 모든 회원국 대표로 구성되며 각료회의가 휴회 중일 때 그 기능을 대신 수행한다. 일반이사회는 필요할 때에는 언제든지 소집되며, 모든 회원국의 투표권은 동등한 효력을 갖는다. 마지막 단계에는 각료회의와 일반이사회에 책임을 지는 각종 「이사회」(Council)와 「기구」(Body), 「위원회」Committee가 있다. 각료회의 산하에는 「무역개발위원회」와 「국제수지위원회」, 「예산·재정·운영위원회」를 둔다(동조 7항). 일반이사회에는 「분쟁해결기구」(DSB)와 「무역정책검토기구」(TPRB)를 두며, 「상품무역이사회」(Council for Trade in Goods)와 「서비스무역이사회」(Council for Trade in Services) 및 「무역관련 지적재산권이사회」(Council for TRIPs)도 설치되어 있다. ③ 일반이사회는 모든 회원국 대표로 구성하므로, 특별한 선출절차는 필요하지 않다.

18 세계무역기구(WTO) 내에서의 최고의사결정기관은? 〈사시 '01〉

① 이사회(Council)
② 각료회의(Ministerial Conference)
③ 총회(General Assembly)
④ 무역정책검토기구(Trade Policy Review Body)
⑤ 사무총장(Director-general)

해설 WTO에서 최고의사결정기관인 「각료회의」(Ministerial Conference)는 모든 당사국 대표들로 구성되며, 최소한 2년마다 개최된다. 각료회의는 새로운 다자간협상을 시작하여 그 결과를 채택할 수 있으며, 긴급한 상황에 처한 국가의 의무를 일부 면제할 수도 있다.

19 세계무역기구(WTO)의 기능이 아닌 것은? 〈사시 '03〉

① WTO협정의 이행, 관리 및 운영의 촉진
② WTO협정 또는 각료회의 결정에 따른 추가적 무역협상의 장(forum)의 제공

③ WTO협정과 관련된 분쟁해결

④ WTO회원국의 무역정책 검토

⑤ WTO회원국 중 최빈개도국에 대한 개발원조의 제공

> **해설** WTO협정은 제3조에서 자신의 기능에 대해 규정하였다. WTO는 ㉠ 다자간무역협정과 복수국간무역협정을 이행·운용하고, ㉡ 회원국들이 다자간무역관계를 협상하는 장이 되며, ㉢ 분쟁해결규칙과 절차에 관한 양해를 관장하고, ㉣ 무역정책검토제도를 관장하고, ㉤ 전세계적인 경제정책결정을 위해 IMF, IBRD 등과 협력하는 기능을 수행한다.

20 WTO에서 휴회 중인 각료회의의 역할을 대신하며, 분쟁해결기구로서의 임무도 수행하는 등 가장 중요한 기능을 수행하는 기관은?

① 총 회　　　　　　　　② 일반이사회

③ 각료이사회　　　　　　④ 상품무역이사회

⑤ 사무국

> **해설** WTO의 기관으로는 먼저 모든 회원국 대표들로 구성되는 각료회의가 있으며, 2년마다 개최된다. 모든 회원국 대표들로 구성되는 일반이사회(General Council)는 각료회의가 휴회 중일 때 그 기능을 대신하며, 분쟁해결 절차와 규칙에 관한 양해(DSU)에 따라 분쟁해결기구(DSB)의 임무를 수행하는 등 매우 중요한 역할을 수행한다.

21 세계무역기구(WTO) 설립협정 제9조 제1항에 의하면 "세계무역기구는 1947년도 GATT에서 지켜졌던( )에 의한 결정의 관행을 계속 유지한다. 달리 규정되지 아니하는 한, ( )에 의하여 결정이 이루어지지 아니하는 경우에는 문제가 된 사안은 ( )에 의한다." 빈칸에 들어갈 단어를 올바르게 연결한 조합은?　　　　　　　　〈사시 '02〉

① 만장일치 — 가중다수결 — 표결

② 재적 2/3 — 재적 2/3 — 참석하여 투표한 회원국의 1/3

③ 컨센서스 — 컨센서스 — 표결

④ 가중다수결 — 단순다수결 — 참석하여 투표한 회원국의 1/3

⑤ 컨센서스 ── 만장일치 ── 단순다수결

해설 WTO 각료회의와 일반이사회에서의 의사결정은 GATT에 있어서와 마찬가지로 컨센서스를 원칙으로 하였다. 그런데 컨센서스는 공식적인 반대를 제기하는 국가가 없어야 하므로, 컨센서스에 의해 어떤 결정을 이끌어 내는 것은 불가능한 경우가 많다. 따라서 WTO에서는 컨센서스를 원칙으로 하되 일부 예외를 인정하여 다수결에 따른 결정도 일부 가능하게 하였다. WTO협정 9조는 1항 서두에서 컨센서스에 의해 의결한다고 하였다. 그러나 바로 다음 문장에서는 "별도의 규정이 없는 한, 컨센서스에 의한 결정이 불가능한 문제는 표결(voting)에 의해 결정된다"고 하였던 것이다.

22 세계무역기구(WTO)의 가입을 결정하는 기관과 가입승인을 위한 의사결정정족수로 옳은 것은?   <사시 '05>

① 일반이사회, WTO 회원국의 3분의 2

② 일반이사회, WTO 회원국의 2분의 1

③ 각료회의, WTO 회원국의 3분의 2

④ 각료회의, WTO 회원국의 2분의 1

⑤ 일반이사회, WTO 회원국의 4분의 3

해설 세계무역기구에서 새로운 회원국의 가입은 각료회의가 회원국 3분의 2 이상의 찬성으로 결정한다.

23 세계무역기구(WTO) 일반이사회에 관한 설명 중 옳지 않은 것은?
                                                              <사시 '00>

① 필요에 따라 개최된다.

② 자신의 절차규칙을 제정한다.

③ 각료회의 비회기 중에 각료회의의 기능을 수행한다.

④ 분쟁해결기구와 무역정책검토기구의 임무를 이행하기 위해 개최된다.

⑤ 산하에 무역환경위원회·무역개발위원회·국제수지위원회 등을 설치한다.

정답 21 ③   22 ③

WTO「일반이사회」(General Council)는 모든 회원국 대표로 구성되며 각료회의가 휴회 중일 때 그 기능을 대신 수행한다. 이사회는 필요할 때에는 언제든지 소집되며, 모든 회원국의 투표권은 동등한 효력을 갖는다. 일반이 사회에는「무역정책검토기구」(TPRB)를 두며,「상품무역이사회」(Council for Trade in Goods)와「서비스무역이사회」(Council for Trade in Services) 및「무역관련지적재산권이사회」(Council for TRIPs)도 설치되어 있다. ⑤ 「무역개발위원회」,「국제수지위원회」등은 각료회의 산하에 설치되었다.

24 우루과이라운드 이전까지 가트 내 다자간무역협상의 주요 의제는?

① 농산물무역 　　　　　② 관세인하

③ 수량제한 　　　　　　④ 덤 핑

⑤ 서비스무역

해설 1차부터 7차까지의 가트 내 다자간무역협상의 주요 의제는 공산품의 관세인하이었다. 농산물과 서비스·지적소유권 문제는 우루과이라운드에 이르러 처음으로 중요한 의제로 등장하였다.

25 UR협상 과정에 대한 설명이다. 잘못된 것은?

① 1986년 우루과이의 푼타 델 에스테에서 시작되었다.

② 농산물과 서비스무역 문제가 난제였다.

③ WTO협정을 채택하였다.

④ 협약문은 컨센서스 방식에 의해 채택되었다.

⑤ 1992년 리우에서 폐막되었다.

해설 1992년 브라질 리우에서는 유엔환경개발회의(UNCED)가 열렸다.

26 세계무역기구(WTO)체제에 대한 설명 중 옳은 것은?　　　<사시 '01>

① 관세양허를 부인한다.

② WTO로부터의 탈퇴를 허용하지 않는다.

③ 다자주의를 배제하였다.

④ 최혜국대우의 예외를 허용하지 않는다.

⑤ 규율대상 및 시장개방의 범위가 확대되었다.

　　[해설]　종래 GATT체제는 공산품의 무역자유화에 초점이 맞추어져 있었다. 그러나 WTO체제는 농산물, 서비스, 지적재산권 등으로 무역자유화의 범위를 확대하였다.

27 우루과이라운드(UR)에 의해 탄생한 세계무역기구(WTO) 체제의 원칙에 반하는 것은?　　　　　　　　　　　　　　　　　　　　　　<사시 '00>

① 최혜국대우　　　　　　　　② 공정무역주의
③ 내국민대우　　　　　　　　④ 지역경제통합의 금지
⑤ 수량제한의 금지

　　[해설]　WTO의 원칙에는 여러 가지를 들 수 있으나, 최혜국대우와 내국인대우를 내용으로 하는 차별 없는 무역의 원칙과, 수량제한금지의 원칙, 반덤핑과 보조금금지 등을 내용으로 하는 공정무역의 원칙, 상호성의 원칙, 투명성의 원칙이 있다. WTO는 지역경제통합에 반대하지 않는다.

28 최혜국대우란?

① 자국상품우대 원칙이다.
② 외국상품우대 원칙이다.
③ 자국상품과 외국상품 간의 차별을 없애는 것이다.
④ 외국상품간 차별을 없애는 것이다.
⑤ 특정국가의 상품만을 우대하는 것이다.

　　[해설]　최혜국대우(most favored nation treatment)란 한 국가 내에서 외국상품 간의 차별과 외국인이나 외국기업 간의 차별을 없애는 것이다.

29 내국인대우란?

① 내국인 또는 국내상품 간의 차별을 없애는 것이다.
② 외국인 또는 외국상품 간의 차별을 없애는 것이다.
③ 내국인과 외국인 또는 국내상품과 외국상품 간의 차별을 없애는

것이다.

④ 외국인과 외국상품만을 우대하는 것이다.

⑤ 내국인과 국내상품만을 우대하는 것이다.

> 해설 내국인대우란 내국인과 외국인 간의 차별, 내국기업과 외국기업 간의
> 차별, 국산품과 외국산 상품 간의 차별을 없애는 것이다.

30 (   ) 안에 해당하는 1994년 GATT상의 원칙은?

> • 내국세 부과 및 국내법규 적용에 있어 국내 동종제품보다 수입제품
>   을 불리하지 않게 대우해야 하는 것은 (A) 원칙에 해당한다.
> • 지역무역협정은 (B) 원칙에 대한 예외이다.

	A	B
①	최혜국대우	최혜국대우
②	내국민대우	내국민대우
③	내국민대우	최혜국대우
④	최혜국대우	내국민대우
⑤	수량제한의 금지	내국민대우

> 해설 내국민대우는 국내상품보다 외국상품을 불리하게 대우하지 않는 것이
> 다. 최혜국대우는 외국상품 간에 차별하지 않는 것이므로, 지역무역협정은
> 최혜국대우 원칙에 대한 예외가 된다.

31 전통적인 무역장벽에 속하는 것으로 가트 출범 이래 가장 큰 관심사
였던 것은?

① 농산물무역   ② 관 세

③ 서비스무역   ④ 보조금

⑤ 덤 핑

> 해설 관세는 가장 전통적인 무역장벽에 속하는 것으로 GATT조약은 1조에

서 최혜국대우를 규정하면서 2조에서는 각국에게 관세양허계획에 따른 관세인하를 의무화하였다. UR 이전의 7차례에 걸친 다자간 무역협상도 주로 관세인하를 위한 규범들을 만들어 내는 데 집중하였었다. 그 결과 관세는 이미 상당히 인하되어 무역장벽으로의 의미는 상당히 줄었으나, 지금도 여전히 가장 확실하고 중요한 수입규제 수단이어서 UR에서도 중심의제의 하나이었다.

32 MFA와 관계가 있는 것은?

① 농산물　　　　　　　② 공산물
③ 섬 유　　　　　　　④ 서비스
⑤ 지적재산권

> **해설**　GATT조약은 수입품에 대한 수량제한(quantitative restrictions)을 원칙적으로 금지하였다. 그러나 저임금 개발도상국으로부터 과도한 섬유류수출이 진행되면서 선진국들은 공식적·비공식적 수량제한조치를 취하였고, 급기야는 다자간섬유협정(Multi Fiber Arrangement : MFA)이라는 일련의 다자간협정을 만들어냈다. MFA는 GATT에서 벗어난 대표적인 예외질서로 쿼터에 의해 수출입이 관리되는 일종의 수량제한조치였다. UR에서는 이처럼 GATT체제 밖에 있던 섬유문제를 가트에 복귀시키자는 개도국들의 강력한 요구가 받아들여져, 섬유류문제도 WTO체제에 포함되었다.

33 우루과이라운드에서 농산물 문제는 가장 중요한 이슈 중의 하나였다. 적절한 설명이 아닌 것은?

① 과거 농산물은 가트체제 밖에 있었다.
② 식량수출국들은 농산물도 다자간무역체제에 편입시켜야 한다고 주장하였다.
③ 농산물 무역에서 비교열위에 있는 국가들은 식량안보의 논리로 반대하였다.
④ WTO협정에서도 농산물은 다자간무역체제 밖에 위치하게 되었다.
⑤ 개발도상국에게는 일정한 특혜를 부여하기로 하였다.

해설 농산물은 식량안보와 밀접한 관계를 가지므로 대부분의 국가에서 그 수입을 제한하여 UR 이전까지는 GATT체제 밖에 있었다. UR에서는 예외 없는 관세화를 목표로 농산물 시장의 개방과 보조금 감축을 위한 협상이 이루어지게 되었으니, 농산물은 신협상분야로 식량수출국과 다른 국가들 사이에 많은 의견 충돌이 있게 되었다. 최종협정문은 농산물의 자유무역, 공정무역을 실현하고자 예외 없는 관세화를 원칙으로 1995년부터 2001년 까지 1986~88년 기준 평균관세율을 36% 감축하기로 하였다.

34 WTO 기본원칙의 하나인 수량제한금지의 원칙에 대한 적절한 설명인 것은?

① 모든 국가들은 자국 영역 내에서 외국인이나 외국상품 간에 차별을 하면 안 된다는 것이다.

② 내국상품과 외국상품, 내국인과 외국인 간에 차별을 금하는 것이다.

③ 쿼터의 사용이나 수출입허가와 같은 제도들의 사용을 금하는 것이다.

④ 내국상품과 외국상품 그리고 외국상품 간의 차별을 금지하는 것이다.

⑤ 다른 말로 상호성의 원칙이라고도 한다.

해설 WTO에서 자국산업에 대한 보호는 오직 관세에 의해서만 이루어지며, 쿼터의 사용이나 수출입 허가와 같은 수량제한조치들은 금지된다. 가트시대 이래 수량제한은 가장 대표적인 비관세장벽이라 할 수 있는데, 수량제한은 자율수출규제와 같은 각종의 회색지대조치들로 변형되어 사용되어 오고 있었다. 그러나 WTO는 이러한 조치들을 모두 철폐하도록 하였다.

35 WTO가 상품무역에 있어서 원칙으로 삼고 있는 수량제한금지의 예외에 해당하지 않는 것은?

① 국내 농산물시장 안정을 위한 수출제한

② 국제수지방어를 위한 수입제한

③ 개발도상국에 의한 수입제한

정답 33 ④ 34 ③

④ 특정산품이 국내산업에 피해를 줄 때 발동되는 긴급수입제한
⑤ 반덤핑관세에 의한 수입제한

> 해설　국제무역의 기본원칙인 수량제한금지에도 불구하고, ㉠ 국내 농산물시
> 장 안정을 위한 수출제한, ㉡ 국제무역에서 상품의 분류와 규격과 관련된
> 제한, ㉢ 농수산물의 수입제한, ㉣ 국제수지방어를 위한 수입제한, ㉤ 개발
> 도상국에 의한 수입제한, ㉥ 특정산품이 국내산업에 피해를 줄 때 발동되
> 는 긴급수입제한, ㉦ 20조의 일반적 예외, ㉧ 안전보장을 위한 제한, ㉨ 대
> 항조치로의 수입제한은 허용된다.

36 WTO에서 TRIMs란 무엇인가?

① 무역관련 지적재산권협정
② 위생 및 검역조치협정
③ 무역에 대한 기술장벽협정
④ 무역관련 투자조치협정
⑤ 원산지규정협정

> 해설　「무역관련 투자조치협정」(Agreement on Trade Related Investment
> Measures : TRIMs)은 상품무역에 관련된 투자에 관한 조치로 국내기업을
> 우대하여 무역의 흐름이 왜곡되는 것을 방지하기 위한 목적에서 체결되었다.

37 상계관세란 무엇인가?

① 덤핑방지를 위해 부과되는 관세이다.
② 자국 공산품 보호를 위해 부과되는 관세이다.
③ 보조금이 지급된 외국산 수입상품에 부과되는 관세이다.
④ 자국 농산물 보호를 위해 부과되는 관세이다.
⑤ 자국 섬유산업 보호를 위해 부과되는 관세이다.

> 해설　보조금(subsidies)이란 정책당국이 어떤 목표달성을 위해 산업이나 기
> 업에 제공하는 각종의 지원을 의미하며, 보조금이 지급되면 가격메커니즘
> 이 붕괴되어 수요·공급에 왜곡이 발생한다. 보조금 지급이 있게 되면 이
> 를 상쇄할 목적에서 상계관세(countervailing duties) 부과가 허용된다.

38 반덤핑관세란 무엇인가?

① 정상가격 이하로 수입되는 상품에 부과되는 관세이다.

② 수입가격 이하로 판매되는 상품에 부과되는 관세이다.

③ 상계관세와 같은 개념이다.

④ 보조금 지급에 대항하기 위해 부과되는 관세이다.

⑤ 자국 농산물 보호를 위해 부과되는 관세이다.

> 해설 가트조약 6조는 한 국가에 상품이 정상가격(normal value) 이하로 수입되어 수입국 산업에 피해를 주는 경우 수입국이 반덤핑관세(anti-dumping duties)를 부과할 수 있게 하였다.

39 「GATT 1994 제7조의 이행에 관한 협정」은 무엇에 관한 것인가?

① 덤핑과 반덤핑　　　　② 관세평가

③ 선적전 검사　　　　　④ 원산지규정

⑤ 수입허가절차

> 해설 관세평가란 수입품의 과세가격을 결정하는 것으로, 가트협정 7조는 원칙적인 규정만을 두고 있었다. 우루과이라운드에서는 관세평가문제를 WTO협정의 일부로 편입시켰는데, 그 협정의 정식명칭은 「GATT 1994 제7조의 이행에 관한 협정」(Agreement on Implementation of Article VII of the GATT 1994)이다.

40 다음 중 보조금 지급이 허용되어 상계관세를 부과할 수 없는 경우에 해당되는 것은?

① 특정성이 있는 보조금

② 수출보조금

③ 수입품 대신에 국산품을 사용하는 데 따른 보조금

④ 특정한 기업에게 지급되는 보조금

⑤ 연구활동에 대한 보조금

> 해설 보조금지급 허용여부를 판단하는 데 있어서 가장 일반적인 기준은 보

조금의 특정성(specificity)이다. 특정성이 있는 보조금은 금지되어 상계조치가 가능하기 때문에 특정한 기업에 대한 보조금, 수출보조금, 수입품 대신 국산품을 사용하는 데 따른 보조금은 금지된다. 그러나 보조금 지급이 허용되는 경우도 있으니, 이러한 보조금에 대해서는 상계조치를 취할 수 없다. 허용보조금 또는 비상계보조금(non-actionable subsidies)에 속하는 것으로는 특정성이 없는 보조금과 특정성은 있으나 연구활동지원, 낙후지역지원, 환경보호지원을 위해 지급된 보조금이 있다.

41 GATT와 WTO가 금지한 수량제한금지 원칙에 대한 위반이 아닌 것은?

① 덤 핑   ② 수출자율규제
③ 시장질서유지협정   ④ 다자간섬유협정
⑤ 회색지대조치

> [해설] 특정물품의 수입에 대하여 취해지는 수량제한조치 중 대표적인 것으로는 수출자율규제(Voluntary Export Restraints : VER), 시장질서유지협정(Orderly Marketing Arrangements : OMA), 다자간섬유협정(Multi-Fiber Arrangements : MFA)이 있다. 그리고 이들 수출입제한조치들을 회색지대조치라 부른다.

42 GATS란 무엇인가?

① 관세 및 무역에 관한 일반협정이다.
② 도쿄라운드에서 채택된 상품무역에 관한 협정이다.
③ WTO협정의 서비스무역에 관한 협정이다.
④ WTO협정의 지적재산권에 관한 협정이다.
⑤ WTO협정의 분쟁해결에 관한 양해이다.

> [해설] ①은 약자로 GATT, ④는 TRIPs, ⑤는 DSU이다.

43 TRIPs협정이란 무엇인가?

① 관세 및 무역에 관한 일반협정
② 서비스에 관한 일반협정

③ 무역관련 지적재산권협정

④ 여행자유화협정

⑤ 무역관련 투자조치협정

> 해설 ①은 GATT, ②는 GATS, ⑤는 TRIMs로 모두 WTO협정의 일부를 형성하고 있는 협정들이다. TRIPs 역시 WTO협정의 일부를 형성하고 있는 협정인데, 정식명칭은 Agreement on Trade-Related Aspects of Intellectual Property Rights이다.

44 WTO 무역관련 지적재산권협정에 의할 때 회원국들이 지켜야 할 지적 재산권 관련협정이 아닌 것은?

① TRIPs협정　　　　　② 파리협약

③ 베른협약　　　　　④ 로마협약

⑤ MIGA

> 해설 무역관련 지적재산권협정(TRIPs)은 2조에서 다른 지적재산권 관련협약들과의 관계를 규정하였다. 협정은 TRIPs협정에도 불구하고 1967년 파리협약, 1971년 베른협약, 로마협약, 집적회로에 대한 지적재산권에 관한 조약상의 의무는 그대로 유지된다고 하였다. ⑤ MIGA란 「다자간투자보증기구」로 해외투자에 따른 위험분산을 위해 설립된 기구이다.

45 GATT의 분쟁해결제도와 비교할 때 WTO에 들어와 달라진 것이 아닌 것은?

① 분쟁해결절차의 효율성이 제고되었다.

② 분쟁해결절차가 통합되고 체계화되었다.

③ 협의절차를 새로이 도입하였다.

④ 상설적인 분쟁해결기구를 창설하였다.

⑤ 상설 상소기구를 설치하였다.

> 해설 WTO에 들어와 분쟁해결절차는 통합되고, 상설적인 분쟁해결기구를 창설하는 등 체계화되었으며, 효율성은 제고되었다. ③ 비록 효율적이지는 못하였지만, 가트에도 협의절차는 있었다.

정답 43 ③　44 ⑤　45 ③

46 세계무역기구(WTO) 분쟁해결제도의 특징에 대한 설명 중 옳지 않은 것은?　　　　　　　　　　　　　　　　　　　　　　〈사시 '01〉

① 非司法的 분쟁해결방법의 배제

② 패널절차의 단계별 시한 설정

③ 규칙지향적 접근방식의 채택

④ 분쟁해결체제의 통합과 일원화

⑤ 상소제도의 도입

> 해설　WTO 분쟁해결제도는 패널과 상소기구 중심으로 구성되어 있으나, 협의절차와 주선, 조정, 중개절차의 이용을 배제하지 않고 있다.

47 WTO에서 분쟁해결절차에 관한 규정들을 담고 있는 것은?

① TRIPs　　　　　　　　　② TRIMs

③ GATT　　　　　　　　　④ DSU

⑤ GATS

> 해설　① TRIPs란 무역관련 지적재산권협정이며, ② TRIMs는 무역관련투자조치협정, ③ GATT는 관세 및 무역에 관한 일반협정, ⑤ GATS는 서비스무역에 관한 일반협정이다. ④의 DSU는 「분쟁해결규칙과 절차에 관한 양해」이다.

48 세계무역기구(WTO)의 회원국이라 하더라도 별도로 가입을 해야만 적용되는 협정은?　　　　　　　　　　　　　　　　　　　　〈사시 '03〉

① 원산지규정에 관한 협정

② 섬유 및 의류에 관한 협정

③ 무역관련 지적재산권에 관한 협정

④ 선적전 검사에 관한 협정

⑤ 정부조달에 관한 협정

> 해설　정부조달(government procurement) 분야는 과거에는 각국의 국내법의 적용영역에 남아 있었기 때문에 다자간무역규범에 포함되지 않았다. 그

러나 세계 각국의 조달시장은 대개 국내총생산(GDP)의 10~15% 정도를 차지할 정도로 거대한 시장이어서 국제사회는 이 부분의 무역자유화도 추진하였다. 1979년 GATT 동경라운드에서는 「정부조달협정」이 체결되었으나, 그 효과는 미미하였다. 이러한 한계를 극복하기 위해 우루과이라운드에서는 정부조달협정 확장협상이 추진되었으며, 그 결과 WTO설립협정에 「다자간무역협정」이 아닌 「복수국간무역협정」(Plurilateral Trade Agreement)으로 「정부조달협정」(Agreement on Government Procurement)이 포함되어 협정에 가입하는 국가들에게 적용되게 되었다.

49 WTO 분쟁해결규칙과 절차에 관한 양해에 규정된 일반국제법상의 분쟁해결절차와 유사한 제도로서, 당사국들이 합의하는 사항에 대해 당사국들이 합의하는 절차에 따라, 언제든지 시작하고 종료할 수 있는 절차인 것은?

① 협 의   ② 주선, 조정, 중개

③ 패 널   ④ 상소기구

⑤ 사법적 해결

> 해설 WTO 「분쟁해결규칙 및 절차에 관한 양해」(DSU)에는 ① 협의, ② 주선·조정·중개, ③ 패널, ④ 상소기구 등이 규정되어 있다. 그 중에 협의와 패널절차, 상소기구에의 상소는 일반국제법상의 제도라고 보기는 어려우며, 사법적 해결은 주로 ICJ에 의한 분쟁해결을 의미한다. WTO의 주선, 조정, 중개절차는 일반국제법상의 절차와 유사하다.

50 세계무역기구(WTO)의 분쟁해결양해각서(DSU)에 규정된 주선(good office), 조정(conciliation) 및 중개(mediation)에 관한 설명 중 옳지 않은 것은?   <사시 '02>

① 이들은 분쟁당사국이 합의하는 경우에 취해지는 자발적 절차이다.

② 이들 절차는 언제든지 개시되고 종료될 수 있다.

③ 이들 절차에 의한 분쟁해결이 실패하는 경우, 제소국(complaining party)은 패널의 설치를 요청할 수 있다.

정답 48 ⑤   49 ②

④ WTO 사무총장은 회원국의 분쟁해결을 지원하기 위하여 직권으로 이들 절차를 제공할 수 있다.

⑤ 일단 패널절차가 개시되면 상기의 주선, 조정 및 중개의 절차는 반드시 종료된다.

> 해설 주선, 조정, 중개절차는 패널절차가 진행 중인 때에도 계속될 수 있다.

51 WTO 분쟁해결절차에서 패널이 수행하는 기능에 속하는 것은?

① 분쟁당사국간 조정절차에서 조정위원회의 역할을 한다.

② 분쟁당사국간 협의절차를 관장한다.

③ 관련규정과 쟁점을 검토한 후 보고서를 작성하여 분쟁해결기구에 제출한다.

④ 분쟁당사국들의 중재절차를 보조한다.

⑤ WTO 분쟁해결절차의 운용을 총괄한다.

> 해설 WTO 「분쟁해결규칙과 절차에 관한 양해」(DSU) 11조는 패널은 관련규정에 따라 제소국이 제기한 문제점들을 검토하고 분쟁해결기구가 권고안이나 판정을 내리는 데 필요한 조사보고서를 작성·제출한다고 하였다. ⑤는 분쟁해결기구의 기능이다.

52 세계무역기구(WTO) 패널에 대한 설명으로 옳지 않은 것은?

<사시 '01>

① 패널위원은 정부대표나 기구대표가 아닌 개인자격으로 임무를 수행한다.

② 패널은 분쟁당사자가 패널설치로부터 20일 이내에 달리 합의하지 않는 한 표준위임사항을 부여받는다.

③ 민간인사뿐만 아니라 정부인사도 패널위원이 될 수 있다.

④ 패널의 심의(deliberations)는 공개되지 않는다.

⑤ 분쟁해결기구(DSB)에서 어느 한 회원국이라도 반대하는 경우 패널보고서는 채택될 수 없다.

해설 패널은 충분한 자질을 갖춘 정부인사 또는 비정부인사들로 구성되며, 분쟁당사국 국민은 분쟁당사국 간에 별도의 합의가 없는 한 패널에 참가할 수 없다. 패널은 3인의 위원으로 구성하지만, 당사국들이 합의하면 5인으로 구성할 수도 있다. 패널은 관련규정에 따라 제소국이 제기한 문제점을 검토하고, 분쟁해결기구가 권고나 판정을 내리는 데 필요한 조사보고서를 작성·제출한다. ⑤ 패널보고서는 어떤 분쟁당사국이 분쟁해결기구에 상소 의사를 통보하거나, 분쟁해결기구가 총의로서 보고서를 채택하지 않기로 결정하지 않는 한, 회원국에게 회람된 날로부터 60일 이내에 분쟁해결기구에서 채택된다.

53 WTO 분쟁해결절차에 의할 때 패널보고서에 불만이 있는 국가가 다음으로 밟을 수 있는 절차인 것은?

① 협의절차에의 부탁   ② 중재절차에의 부탁

③ 분쟁해결기구에의 부탁   ④ 국제사법법원에의 제소

⑤ 상소기구에의 상소

해설 WTO 「분쟁해결규칙과 절차에 관한 양해」(DSU) 17조는 패널보고서에 불만이 있는 분쟁당사국과 분쟁에 이해관계를 가진 국가로서 패널절차에 참가한 제3국은 상소기구(Appellate Body)에 상소를 제기할 수 있다고 했다.

54 세계무역기구(WTO)의 분쟁해결절차에 관한 설명 중 옳지 않은 것으로 묶인 것은?   〈사시 '03〉

㉠ 패널절차의 각 단계별로 일정한 시한을 설정하여 패널진행의 신속성 및 효율성을 도모하였다.

㉡ 임시상소기구를 설치하여 상소가 가능하도록 하였다.

㉢ 최빈국 회원국을 위한 특별규정을 두고 있지 않다.

㉣ 패널은 분쟁당사국이 5명의 패널위원으로 구성하기로 합의하지 않는 한 3명으로 구성된다.

㉤ WTO협정을 위반하지 않은 조치에 대한 제소도 일정한 경우 WTO 분쟁해결규칙 및 절차에 관한 양해(DSU)가 적용된다.

---

① ㉡, ㉢   ② ㉠, ㉢
③ ㉠, ㉡   ④ ㉢, ㉣
⑤ ㉣, ㉤

> **[해설]** WTO 분쟁해결절차는 각각 단계별로 시한을 정하여 절차의 신속성 및
> 효율성을 도모하였다. 원칙적으로 3명 그리고 분쟁당사국이 합의하는 경우
> 5명으로 구성하는 패널은 임시적 성격을 가지지만, 상소기구는 상설적인
> 조직으로 운영된다. 한편 WTO에서는 WTO협정을 위반하지는 않았으나 침
> 해가 발생한 경우에도 청구를 인정하는 비위반제소를 인정한다.

55 세계무역기구(WTO) 내 분쟁해결기구(DSB)의 결정이나 권고에 관한 설
명 중 옳지 않은 것은?   <사시 '00>

① 회원국들은 분쟁해결기구의 결정이나 권고를 신속히 이행해야
한다.

② 어느 회원국이 이행하지 않으면, 국제적 비난 이외에 다른 제재
방법이 없다.

③ 이행을 하지 않거나 할 수 없으면 보상을 위한 교섭을 해야 한
다.

④ 교섭이 안 되면, 신청자는 상대방에 대한 양허나 의무이행정지
를 승인해 주도록 분쟁해결기구에 요청할 수 있다.

⑤ 관련 당사국이 제안된 정지의 수준에 대하여 이의를 제기하는
경우 중재에 회부된다.

> **[해설]** 분쟁해결기구의 판정에도 불구하고 이를 이행하지 않는 국가가 있으
> 면, 당사국 간에 보상안을 협상하며, 그것이 여의치 않으면 제소국은 분쟁
> 해결기구의 승인을 받아 패소국에 대한 보복조치를 취한다.

56 세계무역기구(WTO) 분쟁해결절차에서 협정위반 사실이 판정된 피제
소국이 자발적으로 시정조치를 취하지 않는 경우, 제소국이 취할 수
있는 보복조치에 관한 설명 중 옳지 않은 것은?   <사시 '01>

① 제소국은 자국의 국내 통상법에 의한 일방적 보복조치를 취할 수 있다.

② 제소국은 분쟁해결기구(DSB)의 승인을 받아 자국의 양허를 정지할 수 있다.

③ 분쟁해결기구는 역총의제(reverse consensus)에 의해 양허의 저지를 승인할 수 있다.

④ 보복조치는 협정위반이 인정된 분야와 동일한 분야에 우선적으로 적용되어야 한다.

⑤ 피제소국이 서비스무역 일반협정을 위반하였다고 판정된 경우 피해국은 상품무역에 관한 자국의 양허를 정지할 수도 있다.

[해설] 분쟁해결기구는 패널과 상소기구에 의한 권고나 판정이 제대로 이행되고 있는지 감시하는 기능을 수행한다. 패널과 상소기구에서는 WTO협정에 맞지 않는 회원국들의 국내조치를 협정에 맞게 조정하도록 하는데, 이들의 권고나 판정에도 불구하고 패소국이 이를 이행하지 않는 경우 당사국들은 보상안을 마련하여 협상한다. 보상에 관한 합의가 이루어지지 못하면, 제소국은 WTO협정에 따라 그리고 분쟁해결기구의 승인을 받아 패소국에게 부여한 양허나 의무의 적용을 정지할 수 있다. 이러한 양해와 의무의 정지를 '보복'(retaliation)이라고 하는데, 보복은 협정위반이 인정된 분야와 동일한 분야에 우선적으로 적용되지만 다른 분야에 대한 교차보복도 인정된다.

57 한 기업이 외국정부와 국제계약을 체결하였으나 외국정부가 계약을 위반한 경우, 그 기업이 의지할 수 있는 가장 전통적인 피해구제 방법은?

① 유엔에 부탁   ② 본국의 외교적 보호

③ 국제사법법원 제소   ④ 국제중재에 부탁

⑤ 무력적 해결

[해설] 한 기업이 외국정부의 계약위반으로 피해를 보게 되는 경우, 국제법의 주체가 아닌 기업으로서는 동원할 수 있는 수단이 그리 많지 않다. ①과 ⑤는 모두 실현가능성이 희박한 수단이며, 국가만이 소송당사자 자격을 가지는 국제사법법원에 제소할 수도 없으니 ③ 역시 옳은 방법이 아니다. ④

는 최근에 각광을 받는 제도인데 문제가 전통적인 방법을 찾으라는 것이니 역시 정답이 아니다. 전통적으로 한 기업이 외국정부와의 거래나 계약에서 손해를 보게 되는 경우에는, 본국정부의 외교적 보호에 의지해 왔다.

58 '천연자원에 대한 영구주권'과 가장 밀접한 관계에 있는 것은?

① 신국제경제질서　　　　② 최혜국대우

③ 환경보호　　　　　　　④ 우루과이라운드

⑤ 심해저

> [해설] '천연자원에 대한 영구주권'은 영토 내에서 행하여지는 경제활동에 대한 주권을 확인하는 것으로 외국인투자와 다국적기업의 활동에 대한 규제를 포함하고 있다. 따라서 1970년대 개발도상국들이 제기하였던 '신국제경제질서' 주장과 유사하다.

59 안정화조항(stabilization clause)과 가장 관계가 밀접한 것은?

① 국제투자의 보호　　　　② 외환시세의 안정

③ 외교관계의 안정　　　　④ 전쟁상태의 휴전

⑤ 환경협력의 보장

> [해설] 안정화조항(stabilization clause)이란 한 국가와 외국인 간의 계약시 당해 계약을 법의 변경으로부터 면제시키기로 약속하는 것이다. 이 조항은 장기개발협정에 포함되어 법의 변경으로 외국인들이나 외국기업들이 피해를 받지 않도록 해 준다. 양자 간의 법률관계를 계약 당시의 법으로 동결시키는 이 조항은 세금 등 경제적 부담에 관한 법규들의 자의적 변경과 국유화에 대비하여 도입된다.

60 외국인 재산의 국유화와 관련하여 소위 '헐 방식'이란 무엇인가?

① 영토국가의 영토주권을 최대한 인정하는 것이다.

② 영토국가의 천연자원에 대한 영구주권을 인정하는 것이다.

③ 영토국가의 법과 절차에 따른 보상을 인정하는 것이다.

④ 신속하고 적절하며 효과적인 보상을 요구하는 것이다.

⑤ 보상에 관련된 일반국제법 원칙을 천명하는 것이다.

해설 '헐 방식'이란 외국인재산의 국유화시 신속하고 적절하며 효과적인 보상을 요구하는 것으로 서방국가들이 주장해 온 보상방식이다. 1938년 당시 미국무장관 헐(Hull)이 자국인들 소유의 토지를 몰수한 멕시코 정부에 이러한 방식에 의한 보상을 요구한 이래 붙여진 이름이다.

61 외국기업이나 외국인 재산의 국유화와 보상에 관한 설명이다. 잘못된 것은?

① 요즘 들어 외국기업이나 외국인재산의 국유화가 크게 증가하고 있다.

② 개발도상국들은 영토국가의 법에 따른 보상을 주장해 왔다.

③ 선진국들은 신속하고 적절하며 효과적인 보상을 주장하였다.

④ 현재 국제법에서는 그 중간입장에서 적절한 보상을 요구하고 있다.

⑤ 헐 방식이란 선진국들이 주장하는 방식이다.

> **해설** 최근 국제경제의 통합과 국제경쟁 심화에 따라 외국자본을 유치하기 위한 경쟁이 치열해지고 있다. 이러한 상황에서 외국기업이나 외국인 재산을 국유화하여 결과적으로 외국인들의 투자의욕을 꺾으려는 국가는 없다. 따라서 ①이 잘못된 것이다.

62 개발도상국들은 신국제경제질서의 주장을 통하여 상호성이 아닌 비상호성에 입각한 무역질서의 수립을 요구해 왔다. 다음 중 그러한 요구에 부응하는 제도라 할 수 있는 것은?

① 세계무역기구　　　　　② 보조금제도

③ 일반특혜관세제도　　　④ 반덤핑제도

⑤ 최혜국대우

> **해설** 신국제경제질서 주장이 현실적으로 어떤 결실을 가져왔는가 하는 데 대해서는 논의의 여지가 있다. 그러나 신국제경제질서는 기존의 국제경제질서의 개편을 주장하면서 비상호성에 입각한 선진국과 개발도상국간 무역제도를 주장해 왔다. 이러한 맥락에서 볼 때 일차산품과 「일반특혜관세제도」(Generalized System of Preferences : GSP)는 신국제경제질서 주장과

상당히 유사한 내용들을 담고 있다. 그 중에서도 개도국에서 생산되는 공산품에 대해 수입관세를 감면해 주는 일반특혜관세제도(GSP)는 개발도상국들의 공업화에 크게 기여하였다.

63 ICSID는 다음 중 무엇과 관련이 있는 기구인가?　　　　　　<사시 '92>

① 정부간 해운협력

② 민간항공기의 안전

③ 해외투자분쟁의 해결

④ 식량 및 농산물의 생산과 분배

⑤ 전기통신의 이용을 위한 국제협력

　　해설　ICSID는 International Center for Settlement of Investment Disputes의 준말임을 기억할 것.

64 세계무역기구(WTO)에 관한 설명 중 옳지 않은 것은?　　　<사시 '05>

① WTO의 기능 중 하나는 WTO 설립협정 및 다자간무역협정의 이행, 관리 및 운영의 촉진이다.

② WTO 창설 이후 최초로 출범한 대규모 다자간무역협상(Multilateral Trade Negotiations)은 도하개발아젠다(DDA)이다.

③ 일반이사회는 각료회의 비회기 중에 각료회의의 기능을 수행한다.

④ 유럽공동체(EC)가 투표권을 행사할 때는 WTO 회원국인 EC 회원국 수와 동일한 수의 투표권을 가진다.

⑤ WTO로부터의 탈퇴는 회원국의 서면 탈퇴통보가 WTO 사무총장에게 접수된 날로부터 12월이 경과한 날로부터 발효된다.

　　해설　⑤ WTO협정 15조에 따르면 WTO로부터의 탈퇴는 통지서가 사무총장에게 접수된 날로부터 6개월이 경과해야 효력을 발생한다고 하였다. ② 2001년 도하에서 개최되었던 제4차 WTO 각료회의는 뉴라운드의 시작을 공식적으로 선언하였는바, 이것이 WTO 출범 이후 최초의 대규모 다자간무역협상(라운드)인 도하개발아젠다(DDA)이다. 그 주요의제는 농산물과 서비스분야의 무역자유화이다.

정답　62 ③　　63 ③　　64 ⑤

65 세계무역기구(WTO)에 관한 기술 중 옳지 않은 것은?   <사시 '02>

① WTO 설립협정 제1조 제2항에 의하면 최빈개도국들(least-developed countries)은 자국의 개별적인 개발, 금융 및 무역의 필요나 행정 및 제도적인 능력에 부합하는 수준의 약속 및 양허를 하도록 요구된다.

② WTO 설립협정의 탈퇴는 탈퇴통지서가 사무총장에게 접수된 날로부터 6개월이 경과하면 효력이 발생한다.

③ 새로운 회원국의 가입은 각료회의가 결정한다.

④ 일반이사회에서의 의사결정은 컨센서스에 의해서만 가능하다.

⑤ 1995년 출범한 WTO는 사실상의 국제기구로서의 GATT를 대체하였다.

> [해설] WTO 각료회의와 일반이사회에서의 의사결정 절차는 GATT에 있어서와 마찬가지로 컨센서스를 원칙으로 하였다. 그러나 일부 안건에 대해서는 표결에 붙여 다수결로 결정할 수 있게 하였다. 즉 컨센서스를 원칙으로 하되 예외를 인정하여 다수결에 따른 결정도 일부 가능하게 한 것이다.

66 세계무역기구(WTO)의 분쟁해결제도에 관한 설명 중 옳지 않은 것은?

<사시 '00>

① 분쟁해결기구(DSB)를 설치, 제도화하고 있다.

② 분쟁해결기구의 강제관할권이 인정된다.

③ 상소제도를 두고 있다.

④ 3심제도로 운영된다.

⑤ 패널(panel) 제도가 대표적 분쟁해결 방법이다.

> [해설] WTO 분쟁해결절차는 패널과 상소로 이어지는 2심절차라 할 수 있으며, 특히 패널의 역할이 중요하다. 분쟁해결양해에는 협의나 주선, 조정, 중개절차도 규정되어 있으나, 이는 전통적인 분쟁해결방법에 속하는 것으로, 법적인 수단이라기보다는 외교적인 것이다.

[정답] 65 ④   66 ④

67 세계무역기구(WTO)의 분쟁해결규칙 및 절차에 관한 양해(DSU)에서 명시하고 있는 분쟁해결방법이 아닌 것은   <사시 '03>

① 심사(inquiry)   ② 주선(good offices)

③ 협의(consultations)   ④ 중개(mediation)

⑤ 조정(conciliation)

> 해설 분쟁해결제도의 정비는 우루과이라운드 협상에서도 중요한 의제였으며, 그 결과 「분쟁해결규칙과 절차에 관한 양해」(Understanding on Rules and Procedures Governing the Settlement of Disputes : DSU)가 채택되어 「분쟁해결기구」(DSB)에 의한 단일화된 분쟁해결제도가 수립되었다. WTO에서의 분쟁해결은 협의, 패널에 의한 조사 및 보고서 작성, 상소기구의 재심, 패널 또는 상소기구 결정의 채택, 결정의 집행 등 다섯 가지 단계로 진행된다. 이와 별도로 당사국들이 합의하는 경우 주선, 조정, 중개절차는 협의절차 진행 중 언제든지 시작될 수 있으며, 패널절차 진행 중에도 계속될 수 있다.

제 12 장

국제환경법

국 제 환 경 법

1 오늘날 국제환경보호의 목적이자 기준이 된 개념은?

① 지속가능한 개발   ② 경제성장 우선

③ 무조건적인 환경보호   ④ 신국제경제질서

⑤ 오염자부담

> [해설] <지속가능한 개발> 사람들은 경제성장과 환경파괴는 뗄 수 없는 관계에 있어서 경제발전은 불가피하게 환경파괴를 가져온다고 생각해 왔다. 그러나 이러한 과거의 인식에 대하여 환경이란 관점에서 지속가능성(sustainability) 있는 방법으로 경제발전이 가능하다는 지속개발의 논리가 등장하였다. 지속가능한 개발(sustainable development)은 오늘날 환경보호의 목표이자 기준이 되었다고 할 수 있다. ④ 신국제경제질서는 1960, 70년대 개발도상국들이 주장한 형평에 입각한 국제경제질서 확립 주장이다.

2 국제환경법의 관심영역을 크게 두 가지로 나눌 때 적절한 것은?

① 신국제경제질서, 전지구적 환경보호

② 초국경적 오염, 인류의 공동유산

③ 초국경적 오염, 전지구적 환경보호

④ 전지구적 환경보호, 지속가능한 개발

⑤ 인류의 공동유산, 지속가능한 개발

> [해설] <국제환경법의 두 분야> 국제환경법의 관심분야는 크게 두 가지로 나눌 수 있다. 하나는 초국경적 오염(transboundary pollution)의 문제이다. 한 국가의 영토 내에서 발생한 오염물질이 다른 국가 영토로 넘어 들어가 피해를 발생하는 경우에 관련된 법적인 문제이다. 그 대표적인 사례는 트레일제련소(Trail Smelter) 사건과 구소련의 체르노빌(Chernobyl) 핵발전소 사건이다. 다른 하나는 전지구적인 주제이다. 지구상의 국가들이 함께 노력하지 않으면 극복할 수 없는 이 문제의 해결을 위해서는 관련 국제협약 체결과 효율적 이행이 중요한 이슈가 된다. 전지구적 주제에는 해양오

[정답] 1 ①

염, 오존층 파괴와 지구온난화(global warming) 같은 대기오염, 사막화, 생물다양성 파괴가 포함된다.

3 국제환경 문제를 초국경적 오염과 전지구적 환경보호 문제로 나누어 볼 때, 후자의 사례에 속하지 않는 것은?

① 지구온난화　　　　　② 오존층 파괴
③ 국제하천 유로변경　　④ 생물다양성 파괴
⑤ 열대우림파괴와 사막화

> 해설 〈전지구적 환경문제〉 국제환경 문제는 크게 초국경적 오염문제와 전지구적 환경보호 문제로 나누어 볼 수 있다. 초국경적 오염(transboundary pollution)이란 한 국가의 영토 내에서 야기된 오염물질이 국경 너머 다른 국가 영토로 넘어가 피해를 주는 것이다. 그 대표적인 사례로는 캐나다의 브리티시 콜롬비아에 위치한 제련소에서 발생한 오염물질이 미국에 피해를 주었던 트레일제련소(Trail Smelter) 사건과 구소련의 체르노빌(Chernobyl) 핵발전소 사건을 들 수 있다. 여기에서는 가해국의 손해배상책임, 특히 영토주권과 환경보호책임 간의 조화 문제가 주요 의제로 떠오른다. 반면에 전지구적 환경보호에 관한 문제로는 대기·수질·해양오염, 지구온난화, 온실효과, 오존층 파괴, 사막화, 문화유산의 파괴, 자원고갈, 열대 우림지역의 훼손 등이 있다. 여기서는 환경보호를 위한 국제협약의 제정 및 효율적 이행이 주요 이슈이다.

4 소위 '세대간 형평'(intergenerational equity)의 논리 아래 지구환경 보호를 위한 현세대의 책임을 강조한 학자는?

① Vernadsky　　　　　② Lovelock
③ Austin　　　　　　　④ Weiss
⑤ Pardo

> 해설 〈세대간 형평〉 와이스(Edith B. Weiss) 교수는 세대간 형평(intergenerational equity 또는 equity between generations) 이론을 주장하였다. 와이스 교수에 의하면 우리 현세대는 지구의 자원을 사용하고 개발할 때 현세대는 물론 미래세대의 이익도 함께 고려할 의무를 진다고 한다. 현세대의 자원남용은 자원의 고갈과 자원의 질의 저하를 통해 미래세대의 이

익을 침해하는 것이므로, 현세대는 미래세대에 대해 자원의 질을 유지하고 자원활용 수단들을 유지할 법적인 의무를 진다는 것이다.

제 2 절 \ 국제환경법의 역사

5 국제환경보호에 있어서 가장 먼저 보호대상으로 등장한 것은?

① 생태계　　　　　　　　② 이동성 야생동물

③ 열대우림　　　　　　　④ 남 극

⑤ 오존층

> [해설] 〈이동성 야생동물 보호〉 국제환경보호 운동은 다른 시민운동에서와 마찬가지로 환경보호에 관심을 가진 일부 사람들, 특히 지식인 그룹에 의해 시작되었다. 그러나 20세기 초까지는 생태학적 개념으로의 환경과 전지구적 생명지원체제로의 생태계는 국제적 관심사가 아니었으며, 이동성 야생동물(migratory wildlife) 보호 수준에 머물고 있었다.

6 국제환경법의 발달에 있어서 중요한 의미를 가지는 국제회의 두 가지를 든다면?

① 1919년 베르사유회의, 1992년 리우회의

② 1958년 해양법회의, 1972년 스톡홀름회의

③ 1948년 아바나회의, 1982년 해양법회의

④ 1972년 스톡홀름회의, 1992년 리우회의

⑤ 1945년 샌프란시스코회의, 1968년 생태계회의

> [해설] 〈스톡홀름회의와 리우회의〉 환경법은 국내법에서부터 발달하기 시작하여, 해양자원과 같은 공유물에 관한 법으로, 거기에서 다시 보편적인 환경보호를 위한 국제법으로 발달해 가고 있다. 환경보호를 위한 국제법의 발달에는 몇 가지 중요한 계기가 있었다. 1972년 스톡홀름에서 열렸던 유엔

인간환경회의(United Nations Conference on the Human Environment : UNCHE)는 환경에 관한 새로운 패러다임을 세우고 환경정책을 국제적인 관심사가 되게 하였다. 한편 1992년 브라질 리우에서 열렸던 유엔환경개발회의(United Nations Conference on Environment and Development : UNCED)에서는 지속가능한 개발이란 목표 아래 보편적 환경보호를 위한 조치의 필요성에 대한 공감대를 이루었다.

7 환경보호에 있어서 생태계이론을 개발하거나 전파하는 데 기여하지 아니한 사람은?

① Suess ② Vernadsky

③ Chardin ④ Lovelock

⑤ Pardo

> 해설 **〈생태계이론〉** 오늘날 국제환경법에서 중요한 위치를 차지하고 있는 '생태계'(biosphere) 이론은 여러 사람들에 의해 발전되고 전파되었다. 프랑스의 라마르크(Lamarck)에 의해 형성된 개념에 오스트리아의 지질학자 Edward Suess에 의하여 '생태계'란 이름이 붙여졌고, 러시아 광물학자 베르나드스키(Vernadsky)는 이를 발전시켜 전파하였다. 생태계에 관한 이론을 발전시킨 사람으로는 샤르뎅(Chardin)과 『가이아』(*Gaia*)란 저서로 유명한 러블록(Lovelock)이 있다.

8 생태계회의에 대한 설명으로 적당치 않은 것은?

① 1968년 10월 파리에서 개최되었다.

② 원래 명칭은 「생태계자원의 합리적 사용과 보존을 위한 과학적 기초에 관한 정부간 전문가회의」이다.

③ 생태계란 개념이 국제환경정책의 중요한 고려사항으로 등장하였음을 상징하는 회의였다.

④ 각국정부와 국제연합이 취할 조치들을 담고 있는 결의들을 채택하였다.

⑤ 생물다양성협약을 채택하였다.

> 해설 **〈생태계회의〉** 유엔에서는 1968년 10월 파리에서 '생태계회의'(Bio-

sphere Conference)라 불리는 「생태계자원의 합리적 사용과 보존을 위한 과학적 기초에 관한 정부간 전문가회의」(Intergovernmental Conference of Experts on a Scientific Basis for a Rational Use and Conservation of Resources of the Biosphere)를 개최하였다. 이 회의는 생태계 개념이 국제환경정책의 중요한 고려사항으로 등장한 것을 보여주는 것으로, 종래의 회의들이 환경관련 정보교환에 만족해 왔던 것과는 달리 각국정부와 국제연합이 취할 조치로 20여 개의 결의를 채택하였다. ⑤ 생물다양성협약은 1992년 리우회의 직전에 채택되었다.

9 1972년 개최된 국제회의로 환경보호를 국제적인 관심사로 부각시키는 중요한 계기가 된 것은?

① 샌프란시스코회의 ② 스톡홀름회의
③ 우드스톡회의 ④ 리우회의
⑤ 생태계회의

> 해설 〈스톡홀름회의〉 국제적인 환경보호는 1968년 국제자원보호연맹(International Union for Conservation of Nature and Natural Resources : IUCN)의 창립과 1968년 생태계회의(Biosphere Conference)를 거쳐, 1972년 스톡홀름회의에서 도약의 계기를 맞는다. 유엔인간환경회의(United Nations Conference on the Human Environment : UNCHE)라 불리는 이 회의를 거치면서 환경은 국제적인 관심사가 되었다.

10 1972년 스톡홀름 유엔인간환경회의에서 합의된 사항이 아닌 것은?

① 생태계보호를 위한 국제협력
② 선진국의 개도국 환경보호 지원
③ 환경피해로 인한 국제책임법 제정
④ 오존층보호를 위한 협력방안
⑤ 유엔환경계획 창설

> 해설 〈스톡홀름회의〉 1972년 스톡홀름 유엔인간환경회의(United Nations Conference on the Human Environment : UNCHE)는 다음과 같은 성과를 거두었다. 첫째, 생태계보호를 국제정책과 국제법의 공식의제로 올려놓고 이를 위한 국제협력의무를 확인하였다. 둘째, 개발도상국들의 개발욕구

와 환경보호를 조화시키기 위하여 선진국이 개발도상국을 지원해야 한다고
하였다. 셋째, 환경피해로 인한 국가책임에 관한 국제법의 필요성을 인정하
여 국경을 넘는 환경피해로 인한 피해자를 보호하기 위한 국제법을 만드는
데 협력하기로 하였다. 넷째, 「유엔환경계획」(United Nations Environment
Programme : UNEP)을 창설하기로 하였다. ④ 오존층보호 문제는 1980년
대 들어 다루어지기 시작하였다.

11 다음 중 1970년대에 체결된 국제환경보호를 위한 협약이 아닌 것은?

① 오존층보호에 관한 비엔나협약
② 세계문화자연유산 보호협약
③ 폐기물과 그 외 물질의 덤핑으로 인한 해양오염방지에 관한 협약
④ 야생동식물의 국제거래에 관한 협약
⑤ 선박에 의한 오염방지에 관한 협약

> 해설 〈**1970년대 국제협약**〉 국제적인 환경보호를 위해 1970년대에 체결된
> 다자조약에는 1972년 「세계문화자연유산 보호협약」(Convention on the
> Protection of the World Cultural and Natural Heritage), 1972년 「폐기
> 물과 그 외 물질의 덤핑으로 인한 해양오염방지에 관한 협약」(Convention
> on the Prevention of Marine Pollution by Dumping of Wastes and
> Other Matter), 1977년 「야생동식물의 국제거래에 관한 협약」(Convention
> on International Trade in Endangered Species of Wild Fauna and
> Flora), 1973년 「선박에 의한 오염방지에 관한 협약」(Convention on the
> Prevention of Pollution from Ships : MARPOL) 등이 있다. ① 오존층보
> 호에 관한 비엔나협약은 1985년에 체결되었다.

12 다음 중에서 1980년대에 체결된 국제환경조약이 아닌 것은?

① 오존층보호에 관한 비엔나협약
② 기후변화협약
③ 오존층 파괴물질에 관한 몬트리올의정서
④ 핵사고의 조기통고에 관한 협약
⑤ 유해물질의 이동과 처리에 관한 협약

> 해설 〈**1980년대 국제협약**〉 1980년대에 체결된 국제환경조약에는 1985년

「오존층보호에 관한 비엔나협약」(Vienna Convention for the Protection of the Ozone Layer), 1987년 「오존층 파괴물질에 관한 몬트리올의정서」 (Montreal Protocol on Substances That Deplete the Ozone Layer), 1986년 「핵사고의 조기통고에 관한 협약」(Convention on Early Notification of Nuclear Accidents), 1989년 「유해물질의 이동과 처리에 관한 협약」(Convention on Control of Transboundary Movements of Hazardous Wastes and Their Disposal)이 있다. ② 기후변화협약은 1992년 리우회의 직전에 체결되었다.

13 1992년 리우회의의 정식명칭은?

① 제3차 유엔해양법회의　　② 유엔환경개발회의

③ 유엔인간환경회의　　④ 생태계회의

⑤ 유엔환경계획회의

> [해설] **<리우회의>** 리우회의는 스톡홀름회의 20년 후인 1992년 6월 브라질의 리우데자네이루에서 개최되었으며, 「리우지구정상회담」(Rio Earth Summit) 이라고도 한다. 정식명칭이 유엔환경개발회의(United Nations Conference on Environment and Development : UNCED)인 이 회의는 '지속가능한 개발'(sustainable development)을 회의의 목표로 삼았다. ①은 1973년부터 1982년까지 뉴욕과 제네바에서 열렸고, ③은 1972년 스톡홀름에서 개최되었다. ④는 1968년 파리에서 열렸다.

14 1992년 리우회의 또는 UNCED회의에 대한 적절한 설명이 아닌 것은?

① 범지구적 차원에서 환경이란 공동의 과제를 다루었다.

② 27개 원칙을 담고 있는 「리우선언」은 지속가능한 개발을 위한 지침들을 담고 있다.

③ 「의제 21」은 지속가능한 개발을 위한 행동계획들을 담고 있다.

④ 산림원칙에 대한 합의도 있었다.

⑤ 생물다양성협약 등 다수의 국제협약들이 체결되어 국제환경법 도약의 기회가 되었다.

> [해설] **<1992년 리우회의>** 1992년 리우에서는 3개의 문서가 채택되었다. 첫째는 간단히 리우선언이라 칭하는 「환경과 개발에 관한 리우선언」(Rio

Declaration on Environment and Development)인데, 이 선언에는 지구동반자 관계의 정신 아래 환경과 개발을 조화시켜 지속가능한 개발을 추진해가는 데 필요한 정치적·철학적 지침들이 담겨 있다. 둘째는 「의제 21」(Agenda 21)인데 각국정부의 정책을 인도하는 지속가능한 개발에 관한 행동 계획을 담고 있다. 여기에는 지구환경문제의 원인이 되는 각종 사회·경제적 요인과 대기, 해양 등 각종 환경문제에 대한 해결방안 그리고 법과 제도, 기술이전, 재정지원에 관한 포괄적인 규정들이 들어 있다. 셋째는 '산림원칙'(Principles on Forests)이다. 리우회의에서는 산림보호를 둘러싸고 개발도상국들의 개발이익과 선진국의 보존요구 간에 첨예한 대립이 있었는데, 결국 조약이 아닌 선언으로 채택되었다. ⑤ 리우회의에서는 기후변화협약과 생물다양성협약에 대한 서명식이 있었을 뿐, 회의에서 국제환경보호 관련 협약이 채택되지는 않았다.

15 국제환경법은 역사적으로 전통적 견해, 초국경적 견해, 근대적 견해, 생태학적 견해를 반영하여 발전해 왔다는 주장이 있다. 이 중에 생태학적 견해의 대표라 할 수 있는 사람은?

① 켈 젠 　　　　　② 프리드만
③ 맥두갈 　　　　　④ 포 크
⑤ 헤 겔

해설 〈**국제환경법 학설사**〉 Springer는 국제환경법은 전통적 견해, 프리드만(Friedmann)에 의하여 대표되는 초국경적(transnational) 견해, 맥두갈(McDougal)이 대표하는 근대적(modernist) 견해, 포크(Falk)가 대표하는 생태학적(ecological) 견해로 발전해 왔다고 하였다. ① Kelsen 등 과거의 법실증주의 이론가들은 국가만을 국제법의 주체로 인정하면서 주권의 절대성을 신봉하였기 때문에, 초국경적 환경오염 문제를 다루는 데에는 한계가 있었다고 한다. ② 초국경적 견해의 대표자인 프리드만은 수평적으로 확대되어 가는 질서와, 자원부족, 핵무기로 인하여 국가중심의 분권화된 체제는 타당성을 상실하게 되었다고 하였다. 초국경적 접근방법을 국제환경 문제에 적용한 콜드웰(Lynton Caldwell)은 인간들의 파괴적 행동이 초래할 재앙은 예상하였지만 기존의 국제체제의 변혁을 주장하는 데에는 이르지 못하였다. ③ 근대적 견해는 맥두갈 교수와 그의 예일대학 동료들의 '세계공공질서'(world public order) 개념에 근거한 것이다. 맥두갈은 지역적인 견해차이와 힘의 불균형 같은 요소들로 인하여 국제법의 보편성에 의문이 제기되고 있다고 하면서 각국 국민과 그 지도자들이 가지고 있는 가치에 대한 심도 있는 고찰이 필요하다고 하였다. ④ Springer가 '생태학적 명령' (Ecological Imperative) 학파라 부른 포크(Richard Falk) 교수는 인간의 정치적·경제적 관계의 전면적인 개편 없이 생태학적 재난은 피할 수 없다고 하면서, 세계질서의 근본적인 개혁이 필요하다고 하였다.

제 3 절 \ 국제환경법의 법원

16 국제환경법에 있어서 가장 중요한 법원은?

① 국제조약   ② 국제관습법

③ 법 일반원칙   ④ 판례와 학설

⑤ 공평과 선

해설 **〈국제환경법의 법원〉** 다른 국제법 분야에서와 마찬가지로 국제환경법에서도 국제관습법과 조약이 중요한 법원이다. 그러나 국제환경문제를 규율하는 데 있어서 관습법은 몇 가지 한계를 가지고 있다. 첫째, 국제환경보호를 위한 대책은 급히 마련되어야 하는 경우가 많은데, 관습법 규칙의 생성에는 상당히 긴 세월이 필요하다. 둘째, 국제적인 환경보호를 위해서는 기술적이고 세밀한 규칙들이 요구되지만, 일반적인 국가관행에 의해 형성되는 국제관습법은 모호한 원칙을 담고 있는 경우가 많아 실효성에 문제가 있다. 셋째, 환경보호를 위한 국가의무의 원천인 관행의 타당성은 그 생성 과정에 참여하지 못한 신생국들로부터 도전을 받는 경우가 많다. 따라서 국제환경법 분야에서는 조약이 특별히 중요한 법원이 되었다.

17 국제환경조약의 특성이나 갖추어야 할 조건에 해당하지 않는 것은?

① 국제환경조약에서는 무임승차자들을 줄여가는 것이 중요하다.

② 국제환경조약에서는 사후구제에 못지않게 예방조치가 중요하다.

③ 국제환경조약의 체결과 개정은 신속하게 이루어질 수 있어야 한다.

④ 국제환경조약에서는 먼저 기본협약을 체결하고 후속 의정서로
  보완하는 경우가 많다.

⑤ 환경조약에서는 법적용의 통일성이 중요하므로 경성법만이 존재
  한다.

해설 **<국제환경조약의 특징>** ①② 조약이 국제환경문제에 보다 효율적으로
대처하려면 몇 가지 고려해야 할 조건들이 있다. 효율적인 환경보호를 위
해서는 환경보호가 지역적인 차원에서부터 세계적 차원에 이르기까지 지리
적으로 광범위하게 이루어져야 하는바, 무임승차자(free-rider)를 줄이고
모든 국가가 함께 지켜야 할 최저기준을 마련해야 한다. 또한 환경은 일단
파괴되면 회복이 불가능한 경우가 많고 오염상태는 시간이 갈수록 악화되
는 경향이 있으므로, 환경조약들은 예방적 접근방법을 필요로 한다. ③ 국
제환경 위기에 대한 대응은 신속해야 하므로 국제환경조약의 체결은 신속
해야 하고 효력발생절차도 단순화되어야 한다. ④ 환경문제는 과학기술의
발달에 따라 대응방법이 달라진다. 따라서 일단 환경보호를 위한 취지와
원칙에 합의하고(기본조약), 구체적인 이행방안은 후속합의(의정서)를 통해
보충해 가는 방식을 취하는 경우가 많다. ⑤ 환경관련 다자조약 중에는 연
성법(soft law)의 특징을 가진 것이 많이 있다. 다양한 정치적·경제적·문
화적 배경을 가진 국가들로 구성된 국제사회에서, 환경문제에 있어서 법의
통일적 적용을 추구하는 경성법(hard law)만을 마련하여 적용하는 것은 현
실적으로 어려운 일이기 때문이다.

제 4 절 \ 환경피해와 국제책임

18 환경피해로 인한 국제책임에 관한 국제법의 발달과정에서 극복해야
  할 가장 큰 장애라 생각되는 것은?

① 국가의 자위권   ② 국가의 평등권

③ 국가의 영토주권   ④ 국가의 대인고권

⑤ 국가의 해양관할권

정답 17 ⑤

해설 〈**국제환경법과 국가주권**〉 국제환경법상 국제책임 부분의 발달이 늦은 것은 국가책임을 폭넓게 인정하면 국가의 영토주권이 손상된다는 인식 때문이다. 1972년 스톡홀름선언이 자원개발에 관한 주권적 권리를 인정하는 동시에 국가들에게 다른 국가의 환경에 피해를 주지 않을 책임을 인정한 것은 바로 이런 고민의 표시이다. 그러나 스톡홀름회의 이후 20여 년 간을 살펴보면 영토주권보다는 국가의 환경책임을 강조하는 방향으로 국제법이 움직이고 있음을 알 수 있다. 따라서 오늘날 국제사회에서 국가들은 환경피해 예방·경감의무, 환경피해 배상의무, 환경피해위험 통고의무를 지고 있다.

19 국가의 영토주권과 환경보호책임 간의 갈등을 해결하는 데에는 여러 가지 방법이 있을 수 있다. 현재의 다수설이자 국제관행이 지지하고 있는 입장인 것은?

① 영토주권을 우선시하는 하몬주의이다.

② 인접국에 대한 환경보호책임을 중시하는 절대적 영토보전이론이다.

③ 영토주권과 환경보호책임을 절충하는 제한적 영토주권이론이다.

④ 공동체이론이다.

⑤ 천연자원에 대한 주권이론이다.

해설 〈**환경보호책임과 영토주권**〉 국가의 영토주권과 환경보호책임 간의 갈등을 해결하는 데에는 여러 가지 대안이 있다. ① 하나는 영토주권의 절대성을 강조하는 하몬주의(Harmon Doctrine)이다. 전통적인 주권이론에 근거한 이 이론에서는 영토주권의 절대성을 강조하므로, 국가의 다른 국가에 대한 환경보호책임은 인정하지 않는다. ② 두 번째는 절대적 영토보전(absolute territorial integrity) 이론인데, 하류국가는 상류국가에게 하천의 수량이나 수질에 아무런 변화가 없는 온전한 하천의 흐름을 요구할 권리가 있다는 것이다. 이 이론은 절대적 영토주권론의 반대되는 이론이다. ③ 세 번째는 제한적인 영토주권(limited territorial sovereignty)이론인데, 영토주권의 절대성을 강조하는 주장과 절대적 영토보전이론의 절충설적인 입장이다. 이것을 국가의 관리책임이라 표현하는 학자들도 있다. ④ 네 번째는 공동체이론(community theory)이다. 이 이론에 의하면, 모든 국제하천유역은 국경에 관계없이 하나의 단위로 다루어져야 하므로, 유역국가들은 하천유역을 공동으로 관리·개발하고 그 이익을 나누어 가져야 한다고 한다.

정답 18 ③

그러나 이 이론은 현실적으로 국제사회의 지지를 받는 데 어려움이 있으며 국제법이 지향하여야 할 목표나 이상을 표현한 것으로 생각된다.

20 국제법상 국경을 넘는 환경피해(transboundary environmental damage)의 성립요건에 대한 다음의 설명 중에서 적절하지 않은 것은?

① 환경피해는 작위 또는 부작위의 결과이어야 한다.

② 작위·부작위와 환경피해 간에 인과관계가 있어야 한다.

③ 국경을 넘는 환경피해에 따른 국제책임이 발생하려면 가해국의 고의가 있어야 한다는 데 대해서는 반대가 없다.

④ 환경피해의 물리적 효과가 국경 너머 다른 국가에 미쳐야 한다.

⑤ 환경피해는 어느 정도 중대하고 심각한 것이어야 한다.

> 해설 〈**국제환경책임의 성립요건**〉 국제법이 관여하는 국경을 넘는 환경피해가 되려면 다음의 조건들이 충족되어야 한다. 첫째, 그 피해는 사람의 작위 또는 부작위의 결과여야 한다. 바이러스나 박테리아에 의한 질병은 환경적인 것이지만 국제법이 관여할 문제는 아니다. 둘째, 피해 원인이 사람들의 행동에 있어야 한다. 즉 인과관계가 있어야 한다. 셋째, 환경피해의 물리적 효과는 국경을 넘는 것이어야 한다. 넷째, 그 피해는 중대하고 심각한 것이어야 한다. ③ 고의 또는 과실을 국제책임의 요건으로 인정할 것인가 하는데 대해서는 논란이 있다. 고의·과실이 없더라도 결과에 의해 처벌하는 소위 엄격책임(strict liability) 또는 위험한 결과책임을 주장하는 학자로는 Goldie와 Schneider가 있다.

21 국제중재에 의해 해결된 것으로 국경을 넘는 환경피해에 대한 국제책임이 인정된 사건은?

① Corfu Channel 사건　　② Nottebohm 사건

③ Red Crusader 사건　　④ Trail Smelter 사건

⑤ 어업사건

> 해설 〈**트레일제련소 사건**〉 트레일제련소(Trail Smelter) 사건은 캐나다 브리티시 콜롬비아주 트레일의 제련소에서 배출된 이산화황(sulpher dioxide)이 미국과의 국경을 넘어 미국 워싱턴주의 농작물과 목재, 목축에 심각한

피해를 끼치면서 발생한 사건이다. 처음에 양국은 이 문제를 국제공동위원회(International Joint Commission)에 의뢰했으나 분쟁해결에 실패하였고, 1935년 중재에 부탁하였다. 중재판정은 1938년과 1941년에 내려졌는데, 중재재판부는 국가의 환경피해방지 의무를 명백히 인정하였다. 이 중재판정에서 특이한 것은 법원에 관한 것으로 재판부는 미국 대법원(Supreme Court)이 수립한 법학, 즉 미국의 주 사이에서 발생한 유사한 문제에 관한 준주권적 권리(quasi-sovereign rights)에 관한 분쟁에서 수립된 법원칙의 지침을 따랐다. 이 사건에 대한 판정은 다른 국가에게 피해를 끼친 국가의 국제책임을 인정하는 국제법원칙을 밝혔다는 점에서 중요하다. 물론 중재법원이 언급한 미국법이 법 일반원칙이 될 수 있는가 하는 의문은 있지만, 국제법상의 엄격책임(strict liability)을 인정한 중요한 판례로 평가되고 있다.

22 환경피해 예방을 위한 국제협력에 관한 설명들이다. 잘못된 것은?

① 국제환경피해 예방을 위한 국제협력은 국가들의 의무이다.

② 인접국의 환경에 나쁜 영향을 미칠 대형 프로젝트를 추진할 때에는 당사국과 사전협의를 하는 것이 좋다.

③ 대형사고로 인한 환경피해 위험은 즉시 주변 국가들에게 통고되어야 한다.

④ 원전사고나 유류오염 같은 대형사고는 주변국들에게 즉시 통고한다.

⑤ 「핵사고의 조기통고협약」은 체르노빌 원전사고 이전에 이미 체결되어 있었다.

> 해설 <**국제협력의무**> 국경을 넘는 환경피해 감소를 위한 국제협력의무는 몇 가지로 나누어 볼 수 있다. 첫째는 국제하천 같은 공유 천연자원에 대한 국가간 관계에서와 마찬가지로 적절한 정보에 근거한 사전협의의무이다. 둘째는 신속한 통고의무이다. 국가간 협력의무는 다른 국가에게 환경피해를 유발할 가능성이 있는 사건이나 사고가 있는 경우, 인접국가들이 적절한 보호조치를 취할 수 있도록 즉시 통고할 의무를 발생시킨다. 1982년 해양법협약 198조는 해양오염을 인지한 국가에게 신속한 통고의무를 부과하였고, 국제원자력기구는 1986년 체르노빌 사건 직후 「핵사고의 조기통고협약」(Convention on Early Notification of Nuclear Accidents)을 채택하였다.

---

23 국제환경법상 국제협력의무의 일환으로 환경피해 발생시 이를 즉시 통고할 의무에 관한 설명으로 적절하지 않은 것은?

① 명시적인 합의가 없는 경우에는 조기통고 의무는 발생하지 않는다.

② ICJ는 코르푸해협 사건에서 이 원칙을 확인하였다.

③ 1986년 체르노빌 핵발전소 사고를 계기로 사전통고의 중요성은 재확인되었다.

④ 해양법협약 198조는 해양오염을 인지한 국가에게 신속한 통고 의무를 부과하였다.

⑤ 체르노빌사고 후 「핵사고의 조기통고협약」이 채택되었다.

[해설] 〈**환경피해통고의무**〉 환경피해 방지를 위한 국제협력의무는 다른 국가에게 환경피해를 유발할 가능성이 있는 사건이나 사고가 있는 경우, 인접국가들이 적절한 보호조치를 취할 수 있도록 즉시 통고할 의무를 발생시킨다. ② 국경을 넘는 환경피해와 직접적인 관계는 없지만 임박한 위험을 다른 국가에게 알려야 할 의무는 1949년 코르푸해협 사건에서 이미 확인되었다. ③ 1986년 체르노빌 핵발전소 사건 당시 소련은 사건내용과 인접국에의 피해가능성을 주변국들에게 신속히 알리지 않았다. 때문에 많은 국가들이 소련의 그러한 행동을 비난하였고 소련 스스로도 과오를 인정했던바, 이는 어떤 행위나 사고로 다른 국가들이 피해를 받을 것으로 예상되는 경우 당해 국가는 통고(notification) 등 '적절한' 조치를 취할 의무가 있음을 인정한 것이라 하겠다. ④⑤ 이러한 입장은 국제조약에 의해서도 지지되고 있다. 1982년 해양법협약 198조는 해양오염을 인지한 국가에게 신속한 통고의무를 부과하였고, 국제원자력기구는 체르노빌 사고 직후 「핵사고의 조기통고협약」(Convention on Early Notification of Nuclear Accidents)을 채택, 방사능 유출에 대해서도 유사한 규정을 두었다. ① 명시적인 합의가 없는 경우 다른 국가에 통고할 위험에 관한 일반적인 기준이나 공식은 없다. 그러나 Schachter 교수는 자국영토를 넘어 다른 국가들에게 피해를 줄 가능성이 높은 '사고'(accident)에 속하는 원전사고나 유류오염, 댐의 파괴, 핵반응로나 화학공장처럼 사고발생시 파멸적인 결과를 가져올 시설을 건설하는 경우 및 가연성 물질이나 부식성 물질, 발암물질 같은 위험한 물질을 처리·수송하는 경우에는 조기에 통고해야 한다고 하였다.

[정답] 23 ①

24 OECD에서는 환경유지에 필요한 비용은 오염자가 부담한다는 「오염자부담 원칙」을 지지하였다. OECD에서는 이 원칙이 지켜지지 않는 경우 오염자에게 어떤 특혜가 돌아가게 된다고 보았는가?

① 관세감면　　　　　　　② 보조금지급
③ 덤핑허용　　　　　　　④ 내국인대우
⑤ 최혜국대우

> 해설 〈오염자부담의 원칙〉「오염자부담의 원칙」(Polluter's Pay Principle)은 법원칙이라기보다는 오염비용 분담에 관한 경제원칙이다. OECD에 의하면 오염자부담의 원칙이란 환경을 '건전한 상태'로 유지하는 데 필요한 비용은 오염자가 부담해야 한다는 것으로, 이 비용이 환경오염을 초래한 기업의 상품과 서비스 가격에 포함되지 않는다면 그것은 결국 보조금(subsidies)을 지급하여 국제무역과 투자를 왜곡시키는 것이라고 하였다. 1986년 단일유럽법(Single European Act) 25조도 이러한 취지의 규정을 두었다. 그러나 이것이 국제법 원칙이 되었는가 하는 것은 의문이다.

25 환경피해에 따른 국제책임의 범위에 대한 적절한 설명이 아닌 것은?
① 일반 국제법상의 국제책임 인정범위와 유사하다.
② 국제적인 합의 위반이나 일반국제법 의무 위반이 있으면 국제책임이 발생한다.
③ 엄격책임의 도입을 주장하는 유력한 견해들이 있다.
④ 국제법원에서는 엄격책임을 인정하는 국제판례들이 이미 상당수 나왔다.
⑤ 일반국제법상 의무위반에 따른 국제책임은 적당한 주의의무 위반시 발생한다.

> 해설 〈국제환경책임의 범위〉 국제법상 국가책임은 국가 스스로 합의를 통해 약속한 의무를 이행하지 않거나 일반국제법이 부과한 의무를 이행하지 않은 경우에 발생하며, 이러한 원칙은 환경피해에 따른 국제책임에도 그대로 적용된다. 문제는 불법행위 책임이 합법적인 행위, 국제법위원회의 용어로는 '국제법에 의해 금지되지 아니하는 행위로 인한 해로운 결과'에도 적용되는가 하는 것이다. 이것은 결국 엄격책임(strict liability)의 문제인데,

한 국가의 영역 내에서의 행위로 다른 국가에게 환경피해가 발생한 경우 고의·과실의 존재여부에 관계없이 그 국가에게 책임을 지우는 것이 타당한가 하는 것이다. 환경문제를 둘러싸고 엄격책임을 인정할 것인가 하는 것과 인정하는 경우의 그 인정범위에 대해 의견대립이 있다. 그러나 현재의 다수설과 국가관행에 따르면 환경피해가 적당한 주의의무 위반으로 초래된 경우에만 그에 따른 책임을 부담한다고 본다. 현재의 다수설과 국가관행에 따르면 극도로 위험한 행위에 따른 국제책임은 인정되지만, 엄격책임이 법 일반원칙에 이르지는 못했다는 것이다.

26 각국의 국제환경협약 이행에 큰 영향을 미치는 요소가 아닌 것은?
① 조약이행에 관련된 국내법제도
② 국민들의 환경보호의식
③ 비정부간기구들의 활동
④ 유엔가입 여부
⑤ 경제적 상황

해설 〈국제환경조약 이행 변수〉 모든 국가는 자신이 당사국인 비자기집행적 조약의 국내적 실시를 위해 구체적인 이행조치를 마련하여야 한다. 한 국가가 조약의 이행을 위한 조치를 마련하는 데 영향을 미치는 요소들은 매우 다양하지만, 그러한 요소들은 대략 다음의 네 가지로 묶어 볼 수 있다. 첫째는 당사국들의 행정능력과 조약이행에 관련된 국내법제도인데, 환경문제를 전담하는 부서의 설립과 환경범죄에 대한 국내법제도가 특히 중요하다. 둘째는 정치적 요소인데 여기에는 국민들의 환경보호의식도 포함된다. 대통령제 국가에서는 대통령의 환경의식이 그 나라의 환경정책 방향을 결정하는 중요한 요소가 되기도 한다. 국민들의 환경보호 의식도 중요한 변수인데, 특히 환경관련 비정부간기구(NGO)들의 활동이 중요하다. 셋째는 경제적 요소이다. 일반적으로 선진국들의 환경보호 기준이 높고 가난한 국가들의 기준은 낮다. 그러나 선진국들에서조차도 환경보호 기준의 강화는 기업의 국제경쟁력을 떨어뜨리는 요인으로 지적되고 있다. 넷째는 문화적 요소인데, 법률문화적인 부분과 생활습관에 관련된 부분을 들 수 있다. 동아시아 국민들의 소송을 기피하고 화해를 미덕으로 여기는 전통과 '보신' 습관은 일부 환경관련 다자조약의 이행에 걸림돌이 되었다.

제 5 절 \ 해양환경보호

27 해양오염방지를 위한 국제협약이나 해양오염에 관한 규정들을 가지고 있는 협약이 아닌 것은?

① 1972년 런던협약　　　　　② 1985년 비엔나협약
③ 1982년 해양법협약　　　　④ 1973년 MARPOL협약
⑤ 1981년 오슬로협약

> **해설** 〈**해양환경보호 국제협약**〉 지구 최대의 쓰레기 하치장이었던 해양은 갖가지 공해물질의 유입으로 몸살을 앓고 있다. 이러한 해양오염문제를 해결하기 위하여 여러 가지 국제협약들이 체결되었다. ①은 「폐기물의 해양투기에 관한 협약」 또는 「LC72」라 불리는 협약이고, ④는 역시 런던에서 체결된 것으로 선박에 의한 해양오염규제가 주목적이다. ③의 1982년 해양법협약은 해양오염에 관해 비교적 상세한 규정을 두었다. ⑤는 유럽국가 간에 체결된 선박과 항공기로부터의 투기에 의한 해양오염방지를 위한 협약이다. ② 1985년 비엔나협약은 오존층보호를 위한 것으로 해양오염과는 관련이 없다.

28 1982년 해양법협약은 해양환경보호에 있어 오염원별 규제방식을 취하였다. 해양법협약이 규정한 오염원이 아닌 것은?

① 육상오염　　　　　　　　② 심해저활동으로 인한 오염
③ 선박으로부터의 오염　　　④ 대기를 통한 오염
⑤ 농약을 통한 오염

> **해설** 〈**해양의 오염원**〉 1982년 해양법협약은 6개 오염원별로 해양오염을 규제하였다. 그것은 ㉠ 육상오염원에 의한 오염, ㉡ 국가관할수역에서의 해저활동으로 인한 오염, ㉢ 심해저활동으로 인한 오염, ㉣ 폐기물투하에 의한 오염, ㉤ 선박으로부터의 오염, ㉥ 대기를 통한 오염이다.

29 다음은 각국에 의한 해양오염에 대한 공해규제법규 집행에 관한 설명이다. 잘못된 것은?

① 경제수역에의 폐기물 투하의 경우에는 경제수역의 연안국이 소송을 제기할 수 있다.

② 각국은 해양을 오염시킨 선박이 외국선박인 경우에는 아무런 관할권을 행사할 수 없다.

③ 국가들은 공해상의 자국 선박에 대해 관할권을 행사한다.

④ 선박이 어떤 국가의 항구에 기항한 경우, 기항국도 관할권을 행사할 수 있다.

⑤ 연안국은 자국의 수역을 오염시키고 자국 항구에 입항한 외국선박을 상대로 소송을 제기할 수 있다.

> [해설] <**해양법협약**> 해양법협약은 해양오염의 규제를 위하여 여러 가지 조치를 위하였다. ① 폐기물투하로 인한 오염의 경우에는 영해, 경제수역, 대륙붕에의 투기에 대해서는 연안국이, 한 국가의 영토나 정박시설에서 발생하는 투기에 대해서는 당해 영토국가가 관할권을 행사한다. ③ 각국은 자국국기를 게양하거나 자국에 등록된 선박에 의한 해양오염을 방지·경감·규제하기 위하여 국제법규칙과 국내법을 준수하도록 하여야 하며, 이를 위해 법령을 제정하고 이행조치를 마련한다. ④ 선박이 한 국가의 항구에 들어온 경우, 그 국가는 국제규칙이나 기준에 위반하여 그 국가의 내수, 영해 또는 경제수역이 아닌 수역을 오염시킨 선박의 배출에 대해 조사하고 증거가 충분한 경우에는 소송을 제기할 수 있다. ⑤ 연안국은 자국의 내수나 영해, 경제수역에서 발생한 배출위반에 대해 소송을 제기할 수 있다.

제 6 절 \ 대기오염방지

30 다음 중 산성비 억제, 오존층보호, 지구온난화방지 등 대기오염방지와 관련이 없는 조약은?

[정답] 29 ②

① 1979년 광역월경대기오염협약

② 1985년 비엔나협약 　　　③ 1987년 몬트리올의정서

④ 1992년 기후변화협약 　　　⑤ 1973년 CITES협약

> **[해설]**　<**대기오염**> 국제사회는 산성비 억제, 오존층보호, 지구온난화방지 등 대기오염방지와 관련하여 여러 가지 조약을 체결하여 왔다. ① 1979년 유럽국가들과 미국, 캐나다는 「광역월경대기오염협약」(Convention on Long-Range Transboundary Air Pollution)을 체결하여 산성비로 인한 피해를 줄이기 위해 노력하였다. ②③ 자외선으로부터 지구를 보호해 주는 오존층보호를 위해 1985년 「오존층보호를 위한 비엔나협약」이 체결되었고, 1987년에는 CFC와 할론가스의 생산과 소비를 규제하기 위한 「오존층 파괴물질에 관한 몬트리올의정서」가 채택되었다. ④ 온실효과로 인한 지구온난화 (global warming)를 방지하기 위한 다자조약들도 체결되었다. 1992년 5월 채택되어 리우회의에서 서명에 개방된 「유엔기후변화협약」(United Nations Convention on Climate Change)이 그 예이다.

31 「오존층보호를 위한 비엔나협약」에 관한 적절한 설명이 아닌 것은?

① 오존층 파괴물질의 배출을 억제하기 위하여 체결되었다.

② 국가들의 의무를 매우 구체적으로 규정하였다.

③ 1985년 비엔나에서 체결되었다.

④ 각국은 협약이행을 위한 입법적·행정적 조치를 취해야 한다.

⑤ 몬트리올의정서는 이 협약의 구체적 실시를 위한 의정서이다.

> **[해설]**　<**오존층보호를 위한 비엔나협약**> ①② 「오존층보호를 위한 비엔나협약」은 CFC 등 오존층 파괴물질을 규제하기 위하여 체결된 기본협약으로, 국가들의 의무를 구체적으로 규정하지는 않았다. ⑤ 그러한 법적인 공백은 후속 의정서를 통하여 메워지게 되는바, 「오존층 파괴물질에 관한 몬트리올의정서」는 이 협약의 이행을 위한 절차와 기준을 정하였다. ④ 협약 2조는 당사국들의 일반적 의무를 규정하였다. 1항에서는 당사국들은 오존층을 변화시키거나 변화시킬 수 있는 인간활동으로 인하여 초래될 악영향으로부터 인간의 건강과 환경을 보호하기 위하여 적절한 조치를 취하여야 한다고 하였으며, 2항은 각국은 그들이 가지고 있는 수단을 사용하여 관찰과 연구·정보교환을 통하여 협력하고, 입법적·행정적 조치를 채택한다고 하였다.

[정답] 30 ⑤　31 ②

32 「오존층 파괴물질에 관한 몬트리올의정서」에 대한 설명이다. 틀린 것은?

① UNEP의 주도로 1987년에 체결되었다.

② 의정서는 규제대상 물질을 Group I과 Group II로 나누어 규제한다.

③ 개발도상국인 협약 비당사국으로부터의 오존층 파괴물질 수입은 무제한 허용하였다.

④ 효력발생 당시 1인당 연간 규제물질 소비량이 0.3킬로그램 미만인 개발도상국은 10년간의 유예기간을 갖는다.

⑤ 오존층보호를 위한 비엔나협약과 밀접한 관련을 가지고 있다.

> 해설   〈몬트리올의정서〉 ①⑤ 오존층 파괴물질에 관한 몬트리올의정서는 1985년 비엔나협약의 구체적 실시를 위한 의정서로서 1987년에 채택되었다. ② 의정서는 규제물질을 Group I과 Group II로 나누어 규제한다. ③ 몬트리올의정서는 당사국들의 오존층 파괴물질 생산과 소비를 통제하는 동시에 비당사국으로부터의 이러한 물질들의 수입을 금지하였다. 의정서 4조는 의정서 발효 후 1년 내에 이 의정서 비당사국으로부터의 규제물질 수입을 금지하고, 1인당 규제물질 소비량이 매우 적은 개발도상국도 1993년 1월부터는 본 의정서 비당사국으로 규제물질들을 수출할 수 없다고 하였다. ④ 의정서 5조는 개발도상국들에 대한 특례규정이다. 의정서 효력발생 당시 1인당 연간 규제물질 소비량이 0.3킬로그램 미만인 개발도상국은 규제조치를 10년간 유예받았다.

33 기후변화협약에 대한 다음의 설명 중 틀린 것은?

① 이산화탄소 등 온실가스들의 배출을 억제하여 지구온난화를 억제하기 위해 체결되었다.

② 1992년 5월 채택되어 1994년 3월에 효력을 발생하였다.

③ 당사국들은 기후변화 방지를 위한 국가정책을 수립하여 시행하여야 한다고 하였다.

④ 개발도상국을 포함한 모든 당사국들은 오존층 파괴물질의 배출을 2000년까지 1990년 수준으로 감축해야 한다고 하였다.

정답   32 ③

⑤ 최초의 보고서는 선진국은 효력발생 후 6개월, 개발도상국은 3
년 이내에 제출하며, 최빈개도국들은 그들의 재량에 따라 제출
한다.

해설 <기후변화협약> ① 기후변화협약은 이산화탄소(CO_2), 메탄가스(CH_4),
아산화질소(N_2O), 염화불화탄소(CFC), 오존(O_3) 등 온실가스에 의한 지구
온난화를 방지하기 위해 체결되었다. ② 이 협약은 리우회의 직전인 1992
년 5월에 채택되어 1994년에 효력이 발생하였다. ③ 이 협약은 일종의 기
본협약으로서 당사국들은 온실가스의 배출 및 감축을 위한 국가정책을 수립
하여 시행하여야 한다. ④ 선진국들은 이산화탄소를 포함한 온실가스의 배
출을 2000년까지는 1990년 수준으로 감축하는 것을 목표로 구체적인 조치
를 취해야 한다고 하였다. ⑤ 협약이행에 관한 각국의 보고서는 효력발생
이후를 기준으로 선진국은 6개월 내, 개발도상국은 3년 내에 제출해야 하며,
최빈개도국들은 재량에 따라 최초의 보고서 제출시점을 정할 수 있다.

34 교토의정서에 대한 다음 설명들 중에서 옳지 않은 것은?

① 1997년 12월 일본 교토에서 열렸던 기후변화협약 제3차 당사국
회의에서 채택되었다.

② 일부 국가들의 온실가스 배출량 감축 목표를 구체적으로 설정하
였다.

③ 이산화탄소 배출권을 판매할 수 있게 하는 배출권거래 제도를
도입하였다.

④ 어떤 기업이 세계 다른 곳에서 배출량을 줄이는 투자를 하는 경
우 그만큼 배출량을 늘릴 수 있게 하는 공동이행제도를 도입하
였다.

⑤ 기후변화협약은 교토의정서의 구체적 실시를 위해 제정되었다.

해설 <교토의정서> ① 교토의정서(Kyoto Protocol)는 1997년 12월 일본
교토에서 열렸던 기후변화협약 제3차 당사국회의에서 채택되었다. ② 교토
의정서에 따르면 기후변화협약 제1부속서에 등재되어 있는 국가들은 이산
화탄소 등 온실가스 배출량을 2008년에서 2012년 사이에 1990년 대비 최
소한 5% 감축하도록 하였다. ③ 교토의정서는 미국이 주장한 배출권거래
(emissions trading) 제도를 도입하였다. 이산화탄소 배출한계를 채우지 아

니한 국가가 배출한계를 넘어선 국가에게 배출권을 판매할 수 있게 한 것이다. ④ 교토의정서는 공동이행(joint implementation) 제도를 도입하여 한 국가 내의 기업이 세계 다른 곳에서 배출량을 줄이는 투자를 하는 경우 그만큼 배출량을 늘릴 수 있게 하였다. ⑤ 교토의정서는 지구온난화방지를 위한 기본협약인 기후변화협약의 구체적 실시를 위해 제정된 의정서이다.

제 7 절 　 생물다양성 보호

35 생물다양성협약에 대한 다음의 설명들 중에서 가장 적절치 않은 것은?

① 생물다양성을 보존하기 위해 생물종과 생태계를 보호하는 것을 목적으로 한다.

② 생물종의 보존을 위해 현지내 보존과 현지외 보존에 관한 규칙들을 두었다.

③ 유전자원의 사용을 통해 발생하는 이익의 공평하고 형평에 맞는 분배를 요구한다.

④ 생물다양성 보존을 위한 기본협약인 CITES협약의 의정서로 마련된 것이다.

⑤ 개발도상국에 대한 기술이전은 가장 유리한 조건으로 이루어져야 한다고 하였다.

> [해설] <생물다양성협약> ① 생물다양성협약은 생물다양성의 보호를 위해 생물종과 생태계를 보존하고, 생물다양성 구성요소들의 지속가능한 사용을 확보하며, 유전자원의 사용을 통해 발생한 이익의 공평하고 형평에 맞는 분배를 촉진하는 것을 목적으로 체결되었다. ② 생물다양성 보존을 위한 수단으로 협약은 현지내 보존과 현지외 보존에 관한 규칙들을 두었다. ③ 협약은 유전자원의 사용을 통해 발생하는 이익의 공평하고 형평에 맞는 분배(fair and equitable sharing)를 목적으로 하였다. ④ 생물다양성협약은

생물다양성보존 분야의 기본협약에 해당된다. ⑤ 협약은 천연자원에 대한 국가주권을 인정하면서도 국제협력을 활성화하기 위한 규정들을 두었다. 협약은 체약국들에게 다른 당사국이 유전자원에 접근하는 것을 용이하게 하여야 한다고 하였으며, 개발도상국에의 기술이전은 공평하고 유리한 조건으로 이루어져야 한다고 하였다.

36 「멸종위기에 처한 야생동식물의 국제거래에 관한 협약」에 대한 설명으로 적당치 않은 것은?

① 멸종위기에 처한 야생동식물의 국제거래를 촉진하여 이들을 보호하기 위해 마련되었다.

② 1973년 채택되어 2년 후 효력발생에 들어갔으며, 우리나라는 1993년에야 가입하였다.

③ 협약은 국제거래를 규제받는 동식물을 부속서 Ⅰ, Ⅱ, Ⅲ에 등재해 놓았다.

④ 부속서에 등재된 동식물들의 국제거래를 위해서는 특별한 조건과 절차를 거쳐야 한다.

⑤ 당사국들은 협약이행에 필요한 국내법을 마련하여야 한다.

> [해설] 〈멸종위기에 처한 야생동식물의 국제거래에 관한 협약〉 ① 「멸종위기에 처한 야생동식물의 국제거래에 관한 협약」(Convention on International Trade in Endangered Species of Wild Fauna and Flora : CITES)은 서문에서 밝힌 대로 야생동식물들이 지구의 불가분의 일체임을 인정하고, 이들의 국제거래로 인한 남획에 대항하여 이들을 보호하고자 체결되었다. ② 이 협약은 1973년 채택되어 1975년 효력발생에 들어갔다. 그러나 우리나라는 국민들의 보신습관으로 1993년 7월 9일에야 협약에 가입하였다. ③ 협약은 야생동식물을 세 가지로 분류하여 그 국제거래를 규제하고 있다. 부속서Ⅰ에는 국제무역의 영향을 받고 있거나 받게 될 멸종위험에 처한 모든 종, 부속서Ⅱ에는 현재로는 멸종위기에 처해 있지는 않으나 그러한 종의 표본들의 거래가 엄격한 규제를 받지 않을 경우에는 멸종위기에 처하게 될 종, 부속서Ⅲ에는 각 당사국들이 그 관할권 내에서 남획을 방지하기 위해 규제가 필요하다고 판단하는 종들이 포함되었다. ④ 3개 부속서에 속하는 야생동식물들을 국제적으로 거래하려면 특별한 조건과 절차를 갖추어야 한다. 여기서 국제거래란 수출과 재수출, 수입, 해상으로부터의 반입을 의미한다.

제 8 절 \ 오염물질이동규제

37 「유해폐기물의 국가간 이동 및 처리에 관한 바젤협약」에 관한 적절한 설명이 아닌 것은?

① 유해폐기물의 생산과 국제적인 이동을 억제하기 위하여 1989년 체결되었다.

② 유해폐기물의 최종처리만을 금지하며 재활용을 위한 이동은 규제하지 않는다.

③ 유해폐기물의 수출국이 환경적으로 건전하고 효율적으로 폐기물을 취급할 시설이 없는 경우에는 국가간 이동은 허용된다.

④ 협약의 비당사국, 남극, 폐기물을 제대로 처리할 수 없는 국가로의 폐기물 이동은 금지된다.

⑤ 불법적으로 이동된 유해폐기물은 경우에 따라 재수입하여야 한다.

> [해설] <유해폐기물의 국가간 이동 및 처리에 관한 바젤협약> ① 1989년 체결된 「유해폐기물의 국가간 이동 및 처리에 관한 바젤협약」은 유해폐기물의 생산을 가급적 줄이고 생산지와 가장 근접한 장소에서 폐기물을 처리하도록 하는 것을 목적으로 한다. ② 바젤협약은 폐기물 처리에는 매립, 소각, 투기 등 최종처리에 연결되는 모든 활동은 물론 재활용, 재생이용, 직접적인 재사용도 포함되는 것으로 규정하였다. ③ 유해폐기물 이동이 허용되는 것은 유해폐기물 수출국이 폐기물 취급을 위한 적절한 시설을 갖추지 못하고 있거나, 재활용이나 자원회수산업에 투입될 원자재로 수입국이 꼭 필요한 경우에 국한된다. ④ 그러나 바젤협약의 비당사국으로의 수출, 남극으로의 수출, 예정된 최종목적지 국가가 이러한 수입을 금지하고 있는 국가에의 수출, 폐기물을 제대로 관리 또는 처리할 가능성이 없는 국가로의 수출은 금지된다. ⑤ 협약에 위반하여 이루어지는 유해폐기물의 국가간 이동은 불법적인 것으로 간주되며, 불법이동의 경우 수출국은 폐기물을 재수입하여 처리하여야 한다.

[정답] 37 ②

실 전 문 제

1 지속가능한 개발에 대한 적절한 설명이 아닌 것은?

① 국제환경보호의 목적이자 기준이 되었다.

② 1992년 리우환경회의의 주제였다.

③ 환경보호를 위해서는 그 어떠한 것도 희생해야 한다는 주장이다.

④ 경제성장과 환경보호는 동시에 달성될 수 있다는 것이다.

⑤ 환경보호는 경제의 희생을 가져온다는 논리를 극복하는 데 공헌하였다.

> **해설** 환경보호운동은 처음에는 모든 문명의 이기를 거부하고 자연으로 돌아갈 것을 주장하는 방식으로 전개되었다. 그러나 그러한 주장은 경제성장의 혜택을 누리어 온 현대인들에게는 설득력이 없었다. 지속가능한 개발이란 그러한 종래의 인식을 극복하고, 환경보호와 경제성장은 함께 추구될 수 있다는 논리인 것이다. 따라서 환경보호를 위해서는 다른 모든 것을 희생할 수 있다는 ③의 설명은 잘못된 것이다.

2 미국과 캐나다 간 트레일제련소 사건, 구소련의 체르노빌 핵발전소 사건의 공통점인 것은?

① 외국영토에 대한 불법침략　　② 자국민에 대한 외교적 보호

③ 초국경적 환경오염 사건　　　④ 대규모 해양오염 사건

⑤ 대규모 수질오염 사건

> **해설** 위의 사건은 모두 한 국가 내에서 발생한 오염물질이 인근의 다른 국가에게 피해를 준 초국경적 오염(transboundary pollution) 사건이었다.

3 생태계이론에 관한 저서인 『가이아』(*Gaia*)의 저자는?

정답 1 ③　2 ③

① Vernadsky   ② Shardin

③ Suess   ④ Strong

⑤ Lovelock

> **[해설]** 『가이아』(*Gaia*)는 희랍신화에 나오는 대지의 여신이다. 러브록(Lovelock)은 『가이아』에서 지구의 자정능력을 넘는 남용이 가져올 재난을 예고하여 사람들에게 환경오염에 대한 경각심을 심어 주었다.

4 1972년 스톡홀름회의의 정식명칭은?

① 유엔환경개발회의   ② 생태계회의

③ 유엔인간환경회의   ④ 유엔환경계획회의

⑤ 유엔해양법회의

> **[해설]** ①은 1992년 리우회의의 정식명칭이다. ②는 1968년 파리에서 개최된 회의이며, ③이 스톡홀름회의인 유엔인간환경회의(United Nations Conference on the Human Environment)이다.

5 1972년 스톡홀름 「인간환경선언」에 관한 설명으로 옳은 것은?

<행시, 외시, 지시 '01>

① UN과는 무관하게 채택되었다.

② 법적 구속력을 갖는 조약으로 채택되었다.

③ 선언의 일부 원칙들은 오늘날 국제관습법적 지위를 갖는다고 간주된다.

④ 1992년 리우 환경개발회의에서 전면 부정되었다

⑤ 국제환경법체제의 발전에 전혀 기여를 하지 못하였다.

> **[해설]** ① 유엔총회는 1969년 결의 2581을 채택하여 1972년 스톡홀름에서 유엔인간환경회의(UNCHE)를 갖기로 하고 준비위원회를 설립하였다. ②③ 스톡홀름회의에서는 26개 원칙(principle)을 담고 있는 「인간환경선언」, 109개 권고를 담고 있는 「행동을 위한 권고」가 채택되었다. 이러한 문서들은 법적인 구속력을 가지는 조약은 아니지만, 국제환경법의 보편적인 원칙들을 밝히는 것으로, 그 일부 규정은 오늘날 국제관습법적 지위를 갖는 것으로 간주되는 등 중요한 문서가 되었다.

[정답] 3 ⑤   4 ③   5 ③

6 국제환경법에 대한 생태계이론의 영향을 설명한 것이다. 잘못된 것은?

① 환경문제를 보다 넓은 시각에서 조망할 수 있게 하였다.

② 지구의 여러 부분 간의 상관관계를 강조하였다.

③ 인간의 비대해진 능력이 잘못 사용될 경우 초래될 재앙을 경고하였다.

④ 자연의 무한한 복원력을 설명하여 환경변화에 과민 반응할 필요가 없다고 하였다.

⑤ 새로운 과학기술로 이전의 과학기술이 초래한 환경피해를 치유할 수 있다는 논리를 경계하도록 하였다.

> 해설 생태계이론가들은 자연의 복원능력을 말하지만 거기에는 한계가 있음을 경고하였다. 그들은 ①②의 설명대로 자연의 여러 부분들이 서로 연계되어 있음을 강조하면서 환경문제를 보다 넓은 시각에서 파악할 것을 주장한다. 또한 ⑤의 설명대로 과학기술에 대한 막연한 신뢰에 대해서도 경고한다.

7 국제환경보호에서 비정부간기구들이 수행하는 역할에 대한 올바른 설명이 아닌 것은?

① 국제적인 비정부간기구에서 사람들은 각자 자국의 이익을 대변한다.

② 환경보호에 관한 국제여론을 환기한다.

③ 환경관련 국제회의장 주변에 모여 각국 대표들에게 직·간접으로 영향력을 행사한다.

④ 얽혀있는 이해관계로 인하여 국가들이 상호 지적할 수 없는 국제환경조약 위반사례를 적발한다.

⑤ 각국 정부들에게 환경관련 자료들을 제공한다.

> 해설 환경관련 비정부기구(NGO)들이 수행하는 기능에는 여러 가지가 있다. 그 대표적인 것으로는 ②③④⑤에 제시된 것들이 있다. 그 중에서도 ④는

주목을 요하는데, 국가들이 그들 간의 관계에 손상을 피하기 위하여 지적하기를 즐겨하지 않는 상대국의 환경조약 위반사례를 NGO들은 부담 없이 지적할 수 있다.

8 UNEP에 대한 적절한 설명이 아닌 것은?

① 유엔환경계획이다.

② 1972년 스톡홀름회의 이후 창설되었다.

③ 유엔총회가 창설한 전문기구이다.

④ 본부는 케냐의 나이로비에 있다.

⑤ 환경에 관한 보편적인 정책은 Governing Council에서 결정한다.

> 해설 UNEP(United Nations Environment Programme), 즉 유엔환경계획은 1972년 스톡홀름 회의의 결과에 따라 유엔총회가 창설한 기구로 나이로비에 본부가 있다. 그런데 전문기구(specialized agency)란 독립된 법인격을 가진 국제기구로 유엔과는 특별협정을 통해 연결된 국제적인 조직을 말하는바, UNEP는 유엔의 보조기관(subsidiary organ)이지 전문기구는 아니다.

9 Rio Earth Summit이란?

① 1972년 유엔인간환경회의   ② 1992년 유엔환경개발회의

③ 1968년 생태계회의   ④ 1973년 해양법회의

⑤ 남극조약 협의당사국회의

> 해설 1992년 6월 브라질의 리우에서 열렸던 유엔환경개발회의(UNCED)에는 100여명의 국가원수와 정부수반들이 참석하여 일명 지구정상회담이라 부르기도 하였다.

10 1992년 리우회의와 관계가 없는 것은?

① 지속가능한 개발이 회의의 주제였다.

② 국가대표 외에 수많은 비정부간기구 대표들이 참가하였다.

③ 리우선언과 의제 21을 채택하였다.

④ 오존층보호를 위한 협약을 채택하였다.

⑤ 많은 의제에서 선진국과 개도국 간의 견해차가 드러났다.

> **해설** 「오존층보호를 위한 협약」은 1985년 비엔나에서 채택되었다.

11 『침묵의 봄』(*Silent Spring*)이란 저서에서 환경오염과 제초제 사용 등이 초래할 파멸적인 결과를 경고한 사람은?

① 러브록   ② 라마르크

③ 카 슨   ④ 포 크

⑤ 프리드만

> **해설** 지구의 환경이 위기에 처해 있음을 경고하는 책들을 저술하여 사람들의 환경의식을 일깨워 주는 데 공헌한 사람들이 있었다. 레이첼 카슨 (Rachel Carson)은 『침묵의 봄』(*Silent Spring*)에서 환경오염과 제초제 사용 등이 초래할 황량함을 경고하였다. 그는 땅 속의 박테리아, 곰팡이, 지렁이 같은 벌레들의 지구환경유지 기능을 설명하면서, 환경오염으로 인한 이들의 절멸이 가져올 파멸적인 결과를 경고하였다. 슈마허(Schumacher)는 『작은 것이 아름답다』(*Small is Beautiful*)에서, 로마클럽은 『성장의 한계』 (*The Limits to Growth*)에서 환경오염을 경고하였다. 러브록(Lovelock)은 1979년 발간된 『가이아』(*Gaia*)에서 지구를 하나의 거대한 생명체로 보아 생태계이론 확산에 기여하였다.

12 국제환경보호를 위한 상당수 다자조약들이 기본협약(framework convention)인 이유는?

① 국제환경문제는 내용이 간단하기 때문이다.

② 국제환경문제는 상대적으로 좁은 지역을 대상으로 하기 때문이다.

③ 국제환경보호를 위한 합의들은 연성법이기 때문이다.

④ 국제환경보호의 대상과 방법은 과학기술의 진보 등 여러 요인에 따라 수시로 변하기 때문이다.

⑤ 국제환경법은 법 일반원칙이 지배하는 영역이기 때문이다.

정답 10 ④   11 ③

해설 국제환경법이 골격조약 또는 기본협약(framework convention)의 형태를 취하는 것은, 과학기술의 진보에 따라 새로운 환경피해가 발생하기도 하고, 환경피해를 막기 위한 새로운 방법이 발견되기도 하기 때문이다. 즉, 국제환경조약들은 일단 조약의 골격을 이루는 부분에 합의를 하고, 후속의정서(protocol)를 체결하여 그 구체적인 실시방법을 정하게 된다.

13 국제환경보호를 위한 협약들이 골격협약 또는 기본협약적인 성격을 갖는 경우 예상할 수 있는 결과가 아닌 것은?

① 당사국들에게 구체적인 이행의무가 발생하지 않는다.

② 유보가 많이 행해진다.

③ 후속적인 의정서가 채택된다.

④ 조정절차가 활용된다.

⑤ 정기적인 재검토가 이루어진다.

해설 국제적인 환경보호를 위한 조약들은 일단 다자조약으로 체결하되 기본협약으로 하는 경우가 많다. 그렇게 되면 ①의 설명대로 당사국에게는 어떤 구체적인 의무가 발생하지는 않는다. ② 또한 협약 자체가 당사국에게 구체적인 의무를 부여하지 않으므로 유보는 별로 필요하지 않을 것이다. ③ 기본협약을 체결하고 나면 별도의 의정서(protocol)를 제정하여 시행세칙들을 마련해 가게 된다. 예를 들어 1987년 「오존층 파괴물질에 관한 몬트리올의정서」는 1985년에 체결된 「오존층보호에 관한 비엔나협약」의 의정서이다. ④ 국제환경법에서는 과학적 연구의 성과들이 수시로 국제협약에 반영되어야 하므로 까다로운 절차를 거쳐야 하는 개정(amendments) 이외에 조정(adjustments)이란 제도를 도입하여 활용하고 있다. 예를 들어 몬트리올의정서는 조정에 의하여 규제물질의 규제강도나 감축일정을 변경할 수 있게 하였다. ⑤ 환경관련 협약들은 정기적인 재검토와 수시적인 보완을 명문화하는 경우가 많다.

14 국제환경법이 연성법(soft law)인 경우가 많다면 그 이유는?

① 환경문제란 본래 유연한 것이기 때문이다.

② 국제환경법은 획일적인 법집행이 요구된다.

③ 국가들의 정치적·경제적·사회적 상황이 매우 다르기 때문이다.

④ 과학적인 연구성과들을 수시로 반영해야 하기 때문이다.

⑤ 무임승차자(free-rider)를 줄이기 위한 것이다.

> 해설 오늘날처럼 다양한 정치적·경제적·문화적 배경이 상이한 국가들로 구성된 국제사회에서 해결해야 할 문제가 있어도, 국제법이 이를 일거에 해결하기는 어렵다. 이러한 상황에서 강행적인 성격을 가지는 조약이 아니라 행동규범이나 권고, 지침, 결의, 원칙선언, 기본협약과 같은 수단을 통해 의도된 목적에 도달하려는 시도가 있게 되었고 여기서는 단계적 접근을 중시한다. 일부학자들은 연성법을 국제법의 '병리적 현상'이라고 하여 비판하기도 하지만, 연성법은 국제환경법과 국제경제법 발달을 선도하고 있다.

15 본래 해협통행에 관한 사건이지만, 그 판결에서 국제사법재판소가, 어떤 국가도 자국 영역을 다른 국가에 피해를 주는 방법으로 사용하면 안 된다고 하여 결과적으로 국가의 환경보호책임을 인정하는 논거를 제시한 사건은?

① 북해대륙붕 사건   ② Lotus호 사건
③ Corfu해협 사건   ④ Trail제련소 사건
⑤ Nattebohm 사건

> 해설 국제사법재판소(ICJ)는 1949년 Corfu해협 사건에 대한 판결에서, 모든 국가는 자국영토를 다른 국가의 권리를 방해하는 데 사용하면 안 된다고 하여, 간접적으로 국경을 넘는 환경오염에 대한 국가책임을 인정하였다.

16 국가의 영토주권과 국제환경보호 책임 간의 조화문제에서 통설적 견해인 제한적인 영토주권이론과 관계가 없는 것은?

① 코르푸해협 사건에 대한 ICJ 판결
② 라누호수 사건에 대한 중재판정
③ 트레일제련소 사건에 대한 중재판정
④ 리우선언
⑤ 하몬독트린

> 해설 국가의 영토주권과 국제환경보호책임 간의 관계에서, 통설적 견해인 제한적 영토주권(limited territorial sovereignty) 이론은 영토주권의 절대

성을 강조하는 주장과 절대적 영토보전이론을 절충하는 입장이다. 이 입장은 국제법원은 물론 각종 국제기구들로부터 지지를 받고 있다. 비록 환경오염과 직접적인 관련은 없지만 코르푸해협(Corfu Channel) 사건에서 국제사법재판소가 이 이론을 지지하였으며, 라누호수(Lake Lanoux) 사건에서 중재재판소 역시 유사한 입장을 취하였다. 트레일제련소(Trail Smelter) 사건에서 중재재판소도 그 어떠한 국가도 자국영토를 사용하여 다른 국가의 영토나 그 국민들에게 피해를 주면 안 된다고 하였다. 1972년 스톡홀름회의에서 채택된 원칙 21과 1992년 리우회의에서 채택된 리우선언도 동일한 입장을 취하였다.

17 트레일(Trail)제련소 사건에 대한 설명이 아닌 것은?
① 미국과 캐나다 간의 문제였다.
② 국경을 넘는 환경문제에 관한 사건이다.
③ 국제사법재판소에서 해결되었다.
④ 엄격책임을 인정하였다고 한다.
⑤ 미국의 국내법을 일부 적용하였다.

[해설] 미국과 캐나다 간의 환경관련 문제였던 트레일제련소 사건은 국제사법재판소가 아닌 중재재판에 의해 해결되었다. 이 사건에서 특이한 것은 중재재판소가 미국의 국내법을 적용한 것이다. 당시에는 아직 국제환경법 규칙이 제대로 갖추어져 있지 않았기 때문이다.

18 환경법에서 소위 PPP란?
① 사전투자보호제도　　② 프레온가스
③ 엄격책임　　④ 예방의 원칙
⑤ 오염자부담의 원칙

[해설] PPP란 Polluter's Pay Principle의 약어로 환경을 오염시킨 사람이나 기업에게 그 비용을 부담하게 하는 것이다.

19 해양오염방지를 위한 국제사회의 조치에 대한 적절한 설명이 아닌 것은?

① 해양오염방지를 위한 보편적·지역적 협약의 체결

② 해양법협약에 해양오염방지에 관한 규정 도입

③ 유엔지역해계획의 마련

④ 기국은 물론 연안국과 기항국의 조사 및 집행권 인정

⑤ 공해의 자유의 확대

> 해설 ④ 해양법협약은 해양환경오염의 방지와 규제를 위하여 종래 공해에서 기국(선적국)에게만 허용되어 오던 선박에 대한 관할권을 연안국과 기항국에까지 확대하여 인정하였다. ⑤ 공해의 자유의 확대는 해양오염 방지에 기여하는 것이 아니며, 오히려 역효과를 가져올 가능성이 높다.

20 다음 중 대기오염방지를 위한 협약이 아닌 것은?

① 1979년 광역월경대기오염협약

② 1985년 오존층보호를 위한 비엔나협약

③ 1987년 오존층 파괴물질에 관한 몬트리올의정서

④ 1992년 기후변화협약

⑤ 1992년 생물다양성 협약

> 해설 ① 1979년 유럽국가들과 미국 및 캐나다가 체결한 「광역월경대기오염협약」(Convention on Long-Range Transboundary Air Pollution)은 산화유황과 산화질소로 인한 산성비를 막기 위해 체결되었다. ② 1985년에 체결된 「오존층보호를 위한 비엔나협약」(Vienna Contention for the Protection of the Ozone Layer)은 오존층보호를 위한 기본협약이다. ③ 1987년 유엔환경계획(UNEP) 주최로 몬트리올에서 개최된 국제회의에서는 CFC와 할로겐가스의 생산과 소비를 규제하기 위한 「오존층 파괴물질에 관한 몬트리올의정서」(Montreal Protocol on Substances that Deplete the Ozone Layer)가 채택되었다. ④ 온실효과로 인한 지구온난화(global warming)를 방지하기 위하여 1992년 5월에는 기후변화협약(Convention on Climate Change)이 체결되었다.

21 1985년 비엔나협약과 1987년 몬트리올의정서가 체결된 목적은?

① 해양오염방지   ② 지구온난화방지

③ 문화재와 자연유산 보호   ④ 오존층보호

⑤ 멸종위기에 처한 동식물 보호

[해설] 1985년 비엔나협약은 오존층보호를 위한 기본협약이며, 1987년 몬트리올의정서는 1985년 협약을 구체적으로 실시하기 위한 것이다.

22 기후변화협약이 규제하고자 하는 것은?

① 이산화탄소 등 온실가스 배출

② 할로겐 등 오존층 파괴물질 배출

③ 유해폐기물 이동

④ 해양환경 오염

⑤ 생물다양성 파괴

[해설] 기후변화협약은 온실가스에 의한 지구온난화를 방지하는 것을 주요 목적으로 삼고 있다. 따라서 협약은 이산화탄소, 메탄가스, 아산화질소 등 온실가스의 배출을 규제하는 것을 주된 목적으로 삼고 있다.

23 다음 중 지구온난화방지를 위해 체결된 국제조약은?

① 1992년 기후변화협약   ② 1982년 해양법협약

③ 1987년 몬트리올의정서   ④ 1973년 CITES협약

⑤ 1985년 오존층보호를 위한 비엔나협약

[해설] ③과 ⑤는 오존층보호를 위한 것이고, ④는 멸종위기에 처한 동식물의 국제거래 억제를 위한 것이다.

24 다음 중 지구상의 다양한 생물을 보호하기 위한 협약이 아닌 것은?

① 1971년 람사르협약   ② 1973년 CITES협약

③ 1979년 본협약   ④ 1979년 바젤협약

⑤ 1992년 생물다양성협약

[해설] 생물다양성보호를 위하여 ① 1971년에는 「국제적으로 중요한 습지의 보존에 관한 협약」(Convention on Conservation of Wetlands of International Importance : 람사르협약)이 체결되었고, ② 1973년에는 「멸종위기에 처한 야생동식물의 국제거래에 관한 협약」(Convention on International Trade in Endangered Species of Wild Fauna and Flora : CITES협약), ③ 1979년에는 「야생이동성동물의 보존에 관한 협약」(Treaty on the Conservation of Wild Migratory Species : Bonn조약)이 체결되었다. ④ 바젤 협약은 「유해폐기물의 국가간 이동 및 처리에 관한 협약」으로 야생생물을 보호하기 위한 것이 아니다. ⑤ 위의 ①②③의 협약들은 야생조류와 멸종 위기에 있는 야생동식물 등 특정한 생물자원 보호를 목적으로 하는 데 비해, 1992년 채택된 「생물다양성협약」(Convention on Biological Diversity) 은 생물자원의 보존을 위한 포괄적 협약으로 생물자원보존을 위한 기본협약의 성격을 갖는다.

25 CITES란 무엇인가?

① 기후변화협약

② 멸종위기의 야생동식물 국제거래에 관한 협약

③ 오존층보호를 위한 협약

④ 생물다양성협약

⑤ 폐기물의 해양투기에 관한 협약

> [해설] CITES란 Convention on International Trade in Endangered Species of Wild Fauna and Flora의 이니셜을 딴 것으로 「멸종위기의 야생동식물의 국제거래에 관한 협약」이다.

26 1989년 스위스의 바젤에서 체결되어 바젤협약이라 부르는 국제환경협약은 무엇에 관한 것인가?

① 해양오염방지　　　　　　② 유해폐기물의 이동규제

③ 오존층보호　　　　　　　④ 생물다양성 보호

⑤ 멸종위기의 야생동식물 보호

> [해설] 1989년 체결된 바젤협약의 정식명칭은 「유해폐기물의 국가간 이동 및 처리에 관한 협약」(Convention on the Control of Transboundary Wastes and Their Disposal)이다.

27 다음 중 생물의 다양성 유지를 위한 협약에 해당하는 것은?

① 1972년 런던협약과 1975년 비엔나협약

② 1972년 런던협약과 1973년 CITES협약

③ 1973년 CITES협약과 1992년 생물다양성협약

④ 1975년 비엔나협약과 1973년 CITES협약

⑤ 1975년 비엔나협약과 1992년 생물다양성협약

　　[해설]　지구환경이 파괴되면서 위협받고 있는 생물다양성 보호를 위해 여러 가지 협약이 체결되었는데, 특히 1973년 CITES협약과 1992년 생물다양 성협약이 있다. CITES협약이란 1973년 체결된 「멸종위기에 처한 야생동 식물의 국제거래에 관한 협약」(Convention on International Trade in Endangered Species of Wild Fauna and Flora)을 말한다.

제13장

장

무력충돌법

무 력 충 돌 법

1 전쟁관의 변화에 대한 설명이다. 옳지 않은 것은?

① 중세 유럽에서는 신학의 영향으로 正戰論이 학자들 사이에 널리 퍼져 있었다.

② 그로티우스도 정당한 전쟁에 관한 이론을 전개하였다.

③ 正戰論은 19세기에 이르러 전성기를 맞이하였다.

④ 20세기 들어 무력행사금지는 보편적인 원칙이 되었다.

⑤ 현재의 국제법에 의하면 일부 예외를 제외하고는 일체의 무력행사가 금지된다.

> **해설** <**전쟁관의 변화**> 무력행사에 관한 국제사회의 태도는 정전론에서 무차별전쟁관으로, 무차별전쟁관에서 다시 정전론으로 변해왔다. ①② 중세 유럽에서는 신학의 영향으로 정당한 전쟁원인이 있는 전쟁만이 허용된다는 정전론이 유행했었다. 근세 초기 그로티우스(Grotius)도 자위와 침해된 권리의 구제와 제재를 위한 전쟁 등 상대방의 위법행위에 대한 자력구제를 위한 전쟁만을 정당한 전쟁으로 인정했었다. ③ 18, 19세기에는 전쟁을 정당한 전쟁과 부당한 전쟁으로 나누는 입장은 약화되고 無差別戰爭觀이 유행하였다. 무차별전쟁관이 유행하게 된 것은, 전쟁의 정당성에 대한 공정한 판정기관이 존재하지 않는 국제사회의 현실과 전쟁에 대한 국가의 절대주권을 인정하는 당시의 일반적인 철학과 관련되어 있다. ④⑤ 20세기 들어 전쟁에 대한 국제사회의 태도는 다시 정전론으로 회귀하고 있다. 과학기술의 발달에 따른 가공할 무기의 등장은 인류의 공존을 위한 국제법 원칙의 등장을 불가피하게 만들었다. 그 결과 국제연맹과 유엔을 거치면서 무력행사 금지는 국제법의 일반원칙이 되었다.

2 다음 중 정당한 사유가 있는 경우에만 전쟁이 허용된다는 정정론를 지지한 사람이 아닌 것은?

① 아우구스티누스 　　　　② 토마스 아퀴나스

정답 **1** ③

③ 비토리아   ④ 수아레즈

⑤ 헤겔

> 해설 <正戰論> 정전론(doctrine of just war)이란 정당한 사유가 있는 전쟁만이 허용된다는 이론이다. 정전론은 로마제국이 기독교 국가가 되고 기독교도들이 신의 의지에 따른 무력사용을 인정하면서 체계화되었다. ① 아우구스티누스(St. Augustine)는 어떤 국가에게 피해를 준 국가가 범죄자를 처벌하거나, 부당하게 취득한 물건을 반환하지 않는 경우에는 정당한 전쟁이 된다고 하였다. ② 토마스 아퀴나스(Thomas Aquinas)는 처벌해야 하는 것은 불법행위 자체가 아니라 불법행위자의 주관적 犯意라고 하였으나, 아우구스티누스와 마찬가지로 불법행위자의 처벌과 같이 정당한 사유가 있는 경우 전쟁은 정당화된다고 하여 정전론을 발전시켰다. ③④ 근대들어 유럽에 민족국가들이 등장하고 기독교 국가 간에 전쟁이 빈발하면서 세력균형체제가 들어서면서 정전론도 수정되었다. 정전론의 중심은 불법행위자에 대한 응징에서 평화적인 수단에 의한 질서유지로 바뀌었다. 스페인의 비토리아(Vitoria)는 불법행위만으로는 정당한 전쟁이 될 수 없다고 하였으며, 수아레즈(Suarez)는 전쟁시작 전에 상대방에게 먼저 배상을 요구해야 한다고 하였다.

3 1907년 체결된 Drago-Porter협약은?

① 계약채무의 변제를 강제하기 위한 무력사용을 금지하였다.

② 부전조약이라고도 한다.

③ 무력행사를 전반적으로 금지한 최초의 조약이다.

④ 전쟁 중 상병자를 보호하기 위한 조약이다.

⑤ 전쟁 중 민간인 보호를 위한 조약이다.

> 해설 <Drago-Porter협약> 전쟁이 실정국제법에 의해 금지된 것은 20세기 들어서이다. 베네수엘라 정부의 채무불이행에 따라 영국, 독일 등이 취한 베네수엘라 항구 봉쇄조치 이후 이를 금지하기 위해 1907년 헤이그에서는 「계약채무회수를 위한 무력사용의 제한에 관한 협약」(Convention Respecting the Limitation of the Employment of Force for the Recovery of Contract Debts)이 체결되었다. 드라고-포터(Drago-Porter)협약이라고도 불리는 이 협약은 계약채무의 변제를 위한 무력사용을 금지하였지만, 채무국이 중재재판을 거부하거나 판결의 이행을 거부하는 때에는 무력사용을 허용하였다.

정답 2 ⑤   3 ①

4 국제연맹의 집단안보체제에 대한 설명이다. 잘못된 것은?

① 연맹규약은 원칙적으로 침략전쟁을 금지하였다.

② 분쟁당사국들은 그들의 분쟁을 평화적으로 해결할 의무가 있었다.

③ 국제연맹은 모든 전쟁과 무력행사를 금지하였다.

④ 국제연맹은 연맹규약에 따르지 아니하는 전쟁을 불법화하였다.

⑤ 국제연맹은 만주사변 등 일련의 무력충돌 사태에 제대로 대처하지 못했다.

> 해설 〈국제연맹〉 국제연맹의 가장 중요한 임무는 국제평화와 안전의 유지였다. 따라서 연맹규약은 회원국들이 분쟁을 전쟁에 의해 해결하지 않기로 하는 의무를 수락하는 것이 중요하다고 하였다. 연맹규약은 침략전쟁을 금지하고, 상호간에 국교단절의 우려가 있는 분쟁은 중재나 사법적 해결 또는 국제연맹 이사회에 부탁해야 하며, 그러한 절차를 거치지 아니하고 전쟁을 하는 것은 불법이라고 하였다. 또한 중재판결이나 사법판결, 이사회의 보고가 있은 후 3개월 이내에 전쟁을 일으키는 것 역시 불법이라고 하였다(연맹규약 12조). 중재나 사법판결을 받아들이는 일방 당사자를 상대로 전쟁을 일으키는 것 역시 불법이며(규약 13조), 분쟁당사국을 제외한 모든 당사국들의 전원일치로 이루어진 연맹이사회의 분쟁해결에 관한 권고를 따르는 국가를 상대로 한 전쟁도 금지하였다(규약 15조). 국제연맹은 모든 전쟁을 불법화하지는 못하였고, 분쟁을 평화적 해결절차에 부탁할 것을 요구하는 연맹규약 조건을 따르지 아니한 전쟁을 불법화하는 데 머물렀다.

5 1928년 체결된 「전쟁포기에 관한 일반조약」과 관계가 없는 것은?

① 브리앙-켈로그조약이라고도 한다.

② 보통 부전조약이라고 부르는 조약이다.

③ 무력행사를 전반적으로 금지한 최초의 보편적 조약이다.

④ 조약에 의하여 자위를 위한 무력행사도 금지되었다.

⑤ 조약이행을 위한 제도는 제대로 마련되지 못했다.

> 해설 〈부전조약〉 전쟁 또는 무력행사를 전반적으로 금지한 최초의 조약은 1928년 「전쟁포기에 관한 일반조약」(General Treaty for the Renuncia-

tion of War)이었다. ①② 이 조약은 조약체결을 주도한 프랑스 외무장관 브리앙(Briand)과 미국 국무장관 켈로그(Kellog)의 이름을 따서 「브리앙-켈로그조약」이라고도 하고 「부전조약」이라고도 한다. ③④ 이 조약은 1조에서 국제분쟁 해결을 위한 전쟁을 규탄하고 국가정책의 수단으로 전쟁을 포기한다고 하여 무력행사를 전반적으로 금지하였다. 그러나 자위를 위한 전쟁과 연맹의 결정을 집행하기 위한 전쟁은 금지되지 않았다. ⑤ 이 조약이 국제적인 분쟁해결 수단으로 전쟁을 전면 금지한 것은 의미가 있지만, 이를 실현하기 위한 제도는 미비하였다. 강제관할권을 가진 국제적인 사법기관의 설치는 주권제약을 꺼리는 국가들의 반대로 좌절되었고, 연맹규약을 조약의 집행에 어울리게 개정하려는 시도도 실패하였다. 그 결과 이 조약 역시 국가 간의 무력충돌 방지에 큰 효과를 거두지는 못하였다.

6 유엔헌장의 무력행사금지에 관한 설명이 아닌 것은?

① 국제평화와 안전의 유지는 유엔의 가장 중요한 목적의 하나이다.

② 유엔헌장 2조 4항은 무력행사금지가 유엔의 기본원칙의 하나라고 하였다.

③ 유엔헌장은 거의 모든 형태의 무력행사를 금지하였다.

④ 유엔헌장 아래에서도 무력복구는 계속 허용되고 있다.

⑤ 헌장 7장의 강제조치는 무력행사금지 원칙의 집행을 돕는 도구가 된다.

[해설] <유엔헌장의 무력행사금지> ① 유엔의 가장 중요한 목적은 국제평화와 안전의 유지에 있으므로, 유엔헌장은 전쟁을 포함하여 무력행사를 일반적으로 금지하였다. ② 유엔헌장은 2조 4항에서 모든 회원국들은 다른 국가의 영토보전과 정치적 독립에 반하는 무력행사(use of force)를 하면 안된다고 하였다. ③ 유엔헌장 2조 4항이 전쟁(war)이란 용어를 피하여 무력행사라는 표현을 사용한 데에는 여러 가지 이유가 있다. 우선 20세기 들어 선전포고 없는 전쟁이 유행하면서 '전쟁'의 법적 의미가 모호해졌고, '무력'(force)이란 용어는 '전쟁'보다 사실적이고 포괄적인 의미를 가지므로 선택된 것이다. ④ 이처럼 국제법이 과거의 전쟁금지에서 무력행사 금지로 나아가면서 전통적인 의미의 전쟁은 물론 전쟁에 이르지 아니하는 무력충돌과 무력복구도 금지되게 되었다. ⑤ 유엔은 헌장 제7장에 강제조치를 규정하였다. 유엔의 이러한 조치는 무력행사 금지원칙을 관철하기 위한 도구가 되었다.

7 자위권에 대한 설명이다. 옳지 않은 것은?

① 자위권은 국가의 권리의 하나이다.

② 자위권에는 정당방위와 긴급피난이 모두 포함된다.

③ 자위권은 국제법상 무력행사 금지원칙에 대한 중대한 예외이다.

④ 유엔헌장은 51조에서 개별적·집단적 자위권을 인정하였다.

⑤ 유엔회원국의 자위권 발동에 대한 통제권은 총회가 갖는다.

> 해설 <**자위권**> ① 자위권은 국가의 고유권리로서 일반국제법상의 권리이다. 따라서 유엔헌장 2조 4항이 국가간 분쟁해결 수단으로 무력행사를 금지하면서도 51조에서 자위를 위한 무력행사를 허용한 것은 이러한 국가의 국제법상 권리를 선언한 것이다. ② 자위권에는 정당방위와 긴급피난이 모두 포함되며, 선제적 자위권의 행사를 허용할 것인가 하는 데 대해서는 의견대립이 있다. ④ 유엔헌장 51조는 무력공격이 발생한 경우 안보리가 평화와 안전의 유지를 위한 조치를 취하기 이전까지 회원국들은 개별적·집단적 자위권을 갖는다고 하였다. ⑤ 헌장 51조는 자위권의 행사로 취해진 조치들은 안보리에 즉시 보고 되며 안보리는 언제든지 국제평화와 안전을 유지하고 회복하는 데 필요한 조치를 취할 수 있다고 하였다. 유엔 회원국들의 자위권행사는 안전보장이사회에 의해 통제된다.

8 합법적인 자위권 행사가 되기 위한 조건이 아닌 것은?

① 무력공격이 이미 시작되었거나 임박해 있어야 한다.

② 무력공격에 대한 방어조치가 시급한 경우라야 한다.

③ 안보리의 사전동의를 받아야 한다.

④ 무력에 의한 자위 이외에 현실적인 대안이 없어야 한다.

⑤ 집단적 자위는 원칙적으로 무력공격의 피해자가 원조를 요청한 경우에만 허용된다.

> 해설 <**자위권행사의 조건**> 자위권의 발동을 위해서는 다음의 조건들이 필요하다. 첫째, 한 국가의 영토나 군대에 대한 무력공격이 이미 시작되었거나 임박해 있어야 한다. 둘째, 공격에 대한 방어조치가 시급한 경우라야 한다. 셋째, 자위를 위한 조치 이외에는 현실적 대안이 없어야 한다. 넷째, 자위의 일환으로 취해진 조치는 침해를 중지 내지 예방하는 정도에 머물러야 한다. 다섯째, 집단적 자위의 경우에는 무력공격의 피해자가 원조를 요청한

경우에만 자위권을 발동할 수 있다. ③ 유엔헌장에 따르면 회원국의 자위권 행사는 안보리가 국제평화와 안전의 유지에 필요한 조치를 취하기 이전까지 인정되는 한시적인 것으로 규정되어 있다.

9 미국 대 니카라과의 니카라과 내 군사활동 사건의 쟁점은?

① 무력복구   ② 개별적 자위권

③ 집단적 자위권   ④ 보 복

⑤ 요청에 의한 간섭

> 해설 〈**니카라과 내 군사활동 사건**〉 니카라과는 1984년 미국의 자국에 대한 군사행동을 비난하면서 이는 유엔헌장 2조 4항에 대한 위반이라고 하였다. 반면에 미국은 니카라과가 엘살바도르 내의 반군을 지원해 왔다고 비난하면서 자국의 대 니카라과 조치들은 엘살바도르와의 집단적 자위의 일환으로 이루어졌다고 하였다. ICJ는 집단적 자위권이 행사되려면 무력공격이 이미 시작되었고 피해국가의 명시적인 요청이 있어야 한다고 하면서, 엘살바도르가 니카라과에 의한 무력공격의 희생자였는가 하는 점과 엘살바도르가 집단적 자위권에 따라 미국의 도움을 요청하였는지는 의문이라고 하였다.

10 복구(reprisal)란 무엇인가?

① 다른 국가의 불법적인 행동에 불법적인 방법으로 대응하는 것이다.

② 다른 국가의 도발에 대해 취해지는 비우호적 조치로 국제법이 금지하지 아니하는 것이다.

③ 다른 국가의 영토보전과 정치적 독립에 거슬러 무력을 사용하는 것이다.

④ 다른 국가 내의 인권탄압에 무력으로 간섭하는 것이다.

⑤ 다른 국가의 무력공격으로부터 자신을 지키기 위하여 무력으로 대항하는 것이다.

> 해설 〈**복구**〉 복구(reprisal)란 상대방 국가의 불법적인 행동에 대하여 비슷한 정도의 불법을 행하는 것이다. 과거에는 무력적인 방법에 의한 복구도 인정되었으나, 유엔헌장이 일체의 무력행사를 금지함에 따라 이제는 비무

력적 복구만이 인정되고 있다. 무력복구에는 상대방 국가의 항구의 봉쇄, 포격 등이 있으며, 비무력적 복구에는 상대국 재산의 동결과 상대국 국민의 추방, 선박의 나포 등이 포함된다. ②는 보복(retorsion)이며, ③은 침략의 정의이고, ④는 인도적 간섭, ⑤는 자위권에 대한 설명이다.

11 다음 중 복구(reprisal)가 주요 이슈였던 사건인 것은?

① 미국의 파나마 침공　　　　② 캐롤라인호 사건

③ 니카라과 내의 군사활동 사건　④ 도거뱅크 사건

⑤ 나우릴라 사건

> 해설 **〈나우릴라 중재사건(Naulilaa Arbitration, 1928)〉** 1914년 10월 서남아프리카에 주재하고 있던 일단의 독일인들이 식량공급문제 논의를 위해 포르투갈령 앙골라의 Naulilaa 요새로 접근하고 있었다. 그러나 통역의 무능으로 양측 간에 충돌이 발생하여 독일 관리와 장교가 살해되었다. 그 후 독일령 서남아프리카 당국은 복구를 주장하면서 나우릴라 등 앙골라 내의 요새와 기지들을 파괴하여 수많은 인명과 재산피해를 유발하였다. 1차대전이 끝난 후 포르투갈 정부는 이 사건에 대한 손해배상을 요구하였고, 베르사유조약의 중재조항에 따라 구성된 중재법정은 1928년 이 사건에 대한 판정을 내렸다. 중재법정은 복구를 하려면 국제법에 어긋나는 행위가 필수적인데 그러한 행위가 없었고, 무력복구 이전에 필요한 교섭이 없었으며, 비례성(proportion)에 어긋나는 복구는 허용되지 않는다고 하여 독일의 조치는 지나친 것이었다고 하였다.

12 복구가 합법적인 것이 되기 위해 갖추어야 하는 조건이 아닌 것은?

① 상대방의 국제법 위반행위가 전제되어야 한다.

② 복구 이전에 교섭 등 적절한 수단을 사용해 보아야 한다.

③ 복구 이전에 상대방에게 적절한 경고가 이루어져야 한다.

④ 복구는 국제법에 위반되지 않는 방법으로 이루어져야 한다.

⑤ 상대방의 불법행위에 비추어 과도한 복구는 안 된다.

> 해설 **〈복구〉** 유엔헌장은 자위를 위한 경우를 제외한 거의 모든 무력행사를 금지하였기 때문에 복구제도는 큰 변화를 맞게 되었다. 나우릴라 사건에 대한 중재판정의 내용과 1974년부터 1977년까지 제네바에서 개최된 「인도법에 관한 외교관회의」(Diplomatic Conference on Humanitarian Law)

에서의 프랑스의 제안을 참고할 때 다음과 같은 조건들이 발견된다. 첫째, 복구를 위해서는 상대방의 국제법위반이 전제되어야 한다. 둘째, 복구 이전에 교섭 등 평화적 수단을 사용하여 분쟁해결을 위한 노력을 하여야 한다. 셋째, 복구를 하기 전에 국제법을 위반한 국가에게 적절한 경고가 이루어져야 한다. 넷째, 복구의 범위는 상대방의 불법행위 정도나 그들이 배상받으려 한 위반의 범위를 크게 벗어나서는 안 된다.

13 국내문제불간섭 원칙은 국가의 속성 중 어떠한 것과 가장 밀접한 관련이 있는가?

① 독립권   ② 평등권
③ 자위권   ④ 인도적 간섭권
⑤ 민족의 자결권

> [해설] 〈**국내문제불간섭**〉 전통국제법에 의하면 국가는 주권을 가지고 있고 주권의 대외적 표현인 독립권은 다른 국가나 국제기구의 간섭을 배제하는 것이므로, 모든 국가는 그 국가의 배타적 관할에 속하는 영역을 가진다고 믿어 왔다. 이러한 생각은 국가 간의 관계가 긴밀해지고 상호의존적이 되면서 설득력을 상실하여, 과거처럼 철저한 국내문제불간섭 원칙은 유지될 수 없게 되었다. 그러나 국가주권이 존속하는 한 국가의 독립권도 존속할 것이고, 국내문제불간섭은 국제법 원칙의 하나로 남게 될 것이다.

14 국제법상 국내문제불간섭 원칙에 대한 적절한 설명이 아닌 것은?

① 이 원칙은 국가의 독립권과 밀접한 관계를 가진다.
② 국제연맹 규약은 15조 8항에 이 원칙을 규정하였다.
③ 국제연합 헌장은 2조 7항에서 이 원칙을 천명하였다.
④ 국제연맹과 유엔에서 국내문제 여부의 판단은 이사회와 안보리 소관사항이다.
⑤ 오늘날 국내문제의 축소로 이 원칙의 사문화를 주장하는 사람들도 있다.

> [해설] 〈**국제연맹과 유엔에서의 불간섭원칙**〉 국제연맹 규약과 유엔헌장도 국내문제불간섭에 관한 규정을 두었다. ② 국제연맹 규약은 15조 8항에서 분쟁당사국 일방이 그들 간의 분쟁을 당사국의 국내관할에 속하는 문제라고

주장하고 연맹 이사회가 이를 인정하면, 연맹은 그 분쟁의 해결에 관하여 아무런 권고도 하지 않는다고 하였다. ③ 유엔헌장은 2조 7항에서 헌장의 그 어떠한 부분도 '본질적으로 국가의 국내관할에 속하는 문제들'(matters which are essentially within the domestic jurisdiction of any state)에 간섭할(intervene) 권한을 유엔에 부여하지 않으며 회원국들에게 그러한 문제를 헌장에 따라 해결할 것을 요구하지도 않는다고 하였다. ④ 그러나 구체적으로 어떤 문제가 국내문제인가 하는 것을 판단하는 데 있어서 국제연맹과 유엔은 상이한 입장을 취하였다. 국제연맹에서는 당사국이 어떤 문제를 국내문제라 주장하고 이를 이사회가 시인하면 국내문제로 인정되었다. 그러나 유엔에서는 각 당사국들이 국내문제임을 주장하되 그것을 판단하는 기관을 명시하지 않아 실제로는 유엔의 각 기관이 이를 판단할 수 있게 하였다. ⑤ 주권(독립권)의 약화와 각 분야에서의 국제화로 현재 국내문제의 범위는 크게 축소되었다. 따라서 이 원칙의 소멸을 주장하는 사람도 있지만, 국가주권이 존속되는 한 이 원칙도 존속할 것이다.

15 전통적으로 국내문제에 속하는 사항으로 분류되었으며 현재에도 비교적 온전히 국내문제에 속하는 사항으로 남아 있는 것은?

① 인권문제   ② 관세문제
③ 외국인의 대우   ④ 정부형태 문제
⑤ 식민지 독립문제

[해설] 〈국내문제〉 전통적으로 국내문제에 속하는 것으로 분류되어 온 문제로는 한 국가의 헌법상 문제, 관세, 외국인의 대우와 출입국, 식민지 독립문제 등이 있다. 그러나 그 대부분의 문제들은 이제는 순수한 국내문제가 아닌 데 반하여, 통치구조와 같은 헌법상의 문제들은 비교적 순수한 국내문제로 남아 있다.

16 국내문제불간섭 원칙의 적용범위가 축소된 원인이 아닌 것은?

① 경제의 국제화
② 최혜국대우와 내국인대우의 보편화
③ 국가주권의 강화
④ 인권문제의 국제화
⑤ 국제기구와 지역기구의 활성화

해설 **〈국내문제의 축소〉** 국내문제불간섭은 국제법의 기본원칙의 하나이지만 이 원칙의 적용범위는 여러 이유에서 축소되었다. 첫째, 안보적 동기와 국가간 힘의 불균형이 국가간 간섭의 여지를 넓혀 왔다. 둘째, 경제적 동기로서 경제의 국제화와 GATT 및 WTO를 통한 세계단일시장 구축도 국내문제의 범위를 잠식하는 결과를 가져왔다. 셋째, 혁명과 민족해방을 지원하거나 반대하는 이념적 동기도 지적할 수 있다. 넷째, 폭정에 맞서 인권을 옹호하려는 인도적 동기도 과거의 불간섭의 굴레를 타파하는 중요한 계기가 되었다. 오늘날 한 국가 내 국민들의 기본권 보장문제는 단순한 국내문제의 차원을 넘어 국제문제가 되었다는 것이 통설이다. 다섯째, 유엔과 같은 보편적인 국제기구와 유럽연합, ASEAN, NAFTA와 같은 지역기구들의 발달도 국내문제불간섭 원칙의 적용범위를 축소시켰다.

17 요청에 의한 간섭(intervention by invitation)에 관한 설명들이다. 잘못된 것은?

① 요청에 의한 간섭은 인정되는 경우 국내문제불간섭 원칙에 대한 예외가 된다.

② 당사국 정부의 요청에 따른 외국의 원조는 불법적인 간섭이 아니다.

③ 이러한 간섭은 내전 중에 있는 국가의 중앙정부가 요청하는 경우가 많다.

④ 요청에 의한 간섭은 당해 국가 국민들의 자결권 행사에 큰 도움이 된다.

⑤ 1989년 미국의 파나마 개입도 이 방식을 이용하였다.

해설 **〈요청에 의한 간섭〉** 한 국가에 의한 다른 국가 내정에 대한 간섭이 그 국가의 요청으로 이루어지는 것을 '요청에 의한 간섭'(intervention by invitation)이라고 한다. 내전 중인 국가에서 한쪽 편을 들어 개입하는 것은 그 인민들의 자결권을 방해하는 것이지만, 합법정부가 외부로부터 군사원조를 받거나 외부국가들이 자발적으로 원조를 제공하는 것은 원칙적으로 불법적인 간섭이 아니다. 합법정부에 대한 지원도 그것이 그 국가의 정치적 독립을 제한하는 결과를 가져온다면 그것은 국내문제불간섭 원칙 위반이지만, 합법정부가 자국 내의 쿠데타 기도를 억제하기 위하여 또는 법과 질서를 회복하기 위하여 외국군대를 불러들이는 것은 합법적인 것이다.

18 인도적 간섭이란?

① 국내문제불간섭 원칙을 천명하는 것이다.

② 요청에 의한 간섭이다.

③ 인권탄압국에 대한 무력간섭이다.

④ 전쟁 중 상병자 보호에 관한 주장이다.

⑤ 인도법상의 제도이다.

> [해설] <**인도적 간섭**> 유엔헌장 2조 4항의 국내문제불간섭 원칙에 대한 예외로 인도적 간섭(humanitarian intervention)의 이론이 있다. 대규모 가혹행위와 극심한 인권유린이 있는 때에는 2조 4항에 대한 예외로서 간섭이 인정되어야 한다는 이 이론은 집단살해나 고문이 자행되는 경우 강력한 호소력을 갖는다. 그러나 각국 정부들은 이러한 주장을 수용하는 데 소극적이며, 국제법학자들 역시 대부분 부정적이다.

제 2 절 \ 집단안전보장

19 집단안전보장 제도에 대한 설명으로 틀린 것은?

① 과거의 세력균형정책 대신에 국제평화 유지수단으로 등장한 것이다.

② 가맹국 간의 불가침과 의무위반국에 대한 공동제재를 내용으로 한다.

③ 국제연맹이 처음 시도하였으나 미흡하였다.

④ 유엔에서의 집단안전보장은 총회가 주된 책임을 맡는다.

⑤ 유엔헌장 7장의 강제조치는 집단안보체제를 지탱하는 수단이다.

> [해설] <**집단안전보장**> ①② 집단안전보장(collective security)이란 가맹국 간에는 상호불가침을 약속하고, 이러한 의무에 위반하는 국가에 대해서는 다른

국가들이 힘을 합하여 공동으로 대처하는 제도이다. ③ 집단안전보장은 국제
연맹이 처음 시도했다. 연맹규약은 규약에 반하는 전쟁은 다른 모든 국가
에 대한 전쟁이라고 하면서, 회원국은 연맹이 결정하는 경제제재에 의무적
으로 참여하도록 했지만 군사적 제재에 대해서는 구체적인 규정이 없었다.
결국 국제연맹은 전쟁을 불법화하지 못하고 분쟁의 평화적 해결을 위한 냉
각기를 두는 데 머물렀으며, 규약위반에 대한 집단조치도 미흡하여 분쟁에
제대로 대처하지 못했다. ④⑤ 국제연합은 이러한 국제연맹의 약점들을 보
완하여 매우 강력한 집단안전보장 제도를 수립하였다. 유엔의 이러한 제도는
헌장 7장의 강제조치로 뒷받침되어 매우 효율적으로 운용될 수 있었다. 그
러나 국제평화와 안전의 유지 및 집단안전보장제도 운용에 주된 책임을 맡
고 있는 안전보장이사회가 마비되어 실제로는 많은 문제점들이 노출되었다.

20 유엔에서 국제평화와 안전유지의 주된 책임을 맡고 있는 주요 기관은?

① 군사참모위원회   ② 안전보장이사회

③ 총 회   ④ 경제사회이사회

⑤ 사무국

> 해설 <**안보리의 역할과 책임**> 유엔에서의 국제평화와 안전의 유지 및 집단
> 안전보장 기능은 총회와 안전보장이사회에 맡겨져 있다. 그런데 헌장은 24
> 조에서 유엔에 의한 신속하고 효율적인 행동을 위해 안보리에 국제평화와
> 안전의 유지에 관한 주된 책임(primary responsibility)을 부여한다고 하였
> 다. 헌장은 총회는 국제평화와 안전의 유지에 관한 모든 문제를 토의·권고
> 할 수 있다고 하면서도 행동(action)을 요하는 문제에 대해서는 토의의 전후
> 에 안보리에 회부하여야 한다고 하였고(헌장 11조 2항), 안보리가 헌장에
> 따라 자신에게 부탁된 분쟁이나 사태를 다루고 있을 때에는 총회는 그 분
> 쟁이나 사태에 대해 아무런 권고도 하면 안 된다고 하였다(헌장 12조 1항).

21 유엔이 평화의 파괴, 평화의 위협, 침략행위로 인정하였던 사례들이다.
다음 중 침략행위로 인정된 것은?

① 걸프전시 이라크의 쿠웨이트 침공

② 남아프리카의 인종차별

③ 포클랜드 분쟁

④ 이란과 이라크 간의 분쟁

⑤ 한국전쟁시 중국의 개입

[해설] **〈평화의 위협, 평화의 파괴, 침략행위〉** 평화의 위협(threat of the peace), 평화의 파괴(breach of the peace), 침략행위(act of aggression)가 발생하면 안보리는 우선 그러한 사실의 존재를 확인하고 필요한 조치들을 권고·결정하게 된다(헌장 39조). 평화의 위협은 국가 간의 무력분쟁에 국한되지 아니하고 인권과 자결권이 침해된 경우까지 확대되어, 유엔에서는 로디지아의 일방적인 독립선언과 남아프리카의 인종차별이 평화에 대한 위협이 된다고 하였다. 평화의 파괴가 인정된 사례로는 1950년 한국전쟁시 북한의 공격, 1980년 포클랜드 분쟁, 1987년 이란과 이라크 전쟁, 1990년 이라크의 쿠웨이트 침공이 있다. 안보리는 침략행위를 인정하는 데에는 매우 신중하였는데, 한국전쟁시 총회가 중국의 행위를 침략에 해당하는 것으로 인정한 것이 거의 유일한 예이다.

22 유엔헌장 40조의 잠정조치에 대한 올바른 설명이 아닌 것은?

① 사태의 악화를 방지하기 위해 당사국들에게 요청하는 것이다.

② 잠정조치의 내용은 총회가 결정한다.

③ 잠정조치는 당사국들의 권리와 주장에 영향을 미치지 않는다.

④ 잠정조치에는 정전이나 병력철수 요구가 자주 포함된다.

⑤ 잠정조치의 이행 여부는 추후 적절히 고려한다.

[해설] **〈잠정조치〉** 평화의 위협, 평화의 파괴, 침략행위가 발생하면 안보리는 필요한 조치들을 결정하기 이전에 사태의 악화를 방지하는 데 필요한 잠정조치(provisional measures)를 취할 수 있으며, 이러한 조치는 당사국들의 권리와 주장에 아무런 영향을 미치지 않는다(헌장 40조). 유엔이 자주 사용하는 잠정조치로는 정전요청과 병력철수, 휴전협정체결 요청이 있다.

23 유엔헌장 41조가 규정하는 비무력적 제재에 속하는 조치가 아닌 것은?

① 해군에 의한 봉쇄   ② 경제관계 단절

③ 외교관계 단절   ④ 항공·교통수단 단절

⑤ 통신수단 단절

[해설] **〈비무력적 제재〉** 안보리는 평화의 위협과 파괴, 침략행위로 인한 분쟁과 사태의 해결을 위하여 우선은 무력 사용을 포함하지 않는 조치들을 결

정하여 회원국들에게 준수를 요청한다. 이러한 비무력적 제재에는 경제관계와 철도, 해상, 항공, 우편, 전신, 무선 및 기타 통신수단의 전반적 또는 부분적 폐쇄 및 외교관계 단절이 포함된다(헌장 41조). 유엔의 비무력적 제재가 효과를 거둔 대표적인 사례는 로디지아(Rhodesia)에서 이었다. 스미스(Ian Smith) 소수 백인정권은 유엔의 단계적인 경제적·외교적 제재로 붕괴되고 1980년 짐바브웨(Zimbabwe)가 탄생하였다. 1990년 걸프사태 때에도 유엔 안보리는 무력적 제재에 앞서 경제적 제재조치를 취했었다. ① 육·해·공군에 의한 무력시위와 봉쇄는 무력적 제재에 속한다.

24 유엔헌장 42조의 무력적 제재에 대한 설명이 아닌 것은?

① 비군사적 조치가 불충분하다고 판단되는 경우 사용된다.

② 안보리의 결정으로 육군·해군·공군에 의한 행동을 취할 수 있다.

③ 군대에 의한 무력시위와 봉쇄, 그 외의 작전들이 포함된다.

④ 회원국의 병력제공은 43조의 특별협정에 의해 이루어지도록 되어 있다.

⑤ 한국전쟁과 걸프전 때 안보리 보조기관인 군사참모위원회가 지휘책임을 맡았다.

> 해설 <무력적 제재> 유엔헌장 42조는, 비무력적 조치들이 부적절하다고 판단되면, 안보리는 국제평화와 안전을 유지·회복하는 데 필요한 육·해·공군에 의한 행동을 취할 수 있다고 하였다. 그러한 행동에는 유엔 회원국의 육·해·공군에 의한 무력시위와 봉쇄 그리고 그 외의 작전이 포함된다. 유엔은 자체의 군대가 없으므로 사후에 각 회원국에게 군대파견을 요청할 수 있지만, 헌장은 특별협정을 체결하여 유엔군을 구성하게 하였다. 헌장 43조는 모든 유엔회원국은 안보리의 요청이나 특별협정(special agreement)에 따라 안보리에 군대와 시설을 제공하게 하였다. 유엔이 취한 대표적인 군사적 조치로는 1950년 한국전쟁과 1990년 걸프사태 당시 조치들을 들 수 있다. ⑤ 군사참모위원회는 아직까지 조직된 적이 없다.

25 과거 유엔 안전보장이사회의 국제평화와 안전의 유지를 위한 활동에 실제로 장애가 되었던 요소가 아닌 것은?

① 냉전체제의 존속

정답   23 ①   24 ⑤

② 상임이사국들의 거부권 남용

③ 유엔군 구성을 위한 특별협정의 미체결

④ 평화를 위한 단결 결의

⑤ 군사참모위원회의 미구성

해설 〈안보리의 문제점〉 유엔헌장은 국제평화와 안전의 유지를 위해 매우 강력한 권한을 안보리에 부여하였지만, 안보리는 강제조치를 결정하고 집행하는 부분에 있어서 많은 약점을 안고 있었다. 첫째, 유엔은 국제평화와 안전의 유지에 관한 주된 책임을 안보리에 맡기면서 강대국들의 책임과 역할을 인정하여 상임이사국들에게 거부권을 부여하였다. 그러나 동서냉전으로 거부권이 남용되어 유엔의 효율성이 크게 떨어졌다. 둘째, 무력적 제재를 수행하기 위한 유엔군 조직도 지지부진하였다. 안보리와 회원국 간의 특별협정은 체결되지 않았고, 한국전쟁 때처럼 안보리의 요청이 있을 때 회원국들이 그에 응하여 군대를 파견하는 방법이 사용되었다. 셋째, 안보리의 군사적 제재시 군대의 사용과 지휘에 있어 안보리를 돕게 될 군사참모위원회(Military Staff Committee)가 구성되지 못하였다. 유엔은 국제평화와 안전의 유지를 위해 매우 강력한 제도를 도입하였으나 이를 실제로 활용하는 데 많은 문제가 있었다. ④「평화를 위한 단결」결의는 총회가 안보리의 평화유지 기능을 일부 대체하기 위하여 이루어진 것으로, 안보리의 평화유지 활동을 저해하는 것이라기보다는 그 결과에 해당된다.

26 마비된 유엔의 평화유지기능 회복을 위해 고안되었거나 사용될 수 있는 방법이 아닌 것은?

① 유엔 소총회 소집　　　　② 평화를 위한 단결 결의

③ 안전보장이사회의 권한 박탈　④ 평화유지활동

⑤ 지역적 협정의 이용

해설 〈유엔 평화유지기능의 보완〉 거부권의 남용 등으로 안보리 기능이 마비되면서 이를 보완하기 위한 방안들이 고안되었다. 그 첫째 방법은 총회의 평화유지 기능을 보완하는 것인데, 실제로 소총회를 설치하고「평화를 위한 단결」이란 결의를 채택하여 그러한 시도를 하였다. 두 번째 방법은 헌장 52조에서 54조까지의 지역적 협정(Regional Arrangements)을 이용하는 방법이다. 세 번째 방법은 헌장에는 규정되어 있지 않지만 평화유지 활동(PKO)을 통하여 평화의 정착을 유도하는 것이다.

정답 25 ④　26 ③

27 유엔총회는 1947년 결의에서 원래 1년에 한 번 개최되는 총회 중간에 회원국 대표 1명씩 참가하는 회의를 소집하기로 하였다. 이 회의를 무엇이라고 하는가?

① 정기회의   ② 임시회의

③ 평화를 위한 단결   ④ 소총회

⑤ 특별회의

> 해설 <**유엔 소총회**> 유엔헌장에 따르면 국제평화와 안전의 유지에 관한 주된 책임은 안전보장이사회에 있으며, 총회는 보조적인 역할만 담당하게 되어있다. 그러나 거부권 남용으로 인한 안보리의 마비로 대신 총회의 권한을 강화하는 방법을 모색하게 되었다. 총회는 자신의 권한을 강화하기 위해 1947년 결의를 통해 중간위원회(Interim Committee) 또는 소총회를 소집하기로 하였다. 유엔총회는 원래 1년에 한 번 개최되지만, 정기총회 중간에 회원국 대표가 1명씩 참석하는 소총회를 소집하여 운영하는 것이었다. 그러나 이 소총회는 1952년 이후 무기한 휴회에 들어갔다.

28 「평화를 위한 단결」 결의에 대한 적절한 설명이 아닌 것은?

① 거부권 남용으로 마비된 유엔의 평화유지기능 회복을 위해 마련된 것이다.

② 1950년 11월 안전보장이사회에서 채택된 결의이다.

③ 평화의 파괴나 침략행위가 있을 때 총회가 회원국들에게 적절한 조치를 권고할 수 있게 하였다.

④ 총회는 병력사용을 포함하는 집단적 조치도 권고할 수 있다.

⑤ 1962년 ICJ는 이 결의의 합법성을 시인하였다.

> 해설 <**평화를 위한 단결(Uniting for Peace)**> ①② 안전보장이사회의 마비로 좌초된 유엔의 평화유지기능 회복을 위해 총회는 1950년 11월 「평화를 위한 단결」(Uniting for Peace)이란 결의를 채택하였다. ③ 이 결의는 평화에 대한 위협, 평화의 파괴, 침략행위가 있었음에도 불구하고 안보리가 국제평화와 안전의 유지에 관한 주된 책임을 이행할 수 없는 경우, 총회가 이 문제를 검토하여 적절한 조치를 회원국들에게 권고할 수 있게 하였다. ④ 이러한 조치에는 무력적 조치도 포함되어 유엔헌장에 비추어 그 합법성 여

부에 논란이 있었다. ⑤ 그러나 1962년 「유엔의 일정한 경비사건」(Certain Expenses of the United Nations)에 대한 권고의견에서, ICJ는 국제평화와 안전의 유지에 관한 안보리의 책임은 주된 책임일 뿐 배타적인 것은 아니므로 총회도 일정한 권한을 가지고 있다고 하였다.

29 유엔에 의한 평화유지활동에 대한 설명이다. 잘못된 것은?

① 유엔의 평화유지 기능을 보완하기 위한 제도이다.

② 헌장 7장의 규정에 따라 이루어진다.

③ 평화유지군은 총회 또는 안보리에 의해 조직된다.

④ 1956년 수에즈운하 분쟁 때 파견된 유엔긴급군(UNEF)이 최초의 사례이다.

⑤ 오늘날 유엔평화유지활동의 범위는 과거에 비해 크게 확대되었다.

[해설] 〈**평화유지활동(Peace-keeping Operation)**〉 ① 유엔이 국제평화와 안전의 유지를 위해 고안한 또 하나의 방법으로 평화유지활동(Peace-keeping Operation)이 있다. 평화유지활동은 종국적인 분쟁해결이 모색되는 동안 분쟁의 악화를 막기 위해 교전당사자 간에 완충지대(buffer zone)를 형성하여 분쟁의 평화적 해결을 돕기 위한 목적에서 나온 것이다. ② 유엔헌장에는 평화유지활동에 관한 규정이 없다. 따라서 평화유지활동은 헌장 규정에 따라 이루어지는 것이 아니라, 국제기구의 묵시적 권한의 일부로 행사되는 것이다. ③ 평화유지활동은 총회 또는 안전보장이사회에 의해 조직되며 사무총장이 이를 지휘한다. ④ 1956년 수에즈운하 분쟁 때 파견된 유엔긴급군(UNEF)이 최초의 평화유지군이며, 최근 들어 그 사례가 급격히 증가하고 있다. ⑤ 최근 들어 평화유지활동의 성격도 많이 변했다. 1988년 이전에는 대부분이 휴전협정 이행 감시와 교전행위 재발 억제를 위해 파견되었으나, 최근의 활동들 중에는 전통적인 군사활동은 물론 민간활동도 포함되었다. 예를 들어 캄보디아에 파견된 유엔과도정부(UNTAC)는 행정을 통제·감독하고, 선거를 조직하며, 난민들의 귀향을 돕는 등 국가를 재건하는 임무를 수행하였다.

30 유엔 평화유지군에 대한 적절한 설명이 아닌 것은?

① 유엔헌장에는 평화유지군에 대한 규정이 없다.

② 총회나 안보리가 조직한다.

③ 평화유지군은 대부분 전투를 목적으로 파견된다.

④ 평화유지군 소속 군인들은 보통 자위를 위해 필요한 경우에만 총기를 사용할 수 있다.

⑤ 평화유지활동에 따른 경비는 유엔 재정적자의 주요 원인 중의 하나였다.

해설 〈평화유지군〉 ① 평화유지군에 대해서는 유엔헌장에 아무런 규정이 없다. ② 평화유지활동은 총회 또는 안전보장이사회에 의해 조직된다. ③ 평화유지군은 비무장 군인들로 구성된 관측부대로 구성되기도 하고, 평화유지군(Peace-keeping Forces)으로 구성되기도 하지만, 주로 전투 목적이 아닌 휴전협정 감시 등을 위해 파견된다. ④ 평화유지군 소속 군인들은 대개 가벼운 무기를 소지하며, 자위를 위한 경우 외에는 이를 사용할 수 없다. ⑤ 평화유지군은 회원국들이 파견하는 부대로 구성하되 그 경비는 유엔이 부담하는데, 평화유지활동에 따른 막대한 경비는 유엔 재정적자의 가장 큰 요인이었다.

제 3 절 \ 무력충돌

31 무력충돌법에 대한 다음의 설명 중 잘못된 것은?

① 군사적 필요에 인도주의를 조화시키는 것이 무력충돌법의 목적이다.

② 무력행사 금지에도 불구하고 무력충돌법의 필요성은 계속 인정된다.

③ 그로티우스는 『전쟁과 평화의 법』에서 무력충돌법을 체계화하였다.

④ 1899년과 1907년의 헤이그 평화회의는 오늘날 무력충돌법의 기초를 다졌다.

정답 30 ③

⑤ 부전조약이 무력행사를 전반적으로 금지한 이후 무력충돌법은 필요가 없어졌다.

> [해설] **<무력충돌법의 역사>** ① 무력충돌법은 군사적 필요의 원칙(principle of military necessity)과 인도의 원칙(principle of humanity) 간의 균형 속에 존재한다. 그러나 금세기 들어 무력행사가 금지되면서 인도적 요소가 보다 중요해졌다. ②⑤ 무력충돌법의 필요성에 대해서는 견해가 대립된다. 무력행사가 전반적으로 금지되었으므로 무력충돌법은 더 이상 필요치 않다는 견해도 있지만, 실제로 무력충돌이 계속 발생하는 상황에서는 인도주의에 기초한 무력충돌법이 있어야 그 비참함을 조금이라도 줄일 수 있을 것이다. ③ 중세 기독교와 기사도 정신에서 유래하는 무력충돌법은 다른 국제법 분야와 마찬가지로 관습법에서 시작되어 17세기 초 그로티우스(Grotius)에 의해 『전쟁과 평화의 법』(*De Jure Belli ac Pacis*)에서 체계화되었다. ④ 1899년 제1회, 1907년 제2회 헤이그 평화회의는 오늘날의 무력충돌법의 기초를 다진 회의로 평가된다. 제1회 헤이그회의에서는 헤이그 육전법규라 불리는 「육전법규와 관습에 관한 헤이그협약」이 체결되었고, 제2회 회의에서는 육전법규를 수정한 조약과 해전에 관한 6개 협약이 체결되었다. 그 후 1929년 제네바에서는 상병자와 포로들의 대우 개선을 위해 몇 개의 조약이 체결되었으며, 1949년에는 상병자와 포로의 대우에 관한 3개의 협약과 민간인 보호에 관한 협약이 체결되었다. 이어서 1977년에는 1949년 제네바협약에 대한 2개의 추가의정서가 제정되어 무력충돌법과 인도법은 국제적 무력충돌은 물론 비국제적 무력충돌에도 적용되게 되었다.

32 전쟁개시의 효과가 아닌 것은?

① 양국 간에 전시법이 적용된다.

② 외교관계가 단절된다.

③ 당사국 간의 모든 조약은 효력이 종료된다.

④ 전쟁당사국은 자국 내의 적국인들에게 일정한 기간 내에 퇴거할 것을 요구할 수 있으며 일정한 곳에 억류할 수도 있다.

⑤ 적국인의 사유재산은 대부분 보호된다.

> [해설] **<전쟁개시의 효과>** ① 전쟁이 시작되면 교전국 간의 평시관계는 전시관계로 전환되어 양국 간에는 전시법이 적용된다. ② 전쟁이 시작되면 대개 교전국 간의 외교관계는 단절된다. ③ 전쟁이 시작되면 당사국 간의 조약 중에서 정치적·군사적인 목적의 조약들은 종료되지만, 그 외 조약들은 효력발생

을 중지하거나 계속 효력을 유지한다. ④ 교전국 내의 적국인들은 일정기간 내에 퇴거할 수 있지만, 상대방의 전력에 보탬이 되는 사람들은 전쟁기간 중 억류가 가능하다. ⑤ 과거에는 적국인의 재산은 몰수되거나 전쟁에 제공될 수 있었지만, 이제는 전쟁이 개시되어도 사유재산은 그대로 보존된다.

33 휴전에 대한 다음의 설명 중 잘못된 것은?

① 휴전이란 교전국 간의 합의에 의해 전투가 일시적으로 중지되는 것이다.

② 휴전이란 본래 전쟁의 종료를 의미하지는 않는다.

③ 휴전기간 중에는 평시법이 적용된다.

④ 휴전에는 전반적 휴전, 부분적 휴전, 정전이 있다.

⑤ 오늘날 전반적 휴전은 사실상 전쟁의 종료를 의미하는 경우가 많다.

> 해설 <**휴전**> ① 휴전(armistice)이란 전투행위가 교전국 간의 합의에 의해 일시적으로 중지되는 것으로, 휴전기간이 끝나게 되면 적대행위는 다시 시작된다. ②③ 전통국제법에 있어서 휴전은 적대행위의 일시적 중지이며 결코 전쟁의 종료를 의미하지는 않는다. 따라서 휴전기간 중에도 당사국 간에는 전시관계가 지속되며 전시법이 계속 적용된다. ④ 휴전은 지역적 범위에 따라 두 가지로 나누어진다. 전반적 휴전 또는 일반적 휴전(general armistice)은 교전지역 전체에서 전투행위를 중지하는 것이고, 부분적 휴전(partial or local armistice)이란 일부지역에서의 전투행위를 중지하는 것이다. 반면에 정전(suspensions of arms)이란 상병자 처리나 휴전·종전의 교섭과 같은 특수한 목적을 위해 군대 지휘관 간의 합의로 단기간 동안 전투를 중지하는 것이다. ⑤ 근래 들어 일반적 휴전은 사실상의 전쟁의 종료로 이어지는 경우가 많았다. 스톤(Stone)은 이러한 경향을 감안하여 일반적 휴전이 성립되는 경우에는 전쟁의 종료에 해당하는 법적 효과를 발생할 수 있게 해야 한다고 하였다.

34 무력충돌의 종료방법이 아닌 것은?

① 휴 전   ② 강화조약 체결

③ 전쟁종결선언   ④ 정 복

⑤ 전쟁의사포기

정답 **32** ③   **33** ③

해설 <무력충돌의 종결> ② 전통국제법에 의하면 전쟁은 전쟁의 결과를 정리하는 조약인 평화조약(peace treaty) 또는 강화조약에 의해 종결된다. 평화조약은 무력충돌의 결과 발생한 문제들을 자세히 다루게 되는데, 그 중에서도 영토문제와 전쟁포로 석방 등이 중요한 문제들이었다. ③④⑤ 그 외에 전쟁상태는 전승국의 전쟁종결선언, 정복완료, 교전상태의 종료에 이은 전쟁의사 포기에 의해서도 종료된다.

35 무력충돌법의 원칙 내지 원리가 아닌 것은?

① 군사적 필요의 원칙   ② 인도주의 원칙

③ 해적수단의 제한   ④ 전시점령의 금지

⑤ 군사목표주의

해설 <무력충돌법의 원칙> ①② 일단 전쟁이 터지면 교전국은 모든 수단과 방법을 사용하여 승리를 쟁취하려 한다(군사적 필요의 원칙). 그러나 인도주의와 기사도 정신은 무력충돌시에도 어느 정도 공정성과 상호존중을 확보하게 하였으며, 그 결과 포로와 상병자들도 인도적 대우를 받게 되었다. ③ 무력충돌법은 무력행사는 허용하되 전투방법을 규제하여 상대방에게 불필요한 고통을 주는 것을 막으려 하였다. 1907년 헤이그에서 채택된 육전법규는 교전국들의 전투방법은 결코 무제한한 것이 아니라고 하면서 불필요한 고통을 주게 될 무기의 사용을 금지하였다. ⑤ 군사목표주의란 민간인과 비군사시설을 전쟁의 피해로부터 보호하기 위한 것이다. 방비지역과 무방비지역을 구분하여 상대방의 점령시도에 저항하는 지역이나 방비지역에 대해서는 무차별 공격이 가능하지만, 무방비지역에 대해서는 군사목표에 대한 공격만이 허용된다.

36 1856년의 파리선언은?

① 적성감염주의를 표현한 것이다.

② 콘솔라토 델 마레(Consolato del Mare) 주의를 표명한 것이다.

③ 기국주의를 표명한 것이다.

④ 콘솔라토 델 마레 주의와 기국주의를 혼합한 중립국에 유리한 기준이다.

⑤ 무력행사포기 선언이다.

해설 <해상포획> 해상포획에 관한 제도는 역사적으로 여러 가지 단계를 거

처 왔다. ① 적성감염주의란 선박이든 화물이든 적국의 것이 있으면 선박과 화물을 함께 몰수한다는 입장이다. ② Consolato del Mare 주의란 선박과 화물을 분리하여 적성이 있는 것만 몰수한다는 입장이다. ③ 기국주의란 선박의 국적을 중심으로 몰수 여부를 판단하는 것이다. ④ 1856년 파리선 언은 적선 내의 화물에 대해서는 Consolato del Mare 주의를 따르되 중립 국 선박의 화물에는 기국주의를 채택하여 중립국에게 유리하게 하였다.

37 무력충돌법상 상병자 보호에 관한 적절한 설명이 아닌 것은?

① 국제인도법의 연구대상이다.

② 국제적십자위원회가 중요한 역할을 맡고 있다.

③ 상병자들은 국적·성별·인종·종교에 관계없이 인도적 대우를 받는다.

④ 의료요원들도 포로가 된다.

⑤ 의료요원들과 기자재에는 적십자와 같은 특수표시를 해야 한다.

> 해설 〈상병자 보호〉 ① 국제인도법이란 무력투쟁에 따른 희생자 보호에 관한 법분야로, 전시 상병자와 포로·민간인의 보호를 위해 노력한다. ② 스위스 사람 앙리 뒤낭(Henry Dunant)의 노력으로 창설된 국제적십자위원회는 전쟁 중의 상병자 보호를 위한 노력을 경주하였다. ③ 상병자 보호에 관한 조약들은 상병자는 국적이나 인종, 종교에 관계없이 인도적 대우를 받는다고 하였다. ④ 상병자 보호에 관한 조약들은 의료요원들은 포로가 되지 않는다고 하였다. ⑤ 의료기관과 의료요원 및 기자재에는 적십자 등 특수표시를 해야 한다.

38 무력충돌법상 포로의 대우에 관한 설명들이다. 내용이 잘못된 것은?

① 옛날에는 포로들은 인도적 대우를 받지 못했었다.

② 1949년 제네바에서 체결된 전쟁포로의 대우에 관한 협약이 중요한 조약이다.

③ 과거에 비해 포로의 대우를 받을 수 있는 인적 범위가 확대되었다.

④ 포로들은 인도적 대우를 받으며 평등대우를 받을 권리가 있다.

⑤ 내란의 경우에는 포로에 관한 규정들이 적용되지 않는다.

해설 〈포로의 대우〉 ① 과거 포로들은 노예가 되기도 하고 가혹행위나 복구의 대상이 되는 등 비인도적인 학대를 받았었다. 1907년 육전법규 이래 포로들을 보호하기 위한 조약들이 체결되었다. ② 현재 포로의 보호에 관한 가장 중요한 문서는 1949년 제네바에서 체결된 「전쟁포로의 대우에 관한 협약」(Convention relative to the Treatment of Prisoners of War)이다. ③ 협약은 정규군은 물론 정규군이 아닌 민병대, 의용군, 레지스탕스 구성원, 군민병을 포로의 대우를 받을 수 있는 범주에 포함시켰다. 이어서 1977년 제네바추가의정서는 그 범위를 게릴라와 민족해방운동단체 구성원까지 확대하였다. 그러나 용병에게는 포로의 자격이 인정되지 않는다. ④ 포로들은 인도적 대우를 받는다. 포로들은 고문의 대상이 되지 아니하며, 위험하거나 전쟁에 직접적으로 관련된 작업을 시켜서는 안 된다. 인종·국적·종교 등에 의한 차별도 금지된다. ⑤ 1977년 채택된 추가의정서는 포로대우에 관한 규정들을 전쟁뿐 아니라 내전과 내란을 포함하는 거의 모든 무력투쟁에 확대 적용하도록 하였다.

39 전시 민간인 보호에 관한 올바른 설명이 아닌 것은?

① 1949년 제네바에서 체결된 「전시 민간인보호 협약」이 중요하다.

② 교전국은 자국 내의 적국인에게 일정한 기간 내에 퇴거하도록 요구할 수 있다.

③ 적국의 전력증강에 보탬이 되는 적국인은 억류할 수 있다.

④ 적국의 국가재산은 물론 적국인의 사유재산도 몰수할 수 있다.

⑤ 구 유고연방 내의 민족분규는 전시 민간인보호의 필요성을 부각시켰다.

해설 〈민간인보호〉 ① 전시 민간인보호에 관해서는 이전에도 여러 조약들이 규정하였으나, 1949년 제네바에서 체결된 「전시 민간인보호 협약」(Convention relative to the Protection of Civilian Persons in Time of War)이 중요하다. ②③ 민간인은 전시에도 상대국의 적대행위 대상이 되지 않는다. 교전국의 영토 내에 있는 적국인은 본국으로 퇴거할 수 있으며 이들을 추방하거나 부역에 동원해서는 안 된다. 그러나 적국의 전력에 보탬이 되는 사람들은 전쟁기간 중 억류할 수 있다. ④ 과거에는 전쟁이 발발하면 교전국은 자국 내의 적국 소유 재산은 물론 적국인 소유의 사유재산도 몰수할 수 있었다. 그러나 이제는 적국의 국가재산은 몰수가 가능하지만 사유재산의 몰수는 금지되었다.

정답 38 ⑤ 39 ④

실전문제

1 다음 중 무력행사금지의 원칙과 가장 관련이 깊은 것은?

① 전쟁법(*jus in bello*)   ② 중립법

③ 개전권에 관한 법   ④ 군사목표주의

⑤ 진정한 관련의 원칙

> 해설   무력충돌법은 크게 두 분야로 나누어진다. 하나는 무력충돌에 이르는
> 데 관한 법인 開戰權(*jus ad bellum*)에 관한 법이고, 다른 하나는 무력충돌
> 자체를 규율하는 戰爭法(*jus in bello*)이다. 개전권 문제는 어떤 무력충돌이
> 합법적인가 불법적인가 하는 문제를 다루는 데 비하여, 무력충돌법에서는
> 害敵 수단의 합법성 문제를 주로 다룬다.

2 다음 중 오스트리아 출신의 근대 법학자로서 전쟁을 평화관계가 종료
된 국가간 무력충돌상태라고 정의한 사람은?

① 클라우제비츠   ② 베어드로스

③ 아우구스티누스   ④ 토마스 아퀴나스

⑤ 아리스토텔레스

> 해설   오스트리아의 베어드로스(Alfred Verdross ; 1890~1980)는 전쟁을 정
> 의하여 "평화관계가 종료된 국가간 무력충돌상태"라고 하였다. 그의 전쟁
> 에 대한 전통적 정의는 전쟁이 국가 간의 분쟁이고, 전쟁의 시작으로 양국
> 간의 평화관계가 단절되는 점을 분명히 하는 것이다.

3 근대 국제법의 아버지로 정당한 전쟁에 관한 이론을 주장한 사람은?

① Vattel   ② Aquinas

③ Grotius   ④ Pufendorf

정답   1 ③   2 ②

⑤ Augustine

> 해설 국제법의 시조 그로티우스(Grotius)는 해양의 자유를 주장하였으며 정전론을 펴기도 하였다. 그는 자위를 위한 전쟁과 침해된 자신의 권리를 구제받기 위한 전쟁, 상대방의 위법행위를 제재하기 위한 전쟁은 정당한 전쟁으로 허용된다고 하였다.

4 1907년 채권국이 채무국의 채무이행을 강제하기 위한 목적에서 무력을 사용하는 것을 금지하기 위해 체결된 조약은?

① Drago-Porter협약　　　　② Briand-Kellog조약
③ 국제연맹 규약　　　　　④ 부전조약
⑤ Genocide 방지 및 처벌에 관한 협약

> 해설 1907년 드라고-포터(Drago-Porter)협약의 원래 명칭은 「계약채무 회수를 위한 무력행사 제한에 관한 협약」이다.

5 무력행사 내지 전쟁의 모라토리움(moratorium)을 규정한 것으로 평가되는 것은?　　　　　　　　　　　　　　　　　　　　　　　　<사시 '84>

① 부전조약　　　　　　② 유엔헌장
③ 국제연맹 규약　　　　④ Knox조약
⑤ 한·미상호방위조약

> 해설 국제연맹은 국제평화와 안전의 유지를 자신의 최고의 임무로 삼았다. 그러나 국제연맹 규약은 전쟁이나 무력행사의 전면적 금지에는 이르지 못하였고, 규약이 요구하는 조건을 위반하여 시작되는 전쟁을 금지하였다. 연맹규약은 침략전쟁을 금지하고, 상호간에 국교단절의 우려가 있는 분쟁은 중재나 사법적 해결 또는 국제연맹이사회에 부탁하여야 하며, 그러한 절차를 거치지 아니하고 전쟁을 하는 것은 불법이라고 하였다. 또한 중재판결이나 사법판결, 이사회의 보고가 있은 후 3개월 이내에 전쟁을 일으키는 것 역시 불법이라 하였다(연맹규약 12조). 중재나 사법판결을 받아들이는 일방 당사자를 상대로 전쟁을 일으키는 것과, 분쟁당사국을 제외한 모든 당사국들의 전원일치로 이루어진 연맹이사회의 분쟁해결에 관한 권고를 따르는 국가를 상대로 한 전쟁도 불법이라고 하였다(규약 15조).

6 1928년에 체결된 조약으로 무력행사를 전반적으로 금지한 최초의 조약인 것은?

① Drago-Porter조약　　　　　② Briand-Kellog조약
③ 국제연맹 규약　　　　　　　④ 국제연합 헌장
⑤ 국가의 경제적 권리와 의무 헌장

[해설] 국제연맹 규약은 국제평화와 안전의 유지를 위해 국가 간의 무력행사를 금지하였으나 제한적인 수준에 머물렀다. 무력행사를 전반적으로 금지한 최초의 조약은 1928년에 체결된 「전쟁포기에 관한 일반조약」이다. 이 조약은 Briand-Kellog 조약이라 부르기도 하지만 부전조약이란 이름이 널리 알려져 있다.

7 유엔헌장 제2조 4항이 '전쟁'이 아닌 '무력행사'란 용어를 사용하여 국가 간의 무력충돌을 금지한 이유가 아닌 것은?

① 무력행사가 전쟁보다 친숙한 언어이기 때문이다.
② 국제법상 전쟁개념의 불확정성 때문이다.
③ 20세기 이후 선전포고 없는 전쟁이 빈번히 발생하고 있기 때문이다.
④ 전쟁에 이르지 아니하는 무력충돌도 규제하기 위한 것이다.
⑤ 무력행사가 보다 포괄적인 개념이기 때문이다.

[해설] 유엔헌장은 전쟁금지가 아니라 무력행사 금지란 표현을 사용하였다. 그 이유는 '전쟁'이란 개념이 불확실하고, 전쟁보다는 '무력행사'가 보다 포괄적인 의미를 가지기 때문이다.

8 복구(reprisal)에 대한 올바른 설명이 아닌 것은?

① 상대방의 불법행위에 불법적인 행위로 대응하는 것이다.
② 비무력적 복구는 현재에도 허용된다.
③ 무력에 의한 복구는 유엔체제하에서도 허용된다.
④ 복구 이전에 적절한 교섭이나 경고가 이루어져야 한다.

⑤ 비율(proportion)에 어긋나는 과도한 복구는 금지된다.

> 해설   과거에는 무력복구도 허용되었으나, 무력행사를 전반적으로 금지한 현재의 유엔체제에서는 비무력적 복구만이 허용되고 있다.

9 다음 중 복구에 해당하지 않는 것은?   <사시 '84>

① 평시봉쇄   ② 영토점령

③ 선박억류   ④ 전투행위

⑤ 조약이행정지

> 해설   전투행위란 전쟁 또는 무력행사에 해당하는 것으로 전쟁에 이르지 아니하는 대항조치인 복구와는 거리가 있다.

10 다음 중 국내문제불간섭 원칙이 약화된 동기가 아닌 것은?

① 보편적 무역기구의 출현

② 안보협력을 위한 국가 간의 조약

③ 지역기구들의 등장

④ 인권문제의 국제화

⑤ 천연자원에 대한 영구주권론

> 해설   '천연자원에 대한 영구주권론'은 과거 개발도상국이 주장하였던 이론이다. 모든 국가는 그 영토주권에 기초하여 자국내 외국기업과 외국인의 재산을 국유화할 수도 있다는 주장이다.

11 다음 중 자위권 행사와 직접적으로 관련 있는 사건은?   <사시 '02>

① 팔마스(Palmas)섬 사건   ② 인터한델(Interhandel) 사건

③ 노테봄(Nottebohm) 사건   ④ 사바티노(Sabbatino) 사건

⑤ 캐롤라인(Caroline)호 사건

> 해설   전통국제법의 자위권에 관한 입장은 1837년 미국과 영국간 캐롤라인호(the Caroline) 사건을 계기로 정리되었다. 캐나다에서 반란이 있었던 1837년 당시 영국당국에 대한 전복음모가 미국영토 내에서 이루어지고 있

었다. 이에 영국군대는 미국 영내로 넘어 들어가 캐롤라인호를 나포하여 불태우고 나이아가라 폭포에 떨어지게 하였다. 이 과정에서 미국인 2명이 사망하자 미국당국은 작전에 참가하였던 영국인 1명을 체포하여 살인과 방화혐의로 재판에 회부하였다. 캐롤라인호 사건은 미국 국무장관 웹스터 (Daniel Webster)와 영국 특별교섭관 애쉬버튼경(Lord Ashburton) 간의 협상에서 다루어졌으며, 그 교섭과정에서 국제법상 자위권 발동을 위한 조건들이 검토되었다.

12 유엔은 무력행사를 원칙적으로 금지하였지만, 헌장은 51조에서 중대한 예외를 인정하였다. 그 예외란 무엇인가?

① 자위권 ② 인도적 간섭

③ 무력복구 ④ 강제조치

⑤ 요청에 의한 간섭

> [해설] 유엔헌장은 2조 4항에서 국가 간의 분쟁해결 수단으로 무력행사를 금지하였다. 그러나 51조에서는 자위권을 인정하여 다른 국가의 침략으로부터 자신을 지키기 위한 무력행사는 합법적인 것으로 인정하였다.

13 다음 중 집단적 자위권의 단점이 아닌 것은? 　　　　　〈사시 '85〉

① 침략을 정당화하는 구실

② 개별적 자위권의 약화

③ 개별적 자위권에 비해 통제가 곤란

④ 강대국에 의한 침략의 정당화 구실

⑤ UN에 의한 통일적 안전보장기능 약화

> [해설] 유엔헌장은 개별적 자위권과 함께 집단적 자위권도 인정하였다. 생각건대 집단적 자위는 개별적 자위를 보완하므로 오히려 개별적 자위를 강화하는 효과를 갖는다.

14 자위권에 대한 설명 중 옳지 않은 것은? 　　　　　〈사시 '05〉

① UN헌장에 의하면 회원국에 대하여 '무력공격'(armed attack)이

발생한 경우 자위권이 인정된다.

② UN헌장은 자위권을 국가의 '고유한 권리'(inherent right)로 인정하고 있다.

③ UN헌장은 개별적 자위권 외에 집단적 자위권도 인정하고 있다.

④ 국제사법재판소(ICJ)는 자위권 행사의 정당성을 심사하는 유일한 기관이다.

⑤ 자위권의 행사에는 한도를 넘지 않아야 한다는 비례성의 원칙을 고려해야 한다.

> [해설] 유엔헌장 51조는 자위권에 대하여 "이 헌장의 어떠한 규정도 국제연합회원국에 대하여 무력공격이 발생한 경우, 안전보장이사회가 국제평화와 안전을 유지하기 위하여 필요한 조치를 취할 때까지 개별적 또는 집단적 자위의 고유한 권리를 침해하지 아니한다. 자위권을 행사함에 있어 회원국이 취한 조치는 즉시 안전보장이사회에 보고된다. 또한 이 조치는, 안전보장이사회가 국제평화와 안전의 유지 또는 회복을 위하여 필요하다고 인정하는 조치를 언제든지 취한다는, 이 헌장에 의한 안전보장이사회의 권한과 책임에 어떠한 영향도 미치지 아니한다"고 하였다. 자위권 행사와 관련하여 회원국이 취한 조치는 국제사법재판소가 아닌 안전보장이사회에 보고되는 점에 유의할 필요가 있다.

15 유엔의 집단적 안전보장체제의 특징에 해당하지 않는 것은?

<사시 '90>

① 전쟁의 금지   ② 중립의 자유

③ 군비의 축소   ④ 집단적 공동제재조치

⑤ 개별적 무력행사의 금지

> [해설] 국제평화와 안전을 유지하는 방법은 20세기 들어 과거의 세력균형 정책에서 집단적 안전보장으로 바뀌었다. 집단적 안전보장이란 유엔에서 보듯이 회원국 간에는 무력행사금지를 약속하고, 그러한 약속이나 국제법에 대한 위반이 있을 때에는 집단조치를 취하여 공동으로 대응하는 제도이다. ② 집단안전보장 제도를 유지하고 있는 유엔체제하에서 유사시 중립을 유지하기는 어렵다.

[정답] **14** ④   **15** ②

16 집단안전보장 제도를 처음으로 도입한 조약은?

① 비엔나조약　　　　　　② 베르사유조약

③ 국제연맹 규약　　　　　④ 부전조약

⑤ 국제연합 헌장

> **해설** 조약에 의하여 당사국 간에 불가침을 약속하고 그러한 의무를 위반하는 국가에 대해서는 공동으로 대응하는 것을 집단안전보장이라 한다. 국제연맹 규약은 느슨한 내용을 담고 있어 효율적이지는 못했지만, 집단안전보장제도를 도입한 최초의 조약이다.

17 유엔의 강제조치는?

① 평화에 대한 범죄, 전쟁범죄, 인도에 대한 범죄가 있을 때 총회의 결의로 취해진다.

② 평화에 대한 범죄, 전쟁범죄, 인도에 대한 범죄가 있을 때 안보리 결의로 취해진다.

③ 평화의 위협, 평화의 파괴, 침략행위가 있을 시 총회의 결의로 취해진다.

④ 평화의 위협, 평화의 파괴, 침략행위가 있을 시 안보리 결의로 취해진다.

⑤ 인류의 평화와 안전에 대한 범죄가 있을 시 총회의 결의로 취해진다.

> **해설** 유엔의 강제조치는 헌장 7장에 나와 있으며 그 제목은 '평화의 위협, 평화의 파괴, 침략행위에 대한 조치'이다. 헌장 7장에 나와 있는 조치들은 안보리 결의에 따라 취해진다. '평화에 대한 범죄, 전쟁범죄, 인도에 대한 범죄'는 뉘른베르크 법원이 나치스 전범들을 재판할 때에 사용하였던 죄목이다.

18 유엔 안전보장이사회가 평화의 파괴·위협 또는 침략행위의 발생시 제재조치를 취해 가는 단계로 옳은 것은?

① 평화의 파괴, 침략행위 확인 → 잠정조치 → 무력적 제재 → 비무력적 제재

② 평화의 파괴, 침략행위 확인 → 잠정조치 → 비무력적 제재 → 무력적 제재

③ 잠정조치 → 평화의 파괴, 침략행위 확인 → 비무력적 제재 → 무력적 제재

④ 잠정조치 → 평화의 파괴, 침략행위 확인 → 무력적 제재 → 비무력적 제재

⑤ 비무력적 제재 → 평화의 파괴, 침략행위 확인 → 잠정조치 → 무력적 제재

> [해설] 평화의 파괴, 평화의 위협, 침략행위가 발생하게 되면, 제일 먼저 유엔 안보리는 그러한 사실을 확인하고, 이어서 필요한 잠정조치를 취하며, 경제적·외교적 수단을 사용하여 비무력적 제재를 가하고, 그럼에도 사태가 해결되지 않으면 군사력을 동원하여 무력적 제재를 가하게 된다.

19 유엔 안전보장이사회가 평화파괴국에 대한 제재를 가함에 있어 최종적으로 동원하는 수단은?

① 평화파괴의 확인　　　　② 잠정조치

③ 경제적 조치　　　　　　④ 외교적 조치

⑤ 군사적 조치

> [해설] 평화의 파괴, 평화에 대한 위협, 침략행위가 발생하면, 유엔 안보리는 ① 그러한 사실을 확인하고, ② 필요한 잠정조치를 취하며, ③④ 경제적·외교적 조치를 포함하는 비무력적 제재조치를 취하고, ⑤ 마지막으로 육군, 해군, 공군을 동원하여 무력적 제재를 가한다.

20 다음 중 한국동란 때 16개국이 군대를 파견한 것은?　　＜사시 '83＞

① 각국이 자발적으로 파견한 것이다.

② 한국정부의 요청에 의한 것이다.

③ UN 사무총장의 직권에 의한 것이다.

④ UN 안전보장이사회의 결의에 의한 것이다.

⑤ 안전보장이사회와의 특별협정에 의한 것이다.

> 해설　한국동란 때 우리나라에의 파병은 1950년 7월 7일 채택된 안전보장
> 이사회의 결의 84호에 의해 이루어졌다. 안보리가 채택한 이 결의는 회원
> 국들에게 한국에의 파병을 권고하고 유엔기의 사용을 허가하는 것이었다.

21 유엔의 군사참모위원회는 어디에 해당하는가?

① 총회의 자문기관　　　　② 유엔의 주요기관

③ 총회의 보조기관　　　　④ 안전보장이사회의 보조기관

⑤ 안전보장이사회의 자문기관

> 해설　군사참모위원회란 안보리 보조기관(subsidiary organ)으로, 안보리 결
> 정에 따라 유엔이 무력적 방법으로 어떤 국가를 제재할 때 안보리를 돕도
> 록 되어 있다.

22 「평화를 위한 단결」 결의란?

① 안보리의 평화유지기능 강화를 위한 안보리 결의이다.

② 총회의 평화유지기능 강화를 위한 총회 결의이다.

③ 평화유지활동에 관한 유엔의 결의이다.

④ 국제연맹이 채택한 전쟁포기선언이다.

⑤ 유엔총회가 채택한 전쟁포기선언이다.

> 해설　1950년 11월 유엔총회가 채택한 「평화를 위한 단결」(Uniting for
> Peace) 결의는, 안보리의 거부권 남용으로 마비된 안보리 대신에 총회가
> 평화유지 기능의 일부를 수행하도록 하기 위하여 채택된 것이다.

23 UN의 평화유지활동(PKO)에 대한 설명으로 옳은 것은?

<행시, 외시, 지시 '01>

① 분쟁지역에서 선거관리 또는 치안유지기능을 수행할 수 없다.

정답　20 ④　21 ④　22 ②

② 국제평화와 안보의 유지에 관한 사항이기에 안전보장이사회의
독점적인 기능이다.

③ UN총회는 1956년에 처음으로 분쟁당사자간의 완충지대 역할을
수행하는 평화유지활동에 관여하였다.

④ '비용사건'(The Expenses case)에서 ICJ는 평화유지활동이 UN
헌장 제7장에 따른 조치라고 판단하였다.

⑤ 걸프전(1994) 당시 파견된 다국적군은 UN평화유지군이었다.

> [해설] ③ 유엔은 1956년 총회 결의에 의하여 최초의 평화유지군인 '중동유
> 엔긴급군'(UNEF)을 중동에 파견하였다. ② 평화유지활동은 총회 또는 안전
> 보장이사회에 의해 조직되는데, 그 어느 것이든 사무총장이 이를 지휘한다.
> ① 1988년 이전의 평화유지활동들은 대부분이 휴전감시와 완충지대 통제
> 를 통한 무력충돌 재발방지를 목적으로 양측간의 전선에 배치되는 소극적
> 인 역할을 맡았으나, 최근에 조직되는 평화유지활동들은 보다 광범위하고
> 적극적인 임무를 수행하고 있다. 오늘날 평화유지활동에서도 군사적인 것
> 이 중요하지만, 민간인보호나 원조제공 같은 민간활동과 선거, 국민투표 감
> 시 등 다양한 임무를 수행하고 있다.

24 1949년의 전쟁희생자 보호를 위한 4개 제네바협약에 속하지 않는 것
은? <사시 '92>

① 전시 민간인의 보호에 관한 협약

② 해상 군대의 상병자 및 조난자의 상태개선에 관한 협약

③ 전시에 있어서 언론인의 보호에 관한 협약

④ 전시 군대의 상병자 상태개선에 관한 협약

⑤ 포로의 대우에 관한 협약

> [해설] 1949년 제네바에서는 4개의 협약이 채택되었다. ④가 제1협약, ②가
> 제2협약, ⑤가 제3협약, ①이 제4협약이다.

25 1977년 국제인도법회의에서 조인된 조약은? <사시 '86>

① 포로의 대우에 관한 조약

---

② 4개 제네바조약에 대한 2개 추가의정서
③ 상병자의 상태개선에 관한 조약
④ 전시 민간인 보호에 관한 조약
⑤ 계약상의 채무회수를 위한 병력사용의 제한에 관한 조약

> 해설 1977년 제네바에서는 1949년에 체결된 4개 협약에 대한 두 개의 추가의정서가 채택되었다. 하나는 국제적 무력충돌에 따른 희생자 보호에 관한 것이고 다른 하나는 비국제적 무력충돌에 따른 희생자 보호에 관한 것이다.

26 다음 중 전쟁이 시작되면 발생하는 효과가 아닌 것은?
① 전쟁 당사국 간에는 전시관계가 성립된다.
② 제3국은 자신이 지원할 국가를 결정해야 한다.
③ 적국인은 일정기간 퇴거를 허용한다.
④ 적국인의 재산은 몰수할 수 없지만 전쟁에 사용가능한 동산은 압수가 가능하다.
⑤ 교전국 간의 통상관계는 대개 중단된다.

> 해설 일반적으로 전쟁은 ㉠ 당사국 간 전시법의 적용, ㉡ 중립국의 중립의무, ㉢ 외교관계의 단절, ㉣ 조약의 종료, 정지 또는 계속적 효력발생, ㉤ 적국인의 퇴거나 억류, 적국재산의 몰수와 적국인 사유재산의 보존(전쟁에 사용가능한 동산은 몰수가능), ㉥ 통상관계의 단절을 가져온다. ② 전쟁기간 중 각국은 중립을 선택할 수 있으므로 전쟁 발발시 꼭 자신이 지원할 국가를 선택해야 하는 것은 아니다.

27 전쟁이 시작되는 경우 조약의 운명에 대한 설명이다. 틀린 것은?
① 당사국 간의 양자조약은 모두 종료된다.
② 당사국이 가입한 다자조약은 대부분 종료되지 않는다.
③ 당사국 간의 정치·군사관계 양자조약은 대부분 종료된다.
④ 경제·사회·문화에 관한 조약들은 효력발생이 중지되는 경우가 많다.

⑤ 다자조약은 교전당사국 사이에서만 효력발생을 중지하는 경우가 많다.

> 해설 전쟁이 조약에 미치는 효과는 일률적으로 말할 수 없다. 조약의 종류와 조약이 규율하는 사항에 따라 조약은 종료되기도 하고, 효력발생을 중지하기도 하며, 그대로 효력을 유지하기도 하기 때문이다.

28 상병자 수송이라든가 휴전협정 또는 종전협정 교섭을 위하여 일시적으로 전투행위를 중지하는 것을 무엇이라고 하는가?

① 종 전   ② 정 전
③ 일반적 휴전   ④ 부분적 휴전
⑤ 강 화

> 해설 정전이란 상병자 수송이나 휴전협정 또는 종전협정 교섭을 위하여 양측 군대지휘관 간의 합의로 일시적으로 전투행위를 중지하는 것이다.

29 전통 국제법이론에서 전쟁은 어떤 경우에 정식으로 종료되는가?

① 강화조약이 체결되었을 때
② 휴전협정이 체결되었을 때
③ 전투행위가 종료되었을 때
④ 정전협정이 체결되었을 때
⑤ 상호방위조약이 체결되었을 때

> 해설 전통 국제법에서는 전쟁은 전쟁의 결과를 정리하는 평화조약 또는 강화조약이 체결될 때 정식으로 종료되는 것으로 보았다.

30 다음 중 전쟁의 종결방식으로 적당하지 않은 것은?   <사시 '85>

① 휴 전   ② 강화조약
③ 정 복   ④ 전승국의 일방적 선언
⑤ 사실상 적대행위의 종결

> 해설 휴전이란 전시상태의 완전한 종료가 아니며 말 그대로 전투행위를 잠

시 중단하는 것이다. 물론 전반적 휴전의 경우에는 실질적인 전쟁의 종료를 의미하는 경우가 많아, 그러한 휴전이 성립되면 전쟁상태가 종결된 것으로 보아야 한다는 주장도 있다.

31 다음 중 전쟁범죄를 구성하지 않는 행위는?   <사시 '92>

① 교전자격자에 의한 적대행위   ② 포로의 살상행위

③ 담담탄의 사용   ④ 배신행위

⑤ 세균무기 사용

> 해설 포로의 살상은 인도주의 견지에서, 담담탄과 세균무기의 사용은 해적
> 수단의 제한 차원에서 금지되며, 배신행위(perfidy) 역시 금지된다. 교전자
> 격을 가진 적군에 의한 적대행위는 군사적 필요에서 인정된다.

32 Consolato del Mare란 무엇인가?

① 합의에 의한 해양경계선이다.

② 해전에서의 해적수단 제한 기준이다.

③ 전시 민간인보호 기준이다.

④ 상병자보호를 위한 합의이다.

⑤ 해상포획에 관한 기준이다.

> 해설 Consolato del Mare란 전시 해상포획에서 선박과 화물을 분리하여
> 적성이 있는 것만 몰수하는 것이다.

33 전시금제품(contraband)에 대한 설명으로 틀린 것은?

① 전시금제품은 몰수의 대상이 된다.

② 전시금제품은 군사적 목적에 공여되는 것이라야 한다.

③ 전시금제품에 속하는 물자의 종류는 교전국 간의 합의로 결정한다.

④ 전시금제품이 되려면 그 목적지가 적국이어야 한다.

⑤ 전시금제품 단속은 중립국 해역이 아니면 어디서나 가능하다.

[해설] 전시금제품의 목록은 대부분 국제조약에 따라 교전당사국이 일방적으로 정한다.

34 인도법(humanitarian law)이란 무엇인가?

① 범죄인 인도에 관한 법

② 전쟁 중 상병자와 포로, 민간인 보호에 관한 법

③ 정치적 망명에 관한 법

④ 인도적 간섭에 관한 법

⑤ 무력충돌법

[해설] 국제인도법은 무력충돌 중 인도주의에 관한 법으로, 구체적으로는 상병자와 포로·민간인 보호에 관한 것이다.

35 점령지의 재산에 관한 다음의 설명 중 옳지 않은 것은? <사시 '85>

① 사유재산은 몰수된다.

② 국유재산 중 부동산은 군사적 필요시 이를 사용할 수 있다.

③ 국유재산 중 군사목적에 사용할 수 있는 동산은 몰수할 수 있다.

④ 사유재산이라도 전쟁에 직접 사용할 수 있는 것은 압수할 수 있다.

⑤ 국유재산이라도 종교, 교육 등의 목적으로 사용되는 건물은 몰수할 수 없다.

[해설] 과거에는 점령지의 사유재산도 몰수가 가능했으나, 육전법규는 원칙적으로 사유재산의 몰수를 금지하였다. 그러나 사유재산이라도 전쟁에 직접 사용할 수 있는 것은 압수할 수 있다.

36 전시 포로의 대우를 받을 수 없는 사람은?

① 정규군   ② 용 병

③ 민병대   ④ 의용군

⑤ 군민병

[해설] 1949년 제네바협약은 정규군은 물론 정규군이 아닌 민병대, 의용군, 레지스탕스 구성원, 군민병을 모두 포로의 대우를 받을 수 있는 범주에 포함시켰다. 이어서 1977년 제네바추가의정서는 그 범위를 게릴라와 내란당사자, 민족해방운동단체 구성원들에게까지 확대하였다. 그러나 용병에게는 포로의 자격이 인정되지 않는다.

이 석 용

■ 약 력

- 고려대학교 법과대학 및 대학원 졸업(법학박사)
- 미국 하와이 East-West Center 객원연구원
- 미국 Yale대학교 법과대학, University of Washington 법과대학, UC Berkeley 법과대학에서 연구활동
- 대한국제법학회 부회장
- 사단법인 해양법포럼 회장
- 각종 고시위원 역임
- 현재 한남대학교 법과대학 교수

■ 저 서

- 국제인권법(공저, 세창출판사, 2005)
- 국제법(3정판, 세창출판사, 2003)
- 국제경제법(세창출판사, 2000)
- 국제법연구(세창출판사, 1996)
- 국제법판례연구(공저, 고려대 국제법연구회, 1996)
- 섬의 국제법상 지위(진성사, 1988)
- 국제법의 현실문제(일조각, 1983)

전정판 객관식 국제법

1997 년 4 월 10 일 초 판 발행
2006 년 1 월 20 일 전정판 발행

저 자 이 석 용
발행인 이 방 원
발행처 세창출판사
　　　　서울 종로구 교남동 47-2 협신빌딩 3층
　　　　전화 723-8660　　팩스 720-4579
　　　　E-mail: sc1992@empal.com　homepage: www.sechangpub.co.kr
　　　　등록 1990. 10. 8. 제2-1068호(윤)

정가 25,000원

ISBN 89-8411-141-4 93360